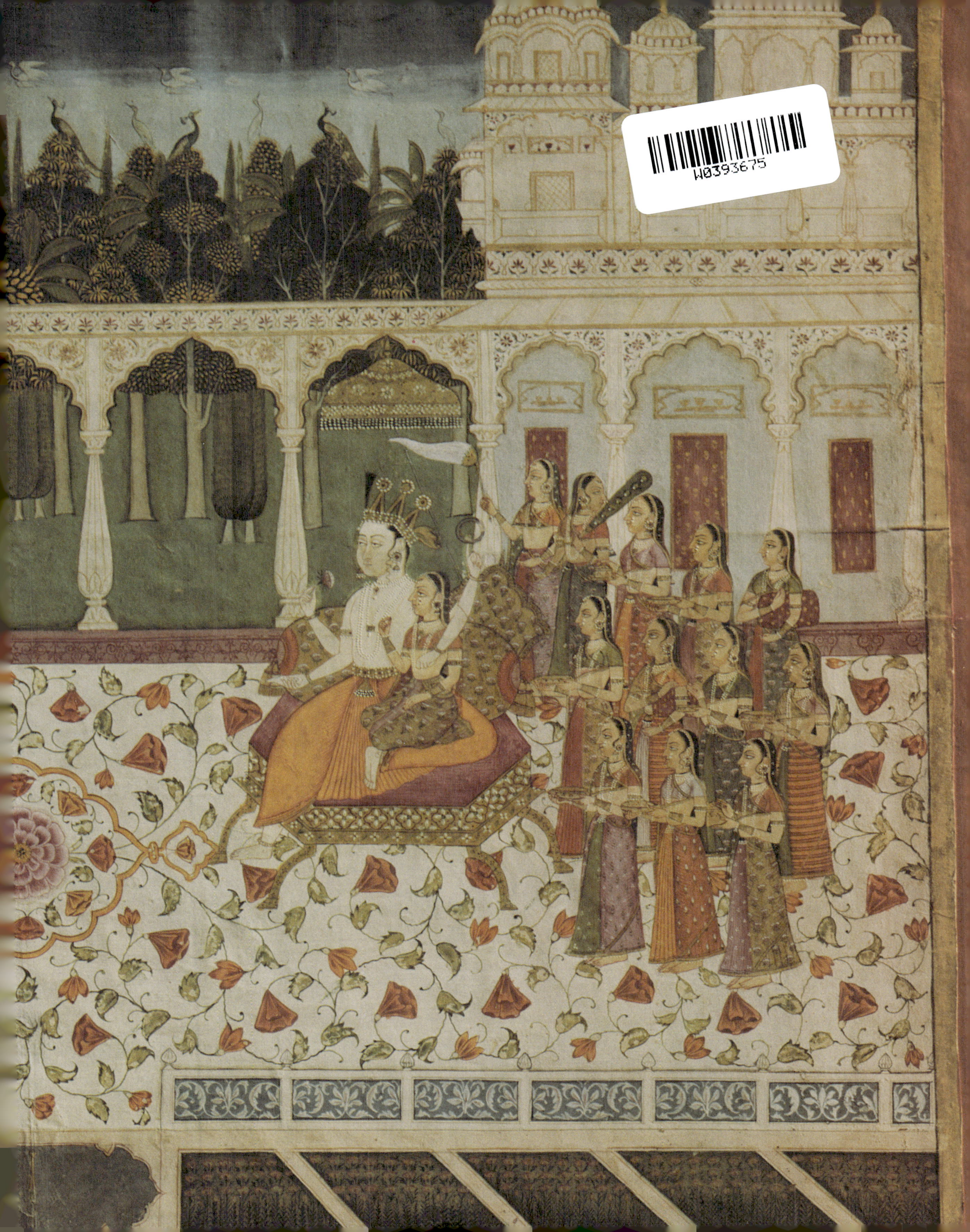

CB

Heinrich Gerhard Franz

DAS ALTE INDIEN

Geschichte und Kultur des indischen Subkontinents

Mit Beiträgen von Peter Gaeffke
Jean-François Jarrige, Anneliese Keilhauer
Eberhard Rebling, Walter Slaje
Heinrich von Stietencron, Ernst Topitsch
Friedrich Wilhelm und Herbert Wilhelmy

C. Bertelsmann

Zur Aussprache der indischen Namen und Begriffe

Die in diesem Band verwendete Umschrift folgt der gebräuchlichen wissenschaftlichen Transskription. Besondere Beachtung verdienen folgende Konsonanten:

c, ch	wie deutsch *tsch* (Cidambaram sprich: Tschidambaram)
ḍ, ḍh, ṇ, ṭ, ṭh	wie deutsch *d, dh, n, t, th,* aber weich, mit zurückgebogener Zungenspitze gesprochen
j, jh	wie deutsch *dsch* (Jaina sprich: Dschaina)
ṛ	wie deutsch *ri* (Ṛgveda sprich: Rigweda)
ś	wie deutsch *sch* palatal (Śiva sprich: Schiwa)
ṣ	*sch* zerebral
š	stimmloses *sch*
y	wie *j* (Yoga sprich: Joga)
z	*s* stimmhaft (Firōz sprich: Firōs)

Mit Längenzeichen (‒) sind lange Vokale versehen.

Bei langem Vokal oder bei nachfolgender Doppelkonsonanz wird eine Silbe lang gesprochen. Auch e und o können lange Silben bilden. Bei Sanskritwörtern liegt die Betonung auf der vorletzten Silbe, wenn diese lang ist (Aś*o*ka), auf der drittletzten Silbe, wenn diese lang und die vorletzte kurz ist (S*ā*yana), und auf der viertletzten Silbe, wenn die drittletzte und die vorletzte kurz sind (Viś*ā*khadatta). Persische Wörter haben meist einen Druckakzent auf der letzten Silbe (Šāh Jah*ā*n).

Von der Transskription ausgenommen sind Wörter, die in den alltäglichen deutschen Sprachgebrauch Eingang gefunden haben (zum Beispiel: Afghanistan, Himalaja, Kaschmir, Mogul).

Der Band enthält 453 Abbildungen und 23 graphische Darstellungen.

Frontispiz: Buddha oder Bodhisattva. Detail einer Wandmalerei aus dem 5. Jahrhundert in Ajanta, Höhle Nr. 9
Vorsatz: Śiva und Parvati, sitzend auf einem Thron vor einer Palastkulisse, werden Tanz und Musik dargebracht. Miniaturmalerei.
Umschlag Vorderseite: Miniaturmalerei aus Būndī, 1. Hälfte des 17. Jahrhunderts. Berlin, Museum für Indische Kunst.
Umschlag Rückseite: Rad am Sonnentempel von Koṇārak.

Idee, Konzeption und Redaktion: topic GmbH, München-Karlsfeld
Ausführung des Layouts: Hubert K. Hepfinger, Freising
Graphische Darstellungen: G. Quivron (52), Sigrun Pfitzenreuter (315), Annegrete Vogrin (166, 186, 226, 229, 338, 344, 361, 362, 371, 372, 376, 386, 388), Joachim Zwick (12, 100, 441)
Bildlegenden: Dr. Andrea Loseries, mit Ausnahme der Bildlegenden der Kapitel »Vorzeit und Induskultur«, »Religionen« und »Tanz und Musik«; in diesen Kapiteln wurden die Bildlegenden nach Angaben der Autoren erstellt.

 / 5 4 3 2 1
Satz: Fotosatz Skazel GmbH, München
Reproduktionen: Brennerstudio, München
Druck + Bindung: Mohndruck Graphische Betriebe GmbH, Gütersloh
Printed in Germany · ISBN 3-570-02702-3

Vorwort

Daß Indien heute als Nation, der indische Subkontinent als politische Einheit auftreten kann, ist das Ergebnis langer geschichtlicher Prozesse, die bis in die Frühzeit des Landes zurückverfolgt werden müssen, will man die inneren Zusammenhänge verstehen. Die Geisteskultur, die Religionen und die Kunst waren das einigende Band, das schließlich die vielen ethnischen und sprachlichen Gruppen zusammenschmiedete und eine homogene, alles verbindende Vorstellungswelt entstehen ließ. In der Teilung in Religionsgruppen und der Aufgliederung der Gesellschaft in Kasten zeigt sich jedoch deutlich, daß die nicht wenigen trennenden Unterschiede im Laufe der Entwicklung durchaus bestehen blieben, ja sogar bestätigt wurden. Das außerordentlich vielschichtige und vielgestaltige politische, kulturelle und religiöse Leben, das sich in dem großen, mit »altes Indien« umschriebenen Gebiet abgespielt hat, möchten Autoren und Herausgeber im vorliegenden Band lebendig werden lassen.
Zum »alten Indien« gehören neben dem heutigen Bangladesch die Territorien, die sich in jüngerer Zeit als islamischer Staat Pakistan abgespalten haben. Diese um den Lauf des Indus gruppierten Landschaften waren geschichtlich und kulturell für Indien von großer Bedeutung, da sie den Subkontinent mit den Hochgebirgsländern der asiatischen Landmasse verbanden. Von Nordwesten her, über das südliche Afghanistan und das heutige Pakistan geriet Indien immer wieder in engen Kontakt mit den westasiatischen und mittelmeerischen Hochkulturen. Von dort ausgehende kulturelle Bewegungen und Kräfte inspirierten und prägten den Subkontinent mit ihren Ideen und Errungenschaften, die jedoch umgestaltet und in das eigene vorhandene Gedankengut integriert wurden.
Das spezifisch Indische muß somit maßgeblich auch als Ergebnis dieser kontinuierlichen kulturellen Auseinandersetzung gesehen werden. Es hat seinen Ausdruck in den großen geistigen, religiösen, sozialen und politischen Systemen gefunden, in die alle äußeren Anstöße aufgenommen wurden und die die Grundlage für die Entfaltung wie auch für die Ausbreitung indischer Kultur bildeten. Indiens eigenschöpferische Fähigkeiten dürfen dabei freilich nicht relativiert werden.
So sind etwa im geistigen Bereich die Fragen nach der Stellung des Menschen in der Welt und im Kosmos und nach Sinn und Ziel der menschlichen Existenz in einer Konsequenz, wie nirgends sonst aus der Sicht des Individuums heraus, zu Ende gedacht worden.
In der Kunst erweist sich indische Eigenart besonders signifikant in dem Vermögen, auf phantasievolle Weise von außen herangetragene Möglichkeiten für die Gestaltung eigener Anliegen zu nutzen. Auf der Grundlage einer völligen Umdeutung und Verwandlung der zunächst fremden Kunst der Steinbearbeitung gelangt Indien, um nur das Beispiel des Turmtempels zu nennen, zu einer in dieser Form in der gesamten Weltkunst nicht anzutreffenden Verschmelzung von Bau- und Bildkunst.
In einer völlig anderen Position erscheint Indien dagegen vor dem Hintergrund der im Süden, Osten und Nordosten sich anschließenden Länder Asiens. Hier hat seine Kultur für fast zwei Jahrtausende eine vorbildhafte und prägende Rolle gespielt. Die künstlerischen wie auch die übrigen Gedankensysteme Indiens – die religiösen, staatlichen und sozialen – haben das südliche, östliche und das zentrale Asien durchdrungen und, in ihrer Wirkung vergleichbar der Ausbreitung des Christentums, zu einer »Indisierung« der Länder Asiens bis nach Japan im Osten und bis zum malayischen Archipel im Südosten geführt. Sie sind damit Träger einer ebenso einzigartigen wie in dieser Einzigartigkeit auch immer wieder ausstrahlenden und sich erneuernden Kultur von welthistorischem Interesse.
Damit ist der Rahmen abgesteckt, in dem das »alte Indien« – seine Geschichte und seine Kultur – einer interessierten Leserschaft nähergebracht werden soll.

Graz, im Januar 1990 Heinrich Gerhard Franz

Inhaltsverzeichnis

Naturraum 11
HERBERT WILHELMY

Der Hochgebirgsrahmen 11
Die Ebenen des Ganges, Brahmaputra und Indus 12
Das Plateau- und Trappdeckenland des Dekkan 18
Klima und Wasserhaushalt 20
Pflanzenkleid und Tierwelt 22
Stromlandschaften und Lebensräume im historischen Wandel 26

Blick auf den Kanchenjunga

Kulturraum 31
HERBERT WILHELMY

Entdeckung und Erforschung 31
Eroberungen und Fremdeinflüsse 32
Völker, Sprachen und Kulturen 35
Dörfer und Städte 42

Detailaufnahme eines der beiden Gedenktürme von Chitor

Vorzeit und Induskultur 49
JEAN-FRANÇOIS JARRIGE

Der Ursprung der Induskultur 50
Das Neolithikum 50
Das Chalkolithikum und die frühe Bronzezeit 55
Die Induskultur 57
Das Ende der Induskultur 76

Der »Priesterkönig« aus Mohenjodaro

Geschichte 83
FRIEDRICH WILHELM

Indien – Hindustan – Bhārat 83
Die Entdeckung der indischen Geschichte 84
Die vedische Zeit 91 – Das Zeitalter des Buddha 98
Die Gründung des ersten Großreiches 103
Das Goldene Zeitalter 112 – Das Großreich Harṣas 115
Die islamischen Eroberungen 126 – Das Mogulreich 134

Relief am Steinzaun des Stūpas von Bhārhut

Staat und Gesellschaft 147
FRIEDRICH WILHELM

Die Kastenordnung 147
Die drei Lebensziele 152
Zentralismus und Feudalismus 174

Der junge Akbar reitet auf einem Elefanten

Religionen 177
HEINRICH VON STIETENCRON

Die Religion des Veda 177
Periode des Umbruchs und die Geburt neuer Religionen 193
Buddhismus 206 – Jainismus 218
Viṣṇuismus 220 – Śivaismus 230 – Śāktismus 239
Die Beziehungen zwischen Viṣṇuismus, Śivaismus und Śāktismus 244

Votiv-Stūpa in Bodhgayā

Philosophie und Weltanschauung 247

Indien und Europa 250
Die ältesten Veden 251
Die Heilslehre der Upaniṣaden 252
Buddha 260
Ernst Topitsch

Die brahmanisch-orthodoxe Scholastik 264
Walter Slaje

Kopf des Asketen Gautama

Literatur 277
Peter Gaeffke

Buddhistische Dichtung 278
Die frühe Literatur in Tamil 278
Grundlagen der Sanskritästhetik 279
Die großen Epen 285 – Das Kunstepos 288
Volkserzählungen 295
Die islamische Literatur 297

Gott Śiva auf dem heiligen Berg Kailāsa

Tanz und Musik 307
Eberhard Rebling

Stammes- und Volkstänze 310
Elemente und Formen klassischer Tanzkunst 311
Tanzstile 314

Vīṇā spielende Figur am Kapitell eines Tempels in Amber

Kunst 327

Anfänge monumentaler Bau- und Bildkunst 328
Der »Schöne Stil« der indischen Plastik 342
Gandhāra und Mathurā: die nördlichen Kunstzentren 347
Die klassische Zeit 355 – Architektur seit der Klassik 363
Die Kunst des Islam in Indien 392
HEINRICH GERHARD FRANZ

Miniaturmalerei 406
WALTER SLAJE

Die Halle des jainistischen Vimala-Tempels

Ausstrahlung 423
HEINRICH GERHARD FRANZ

Sri Lanka 423 – Afghanistan 424
Mittelasien 428 – Sinkiang und China 428
Indonesien 429 – Kambodscha 430 – Birma 434

Gesichterturm am Tempel von Angkor Thom

Anhang 437

Zeittafel 438
Historische Stätten 440
Glossar 450
Hinduistische Götter 452
ANNELIESE KEILHAUER

Sammlungen indischer Kunst 455
Literaturhinweise 456 – Register 457
Abbildungsnachweis, Quellennachweis 460

Rad am Sonnentempel von Koṇārak

Naturraum

Der mächtige Hochgebirgswall des Himalaja trennt den 4,5 Millionen Quadratkilometer großen indischen Subkontinent von dem geschlossenen Kontinentalblock Innerasiens. Als ein in ost-westlicher Richtung rund 2200 Kilometer breiter und in nord-südlicher Richtung ebenso langer Keil stößt die kompakte indische Landmasse bis zum 8. Breitengrad vor. Im Westen wird sie vom Arabischen Meer, im Osten vom Bengalen-Golf und im Süden vom Indischen Ozean begrenzt. Aber nur bei einem flüchtigen Blick auf die Karte erscheint Indien als ein gewaltiges Landdreieck, in Wahrheit ähnelt der Subkontinent eher einem Rhomboid von nahezu gleichen Seitenlängen mit den Eckpunkten Kaschmir – Indusmündung – Kap Komorin (Südspitze)-Gangesmündung.

Drei nach geologischem Aufbau, Oberflächenformen, Klima, Vegetation und Nutzungswert für den Menschen sehr unterschiedliche Großräume folgen von Norden nach Süden aufeinander: der nördliche Hochgebirgsrahmen, die großen Stromebenen von Ganges, Brahmaputra und Indus und das Plateau- und Trappdeckenland des Dekkan.

Der Hochgebirgsrahmen

Erfolgt der Übergang vom nordindischen Tiefland zum Gebirge auch recht unvermittelt, wie etwa im Osten an der Straße nach Darjeeling oder an der südlichen Grenze von Bhutan, so gelingt es doch nur selten, von der Ebene aus die eisgepanzerten Gipfel des Hohen Himalaja zu sehen. Dies ist nur gelegentlich bei klarem Wetter von Peschawar aus möglich, wo sich im Nordwesten die Schneehäupter des Hindukusch und im Norden die des westlichen Himalaja abzeichnen. Man muß schon nach Ladakh, Nepal oder Sikkim reisen, um einen freien Blick auf die Giganten des Himalaja zu gewinnen.

Der Himalaja gehört wie die Alpen zu dem im Tertiär entstandenen Faltengebirgsgürtel, der sich von Nordafrika und Westeuropa über Karpaten, Kaukasus und die Länder des Nahen Ostens bis nach Ostasien erstreckt. Seine stärkste Heraushebung erfährt dieser einen Großteil der nördlichen Erdhalbkugel umspannende Gebirgszug im Himalaja. Der aus den beiden Sanskritsilben *hima* (Schnee) und *alaya* (Stätte, Wohnsitz) gebildete Name bezieht sich auf den leicht nach Süden geöffneten Gebirgsbogen zwischen den Durchbruchstälern des Indus im Westen und des Brahmaputra im Osten. Nanga Parbat (8126 Meter) und Namcha Barwa (7756 Meter) sind die westlichen und östlichen Eckpfeiler des Himalaja, der die doppelte Länge der Alpen hat und im Mount Everest (8848 Meter) den Montblanc um volle 4000 Meter an Höhe übertrifft.

Ein charakteristisches Merkmal des Westlichen und Zentralen Himalaja ist, daß dem eigentlichen Hochgebirge ein vom südwestlichen Kaschmir bis zur Ostküste Sikkims reichender, 1700 Kilometer langer, jedoch nur bis maximal 1200 Meter aufragender Höhenzug vorgelagert ist. Diese »Siwalik Range« ist ein geologisch noch ganz junges Vorgebirge, das in der Gegenwart, sozusagen vor unseren Augen, den älteren Strängen des Himalajasystems angeschweißt wird. In ihm sind Abtragungsprodukte des schon früher herausgehobenen Hauptgebirgszuges schräggestellt oder aufgewölbt und von den sie querenden Himalajaflüssen zerschnitten. Ursache dieses Phänomens sind plattentektonische Vorgänge, das heißt, die nach Norden gerichtete Drift der indisch-australischen Großplatte, die sich seit dem Zerfall des alten Gondwānalandes (von dem der Dekkan einen Rest darstellt) kontinuierlich polwärts bewegt hat. Dadurch bewirkte Aufwölbungen, Faltungen und Überschiebungen der seit langen geologischen Zeiten im

Blick von Darjeeling auf den 8585 m hohen Kanchenjunga, einen der imposantesten Berge des Himalaja. Wegen seiner fünf Gipfel wurde ihm der Name »Die fünf großen Schneeschätze«, verliehen, die der Reichtumsgott Vaiśravaṇa dort verwahrt haben soll. Anderen Quellen nach soll er die Personifizierung von fünf Brüdern (ched lṅa) *sein, Schutzgottheiten des Landes.*

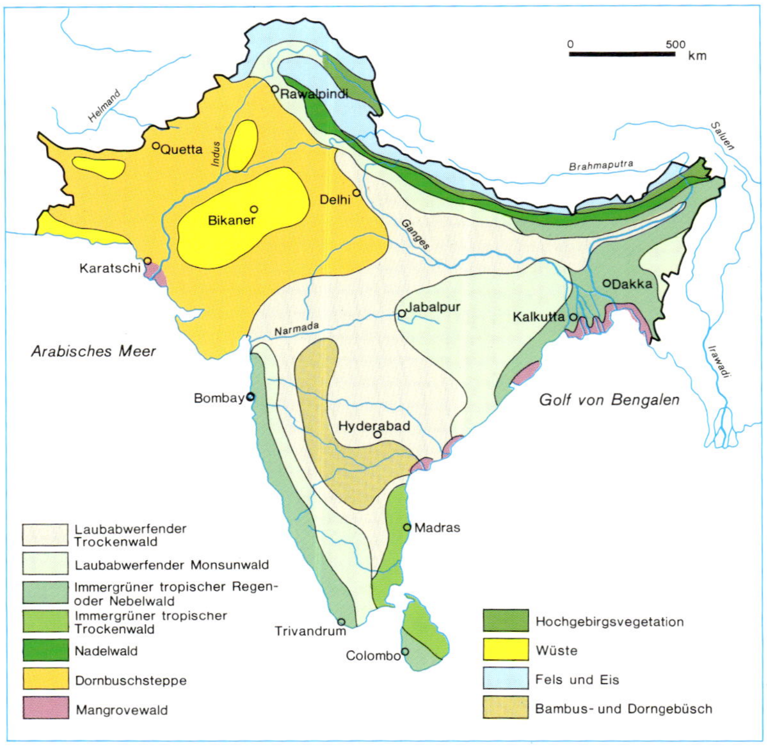

Links und unten: Der indische Subkontinent ist durch ein relativ einheitliches Großklima ausgezeichnet, dessen klimatischer Ablauf maßgeblich durch den Monsun (arabisch: mausim*) bestimmt wird. Er setzt in der Regel Ende Mai/Anfang Juni schlagartig mit gewaltigen Wolkenbrüchen ein und dauert bis September/Oktober.*

Rechts: Teilweise überschwemmte Terrassenfelder zwischen Devaprayag und Joshimath während der Monsunzeit.

Folgende Doppelseite: Reisfelder im oberen Industal bei Thikse in Ladakh. Im Regenschatten des Himalaja gelegen, bleibt der Anbau auf wenige Flußoasen beschränkt.

Sedimentationstrog eines Urmeeres (Thetys) angesammelten Ablagerungen führten zur Entstehung des gewaltigsten Hochgebirges der Erde.

Nördlich schließt sich an die Siwaliks die breite Längstalfurche der »Duns« an, aus der sich die steilen Hänge des Vorderen Himalaja erheben. Nur in Bhutan, an dessen Westgrenze die Siwaliks enden, um erst vor dem Assam-Himalaja wieder als geschlossener Höhenzug einzusetzen, tritt der Vordere Himalaja unmittelbar an die Ganges-Brahmaputra-Ebene heran.

Dem Vorderen Himalaja folgt als dritte orographische Großeinheit der aus kristallinen Gesteinen und metamorphisierten alten Sedimenten aufgebaute Hochhimalaja, der den Hauptkamm des Gebirges bildet. Hier liegt die naturräumliche Grenze des indischen Subkontinents. Die Nordgrenze des »Kulturerdteils« Indien aber deckt sich nicht mit dem Hauptkamm des Himalaja. Nepal ist eine sehr alte Hindumonarchie, Bhutan hingegen ein stark tibetisch geprägtes buddhistisches Königreich, in Kaschmir, Ladakh und Sikkim mischen sich die kulturellen Einflüsse.

Den nördlichen Gebirgsrahmen vervollständigen die vom Himalaja scharf nach Süden abbiegenden westlichen und östlichen Randgebirge. Seitenkämme des Hindukusch und die 4680 Meter hohe Safed-Koh-Kette begrenzen das Becken von Peschawar, niedrige Ausläufer des Safed-Koh durchbricht der Indus in der Enge von Attock, und weiter im Süden steigt die hohe Barriere des Suleimangebirges am westlichen Rand des Industieflandes auf. Östlich der Ganges-Brahmaputra-Mündung schließt das Patkaigebirge das bengalische Tiefland hermetisch gegen Birma ab.

Die Nordindien umrahmenden Gebirgszüge waren insgesamt ein im Verlauf der indischen Geschichte immer wieder bewährter Schutzwall. Zwar führen zahlreiche Pässe über Vorderen und Hohen Himalaja, aber sie sind ausnahmslos wegen ihrer großen Meereshöhen, langer winterlicher Unbenutzbarkeit und des Saumpfadcharakters der Verbindungswege nur für einen bescheidenen Warenaustausch zwischen Indien und Tibet von Bedeutung gewesen. Auch in den birmanischen Randketten gibt es praktisch keine Übergänge. Die einzige Lücke in dem so schwer zu überwindenden Gebirgsrahmen liegt im äußersten Nordwesten des Subkontinents: der nur 1072 Meter hohe Khyberpaß, durch den zu allen Zeiten Eroberer und ganze Völkerschaften nach Indien eingedrungen sind. Das Tal des Kabulflusses war die Leitlinie dieser Invasionen. Die Bedeutung der weitaus größeren Talzüge des Indus, Ganges, Brahmaputra und der zahlreichen vom Himalaja ins nordindische Tiefland herabziehenden Flüsse ist ganz anderer Art. Sie sind die Sammler allen Wassers, das nach Monsunregen und Schneeschmelze vom Hochgebirge abfließt, das im Verlauf von Jahrmillionen den weitgespannten Senkungstrog vor dem sich heraushebenden Hochgebirge mit dessen Abtragungsschutt füllte und das früher wie heute die Lebensgrundlage für die in den großen nordindischen Ebenen siedelnden und Feldbau treibenden Menschen darstellt.

Die Ebenen des Ganges, Brahmaputra und Indus

Die Mächtigkeit der in der Vorsenke des Himalaja abgelagerten Sedimente wird auf mehrere Tausend Meter geschätzt. Die außergewöhnliche Höhe des Gebirges und dessen geringe Entfernung zu der nahezu auf Meeresniveau gelegenen Erosionsbasis bedeuteten hohe Reliefenergie und entsprechend starke Abtragsleistung. Mächtige Schwemmfächer bauten sich am Gebirgsaustritt der

Flüsse in den Geosynklinaltrog vor, verwuchsen allmählich seitlich mit den Schuttkegeln benachbarter Flüsse und drängten den Ganges weit nach Süden ab. Da der Strom von natürlichen Uferdämmen begleitet wird, werden die Unterläufe der Nebenflüsse Hunderte von Kilometern nach Südosten verschleppt, bevor sie in den Ganges münden können.

Die Schwemmfächer bilden einen 25–50 Kilometer breiten Übergangssaum zwischen Gebirgsfuß und Stromebene und werden »Bhabar« genannt. Infolge der Wasserdurchlässigkeit der gebirgsnah abgelagerten Schotter und Sande sind die oberen Bhabarflächen trocken und für den Ackerbau wenig geeignet. Das versickernde Wasser tritt jedoch weiter abwärts auf der tonigen Unterlage der Schotter in Quellhorizonten wieder zutage und führt zur Entstehung von ganzjährig feuchtem, früher malariaverseuchtem Niederungsland, den sogenannten »Terais«. Die mehrmalige eustatische Absenkung des Meeresspiegels während der pleistozänen Eiszeiten führte dank der Tieferlegung der Erosionsbasis zu einer kräftigen Zerschneidung der Schwemmfächer, so daß diese in mehr oder weniger nordsüd streichende Riedel aufgelöst wurden. Eingelagerte Eisen- und Kalkausscheidungen verfestigen die Schottermassen und schützen sie vor Abspülung. Solche Schotter mit »Kankar«-(Kalk-)Horizonten stellen im Gangestiefland den einzigen festen Baugrund dar. Die Siedlungskontinuität von Benares oder Patna beruht auf dieser Tatsache.

Weiter im Osten, am Himalajarand von Sikkim und Bhutan, werden die trichterförmigen Öffnungen der in tiefen Kerbtälern auf die bengalische Ebene austretenden und in den Brahmaputra mündenden Flüsse als »Duars« (vom Hindiwort *dār*) bezeichnet, was »Tor« oder »Zugang« bedeutet. Die Bezeichnung hat sich dort auf die gesamte von den breiten Schottertälern der Himalajaflüsse zerschnittene Gebirgsfußfläche übertragen. Einst waren sie von dichten Salwäldern (Shorea robusta) bedeckt, heute tragen die trockenen höheren Platten von Schattenbäumen durchsetzte ausgedehnte Teeplantagen, stellenweise auch Sal- und Teakanpflanzungen. In der Monsunzeit schwellen die im Frühjahr schmalen Flüsse zu gewaltigen Strömen an, die dann die ganze Breite der Schotterbetten einnehmen, häufig auch weit über deren Ufer treten, Kulturland und Siedlungen verwüsten. Es ist das gleiche Bild, das sich auch in der 200–400 Kilometer breiten Gangesebene zur Hochwasserzeit bietet.

Mit einem Einzugsgebiet von 1125 Millionen Quadratkilometern und einer Länge von 2 700 Kilometern ist der Ganges der Hauptstrom Indiens. Er ist zugleich der heilige Fluß der Hindus, an dem die vielbesuchten Pilgerstätten Gangotri, Hardwār, Allahābād und Benares liegen. Hardwār ist der Wallfahrtsort, an dem der in 4 200 Meter Meereshöhe im Westhimalaja entspringende Fluß die Siwaliks durchbricht und das nordindische Tiefland erreicht. Bei Allahābād vereinigt er sich mit dem über 1 000 Kilometer zu ihm parallel verlaufenden Yamunā, an dessen rechtem Ufer Delhi und Agra liegen. In windungsreichem Lauf, oft sich netzförmig vergabelnd und Inseln bildend, nimmt der nunmehr im Mittel 13 000 Kubikmeter pro Sekunde, zu Zeiten des Höchststandes bis 73 000 Kubikmeter pro Sekunde Wasser führende Strom seinen Weg nach Osten, bis er nach Umfließen eines nordöstlichen Ausläufers des Dekkanplateaus scharf nach Süden abbiegt und sich zusammen mit dem die gleiche Richtung einschlagenden Unterlauf des Brahmaputra in den Golf von Bengalen ergießt. Über 15 Millionen Tonnen Sinkstoffe schüttet allein der Ganges jährlich ins Meer und hat zusammen mit

dem Brahmaputra ein Delta von 86 000 Quadratkilometer Fläche aufgebaut. Die Sundarbans, sein bis 130 Kilometer breiter Außensaum, sind ein hochamphibisches, von Mangrovedickichten durchzogenes Schwemmland, das nahezu alljährlich Springfluten, Fluß- oder Monsunregenüberschwemmungen ausgesetzt ist. Hauptmündungsarm des Ganges ist der Hooghly, an dem Calcutta liegt.
Die nur ganz allmählich nach Westen ansteigende Gangesebene verengt sich in der geschichtsträchtigen »Pforte von Delhi« auf nahezu 150 Kilometer. Ganges- und Industiefland gehen hier unmerklich ineinander über.
Die Wasserscheide zwischen dem in den Ganges mündenden Yamunā und dem zum Indus fließenden Sutlej erreicht nur 220–320 Meter Meereshöhe. Das rund 130 Kilometer breite Wasserscheidengebiet zwischen beiden Strömen ist oberirdisch abflußlos. Die wenigen in dieser Region von den Siwaliks herabkommenden Flüsse führen nur während der sommerlichen Regenperiode (Juni–September) Wasser und verlieren sich während des längsten Teils des Jahres im Sand.
Der Indus ist zwar länger als der Ganges (3 180 Kilometer), sein Einzugsgebiet (960 000 Quadratkilometer) jedoch kleiner als das des »heiligen Stroms«. Vor allem aber bleibt der Indus in seiner Wasserführung weit hinter dem Ganges zurück. Sie erreicht in Hochwasserzeiten 10 000 bis maximal 30 000 Kubikmeter pro Sekunde (was etwa der normalen mittleren Wasserführung des Ganges entspricht) und sinkt bei Niedrigwasser auf 4 500 Kubikmeter pro Sekunde ab. Dies beruht darauf, daß der Strom über weite Strecken ein Trockengebiet durchfließt, in dem er keine Zuflüsse erhält, so daß der Wasserverlust durch Verdunstung und Versickerung bei weitem überwiegt.
Der Indus entspringt auf etwa 5 000 Meter Höhe im Transhimalaja, durchbricht nach mehrfacher Änderung seiner Laufrichtung in tiefen Schluchten die Ketten des Hohen und Vorderen Himalaja und tritt in etwa 200 Meter Meereshöhe in das Becken von Peschawar ein. Dessen südlichen Sperriegel, die östlichen Ausläufer des Safed-Koh-Gebirges, überwindet der Strom in der berühmten Enge von Attock, die einst Alexander der Große (326 v. Chr.), Tīmūr-i Leng (1 397) und Nadir Šāh (1 738) als Übergang auf ihren Indienzügen benutzt haben.
Jenseits der Enge erreicht der Indus den Panjab, das »Fünfstromland«, wie sein persischer Name besagt. Jhelum, Chenab, Ravi, Beas und Sutlej, die sich zu dem kurzen Lauf des Pañjnad (»Fünffluß«) vereinigen, sind die fünf großen Flüsse, die dem Indus außerhalb des Himalaja die Hauptwassermengen zuführen.
Alle Flüsse des Panjab fließen in breiten Talauen, auf denen sie sich häufig in mehrere Arme verzweigen. Die Talaue des Chenab ist fast 50 Kilometer, die des Ravi 30 Kilometer breit. Die im Feldbau genutzten weitgespannten Riedelflächen zwischen den spitzwinklig aufeinander zustrebenden Flüssen werden nach den persischen Wörtern *do* (zwei) und *āb* (Wasser) »Doābs«, das heißt »Zweistromland« genannt. Die Ackerplatten liegen nur

Linke Seite: Die weitgespannte, flachwellige Rumpfflächenlandschaft ist typisch für das Hochland des aus Gneisen und Graniten bestehenden Dekkan. Die vereinzelt auftretenden Inselberge haben mit ihrem ebenen Gipfelplateau die Form von riesigen Felskuppeln.

Oben: Wo einst im alten Indien dichter Urwald herrschte, breitet sich heute eine großteils versandete Landschaft aus. Kahle Baum- und Buschgrasländer, die nicht selten in Wüsten übergehen, sind für weite Teile des Subkontinents kennzeichnend.

fünf bis fünfzehn Meter über den Talauen, so daß der Grundwasserspiegel in geringer Tiefe ansteht und durch Brunnenbauten erschließbar ist.

Von der gemeinsamen Mündung der Panjabflüsse bis zu seinem Delta im Arabischen Meer durchzieht der Indus als echter »Fremdlingsstrom« die Ebene. Östlich von ihm liegt die wasserlose Wüste Thar, und auch die aus den Gebirgen Belutschistans ins Industiefland herabziehenden Trockentäler führen nur nach starken Regenfällen für einige Tage Wasser, das den Strom nicht erreicht.

Die durchflossene Landschaft heißt Sind nach dem indischen Namen Sindhu, den die Bewohner des Landes ihrer Lebensader gaben. Der heutige Name Indus ist keine Gräzisierung dieses alten Sanskritwortes, sondern die von den Griechen übernommene persische Bezeichnung des Flusses. Wie Herodot Ägypten ein Geschenk des Nils nannte, ist alles Kulturland im Trockengebiet am Westrand des Subkontinents ein Geschenk des Indus. Er ermöglichte die Entwicklung der dreieinhalb bis viereinhalb Jahrtausende alten Induskultur.

Im Unterschied zu dem in ein enges Kastental gezwängten Nil wird der Indus unterhalb der Enge von Attock in seiner Bewegungsfreiheit kaum behindert. Zwar durchbricht der Strom bei Sukkur-Bukkur einen von den westlichen Gebirgen isolierten Rücken aus Nummulitenkalk, aber weder dieses »Tor von Sukkur-Bukkur« noch der Kalkklotz Ganjo Takkar bei Hyderābād oder die Makli Hills, an deren Fuß Tattā entstand, die vom 14. bis 18. Jahrhundert bedeutendste Hafenstadt des Indusdeltas, stellen Fixpunkte dar, durch die die Laufrichtung des Stromes für alle Zeiten bestimmt worden wäre. Die auf hohem, festem Baugrund entstandenen Städte Attock, Sukkur und Hyderābād sind denn auch die einzigen im Tal des Indus, die durch dessen Laufänderungen niemals ernstlich bedroht wurden.

Ursache für die häufigen Flußlaufverlegungen waren die sommerlichen Hochwasser in Verbindung mit der durch Uferabbrüche verstärkten Sedimentführung. Im März, bei Einsetzen der Schneeschmelze im Himalaja, von Mitte Juni bis September durch Monsunregen verstärkt, beginnt der Indus anzuschwellen, steigt im Juli bis 15 Meter am Beginn des Deltas bis vier Meter über seinen Normalstand und überflutet die bis zu 150 Kilometer breite Schwemmlandebene. Die Wasserführung der Panjabflüsse steigt auf das 20- bis 40fache ihres Niedrigstandes, ihre Breite wächst auf das 10- bis 20fache, und die Stromgeschwindigkeit verdoppelt sich. Im Oktober hat sich das Hochwasser in der Regel verlaufen, aber keineswegs immer kehrte der Strom früher in sein altes Bett zurück. Von Mithankot bis

Oben: Wenn der Banyan-Baum, der von den Indern seit ältester Zeit als heiliger Baum verehrt wird, seine bis zum Durchmesser von Baumstämmen dicken Luftwurzeln entsendet, kann er das Aussehen eines kleinen Wäldchens annehmen.

Unten: Ein blühendes Zuckerrohrfeld des im Hinterland lange unerschlossen gebliebenen Staates Orissa. Das saftige Mark dieser schilfartigen Graspflanze wurde schon im alten Indien verwertet.

Rechte Seite: Von Kokospalmen gesäumtes Watt in der Küstenebene von Kerala. Im Hintergrund sind die für das tropische Klima Indiens typischen Mangrovedickichte sichtbar.

zum Meer hat er auf 1 000 Kilometer Entfernung, einem Drittel seiner Gesamtlänge, nur ein Gefälle von 67 Metern. Im Flachland wurden daher durch die starke Sedimentation immer wieder alte Stromrinnen verbaut, so daß sich der Fluß neue Wege zur Küste suchen mußte.
In der Hochwasserzeit enthält ein Kubikmeter Induswasser zweieinhalb Kilogramm Sinkstoffe, fast dreimal soviel wie der Nil. Jährlich transportiert der Strom etwa 165 Millionen Tonnen lehmig-sandige Sedimente. Sie werden teils auf der Stromaue, teils im Delta abgelagert, dessen Front sich seit der Alexanderzeit um 60–100 Kilometer in das Arabische Meer vorgeschoben hat. Insgesamt nimmt das Indusdelta eine Fläche von 18 000 Quadratkilometern ein und ist damit um ein Viertel kleiner als das Nildelta (24 000 Quadratkilometer). Zahl und Bedeutung der Mündungsarme haben im Verlauf der Geschichte gewechselt. Nachweisbar sind mindestens vierzehn zeitweise vom Strom benutzte Auslässe. Heute existiert nur noch ein breiter Mündungsarm neben zwei schmaleren Rinnen.

Das Plateau- und Trappdeckenland des Dekkan

Ohne scharfe Begrenzung steigt südlich der Gangesebene ein Berg- und Hügelland an, dessen Gerippe aus ost-west beziehungsweise nordost-südwest streichenden Höhenzügen besteht. Ihre drei Hauptglieder sind im Nordosten das bis nach Bengalen vorstoßende Massiv von Choto Nagpur mit den reichsten Kohlelagern Indiens, im Nordwesten die im Mount Abu (1 722 Meter) gipfelnden Aravallis und im Süden das steil zum Narbadagraben abbrechende Vindhyagebirge. Die aus Kristallin und Quarziten aufgebauten Aravallis ziehen sich von Südwest nach Nordost und durchragen mit ihren nördlichsten Ausläufern (Delhi Ridge) die jungen Sedimente des nordindischen Tieflands. Sie bilden als fester Baugrund und in beherrschender strategischer Lage den idealen Standort für die Hauptstadt der Indischen Union und die ihr vorangegangenen Gründungen der »sieben Delhis«. Das vom Mālwāplateau sanft nach Süden ansteigende, dann aber in einem imposanten Bruchrand am Narbadagraben endende Vindhyagebirge bezeichnet die topographisch klare Grenze zum Dekkan.
Der Dekkan ist eine gewaltige kristalline Scholle von 1,25 Millionen Quadratkilometer Fläche, die die gesamte indische Halbinsel einnimmt und zu der strukturell auch noch Ceylon (Sri Lanka) gehört. Der aus dem Sanskrit abgeleitete Name bedeutet »Südland« und bezog sich ursprünglich nur auf den schmalen Südzipfel, wird aber seit langem für den Gesamtkomplex der aus Graniten, Gneisen, kristallinen Schiefern und Quarziten bestehenden, zum Teil von basaltischen Trappdecken überzogenen alten Masse gebraucht. Der Dekkan ist ein Stück des vor 150–200 Millionen Jahren (Jurazeit) zerbrochenen und auseinandergedrifteten Urkontinents, zu dem auch Australien, Madagaskar und Südafrika gehörten. Dieser zerfallene alte Südkon-

tinent wurde nach einer historischen indischen Landschaft (Gondwānaplateau südlich des Choto-Nagpur-Gebirges) »Gondwānaland« genannt.
Als ein plateauartiges Hochland von 600 Meter mittlerer Höhe dacht sich der Dekkan sanft von Westen nach Osten ab und steigt nach Süden allmählich an. In den Gneiskuppeln der Nilgiris (2636 Meter) und des Anai Mudi (2695 Meter) – beide im besonders hoch herausgehobenen Westrand der Scholle – erreicht es seine höchsten Erhebungen. Wo Gneise und Granite an der Oberfläche anstehen, stellt der Dekkan ein weitgespanntes, flachwelliges Rumpfflächenland dar, das vereinzelte oder in Schwärmen auftretende Inselberge überragen. Sie haben die Form von Felskuppeln, sitzen dem Plateau häufig mit scharfem Gehängeknick auf und erweisen sich, besonders wenn sie ein fast ebenes Gipfelplateau besitzen, als Abtragreste höherer, älterer Rumpfflächensysteme.
Gelbe und rote Verwitterungsböden bedecken die aus kristallinen Gesteinen bestehende Landoberfläche. Für die ausgesprochen wechselfeuchten Gebiete sind Lateritkrusten charakteristisch. Sie enthalten Eisenoxyd, sind entsprechend hart und machen jeglichen Feldbau unmöglich. In tieferen Bodenhorizonten hingegen sind die Latosole plastisch, verhärten jedoch schnell bei Luftzufuhr. Seit alten Zeiten wird daher der noch weiche Laterit im Format von Bausteinen abgestochen und nach Verhärtung für Bauzwecke verwendet. Viele historisch bedeutsame Bauten Zentral- und Südindiens bestehen aus Laterit.
In weiten Bereichen des Dekkan liegen die alten Gesteine tief unter ausgedehnten jüngeren Trappdecken begraben. Als »Trapp« bezeichnet man verfestigte, ursprünglich dünnflüssige basaltische Laven, die in Spalten aus dem Erdinneren aufgedrungen sind und sich flächenhaft ausgebreitet haben. Zu solchen Spaltenergüssen kam es durch Zerrungen und Bruchbildungen in der nach Norden driftenden Gondwānascholle zu wiederholten Malen seit der späten Kreidezeit. Während eruptiver Ruhephasen lagerten sich Süßwassersedimente auf der Basaltdecke ab, bevor sie erneut von Lava überflossen wurde. So entstand auf einer Fläche von 500 000 Quadratkilometern im Nordwesten und in der Mitte des Dekkan eine Trappdecke, die bis zu 1800 Meter Mächtigkeit erreicht. Längst ist dieses einst geschlossene Plateau durch die Erosion in treppenartig gegliederte Schichtstufenlandschaften, kleine Plateaus und Tafelberge aufgelöst, die durch ihre Steilränder hervorragende Schutzlagen boten. Sie wurden zu bevorzugten

Plätzen für den Bau von Burgen, Klöstern und Wehrsiedlungen unterschiedlichster Größe. In den Basalt der Trappdecke meißelten Mönche die berühmten Felsentempel von Ajaṇṭā und Elūrā. Dort kann man an den Wänden der Lava Entgasungsblasen sehen, die mit ausgeschiedenen Mineralien gefüllt sind – mit Karneolen und Türkisen, wie man sie in den Halbedelstein-Intarsien der Mogulbauten oder in den Schmuckstücken indischer Frauen bewundern kann. Die Basaltlaven verwittern zu fruchtbaren, besonders für den Getreide- und Baumwollanbau geeigneten schwarzerdartigen Böden, dem sogenannten Regur.

Kristalliner Sockel und Trappdecke sind am Westrand des Dekkan höher herausgehoben als im Osten. In einem 1000–1600 Meter hohen Bruchrand stürzen die Westghats zur schmalen Malabarküste ab. Sich vom Meer her einschneidende kurze Täler haben die Westghats in eine großartige Schichtstufenlandschaft mit Ausliegern und Zeugenbergen verwandelt. Die Westghats stellen die Hauptwasserscheide der Dekkanscholle dar. Alle Flüsse ziehen in breitsohligen Talmulden ohne Mitführung grober Schotter auf der gefällsarmen Ost-Südost-Abdachung zur Koromandelküste, durchbrechen den im Mittel nur 300–500 Meter hohen und weniger geschlossenen Zug der Ostghats und queren die hier wesentlich breiter (bis 120 Kilometer) als im Westen ausgebildete Küstenebene, bevor sie in den Golf von Bengalen münden.

Klima und Wasserhaushalt

Indien ist neben Ostasien das klassische Monsunland der Erde. Das arabischeWort *mausim* (Jahreszeit) kennzeichnet den Monsun als einen Jahreszeitenwind. Im Sommer stößt der durch die Erhitzung des Subkontinents abgelenkte äquatoriale Westwind als Südwestmonsun bis zum Himalaja vor, im Winter weht der Nordostmonsun als Teil des Nordostpassats in der umgekehrten Richtung. Während sich der Sommermonsun über dem Indischen Ozean mit Feuchtigkeit belädt und zum Hauptregenbringer wird, ist der festländische Wintermonsun ein trockener Fallwind, der sich erst auf seinem Weg über den Golf von Bengalen mit Wasserdampf anreichert und nur der südlichen Ostküste Indiens (Tamilnāḍu) Niederschläge bringt. Er weht von Januar bis März. Die windstillen Monate April und Mai sind als Vormonsunzeit die trockenste und heißeste Jahreszeit, die nur durch gelegentliche Gewitterstürme unterbrochen wird. Ab Ende Mai/Anfang Juni wartet die bäuerliche Bevölkerung Indiens auf den »Ausbruch« des regenspendenden Südwestmonsuns. Der »große Regen« kann schlagartig mit Wolkenbrüchen einsetzen, sich über Wochen verzögern oder zu früh enden. Dann sind Dürre, vertrocknete junge Saaten, Mißernten und Hungersnöte die Folge. Die eigentliche, von Süden nach Norden fortschreitende Monsunzeit dauert von Juni bis September. Im Oktober nimmt die Niederschlagshäufigkeit ab, zuerst im Norden, später mit der Südverlagerung der äquatorialen Westwindzone auch im südlichen Dekkan. Klarer Himmel und schönes Wetter kennzeichnen den November und Dezember. So unterscheiden die Inder drei Hauptjahreszeiten: die trockenheiße Vormonsunzeit, die feuchtwarme sommerliche Regenzeit und den kühltrockenen Winter und Vorfrühling.

Der Verteilung von Berg- und Tiefland, Luv- und Leeseiten entsprechend erhalten die einzelnen Teilgebiete des Subkontinents sehr unterschiedliche Niederschlagsmengen. An der windexponierten Flanke der Westghats fallen jährlich im Mittel 1500–2500 Millimeter, im Khasiagebirge Assams, das die hochamphibische Deltalandschaft von Ganges und Brahmaputra im Norden begrenzt, werden noch weit höhere Niederschlagsmengen gemessen. Dort liegt Cherrapunji, mit einem Jahresmittel von 11000 Millimetern und einem registrierten Höchstwert von fast 23000 Millimetern der regenreichste Ort der Erde. Auch in der Gangesebene wirkt sich der Stau des Himalaja in hohen Niederschlagswerten aus, die sich jedoch von Osten (Patna 1070 Millimeter) nach Westen (Delhi 690 Millimeter) kontinuierlich verringern. Im Windschatten der Gebirge hingegen, besonders der Westghats, gehen bei föhnartiger Erwärmung der abgeregneten Luft die Jahressummen schnell zurück: im Inneren des nördlichen Dekkan auf 1200–800 Millimeter, in dessen Süden auf nurmehr 600–300 Millimeter.

Die trockensten Gebiete Indiens liegen dort, wo der Südwestmonsun parallel zu den westlichen Randketten in den Subkontinent hineinweht, in der Indusebene. Im Sind sinken die Niederschläge auf 150–75 Millimeter ab, und Rājasthān mit der Wüste Thar ist praktisch regenlos. Im Panjab steigen die Regenmengen dann wieder auf 250–500 Millimeter an.

In den Trockengebieten herrschen denn auch die höchsten Temperaturen mit Tagesmaxima von über 40°C, während in der kühlen Winterzeit das Thermometer bis unter die Frostgrenze absinken kann. Im Dezember ist es in Delhi nachts und morgens empfindlich kalt. In den regenreichen Gebieten verläuft der Gang der Temperaturen ausgeglichener. Dort bleiben sie im wärmsten Monat im Mittel knapp unter 30°C. Unangenehmer als die tropische Hitze sind in der Monsunzeit hohe Luftfeuchtigkeit und Schwüle. Ausschlaggebend für den Wasserhaushalt des Landes sind drei Faktoren: die Gesamtmenge der örtlichen Niederschläge, deren jahreszeitliche Verteilung (immerhin fallen fast 90 Prozent während der vier Monsunmonate) und das Verhältnis von Niederschlag zu Ver-

Küstenlandschaft auf Ceylon. Die ersten Aufzeichnungen über die Insel Ceylon, deren Sanskrit-Bezeichnung Lankā *lautet, stammen aus dem 6. Jahrhundert v. Chr. Zu dieser Zeit sollen die indoarischen Singhalesen über See eingewandert sein. Im 3. Jahrhundert v. Chr. breitete sich der Buddhismus auf Ceylon aus. Wie im Altertum sind die Bewohner der sandigen Küstenebenen heute noch auf Fischfang und den Ertrag der Kokospalmen angewiesen.*

dunstung. Je trockener ein Gebiet ist, um so verheerender wirken sich schon geringe Rückgänge der jährlichen Regenmengen auf die Ernteergebnisse aus. In den feuchteren Regionen sind die Folgen weniger spürbar. Entscheidend für die Wasserbilanz ist das Ausmaß der Verdunstung. Erfahrungen zeigen, daß nur in Gebieten mit mehr als 1500 Millimeter Niederschlag ein relativ risikofreier Regenfeldbau betrieben werden kann. In allen anderen Teilen Indiens, in denen die Verdunstungswerte die des Regenfalls übersteigen, sind künstliche Bewässerung und notwendigerweise eine Terrassierung der Ackerflächen erforderlich.

Aber es gibt in manchen Jahren während der Monsunzeit auch ein Zuviel des Wasserangebots mit katastrophalen Überschwemmungen und – bis die Flüsse wenigstens zum Teil eingedeicht wurden – mit Stromlaufverlegung. Im September 1988 setzten starke Monsunregen drei Viertel von Bangladesch unter Wasser, ein sich in vielen Jahren wiederholendes Ereignis. Die Regenüberflutungen können noch verstärkt werden, wenn im Herbst über dem südlichen Golf von Bengalen zyklonale Störungen entstehen, die als vernichtende tropische Wirbelstürme bis in das Ganges-Brahmaputra-Mündungsgebiet vorstoßen und dort das Zerstörungswerk vollenden.

Pflanzenkleid und Tierwelt

In der erwarteten tropischen Üppigkeit erlebt der Besucher das Landschaftsbild Indiens nur an wenigen, meist schwer zugänglichen Stellen. Der größte Teil des Subkontinents ist eine dicht besiedelte, intensiv mit Reis, Weizen, Hirse, Mais und anderen Feldfrüchten bebaute »Kulturlandschaft«. Sie gleicht während eines großen Teils des Jahres eher einem staubigen, graubraunen, wald- und baumarmen Hügelland. Nur die künstlich bewässerten grünen Felder bieten einen freundlicheren Anblick.

Die ursprüngliche Vegetation ist weitgehend mit Nutzpflanzen bestellten Flächen gewichen. Reste des immergrünen tropischen Regenwaldes finden sich in Gebieten mit mehr als 2 000 Millimeter Niederschlag im östlichen Vorhimalaja, in Assam und in den Westghats. Es ist ein von mächtigen Baumgestalten und Bambus durchsetzter immergrüner Hochwald, in den sich mit zunehmender Meereshöhe winterkahle Arten mischen. Der großblättrige Teak- und der Salbaum liefern das wirtschaftlich wertvollste Holz. Auf die Trockenzeit eingestellte laubabwerfende Feuchtwälder waren einst im Nordosten des Dekkan, an den Steilhängen der Westghats und im Himalajavorland weit verbreitet. Am stärksten von der Vernichtung betroffen wurde der auf nur 500–1 000 Millimeter Niederschlag angewiesene laubabwerfende Trockenwald, der große Areale des inneren Dekkanplateaus einnahm. Heute ist dies eine von Buschwerk durchsetzte steinige Savanne oder – wo Feldbau betrieben wird – offenes Land mit einzelständigen höheren Schattenbäumen, Borassuspalmen (Borassus flabellifer) und Tamarinden (Tamarindus indica). Sinken die Niederschläge unter 500 Millimeter ab, überzieht nur noch Dornbuschsteppe das Land wie im Panjab. Dort grenzen die künstlich bewässerten Ackerflächen der Talauen und Doābs unmittelbar an das mit Dornsträuchern, verkrüppelten Akazien, Tamarisken und dickfleischigen Euphorbien bedeckte Ödland. In Rājasthān schließlich geht die Dornstrauchsteppe in die Halbwüste und die Wüste Thar über, zu deren Entstehung allerdings auch der Mensch durch Überweidung und Abholzung der wenigen Bäume beträchtlich beigetragen hat.

Linke Seite außen: Typisches Dorf in Nordindien mit Weizenanbau auf Terrassenfeldern, die überall dort erforderlich sind, wo die Verdunstungswerte die des Regenfalls übersteigen.

Linke Seite innen: Wo immer genügend Feuchtigkeit vorhanden ist, wird – wie hier in den fruchtbaren, weil regenreichen Küstenebenen von Mahārāṣṭra – Überschwemmungsreis angebaut.

Oben: Ländliche Idylle in der Nähe eines Dorfes im heute noch waldreichen Orissa. Hier ist der mittlerweile in allen Tropenländern kultivierte Mangobaum beheimatet, in dessen Schatten die Menschen hier seit ältester Zeit ihre Lehmhäuser errichten.

Oben rechts: Eine große Teeplantage bei Ooty. Ceylons und Indiens weltberühmte Teegärten wurden erst unter der britischen Herrschaft im Laufe des 18. und 19. Jahrhunderts angelegt.

Folgende Doppelseite: Das imposanteFelsenmassiv von Mahābalipuram. Hier, unmittelbar am Meeresstrand südlich von Madras, wurden das berühmte Felsrelief von Mahābalipuram, die Höhlen und auch ganze Tempel aus dem Granitrücken herausgemeißelt.

Die Küsten Indiens begleiten Säume von Kokospalmen. Für die Ostküste ist besonders die Talipotpalme (Corypha umbraculifera) charakteristisch, deren riesige Blätter in jene schmalen Streifen zerschnitten werden, auf denen unzählige indische Handschriften erhalten sind. Selbst das von den Muslimen eingeführte Papier hat sie bis in jüngere Zeit nicht völlig überflüssig gemacht. Die Watten am Außenrand der Deltas und vor der Koromandelküste nehmen Mangrovedickichte ein. Landeinwärts folgen im Indusdelta Tamariskengebüsche und Elefantengras, im Delta von Ganges und Brahmaputra schwer zugängliche Bambuswälder. Sie repräsentieren neben den feuchttropischen Bergwäldern am ehesten das, was man in Europa unter dem Begriff »Dschungel« versteht. Die Inder gebrauchen jedoch das Hindiwort *jaṅgal* für jegliche Art von »Wald«, selbst für Trocken- und Dornbuschwald. Daher lassen sich auch keine genaueren Angaben über den Umfang der indischen Waldareale machen, weil die Statistiker sogar dürftigste Dornbuschflächen in ihre Berechnungen einbeziehen.

Einige typische indische Baumarten, die im kultischen Leben eine Rolle spielen, genießen besondere Verehrung und Schutz: der Bobaum (Ficus religiosa), unter dem Buddha erleuchtet wurde, und der Banyan (Ficus benghalensis), der zahllose Luftwurzeln bis zum Durchmesser von Baumstämmen zur Erde entsendet, so daß ein einzelner Baum das Aussehen eines schattigen Wäldchens erhält. Geschätzt wird das wohlriechende Sandelholz (Santalum album) zur Möbelherstellung und für kultische Zwecke. Der Gummibaum (Ficus elastica) ziert Gärten und Parks, und die Betelpalme (Areca catechu) liefert die Nüsse, die, zusammen mit Kalk und Blättern des Betelpfeffers (Piper betle) genossen, ein beliebtes Stimulans sind.

Das Schwinden der Wälder hatte eine entsprechende Dezimierung der heimischen Tierarten zur Folge. Großtiere wie Elefant, Nashorn und Büffel kommen wild nur noch in den Regenwäldern Südindiens und in der tropischen Bergwaldstufe des Himalaja vor. Noch im 16. Jahrhundert wurde das einst bis nach Sind verbreitete Nashorn in der Gegend von Peschawar gejagt. Bildliche Darstellungen auf Rollsiegeln aus der Zeit der Indus-Hochkultur zeigen Tiger, Elefanten, Nashörner und Hirscharten, die heute in der halbwüstenhaften Umgebung nicht mehr vorkommen. Von den großen Raubkatzen ist der mähnenlose Löwe so gut wie ausgestorben. Letzte Exemplare leben im Girwald auf der Halbinsel Kāthiāwār. Tiger und Panther hingegen scheinen, obwohl Fürsten und Bauern sie seit alters jagen, noch nicht von der Ausrottung bedroht zu sein. Besonders gefürchtet ist der Bengalitiger. Affen in zahlrei-

Oben: Elefantendarstellungen fanden sich schon auf den Siegeln der Induskultur. Doch teilt die Fauna ihr Schicksal mit der natürlichen Vegetation: Die rigorose Abholzung, bei der der Elefant auch heute noch als Arbeitstier eingesetzt wird, hatte eine krasse Dezimierung der Tierarten zur Folge. Von höchster Bedeutung ist die Rolle des Elefanten in den alten Mythen und Legenden der Inder; berühmt ist er als Reittier des Götterkönigs Indra, und auch der dickbäuchige Gott Gaṇeśa, Sohn Śivas und Pārvatīs wird elefantenköpfig dargestellt.

Unten: In Indien wurden in der vedischen Zeit Tiere vergöttlicht. Auch der Wasserbüffel – ein bedeutendes Nutztier – hat in den Hindu-Religionen symbolhaften Charakter.

Rechte Seite oben: Der gefürchtete bengalische Tiger ist nach wie vor in Indien noch nicht von der Ausrottung bedroht, obwohl er seit Jahrhunderten bejagt wird.

Rechte Seite Mitte: In den Opferkulten des alten Indien spielte der Wildbüffel, eine Personifizierung des Dämons Mahiṣa, eine bedeutende Rolle.

Rechte Seite unten: Der Affe wird in Indien als Verkörperung des Gehorsams und als tapferer Krieger verehrt, in Anlehnung an den weisen Affen Hanumān.

chen Arten und Unterarten sind in ganz Indien verbreitet, gelten, wie die Hanumāns, als heilig und spielen in den frühindischen Epen eine große Rolle. In den offenen Landschaften leben Gazellen und Antilopen und als Aasvertilger Schakale und Hyänen. Der zierliche gefleckte Axishirsch bereichert weltweit die zoologischen Gärten. Buckelrinder (Zebus), Wasserbüffel und Schafe beherrschen das Bild der ländlichen Kulturlandschaft. »Heilige Kühe« fehlen selbst nicht auf den Straßen der großen Städte und suchen sich auch in den blumengeschmückten Tempelanlagen ihr Futter.

Von den vielen Schlangenarten sind Königskobra und die große Python am bekanntesten. Ihr Todfeind, der Mungo (Ichneumon), genießt im Volk bei der allgemein verbreiteten (meist unbegründeten) Schlangenfurcht Pflege und Verehrung. Reich vertreten ist die Vogelwelt mit Papageien, Sittichen, Webervögeln und vielen auch in Europa verbreiteten Arten. In Scharen auftretende lärmende Krähen fehlen ebensowenig wie Spatzen, Meisen, Spechte, Falken und Habichte. Hinzu kommen Kraniche, Reiher und der schönste aller Großvögel, der Pfau, der in ganz Indien heimisch ist. Die einst die Flüsse bevölkernden Krokodile und Warane sind fast ganz der Handtaschenindustrie zum Opfer gefallen. Beliebteste Kleinechsen sind die munteren Geckos, die man an den Zimmerwänden beim Insektenfang beobachten kann, am meisten gefürchtet werden die Wanderheuschrecken, die besonders in den Trockengebieten die Ernten bedrohen, und nicht zuletzt die Moskitos als Überträger der Malaria.

Stromlandschaften und Lebensräume im historischen Wandel

Die Gangesebene ist heute die am dichtesten besiedelte und landwirtschaftlich am intensivsten genutzte Kernlandschaft der Indischen Union. Diese herausragende Stellung hat sie erst seit der Mogulzeit (1526–1707). Bis zum Beginn des 16. Jahrhunderts reichten die ausgedehnten Salwälder der Himalajavorberge noch weit bis in die Gangesebene hinein. Der Strom wird bis zu dieser Zeit in Hochwasserperioden mancherlei Laufverlegungen und Verlagerungen erfahren haben, aber diese Ereignisse spielten sich in einem bis dahin kaum bewohnten Dschungel ab und haben keine größeren Siedlungen betroffen. Die wenigen alten Städte, wie Benares (Vārāṇasī), dessen Existenz seit Anfang des 1. Jahrtausends v. Chr. nachweisbar ist, und die im 5. Jahrhundert v. Chr. gegründeten Städte Delhi und Pāṭaliputra (Patna) liegen auf höherem, festem Baugrund und wurden von Stromlaufverlegungen nie betroffen. In Benares allerdings läge das Hochufer ohne den Schutz durch die großen Pilgertreppen im Abbruch, ein kleiner Tempel ist dort in Schieflage geraten.

Rodungen zum Zwecke der Kulturlandgewinnung setzten am frühesten in den weniger dichten Wäldern des niederschlagsärmeren Westens der Ganges-Yamunā-Ebene ein.

Schon zu Zeiten Akbars (1555–1605) waren beträchtliche Teile der Siwaliks entwaldet. Zögernd folgte die Zurückdrängung des Waldes in der östlichen Ebene, erreichte aber dort ihren Höhepunkt erst nach der britischen Besetzung des Landes, als die Salwälder der Gebirgsfußebene Tee- und Teakholzpflanzungen weichen mußten.

Im älteren historischen Verlauf ist zu beobachten, daß immer, wenn eine starke Zentralgewalt die Stammeskriege der Rājas beendete, eine kräftige Siedlungstätigkeit und Erweiterung der Ackerfluren auf Kosten des Waldes einsetzten und umgekehrt in Zeiten des Herrschaftsverfalls Dörfer und Felder verlassen wurden und der Wald dort aufgegebenes Land zurückerobern konnte.

Die Probleme der Indusebene sind ganz anderer Art. Sie ist uralt besiedeltes, offenes Land von Steppen- und Halbwüstencharakter. Seit mit der Entdeckung und Ausgrabung von Mohenjodaro und Harappa (ab 1924) die städtebaulich bedeutendsten Zentren der Indus-Hochkultur gefunden wurden, ist bekannt, daß das Industal zu den großen alten Stromoasen der Erde zählt. Das Kulturland umfaßte die ufernahen Flußauen, deren Grundwassergehölze gerodet werden mußten. Abzweigende Bewässerungskanäle erlaubten aber auch die Nutzung etwas höher gelegenen vegetationsarmen Landes. Doch die Menschen befanden sich in einem ständigen Kampf mit den in Hochwasserzeiten ausufernden Flüssen, die oft nicht wieder in ihr altes Bett zurückfanden, sondern sich andere Abflußbahnen suchten. So sind für den Indus und seine Panjabzuflüsse häufige Laufveränderungen ein bezeichnendes Merkmal. Der Schwemmfächer des Panjab und die zwischen Mithankot und Hyderābād 100–150 Kilometer breite Alluvialebene des Sind werden von alten, zu den heutigen Flüssen mehr oder weniger parallel verlaufenden Strombetten mit aufgegebenen Siedlungen an ihren Rändern und im weiten Umkreis verstreuten Tonscherben durchzogen. Linienartig sich aneinanderreihende verlassene Stadthügel, *theh*, die den *tell* des Vorderen Orients entsprechen, lassen erkennen, daß sie einmal an einem Flußufer gelegen haben. Wichtigste Erkenntnis neuerer Forschungen ist, daß sich der Indus seit der Antike um rund 100 Kilometer nach Westen verlagert hat. Es ist also müßig, die von Arrian im 2. Jahrhundert n. Chr. aufgrund der Augenzeugenberichte von Teilnehmern am Indienzug Alexanders beschriebenen Örtlichkeiten am heutigen Induslauf zu suchen (wie es manche Historiker früher getan haben) – sie liegen alle viel weiter östlich mit Ausnahme des Indusübergangs bei Attock, wo der Strom nach wie vor die gleiche Felsenenge durchbricht.

Auch die meisten Panjabflüsse haben sich im Laufe der Zeit nach rechts verlagert, so daß man geradezu von einem »Gesetz der Westwanderung der Ströme« im Industiefland sprechen kann. Städte, die am rechten Ufer eines Flusses gegründet wurden, können heute auf dessen linker Seite liegen, sogar weit abseits des Flusses, wenn sie nicht überhaupt Opfer einer Laufverlegung geworden sind.

Harappa (2500–1500 v. Chr.) lag an einem alten Lauf des Ravi, dessen Westverlagerung eine der Ursachen des Verfalls der Stadt gewesen sein kann. Auch Mohenjodaro am Indus zeigt Spuren einer Zerstörung durch den Fluß. Die Ausgräber fanden die Ruinenstädte von einer über zehn Meter hohen Schlammschicht bedeckt. Im August 1972 führte ein Indushochwasser zu neuen Zerstörungen. Bahawalpur am unteren Sutlej verlor zeitweise seine Funktion als Flußübergang, weil sich der Strom im 16. Jahrhundert nach Nordwesten verlagerte, bevor er in sein altes Bett zurückfand. Multān, eine der ältesten Städte im Industiefland, hat alle Stürme der geschichtlichen Ereignisse überdauert und ist auch keiner der zahlreichen Laufverlegungen der Panjabflüsse zum Opfer gefallen. Bis gegen Ende des Mittelalters floß der Ravi östlich an Multān vorbei, seitdem mündet er 60 Kilometer nordöstlich der Stadt in den Chenab. Multān war als »Brückenort« am Westufer des Ravi entstanden, geriet dann in eine Spornlage zwischen Ravi und Chenab und liegt heute zehn Kilometer östlich des Chenab. Lahore schließlich lag von Anfang an am östlichen Ufer des Ravi und wurde von der Westwanderung des Flusses nur insofern betroffen, als dieser sich im Laufe der Zeit eineinhalb Kilometer von der Stadt entfernte. Das normalerweise trockenliegende Altwasserbett unterhalb des Forts füllt sich allenfalls noch bei Hochwasser.

Zu schicksalhaften Veränderungen im Siedlungsbild des Indusdeltas kam es infolge der häufigen Laufverlegungen und des Bedeutungswandels der Mündungsarme. Seit dem Altertum ist über ein Dutzend Städte im Indusdelta gegründet worden. Als es Alexander im Jahr 325 v. Chr. erreichte, fand er dort bereits eine größere Siedlung vor: Pattala. Der König ließ die Stadt zu einem Stützpunkt für seine Flotte ausbauen. Unter dem Namen Demetrias lebte sie in der Zeit der griechisch-baktrischen Herrscher fort. Barbarikon war vermutlich eine Vorsiedlung des seit 1958 ausgegrabenen Banbhore. In frühislamischer Zeit entwikkelte sich Debal zum bedeutendsten Indushafen. Nach rund 700jährigem Bestehen wurde er im 13. Jahrhundert durch Lahori Bandar, vor allem aber seit der Mitte des 14. Jahrhunderts durch Taṭṭa abgelöst, das unweit der Verzweigungsstelle wichtiger Mündungsarme auf dem sicheren Grund der Makli Hills als große Handelsstadt und Sitz von vier muslimischen Herrscherdynastien eine Pracht entfaltete, die mit der anderer damaliger Zentren der islamischen Welt vergleichbar war. Als um die Wende des 17. zum 18. Jahrhundert infolge Verschlammung und Versandung der Flußbetten die Bedeutung von Lahori Bandar und Taṭṭa zu sinken begann, kamen andere Deltahäfen auf, aber keiner von ihnen erreichte je den Rang der untergegangenen antiken und mittelalterlichen Städte. Bis auf Taṭṭa, dessen großartige Nekropole aus der Mogulzeit erhalten blieb, der alten Befestigungsmauer von Banbhore und einem Schutthügel mit zerfallenen Lehmbauten an der Stelle von Lahori Bandar ist von diesen einstigen Indushäfen nichts übriggeblieben. Ihr Erbe hat das abseits des Deltas gelegene, viel jüngere Karachi angetreten.

Starke hydrographische Veränderungen vollzogen sich in historischer Zeit im Wasserscheidengebiet zwischen Indus und Ganges. Der flache Rücken ist durchzogen von trockengefallenen Flußläufen. Einst umfaßten diese Landstriche südwestlich der Siwaliks das alte Brahmavarta und Kurukṣetra, die ersten Zentren der indo-arischen Kultur, die sich von hier aus über den ganzen Subkontinent verbreitet hat. Es war das heilige Land der Hindus mit 360 Pilgerstätten. Durch dieses Land floß der in den Hymnen des Ṛgveda oft genannte Fluß Sarasvatī (»Fluß der Seen«). Seit dem Mittelalter ist von der Sarasvatī nur noch ein Trockenbett erhalten, der berühmte »Lost river of Sind«, der einst, wie der zu ihr parallel verlaufende Indus, als echter Fremdlingsstrom ohne weitere Zuflüsse das Meer erreichte. Im Land ist er als Hakra, Ghaggar, Sagar, Sankra, Nara und unter anderen Namen bekannt. Der alte Flußlauf zieht sich in seinem oberen Teil zwar am Rande, aber noch innerhalb der »Wüste« Thar, im unteren Teil vor deren westlichem Rand entlang.

Die Sarasvatī war die Lebensader der östlich an den Panjab grenzenden Landschaft und des Sind. Dort lagen einige der ältesten Städte Indiens. Von Multān führte eine Straße nach Delhi durch eine noch in frühislamischer Zeit fruchtbare, reich bevölkerte Region. Als sie Sultan Masud im Jahre 1035 eroberte, war sie wegen ihres Zuckerrohranbaus berühmt. Ibn Batūta (1304–1377) pries ihren Überfluß an Reis. Diese günstigen Versorgungsmöglichkeiten erklären, daß alle islamischen Einfälle in das eigentliche Indien von Multān aus erfolgten. Heute führen die alten Einfallswege, die selbst noch Tīmūr-i-Leng im 14. Jahrhundert benutzte, durch wüstenhaftes Land. Einst blühende Städte wie Marot, Sirsa, Hansi und viele andere sind jetzt unbedeutende Orte oder völlig verschwunden. Die Erinnerung an den heiligen Fluß Sarasvatī blieb im Namen der Festung Sarsuti (heute Sirsa) erhalten.

Fraglos hat das durch Laufänderungen der Siwalik-Quellflüsse bedingte Versiegen der Sarasvatī in den angrenzenden Teilen der Thar Lebensbedingungen und Landschaftsbild erheblich verändert. Aber die Thar ist nicht allein dadurch, auch nicht etwa durch eine Klimaänderung, zur »Wüste« geworden. Die Forschung hat erwiesen, daß die seit frühhistorischen Zeiten erkennbare »Austrocknung« der ursprünglich noch von Baumwuchs durchsetzten Dornstrauchsteppe in erster Linie auf fehlerhafter menschlicher Landnutzung beruht. Zu starke Brennholzentnahme und zu dichte Bestockung mit Weidetieren haben die »Verwüstung« bewirkt. Die Thar ist eine »manmade desert«. Ihre in Bewegung geratenen Dünenfelder reichen bis zur westlichen Stadtgrenze von Delhi.

Blick auf die Verbrennungsghats und den Ganges bei Benares. Die auf die britische Herrschaft zurückgehende Bezeichnung Benares wird heute wieder durch die alte Ortsbezeichnung Vārāṇasī ersetzt. Vārāṇasī ist für die Hindus das rettende Schiff, »das über den Ozean der Seelenwanderung hinüberführt« (Glasenapp).

Kulturraum

NEBEN DEN von Meeren umschlossenen Kontinenten und den durch Konvention und Tradition gegeneinander abgegrenzten Erdteilen wie Europa und Asien lassen sich Großräume voneinander unterscheiden, die ihr spezifisches Gepräge durch eigenständige kulturelle Entwicklungen und Lebensformen erhalten. Sie bilden Einheiten, die die Erdteilgrenzen überschreiten, wie der »Orient«, der Länder Asiens und Afrikas, früher auch Europas, umfaßt, oder sie stellen innerhalb eines Erdteils weitgehend durch das Wirken des Menschen bestimmte Großräume subkontinentalen Ausmaßes dar. In diesem Sinne ist Indien ein »Kulturerdteil«.

Albert Kolb, der diesen Begriff prägte, definiert die acht von ihm unterschiedenen Kulturerdteile als Großräume, deren Einheit auf dem individuellen Ursprung der Kultur, auf der besonderen einmaligen Verbindung der landschaftsgestaltenden Natur- und Kulturelemente, auf der eigenständigen geistigen und gesellschaftlichen Ordnung und dem Zusammenhang des historischen Ablaufs beruht. Nun ist das Kulturbild Indiens gewiß in vielerlei Hinsicht differenziert, doch wird der besondere Charakter des indischen Kulturerdteils deutlich, wenn man den Blick auf die angrenzenden andersartigen Kulturerdteile richtet: den chinesisch-japanischen im Osten, den tibetischen und russischen im Norden und den orientalischen im Westen.

Entdeckung und Erforschung

Die ersten Verbindungen zwischen Abendland und der neuen, fremden Welt jenseits der Grenzen des alten Orients knüpfte der Indienzug Alexanders des Großen (327–325 v. Chr.). Ihn begleiteten drei Männer, deren Berichte literarischen Niederschlag fanden: Nearchos, sein Admiral, Ptolemaios, der spätere König von Ägypten, und Aristobulos, der ohne militärische Charge zum Gefolge gehörte. Was sie gesehen und erlebt hatten, faßte Arrian im 2. Jahrhundert n. Chr. in seinen beiden Werken Anabasis und Indike (das indische Buch) zusammen. Neben einer Reihe neuer Kulturpflanzen (Reis, Baumwolle, Zuckerrohr) lernten die Griechen beim Verlassen des Indusdeltas das ihnen aus dem Mittelmeer unbekannte Phänomen von Ebbe und Flut kennen. Um 300 v. Chr. lebte der Grieche Megasthenes als Gesandter der Diadochen einige Jahre am Hof des Maurya-Kaisers Candragupta in Pāṭaliputra, dem heutigen Patna. Er hinterließ eine in Fragmenten erhaltene Abhandlung über Indien.

Als wichtigste Quelle der Frühzeit gelten weiterhin die Werke von Strabo (63 v. Chr.–20 n. Chr.), die Geographie des Ptolemäus (um 150 n. Chr.) und der »Periplus des Erythräischen Meeres« eines unbekannten Autors. Dem Periplus ist zu entnehmen, daß etwa um 115 n. Chr. Eudoxos von Kyzikos die erste Schiffsreise von einem ägyptischen Hafen am Roten Meer nach Indien unternommen hat. Seit diesem Zeitpunkt waren Indienfahrten über See nichts Ungewöhnliches mehr. Funde von Münzen aus der römischen Kaiserzeit an über 50 Küstenplätzen beweisen, daß schon im Altertum lebhafte Handelsbeziehungen zwischen Europa und Indien bestanden. Die römischen Kaufleute besaßen dort eigene Faktoreien, und in der nach der Weltkarte des Castorius (um 375) im 12. Jahrhundert gezeichneten »Peutingerschen Tafel« ist sogar bei Cranganore in Südindien ein Tempel des Augustus verzeichnet. Erstaunlich zuverlässige Landesbeschreibungen lieferten in der Folgezeit chinesische Pilger, die zu den heiligen Stätten des Buddhismus nach Indien zogen: Fa-hsien, der zwischen 399 und 414 durch Tibet und Ladakh zum Indus und bis zur Gangesmündung reiste, und Hsüan-tsang, dessen von 625 bis 645 dauernde Reise ihn durch den ganzen Dek-

Eine Eigentümlichkeit der Gujarāt-Architektur sind die mehrstöckigen, mit reichem Skulpturenschmuck ausgestatteten Gedenktürme. Der ältere der beiden Türme von Chitor in Rājasthān, ein Monument der Digambara-Jainas, ist dem mythischen Glaubensstifter Adinātha geweiht, dessen Abbild einige hundertmal am Bauwerk wiederkehrt.

Flüsse sind in Indien heilig, da ihnen die Kraft zugeschrieben wird, Lebende ebenso wie Tote von ihren Sünden zu reinigen. Diese fast lebensgroßen Terrakotta-Darstellungen der beiden Flußgöttinnen Gaṅgā (oben) und Yamunā (rechts) aus der Wende vom 5. zum 6. Jahrhundert flankierten ursprünglich den Eingang des Śiva-Tempels in Ahicchattrā.

Beide Göttinnen, leicht erkennbar an ihren »Reittieren« (vāhana), *Makara und Schildkröte, tragen ein Wassergefäß. Eine Begleitperson hält einen Schirm über sie. Die eigenwillige geriefelte Kleiderdrapierung und die Modellierung der Gesichtszüge unterscheiden sich vom ansonsten zierlicheren Gupta-Stil.*
Neu-Dehli, National Museum

kan bis in die Gegend von Madras führte. Mit den islamischen Eroberungen und Staatengründungen im nördlichen Indien und in Sind kamen arabische Händler, Gelehrte und Reisende ins Land: der arabische Händler, Al-Masudi (?–956), der Perser Al-Beruni (973–1048), der am Eroberungszug Mahmūds von Ghazna teilnahm und eine vorzügliche Landesbeschreibung verfaßte, Idrisi (1100–1166) und der aus Marokko stammende gelehrte Reisende Ibn Batūta (1304–1377). Die schreibfreudigen Araber haben während des ganzen Mittelalters in einer Fülle von Urkunden, Chroniken und Berichten ihre Beobachtungen und Gedanken niedergelegt.

Den größten Eindruck machten im Abendland die Schilderungen Marco Polos, der Ende des 13. Jahrhunderts aus China über Indien nach Venedig zurückkehrte. Seine Beschreibungen, die China und Indien viel weiter östlich gelegen erscheinen ließen, haben das europäische Weltbild des 14. und 15. Jahrhunderts stark beeinflußt und Christoph Kolumbus bestärkt, das »Wunderland Indien« auf der Westroute über den Atlantik zu suchen.

1498 erreichte Vasco da Gama nach Umsegelung des Kaps der Guten Hoffnung Calicut in Südindien. Ihm folgten portugiesische, französische und britische Kaufleute, Missionare und Militärs. Seit die von den Ausländern gegründeten Handelskompanien sich mit imponierenden Gesandtschaften an den Höfen der Mogul- und Hinduherrscher einfanden und sich durch reiche Geschenke Privilegien zu sichern verstanden, erschien eine Flut von Reisebeschreibungen, die die Indienkenntnis in Europa wesentlich bereicherten. Die Reisewerke von Tavernier, Bernier, Pottinger, Burns und anderen sind wichtige Quellen zur Geographie und Geschichte des Subkontinents. Pater Joseph Tiefenthalers 1785 erschienene »Historisch-geographische Beschreibung von Hindustan« blieb lange Zeit ein unübertroffenes landeskundliches Werk.

Mit der vollständigen britischen Besitzergreifung (1858) begann die systematische wissenschaftliche Erforschung Indiens auf allen Gebieten: der Geographie (Kartenaufnahme ab 1762), der Geologie, Botanik, Meteorologie, Archäologie, Kunstgeschichte, Sprach- und Religionswissenschaft, Ethnologie, Demographie und Soziologie. Bedeutende Publikationsreihen entstanden, wie etwa die »Imperial-« und »Provincial-Gazetteer«, die »Records of the Bombay Government« und das »Journal of the Asiatic Society of Bengal«. In ihnen veröffentlichten Männer wie Cunningham, Elliot, Haig, Lambrick, McMurdo, Raverty und viele andere, die die Grundlagen schufen, auf denen die moderne Forschung weiterbauen konnte.

Eroberungen und Fremdeinflüsse

Alle Wege in das Industiefland, von den Pässen des Hindukusch, aus Persien und Afghanistan, führen über den Khyberpaß. Er ist damit das große Einfallstor in den indischen Subkontinent, das zu allen Zeiten von den Heeren der fremden Eroberer benutzt wurde, den Parthern, Hunnen, Mongolen, Persern und Afghanen. Der nur 1072 Meter hohe und rund 50 Kilometer lange Khyberpaß gibt über das Becken von Peschawar und den Indusdurchbruch bei Attock den Weg frei in die Gangesebene und durch das Industal zum Arabischen Meer. Auf seinen Raubzügen nach Indien marschierte um das Jahr 1000 der afghanisch-türkische Herrscher Mahmūd von Ghazna über den Khyberpaß nach Peschawar. Tīmūr-i-Leng (Tamerlan) folgte ihm auf der gleichen Route, als er 1398 in Indien einfiel, Delhi plünderte und sich 1399 wieder zurückzog. 1525 benutzte der »Türke« Baber die Paßstraße, unterwarf in der Schlacht von Panipat eine Reihe kleiner örtlicher Herrscher und begründete mit seinem Sohn Humāyūn und vor allem seinem Enkel Akbar (1556–1605) die Moguldynastie in Indien. Unter Akbar und seinen Nachfolgern diente der Khyberpaß der ständigen Verbindung zwischen Indien und Afghanistan. Er war schließlich auch das Eingangstor für den 1738 aus Persien vorstoßenden Nadir Šāh, der den Großmogul besiegte und unermeßliche Schätze, darunter den berühmten Pfauenthron, aus Delhi nach Teheran entführte.

Unter denen, die über den Khyberpaß zogen, war jedoch nicht Alexander der Große. Nach seinem Aufbruch aus Baktrien im Frühsommer 327 v. Chr. hatte er aus taktischen Gründen seine Armee geteilt. Auf Anraten örtlich gewonnener Verbündeter schickte er nur einen Teil seiner Truppe durch den Khyberpaß zum Indus mit dem Auftrag, bei Attock eine Bootsbrücke zu bauen. Er selbst zog mit dem anderen Teil der Armee durch das Bergland nördlich des Kabulflusses, erreichte über die Vorketten des Himalaja das Becken von Peschawar und stieß oberhalb von Attock auf seinen Vortrupp, der inzwischen aus dem Holz der damals noch existierenden Auewälder die für den Übergang erforderlichen Boote gezimmert hatte. Zu Anfang des Jahres 326 überschritt die vereinigte Armee den Strom.

Alexander machte das durch die Salt Range nach Osten abgeschirmte bedeutende Handelszentrum Taxila zur militärischen Basis für die Fortsetzung seines Eroberungszuges in das »Fünfstromland«, überschritt die Panjabflüsse Hydaspes (Jhelum), Acesines (Chenab) und Hydraotes (Ravi) und erreichte nach schweren Kämpfen den Hyphasis (Beas). Am Beas endete Alexanders Vorstoß nach Osten. Da seine durch Hitze und Regen erschöpften Soldaten meuterten, gab Alexander die Verfolgung seiner weiteren Indienpläne auf. Er fügte sich dem Willen der Truppe, setzte die unterworfenen persischen Vasallen als unabhängige indische Könige ein, vergrößerte seine Flotte auf 900 Boote und begann im November 326 seine Fahrt auf dem Chenab abwärts zum Indus, dessen Delta er Ende Juli 325 erreichte. Alexander hinterließ in Indien kein »Neu-Hellas«. Von einer griechisch-indischen Synthese kann erst die Rede sein, nachdem der griechisch-baktrische König Demetrios I. 183 v. Chr. nach Indien vorstieß

und im Norden des Subkontinents weite Landstriche bis Pāṭaliputra (Patna) im Osten eroberte. Die Verschmelzung griechisch-indischer Kulturelemente findet ihren großartigsten Ausdruck in der Gandhāra-Kunst, deren Blütezeit in das 2. bis 5. Jahrhundert n. Chr. fällt. Schon seit der Mitte des 3. Jahrhunderts v. Chr. hatte sich der Buddhismus in der Landschaft Gandhāra durchgesetzt, und Gandhāra wurde zur Wiege aller Buddha-Skulpturen Asiens. Im Jahre 460 endete Gandhāra in einer großen Katastrophe: Der ganze Nordwesten Indiens wurde von den gefährlichsten Eroberern der damaligen Zeit überrannt, den »Weißen Hunnen«, einem Zweig des in Zentralasien beheimateten Reitervolkes der Hunnen. Erst 562 gelang es Persern und Türken, diese Sturmreiter Asiens zurückzuwerfen.

Die ersten Einfälle der Muslime begannen zu Anfang des 8. Jahrhunderts. Die Eroberer kamen über Land nach Nordwestindien und über See in das Mündungsgebiet des Indus. In Sind entstandene islamische Kleinstaaten lösten sich bald wieder auf. Auch die von Mahmūd von Ghazna in 27 Jahren durchgeführten 17 Raubzüge, die 1022 zur Herrschaft der Ghazwaniden-Dynastie im Panjab führten, bis sie 1187 von der persischen Dynastie der Ghūriden verdrängt wurde, begründete noch kein islamisches Großreich in Indien. Dies blieb, nachdem durch den Einfall Tīmūr-i-Lengs (1398/99) das Sultanat Delhi zerstört worden war, erst über 100 Jahre später den Mogulherrschern vorbehalten. In direkter Stammfolge von Baber bis Aurangzeb beherrschten sechs Großmoguln von 1526 bis 1707 nahezu bis zur Südspitze den gesamten Subkontinent. Sie schufen Städtebilder, die durch ihre profanen und religiösen Bauten in indoislamischem Stil ihr unverwechselbares Gesicht erhielten. Vor allem war es Akbar, der bedeutendste der Großmoguln, der Nord- und Zentralindien zu einem Großreich vereinigt hatte.

Unbeeinflußt von islamischen Herrschafts- und Lebensformen blieben nur kleine Gebiete im südlichen Indien und in Goa. Als Alfonso de Albuquerque 1510 in Goa landete, um es für Portugal in Besitz zu nehmen, hatte Baber, der Stammvater der Mogulherrscher, noch nicht den Khyberpaß überschritten. Die schon existierenden kleinen Sultanate konnten die Portugiesen schnell unterwerfen. 1556 mußte der Sultan von Cambay auf Daman verzichten, das schon 1529 erobert worden war. 1535 geriet der Sultan von Gujarāt in politische Bedrängnis und erkaufte sich die Hilfe der Portugiesen mit der Hergabe von Salcette, Bassein und der Inseln in der Bucht von Bombay (Karanja, Elephanta, Trombay). Die Portugiesen sicherten sich das Recht zur Befestigung der Insel Diu. Daman und Diu flankierten den Golf von Cambay mit der einst wichtigen Hafenstadt Surat gegenüber der Halbinsel Kāthiāwār. Die Portugiesen brachten das Christentum nach Indien. Sie machten vor allem Goa im 16. und 17. Jahrhundert zu einer von Barockkirchen gezierten katholischen Enklave inmitten einer hinduistisch-islamischen Umwelt.

Das kulturgeographische Bild Ladakhs ist von den großen buddhistischen Lama-Klöstern geprägt, die weithin die Landschaft beherrschen. Das älteste ist das Kloster Lamayura (links) dessen früheste Bauteile aus dem 10./11. Jahrhundert stammen. Der gesamte Komplex wird von Tschörten markiert, die wie Tore über den Zugängen zu Dorf und Kloster stehen (oben).

Bis zum Anfang des 17. Jahrhunderts blieb die Vormachtstellung Portugals an der indischen Westküste unangefochten. Dann, als Schwierigkeiten im Mutterland die Portugiesen schwächten, dazu Niederländer und Engländer auf dem Schauplatz erschienen und die im Abwehrkampf gegen die Mogulherrschaft vereinigten Marāthen – das Volk im Dekkan – sich 1683 und erneut 1739 auch gegen die Portugiesen wandten, verloren diese Stück um Stück ihres indischen Kolonialreichs bis auf Goa, Daman und Diu. Der letzte große Umbruch in der kulturlandschaftlichen Entwicklung Indiens war eine Folge der britischen Besitzergreifung, die zwischen 1621 und 1625 mit der Errichtung kleiner Handelsniederlassungen durch die Ostindische Kompanie begann. Englands Stellung in Indien festigte sich nach der Gründung zweier heute bedeutender Hafenstädte (Madras 1639, Bombay 1661) und der endgültigen Ausschaltung der französischen Wettbewerber im Frieden von Paris (1763). Zwei Jahre später kam Bengalen unter britische Oberhoheit, 1843 wurde Sind, 1849 der Panjab besetzt. Bereits zuvor (1818) war es den Engländern gelungen, den Widerstand der zentralindischen Marāthen zu brechen, die sich schon gegen die Moguln und die Portugiesen aufgelehnt hatten. Die meisten der indischen Fürsten blieben der britischen Krone unterstellte nominelle Herrscher. Sie und die übrige Oberschicht akzeptierten den neuen Lebensstil, gingen zum Studium oder auf Reisen nach England, bekleideten hohe Stellungen in der britisch-indischen Verwaltung und genossen nach allen kriegerischen Wirren der Vergangenheit die friedlichen Zeiten der Pax Britannica. Wie die Festungen und Paläste der Moguln haben – wenn auch nicht miteinander vergleichbar – die kolonialzeitlichen Repräsentationsbauten der Engländer, besonders diejenigen im viktorianischen Stil, die Zentren aller großen indischen Städte überprägt.

Völker, Sprachen und Kulturen

Mindestens seit der letzten Zwischeneiszeit haben Menschen auf dem indischen Subkontinent gelebt. Faustkeile und Muschelhaufen aus der Alt- und Jungsteinzeit sind in Süd- und Zentralindien gefunden worden. Älteste noch existente Bevölkerungsschicht sind die Weddiden, Angehörige einer alteuropiden Rasse, die in vorgeschichtlicher Zeit von Nordwesten her nach Indien eingewandert ist. Diese als eigentliche indische Urbevölkerung betrachtete Gruppe von Sammlern und Jägern ist ein aus der gemäßigten Klimazone abgedrängter Zweig der Europiden, der in seinen indischen Rückzugsgebieten in der Entwicklung steckengeblieben ist. Die im nördlichen Indien lebenden Volkssplitter, die Gondiden, haben eine mäßig helle Hautfarbe und lockiges Haar, die weiter in den Süden vorgestoßenen Maliden (Bergbewohner, von *malai:* »Berg«) haben sich mit dunkelhäutigen Indonegriden stark vermischt. Sie bilden kleine Stammesverbände und betreiben noch heute neben etwas Hackbau die alte Jagd- und Sammelwirtschaft. Wo sie in die Städte abgewandert sind, gehören sie zur niedrigsten Kaste.

Gleichfalls aus dem Nordwesten und auch noch in vorgeschichtlicher Zeit erreichte ein neuer Bevölkerungsschub den Subkontinent. Draviden überlagerten und verdrängten die ältere weddidische Bevölkerungsschicht und machten sich zu Herren des Landes. Als Träger einer Altpflanzerkultur begründeten sie die Oasenwirtschaft am Indus und Ravi im Panjab. Durch die Ausgrabungen von Mohenjodaro und Harappa wurden überraschende Kulturzusammenhänge mit Ur in Chaldäa, sogar bis in die Ägäis, nachgewiesen. Man rechnet daher heute die Draviden zu den Südeuropiden. Sie haben schon lange vor der indogermanisch-arischen Einwanderung den »europiden« Charakter des indischen Bevölkerungsbildes bestimmt.

Man darf sich das um 2000 – 1500 v. Chr. einsetzende Vordringen der Arier nicht als eine Masseneinwanderung wie die der Draviden vorstellen. Es war vielmehr ein aus Mittelasien und dem heutigen turkmenisch-afghanischen Grenzgebiet über den Khyber- und andere Pässe allmählich verlaufendes Einsickern und Vorwärtsschieben größerer und kleinerer Gruppen von Viehzüchtern, die in ihren mit Pferden bespannten Streitwagen ein unwiderstehliches Kampfmittel besaßen. Im Panjab gelang es den Ariern, die altansässigen Draviden fast völlig zu verdrängen, aber in der Gangesebene und vor allem im Dekkan war ihre Zahl zu gering, um die Vorbevölkerung zur Abwanderung zu zwingen. Dort lagerten sich die Eroberer als nur dünne Herrenschicht über die Besiegten und schufen als unübersteigbare Schranke zwischen sich und den Unterworfenen die brahmanische Kastenordnung.

Aus der Verschmelzung von Draviden und Ariern – beide europiden Ursprungs – entstand das heutige Volk der Inder. Überwiegen einerseits die rassischen Elemente der Draviden, so dominierten doch bald die kulturellen und sprachlichen Einflüsse der Arier. Ihre Sprache ist als Sanskrit zur gehobenen Literatursprache geworden und erfuhr ihre klassische Ausprägung in den heiligen Texten des Veda, der großen priesterlichen Liedersammlung, und in den noch immer volkstümlichen Mahābhārata- und Rāmāyana-Epen. Die Masse der Bevölkerung sprach das einfachere Prakrit, aus dem sich im letzten Jahrtausend die neuindischen arischen Sprachen entwickelt haben.

In historischen Zeiten, in Krieg und Frieden, strömten oder sickerten Perser, Parther, Griechen, Baktrier, Hunnen, Araber, Afghanen, Mongolen, Turko-Tataren und andere Völkergruppen durch das nordwestliche Einfallstor und vervollständigten das indische Rassengemisch. Die im Jahre 711 einsetzenden muslimischen Eroberungen hatten keine sonderlich auffallenden Veränderungen im Bevölkerungsbild zur Folge. Die islamischen Eroberer stellten zwar über Jahrhunderte die herrschende Oberschicht, aber die Mehrheit der Muslime waren zum neuen Glauben übergetretene Hindus. Sie waren allenfalls an ihrer Kleidung, kaum durch physische Merkmale von der nichtislamischen Bevölkerung zu unterscheiden. Dennoch hat der heute pakistanische Nordwesten – verglichen mit dem übrigen Indien – einige ethnische Besonderheiten: an griechisches Erbe erinnernde Profile der Männer, Adlernasen türkischer Vorfahren und Rundschädel, die auf eine mongolische Herkunft schließen lassen. Vielleicht drei bis fünf Prozent der Nachkommen von Arabern, Persern, Afghanen, Türken und Mongolen haben sich mehr oder weniger reinblütig erhalten.

Wenn man den Ergebnissen der linguistischen Forschungen folgt, möchte man glauben, Indien sei ein Subkontinent babylonischer Sprachverwirrung. Offizielle Handbücher und Zensuswerke zählen je nach dem Grad der Differenzierung 782, 220 oder 141 verschiedene indische Sprachen und Dialekte auf. In Wirklichkeit sind es jedoch nur 14 Sprachen, die von über 90 Prozent der Bevölkerung gesprochen werden, alle anderen sind auf kleine Verbreitungsgebiete beschränkte Dialekte. Als die 14 Hauptsprachen gelten (in der Reihenfolge ihrer Bedeutung): Hindī (einschließlich Hindustānī, Rājasthānī und Biharī), Telugu, Bengalī, Marathī, Tamil, Urdū, Gujarātī, Kanaresisch, Malayalam, Oriya, Panjabi, Assamesisch, Kaschmiri und Sanskrit. Obwohl nur noch 2000 bis 3000 Inder Sanskrit beherrschen, wurde es in der Verfassung der Indischen Union als eine der 14 Hauptsprachen aufgenommen, weil es die klassische Literatur- und Gelehrtensprache ist. Die meisten der genannten Sprachen gehören der indoarischen Gruppe an, werden von der Mehrheit der Bevölkerung gesprochen und sind vor allem im Norden Indiens verbreitet. Zur dravidischen Sprachgruppe Südindiens gehören nur Telugu, Tamil, Kanaresisch und Malayalam. Sowohl die indoarischen wie die dravidischen Sprachen sind nicht nur Verkehrs-, sondern zugleich große Literatursprachen und haben in der Gegenwart ein eigenes Pressewesen entwickelt.

Die sprachliche Vielfalt, die jeweils eigene Schrift und die Verwendung voneinander abweichender Alphabete sind ein nahezu unüberwindliches Hindernis für die Verständigung der außerhalb ihrer Sprachgruppe lebenden, meist einsprachigen Inder. Angehörige der gebildeten Schicht

Oberkörper einer Frauenfigur, wahrscheinlich einer Muttergöttin, aus schwarz geschlämmter Terrakotta. Die Schmuckscheiben des Kopfputzes wurden gesondert hinzugefügt. Auffallend der Ohrschmuck aus Doppelscheiben, gehalten durch die Ohrläppchen, sichtbar im dicken mittleren Wulst. Die Skulptur mißt in der Höhe 12,2 cm und stammt aus der Zeit um 200 v. Chr.
Berlin, Museum für Indische Kunst

Links: Der von den Wassern des heiligen Flusses Ganges umspülte Tempel ist dem Manikarnika-Ghat vorgelagert, dem Leichenverbrennungsplatz in Benares.

Rechts: Die Mogulgräber bei Jaisalmer in Rājasthān zeigen die typischen Merkmale der Mogularchitektur des 18. Jahrhunderts.

Folgende Doppelseite: An den Ufern des im 14. Jahrhundert künstlich angelegten Pichola-Sees gründete der Rājput-Prinz Udai Singh im Jahre 1568 Udaipur und machte sie zu seiner neuen Hauptstadt. Die Festung mit ihren achteckigen, mit Kuppeln überdeckten Türmen ist der größte Palast Rājasthāns.

benutzen Englisch, das sie während der Kolonialzeit in der Schule gelernt haben und auch heute noch lernen, für die Kommunikation unter ihresgleichen. Aber nur ein bis zwei Prozent der Inder verstehen Englisch. Man fragt sich, wie unter solchen Voraussetzungen überhaupt eine »Indische Union« als Staat und Nation existieren kann. Als nach der erlangten Unabhängigkeit (1947) die Grenzen der einzelnen Bundesstaaten festgelegt wurden, hatte man versäumt, möglichst einsprachige politische Einheiten zu schaffen. Wegen drohender Unruhen waren mehrfache Grenzrevisionen erforderlich. So entstanden 14, später 16 vorwiegend einsprachige Bundesstaaten, aber in einigen, wie Rājasthān oder Panjab, war die Mehrsprachigkeit nicht zu vermeiden. Unter diesen Umständen scheint auch das Problem, eine für ganz Indien geplante Nationalsprache zu finden, praktisch unlösbar. Die Regierung möchte Hindī als Nationalsprache durchsetzen, stößt aber damit bei der dravidischen Bevölkerung Südindiens auf kompromißlosen Widerstand. Am vernünftigsten wäre es, Englisch als offizielle Verwaltungs- und Verhandlungssprache beizubehalten, aber dies läßt der Nationalstolz nicht zu. Einfacher haben es in dieser Hinsicht Pakistan und Bangladesch. In Pakistan sind das dem Hindī nahestehende Urdū, das allerdings in der persischen Form des Arabischen geschrieben wird, und Englisch offizielle Staatssprachen, in Bangladesch das ebenfalls indoarische Bengalī.

Den sprachlichen Sonderentwicklungen bei nahezu allen indischen Volksgruppen steht eine erstaunliche kulturelle Assimilationskraft des Landes gegenüber. Indien war nicht nur der Schmelztiegel für viele eingewanderte Völker, sondern »indisierte« auch in kürzester Frist deren eingebrachtes Kulturgut. Wenn auch der Indienzug Alexanders des Großen keine unmittelbaren kulturellen Auswirkungen hatte, so war er doch eine Voraussetzung für das in der Folgezeit entstandene griechisch-baktrische Reich, zu dem die nordwestindische Provinz Gandhāra mit ihren Zentren Taxila und Charsadda gehörte. Dort entwickelte sich aus der Verschmelzung hellenistischer und indischer Stilelemente die durch ihre Skulpturen und Bauwerke berühmte graeco-buddhistische Gandhāra-Kunst, die in den ersten nachchristlichen Jahrhunderten ihre Blütezeit hatte. Hellenistischen Formen wurde ein indischer Inhalt gegeben. Aus der »Gandhāra-Schule« gingen die ersten Buddha-Statuen in ihren typischen Haltungen hervor, der stehende Buddha in der Geste des Redners, der sitzende als meditierender Mönch – indische Gestalten, gehüllt in Gewänder mit griechischem Faltenwurf. Das lange Nachleben der Gandhāra-Kunst äußerte sich darin, daß viele ihrer ornamentalen Motive in Holzschnitzereien selbst moderner Wohnhäuser im Umkreis von Peschawar wiederkehren.

Von besonderer kultureller Prägekraft war der Islam. In der Stromoase am Indus und in den östlich angrenzenden Steppen und Halbwüsten, auch in der westlichen Gangesebene, fanden die Muslime Lebensräume vor, die denen ihrer Heimatländer glichen. Nur im feuchttropischen Bengalen, dem heutigen Bangladesch, drangen sie in eine ihnen fremde Umwelt vor. In die nordwestlichen Trockengebiete brachten sie die ihnen vertraute Technik der künstlichen Bewässerung mit, errichteten ihre von Minaretten überragten Moscheen und führten auch im profanen Bereich andersartige Bauweisen ein. Sie schufen Kulturlandschaftsbilder, die weitgehend denen des Vorderen Orients entsprechen.

In Fragen der Religion waren die Muslime tolerant. Obwohl sie schließlich nahezu ganz Indien beherrschten, zwangen sie den Hindus nicht ihren Glauben auf. Viele Inder – Reiche, die um den Verlust ihrer großen Grundbesitze bangten, und Arme, die einer niedrigen Kaste angehörten und sich von der Bevormundung durch die Brahmanen befreien wollten – konvertierten von sich aus zum Islam. Der Gedanke, den Hinduismus mit dem Islam zu

einer einzigen Religion zu verschmelzen, der Nanak (1469–1538), einen aus der Kriegerkaste stammenden Hindu, veranlaßte, die Sekte der Sikhs zu gründen, wurde auch von dem Großmogul Akbar (1556–1605) aufgegriffen. Seine Toleranz ging so weit, daß er eine Tochter des Mahārājas von Jaipur heiratete und sich eine portugiesische Christin zur Lieblingsfrau nahm. Außer seinem Sohn Jahāngīr (1505–1627) hatte auch sein Enkel Šāh Jahān (1628–1658) eine Rājputenfrau zur Mutter. Doch die Schaffung einer idolfreien indischen Staatsreligion gelang Akbar nicht. Der streng monotheistische, bilderfeindliche Islam steht, wie die historische Weiterentwicklung zeigt, in einem unüberbrückbaren Gegensatz zu dem durch sein Kastenwesen geprägten polytheistischen, bilderfreundlichen Hinduismus. Vor allem in der Baukunst wird deutlich, wie hart die weltanschaulichen Gegensätze aufeinanderprallen: Die Architektur der Muslime ist klar, nüchtern und auf Raumwirkung bedacht, die hinduistische unruhig, ornamental überladen und verwirrend in ihrem phantasievoll gestalteten Dekor.

Die islamische Steinarchitektur ist aus einer älteren Bauweise mit luftgetrockneten Lehmziegeln hervorgegangen, die ältesten indischen Kultbauten waren aus Holz errichtet, das üppigere plastische Gestaltungsmöglichkeiten bot. Was zuvor in Holz geschnitzt war, wurde später von den Steinmetzen nachgeahmt. Zwar scheinen manche der ältesten Moscheen in einem durchaus hinduistischen Stil erbaut zu sein, aber dies beruht darauf, daß sie aus Fragmenten zerstörter Hindutempel errichtet oder auf deren erhalten gebliebene Unterbauten gesetzt wurden. Überdies sind bis Ende des 16. Jahrhunderts von den islamischen Herrschern Hindus als Baumeister, Künstler und Handwerker herangezogen worden, die, abgesehen von der verbotenen Darstellung lebender Wesen in der Ornamentik, nach ihren traditionellen Mustern arbeiteten.

Akbar versuchte auch in seinen Bauten eine Synthese zwischen Hinduismus und Islam zu verwirklichen. Sein Palast in der Burg von Agra ähnelt Rājputenschlössern der gleichen Zeit, die große Audienzhalle in der von ihm unweit Agras gegründeten Residenzstadt Faṭhpūr Sīkrī, die nach 15 Jahren wegen Wassermangels wieder aufgegeben werden mußte, ist ebenfalls in islamisch-hinduistischem Stil errichtet. In ihr pflegte der Großmogul mit Repräsentanten der verschiedenen Glaubensrichtungen und philosophischen Schulen aus allen Teilen des Reiches zu diskutieren. Neben vielen Bauten in gemischten Stilarten errichtete Akbar auch solche in rhythmischer Strenge nach persischem Vorbild wie das Grabmal für seinen Vater Humāyūn (1530–1556) in Delhi. Nach Akbars Tod traten jedoch hinduistische Architektureinflüsse völlig zurück. Sein Nachfolger Jahāngīr baute in Lahore in rein persischem Stil. Für die Moscheen sind große, Tausende von Betenden fassende, allseitig geschlossene Höfe charakteristisch. Sie werden durch eine langgestreckte, von eleganten Kuppeln

überdachte Gebetshalle begrenzt. Die Mogulfestungen sind gewaltige Anlagen mit Audienzhallen, Diwanen, Pavillons und kunstvoll gestalteten Architekturgärten.
Während Akbar seine Bauten aus rotem Sandstein errichtete, bevorzugte Šāh Jahān, sein Enkel, weißen Marmor aus Jaipur mit kostbaren Intarsien aus Türkisen und Karneolen. Höhepunkt der Mogulkunst ist der von Šāh Jahān in den Jahren 1631 bis 1648 für seine Lieblingsfrau Mumtaz erbaute Tāj Maḥall in Agra: einzigartig in seiner architektonischen Komposition, der verschwenderischen Verwendung des weißen Marmors, den Einlegearbeiten aus roten, blauen und grünen Halbedelsteinen, Wänden und Gitterfenstern aus feinstem Marmorfiligran. Unter Aurangzeb (1658–1707), der die Reihe der großen Mogulherrscher beschließt, entstand als eine der letzten architektonischen Glanzleistungen dieser Epoche die Badshahi-Moschee in Lahore. Daß an ihren Fassaden Rankenstukkaturen im Stil des europäischen Barocks, dazu Türstöcke, Säulen und Bögen mit Pietra-dura-Einlagen auftreten, ist kein Zufall. Um diese Zeit waren nicht nur portugiesische und englische Gesandte bereits an die Höfe der Großmoguln gereist, die Herrscher hatten auch schon europäische Architekten und Kunsthandwerker in ihre Residenzen geholt.
Es ist dies der Beginn einer dritten kulturellen Überschichtung, der mit der kolonialen Besitzergreifung einhergehenden Ausbreitung europäischer Lebensformen, Denk- und Bauweisen. Einerseits errichteten die Engländer ihre Repräsentationsbauten im reinsten viktorianischen Stil, setzten neugotische Glockentürme an exponierte Plätze, wie beispielsweise in Amritsar in unmittelbarer Nähe des Goldenen Tempels, andererseits paßten sie ihre Neubauten unter Übernahme von Architekturelementen der Mogulzeit immer mehr dem indischen Milieu an. Das von den Briten zu Anfang des 20. Jahrhunderts erbaute, 1947 von den Indern übernommene große Regierungsviertel in Neu-Delhi ist dafür ein eindrucksvolles Beispiel. Wie zuvor schon in der baktrisch-hellenistischen und islamischen Kunst wird der Prozeß der »Indisierung« auch im kolonialzeitlichen Bauwesen sichtbar, nicht zuletzt auch im Stil der in den Cantonments, den abgesonderten britischen Wohnvierteln, errichteten privaten Häuser.

Dörfer und Städte

Die Stromauen in Indiens Nordwesten sind uraltes Bauernland und Zentrum einer frühen städtischen Hochkultur zugleich. Am Indus und im Fünfstromland lebte schon um 3000 v. Chr. eine seßhafte bäuerliche Bevölkerung in Siedlungen dörflichen Charakters. Ihre Wohnstätten wuchsen mit Bau- und Kulturschutt im Laufe der Jahrhunderte als flache Hügel in die Höhe wie heute noch die Dörfer im Panjab. Die Bauern schützten sich durch Deiche vor Überschwemmungen, gruben Ent- und Bewässerungskanäle und pflanzten Weizen, Hirse und Baumwolle an. Domesti-

Linke Seite: Rājasthān wird oft »Land der Burgen« genannt. Kumbhalgarh, im 15. Jahrhundert von Rāṇā Kumbha erbaut und 1576 von Akbar erobert, ist ein Beispiel der Festungskunst, wie sie im ganzen Land zu sehen ist.

Inmitten der Wüste, liegt die von Rawal Jaisal 1156 gegründete Stadt Jaisalmer. Einst die Hauptstadt der Rājputen, erhebt sich die von einer gewaltigen Festungsmauer umschlossene Stadt auf einem breit gelagerten Hügel.

zierte Rinder und Wasserbüffel dienten ihnen als Zugtiere. Sie haben Elefanten und Kamele gezähmt, kannten aber noch nicht das Pferd. Mit Booten und Flößen fuhren sie den Indus hinab und betrieben Handel mit persischen Kaufleuten, die sie im Deltagebiet trafen. Seit der Entdekkung der Ruinenstätten von Mohenjodaro in Sind und Harappa im Panjab kurz nach dem ersten Weltkrieg bezeichnet man diese 3500–4500 Jahre alte Stromoasenkultur, die sich denen Ägyptens und Mesopotamiens gleichrangig an die Seite stellt, als Indushochkultur. Ihre beiden großen städtischen Zentren (deren wirkliche Namen unbekannt sind, da eine Entzifferung der Indusschrift bisher nicht gelungen ist) sind nicht aus gewachsenen Dörfern hervorgegangen, sondern waren planmäßig angelegte, von parallelen, sich rechtwinklig kreuzenden Straßen durchzogene und von dicken Backsteinmauern umschlossene Städte. Sie haben den stets dem griechischen Architekten Hippodamos von Milet (5. Jahrhundert v. Chr.) als »Erfinder« zugeschriebenen Schachbrettplan bereits vorweggenommen.

Seit den zwanziger Jahren sind über 60 weitere ähnliche Ruinenstätten zwischen Himalaja und Arabischem Meer gefunden worden. Sie sind alle um etwa 2000 v. Chr. untergegangen. Man hat den Zusammenbruch der Induskultur mit der um diese Zeit beginnenden Einwanderung der Arier in Verbindung gebracht. Jüngere Forschungen machen es jedoch wahrscheinlich, daß auch große Überschwemmungen und Flußlaufverlegungen ihr Ende mitverursacht haben könnten.

Rückschlüsse auf das Aussehen der frühen indoarischen Ansiedlungen lassen sich nur aus einigen Angaben in den klassischen Epen ziehen. Aus ihnen geht hervor, daß sich Dorf und Stadt gleichermaßen aus dem befestigten Lager der Eroberer entwickelt haben. Innerhalb der rechteckigen Ummauerung konzentrierten sich Herrensitz, Adel und die voneinander geschiedenen Wohnquartiere der höheren Kasten. Die niedrigen Kasten lebten außerhalb der Ummauerung. Über die Grundrißentwicklung der indischen Stadt wäre Näheres auszusagen, wenn es dort eine weiter als bis 3000 v. Chr. zurückreichende Siedlungskontinuität gäbe. Aber auf indischem Boden sind bisher nur wenige Städte bekannt, deren Geschichte sich bis ins 1. Jahrtausend v. Chr. oder mindestens bis auf die Zeit um 500 v. Chr. zurückverfolgen läßt: Delhi, das nach wiederholten Zerstörungen siebenmal am gleichen Platz gegründet wurde (die »sieben Delhis«), Patna, das im 5. Jahrhundert v. Chr. als Pāṭaliputra entstand und ebenfalls bis heute existiert, und Taxila bei Rawalpindi im jetzigen Pakistan. Zwar gibt es eine Stadt dieses Namens heute nicht mehr, aber die dicht beieinanderliegenden Ruinenfelder der »drei Taxila« umfassen eine Zeitspanne von 1000 Jahren und geben wichtige Aufschlüsse. Auf dem Bhir Mound liegen die Trümmer der ältesten Stadt, in die Alexander der Große im Jahre 325 v. Chr. einzog und über deren einstige Bedeutung als große altindische Handelsstadt bereits gesprochen wurde. Offensichtlich war sie planlos und unübersichtlich gewachsen, denn der griechisch-baktrische König Demetrios sah sich im 2. Jahrhundert v. Chr. veranlaßt, in ihrer unmittelbaren Nähe Sirkap in einem planmäßig angelegten Schachbrettgrundriß zu gründen und die Bevölkerung von Alt-Taxila dorthin umzusiedeln. Vorbild für den Schachbrettplan war freilich nicht das Schema der damals längst untergegangenen und in Vergessenheit geratenen Städte der Induskultur, sondern die in dem kleinasiatischen griechischen Kolonisationsgebiet einige Jahrhunderte zuvor verwirklichte hippodamische Idee planmäßiger Stadtanlagen (Milet, Priene). Das dritte Taxila – Sirsukh – entstand unter den Kuṣāṇaherrschern im 2. Jahrhundert n. Chr. und ging 455 in den Stürmen der »Weißen Hunnen« unter. Es hatte keinen geplanten Stadtgrundriß. Die Nachfolge Sirsukhs trat (sozusagen als »viertes Taxila«) nicht am gleichen Platz, doch in gleicher Funktion und in nur geringer Entfernung, die Kuṣāṇagründung Purusapura, das heutige Peschawar, an.

Im Kauṭilya Arthaśāstra, Manasara und anderen zum Teil schon im 1. Jahrtausend v. Chr. verfaßten Handbüchern des gesamten indischen Staatslebens sind die *Śilpaśāstra*, die alten Regeln der Baukunst, niedergelegt. In ihnen finden sich für Dorf und Stadt, für Planung und Hausbau die offiziellen Richtlinien, deren Befolgung als Voraussetzung für ein gedeihliches Zusammenleben der Gemeinschaft betrachtet wird. Festgelegt sind in den alten Büchern auch bereits die Gliederung der Wohnquartiere nach Kasten und die Lage des Heiligtums. Unter Hunderten überprüfter Grundrißpläne vorislamischer Städte finden sich jedoch nur wenige, in denen die *Śilpaśāstra*-Bestimmungen eingehalten worden sind. Ideal und Wirklichkeit gehen auseinander.

Planmäßig angelegt sind nur die inneren Bezirke einiger Tempelstädte, die Burg- und Palastbereiche islamischer Städte, die durch den Willensakt eines Fürsten entstandenen Residenzstädte, von den Briten gegründete Städte und die modernen Wohnviertel und Vororte in Städten jeglichen Alters und Typs. In Tempelstädten wie Madurai, Śrīraṅgam und anderen sind die den viereckigen, nur von Brahmanen bewohnten Tempelbezirk rechtwinklig umschließenden Straßen die Hauptgeschäftsstraßen. Rechteckige Grundrisse haben in den Mogulstädten Nordindiens auch die »Forts«, die gewöhnlich an der Wasserfront an einer Ecke der Altstadt errichtet sind, wie in Lahore, Delhi und Agra. Akbar (1556–1605) hat seiner mißlungenen Gründung Faṭhpūr Sīkrī einen selbstentworfenen Plan zugrunde gelegt und die Hauptbauten – wegen des schrägen Verlaufs des Felsplateaus – gestaffelt nach Mekka gerichtet. Bei anderen islamischen Stadtgründungen in Indien spielt jedoch die Kibla-Orientierung keine Rolle. In der 1728 mit breiten Straßen angelegten Rājputenresidenz Jaipur liegen nebeneinander mehrere große Gevierte, von denen einer den Palastbezirk umfaßt. Bewußte Planung verrät auch der Grundriß von Alt-Hyderābād im Dekkan (gegründet 1589): Zwei Hauptstraßen folgen genau den vier Himmelsrichtungen und bilden an der Char-Minar-Moschee ein Achsenkreuz. Außerhalb der ummauerten, einem auf der Spitze stehenden Quadrat ähnelnden Altstadt hat sich ein völlig ungeordnetes Straßennetz entwikkelt. Neben den älteren kolonialzeitlichen Gründungen der Engländer, Madras (1639) und Bombay (1661), seien nur die planmäßig angelegten jungen Städte der »Kanalkolonien« im Panjab genannt: das nach einem englischen Gouverneur benannte Montgomery und das 1898 gegründete, in seinem sternförmigen Grundriß an europäische Fürstenstädte der Renaissance erinnernde Lyallpur. Von dem für englische Kolonialstädte typischen Uhrturm im Zentrum verlaufen die Straßen radial nach allen Seiten; sie gliederten ursprünglich die von den Muslimen bewohnten Sektoren von denen der Hindus ab. Als nach der Teilung Indiens (1947) die Hälfte des Panjab an Pakistan fiel, wanderten die Hindus in die Union aus, und von dort zogen in großer Zahl islamische Flüchtlinge zu, so daß die alte völkische Sektorengliederung nur noch an den Standorten der Tempel und Moscheen zu erkennen ist. Auch das ländliche Siedlungsbild mit seinen kleinen oder größeren planlos gewachsenen Haufendörfern erhielt in den schachbrettförmig angelegten Dörfern der Kanalkolonien ein für Indien völlig ungewohntes Aussehen.

Gewöhnlich sind Orte, die auf -pur oder -garh enden, Hindugründungen wie Ferozopur, Nagpur, Bahawalpur, Udaipur oder Aligarh, Gangaragarh und viele andere. Aber eine Fülle alter indischer Städte trägt Namen ohne eine derartige Endung: Delhi, Agra, Vārāṇasī (Benares), Mysore, um nur einige zu nennen. Vorwiegend islamischen Ursprungs sind Städte mit der Nachsilbe -bād: Ahmedābād (gegründet 1411), Allahābād (gegründet 1583), Hyderābād (gegründet 1589) oder das nach Aurangzeb (1658–1707) benannte Aurangābād. Andere tragen unverändert den Namen ihres Gründers wie Dera Ghasi Khan oder Dera Ismail Khan, beides Gründungen aus dem 15. Jahrhundert.

Unabhängig von Alter und Ursprung hat die große Mehrzahl der indischen Städte einen planlos gewachsenen Grundriß mit ziemlich willkürlich verlaufenden Straßen

Der mit einem glockenförmigen Stūpa bekrönte Mahābodhi-Tempel in Bodhgayā, dessen Anfänge bis in die Zeit der Guptas zurückreichen, konnte trotz oftmaliger Restaurierung seine ursprüngliche Form aus dem 6. Jahrhundert bewahren. Der 51 m hohe Turmtempel hatte Vorbildwirkung für die Tempelarchitektur der folgenden Jahrhunderte im nördlichen und südlichen Indien.

Links: Blaue Brahmanenhäuser in der Altstadt von Jodhpur, die sich zu Füßen der prachtvollen, aus Rotsandstein errichteten Festung erhebt. Jodhpur, die einstige Hauptstadt von Mārwār, wurde 1456 gegründet.

Rechts: An den hundertstufigen Badetreppen (Ghats) von Benares drängen ich am Morgen Tausende von Gläubigen. Dahinter zieht sich das Gewirr der für Fuhrwerke unzugänglichen Gassen der alten heiligen Stadt.

und blind endenden Gassen. Dieser »Sackgassen-Grundriß« hat viel Ähnlichkeit mit dem der orientalischen Städte. In der Stadtmitte liegen Haupttempel und große Moschee, häufig auf einem erhöhten Standort, der aber meist nicht ein natürlicher, sondern aus Kulturschutt bestehender Hügel ist. Dies wird beispielsweise in Lahore deutlich, wo die wenigen von der Peripherie in die Altstadt hineinführenden Straßen sanft bis zum Zentrum mit seinen Basaren und der »Goldenen Moschee« ansteigen und sich zur anderen Seite wieder absenken, ein deutliches Zeichen dafür, daß Lahore wie alle anderen aus Lehmziegeln erbauten Städte und Dörfer im Laufe der Jahrhunderte auf dem durch Verfall, Hausabriß und Brände entstandenen eigenen Schutt emporgewachsen ist.

Von den menschenerfüllten Hauptstraßen zweigt ein Winkelwerk enger Sackgassen mit hohen Häusern ab. Selten konzentriert sich in Indien der Basar auf einen größeren freien Platz, in der Regel verteilt er sich auf ein Gewinkel von Straßen, gewundenen Gassen und Gäßchen. Handwerk und Gewerbe siedeln sich wie im Nahen Osten möglichst in gleichen Quartieren an, alle Werkstätten und Läden liegen zu ebener Erde und sind zu den Gassen hin völlig offen. In den von Muslimen gegründeten Städten liegen gewöhnlich in der Nähe des Basars oder der Stadtmauer die Serails, Herbergen für Kaufleute mit großen umschlossenen Innenhöfen zur Unterbringung der Karawanentiere.

Schon die altindischen Städte waren größtenteils ummauert, manche mit einer mehrfachen Folge von Mauerringen. Stark befestigt waren insbesondere die islamischen Städte. Durch repräsentative Tore, an denen sich die Fernstraßen bündelten, wurde der Verkehr in das Stadtinnere geleitet, wo er sich dann wieder aufsplitterte. Agra gehörte zu den Städten, die nach Verlegung des Mogulhofes (1584) Einwohnerverluste erlitten, so daß um die verbliebenen bewohnten Teile der Altstadt eine zweite Mauer gezogen werden mußte. Ähnlich umgürtete eine spätere zweite Mauer die kleiner gewordenen Wohnbezirke in Ahmedābād. In nicht wenigen Städten hat man infolge von Einwohnerzwistigkeiten auch die einzelnen Quartiere durch Mauern voneinander getrennt, und in der Regel waren die Viertel Landfremder durch Mauern von der übrigen Stadt geschieden.

Der den Aufriß der Städte beherrschende Mauerring hat seine Bedeutung durch den Anbruch friedlicher Zeiten und Entstehung und Wachstum von Vorstädten verloren. Vielerorts sind die Befestigungen niedergelegt worden und an ihre Stelle breite Ringstraßen getreten. In Lahore erinnern nur noch einige stehengebliebene große Stadttore in vollendeter architektonischer Schönheit an den einstigen Verlauf der Mauer. Die Verkehrsknoten in ihrem Bereich sind geblieben. War die Stadt früher durch die Befestigungswerke scharf gegen ihr Umland abgesetzt, so gehen jetzt dort, wo sie geschleift worden sind, Stadt und Land fließend ineinander über.

Die indischen Städte nutzen im allgemeinen geschickt die gegebenen topographischen Möglichkeiten. Die Fürsten legen ihre Städte bevorzugt zu Füßen ihrer Bergfestungen an. In der Ebene gegründete Städte halten sich in respektvoller Entfernung vom Überschwemmungsbereich der Flüsse. Ferozupur, Bahawalpur und Ludhiana liegen einige Kilometer abseits vom Sutlej, andere wie Attock, Sukkur und Hyderābād in Sind sind dort entstanden, wo Felssporne dicht an den Indus herantreten und sich fester Baugrund fand.

Alte Brückenorte im eigentlichen Sinn des Wortes gibt es am Ganges und Indus nicht, nur Stromübergangsorte, die örtlicher hydrographischer und topographischer Gunst ihren Aufschwung verdanken. Ihnen ist noch Multān am Chenab hinzuzufügen, das alle Laufverlegungen dieses Flusses gut überstanden hat. Schon im 7. Jahrhundert beschrieben chinesische Pilger Multān als Großstadt und ständigen Treffpunkt von Karawanen, die hier den Fluß überschritten. Die Araber nahmen Multān noch im ersten Jahrhundert der Hedschra ein. In der Folgezeit erreichte es

als Vorposten des Islam in Indien gleiche Bedeutung wie die anderen großen muslimischen Zentren Damaskus, Kairo, Kairuan oder Córdoba. In Multān steht die älteste auf dem Subkontinent erhaltene Moschee, die Šāh Jussuf Ghardisi aus dem Jahre 1152, ein Würfelbau im Kaabastil. Abschließend stellt sich die Frage, ob man überhaupt von *der* indischen Stadt sprechen kann. Wenn die Bezeichnung »indische Stadt« mehr ausdrücken soll als nur eine regionale Zuordnung, dann müßte aus der Vielzahl der gegebenen Beispiele die Herausarbeitung eines »Regeltyps« möglich sein, wie man ihn von der chinesischen Stadt, der orientalischen Stadt oder der spanischen Kolonialstadt in Süd- und Mittelamerika kennt. Gibt es einen solchen Regeltyp für die indische Stadt?

Zunächst ist festzuhalten, daß sich die kleinen Städte nach ihrem äußeren Erscheinungsbild nicht grundsätzlich von den Dörfern unterscheiden. Auch der Grundriß der größeren Städte weicht kaum von dem der Haufendörfer ab. Die Stadtmauer ist kein entscheidendes Merkmal, denn auch ummauerte Dörfer kommen vor. Wochenmärkte werden sowohl in Städten als auch in Dörfern abgehalten. Nur den täglich geöffneten Basar gibt es ausschließlich in der Stadt. So bleiben als deren Hauptkennzeichen allein der Basar, mehrere Tempel oder Moscheen, eine größere Einwohnerzahl (allerdings mit einem nicht unbeträchtlichen Anteil von »Ackerbürgern«) und in den bedeutenderen Städten der Palast des Fürsten.

Es hat im alten Indien nie verbriefte Stadtrechte und kein freies, selbstbewußtes Bürgertum mit stadtgestaltender Initiative gegeben. Stadtluft macht in Indien nicht frei. In der Stadt herrschen keine anderen sozialen Organisationsformen als auf dem Lande. Die Kastenzugehörigkeit entscheidet hier wie dort. Die Stadt steht ohne gesellschaftliche Privilegien seiner Bewohner neben dem Dorf wie ein Dorf neben dem anderen. Es gab in Indien auch nie ein geschultes Berufsbeamtentum, das Beamtenstände als Zentren kleinerer oder größerer Verwaltungsgebiete hätte entstehen lassen können. So fehlt in der traditionellen indischen Stadt vieles, was in anderen Ländern die Stadt schlechthin vor den Dörfern auszeichnet.

Nach einem »Regeltyp« der Stadt sucht man daher in Indien vergebens. Es lassen sich nur funktionale Stadttypen unterscheiden: Tempel- und Pilgerstädte, Residenz- und Handelsstädte, von denen sich die letztgenannten in Karawanenplätze, Flußübergangsorte und Hafenstädte aufgliedern lassen. Jeder Typ hat entsprechend seiner andersartigen Existenzgrundlage auch sein eigenes Gesicht. Aber diese Vielfalt, der überdies noch die beiden großen Religionsgemeinschaften ihr besonderes Gepräge geben, ist es, die Indien in der übrigen Welt den Ruf eines »Wunderlandes« eingebracht hat. Der märchenhafte Prunk, den einst die Höfe der Moguln und Mahārājas entfalteten, ließ freilich im Abendland die irrige Vorstellung entstehen, daß solche Pracht indischer Alltag sei.

Vorzeit und Induskultur

Spuren früher Kulturen auf indischem Boden sind schon seit dem 19. Jahrhundert bekannt. Im Jahre 1863 entdeckte Robert Bruce Foot die ersten Steinzeitfunde Indiens. Sie stammten aus den Wohngebieten von Eingeborenenstämmen, die direkte Nachkommen der Menschen der Altsteinzeit zu sein schienen. Nichts wies darauf hin, daß Beziehungen zwischen einer solchen Vorgeschichte, die sich bis zur Gegenwart fortzusetzen schien, und der klassischen Zivilisation Indiens bestanden, deren früheste Zeugnisse offensichtlich erst einige Jahrhunderte vor unserer Zeitrechnung einsetzten.

Schon 1865 befaßte sich Sir Alexander Cunningham, der erste Direktor des »Archaeological Survey of India«, mit Zufallsfunden, die im Industal in den Ruinen einer riesigen verlassenen Stadt bei dem Dorf Harappa gemacht wurden, als man beim Bau der Eisenbahnlinie Multān-Lahore Ziegelmaterial von dort verwendete. Unter diesen Funden befanden sich drei Siegel mit Inschriften in einer unbekannten Schrift. Für Cunningham bestand kein Zweifel daran, daß es sich um die ältesten epigraphischen Dokumente Indiens handelte, vielleicht aus der am weitesten zurückliegenden Epoche, die man sich bislang vorstellen konnte, aus der Zeit des Buddha, der im 5. Jahrhundert v. Chr. gelebt hat.

In Baluchistan erregten seit dem 18. Jahrhundert die Überreste monumentaler Bauwerke die Aufmerksamkeit der Reisenden. Es handelte sich um megalithische Mauern, die in den damals fast menschenleeren Tälern ein eindrucksvolles System von Terrassen bildeten. Man hielt diese Relikte einer untergegangenen blühenden Kultur für Schöpfungen der Gabri, Anhängern der alten iranischen Feuerreligion. Sir Aurel Stein, der nach der Jahrhundertwende als erster systematische Forschungen auf dem Hochland von Baluchistan durchführte, bezeichnete die von ihm entdeckten frühen Kulturen als »vormoslemisch«, ohne auf den Gedanken zu kommen, daß sie lange vor unserer Zeitrechnung zu datieren sein könnten.

Anfang der zwanziger Jahre, als die Erforschung der frühen Hochkultur Mesopotamiens schon weit vorgeschritten war, erfuhr die Welt dann von der Existenz einer Hochkultur im Industal, die viel weiter zurücklag als die Epoche, in der der Buddha gelebt hat. Die 1920 begonnenen Ausgrabungen von Harappa, demselben Ort, wo bereits in den sechziger Jahren des 19. Jahrhunderts Funde gemacht worden waren, und vor allem die 1921 einsetzenden Ausgrabungen von Mohenjodaro legten große Städte frei, deren vollendete städtebauliche Anlage angesichts der frühen Entstehungszeit Erstaunen erregte. Das hohe Alter der Induskultur konnte noch im Laufe der zwanziger Jahre bewiesen werden. In Mesopotamien wurde nämlich eine ganze Reihe von Siegeln desselben Typs entdeckt, wie ihn die Ausgrabungen von Harappa und Mohenjodaro in großer Zahl zutage brachten. Einige dieser Siegel erwiesen sich als zeitgleich mit Sargon von Akkad, der gegen 2300 v. Chr. das erste Großreich des Vorderen Orients begründet hat. Damit stand nicht nur fest, daß schon lange vor Buddha eine indische Hochkultur existierte, sondern auch, daß diese Kultur Beziehungen zu den sumerischen Städten besaß, zu einer Zeit, als im Niltal die Pharaonen des Alten Reichs herrschten. Das ungeheure Interesse, das durch diese Entdeckungen hervorgerufen wurde, ermutigte Sir John Marshall zu umfangreichen Ausgrabungen in Mohenjodaro, wo weitaus mehr erhalten geblieben war als in Harappa. An den gigantischen Freilegungsarbeiten wirkten oft mehr als tausend Arbeiter mit. Ihre Ergebnisse

Der sogenannte »Priesterkönig« aus Mohenjodaro ist das Meisterwerk unter den relativ seltenen Steinskulpturen der Induskultur. Die 18,7 cm hohe Büste aus weißem Speckstein gehörte wahrscheinlich zu einer sitzenden Gestalt. Der bärtige Mann trägt ein Stirnband und einen mit kleeblattförmigen Ornamenten verzierten Umhang. Die Ornamente waren ursprünglich mit roter Paste gefüllt, in den Augen saßen Muscheleinlagen. Trotz der eigenständigen Formensprache erinnert die Figur an mesopotamische Herrscherdarstellungen. Dieser Ähnlichkeit verdankt sie den Namen »Priesterkönig«. Karachi, National Museum

dienen noch heute als dokumentarische Grundlage bei der Erforschung der Induskultur, die man nach dem ersten Fundplatz auch als Harappa-Kultur bezeichnet.

Der Ursprung der Induskultur

Die Frage nach den Wurzeln der Induskultur, die sich sofort stellte, hat erst vor kurzem eine befriedigende Antwort gefunden. Es war zwar rasch klar geworden, daß die von Sir Aurel Stein und seinen Nachfolgern in Baluchistan gemachten Funde sehr alt waren, in einigen Fällen offensichtlich älter als die Induskultur. Anders als im Vorderen Orient und in Ägypten erlaubten es die archäologischen Befunde in Baluchistan und im Industal jedoch nicht, eine Entwicklungslinie von den Dorfgemeinschaften des Neolithikums, in denen sich der Übergang zum Feldbau vollzog, über die befestigten Siedlungen des Chalkolithikums zu den großen städtischen Zivilisationen des 3. Jahrtausends zu rekonstruieren. Es bestand anscheinend kein Zusammenhang zwischen den Bauernsiedlungen des 4. und frühen 3. Jahrtausends und den großen Metropolen von Harappa und Mohenjodaro. Diese erweckten vielmehr den Eindruck, als seien sie vollentwickelt aufgetreten. Allenfalls im Bereich der materiellen Kultur ließen sich gewisse Verbindungen feststellen. Bis heute wird die Indus-Zivilisation daher häufig als Seitenzweig der Kulturentwicklung des Vorderen Orients angesehen.
In der Tat erbrachten die Ausgrabungen, die Roman Ghirshman 1933 bis 1938 in Sialk bei Haschan durchführte, den Nachweis, daß Ausläufer der mesopotamischen Obed- und Halaf-Kultur des 6. und 5. Jahrtausends bis ins Iranische Hochland vorgedrungen sind. Sowjetische Archäologen stellten Einflüsse des Vorderen Orients noch weiter nordöstlich, im südlichen Turkmenien, fest. Vor allem die Keramikverzierung, die geometrische Motive mit Steinbockfriesen kombiniert, bot ein Indiz dafür. Ähnliche Verzierungen, besonders Steinbockreihen, zeigt auch die Keramik des Kili Ghul Mohammad- und Togau-Stils in Baluchistan, die fälschlicherweise ins späte 4. Jahrtausend datiert wurde. Daher nahm man an, daß eine im 6. Jahrtausend von Westasien ausgehende Kolonisationsbewegung langsam über das Iranische Hochland oder über das südliche Turkmenien vordrang und im 4. Jahrtausend die Ufer des Indus erreichte.
Erst die Ausgrabungen, welche die französische Archäologische Mission in Zusammenarbeit mit dem Archäologischen Department von Pakistan seit 1974 in Mehrgarh durchführt, erbrachten den Nachweis, daß die Indus-Zivilisation aus einer langen Kulturentwicklung hervorgegangen ist, die – was man vorher in diesem Teil Asiens nicht vermutete – bis ins Altneolithikum zurückreicht.
In Mehrgarh konnte nämlich ein Fundareal von mehr als 250 Hektar Größe erforscht werden, in dem – beginnend mit dem vorkeramischen Neolithikum – eine Siedlung auf die andere folgte, ohne erkennbare Unterbrechung, bis zu der Periode, die unmittelbar der Epoche der Harappa-Kultur vorausgeht. Die Aufdeckung eines akeramischen neolithischen Horizontes, dessen Beginn nicht später als 7000 v. Chr. anzusetzen ist, gehört zu den bedeutendsten Ergebnissen der Ausgrabungen von Mehrgarh. Diese bestätigen zwar die angenommenen Kontakte zwischen den frühen Siedlungen in Baluchistan und im Industal und ihren Nachbarn im Iran und im südlichen Turkmenien, aber sie zeigen auch, daß sich in diesem Raum eine Kulturentwicklung von eigenständigem Charakter und innerer Dynamik vollzogen hat.

Das Neolithikum

Der neolithische Fundplatz Mehrgarh liegt im Schwemmlandbecken des Balan im Norden der Ebene von Kachi, das als Verbindungskorridor zwischen dem Hochland von Baluchistan und dem Industal dient. Dieses Gebiet besaß günstige Voraussetzungen für die Entwicklung des Ackerbaus. In gewisser Hinsicht erinnert die geographische Situation an die Randgebirge des Zagros, wo seit dem 8. Jahrtausend die ersten Dörfer entstanden. In der Gebirgsfußregion zwischen dem Hochland von Baluchistan und Iran und dem Industal boten unterschiedliche ökologische Zonen den Jägern und Sammlern die Möglichkeit zur Nutzung verschiedenartiger Naturprodukte im Rahmen einer begrenzten Mobilität.
Paläolithische Siedlungsspuren wurden in Mehrgarh, wo die archäologischen Schichten größtenteils von mächtigen Schlammablagerungen bedeckt werden, nicht gefunden. Bedeutende Reste jungpaläolithischer Feuersteinwerkstätten in den felsigen Ausläufern der Rohri-Berge, unweit von Sukkur, wo die Kachi-Ebene in das Industal mündet, zeigen jedoch, daß diese Gebiete schon in der Periode bevölkert waren, die der ersten neolithischen Siedlung von Mehrgarh vorausging.
Die neolithische Siedlung von Mehrgarh bildet einen künstlichen Hügel von ungefähr sieben Metern Höhe, der jedoch völlig unter später angeschwemmten Sedimenten begraben lag. Nur dadurch, daß der Bolanfluß sein Bett in die prähistorische Siedlung verlagert und eine tiefe Schlucht durch den Wohnhügel gegraben hat, kam dessen Formation zum Vorschein. Wahrscheinlich gab es noch weitere Stätten dieser Art, die im Laufe der Zeit durch die Erosion zerstört oder für immer unter Ablagerungen begraben wurden.
Die ältesten Siedlungsspuren von Mehrgarh datieren in das frühe 7. Jahrtausend. Die Häuser der ersten Bewohner waren aus ungebrannten Lehmziegeln erbaut und setzten sich aus kleinen viereckigen Räumen zusammen. Als Nahrungsquelle diente eine Gerstenart (Hordeum vulgare), die morphologisch der Wildform noch nahestand. Trotz des beginnenden Getreideanbaus lebten die Menschen jedoch hauptsächlich von der Jagd, wie die Funde zahlreicher Wildtierknochen bezeugen. Die identifizierten Arten

umfassen Gazellen, Wildschafe, Wildziegen, Barasinghahirsche (Ruceros Duveauceli), Nilgauantilopen (Boselaphus tragocamelus), Wildstiere, Büffel, Hirsche, Onager, Schwarze Antilopen und Wildschweine. Die bei Ziegenknochen zu beobachtende Rückbildung der Größe ist ein erstes Anzeichen von Domestikation. Auch fünf vollständige Skelette von jungen Ziegen, die in zwei Gräbern jeweils als Beigabe zu Füßen der Bestatteten lagen, lassen auf beginnende Herdenhaltung schließen.

Bei den zahlreichen Feuersteingeräten sind geometrische Mikrolithen besonders charakteristisch. Sie fanden teils bei der Jagd, etwa als Pfeilspitzen, beim Zerlegen der Beute und bei der Fellbearbeitung, teils bei der Getreideernte als Sicheleinsätze Verwendung. Mit dem Holzschaft der Sicheln waren die Lamellen aus Feuerstein durch eine Bitumenmasse verbunden, in die sie schräg eingefügt wurden. Aus Knochen wurden Pfrieme, Stichel und Nadeln hergestellt. Hirschgeweihe dienten offenbar als Hacken. Geschliffene Steinbeile tauchen erst in der zweiten Hälfte des 7. Jahrtausends auf. Töpferei ist noch unbekannt.

Schon in den ältesten Schichten von Mehrgarh lassen die Gräber von Erwachsenen und Kindern auf Bestattungsriten schließen. Fast alle Gräber zeigen eine bestimmte Ausrichtung: Die Toten liegen ostwestlich ausgestreckt, der Kopf im Osten mit nach Süden gewendetem Gesicht und mit mehr oder weniger gebeugten Gliedern. Häufig sind die Skelette mit rotem Ocker bedeckt und mit reichen Grabbeigaben ausgestattet. Vergleichbare Bestände an Schmuck aus Kalkstein, manchmal auch aus Halbedelstein (Lapislazuli, Türkis, Karneol), aus Meeresschnecken und Knochen finden sich in dieser Epoche kaum irgendwo sonst im Alten Orient. Nur Handwerker mit einem hohen Grad an Spezialisierung konnten Gegenstände von solch technischer Vollendung herstellen. Die von ihnen verwendeten Materialien stammen oft aus mehreren hundert Kilometer entfernten Gebieten.

Im Laufe des 7. Jahrtausends wurde der Ackerbau immer wichtiger, während die Jagd an Bedeutung verlor. Der Anbau von Gerste blieb zwar vorherrschend, aber der Wei-

Oben: Sichel aus zwei Silexklingen, die schräg in Bitumen eingesetzt sind und damit in der Nut des verlorenen Holzschaftes befestigt waren. Sie wurde in Mehrgarh in einem neolithischen Grab aus der Zeit um 6000 v. Chr. gefunden. Dem Toten war als Beigabe auch eine junge Ziege zu Füßen gelegt worden.

Mitte: Abdruck einer Gerstenähre aus dem Anfang des 7. Jahrtausends v. Chr., wie sie zu Tausenden in den Trockenziegeln der ältesten Schichten neolithischer Grabungsplätze gefunden wurden. Neben der sechszeiligen Gerste, die mehr als 90 Prozent der Abdrücke ausmacht, konnten auch Wildgerste, zweizeilige Gerste und verschiedene Weizensorten, Einkorn, Emmer und Hartweizen, identifiziert werden.

Unten: Freigelegte Lehmziegelstrukturen aus dem späten vorkeramischen Neolithikum (um 6000 v. Chr.). Die Häuser von Mehrgarh zeigen seit den Anfängen des Neolithikums einen rechteckigen Grundriß und sind aus parallelen Kammern zusammengesetzt. Am Wechsel der Mauerausrichtung kann man hier drei Bauphasen unterscheiden.

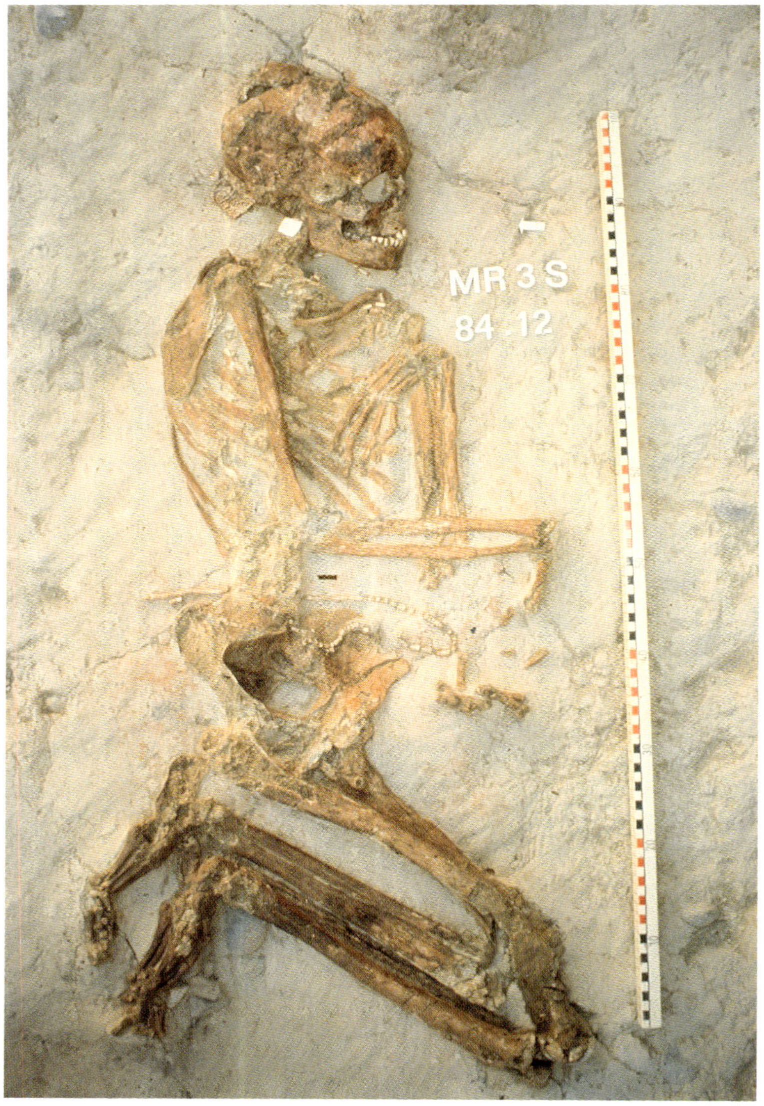

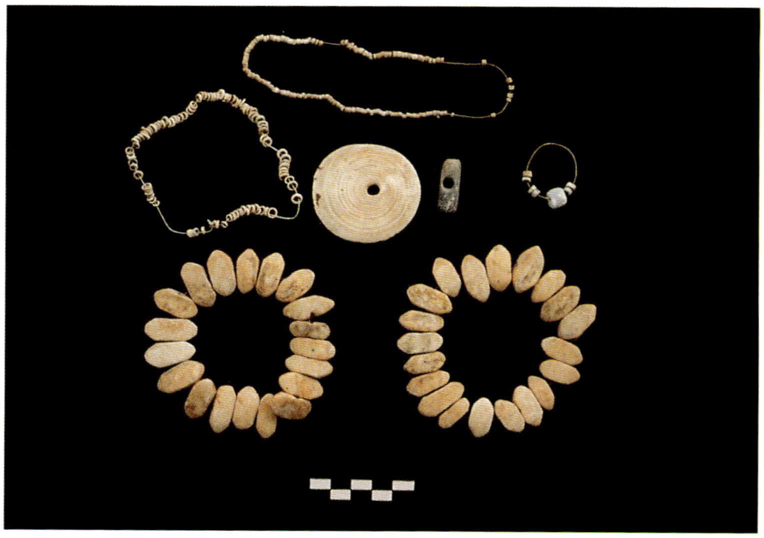

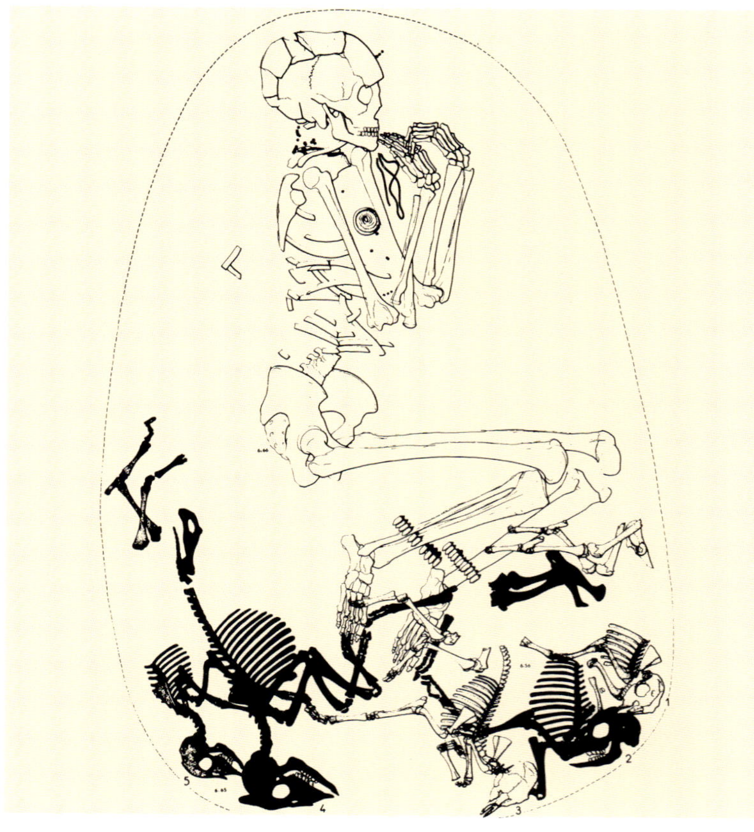

Skelette und Beigaben aus neolithischen Gräbern von Mehrgarh. In einem Grab vom Anfang des 7. Jahrtausends (rechts) liegt der Tote in Hockerstellung in einer mit rotem Ocker gefärbten Grube. Zu seinen Füßen befinden sich fünf Skelette junger Ziegen. Diese Beigabe ist ein erstes Anzeichen für Viehhaltung zu einer Zeit, in der die Jagd noch vorherrschte. Als Schmuck (rechts Mitte) trug der Bestattete zwei Ketten aus Meeresmuscheln (Dentalium), eine perforierte Muschelscheibe, die auf seiner Brust lag, eine zylindrische Perle aus Lapislazuli, sieben Türkisperlen und zwei Fußketten mit flachen sechseckigen Perlen aus poliertem Kalkstein.
Ein anderes Erwachsenengrab aus dem Anfang des 7. Jahrtausends enthielt als Schmuck (rechts oben) ebenfalls zwei Fußketten aus Kalksteinperlen sowie eine Halskette mit Perlmuttanhänger und einen Gürtel aus Muschelperlen. Die große Rolle, die Schmuck aus Meeresmuscheln in den altneolithischen Gräbern von Mehrgarh spielt, ist erstaunlich, liegt dieser Ort doch 500 km von der Küste entfernt. Im Jungneolithikum sind solche Schmuckbeigaben aus Meeresmuscheln meist Kindergräbern vorbehalten.
Das Grab einer älteren Frau aus der zweiten Hälfte des 7. Jahrtausends (oben) zeigt deutliche Spuren von rotem Ocker. Die Tote trägt außer einer Halskette und einem Gürtel auch Kopfschmuck aus Dentaliumperlen sowie einen Anhänger (oder Ohrgehänge) aus Perlmutt. In der Nähe des Kopfes lag ein Steinmeisel.
In der Endphase des protokeramischen Neolithikums wurden die Toten in einer Grabkammer beigesetzt, die an einer Seite der Grube ausgehöhlt und mit einer Mauer aus Trockenziegeln verschlossen wurde (rechte Seite). Zu Füßen des Skeletts befinden sich die Überreste eines mit Bitumen verschmierten Korbes und ein kleines Steingefäß.

zen begann eine immer größere Rolle zu spielen. Bei der Viehhaltung ist eine deutliche Spezialisierung auf das Rind (Bos indicus) zu beobachten, im Gegensatz zu anderen Regionen des Alten Orients, wo Ziegen und Schafe den ersten Platz einnahmen. Gegen 6000 v. Chr. tauchen die ersten Stierfigurinen aus ungebranntem Ton auf, während stark stilisierte menschengestaltige Statuetten, in denen die Vorläufer der Menschenfigurinen späterer Epochen zu sehen sind, bereits seit dem Beginn des Neolithikums von Mehrgarh vorkommen. Die Verbindung von Stier- und Frauenfigurinen hing zweifellos mit einem Fruchtbarkeitskult zusammen, der für die meisten neolithischen und chalkolithischen Bauerngemeinschaften in Baluchistan und im Industal ebenso charakteristisch war wie fast überall im Vorderen Orient.

Zu Beginn des 6. Jahrtausends erscheinen die ersten Töpferwaren. Es handelt sich zunächst um in geringer Menge hergestellte Behälter, deren grobe Tonmasse viel Strohmagerung enthielt und die mit Hilfe eines Korbes geformt wurden.

Zur Zeit des Aufschwungs des Ackerbaus um 6000 v. Chr. entstanden im Zentrum der Siedlung zahlreiche in kleine Kammern untergliederte Bauten aus luftgetrockneten Lehmziegeln. Alle Beobachtungen deuten darauf hin, daß diese bis zu drei Meter hohen Kammerbauten als Speicher dienten, hauptsächlich als Getreidesilos. Solche umfangreichen Einrichtungen zur Vorratshaltung finden zweifellos ihre Erklärung im Rahmen eines Distributionssystems und lassen darüber hinaus auf eine beträchtliche Bevölkerungszahl schließen. Wohnhäuser und Werkstätten waren weiträumig um die Speicherbauten verteilt und nicht, wie es später der Fall sein sollte, innerhalb geschlossener Anwesen einzelner Familien untergebracht. Vielleicht kann man diese Elemente als Anzeichen für eine Gesellschaftsorganisation mit stark kollektivem Charakter interpretieren, auch wenn die Ausführung der Speicherbauten und anderer umfangreicher Arbeiten, wie die Errichtung weitläufiger Stützmauern für den zentralen Bereich der Siedlung, eine gewisse Herrschaftsstruktur voraussetzt.

Die Welt der Toten trägt ebenfalls dazu bei, die frühe Gesellschaftsstruktur einer Siedlung zu erhellen, die als ferner Vorfahre der großen Metropolen des 3. Jahrtausends im Industal von besonderem Interesse ist. Die bereits erwähnten Gräber aus dem Anfang des 7. Jahrtausends erlauben noch keine eindeutige Zuordnung der Grabausstattung, die neben einigen Geräten vor allem rei-

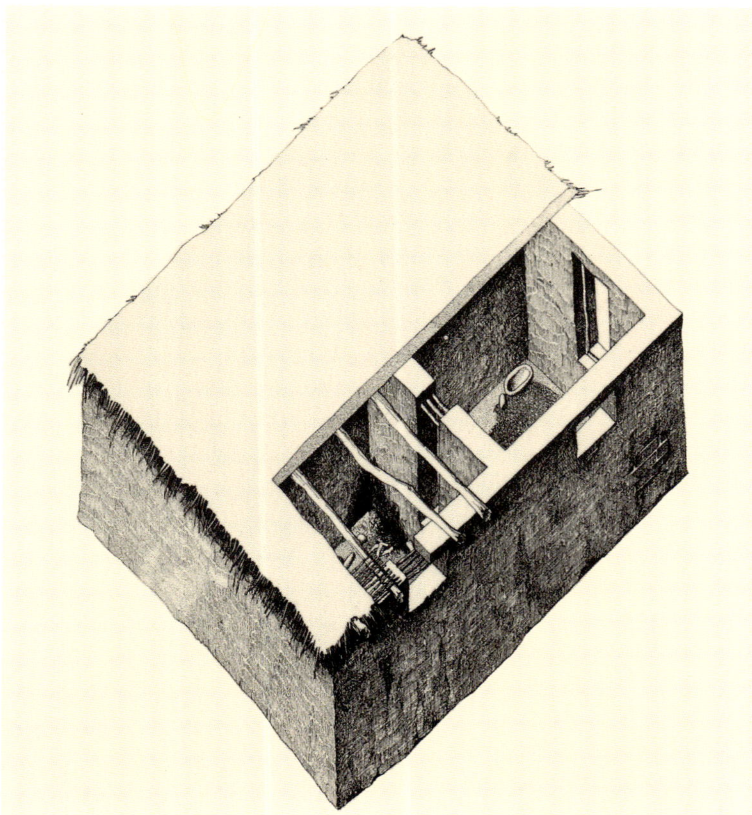

che Schmuckbeigaben umfaßt, und zwar bei Kindern ebenso wie bei Erwachsenen. Gegen Ende des 7. Jahrtausends wurden die Bestattungen komplexer. An einer Seite der Grube trennte man nun eine Grabkammer durch eine Ziegelmauer vom Zugangsschacht ab. Des weiteren wurden die Gräber nach zwei verschiedenen Richtungen orientiert, die weitaus meisten ostwestlich, die übrigen nordsüdlich. Die der ersten Gruppe sind, von Sekundärbestattungen abgesehen, mit Beigaben versehen, die der zweiten nie. Bei den Grabausstattungen wiederum gibt es solche mit relativ viel Schmuck und ohne Geräte, während die anderen mit Geräten nur wenig Schmuck enthalten. In Kindergräbern überwiegen bei den Schmuckbeigaben Meeresschnecken. Hinter diesen komplexen Bestattungsriten verbirgt sich zweifellos eine differenzierte Gesellschaft, deren konkrete Organisation allerdings noch unbekannt ist.

Die Qualität des Schmucks, für den, wie bereits erwähnt, oft Materialien aus weit entfernten Gebieten verwendet wurden, setzt Handwerker voraus, deren für die Epoche außergewöhnliche technische Meisterschaft nur durch eine Spezialisierung auf bestimmte Tätigkeiten erlangt werden konnte. Bemerkenswert ist auch das Auftauchen

Links: Lehmziegelstrukturen aus der ersten Hälfte des 6. Jahrtausends. Solche in Kammern untergliederten Bauten wurden in Mehrgarh im Siedlungsgebiet des späteren Neolithikums an vielen Stellen freigelegt. Die sorgsam mit Lehm verputzten Böden und Mauern sowie Spuren von verkohlten Getreidekörnern oder Kornabdrücken lassen darauf schließen, daß es sich um Speicherbauten handelte.

Linke Seite, unten: Isometrische Rekonstruktion eines Hauses in Mehrgarh aus der Endphase des protokeramischen Neolithikums (Periode IA, zweite Hälfte des 6. Jahrtausends).

Rechts: Isometrische Darstellung der in Mehrgarh freigelegten Lehmziegelstrukturen der Perioden IA (akeramische Periode des Neolithikums, erste Hälfte des 7. Jahrtausends), IB (zweite Hälfte des 7. Jahrtausends) und IIA (erste Hälfte des 6. Jahrtausends).

einiger Kupferperlen in den Gräbern der allerletzten vorkeramischen Schicht. Die Verwendung von Kupfer als Schmuck ist für mehrere Bereiche des Alten Orients gesichert, vor allem für vorkeramische neolithische Horizonte Anatoliens.

In vieler Hinsicht zeigt diese erste neolithische Phase am Rand des Industals Gemeinsamkeiten mit den frühen neolithischen Dörfern im Vorderen Orient, bei landwirtschaftlichen, handwerklichen und Architekturtechniken ebenso wie bei den Begräbnisbräuchen. Gleichzeitig aber weist sie zahlreiche Besonderheiten auf, die bis zu einem gewissen Grad die Grundlage für die kulturelle Eigenständigkeit des Indusgebiets gegenüber dem übrigen Vorderen Orient und Zentralasien bildeten.

Östlich des Indus, im kontinentalen Indien, entdeckte man zahlreiche Fundplätze von Jägern und Sammlern. Wie die ersten Bewohner von Mehrgarh benutzten sie als Pfeilspitzen geometrische Mikrolithen aus Feuerstein oder anderem lokalem Gestein. Von diesen Populationen stammen auch die Höhlenmalereien im Vindhyagebirge am Südrand des Gangestals. Sie bewohnten Rundhüttendörfer in der Nähe von Seen, die der Ganges bei Flußbettverlagerungen hinterlassen hatte, vor allem in Sarainaharrai und Mahādaha nahe bei Allahābād, oder an Nebenflüssen des Ganges, wie in Mahāgara und Chopani Mando. In diesen frühen Ansiedlungen, in denen einige Gräber gefunden wurden, erfolgte die Nahrungsgewinnung sowohl durch Jagd und Fischfang als auch durch landwirtschaftliche Tätigkeiten wie Rinder- und Ziegenhaltung und Reisanbau. Die meisten Fachleute sind sich heute darüber einig, daß der Übergang zur produzierenden Wirtschaftsform sich in der Gangesregion in einem Umfeld vollzogen hat, das kaum vor das 5. oder 4. Jahrtausend angesetzt werden kann. An mehreren dieser Fundplätze tauchte in den oberen Schichten eine Töpferware mit Schnurdekor auf, die an eine fernöstliche Keramiktradition anschließt und ins 3. Jahrtausend datiert wird.

Das Chalkolithikum und die frühe Bronzezeit

Zahlreiche Elemente der materiellen Kultur des frühen Neolithikums, wie man sie heute dank Mehrgarh kennt, lebten während des ganzen 5. Jahrtausends weiter. In Mehrgarh, wo das Siedlungsgebiet damals mehr als hundert Hektar bedeckte, bildeten Gruppen von Silobauten, deren Kammersystem direkt an die neolithischen Vorläufer anknüpfte, große Gebäudekomplexe. Eine bemerkenswerte Entwicklung vollzog sich im Bereich der Handwerkstechnik mit dem Auftreten feinerer Keramik, die auf der Töpferscheibe hergestellt und in beeindruckenden Mengen erzeugt wurde. Auffallend ist auch die Qualität des gemalten Dekors mit geometrischen Mustern oder figürlichen Motiven wie Steinböcken und Vögeln. Die Überreste von Werkstätten, in denen Lapislazuli, Karneol, Türkis und andere Steine bearbeitet wurden, lassen die Verwendung des Bogenbohrers erkennen. Auch die Kupferverarbeitung machte Fortschritte. Außer Schmuckelementen findet man jetzt auch Spitzen, Klingen und andere Kleingeräte aus Kupfer, während Geräte aus Stein und Knochen etwas seltener werden. Beim Pflanzenanbau herrschte zwar immer noch die Gerste vor, aber der Weizen gewann mehr und mehr an Bedeutung. In der Viehhaltung überwogen Rinder, während Schafe und Ziegen seither eine geringere Rolle spielten.

Die Entwicklung von Handwerk und Landwirtschaft begünstigte zweifellos die Besiedlung neuer Gebiete. In der Tat stellt man das Vorhandensein zahlreicher Dörfer in den Bergtälern oberhalb der Kachi-Ebene fest, vor allem in der Gegend von Kalat, Quetta, Zhob und Liralai, in einer Höhe zwischen 1500 und 2000 Metern. Die materielle Kultur dieser Hochtalsiedlungen war mit der am Rande des Industals und nur 150 Meter über dem Meeresspiegel gelegenen Mehrgarh-Kultur identisch. Die Ausgrabung der Töpferwerkstätten von Mehrgarh machte deutlich, daß die unter verschiedenen Namen als eigene Kulturen unterschiedenen Stile wie Kili Ghul Mohammad, Togau, Loralai und Sur Jangal nur lokale Varianten beziehungsweise Entwicklungsstadien eines und desselben Keramikkomplexes darstellen. Dieser kennzeichnet nicht nur das ganze Chalkolithikum in Zentralbaluchistan, sondern seine Ausläufer reichen ins Industal (erste Periode von Amri) und bis nach Afghanistan, wo sie sich in Schichten finden, die der gegen 4000 v. Chr. erfolgten Besiedlung des Fundplatzes Mundigak entsprechen. Neueste Ausgrabungen in Sheri Khan Tarakai ergaben, daß es im Bannubecken um 4000 v. Chr. einen kulturellen Komplex gegeben hat, der trotz seiner Eigenständigkeit starke Parallelen zum Altchalkolithikum von Mehrgarh und Zentralbaluchistan aufweist.

Im 4. Jahrtausend vermehrten sich die bäuerlichen Siedlungen in den Ebenen wie in den Gebirgen beträchtlich. Bei Mehrgarh zählt man nun mehrere Niederlassungen im Umkreis von einigen Kilometern. Ihre Lage impliziert die Existenz von Bewässerungskanälen, deren Spuren in der Grabungszone von Mehrgarh festgestellt wurden. Die Töpferei zeichnet sich durch die Serienherstellung von Gebrauchsgefäßen von oft guter Qualität aus. Diese wurden in offenen Brennöfen gebrannt, die große Areale bedecken. Bei der bemalten Keramik entwickelte sich der polychrome Dekor des sogenannten Kechi-Beg-Stils zu großflächigen Kompositionen mit komplexen geometrischen Mustern. Ende des 3. Jahrtausends verbreiteten sich dann die Treppenmotive des sogenannten Quetta-Stils in einem großen Teil Baluchistans. Die Keramik erlebte eine ihrer Glanzzeiten mit der Produktion von Luxuswaren, deren riesiges Verbreitungsgebiet ein ebenso ausgedehntes wie dichtes Netz von Handelsbeziehungen in dieser Epoche erkennen läßt. Des weiteren findet man die eleganten Töpferwaren mit dem polychromen Dekor des sogenannten Nal-Stils und die feine graue Keramik mit schwarzem Dekor des Faiz- Mohammed-Stils nicht nur in fast ganz Baluchistan, sondern auch als Exportgut in Afghanistan (Mundigak) und im östlichen Iran (Shahr-

Linke Seite, außen: Gefäß mit einfacher geometrischer Bemalung aus Mehrgarh (spätes 5. Jahrtausend). Im Chalkolithikum trat anstelle der groben neolithischen Keramik eine auf der Töpferscheibe gedrehte feine Ware, die in großer Zahl von spezialisierten Handwerkern hergestellt wurde.

Linke Seite, innen: Hoher Becher mit ausgestelltem Fuß und knickwandiges Gefäß aus Mehrgarh, beide mit geometrischem Dekor (um 3300 v. Chr.). Ab 3500 v. Chr. findet sich in einem großen Teil Baluchistans eine polychrome Ware mit weißer, roter und brauner Bemalung.

Rechts: Weibliche Terrakottafigurine in sitzender Haltung aus Mehrgarh (um 3500 v. Chr.). Seit dem Neolithikum gibt es menschengestaltige Statuetten aus ungebranntem Ton, die noch stark schematisiert und stilisiert wirken. Im 4. Jahrtausend werden die Figurinen, nun aus Terrakotta, realistischer. Volle Brüste und breite Hüften betonen zweifellos den Fruchtbarkeitscharakter dieser Darstellungen. Die durch zwei Eindrücke aus dem zylinderförmigen Kopf herausmodellierte spitze Nase ist ein erster Versuch der Gestaltung von Gesichtszügen. Die Tonwülste um den Hals sollen Schmuck andeuten.

i-Sokhta). Das außergewöhnliche technische Können der Töpfer verband sich mit einer genuinen dekorativen Begabung, die nicht nur geometrische, sondern auch Pflanzen- und Tiermotive beherrschte.

In dieser Epoche am Ende des 4. und Anfang des 3. Jahrtausends entstanden auch zahlreiche Menschen- und Tierfigurinen. Die menschengestaltigen Statuetten aus gebranntem Ton sind höchst bemerkenswert. Ihre stilistische Entwicklung und der Wechsel ihrer Attribute folgen genauen Regeln, hinter denen man einen Kodex magisch-religiöser Art vermuten kann. Die runden, rechteckigen oder quadratischen Siegel aus Knochen, Elfenbein, gebranntem Ton und seltener aus Stein zeigen fast immer geometrische Motive.

Die weitgehend auf zufälligen Oberflächenfunden und kleinen Sondierungen beruhende Vorstellung, daß das vorgeschichtliche Baluchistan ein kulturelles Mosaik bildet, weicht heute mehr und mehr einem trotz deutlicher regionaler Unterschiede wesentlich homogeneren Bild. Andererseits hatten die offensichtlichen Ähnlichkeiten im Keramikdekor und in der Art, wie manchmal Attribute bei Terrakottafigurinen in Südturkmenien (Geoksyur-Stil) und in Baluchistan (Quetta-Stil) kombiniert werden, die Möglichkeit einer zweiten Kolonisationswelle nahegelegt, die gegen 3000 v. Chr. aus Zentralasien ins Industal gelangte. Heute scheinen sich diese Ähnlichkeiten eher durch gewisse kulturelle Kontakte zwischen den Bewohnern diesseits und jenseits der Hindukuschkette als durch eine Völkerwanderung zu erklären. Die handwerklichen Techniken, mit denen in Baluchistan Gegenstände hergestellt werden, die aus Turkmenien stammenden Objekten ähneln, knüpfen tatsächlich an lokale Traditionen an. Oft zeigen solche Gegenstände technische Qualitäten, die man zur selben Zeit in Südturkmenien nicht findet. Zum Beispiel wurde dort die Keramik noch von Hand geformt, als in Baluchistan und im Industal die Verwendung der Töpferscheibe schon allgemein üblich war. In diesen Gebieten, so scheint es heute, erlebte das Chalkolithikum zwischen 3000 und 2500 v. Chr. seine Hochblüte. Die handwerklichen Erzeugnisse erreichen oft eine Qualität, die sich nur durch eine wirtschaftliche Blüte erklären läßt. Diese wiederum beruhte zweifellos auf den Fortschritten der Landwirtschaft und der handwerklichen Techniken, aber auch auf der Intensivierung des Tauschhandels, wie die Zirkulation einer wachsenden Zahl verschiedener Waren in einem riesigen Gebiet zeigt. An der Westgrenze Baluchistans, im östlichen Iran und im Süden Afghanistans, erlebten die Städte des Hilmand-Systems (Shahr-i-Sokhta und Mundigak) in dieser Epoche eine Zeit großen Wohlstands, der sich unter anderem in der Errichtung monumentaler Bauten und einem umfangreichen Handel mit dem Industal, dem Iran und Zentralasien äußert.

Die Induskultur

Eine Reihe von Forschungen hauptsächlich jüngerer Zeit erlauben also die Feststellung, daß die große Indus-Zivilisation an eine lange neolithische und chalkolithische Tradition anknüpft, in deren Verlauf sich zahlreiche für ihre

materielle Kultur charakteristische Elemente herausgebildet haben. Allerdings kann man sich trotz des offensichtlichen Wohlstands der Siedlungen in der ersten Hälfte des 3. Jahrtausends noch nicht ganz erklären, warum immer mehr Menschen sich in Städten niederließen, deren Größe und städtebauliche Qualität alles Vorhergegangene weit übertraf.

Man kann feststellen, daß die Bergregionen mit kalten Wintern, wie das Hochland von Kalat und Quetta sowie das Zhob- und Loralaital, die vor allem gegen Ende der Mehrgarh-Epoche, zwischen 3000 und 2500 v. Chr., in enger Symbiose mit den Schwemmlandebenen gestanden hatten, sich nach und nach entvölkerten. Damit wurde das Industal mit seinem riesigen Fruchtlandpotential zum Zentrum der entstehenden Hochkultur. Die ursprüngliche Vegetation aus dichtem sumpfigen Dschungel blieb sicher ein schweres Hindernis für die Nutzung der fruchtbaren Schlammablagerungen, welche die Überschwemmungen des Indus zurückließen.

Bietet die wirtschaftliche Blüte der ersten Hälfte des 3. Jahrtausends eine ausreichende Erklärung für eine innere Dynamik, die gegen 2500 v. Chr. zu einer Art urbaner Revolution in einer intensiver genutzten Schwemmlandebene führte? Oder muß man auch äußere Faktoren einbeziehen, die einen inneren Entwicklungsprozeß beschleunigten und forcierten? Auf welche Weise konnten Anregungen von außen das Auftreten urbaner Metropolen im Indusgebiet fördern?

Es gibt mehrere Phänomene, deren Gleichzeitigkeit vielleicht nicht als bloße Koinzidenz zu werten ist. So tauchen seit der zweiten Hälfte des 3. Jahrtausends auf sumerischen Keilschrifttafeln Hinweise auf einen regen Handel mit dem weit im Osten gelegenen Land Meluhha auf. Damit könnte sehr wohl das Indusgebiet gemeint sein, um so mehr, als man zahlreiche Gegenstände wie Tonkrüge, Siegel und Steingewichte von dort her bekannten Typs an der Küste des Persischen Golfs gefunden hat, in jener Gegend, die mit Dilmun identifiziert wird, das nach den mesopotamischen Quellen als Umschlagplatz für den Handel mit Meluhha diente. Außerdem gibt es zur Harappa-Kultur gehörende Stätten in beträchtlicher Entfernung vom Industal, vor allem in Shortughai, im Nordosten des heutigen Afghanistan, sogar an den Ufern des Oxus, in der Nähe der Lapislazuliminen von Badakhshan; ferner in Sutkagen-dor, an der Grenze zwischen Pakistan und Iran, und in Lothal an der Küste von Gujarāt, nördlich

Die anfangs recht plumpen Figurinen werden in der Folge detaillierter ausgeformt. Bei der um 3300 v. Chr. entstandenen Terrakottastatuette einer sitzenden Frau aus Mehrgarh (rechts außen) bleibt die Gesichtsbildung nicht mehr auf die Andeutung einer Nase beschränkt, es sind nun auch Augen in Gestalt von Tonlinsen, in deren Mitte ein kleines Loch gebohrt ist, appliziert, und eine Frisur aus in Wellen gelegten Tonwülsten umgibt den zylinderförmigen Kopf. Ein weiteres neues Element sind die wie kleine Flügel anmutenden Arme unter den Brüsten. Die gleiche Haltung zeigen drei weibliche Terrakottafigurinen (links), die in Mehrgarh in einer Grube mit verbranntem Abfall gefunden wurden. Ihre kuriose Haartracht ist für die Zeit um 3000 v. Chr. charakteristisch. Hochaufgetürmte Lockengebilde aus gewellt oder spiralförmig gelegten Tonwülsten rahmen das maskenartige Gesicht. Üppig sind auch die Halsketten aus horizontal verlaufenden Tonwülsten, von denen einige mit Perforationen versehen sind. Die Figurinen der folgenden Periode haben anstelle der beiden seitlichen Haarknoten auf die Schultern herabfallende Locken. Bei der um 2800–2600 v. Chr. entstandenen Frauenstatuette aus Mehrgarh (rechts innen) ist die Haartracht besonders kompliziert gebildet. Über dem in der Mitte gescheitelten schwarzen Haar liegt eine asymmetrische Perücke, die auf der einen Seite rot, auf der anderen gelb bemalt wurde. Auch der Schmuck war durch Bemalung akzentuiert. Genauso typisch für die Figurinen der ersten Hälfte des 3. Jahrtausends ist das maskenhafte Gesicht mit den großen schwarzen Augenlöchern und der wie ein Vogelschnabel geformten Nase. In den Armen hält die Frau einen Säugling, dessen Windel an ihrem rechten Bein herabhängt, zweifellos eine weitere Bestätigung der Fruchtbarkeitssymbolik solcher Statuetten.
Nach 3000 v. Chr. erscheinen die ersten männlichen Keramikfigurinen. Sie tragen oft eine turbanähnliche Kopfbedeckung und eine Art Krawatte, vielleicht ein Amulett phallischen Charakters, wie die beiden um 2700–2600 v. Chr. entstandenen Beispiele aus Mehrgarh (rechts unten). Die Haltung von Armen und Beinen wirkt starr, besonders wenn man sie mit der weichen Modellierung der gleichzeitigen weiblichen Figurinen vergleicht. Die männlichen Terrakotten machen in dieser Periode etwa 30 Prozent des Gesamtbestandes an anthropomorphen Figurinen aus.

von Bombay. An diesen Orten bestanden offenbar Kolonien oder Vorposten einer Zivilisation, die man nicht isoliert betrachten darf. In diesen Zusammenhang gehört schließlich auch, daß sich in der zweiten Hälfte des 3. Jahrtausends in Südturkmenien große Siedlungszentren wie Altyn Tepe und Namazga Tepe entwickelten, in einer Region also, deren Kontakte mit Baluchistan seit dem 5. Jahrtausend nachweisbar sind.
Unsere Kenntnis der Induskultur beruht im wesentlichen auf den Ausgrabungen, die vor mehr als einem halben Jahrhundert in Mohenjodaro und Harappa in großem Maßstab durchgeführt wurden. Damals waren die archäologischen Techniken noch nicht so fein wie heute, und es blieben Unsicherheiten nicht nur hinsichtlich der Schichtenfolge, sondern auch der Deutung der Funde. Jedoch konnte man seit den zwanziger Jahren die allgemeinen Merkmale dieser Kultur so definieren, daß sie bis auf einige Nuancen noch gültig sind. In erster Linie zeichnet sich die Induskultur durch den außergewöhnlichen Städtebau aus, des weiteren durch ihre Einheitlichkeit im gesamten Ausbreitungsgebiet und durch einen ausgeprägten Konservativismus. Wie immer man auch die Phänomene dieser Zivilisation zwischen 2500 und 1800 v. Chr. datiert,

Links: Der fein modellierte Torso einer männlichen Terrakottastatuette aus Mehrgarh datiert in die Zeit um 2800–2700 v. Chr. Er repräsentiert einen während dieser Epoche in Baluchistan auftauchenden Typus mit kahlem Kopf, mandelförmigen Augen und eingeschnittenen Augenbrauen, der an Figuren des Vorderen Orients erinnert.

Links Mitte: Die in Mehrgarh entdeckte Terrakottastatuette eines Zeburindes mit brauner Bemalung entstand um 2800 v. Chr. Die Qualität der Modellierung macht sie zum Vorläufer einiger der schönsten Rinderplastiken der Induskultur. Überhaupt scheint die besondere Qualität der Tierdarstellungen eine Konstante der indischen Kunst seit der Vorgeschichte zu sein.

Links unten: Die Alabasterstatuette eines stehenden Widders (um 2800–2600 v. Chr.) ist der bisher einzige Fund einer Steinskulptur aus Mehrgarh. Auch sonst sind steinerne Bildwerke im indoiranischen Grenzbereich äußerst selten. Selbst in Mohenjodaro wurden nur vier Tierskulpturen aus Stein, die liegende Widder oder Steinböcke darstellen, sowie sieben menschengestaltige Torsos entdeckt.

Rechts: Auf dem höchsten Punkt der sogenannten »Zitadelle« von Mohenjodaro erhebt sich ein buddhistischer Stūpa, bei dessen Untersuchung der Archäologe R. D. Banerji im Jahre 1922 die große Metropole der Induskultur entdeckte. Im Vordergrund sind das Becken des »Großen Bades« und einige Stümpfe seines Pfeilerumgangs zu sehen.

Folgende Doppelseite: Luftbild der »Zitadelle« von Mohenjodaro von Süden aus. Im Süden (Vordergrund) liegt der Komplex mit der fünfschiffigen »Audienzhalle«. Weiter im Norden sind die Plattformen des »Kornspeichers« zu erkennen, östlich davon das Bekken und der Pfeilerumgang des »Größen Bades« und in der Nordostecke der von Mönchszellen umgebene Stūpa. Die Großbauwerke der auch als »Akropolis« bezeichneten Oberstadt liegen an einer etwa 6 m breiten Hauptstraße, deren Entwässerungskanal mit Naturbruchsteinen abgedeckt ist, einem äußerst seltenen Baumaterial in der ansonsten aus Ziegeln erbauten Stadt. Insgesamt wurden bisher weniger als 10 Prozent des Areals von Mohenjodaro aufgedeckt. Bodensalze haben die Ruinen so stark gefährdet, daß Rettungsmaßnahmen eingeleitet werden mußten.

sie bleiben relativ homogen, auch wenn man heute eine gewisse Entwicklung im Städtebau und in manchen Zweigen des Handwerks, wie zum Beispiel der Keramik, besser erkennt.

Seit der Zeit des Ausgräbers Sir John Marshall ist das Verbreitungsgebiet der Harappa-Kultur nur insofern gewachsen, als einige Autoren sich nicht scheuen, von einem der größten Reiche der Alten Welt zu sprechen. Das ist jedoch voreilig, denn kein Schriftdokument gibt Aufschluß über die Art der politischen Verbindung, die zwischen den Stätten gleicher materieller Kultur bestanden haben könnte, hat doch die auf kurze Inschriften beschränkte Indusschrift bis heute ihr Geheimnis bewahrt. Bereits im 4. und frühen 3. Jahrtausend erstreckte sich die relativ homogene materielle Kultur Baluchistans und des Industals über ein sehr weites Gebiet. Mit der Induskultur vollzog sich eine Verlagerung nach Osten und Südosten, denn während sich die Gebirgsregionen Baluchistans, wie schon erwähnt, entvölkert zu haben scheinen, entstanden in den Gebieten östlich und südöstlich des Industals Harappa-Siedlungen. Haryana in Rājasthān, wo bereits die lokale chalkolithische Kultur Kalibangan I deutliche Verbindungen zu den chalkolithischen Kulturen des Industals und Baluchistans auf-

wies, wurde völlig von der Harappa-Kultur geprägt. Dieser Einfluß reichte bis in das Gebiet von Delhi. Im Südosten schlossen sich der Rann von Kutch und ein Teil Gujarāts der Harappa-Kultur an. Lediglich im Südwesten des Industals, in den abgelegenen Tälern Südbaluchistans, überlebte eine Lokalkultur, die sogenannte Kulli-Kultur, die jedoch stark von der Harappa-Kultur beeinflußt wurde. Die laufenden archäologischen Forschungen vergrößern nicht nur die Zahl der über ein riesiges Gebiet verteilten Harappa-Siedlungen, sondern zeigen auch, daß es bei aller Homogenität der materiellen Kultur dieser Stätten Besonderheiten gibt, die auf die Existenz regionaler Kulturbereiche hinweisen.

Städtebau

Hauptmerkmal der Induskultur sind die planmäßigen Stadtanlagen, deren privates und öffentliches Wasserversorgungs- und Entwässerungssystem im Alten Orient ohnegleichen war. In den beiden größten bekannten Städten, Mohenjodaro und Harappa, lebten mehrere zehntausend Menschen. Als vor kurzem in Mohenjodaro Kanäle zur Absenkung des Grundwasserspiegels ausgeschachtet wurden, kam zutage, daß diese Stadt, deren Einwohnerzahl auf etwa 50 000 geschätzt worden war, sich mehr als zwei Kilometer über die ursprünglich angenommene Grenze hinaus nach Osten ausgedehnt hatte. Mohenjodaro besteht aus einer Oberstadt, der sogenannten »Zitadelle«, und einer Unterstadt. Die gleiche Zweiteilung läßt sich auch in Harappa feststellen, wo Ziegelräuber die Bauten zum großen Teil zerstört haben.

In der Unterstadt von Mohenjodaro bildeten die nordsüdlich und ostwestlich orientierten Straßen und Gassen ein relativ regelmäßiges Rastersystem, in das die aus gebrannten Ziegeln erbauten rechteckigen Häuserblocks eingefügt waren. In den Wohnvierteln gruppierten sich die Häuser mit zur Straße hin fensterlosen Fassaden um einen Innenhof. Ihre Grundfläche variierte zwischen 50 und 150 Quadratmetern. Da Treppen vorhanden sind, ist mindestens ein Stockwerk anzunehmen. Mehrere dieser Häuser besaßen private Brunnen, deren kreisförmige Einfassung aus keilförmigen Ziegeln gemauert wurde. Öffentliche Brunnen waren in regelmäßigen Abständen angelegt. In jedem Haus diente ein Raum, dessen Boden mit Ziegeln gepflastert war, als Waschplatz oder Badezimmer, oft neben den Latrinen gelegen. Das Abwasser von Küchen und sanitä-

Links: Luftaufnahme eines Abwasserkanals in Mohenjodaro. Eine quadratische Senkgrube verhindert die Verstopfung des Kanals mit Abfällen.

Rechts: Eine Straße in der Unterstadt von Mohenjodaro. Die Absätze in den Ziegellagen der Häusermauern markieren aufeinanderfolgende Überbauungen.

ren Anlagen wurde durch einen Kanal in die Straßenrinne geleitet, die ihrerseits in einen Sammelkanal auf einer Hauptachse mündete. In mehr oder weniger regelmäßigen Abständen hielten Senkgruben schwerere Abfälle zurück und verhinderten so, daß die Abwasserkanäle verstopften. In manchen Nebenstraßen floß das Brauchwasser aus den Häusern wie in vielen kleineren Orten der Harappa-Kultur in Tonkrüge, die als Sickergruben dienten. Nach dem heutigen Wissensstand besaß keine Stadt des Alten Orients derart aufwendige öffentliche und private hygienische Einrichtungen. Sie sind um so bemerkenswerter, als sie nur aufgrund einer umfassenden Stadtplanung funktionieren konnten.
Die Untersuchungen im Rahmen des »Forschungsprojekts Mohenjodaro« der Rheinisch-Westfälischen Technischen Hochschule Aachen haben viel zur Klärung städtebaulicher Fragen in dieser Metropole beigetragen und gezeigt, daß deren strenge Planmäßigkeit manchmal überschätzt wurde. Manche Häuserblocks wurden nämlich erweitert, ohne daß man sich dabei immer strikt an den Schachbrettplan hielt. Doch sind ganze Quartiere in regelmäßiger Form nach einem Plan wiederaufgebaut worden, der mit dem vorherigen weitgehend identisch war. Das Kanalnetz wurde dann jedesmal in gleicher Weise wieder instandgesetzt. Wenn man durch die Straßen von Mohenjodaro geht, bemerkt man in Mauern, die manchmal noch vier Meter hoch aufragen, übereinander vier oder fünf Türschwellen oder Kanalmündungen, entsprechend den aufeinanderfolgenden Überbauungen.

Die »Zitadelle« von Mohenjodaro

Ein auf dem höchsten Punkt errichteter buddhistischer Stūpa verhinderte die völlige Freilegung der sogenannten »Zitadelle« oder »Akropolis« von Mohenjodaro. Es bestand die berechtigte Hoffnung, daß in diesem die Unterstadt um mehrere Meter überragenden Bereich Monumente auftauchten, die Auskunft über die politische und religiöse Organisation der großen Metropole geben konnten. In der Tat wurden hier die Überreste außergewöhnlicher Bauwerke entdeckt, deren konkrete Funktion jedoch noch nicht sicher erschlossen werden konnte.
Am bekanntesten ist das sogenannte »Große Bad«. Hauptbestandteil dieser Anlage war ein 11,70 x 6,90 Meter großes und 2,40 Meter tiefes Becken, in das an der Nord- und Südseite jeweils eine Treppe hinabführte. In Bitumen eingebettete Holzplanken bildeten ursprünglich den Auftritt der Treppenstufen. Den Hof, in dem das Becken lag, umgab ein Pfeilerumgang. Die Wannenkonstruktion des Beckens stellt eine bemerkenswerte technische Leistung dar. Seine 1,35 Meter dicke Innenschale bestand aus im Läuferverband aufgemauerten Ziegeln, die so maßhaltig geformt waren, daß die Fugenbreite nur wenige Millimeter betrug. Von außen war das Becken zusätzlich mit einer drei Zentimeter dicken Bitumenschicht isoliert. Den äußeren Konstruktionsring bildete eine Mauer, die gleichzeitig als Fundament für die Pfeiler des Umgangs diente und zusätzlich durch schottenartige Querversteifungen gegen Seitendruck gesichert war. Die Wasserversorgung des Beckens erfolgte durch einen doppelschalig gemauerten Brunnen. Durch eine Schleuse in der Westwand des Beckens konnte das Wasser in einen begehbaren Kanal von etwa 1,80 Meter Höhe, der mit einem Kraggewölbe abgedeckt war, abfließen. Ganz in der Nähe des »Großen Bades« befanden sich beiderseits einer kleinen Straße acht kleine Baderäume, von denen eine Treppe zu einer höhergelegenen Zelle führte.
Ein weiteres monumentales Bauwerk erhob sich westlich des »Großen Bades«. Erhalten blieb eine massive Ziegelplattform von 50 x 27 Meter Seitenlänge, die ein Netz von lotrecht sich schneidenden Passagen aufweist. Diese könnten zu einem Ventilationssystem gehört haben. Sir John

Oben: Das »Große Bad« in Mohenjodaro.

Unten: Der begehbare Abwasserkanal des »Großen Bades«.

Rechte Seite: Die Tiefgrabung von Ernest Mackay in der Unterstadt von Mohenjodaro läßt die kreisrunden Brunnenschächte wie Türme erscheinen.

Marshall, der 1925 einen Teil der Anlage freilegte, deutete sie als Unterbau eines *hammam* (Dampfbad). Sir Mortimer Wheeler, der die Ausgrabung 1950 fortsetzte, hielt sie für die Basis eines Kornspeichers, wobei er wie Marshall von einem hölzernen Überbau ausging. Nach neuesten Erkenntnissen entstanden jedoch der untere Teil der Plattform und die kleineren Plattformen zwischen den Passagen in verschiedenen Bauphasen und gilt die Funktion des Bauwerks als ungeklärt.

Noch zwei andere Gebäude der »Zitadelle« sind monumentaler Art. Das eine war ein durch vier Pfeilerreihen in fünf Schiffe unterteilter großer Raum, der oft als »Audienzhalle« bezeichnet wird. Das andere mit der ungewöhnlichen Mauerstärke von mehr als einem Meter bedeckte eine Fläche von fast 1800 Quadratmetern und besaß nur einen einzigen Eingang. Man sah darin die Residenz einer bedeutenden Persönlichkeit oder den Sitz eines Priesterkollegiums, daher der übliche Name »Kollegium«. Aber die genaue Funktion dieser Gebäude ist ebenso schwer zu bestimmen wie beim »Großen Bad«.

Bei den Funden von Siegeln, Figurinen und Steinskulpturen, die in der Induskultur überhaupt nur äußerst selten vorkommen, ist auf der »Zitadelle« keinerlei Konzentration festzustellen, die darauf hinweisen könnte, daß es sich hier eher um eine Stätte religiösen Charakters handeln könnte als anderswo. Das »Große Bad« mit seinem Pfeilerumgang und dem Ensemble von Baderäumen in unmit

telbarer Nähe legt jedoch die Vermutung nahe, daß rituelle Waschungen in der Harappa-Epoche eine große Rolle gespielt haben.

Andere Städte der Induskultur

Die Ruinen von Harappa sind, wie bereits erwähnt, sehr fragmentarisch. Die dortige »Zitadelle« besteht aus einer fast acht Hektar großen künstlichen Terrasse von drei Meter Höhe. Sie ist von einer massiven, an der Basis zwölf Meter breiten Mauer umgeben, deren Kern aus Luftziegeln mit gebrannten Ziegeln verkleidet war. Rampen führten zu den Toren in dieser Mauer. Die Gebäude im Innern der »Zitadelle« sind nur sehr unvollständig erschlossen, aber sie scheinen nach den gleichen städtebaulichen Prinzipien wie in Mohenjodaro errichtet worden zu sein. Im nördlichen Bereich bildet ein Ensemble von gleichhohen parallelen Mauern zwei durch einen Mittelgang geteilte rechteckige Baublöcke. Man vermutet, daß es sich dabei um ein Ventilationssystem unter einem Getreidespeicher handelte. Diese Deutung ist zwar möglich, aber noch keineswegs bewiesen, selbst wenn man die benachbarten runden Ziegelplattformen für Basen von Mahlsteinen ansieht. Unweit davon wurden zahlreiche Keramik- und Schmelzöfen gefunden sowie kleine Wohnungen beiderseits einer Gasse. Man schloß daraus auf die Existenz einer Handwerkerklasse, die in eigenen Vierteln wohnte. Aber angesichts unserer lückenhaften Kenntnis der Stratigraphie und der genauen Fundzusammenhänge in Harappa ist Vorsicht geboten.

Bei den anderen Stätten der Induskultur, die entdeckt wurden, handelt es sich, von Chanhudaro, südlich von Mohenjodaro, abgesehen, um Ansiedlungen von geringerer Bedeutung, die zudem oft außerhalb des eigentlichen Industals liegen. Obwohl die Grabungen noch nicht weit gediehen sind, nehmen die Ausgräber mehr oder weniger überzeugend dort das gleiche Anlageschema wie in Mohenjodaro an, das heißt, eine Zitadelle, die eine Unterstadt beherrschte. Das gilt vor allem für Kalibangan und Banawali beziehungsweise Rājasthān und Haryana, ebenso für Lothal und andere Stätten in Saurāṣṭra und Kathiawar (Gujarāt). In der Tat lassen sich dort verschiedene städtebauliche Merkmale der Induskultur feststellen, selbst wenn Luftziegel, außer bei Wasserbauwerken, das hauptsächliche Baumaterial waren.

In Lothal hat der Archäologe S. R. Rao ein 213 x 36 Meter großes und bis zu vier Meter tiefes Becken aus gebrannten Ziegeln freigelegt. Die Wasserzufuhr erfolgte aus einem nahen Fluß, mit dem das Becken durch einen Kanal verbunden war. Eine Öffnung in der Kaimauer brachte Rao auf den Gedanken, daß es sich dabei um eine Einfahrt für in einem »Dock« zu Wasser gelassene Boote handeln könnte. Aber zuviel spricht gegen diese von den meisten Fachleuten heute abgelehnte Deutung. Zweifellos haben wir es

Links: Luftbild des HR-Bereichs im äußersten Süden der Unterstadt von Mohenjodaro, benannt nach dem Archäologen Harold Hargreaves, der 1925 mit der Freilegung dieses fast 20 000 qm großen Areals begann. Die berühmte »First Street«, die Hauptverkehrsachse der Unterstadt, teilt es in einen westlichen und östlichen Bereich. Der eine umfaßt vier, der andere acht durch Gassen voneinander getrennte große Blöcke mit insgesamt 80 Hauseinheiten.

Rechts: Die 18,7 cm hohe Terrakottafigur einer Frau aus Mohenjodaro gehört zu einem Typ mit fächerartigem Kopfputz, der an die »Turbane« früherer Figurinen erinnert. Charakteristisch sind auch der schwere Hals- und Armschmuck sowie der von einem breiten Gürtel gehaltene kurze Lendenschurz. Die beiden zylindrischen Gegenstände in den Ohrläppchen finden sich auch noch bei indischen Plastiken der historischen Epoche.

hier mit einem ersten Beispiel jener Wasserreservoirs oder Tanks zu tun, die für die späteren Städte Indiens so typisch werden sollten. Der Aufwand für Anlagen zur Wasserversorgung und Abwasserbeseitigung läßt auf einen beachtlichen Wohlstand schließen.

Die Siegel und die Indusschrift

Stempelsiegel jenes Typs, der im 19. Jahrhundert die Entdeckung der Indus- oder Harappa-Kultur ermöglichte, liefern nicht nur eine ganze Reihe verschiedener Darstellungen, sondern auch den wesentlichen Bestandteil an Inschriften. Sie sind meist aus Steatit (Speckstein), quadratisch und zwischen 17 und 30 Millimeter groß. Auf ihrer Rückseite ist ein längs durchbohrter Knauf herausgearbeitet, durch den eine Schnur gezogen werden konnte. Die Stempelseite zeigt meistens Tiermotive. Am häufigsten dargestellt ist das sogenannte »Einhorn«, dessen im Profil gegebener Körper einem Stier mit einem doppelt gekrümmten langen Horn auf der Stirn ähnelt. Außerdem kommen Stiere mit oder ohne Höcker, Wasserbüffel, Tiger, Nashörner, seltener auch Elefanten und Krokodile vor. Auf einigen Siegeln sind menschliche Figuren abgebildet. Sie tragen oft eine Hörnerkrone und erscheinen manchmal in richtigen szenischen Kompositionen, denen man herkömmlicherweise eine mythologische Bedeutung zuschreibt. Eine dieser Gestalten mit Hörnern ist im Lotossitz, mit nach Yogi-Art angezogenen Beinen, dargestellt und in einem Fall von verschiedenen Tieren umgeben. Natürlich sah man in dieser Szene sofort das Bild eines »Proto-Śiva« als »Herr der Tiere«. Vor einer anderen solchen Figur mit Hörnerkrone, die in einem Pipalbaum sitzt, kniet ein Adorant, der ebenfalls Hörner trägt und einen Widder führt, während im unteren Teil des Siegels eine Prozession von sieben Figuren abgebildet ist. Die Darstellung eines »Helden«, der zwei Tiger in den ausgestreckten Händen hält, scheint eine Harappa-Version des mesopotamischen Themas »Gilgamesch als Löwenbezwinger« zu sein. In diesem Zusammenhang ist daran zu erinnern, daß in fünfzehn verschiedenen Grabungsstätten des Vorderen Orients insgesamt 44 Siegel des Harappa-Typs gefunden wurden. Die rätselhaften Bilder von Mischwesen auf einigen Siegeln spiegeln zweifellos Mythen wider, die wir jedoch nicht kennen.

Von den rund 4200 bisher bekannten Siegeln stammen mehr als 2000 aus Mohenjodaro und 1500 aus Harappa. Der Fundplatz Lothal erbrachte 240 Exemplare. Bis auf etwa 250 Ausnahmen tragen alle Siegel Inschriften. Nachdem Dekor und Inschrift eingraviert waren, wurden die Steatitsiegel mit Alkali bestrichen und erhitzt, wodurch sie nicht nur gehärtet wurden, sondern auch einen leicht glänzenden weißen Überzug erhielten, der ihren ästhetischen Wert erhöhte. Wenn man Duplikate außer acht läßt, bleiben rund 2200 verschiedene Inschriften, die durchschnittlich fünf Zeichen umfassen. Außerdem finden sich zahlreiche Siegelabdrücke als Eigentümermarken auf Tongefäßen und auf den als Gefäßverschluß dienenden Tonlinsen. Einige Keramiken tragen eingeritzte Schriftzeichen, wie sie manchmal auch auf Armreifen aus Steinzeug, auf Kupfertäfelchen, Elfenbeinstäbchen und Bronzeklingen vorkommen.

Nach Meinung der Fachleute lassen sich bei der Indusschrift zwischen 400 und 200 Zeichen unterscheiden. Die Differenz erklärt sich aus der Schwierigkeit zu entscheiden, ob gewisse Piktogramme als Grundelement oder als

Kompositum zu betrachten sind. Die meisten Forscher stimmen jedoch darin überein, daß es sich um eine Wort-Silben-Schrift handelt, die teils aus Ideogrammen und teils aus Silbenzeichen sowie aus einer Reihe von Determinativen besteht. Von verschiedenen, oft widersprüchlichen Hypothesen ausgehend, wurden zahlreiche Entzifferungsversuche unternommen. Es gibt aber keinen Hinweis darauf, welche Sprache sich hinter dieser rätselhaften Schrift verbirgt, und jedes statistische Verfahren wird durch die Kürze der Inschriften beeinträchtigt. Bis neue Erkenntnisse vorliegen, kann man bei der Hypothese der ersten Ausgräber bleiben, daß es sich um Personennamen handelt, denen wie in Mesopotamien sicherlich der Name des Vaters beigefügt wurde, und daß längere Inschriften eine Titulatur enthalten könnten.

Handwerk und Kunst

Verglichen mit den gleichzeitigen Hochkulturen in Mesopotamien und Ägypten zeigt die Induskultur einen auffälligen Mangel an künstlerischen Leistungen, die auf eine königliche oder religiöse Macht hinweisen. Selbst in den Metropolen von Mohenjodaro und Harappa läßt nichts mit Sicherheit auf die Existenz eines Palastes oder Tempels

Linke Seite: Abdruck eines Steatitsiegels aus Mohenjodaro (Seitenlänge 4 cm). Die dargestellte Szene ist zweifellos mythologischer Art. In einem Pipalbaum steht eine nackte Gestalt mit Hörnerkrone und zahlreichen Armreifen. Davor kniet in anbetender Haltung eine ebenfalls mit einer Hörnerkrone geschmückte Person, die eine Schraubenhornziege heranführt. Das untere Register zeigt eine Prozession von sieben Personen, zweifellos Frauen mit langen Zöpfen und kurzen Kleidern.

Oben: Das in Nausharo ausgegrabene Siegel aus weißem Speckstein (Seitenlänge 3,4 cm) zeigt ein »Einhorn«, das am häufigsten auf den Siegeln der Induskultur dargestellte Tier. Schon in der Antike galt Indien als Heimat dieses sagenumwobenen Fabeltiers. Seine Bedeutung auf den Siegeln ist ebenso unbekannt wie die Funktion der sogenannten »Krippe«, die nur auf ganz wenigen »Einhorn«-Siegeln fehlt. Das obere Feld ist mit Zeichen der Indusschrift gefüllt.

schließen. Keine Stele oder Großplastik verherrlicht die Größe von Göttern und ihrer irdischen Repräsentanten. So wird es verständlich, welche Bedeutung man der 1927 entdeckten Steatitbüste eines bärtigen Mannes beimaß, der ein Stirnband und einen Umhang mit kleeblattförmigen Ornamenten trägt. Wegen der Ähnlichkeit mit entsprechenden sumerischen Bildwerken nahm man sofort an, daß ein »Priesterkönig« dargestellt sei. Dieses wahre Meisterwerk der Steatitkunst gehört zu einer Gruppe von sieben mehr oder weniger fragmentarisch erhaltenen Steinskulpturen aus Mohenjodaro. Sie stellen männliche Personen dar, die alle in der gleichen Haltung knien: Eine Hand umfaßt das angewinkelte linke Knie, während die andere auf dem am Boden ruhenden rechten Bein liegt. Trotz der unbestreitbaren Verwandtschaft mit sumerischen Bildwerken sind diese formal oft ungeschickten Skulpturen offensichtlich lokaler Herkunft. Für eine Identifizierung ist ihre Anzahl jedoch zu gering.

Die harappazeitlichen Handwerker haben sich vor allem auf dem Gebiet der Kleinkunst ausgezeichnet. Auf die technische Qualität chalkolithischer Funde in Baluchistan und im Industal wurde bereits hingewiesen. In der Tat hat die Untersuchung von Werkstätten in Mehrgarh gezeigt, daß dort seit dem Ende des 5. Jahrtausends Herstellungs- und Brennverfahren angewendet wurden, die im Vergleich zu den in vielen anderen Gebieten des Vorderen Orients üblichen erstaunlich weit entwickelt waren. Italienische Forscher, die in Zusammenarbeit mit der Technischen Hochschule Aachen in Mohenjodaro tätig sind, konnten nachweisen, wie eng die dortigen Werkstätten technisch an lokale Traditionen anknüpften. Man bemerkt einen immer ausgeprägteren Sinn für die Umwandlung verschiedener Materialien durch chemische Prozesse und bestimmte Brenntechniken. Figürchen und Gegenstände aus Fayence (oder Protofayence, insofern es sich um einen alkalischen Überzug handelte, der sich beim Brand in eine grünliche Glasur verwandelte) und glasartigen Pasten belegen das dabei erreichte Know-how der harappazeitlichen Kunsthandwerker. Aus solchen Materialien schufen sie zum Beispiel Miniaturplastiken von Papageien, fressenden oder kletternden Streifenhörnchen, hockenden oder sich umarmenden Affen. Auch aus Speckstein oder Meeresmuscheln fertigen sie Tierfigürchen von hoher Qualität.

Die meisten Tierplastiken sind allerdings Terrakotten. Einige davon, vor allem Stierdarstellungen, zeigen einen kraftvollen Naturalismus, andere wiederum eine gewisse Neigung zur Karikatur. Menschengestaltige Figurinen sind im Industal sehr zahlreich, aber selten in den östlichen Bereichen der Harappa-Kultur, in Rājasthān, Haryana und Gujarāt. Frauenfigürchen mit reichem Kopfputz, Hals- und Armschmuck stehen in der Tradition der chalkolithischen Statuetten Baluchistans, andere wiederum stellen Szenen des häuslichen Lebens dar oder sind in einer Art gestaltet, die karikierend anmutet. Auch Mischwesen, halb Tier, halb Mensch, kommen vor.

Auf dem Gebiet des Schmucks haben die Handwerker der Induskultur so Hervorragendes geleistet, daß die Bedeutung, die Sargon von Akkad den Importen aus Meluhha beimaß, verständlich ist. Fayence und andere Fritten dienten zur Herstellung von Anhängern und Ringen. Aus Achatblöcken, die wohl vom Golf von Cambay (Gujarāt) stammten, schnitt man lange zylindrische Perlen. Diese wurden anscheinend besonders in Mesopotamien geschätzt, wo sie in den reich ausgestatteten Gräbern des Königsfriedhofs von Ur an Halsketten gefunden wurden. Gegenstände aus Lapislazuli sind dagegen selten. Trotzdem interessierten sich die Bewohner des Industals unmittelbar für dieses Material, wie die Gründung von Kolonien in Nordwestafghanistan beweist. Shortughaï war die bedeutendste von ihnen. Dort haben französische Ausgräber umfangreiche Lapislazuliwerkstätten entdeckt. Aber in den Indusstädten schätzte man vor allem Halbedelsteine mit ihren vielfarbigen Maserungen. Mittels einer Reservetechnik, bei der eine alkalische Lösung verwendet wurde, konnte man sogar auf Karneolperlen Muster anbringen. Auch solche Perlen waren in Mesopotamien sehr begehrt. Sie wurden zu einem typischen Produkt des indischen Kunstgewerbes, das während der gesamten historischen Zeit bei den Exporten nach Westen eine Rolle spielte. Auch Gold wurde zu Schmuck verarbeitet. Mehrere außergewöhnliche Schmuckfunde, die in den Häusern von Mohenjodaro zutage kamen, enthielten neben anderen Schmuckstücken aus Gold Halsketten, die scheiben- und röhrenförmige Goldperlen mit Halbedelsteinperlen und -anhängern kombinieren.

Die Kupfer- und Bronzeverarbeitung ermöglichte die Herstellung zahlreicher Gegenstände verschiedenster Art, wie Gefäße und Geräte, Toilettenutensilien und Statuetten. Man hat oft auf den archaischen Charakter dieser Metallurgie bei all jenen Gegenständen hingewiesen, die zur Kategorie der Waffen gehören. Tatsächlich sind Dolchklingen und Lanzenspitzen auffällig dünn und biegsam und die Beile, bis auf eine oder zwei berühmte Ausnahmen, flach, also ohne Gußform hergestellt, deren Gebrauch in vielen anderen Gebieten des Alten Orients damals allgemein üblich wurde. Das ist um so erstaunlicher angesichts der Fertigkeit, mit der Induskünstler gleichzeitig Tierfigurinen und zwei menschengestaltige Statuetten, darunter die berühmte »Tänzerin von Mohenjodaro« im National Museum von Neu-Delhi, im Wachsausschmelzverfahren aus Formen gegossen haben.

Vor allem das Vorhandensein einer in Technik, Form und Dekor relativ homogenen Keramik ermöglichte bei Grabungsplätzen, die manchmal mehr als 1000 Kilometer voneinander entfernt sind, die Zugehörigkeit zur Induskultur festzustellen. Es handelt sich dabei in erster Linie um Gebrauchskeramik, die in großen Mengen produziert wurde. Sie ist meist ohne Dekor und verwendet eine Reihe typischer Gefäßformen, die jedoch nun viel zahlreicher sind als in früheren Epochen. Interessanterweise kommen die meisten dieser Formen auch in Miniaturversionen vor, und zwar nicht nur aus Keramik, sondern auch aus Fayence und anderen Materialien. Besonders in der ersten Phase entstanden schöne Gefäße mit einem auf leuchtend rotem Grund gemalten schwarzen Dekor, der geometrische, vegetabile und zoomorphe Motive miteinander ver-

Die Alabasterskulptur eines mit angezogenem Knie sitzenden Mannes (Höhe 28 cm) gehört zu einer Gruppe von sieben sitzenden Figuren, die alle auf der »Zitadelle« von Mohenjodaro gefunden wurden. Es ist gut möglich, daß die Büste des berühmten »Priesterkönigs« ursprünglich zu einer Statue in dieser Haltung gehörte.

bindet. Alle diese Motive – sich schneidende Kreise, Schuppen- , Kamm- und Schachbrettmuster, Sonnenscheiben, Pipalblätter, stilisierte Bäume und Pfauen – beruhen auf dem Motivrepertoire lokaler Keramik der ersten Hälfte des 3. Jahrtausends, aber sie sind nun völlig in den Harappastil integriert.

Bestattungsbräuche

In Mohenjodaro wurde bis jetzt noch kein Begräbnisplatz entdeckt, aber in Harappa hat man im sogenannten »Friedhof R37« eine ganze Reihe von Gräbern freigelegt. Die normalerweise nordsüdlich orientierten rechteckigen Gruben sind zwischen drei und viereinhalb Meter lang. Im allgemeinen ist der Tote in gestreckter Rückenlage beigesetzt, den Kopf nach Norden ausgerichtet. Als Beigaben enthielten die Gräber einige Töpferwaren und etwas persönlichen Schmuck, manchmal auch Toilettenartikel. Keine Grabausstattung fiel bisher durch besonderen Reichtum auf. Die an anderen Fundorten, zum Beispiel in Kalibangan und Lothal, freigelegten Gräber zeigen ähnliche Verhältnisse.

Die ökonomische und soziale Organisation

Da die großen Grabungsplätze vor der Entwicklung der Bioarchäologie freigelegt wurden, sind unsere Kenntnisse über die Ernährungsbasis der Induskultur trotz einer Reihe jüngerer Untersuchungen noch lückenhaft. Die wirtschaftliche Grundlage dieser Zivilisation war zweifellos durch eine intensivere Nutzung des reichen Ackerbaupotentials des Schwemmlandes im Industal gegeben. Die harappazeitliche Landwirtschaft setzte unmittelbar die der neolithischen und chalkolithischen Siedlungen dieser Region fort. Grundnahrungsmittel waren zwei Wintergetreide, Weizen und Gerste. Bei der Viehzucht dominierte das Rind, das in manchen Bereichen mehr als 50 Prozent der registrierten Fauna stellt, gefolgt von Ziegen und Schafen. Gegenüber den früheren Epochen ist eine Verbreiterung der Ernährungsbasis festzustellen, sei es durch Rückkehr zur Jagd, sei es durch Nutzung der Nahrungsquellen, die Mangrovenwälder, Lagunen, Flußmündungen und Meeresküsten boten. Die Forschung ist gerade dabei, regionale Unterschiede in der Landwirtschaft zu ermitteln, insbesondere den Beginn des Anbaus bestimmter Sommergetreide, von Hirse und Reis in Gujarāt sowie westlich des Industals in Haryana.

Die soziale Organisation ist schwer zu erschließen. Wie schon erwähnt, gibt es kein ikonographisches Dokument, das die Existenz einer Elite belegt und deren Macht und privilegierte Beziehung zur Götterwelt verherrlicht, wie dies zur selben Zeit in Mesopotamien und Ägypten der Fall ist. Kein Gebäude zeigt Merkmale eines Palastes oder Tempels, nichts deutet bei Grabbeigaben oder anderen Funden auf den Gebrauch von Prestigeobjekten oder Prunkwaffen hin. Lediglich die geräumigen Wohnhäuser in der Unterstadt von Mohenjodaro erlauben gewisse Schlußfolgerungen. Ihre sanitären Anlagen waren nämlich an ein Abwassersystem angeschlossen, das nur funktionieren konnte, wenn eine städtische Autorität für seine Unterhaltung sorgte. Es ist also wahrscheinlich, daß es eine Oligarchie und andererseits Bevölkerungsschichten mehr oder weniger niedrigerer Stellung gab, die in den Quartieren mit kleinen Wohnungen gelebt haben dürften.

Welche Rolle spielte der Handel im Leben dieser Städte? Manchmal lassen sich in den Ruinen Läden lokalisieren. Ein Teil der Tauschgeschäfte wurde mit Hilfe eines Gewichtssystems abgewickelt, das im gesamten Bereich der Induskultur verwendet wurde. Die Maßeinheit der meist kubischen und aus Flint hergestellten Gewichte beträgt 13,625 Gramm. In dem riesigen Verbreitungsgebiet dieser Zivilisation war der Fernhandel sicherlich von großer Bedeutung, findet sich doch an Orten, die mitunter mehr als 1000 Kilometer voneinander entfernt sind, dasselbe Versiegelungssystem. Nur die Inschriften der Stempel, die wahrscheinlich Eigentümernamen enthalten, wechseln.

Aber die Entdeckung von Siegeln desselben Typs an verschiedenen Grabungsplätzen in den Emiraten am Persischen Golf und sogar im iranischen Susa, der Hauptstadt des alten Elam, beweist, daß die Handelsbeziehungen weit über das Industal hinausreichten. Vielleicht wurden dabei Schiffe des Typs eingesetzt, der auf einigen Siegeln dargestellt ist. Erst kürzlich tauchten an der Küste des Oman, in Ra's al Junayz, aus dem Industal stammende Funde auf. Mit einer schwärzlichen Engobe überzogene Vorratskrüge, wie sie in Harappa hergestellt wurden, kamen an verschiedenen Grabungsplätzen in den Golfstaaten zutage, zusammen mit Gewichten und Siegeln des Indus-Typs. Das Vorhandensein solcher Krüge läßt auf den Transport verderblicher Lebensmittel vom Indus an die Küsten der Arabischen Halbinsel schließen. Es wurde bereits darauf hingewiesen, daß mesopotamische Keilschrifttexte seit der Epoche des Sargon von Akkad einen regen Handel mit dem Land Meluhha, das heute mit dem Industal identifiziert wird, erwähnen. Als Umschlagplatz nennen sie Dilmun, das man am Persischen Golf lokalisiert. Zahlreiche typische Erzeugnisse der Induskultur, die in Mesopotamien ausgegraben wurden, bestätigen die Aussage der Schriftquellen: Siegel, scheibenförmige Goldperlen, Objekte aus Fayence und Elfenbein, zylindrische und in Reservetechnik verzierte Karneolperlen. Welchen Umfang neben diesem Export von Luxuswaren der Handel mit mehr oder weniger leicht verderblichen Massengütern hatte, ist nur schwer abzuschätzen. Auch die Rolle, welche die Kolonien in Nordwestafghanistan bei diesen Handelsverbindungen spielten, ist noch unklar. Immerhin lagen sie in der Nähe von Lapislazuliminen, besaßen also Zugang zu einem Material, das im gesamten Vorderen Orient begehrt war.

Oben: Noch heute sieht man auf dem Indus Boote, die an die auf einigen Siegeln und Amuletten aus Mohenjodaro dargestellten Schiffe erinnern.

Unten: Ein dreiseitiges Terrakottaprisma aus Mohenjodaro (Länge 4,6 cm) zeigt auf einer Seite Schriftzeichen, auf der zweiten ein Krokodil und auf der dritten ein Boot, auf dem sich zwei Vögel niedergelassen haben. Mit seinem Kajütenaufbau, den extrem hochgezogenen Bugplanken und dem doppelten Steuerruder ähnelt dieses Boot den Hausbooten der Mohanas, die als Fischer auf dem Indus leben und für den Fischfang abgerichtete Vögel als »Haustiere« halten.

Rechts: Die Gewichte der Induskultur sind wie diese Exemplare aus Mohenjodaro und Harappa meist kubisch und aus Flint hergestellt. Sie variieren zwischen weniger als 1 g und fast 11 kg. Dem Gewichtssystem scheint eine Einheit von 13,625 g zugrundezuliegen, deren Teilungen und Vielfache einem System folgen, welches das binäre mit dem Dezimalsystem harmonisiert.

Das Ende der Induskultur

Es ist schwierig, das Ende der Indusstädte genau zu datieren. Nur soviel ist gewiß, daß es in die ersten Jahrhunderte des 2. Jahrtausends anzusetzen ist, vielleicht gegen 1800 v. Chr. Lange Zeit nahm man ein abruptes Verschwinden an, verursacht durch eine Invasion aus dem Nordwesten. Funde von Skelettgruppen im Schutt von Mohenjodaro schienen die Vermutung zu bestätigen, daß die Stadt durch Eroberer zerstört und ihre Bevölkerung bei einem schrecklichen Massaker abgeschlachtet worden sei. Einige in Mohenjodaro und an anderen Grabungsplätzen des Industals und Baluchistans entdeckte Waffen wie Schaftäxte und andere fremdartigen Gegenstände ähneln Typen, die im Iran, vor allem in dem nordiranischen Kulturkomplex Hissar IIIC, vorkommen. Es schien daher logisch, diese Funde iranischen Invasoren zuzuschreiben, die man bald als Vorläufer, bald als eine erste Welle jener indoeuropäischen Stämme betrachtete, die sich im 2. Jahrtausend über den indischen Subkontinent ausbreiten sollten. Auch glaubte man, daß für die angenommene Zerstörung einer von seßhaften Bauern getragenen Wirtschaftsform und deren Ersetzung durch ein halbnomadisches Hirtentum nur Hirtenvölker verantwortlich gewesen sein könnten. Das schien auch eine Erklärung für das offensichtliche Fehlen architektonischer Spuren aus dem 2. Jahrtausend in ganz Nordwestindien zu sein. Inzwischen hat die archäologische Forschung jedoch große Fortschritte gemacht und vermittelt ein weitaus klareres Bild vom 2. Jahrtausend vor unserer Zeitrechnung.

Das Ende der klassischen Induskultur muß jetzt im Rahmen eines Regionalisierungsprozesses gesehen werden, der seit dem Ende des 3. Jahrtausends die große kulturelle Gleichförmigkeit in dem gesamten Territorium der Induskultur auflöste und eine auseinanderstrebende Entwicklung bedingte. Westlich des Indus vollzogen sich bedeutende Veränderungen. In dem ausgedehnten Gebiet zwischen dem Nordiran, Südturkmenien und dem Westrand des Industales kann man die Entstehung blühender Kulturen beobachten, die trotz ihrer unverkennbaren Eigenständigkeit durch enge Beziehungen im Bereich der materiel-

Links oben: Halskette aus Mohenjodaro. Kleine Goldperlen wechseln mit Perlen aus gebranntem Speckstein, die teilweise eine blaue Glasur erhielten.

Links: Halskette aus sechs eiförmigen Jadeperlen und dreißig scheibenförmigen Goldperlen sowie drei an Golddraht befestigten Anhängern aus Achat-Jaspis-Perlen. Der Schmuck wurde in der Unterstadt von Mohenjodaro zusammen mit anderen Kostbarkeiten in einer Silbervase gefunden.

Rechts: Kette aus 42 zylindrischen Karneolperlen (Länge 12–13 cm) und Kupferperlen aus einem Depotfund von Mohenjodaro. Solche langen Karneolperlen waren ein typisches Produkt der Induskultur und wurden bis nach Mesopotamien exportiert. Perforiert wurden sie mit dem Bogenbohrer und Bohrspitzen aus Phanit (grüner Jaspis). Werkstätten, in denen vornehmlich dieser Typ von Karneolperlen hergestellt wurde, hat Ernest Mackey in Chanhudaro entdeckt.

Oben: Die in Mohenjodaro ausgegrabene Stierfigur aus weißem Speckstein (Länge 7,2 cm) weist an Kopf, Becken und Unterkörper Bohrungen auf, in die die separat und vielleicht aus anderem Material gefertigten Extremitäten wie Ohren, Hörner, Schwanz und Geschlechtsteile eingesetzt waren.

Unten: Beigaben aus dem »Kenotaph Nr. 1« in einem zwischen 2000 und 1800 v. Chr. datierten Gräberfeld von Mehrgarh. Steinerne Stäbe wie der Schieferstab im Vordergrund werden in Zentralasien als »Zepter« bezeichnet. Die Keramik steht in der Tradition der Harappazeit, zeigt aber neue Formen, die am Anfang des 2. Jahrtausends in allen Gebieten des indo-iranischen Grenzbereichs weit verbreitet waren.

Rechte Seite: »Kenotaph Nr. 1« von Mehrgarh in situ. Neben Keramik enthält das Grab einige Metallobjekte, darunter eine Nadel mit Vogelkopf. Es waren zweifellos Grabräuber, die das ursprünglich 1,20 m lange Stein-»Zepter« in drei Teile zerbrochen haben.
In Gräbern im Iran (Shadad), Baktrien und Turkmenien (Altin Tepe sowie im Depot von Quetta wurden identische Steinstäbe mit abgestumpften Enden gefunden. Einen besonders charakteristischen Gefäßtyp der Gräber von Mehrgarh aus der Periode VIII vertritt die kelchartige Schale auf hohem Standfuß. Er leitet sich direkt von der sogenannten »Fruchtschale« der Harappa-Kultur ab. Seine Form erinnert an den berühmten Goldkelch aus dem »Schatz von Quetta«.

len Kultur, der Bestattungspraktiken und der Ideologie miteinander verbunden waren.

Besonders auffällig ist das Vorkommen reicher Grabdepots mit fast identischen Beständen. In einem der Friedhöfe von Mehrgarh, also unmittelbar am Rand des Industals, und kürzlich auch in Quetta entdeckte man Gräber, die sich nicht nur mit jenen des »Schatzhügels« von Hissar IIIC im Nordiran und des reichen Friedhofs von Shahdad im Ostiran vergleichen lassen, sondern auch mit Gräbern im »Elitenviertel« von Altyn Tepe in Südturkmenien und im Komplex von Dashly in Afghanistan. Neben Kostbarkeiten, deren Verbreitung sich im Rahmen des damals sehr aktiven interiranischen Handels erklären läßt, enthalten diese Gräber auch Dinge von offenbar symbolischer oder ideologischer Bedeutung. Auffällig ist in vielen Gräbern die Häufung verschiedener Gegenstände aus Stein oder Elfenbein: Miniatursäulen und Steinscheiben mit Mittelrinne oder zepterartige Stäbe von bis zu zwei Metern Länge sowie quadratische oder oblonge Plättchen und Stäbchen, die sicherlich alle mit rituellen oder Divinationspraktiken in Verbindung standen.

Interessanterweise lieferten viele dieser Gräber von Südturkmenien über den Ostiran bis nach Baluchistan Keramiken, bei denen zwei Formen vorherrschen: ein Kelch mit Fuß und eine kegelstumpfartige Schale. Diese beiden so kennzeichnenden Gefäßtypen finden sich in Nausharo, einem sechs Kilometer südlich von Mehrgarh gelegenen Grabungsplatz, in harappazeitlichen Schichten, wo sie regionale Varianten aufweisen. Zur selben Zeit stellt man in Mohenjodaro und an anderen Fundorten des Industals eine wachsende Zahl »exotischer« Objekte fremder Herkunft fest, deren Vorkommen folglich nicht mit Invasionen, sondern mit den Handelsströmen zusammenhängt, die für das späte 3. und das frühe 2. Jahrtausend kennzeichnend sind. Auf diese Weise erklärt sich, daß Keramikformen, die offensichtlich ursprünglich aus dem Industal stammen, in den baktrischen Gräbern der Bronzezeit vorkommen, während Metallobjekte und Siegel, die zu ursprünglich iranischen oder zentralasiatischen Typen gehören, in Gräbern von Mehrgarh und Sibri auftauchen. Gleichzeitig bezeugen die auffälligen Übereinstimmungen in den Beigabendepots oder »Schätzen«, daß es innerhalb ihres weiten Verbreitungsgebiets offenbar eine miteinander in Verbindung stehende Oberschicht gab.

Das »Goldene Zeitalter« des interiranischen Handels, das in diesen reichen Beigabendepots seinen Niederschlag fand, scheint um 1800–1700 v. Chr. zu Ende gegangen zu sein, in einer Zeit also, in der die mesopotamischen Quellen aufhörten, vom Handel mit dem Osten zu sprechen. Die ausgedehnten Siedlungen von Altyn Tepe und Namuzga Tepe in Südturkmenien wurden verlassen, und die großen Metropolen des Industals verschwanden. Die Chronologie all dieser Ereignisse ist noch zu unsicher, als daß man eine exakte Verbindung zwischen ihnen herstellen könnte, aber es ist evident, daß sie miteinander zusammenhängen.

Der Regionalisierungsprozeß im ehemaligen Ausbreitungsgebiet der Induskultur verstärkte sich mit dem Verschwinden jener Elemente, die für ihre Einheit am charakteristischsten waren: Schrift, Siegel, Gewichte. Dennoch lebten viele Elemente der materiellen Kultur der Induszivilisation noch das ganze 2. Jahrtausend weiter, und zwar in ihrem östlichen und südlichen Bereich, besonders in Haryana und Gujarāt (Kultur Lothal B und Rangpur-Kultur). Im Industal selbst erweist sich die Keramik der Jhukar-Kultur als lokale und eigenständige Weiterentwicklung der Harappa-Keramik, aber die Erforschung dieser Kultur steckt noch in den Anfängen.

Am Westrand des Industals brachten die 1968 bis 1974 durchgeführten Grabungen von Pirak, 20 Kilometer südlich von Mehrgarh, eine blühende Siedlung zutage, deren Bewohner Landwirtschaft betrieben und imposante Architekturen aus Trockenziegeln errichteten. Die über zehn Hektar große Stadt war mit Sicherheit zwischen 1700 und 700 v. Chr. bewohnt. Die vorher unbekannte Kultur von Pirak verbindet wiederauflebende vorharappazeitliche

Elemente und Merkmale der Induskultur mit völlig neuen Zügen. Figürchen von Pferden und Reitern, manchmal mit eigenartigen Vogelköpfen, oder von zweihöckrigen Kamelen manifestieren zweifellos den Anbruch einer neuen Zeit, vier oder fünf Jahrhunderte vor Beginn der Eisenverarbeitung.

Eine besonders interessante Neuerung, die in Pirak beobachtet werden konnte, war der Übergang zu zwei Ernten pro Jahr. Seit dem Neolithikum basierte die Landwirtschaft im Industal auf den Wintergetreiden Gerste und Weizen. In Pirak wurden daneben auch die Sommergetreide Reis, Hirse und Sorghum (Mohrenhirse) angebaut. Diese Umwälzung im Ackerbau scheint bereits während der Harappazeit in Gang gekommen zu sein, und zwar in den östlichen und südlichen Gebieten der Induskultur, besonders in Gujarāt, wo in Rojdi Hirse und in Lothal sowie an anderen Fundplätzen dieser Region Reis entdeckt wurden.

Das Ende der großen Indusstädte ging also keineswegs mit einem Niedergang der Landwirtschaft unter dem Ansturm aus den Steppen einfallender Nomaden einher, vielmehr markiert es den Anfang einer Epoche, für die der Übergang zu einer größeren Diversifikation im Ackerbau wie in der

Oben: Schmuckelemente aus Gold und Halbedelstein aus dem »Schatz von Quetta«, der 1985 zufällig entdeckt wurde. Sie waren Bestandteile einer großen Halskette. Die beiden hohl gearbeiteten Stiere (Länge 7,2 cm) haben Ösen am Rücken und rahmten als Anhänger die zwei in Gold gefaßten »Augensteine«. Der eine ist ein violetter Chalzedon, der andere ein Karneol.

Rechts: Ein Reliefries mit vier löwenartigen Raubtieren schmückt den 8,8 cm hohen Goldkelch aus dem »Schatz von Quetta« (um 1900 v. Chr.). Im Industal und in Baluchistan wurde bisher kein weiteres Edelmetallgefäß dieser Art gefunden, vergleichbare Arbeiten entstanden am Anfang des 2. Jahrtausends jedoch in Baktrien. Die Form ist ein häufiger Keramiktyp.

Viehhaltung kennzeichnend ist. Was damals begann, bildet bis heute die Grundlage des Agrarsystems in einem Großteil Indiens.

Auch wenn die Siedlungen des 2. Jahrtausends gegenüber den großen Metropolen des 3. Jahrtausends in städtebaulicher Hinsicht zurückstehen müssen, ihre ökonomische Basis war zweifellos solider, und sie besaßen beträchtlich größere Möglichkeiten zur Erschließung von Neuland. Es war sicher kein Zufall, daß im Verlauf des 2. Jahrtausends in weiten Gebieten des kontinentalen Indien, wo vordem noch Jäger und Sammler lebten, zahlreiche Bauerndörfer entstanden.

Geschichte

Der Raum der altindischen Geschichte ist der indische Subkontinent von Kaschmir bis zur Südspitze, dem Kap Komorin, von der iranisch-afghanischen Grenze im Westen bis zur birmanischen im Osten. Im Jahre 1947 entstanden hier zwei unabhängige Staaten: Indien und Pakistan, dessen östlicher Teil sich 1971 unter dem Namen Bangladesch unabhängig machte. Der gesamte Raum umfaßt rund vier Millionen Quadratkilometer. Auf Europa übertragen erstreckte sich das alte Indien von Brüssel bis Moskau, von Kopenhagen bis Tunis, aber wie Europa war nie der gesamte indische Raum in gleicher Weise geschichtsträchtig. Es gab einen »Wetterwinkel« (den Nordwesten) und bestimmte historische Kristallisationspunkte, aber viele dünn oder gar nicht besiedelte Regionen. Die Induskultur, die wegen des Fehlens schriftlicher Quellen zur Vorgeschichte gerechnet wird, war auf den Nordwesten des Subkontinents beschränkt, auf einen Raum, der heute zum größten Teil zu Pakistan gehört. Diese Geschichtsdarstellung setzt ein mit den Invasionen der vedischen Arier, die über die Pässe des Hindukusch eindringen und in den Panjab vorrücken. Später spielt der Doāb, das Land der zwei Ströme Ganges und Yamunā (heute Jumna), eine zentrale Rolle. Zur Zeit des Buddha tritt dann der mittlere und untere Lauf des Ganges voll ins Licht der Geschichte. Auch weiter im Süden entstehen neue Reiche. Die südindisch-dravidische Geschichte erhält in den nachchristlichen Jahrhunderten ihre Konturen. Viele Reiche kämpfen um die Vormachtstellung auf dem Subkontinent, und immer wieder kommen neue Eindringlinge, die in den Kampf um die Herrschaft eingreifen.

Die Reliefs des Stūpa-Zaunes von Bhārhut, entstanden im 2. Jahrhundert v. Chr. unter der Herrschaft der Śunga-Dynastie, zeigen Szenen aus dem Leben Buddhas. Entsprechend den ikonographischen Regeln der Zeit wurde Buddha nicht dargestellt, sondern durch Symbole vertreten. Die eine Standarte tragende Reiterfigur gehört zu einer königlichen Prozession, in der Buddhas Reliquien zum Stūpa gebracht werden. Calcutta, Indian Museum

Indien – Hindustan – Bhārat

Die Bezeichnungen »Indien« und »indisch« haben erst in der Neuzeit ihren geographischen und historischen Sinn erhalten. Dabei gehen diese Namen bereits auf die Kontakte der alten Griechen zum Land am Indus zurück. Der Indus heißt altindisch Sindhu; daher heute noch der Name der Provinz Sind im Südosten Pakistans. Die alten Perser ersetzten nach ihren Lautgesetzen das »s« durch ein »h«, und die ionischen Griechen wiederum ließen das »h« aus. Die Römer und der ganze Westen folgten der griechischen Schreibung. Indien bedeutete für die alten Perser und Griechen zunächst nur das Land am Indus, wurde aber im Mittelalter im Abendland zur Bezeichnung der östlichen Welt jenseits von Persien, sofern sie nicht China genannt wurde. Der heutige Name Indonesien (Inselindien) zeugt noch von dieser weitgefaßten Definition. Die Bezeichnung »Indianer« für die Ureinwohner Amerikas ist tatsächlich nur eine Schreibvariante für »Inder« und geht auf den Irrtum Christoph Kolumbus' zurück, der nach seiner Landung auf Guanahani glaubte, indischen Boden betreten zu haben. Die Bewohner des altindischen Subkontinents bezeichneten sich nach den Stämmen, zu denen sie gehörten, etwa Kurus oder Licchavis. Außerdem entwickelten die alten Inder die mythologische Vorstellung vom Kontinent des Rosenapfelbaums (Jambudvīpa), der in neun Teile zerfällt. Einer davon ist Bhāratavarṣa, das Land des sagenhaften Weltherrschers Bhārata, wonach sich heute die indische Republik selbst bezeichnet: Bhārat neben dem aus dem Englischen übernommenen Namen India. Die Großmoguln bedienten sich des persischen Wortes Hindustan (oder Hindostan) für ihr indisches Territorium, und dieses Wort findet sich auch auf alten zeitgenössischen, in Europa gezeichneten Karten. Daneben bleibt im Westen der Name India (deutsch: Indien) bestehen, der sich mit der britischen Kolonialherrschaft auch auf dem Subkontinent durchsetzt. Pakistan hingegen ist ein moder-

Oben: Metallabguß einer Felsinschrift, Edikte Kaiser Aśokas aus dem 3. Jahrhundert v. Chr. In der Sprache von Magadha abgefaßt, sind Säulen- und Felsinschriften die ältesten historischen Schriftquellen Indiens, Spiegel Aśokas buddhistischer Ethik.

Unten: Drei durch einen Ring verbundene Schriftplättchen in Sanskrit, in gemischter Kaliṅga-Schrift. Sie sind der Regierungszeit Devadravarmas (9. Jahrhundert) aus der lokalen Gaṅga-Dynastie in Südindien zuzuordnen. Neu-Delhi, National Museum

Rechte Seite: Eine der ursprünglich zahlreichen beschrifteten Aśoka-Säulen, vom Ende des 3. Jahrhunderts v. Chr. Von Kaiser Aśoka »Säulen des Gesetzes« (dharma-thambāni) *genannt, sind sie als Himmel und Erde verbindende »Weltachsen« zugleich geistiges und weltliches Symbol seiner Macht.*

nes Kunstwort, ein Akronym aus den Anfangsbuchstaben der in diesem Staat vereinten Provinzen: Panjab, Afghanistan (teilweise), Kaschmir (teilweise) und Sind.
Die Staaten Indien, Pakistan und Bangladesch zählen heute rund eine Milliarde Einwohner, davon Indien allein rund 800 Millionen. 1901 hatte der indische Subkontinent mit Einschluß von Birma nur 294 Millionen Einwohner. Wie in Europa und anderen Teilen der Welt muß man voraussetzen, daß in früheren Jahrhunderten die Einwohnerzahl noch wesentlich niedriger lag, ohne daß allerdings Schätzungen oder Volkszählungen verläßliche Angaben liefern; geht man gar auf die Zeit um 1000 v. Chr. zurück, könnte es schon zu hoch gegriffen sein, von einigen Millionen Bewohnern zu sprechen. Der größte Teil des indischen Subkontinents war damals jedenfalls nur dünn oder noch gar nicht besiedelt.

Die Entdeckung der indischen Geschichte

Die Griechen waren die ersten, die Ereignisse der indischen Geschichte überliefert haben. Schon Herodot hatte im 5. Jahrhundert v. Chr. merkwürdige Dinge über Indien berichtet, beispielsweise daß es dort goldgrabende Ameisen gäbe. Mit ihm wird Indien als Wunderland zum erstenmal beschworen. Jedoch erst die Alexanderhistoriker, die Alexanders Indienzug detailliert beschrieben, brachten dem Westen genauere Kunde von indischen Königen wie Poros und ihren Untertanen. Gegen Ende des 4. Jahrhunderts v. Chr. kam Megasthenes als Gesandter des Seleukos Nikator an den Hof des Maurya-Königs Candragupta in Pāṭaliputra (heute Patna). Dieser Grieche hinterließ einen längeren Indienbericht, der leider nur in Fragmenten bei späteren griechischen und lateinischen Autoren überliefert wurde. Von den Alexanderhistorikern und antiken Berichten aus erster oder zweiter Hand bezog auch das europäische Mittelalter sein vages Bild, das nun durch neue Kontakte, wie sie der Welthandel, aber auch die Kreuzzüge herstellten, neue Konturen erhielt. Die älteste Erwähnung Indiens findet sich in der deutschen Literatur in Wolfram von Eschenbachs »Parzival«: »Wir heizens hie Indîâ, dort heizet ez Tribalibot.« Tribalibot als Name für Indien taucht sonst nirgends auf. Wahrscheinlich hat hier Wolfram den Namen Palibothri für die Einwohner der indischen Hauptstadt Pāṭaliputra, der sich auf der Karte des Pomponius Mela und bei lateinischen Autoren findet, mißverstanden oder als Wortspiel verändert.
Das frühe Mittelalter setzte noch immer Indien mit dem östlichen Ende der Welt gleich, wie es Ptolemäus 150 n. Chr. tat. Ptolemäus unterschied ein Indien diesseits und jenseits des Ganges, machte den Indischen Ozean zu einem Binnenmeer, in dem Taprobane (Ceylon) viel zu groß gezeichnet wurde und der indische Subkontinent nicht viel südlicher reicht als die Mündungen des Indus und Ganges. Später erscheint Indien noch einmal als Wunderland in Seefahrermärchen und Kreuzfahrererzählun-

Der göttergeliebte, freundlich blickende Herrscher ehrt [die Gläubigen] alle[r] Bekenntnisse, seien sie aus der Welt gegangen oder Haushalter, mit Geschenken und mancherlei Ehren. Nicht indes solche Geschenke oder Ehren meint der Götterliebling so, wie was?, daß Wachstum des Wesentlichen aller Bekenntnisse eintrete.
»Wachstum des Wesentlichen ist nicht verschiedenartig.« Dessen Wurzel aber ist dies, nämlich »Redebezähmung«.
Wieso das? Ehrung der eigenen Glaubensgenossenschaft oder Bekrittelung einer fremden Glaubensgenossenschaft geschehe nicht ohne triftigen Grund oder maßvoll bei diesem oder jenem triftigen Grund. Ehre aber gebührt einer fremden Glaubensgenossenschaft auf diese und jene Weise. So handelnd, fördert man ebenso das Wachsen des eigenen Bekenntnisses sehr, wie man auch dem fremden Bekenntnis wohltut. Anders als so handelnd, verletzt man ebenso das eigene Bekenntnis, wie man dem fremden übeltut. Denn wenn einer das eigene Bekenntnis ehrt, der ein fremdes Bekenntnis schmäht, alles aus Eigensektenliebe – warum dann? »Möchten wir die eigene Sekte verherrlichen!« – und doch, so handelnd, schädigt er gewiß die eigene Sekte schwer. Zusammenkommen aber [ist] heiligend. Wieso? »Möchten sie voneinander den Dhamma hören und auch auf ihn hören, so sei es.« Dies ja wünscht der Götterliebling. Was wohl? »[Die Gläubigen] alle[r] Bekenntnisse möchten sowohl im Lernen groß wie im Gutestun ersprießlich werden, so sei es.«

Aus dem XII. Felsedikt Kaiser Aśokas

So wie es vordem seit vielen Jahrhunderten nicht geschehen, so wuchs jetzt durch des göttergeliebten, freundlichen blickenden Herrschers Dhamma-Unterweisung Tiere-Nichtschlachten und Lebewesen-Nichtverletzen, Geziemendheit gegen Nahestehende, Geziemendheit gegen Brahmanen und Asketen, Hören auf Mutter und Vater. In dieser und manch anderer Weise ist die Dhamma-Betätigung gewachsen. Zu weiterem Wachsen wird wahrlich der göttergeliebte, freundlich blickende Herrscher diese Dhamma-Betätigung bringen. Und auch die Söhne, Enkel und Urenkel des göttergeliebten, freundlich blickenden Herrschers werden fürwahr diese Dhamma-Betätigung zum Gedeihen bringen bis ans Ende der Zeit.

Aus dem IV. Felsedikt Kaiser Aśokas

Überall im Reich des Königs Piyadassi, des Lieblings der Götter, und ebenso bei seinen Grenzbewohnern hat König Piyadassi Anordnungen zum Wohl und Gedeihen von Menschen und Tieren getroffen: überall, wo bisher keine Nutzpflanzen angebaut wurden, die der Nahrung von Mensch und Tier dienen, sind sie eingeführt worden. An den Straßen wurden Brunnen gegraben und Bäume gepflanzt zum Nutzen von Mensch und Vieh.

Aus einem Edikt Kaiser Aśokas

gen. Der legendäre Priesterkönig Johannes soll über Indien, nach einer anderen Überlieferung über Äthiopien, geherrscht haben. Keine historisch glaubwürdige Spur führt zu ihm.
Durch die Portugiesen wurde eine neue Phase der europäisch-indischen Beziehungen eingeleitet. Vasco da Gama landete 1498 an der südindischen Westküste. Wenige Jahre zuvor – 1492 – hatte Kolumbus auf der Suche nach dem westlichen Seeweg nach Indien Amerika entdeckt. Der Seeweg nach Osten um die Südspitze Afrikas sollte aber die maritime Verbindung zwischen Europa und Indien bleiben, die erst 1869 durch die Eröffnung des Sueskanals verkürzt wurde. Durch die Portugiesen kamen neue Nachrichten über Indien nach Europa, aber auch andere Europäer gelangten nun als Kaufleute, Missionare, Diplomaten und Forschungsreisende nach Indien und gaben Beschreibungen ihrer Eindrücke. Besonders die Berichte vom Hof des Großmoguls beschäftigten die Phantasie des Westens. Als im 17. Jahrhundert Mitteleuropa durch den Dreißigjährigen Krieg verwüstet wurde, mußten diese Schilderungen wie Nachrichten aus einem märchenhaft reichen Lande wirken. Gleichwohl waren sie übertrieben. Auch gelangten keine neuen Erkenntnisse über die Zeit vor den Großmoguln in den Westen. Zwischen Alexanders Indienzug im 4. Jahrhundert v. Chr. und den Großmoguln (seit 1525) klafft eine große historische Lücke, die erst die neuere Forschung zu schließen wußte. Johann Heinrich Zedlers Universallexikon aus dem Jahre 1735 kann über eineinhalb Jahrtausende indischer Geschichte nicht mehr berichten als das Folgende: »Die Könige in Persien besassen vor Zeiten einige Theile von Indien; als aber Alexander Magnus Darium geschlagen, marchirte er dahin, und überwand Porum, deren Indianer vornehmsten König. Nach Alexandri Zeiten haben die Indianer mit ihren Fürsten

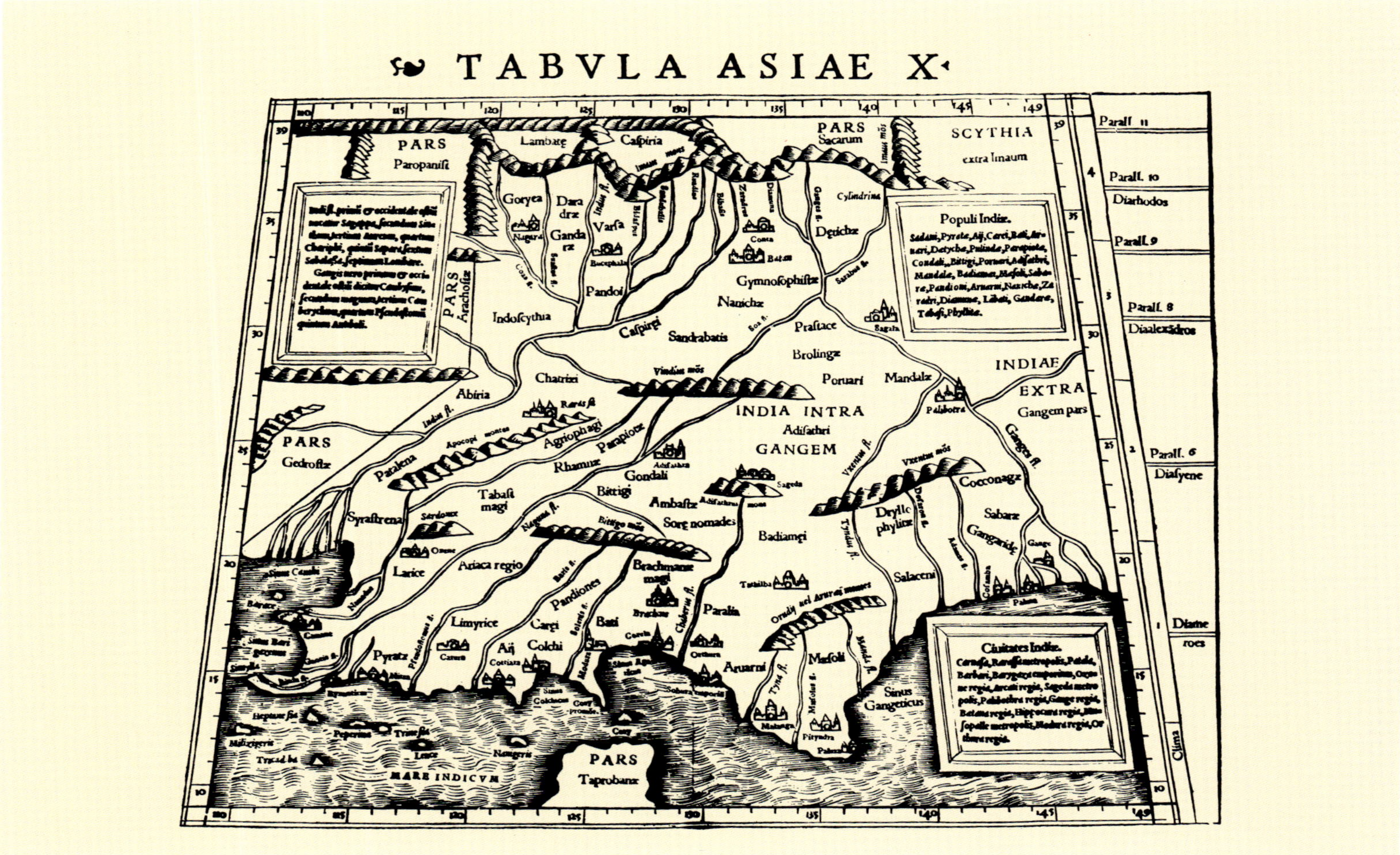

Oben: Ptolemäus unterschied 150 n. Chr. ein Indien diesseits und jenseits des Ganges und machte den Indischen Ozean zum Binnenmeer. Indienkarte von Sebastian Münster, Holzschnitt 34 x 25 cm, Basel 1540.

sehr friedsam gelebet, und sind durch keine frembde Völker verunruhiget worden.«
In der zweiten Hälfte des 18. Jahrhunderts begann die wissenschaftliche Erforschung des indischen Subkontinents. Die ersten historischen Arbeiten stammten von Angestellten der britischen und französischen Handelsgesellschaften in Indien. Die Engländer gründeten 1784 in Calcutta die Asiatische Gesellschaft, in deren Veröffentlichungen bahnbrechende Untersuchungen unter anderem zur indischen Geschichte, Inschriftenkunde und Numismatik erschienen. In Frankreich, England und Deutschland richtete man die ersten Lehrstühle für Indologie ein. In Deutschland wurde Bonn zum »Benares am Rhein«. Hier lehrte August Wilhelm von Schlegel als Indologe seit 1818, und hier schrieb Christian Lassen seine vierbändige »Indische Alterthumskunde« (erschienen 1847–61), in der er das gesamte Wissen über die Geschichte und Kultur Indiens seit der Antike zusammenfaßte und kritisch beurteilte. Die Indienhistoriker des 19. Jahrhunderts trugen viele neue Mosaiksteine zusammen. Die Erforschung der indischen Geschichte war wie die der chinesischen und altamerikanischen einer universalhistorischen Betrachtungsweise förderlich. Die ersten Darstellungen der Weltgeschichte billigten nun auch der indischen Geschichte eine gleichrangige Behandlung zu, wenn auch die Ausführung zunächst noch nicht dem hohen Stand der Einzeluntersuchungen entsprach.

Rechts: Indienkarte aus einem portugiesischen Atlas des 17. Jahrhunderts. Damals beherrschten portugiesische Seefahrer den Indischen Ozean. Ihre Kolonialmacht in Indien konnten sie aber nur ein Jahrhundert halten.

Indiens Verhältnis zu seiner Geschichte

Das alte Indien hat keine Geschichtswerke hervorgebracht, die die historischen Fakten über lange Zeiträume aufzeichnen. Hierin unterscheiden sich die Inder von den Griechen oder Chinesen. Geschichte war für sie mit Legenden vermischt. Anstelle von Annalen haben sie alte Sagen und Epen. Die späte Kaschmirchronik aus dem 12. Jahrhundert n. Chr. versteht sich als Kunstdichtung. Man muß sich fragen, woher das alte Desinteresse der Inder an exakter Geschichtsschreibung kommt. Offensichtlich hat ihr Glaube an die Wiedergeburtslehre die exakte Aufzeichnung des Geschehenen verhindert. Sie hielten die Geschichte nicht für das Einmalige und Unwiederholbare, sondern dachten in vier Weltaltern, die sich ständig verschlechtern. Heute regiert das letzte Weltalter, Kaliyuga, das sich weiter verschlechtern wird, bis der Zyklus mit dem ersten Weltalter, dem besten der vier, wieder beginnt. Das religiöse Weltverständnis wirkte einer analytischen Geschichtsschreibung entgegen, was selbst heute noch mancherorts in Indien zu beobachten ist. Der Engländer Lord Macauley hatte sich im 19. Jahrhundert über die Geschichtsschreibung der Inder lustig gemacht und auf Behauptungen verwiesen, nach denen Könige 30 Fuß hoch wurden und Reiche 30 000 Jahre bestanden. Indiens Beitrag zur Weltkultur ist indessen zu groß, als daß man das Fehlen einer aufgeklärten Historiographie tadelnd erwähnen sollte. Seit vielen Jahrzehnten arbeitet eine große Zahl indischer Historiker an ihren Universitäten und Forschungsinstituten nach allgemein anerkannten Kriterien. Bedeutende Untersuchungen zur indischen Geschichtsschreibung sind ihnen zu verdanken. Es muß noch hinzugefügt werden, daß die Muslime seit ihren ersten Reichsgründungen auf indischem Boden genaue Geschichtswerke hervorgebracht haben, wie es der muslimischen Tradition auch andernorts entsprach.

Die Periodisierung der indischen Geschichte

Die frühesten indischen Texte sind die Hymnen des Ṛgveda und der anderen Veden. Deshalb gilt die vedische Zeit als Anfang der indischen Geschichte. Zwar kam durch die Ausgrabung von Mohenjodaro und anderer Städte der Induskultur seit 1921 eine Zivilisation zum Vorschein, die um Jahrhunderte vor die vedische Zeit zurückreicht, doch da die Induskultur bis auf kurze, noch nicht zweifelsfrei gedeutete Inschriften keine schriftlichen Dokumente hinterlassen hat, rechnet sie nach verbreiteter Definition zur Vorgeschichte. Als tiefster Einschnitt wird in den meisten Geschichtsdarstellungen der Einbruch des Islam gegen Ende des 1. Jahrtausends n. Chr. bewertet, zumal nun muslimische Quellen in persischer und arabischer Sprache hinzukommen. Der Beginn der britischen Herrschaft bildet eine nächste gewichtige Zäsur. Christian Lassen hatte – auf Georg Wilhelm Friedrich Hegel fußend – die indische Geschichte vor dem Islam als These, die Zeit unter dem Islam als Antithese und die britische Herrschaft als Synthese gesehen. Bisher entzog sich jedoch die indische Geschichte jedem Determinismus. Selbst Karl Marx sah in der indischen Geschichte nur eine Geschichte wechselnder Eindringlinge. Erst spätere Anhänger seiner Lehre übertrugen den zwangsläufigen Ablauf der »fünf gesellschaftlichen Stadien« (Urgemeinschaft, Sklavenhaltergesellschaft, Feudalismus, Kapitalismus und Sozialismus) auch auf Indien. Vor allem das zweite Stadium ließ sich nicht nachweisen, so daß die indische Geschichte sogar als Gegenbeweis gegen diesen Determinismus angesehen werden muß. Im Westen haben Oswald Spengler mit dem biologischen Wachsen und Vergehen von Kulturen, Karl Jaspers mit der Achsenzeit um 500 v. Chr., Arnold Toynbee und andere Entwicklungsgesetze aufzustellen versucht. Neuerdings findet Max Weber wieder größere Aufmerksamkeit. Er hatte im Rahmen seiner Untersuchung der »Wirtschaftsethik« der Weltreligionen auch über den

Buddhismus und den Hinduismus gearbeitet (1916/17) und dargestellt, welchen Einfluß diese Religionen auf das Wirtschaftssystem nahmen.

Die Quellen zur indischen Geschichte

Da alte Annalen fehlen, muß man die altindischen Literaturwerke überprüfen, ob sie historisch relevantes Material enthalten. Die Hauptaufgabe dabei ist, Dichtung und Wahrheit zu unterscheiden. Das gilt vor allem für die alten Legenden (Purāṇas) mit ihren Königslisten und pseudohistorischen Angaben, das gilt auch für die Epen mit ihren Mythen und Sagen, das gilt selbst noch für späte Chroniken, die sich als Werke der Dichtkunst verstehen und sich auf keine verläßliche Tradition gründen können. Auch die Schriften des Buddhismus und Jainismus sind wichtige Geschichtsquellen, da sie immer wieder das politische Umfeld erwähnen. Brauchbare Hinweise liefert die Archäologie, die aber für die Induskultur viel mehr Spuren sichern konnte als für die vedische Zeit. Durch die Numismatik sind viele Könige auf Münzen bekannt. Eine besondere Rolle spielen die Inschriften, von denen die Fels- und Säulenedikte Kaiser Aśokas am berühmtesten sind. Von großer Bedeutung sind Augenzeugenberichte von Griechen und chinesischen Pilgern.

Linke Seite: König oder Halbgott aus dem 1. Jahrhundert n. Chr. Berlin, Museum für Indische Kunst

Oben: Fragment eines Torbogens von Stūpa I in Sāñchī aus dem 1. Jahrhundert v. Chr. Neu-Delhi, National Museum

Vorhergehende Doppelseite: Episode aus dem Rāmāyaṇa. Berlin, Museum für Indische Kunst

Die vedische Zeit

Verglichen mit den reichen Funden der Induskultur sind die archäologischen Belege für die Frühzeit der indischen Geschichte außerordentlich bescheiden. Im wesentlichen handelt es sich nur um die sogenannte »graue bemalte Töpferware«, deren Fundorte mit dem vedischen Siedlungsgebiet übereinstimmen. Den Götterhymnen der Veden und ihren Erläuterungstexten sind aber Fakten zu entnehmen. Nicht nur die vedische Religion, sondern auch die historische Rolle der vedischen Inder ist aus diesen Texten zu erschließen. Ein entscheidendes Indiz ist allein schon die Sprache der Veden, die nach den Texten das Vedische genannt wird. Diese Sprache ist die älteste erhaltene Sprachform des Indoarischen. Eine spätere Sprachstufe des Indoarischen ist das Sanskrit, in dem die bedeutendsten Werke der indischen Literatur verfaßt sind und das man als das indische Latein bezeichnen kann. Die Verwandtschaft des Sanskrit und des Vedischen mit dem Iranischen, Griechischen, Lateinischen, Slawischen und Germanischen wurde schon Ende des 18. Jahrhunderts vermutet und von Franz Bopp in der ersten Hälfte des 19. Jahrhunderts bewiesen. Die vedischen Inder bildeten mit den alten Iranern die arische Gruppe, die engere sprachliche und religiöse Gemeinsamkeiten aufweisen. Vedisch und Iranisch bilden die arische Gruppe der gesamten Sprachfamilie, die als indogermanisch oder indoeuropäisch bezeichnet wird. Die Urheimat der Indogermanen ist ungeklärt. Das nördliche Mitteleuropa, auch Südrußland werden in der Forschung genannt. Gesichert ist indessen, daß die Verfasser der vedischen Hymnen in mehreren Wellen über die Pässe des Hindukusch nach Nordwestindien eingewandert sind. Sie müssen also aus dem Gebiet um den Aralsee gekommen sein. Vielleicht hatten sie sich schon früher vom indogermanischen Gesamtverband gelöst. Das erste Dokument für die Indoarier stammt überraschenderweise nicht aus Indien, sondern aus der hethitischen Hauptstadt Boghazköi (heute Türkei). Es handelt sich um den 1360 v. Chr. geschlossenen Staatsvertrag eines Hethiterkönigs mit dem Herrscher des Mitanni-Reiches, in dem die Götter Mitra, Varuṇa, Indra und die Nāsatyas als Zeugen beim Eid angerufen werden, also Götter, die auch in den vedischen Texten Verehrung finden. Auch Personennamen der Mitanni-Oberschicht wurden als indoarisch nachgewiesen. Wann und wo sich diese indoarischen Gruppen getrennt haben, bleibt Spekulation. Historisch gravierender als die arische Wanderung nach Kleinasien ist ihr Eindringen in Nordwestindien, in den Panjab, das Fünfstromland. Die vedischen Hymnen sprechen von den sieben Flüssen. Wie aus der historischen Geographie bekannt, hat sich das Gewässernetz im Nordwesten des Subkontinents seit dem 2. Jahrtausend v. Chr. erheblich verändert. Zur Zeit der Einwanderung der vedischen Inder (nach 1200 v. Chr.) gab es zwei Stromsysteme, die zum Arabischen Meer flossen: das des Indus und seiner Nebenflüsse und das der Ur-Yamunā, das sogenannte Hakra-Nara-System, zu dem auch die im Veda oft

genannte Sarasvatī gehörte. Dieses System versiegte nach und nach, und der Oberlauf der Ur-Yamunā floß später in den »Fluß von Delhi« und als Yamunā in den Ganges. Die vedischen Texte erzählen von Kämpfen gegen die dunkelhäutigen und plattnasigen Ureinwohner *(dasyus)*, die auch als Verehrer des Phallos *(liṅgam)* geschmäht werden. Der vedische Gott Indra wird als Purandara bezeichnet, was Städtezerstörer oder Burgenzerstörer bedeutet. Dies legt nahe, daß die Ureinwohner feste Wohnsitze hatten, doch ist es unwahrscheinlich, daß die Arier die Städte der Induskultur zerstörten, da diese schon Jahrhunderte früher zugrunde gegangen waren. Auch läßt sich nicht beweisen, daß die Ureinwohner Draviden gewesen sind, also die Vertreter der heute in Südindien gesprochen dravidischen Sprachen. Das Vordringen der Arier wurde durch ihre schnellen zweirädrigen, von Pferden gezogenen Kampfwagen erleichtert. Dagegen verfügten die Ureinwohner nur über schwerfällige Ochsengespanne. Der Bogen war die wichtigste Waffe der Wagenkämpfer. Als Kriegswaffen dienten auch Speere und Streitäxte. Die Krieger schützten sich durch Panzer und Helme. In einem Hymnus des Ṛgveda (VI, 75) findet sich ein Waffensegen, den der Priester eines Königs vornimmt:

Wie eine Wetterwolke anzuschauen,
so stürzt der Panzerheld ins Schlachtgewühl.
Heil dir und Sieg und unverletzten Körper!
oh, daß des Panzers Stärke fest dich schirme!

Vergänglich sind die Leiber nur,
der ewge Geist, der sie beseelt,
ist ohne Ende, ohne Maß,
drum kämpfe unverzagt als Held!

Die vedischen Inder lebten halbnomadisch in Stammesverbänden, die von den Königen *(rājan)* regiert wurden, die man auch als Viehbarone bezeichnet hat, denn der Besitz von Vieh und Weideland war die Grundlage des Reichtums. Der vorstehend zitierte Waffensegen nennt ausdrücklich den Gewinn von Herden als Kriegsziel. Zunächst bauten sie vor allem Gerste an, später übernahmen sie den Reisanbau von den Ureinwohnern. Daß sie Fremde in Indien waren, beweist auch die Tatsache, daß sie kein Wort für den Tiger hatten und den Elefanten als Tier umschrieben, das »eine Hand besitzt« *(hastin)*. Die vedischen Inder sind anfänglich in den Kriegeradel *(kṣatra)* und die freien Stammesangehörigen *(viś)* unterschie-

Links: Pfeiler aus rotem Sandstein vom ehemaligen Stūpa-Zaun in Bhārhut aus dem 2. Jahrhundert v. Chr. Das Relief stellt einen von Adoranten umgebenen Reliquien-Stūpa dar, anikonisches Symbol für den ins Parinirvāṇa eingegangenen Buddha.
Calcutta, Indian Museum

Rechts: Die Verehrung des »Diamantthrones« (vajrāsana) *des Buddha unter dem Bodhibaum in Bodhgayā zählt zu den wenigen Darstellungen sakraler Architektur aus dem 2. Jahrhundert v. Chr. Relief auf einem Zaunpfeiler des Stūpa von Bhārhut.*
Calcutta, Indian Museum

Links: Stehende Fruchtbarkeitsgöttin, eine Opferplatte voll Reis tragend, geschmückt mit Gürtel, Halskette, Arm- und Fußreif. Relief vom Pfeiler eines Stūpazaunes der Kuṣāṇa-Zeit; 2. Jahrhundert v. Chr.
Neu-Delhi, National Museum

Rechts: Fragment eines reliefierten Steinzauns aus dem 2. Jahrhundert v. Chr. Die beiden männlichen Figuren tragen die für den späten Suṅga- und frühen Sātavāhana-Stil typischen Turbane, darüber Reste von Rosettendekor.
Neu-Delhi, National Museum

Das ganze Volk der Inder nämlich ist, sagte er, in sieben Kasten geteilt. Die ersten dem Range, aber die wenigsten der Zahl nach sind die Weisen. Ihrer bedienen sich alle, welche Götter- oder Totenopfer darbringen, und zwar jeder eines besonderen, die Könige aber insgesamt aller in der sogenannten großen Versammlung, zu welcher am Neujahr alle Weisen im Vorzimmer des Königs zusammenkommen und jeder von ihnen, was er etwa Nützliches niedergeschrieben oder in bezug auf die Fruchtbarkeit des Jahres an Früchten und Tieren und über die Staatsverfassung beobachtet hat, öffentlich vorträgt. Wer nur dreimal der Unwahrheit überführt worden ist, der muß dem Gesetz zufolge auf Lebenszeit schweigen; wer aber das Richtige getroffen hat, dem wird Schoß- und Steuerfreiheit zuerkannt.
Die zweite Kaste ist die der Ackerbauer, welche die zahlreichsten und bescheidensten sind bei Freiheit vom Kriegsdienste und Ungestörtheit im Feldbau und nie zur Stadt kommen, weder zu einem andern Geschäft noch zu einer öffentlichen Dienstleistung. So trifft es sich oft, daß zu derselben Zeit und an demselben Orte die einen [dem Feinde] gegenüberstehen und sich der Gefahr aussetzen, die andern aber, die jene zu Vorkämpfern haben, gefahrlos pflügen oder graben. Übrigens ist alles Land königlich; der Bauer bewirtschaftet es [nur] in Pacht zum vierten Teile des Ertrages.
Die dritte ist die der Hirten und Jäger, denen allein gestattet ist zu jagen und Viehzucht zu treiben, auch Zugvieh zu verkaufen und zu vermieten. Dafür, daß sie das Land von Raubtieren und samenfressenden Vögeln befreien, erhalten sie vom König Getreide, indem sie ein unstetes Leben unter Zelten führen. Keinem Privatmanne ist es erlaubt, ein Pferd oder einen Elefanten zu halten, sondern beide werden als königliches Eigentum betrachtet, und es sind eigene Aufseher für sie bestellt.
Nach den Jägern und Hirten nennt er als vierte Kaste die Künstler, die Händler und alle, deren Gewerbe in Handarbeit besteht. Die meisten von ihnen entrichten Abgaben und leisten bestimmte Dienste; den Waffenschmieden und Schiffszimmerleuten aber ist Lohn und Unterhalt vom König ausgesetzt. Für diesen allein arbeiten sie. Die Waffen reicht den Soldaten der Heermeister, und die Schiffe vermietet den Schiffern und Kaufleuten der Befehlshaber der Flotte.
Die fünfte ist die der Krieger, welche die übrige Zeit in Müßiggang und bei Gelagen verleben und aus dem königlichen Schatz unterhalten werden, damit sie, wenn es nottut, unverweilt den Auszug machen, indem sie außer ihrer Person nichts anderes von sich mitnehmen.
Die sechste ist die der Aufseher. Diesen ist aufgetragen, alles, was geschieht, zu beobachten und dem Könige heimlich zu melden. Zu ihren Gehilfinnen aber machen sie die Buhldirnen, und zwar die in der Stadt die städtischen, die im Lager die dortigen. [Nur] die besten und zuverlässigsten Männer werden [als solche Aufseher] angestellt.
Die siebente bilden die Räte und Beisitzer des Königs, aus welchen die obrigkeitlichen Ämter, die Richterstellen und die Verwaltungsbehörden des ganzen Staates besetzt werden. Es ist weder erlaubt, aus einer Kaste in die andere zu heiraten, noch sein Geschäft und Gewerbe gegen ein anderes zu vertauschen; auch darf einer und derselbe nicht mehrere Gewerbe zugleich betreiben, er müßte denn zu den Weisen gehören; denn diesen ist es ihrer Tüchtigkeit wegen gestattet.

Strabo referiert den Bericht des Megasthenes in *Geographica*, Buch XV

den, aber ein später Hymnus des Ṛgveda bezeugt zum erstenmal die Ordnung der vier Kasten. Waren zunächst die dunkelhäutigen Ureinwohner die Hauptgegner, befehden sich die einwandernden Stämme schon bald auch untereinander. Die größte Schlacht, die der Ṛgveda nennt, ist die Zehnkönigsschlacht *(daśarājña)*, aus der König Sudas siegreich hervorgeht.

Die spätvedische Zeit

In der spätvedischen Zeit erreichen die Trecks der Arier den Doāb, das Zweistromland am Oberlauf von Yamunā und Ganges. »Von Westen nach Osten ziehen die Menschen landgewinnend«, heißt es in einem Erläuterungstext zu den Veden. Nördlich des heutigen Delhi ist das Gebiet der Kurus, die sich mit den Pañcālas südöstlich von Delhi verbinden. Das Territorium der Kurus und Pañcālas wird auch das »Mittelland« genannt *(madhyadeśa)* und spielt im indischen Epos Mahābhārata eine zentrale Rolle. Auf dem Kurukṣetra (Feld der Kurus) findet in diesem Sanskritepos die Entscheidungsschlacht zwischen den Kauravas (den Abkömmlingen des Kuru) und ihren Vettern, den Pāṇḍavas, statt. Auf beiden Seiten nehmen Hilfsvölker an dieser achtzehn Tage dauernden Schlacht teil, deren Namen zeigen, daß der indische Subkontinent zur Zeit des Epos bereits weit nach Osten und Süden in die große Politik ein-

Arjuna sprach seine Gebete zu der Göttin Kāli, die, so angerufen, am Himmel erschien und ihn segnete. Dann bestieg er seinen Streitwagen, den Vāsudeva lenkte. Beide stießen in ihre Muschelhörner.
Doch als die beiden Heere einander gegenüberstanden, ergriff Arjuna, den größten Helden seiner Zeit, ein fremdes, seltsames Gefühl. Er empfand Gewissensbisse, als er in Schlachtordnung ihnen gegenüber Vettern, Onkel, Söhne und Enkel, Schwager und Freunde erblickte. Da standen Bhisma und Drona, die seine höchste Achtung und Liebe besaßen und die zu töten nun seine Pflicht war. Arjuna fühlte, wie ihm das Blut in den Kopf stieg; Schweiß brach aus seinem Körper. Sein Mund war trocken, wie ausgedörrt, und der mächtige »Gāndiva«, sein kraftvoller Bogen, entfiel seinen Händen. In seiner großen inneren Not wandte er sich an Vāsudeva und sagte, es sei besser, von seinen Feinden getötet zu werden, als selbst zu töten. Er sehe keinen Sinn darin, ein Königreich um einen so hohen Preis – den Tod so vieler naher Verwandter – zu gewinnen. Er wolle so nicht handeln, nicht um alles Glück der drei Welten – Himmel, Erde und Unterwelt. Es sei Sünde, Menschen zu töten, weil die Folgen des Krieges schrecklich seien. Nach dem Kriege würde sich Unglaube im Land ausbreiten, die Frauen würden ihren Halt verlieren und sich frei vermählen, ohne Rücksicht auf ihre Kaste und unter ihrem Rang; das würde zu einer Vermischung der Berufe, Stände und Rassen führen, und ihre Nachkommenschaft würde den letzten Rest der Ordnung umstürzen. So würden die Nachkommen die Schuld ihrer Vorfahren büßen müssen. Ihr Geist würde ziellos sein, ohne Nahrung, ohne Halt. »Nein«, rief Arjuna, »ich will nicht kämpfen.«
Da sagte Vāsudeva lächelnd zu ihm: »Du hast über Religion gesprochen wie ein weiser Mann, aber bist du dir auch der Tatsache bewußt, daß du dich über etwas entsetzt, was dem Weisen über Trauer, Leben oder Tod steht? Ich und du, wir alle hatten schon ein Dasein vor diesem, und wir werden auch nach diesem Tode wieder leben.

Mahābhārata, VI. Buch, *Bhagavadgītā*

bezogen wurde. Das Mahābhārata enthält zahlreiche Einschübe und Erweiterungen, unter denen die Bhagavadgītā am bekanntesten ist. Vor der Schlacht weigert sich Arjuna, einer der Pāṇḍavas, auf seine Verwandten zu schießen, und sein Wagenlenker Kṛṣṇa ermahnt ihn, daß er seine Kastenpflicht als Krieger zu erfüllen habe. Die Bhagavadgītā ist eine Beschwörung zur Tat, zum pflichtgemäßen Handeln, das auch durch philosophische Lehren untermauert wird:

Vergänglich sind die Leiber nur,
der ewge Geist, der sie beseelt,
ist ohne Ende, ohne Maß,
drum kämpfe unverzagt als Held!

Vor der großen Entscheidungsschlacht einigen sich die Kriegführenden auf die Einhaltung ritterlicher Regeln; so heißt es im VI. Buch des Mahābhārata:

Im regelrechten Kampf, der jetzt entbrannt ist, laßt uns kämpfen auch,
allein auf ritterliche Art, wie es von alters her Gebrauch.
Wer nur mit Worten kämpft, der soll bekämpft nur werden mit dem Wort,
und niemals darf man töten den, der aus dem Kampf gegangen fort.
Ein Reiter kämpft mit Reitern nur, Fußvolk mit Fußvolk, Elefant
mit Elefant, im Wagenkampf hält Wagen gegen Wagen stand.
Es kämpft mit Kraft, wie er's vermag, und angestrengt ein rechter Mann,
nie greift er den erschöpften Feind, nie greift er ohne Anruf an.
Den, der in einem Zweikampf steht, der achtlos abgewandt sich hat,
kein Schwert führt, keinen Panzer trägt, ihn töten wäre Freveltat.

Soweit die guten Vorsätze, doch dann tobt die Schlacht unter Mißachtung dieser Regeln. Am Ende sind die Kauravas niedergemetzelt, aber die Pāṇḍavas werden ihres Siegs nicht froh. Zwar wird ihr Anführer Yudhiṣṭhira zum König gekrönt und bringt ein großes Opfer dar, doch zieht er sich dann vom Weltleben zurück, und die anderen folgen seinem Beispiel. Dem Kern dieses Heldenepos können durchaus historische Ereignisse zugrunde liegen, die sich aber wegen des Fehlens eigentlicher Geschichtswerke nicht verifizieren lassen. Auch konnte die Archäologie keine Beweise liefern. Die im Mahābhārata genannten Königsstädte Indraprastha (mit Delhi gleichgesetzt) und das nördlichere Hastināpura ließen sich nicht als die Städte wiederfinden, die das Epos beschreibt. Es mag sein, daß die Architektur dieser Städte im Epos übertrieben dargestellt wurde. Vielleicht hat man Holz als Baumaterial verwendet, das längst vermodert ist. Durch die Entdeckung Trojas hatte Heinrich Schliemann den geschichtlichen

Linke Seite: Löwenkapitell aus der Kuṣāṇa-Zeit. Auf den vier Löwen, von denen zwei jeweils in die gleiche Richtung blicken, sitzen weibliche und männliche Reiter.

Oben: Caturmukhaliṅga aus dem 2. Jahrhundert v. Chr. mit um das Liṅga angeordneten Köpfen Śivas. In Purāṇas und Śiva-Tantras finden sich Anweisungen über den Liṅga-Kult, die populärste Verehrungsform Śivas. Neu-Delhi, National Museum

Unten: Der weiße Stier Nandī, »der Glückliche«, wurde in frühester Zeit als theriomorphe Gestalt Śivas gesehen. Er ist ein Symbol der Stärke und Gerechtigkeit. Terrakotta, 2. Jahrhundert v. Chr. Neu-Delhi, National Museum

Hintergrund der Ilias bewiesen. Obwohl in Indien archäologische Beweise fehlen, sollte der Kern des Mahābhārata nicht als Fiktion abgetan werden. Auch die Heldensagen anderer Völker wie das Nibelungenlied haben unbestritten einen echten Kern. Nördlich von Delhi kann man auch heute noch das Kurukṣetra besuchen und sogar die Stelle besichtigen, wo Kṛṣṇa die Bhagavadgītā vorgetragen hat. Die große Schlacht muß zu einem Zeitpunkt stattgefunden haben, als die Arier um das »Mittelland« kämpften, vielleicht um 800–700 v. Chr. Das Epos selbst wurde dann erst Jahrhunderte später als achtzehnbändiges Werk zusammengestellt.
Indiens anderes großes Heldenepos, das Rāmāyaṇa, zeigt bereits einen erweiterten Gesichtskreis, der bis Südindien und Sri Lanka (Ceylon) reicht. Im Mittelpunkt dieses berühmten Epos, das bis heute viele neue Bearbeitungen erfahren hat, steht der Königssohn Rāma. Seine Heimat ist die Köngisstadt Ayodhyā im Lande Kosala. Seine Ehefrau Sītā wird von dem Dämon Rāvaṇa nach Sri Lanka entführt, und Rāma muß einen Kriegszug den ganzen Subkontinent hinunter bis zu dieser Insel führen, um seine Gattin wiederzugewinnen. Rāmas Heimat Kosala (später Audh) liegt östlich des »Mittellandes«, was beweist, daß nunmehr die arische Landnahme schon weiter nach Osten vorgetragen worden war. Noch weiter im Osten liegt Videha (Nordbihar). Am Mittellauf des Ganges tritt das Königreich Kāśī ins Licht der Geschichte, dessen Hauptstadt später Benares (Vārāṇasī) heißt. Östlich von Benares befand sich Magadha (Südbihar) mit der alten Hauptstadt Rājagṛha, die später nördlich an den Ganges verlegt wird. Nördlich dieser Königreiche lagen oligarchisch regierte Kleinstaaten, deren Territorien bis in Gebiete des heutigen Nepal reichten.

Das Zeitalter des Buddha

Gautama Buddha entstammte einem Adelsgeschlecht des Nordostens. Er wurde nahe der Stadt Kapilavatthu auf dem Gebiet des heutigen Nepal geboren. Sein Zeitgenosse war Mahāvīra, der Stifter des Jainismus, der gleichfalls aus dem Kriegeradel stammte und in Kundagāma, einem Vorort von Vaiśāli, nördlich des heutigen Patna, geboren wurde. Die Adelsrepublik der Śākyas, zu der der Buddha gehört, wurde wie Vaiśāli und andere Kleinstaaten des Nordostens parlamentarisch regiert. Gewählte Vertreter der adligen Oberschicht wählten aus ihren Reihen einen Vorsitzenden, der den Titel Rāja führte, und entschieden über Staatsgeschäfte und Verwaltungsangelegenheiten. In diesen Oligarchien, die schon vor den Ariern bestanden, konnten sich die arischen Kolonisatoren nicht in dem Maße behaupten, wie das im Panjab und Doāb bisher der Fall gewesen war. Dort hatte sich die vedische Religion durchgesetzt. Die Lehre des Buddha bricht mit der vedischen Tradition, der Kastenordnung und den immer größer werdenden Machtansprüchen der brahmanischen

Linke Seite oben: Kopf Pārvatīs, Gemahlin Śivas und Tochter des Berggottes Himālaya und der Menakā. Terrakotta im Gupta-Stil des 5. Jahrhunderts, gefunden bei den Ausgrabungen des Tempels von Ahichchhatra.
Neu-Delhi, National Museum

Linke Seite unten: Kopf Śivas, einer der ältesten Götter Indiens, hier dargestellt in seinem Aspekt als friedvoller Heiler und Helfer.
Das milde Lächeln und die schwungvolle Haarkrone sind typische Merkmale des Gupta-Stils.
Neu-Delhi, National Museum

Rechts: Kopf eines buddhistischen Mönches. Terrakottaplastik um 500 aus Akhnur, deren feinfühlige Modellierung ein gutes Beispiel gibt für den Stil der späten Gandhāra-Kunst.
Neu-Delhi, National Museum

So habe ich gehört: Einst weilte der Erhabene in der Nähe von Benares [damals Vārāṇasī], in Isipatana, im Wildpark. Da sprach der Erhabene folgendermaßen zu den fünf Mönchen, die bei ihm waren:
»O Mönche, der, welcher ausgezogen ist als Wanderer, sollte sich von diesen beiden Extremen nicht hinreißen lassen. Von welchen beiden Extremen? Einerseits von der Hingabe an die Freuden der Sinne, eine niedrige Gewohnheit von Bauern, eine unedle, unnütze Gewohnheit, der Lauf der Welt; andererseits von der Hingabe an die Selbstkasteiung, die schmerzlich, unwürdig und unnütz ist.
Indem er diese beiden Extreme vermied, hat der Tathāgata die Kenntnis jenes Mittleren Weges gewonnen, der Einsicht verleiht, der Erkenntnis verleiht, der zu Frieden, höherer Erkenntnis [nämlich der vier Wahrheiten], zur Erleuchtung, zum Nibbāna führt.

Saṃyuttanikāya Teil V

Priesterkaste. Damit gewann der Buddha die Sympathien von Königen wie die der Magadha-Könige Bimbisāra und Ajātaśatru, aber auch die Masse des Volkes, die von der Kastenordnung nur Nachteile erwartete, wandte sich ihm zu. Später gewährte er sogar den Frauen Zutritt zu seinem Orden. Seine Erkenntnis der »Vier edlen Wahrheiten« und seine Lehre vom »Mittleren Weg« sprachen einen viel größeren Kreis an als die rigorosen Gebote des Jainismus. Auch erwies sich der Buddhismus, der zunächst eine Anleitung zur Selbsterlösung gewesen war, als viel wandlungsfähiger. Der Jainismus hielt sich in Indien vor allem als Religion der Kaufleute, die seine Vorschriften am ehesten einhalten konnten. Der Buddhismus ging zwar in Indien zur Zeit der islamischen Invasionen zugrunde – ohne daß diese allein dafür verantwortlich gewesen sein konnten, denn Jainismus und Hinduismus überdauerten diese Epoche –, trat aber seinen Siegeszug nach Ceylon und Südostasien, nach Zentral- und Ostasien an.
Die Lebensdaten des Buddha galten lange Zeit als erster chronologischer Fixpunkt der indischen Geschichte. Mit Hilfe der Regierungsdaten des Kaisers Aśoka und der Überlieferung der singhalesischen Chroniken errechnete man, daß der Buddha nach einem achtzigjährigen Leben um 480 v. Chr. gestorben war. Dieser Datierung schlossen sich fast alle Geschichtsdarstellungen an. In den letzten Jahren sind erhebliche Zweifel an dieser Datierung angemeldet worden, und man hat dargelegt, daß das Leben des Buddha wahrscheinlich erst ins 4. Jahrhundert v. Chr. datiert. Dieser neue Ansatz zeigt sehr deutlich, auf welch unsicherem Boden die Chronologie der altindischen Geschichte beruht. Erst mit Alexanders Indienzug liegen dank der griechischen Chronisten die ersten gesicherten Datierungen von historischen Vorgängen auf indischem Boden vor. Verlegt man das Leben des Buddha ins 4. Jahrhundert v. Chr., bedeutet dies, daß auch der Religionsstifter Mahāvīra, die Könige Bimbisāra und Ajātaśatru und viele andere Zeitgenossen ins 4. Jahrhundert zu datieren sind. Nicht nur das: Von der Lebenszeit Buddhas ausgehend hatte man auch die Zeit der Veden, der sich ihnen anschließenden Erläuterungstexte und der Upaniṣaden datiert. Vielleicht erfolgte nun auch die Invasion der Arier zwei Jahrhunderte später, als man bisher annahm, also erst um 1000 v. Chr.? Das Leben des Buddha ist ausführlich überliefert. Da er aus dem Nordosten des indischen Subkontinents stammt und dort von Ort zu Ort gezogen ist, wirft die buddhistische Literatur viel Licht auf diesen Raum. Man sollte daraus nicht schließen, daß sich in den anderen Regionen Indiens keine historischen Prozesse vollzogen, nur weil die Quellen schweigen.
Der Nordosten bleibt aber auch weiterhin das Zentrum der altindischen Geschichte. Udayin, der Sohn des Königs Ajātaśatru, verlegte die Hauptstadt des Magadha-Reiches nach Pāṭaliputra am Ganges, dem heutigen Patna. Pāṭaliputra wurde zur wichtigsten Hauptstadt des alten Indien. Von hier aus herrschten die Mauryas und Guptas über große Gebiete des Subkontinents. Ehe die Dynastie der Mauryas um 320 v. Chr. die Macht errang, sicherten sich die Nandas den Thron von Magadha. Ihr erster König

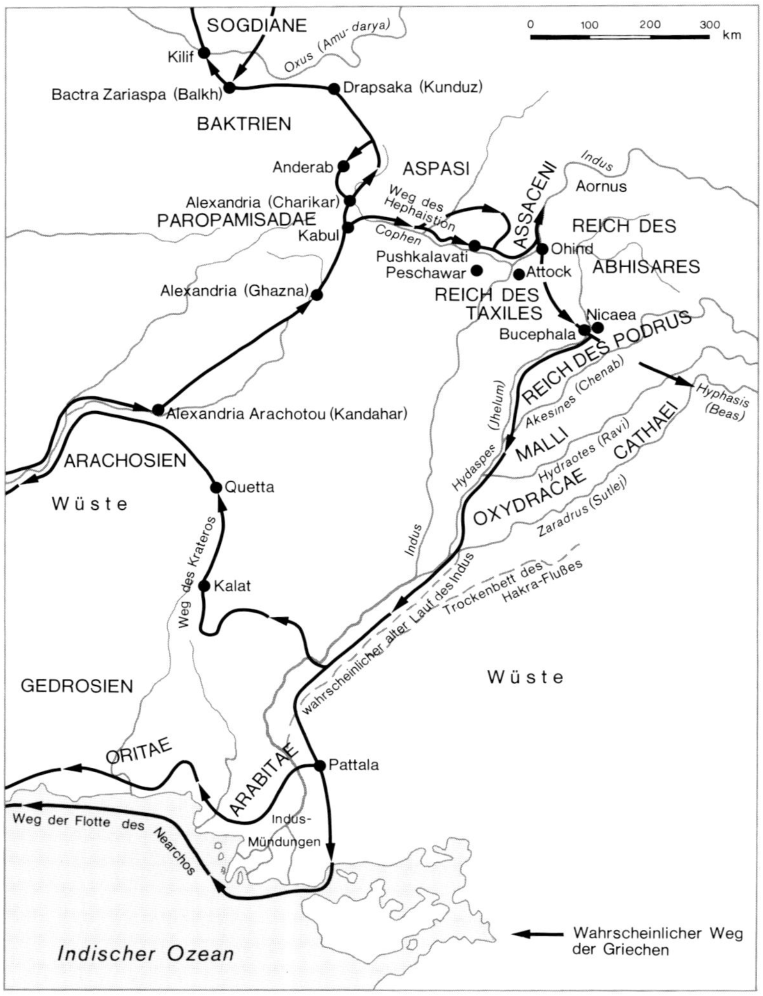

Links: Alexanders Indienzug: 327 v. Chr. setzte sich Alexander mit einem 30.000 Mann starken Heer von Baktrien aus in Marsch. Nach der kampflosen Unterwerfung von Taxila überquerte er den Indus und besiegte König Poros, bis ihn am Beas sein Heer zur Umkehr zwang.

Rechts: Gaṇa oder Zwerg-Jünger Śivas (śivavāmana), *eine Skulptur des 5. Jahrhunderts aus Manasara, in der Nähe von Nagpur (Mahārāṣṭra). Sie trägt bemerkenswerterweise deutliche Merkmale des sonst sehr regional begrenzten Ajaṇṭā-Stils. Neu-Delhi, National Museum*

Mahāpadma, von angeblich niedriger Herkunft und durch Usurpation auf den Thron gelangt, soll den Kriegeradel ausgerottet haben. Angeblich versteckte er die Beute seiner Kriegszüge im Ganges. Auch griechische und lateinische Schriftsteller berichten über einen Nanda-König. Curtius Rufus will wissen, daß dieser der Sohn eines Barbiers gewesen sei und sich des Thrones durch Usurpation bemächtigt habe. Sein Heer setzte sich nach Angaben dieses Autors aus 20 000 Reitern, 200 000 Fußsoldaten, 2 000 Kriegswagen und 3 000 Elefanten zusammen. Eine gewiß übertriebene Kampfstärke, denn das Heer König Poros', mit dem Alexander kämpfte, schätzt man nur auf ein Zehntel dieser Truppen. Immerhin wird dem Leser von Curtius Rufus offenbar, welch mächtiger Gegner dieser König am Ganges für Alexander gewesen wäre, wenn dieser über das Indusgebiet weiter nach Osten hätte vordringen können.

Alexanders Indienzug

Das Fünfstromland verliert in nachvedischer Zeit seine große Schlüsselstellung, die es bei der arischen Einwanderung gespielt hatte. Nach 518 v. Chr. wurde es vom Perserkönig Dareios I. erobert und bis zum Unterlauf des Indus als zwanzigste Satrapie dem Perserreich angeschlossen. In der Schlacht von Gaugamela 331 v. Chr. siegt Alexander der Große über Dareios III. und setzt sich nach und

Von den Gymnosophisten, die den Sabbas [Herrscher über ein Gebiet am unteren Indus] hauptsächlich zum Abfalle verleitet und den Makedoniern den größten Schaden zugezogen hatten, bekam er [Alexander] zehn gefangen, und da sie für Leute galten, die in kurzen witzigen Antworten sehr geübt waren, legte er ihnen allerhand verfängliche Fragen vor, mit dem Bedeuten, daß er den, der eine unrichtige Antwort erteilte, zuerst und dann alle der Reihe nach würde umbringen lassen; den ältesten unter ihnen machte er zum Richter darüber. Der erste wurde also gefragt, ob der Lebenden oder der Toten mehr wären? Er antwortete: Der Lebenden, denn die Toten sind ja nicht mehr. Der zweite sollte sagen, ob das Land oder das Meer größere Tiere ernähre? Das Land, sagte er, denn von diesem ist das Meer nur ein Teil. Der dritte, welches das schlaueste Tier wäre? Er antwortete: Dasjenige, welches der Mensch noch nicht kennengelernt hat. Der vierte bekam die Frage, aus welchem Grunde sie den Sabbas zum Abfall bewogen hätten? Seine Antwort war: Damit er entweder rühmlich oder schimpflich sterben sollte. Der fünfte gab auf die Frage, ob er glaube, daß der Tag oder die Nacht eher gewesen sei, zur Antwort: Der Tag ist um einen Tag eher gewesen als die Nacht; und da dies Alexandros befremdete, setzte er hinzu: Auf verfängliche Fragen gehören verfängliche Antworten. Der König wendete sich nun an den sechsten und fragte ihn, wie sich einer am meisten beliebt machen könne? Wenn er, war die Antwort, bei der größten Macht nicht furchtbar ist. Von den übrigen gab der eine auf die Frage, wie einer aus einem Menschen zum Gott werden könne, die Antwort: Wenn er etwas tut, was einem Menschen zu tun unmöglich ist. Der andere wurde gefragt, welches von beiden stärker sei, das Leben oder der Tod? Das Leben, sagte er, welches so viel Übel erträgt. An den letzten kam die Frage, wie lange es für den Menschen ratsam sei, zu leben? Seine Antwort war: So lange er nicht das Sterben für besser hält als das Leben. Nunmehr wendete sich der König an den Richter und befahl ihm, sein Urteil zu sagen. Auf seine Erklärung, daß immer einer schlechter geantwortet habe als der andere, rief jener: Nun wegen dieses Urteils sollst du zuerst sterben. Der Richter aber versetzte: Nicht doch, o König, sonst würdest du ja lügen, da du gesagt hast, der sollte zuerst sterben, der die schlechteste Antwort geben würde.
Diese entließ er nun reichlich beschenkt...

Aus Plutarchs »Vergleichenden Lebensbeschreibungen«

Onesikritos meldet, daß er selbst abgeschickt worden sei, um sich mit diesen Weisen zu unterreden. Denn Alexander hätte gehört, daß diese Leute nackend herumgingen, sich der Standhaftigkeit befleißigten und im größten Ansehen ständig, aber, wenn auch eingeladen, nicht zu andern gingen, sondern sie aufforderten, zu ihnen zu kommen, wenn sie an ihren Handlungen und Unterredungen Anteil nehmen wollten. Unter solchen Umständen nun, da es dem Könige weder schicklich schien, zu ihnen hinzugehen, noch sie zu zwingen, wider ihren Willen etwas gegen die vaterländischen Gebräuche zu tun, so sei er selbst hingesendet worden. Zwanzig Stadien vor der Stadt habe er fünfzehn Männer getroffen, jeden in einer andern Stellung, entweder stehend oder sitzend oder liegend, nackt und unbeweglich, bis zum Abend, wo sie wieder zur Stadt zurückkehrten. Das Schwerste aber sei, die Sonne zu ertragen, die so brenne, daß von den andern niemand es aushalten würde, zur Mittagszeit mit bloßen Füßen die Erde zu betreten.

Strabo referiert den Bericht des Megasthenes in *Geographica*, Buch XV

Wichtige Anhaltspunkte für verläßliche Geschichtsdaten im alten Indien sind numismatischen Untersuchungen zu verdanken. Links oben: Sogenannte Punch-marked-coin (Schlagmarkenmünze) aus der Zeit Kaiser Aśokas, 3. Jahrhundert v. Chr. Links Mitte und unten: Indogriechische Münze mit Elefant (Avers) und Zebustier (Revers), König Apollodotos I., 160/150 v. Chr. Rechts oben innen: Tetradrachmon (Silber), König Azes I. mit Lanze und Pferd; außen: Münze mit Pferd, Allahābād-Distrikt, beide 1. Jahrhundert v. Chr. Rechts unten innen: Drachme (Silber), Menander, Büste des Königs mit Ägis und gezückter Lanze, um 150 v. Chr.; außen: Yaudheya-Münze, Mann mit Dreizack, 3. Jahrhundert n. Chr.

nach in den Besitz des gesamten Perserreiches. Alexanders Vormarsch an den Indus bedeutet also zunächst nur, daß er das persische Erbe antreten will. Doch lockt ihn das ganze Indien, über dessen Reichtum in Griechenland schon lange märchenhafte Berichte im Umlauf sind. Indien erobert zu haben bedeutet für ihn, die ganze Welt erobert zu haben, denn das Meer dahinter markiert das östliche Ende der damals bekannten Welt. Von Baktrien aus zieht Alexander durch heute afghanisches Territorium. Wilde Bergstämme sind seine erbittertsten Feinde, aber mit der Erstürmung ihrer Felsenfestung Aornos – die Aurel Stein lokalisieren konnte – bricht ihr Widerstand zusammen. Alexander kann mit Hilfe einer Schiffsbrücke den Indus überschreiten. Kampflos zieht er in Taxila ein, denn der König von Taxila sucht seinen Vorteil in der Unterwerfung und hat schon längere Zeit zu verstehen gegeben, daß er Alexander als Oberkönig anerkennen wolle. Zugleich sieht er in Alexander einen natürlichen Verbündeten gegen König Poros, seinen östlichen Grenznachbarn. Alexander erreicht den nächstgelegenen Nebenfluß des Indus, den Hydaspes (heute Jhelum), an dessen Ostufer Poros wartet. Poros' Heer umfaßt angeblich 30000 Fußsoldaten, 4000 Reiter, 300 Kriegswagen und 200 Elefanten. Alexander gelingt der Flußübergang bei Nacht an einer anderen Stelle, und er vermag Poros' Heer zu überrumpeln. Die Elefanten sind die Prestigetruppe, mit der man die Feinde aus dem Westen in die Flucht zu schlagen hofft. Doch die Griechen schießen die Mahauts vom Rücken der Elefanten, und die führerlosen Tiere lösen eine Panik in den eigenen Reihen aus. Poros wird gefangengenommen, und Alexander soll ihn gefragt haben, welche Behandlung er erwarte. Nach Curtius Rufus gibt Poros die zweideutige Antwort: »Was dieser Tag dir anrät, wo du erfahren hast, wie vergänglich das Glück ist.« Nach Arrian entgegnet Poros nur stolz: »Behandle mich wie einen König!« Historisch gesichert ist nur, daß Poros sein Reich behalten darf, aber Alexander als Oberherrn anerkennen muß. Alexander setzt seinen Siegeszug fort, überquert die anderen Nebenflüsse des Indus und erreicht den Hyphasis (heute Beas). Hier weigert sich das Heer, den Zug weiter nach Osten fortzusetzen. Nach Jahren entbehrungsreicher Feldzüge sehen wohl jetzt die Soldaten, daß die Gefahren eines weiteren Vormarsches in keinem Verhältnis zur Beute stehen, die sie erwarten können. Für Alexander mag dies die größte Niederlage sein, denn seinen Welteroberungsplänen werden hier nicht durch eine fremde Armee, sondern durch die Kriegsmüdigkeit der eigenen Truppen Schranken gesetzt. Alexander muß nachgeben, zwölf steinerne Altäre läßt er errichten – niemand hat sie je wiedergefunden –, dann zieht er im Spätherbst 326 v. Chr. an den Hydaspes zurück, wo am linken Ufer die Stadt Nikaia und am rechten die Stadt Bukephala erbaut werden. Danach beschließt er, mit seiner Flotte stromabwärts zu fahren. Fußtruppen begleiten die Schiffe auf beiden Ufern. Einzelne Völkerschaften leisten Widerstand, Alexander selbst soll durch einen Pfeilschuß verwundet worden sein. Dem alten Lauf des Indus folgend erreicht er die Stadt Pattala am Indusdelta. 325 v. Chr. tritt der Hauptteil der Armee unter seiner Führung den Rückmarsch nach Persien an, 324 v. Chr. trifft Alexander in Susa ein, schon 323 rafft ihn ein Fieber in Babylon hinweg. Ein kleiner Teil des Heeres fährt unter der Führung von Nearchos die Küste entlang zurück bis zum Persischen Golf. So endet Alexanders Indienzug, der über das Territorium des heutigen Pakistan nicht hinausgekommen ist.

Alexander hat Statthalter im oberen und unteren Indusgebiet hinterlassen, die sich nicht lange behaupten können. Die Griechen werden erst später wieder in die indische

Geschichte eingreifen: 183 v. Chr. dringt Demetrios von Baktrien aus mit größerem Erfolg als Alexander in Indien ein.

Kein anderer Feldzug der altindischen Geschichte wurde so genau überliefert wie der Alexanders. Allerdings nur in griechischen und lateinischen Quellen. Alexander der Große wird zum Faszinosum der westlichen Welt, sein Heldenleben zum Sujet vieler literarischer Werke, und sein indisches Abenteuer wird nicht selten märchenhaft ausgesponnen. Dagegen taucht sein Name in der altindischen Literatur nicht auf. Offensichtlich war sein »Indienzug« ein zu kurz dauerndes und peripheres Ereignis, als daß er sich in das Gedächtnis eingegraben hätte. Ein muslimischer Sultan in Indien, Alā-ud-dīn Khaljī, hat sich 1300 n. Chr. auf Münzen als zweiten Alexander bezeichnet, aber seine Kenntnis des ersten Alexander stammt aus vorderorientalischer Quelle. Im Grunde hat erst die Geschichtsschreibung der Neuzeit die Inder auf diese Invasion aufmerksam gemacht. Vom modernen indischen Standpunkt aus ist Alexander eine Geißel der Menschheit wie Timur-i-Leng, einer der vielen Invasoren, die Indien überfielen, um reiche Beute zu machen. In historischer Retrospektive erscheint Alexander den Indern heute wie Napoleon I. den Russen.

Die Gründung des ersten Großreiches

Kurz nach dem Alexanderzug um 320 v. Chr. wird die Nanda-Dynastie von den Mauryas entthront. Candragupta heißt der Usurpator, der von niedriger Herkunft ist, wie es auch der erste Nanda war. Der Begründer der Maurya-Dynastie erobert von seiner Hauptstadt Pāṭaliputra aus Bengalen und Territorien im Süden. Der Nordwesten fällt ihm durch einen diplomatischen Schachzug zu: 304 v. Chr. schließt er einen Grenzvertrag mit Seleukos I. Nikator, dem Begründer des Seleukidenreiches, der sich als Erbe Alexanders betrachtet und auch dessen indisches Erbe antreten will. Doch Candraguptas militärische Stärke und Verhandlungstaktik belehren ihn, daß es klüger ist, auf Indus-Indien zu verzichten. Damit erstreckt sich Candraguptas Reich vom Indus bis zum Golf von Bengalen und tief in den Süden des Subkontinents. Er ist Herrscher über dieses Großreich in dem Sinne, daß keiner der vielen Kleinkönige ihm gefährlich werden und keiner der vielen Dschungel- und Bergstämme ihn bedrohen kann. Das Zentrum seiner Macht befindet sich in seinem Erbland Magadha, dessen Hauptstadt Pāṭaliputra am Ganges nunmehr zur bedeutendsten Metropole Indiens aufsteigt. Archäologische Überreste wie die Steinsäulen einer Halle haben Ausgräber in Patna gefunden, der heutigen Stadt, die auf den Ruinen der alten erbaut wurde und systematische Ausgrabungen erschwert. Zum erstenmal in der indischen Geschichte ist man über die Anlage einer Stadt genau unterrichtet, und wieder ist es ein Grieche, dem die genauen Angaben zu verdanken sind. Es handelt sich um Megasthenes, den Gesandten von Seleukos I. Nikator am Maurya-Hof, dessen Bericht über Pāṭaliputra (Palibothra) Strabo folgendermaßen referiert: »An dem Zusammenfluß dieses [Ganges] und eines anderen Flusses [des Erannoboas] liege Palibothra, die Länge betrage 80 Stadien, die Breite 15, in der Form eines Parallelogramms mit einer hölzernen, durchlöcherten Umgehung, so daß man durch die Löcher schießen könne, davor liege auch ein Graben zum Schutze und um die Abflüsse der Stadt aufzunehmen.«

Außerdem ist zu erfahren, daß es im Reich Candraguptas sieben Berufsgruppen gibt (Philosophen, Bauern, Hirten, Kunsthandwerker, Soldaten, Spione, Ratgeber) und daß eine große Zahl von Beamten, denen die öffentlichen Arbeiten wie Stadtverwaltung und das Kriegswesen obliegen, im Dienste des Königs stehen.

Candraguptas Ende liegt im Dunkel der Legende. Die Jaina-Tradition behauptet, er sei ein Anhänger des Jainismus gewesen. Es habe eine Hungersnot in Nordindien gegeben und er sei mit 12 000 Jainas nach Südindien ausgewandert, wo er seinem Leben durch Fasten bis zum Tode ein Ende setzte, wie es bei Anhängern dieser Religion üblich ist. Wesentlichen Anteil an den politischen Erfolgen Candraguptas schreibt die indische Tradition seinem Kanzler Kauṭilya alias Cāṇakya (Chanakya) zu, der auch ein berühmtes Staatslehrbuch verfaßt haben soll.

Candraguptas Sohn Bindusāra tritt um 297 v. Chr. die Nachfolge an. Er versteht es, die Grenzen des Großreiches zu behaupten, vielleicht weiter nach Süden zu verschieben. Im Westen kommt es zu keinem Interessenkonflikt mit dem Seleukidenreich. Die diplomatischen Beziehungen bestehen weiter, die Gesandten haben gewechselt. Obwohl Bindusāra es versteht, ein Vierteljahrhundert lang ein Großreich umsichtig zu regieren, berichten die Quellen merkwürdig wenig über ihn. Er ist berühmter als Vater eines großen Sohnes.

Aśoka (268 – 232 v. Chr.)

Bindusāras Sohn konnte noch zu Lebzeiten des Vaters staatsmännische Erfahrungen sammeln. Er ist zunächst Unterkönig in Taxila im Nordwesten, und es soll ihm dort gelungen sein, einen Aufstand zu unterdrücken. Dann wird er in derselben Funktion nach Ujjayini (heute Ujjain in Madhya Pradesh) versetzt. Nach dem Tode des Vaters kehrt er in die Hauptstadt zurück, wo er angeblich seine Brüder ermordet, um den Thron besteigen zu können. Diese Lebensphase ist umstritten. Möglicherweise ist sie buddhistischer Legendenbildung zuzuschreiben, die absichtlich den jungen Aśoka als Bösewicht und Brudermörder schildern will, um seinen Wandel durch die Bekehrung zum Buddhismus besonders zu akzentuieren. In seinen Selbstzeugnissen, die er in Stein meißeln ließ, ist keine Rede von jugendlichen Verfehlungen. Er betont aber, daß ein Feldzug nach Kalinga (im heutigen Orissa) sein Gewissen schwer belastet. In seinem dreizehnten Großen Fel-

senedikt heißt es: »Acht Jahre nach seiner Königsweihe eroberte der Göttergeliebte, der König Piyadassi, Kalinga. Einhundertfünfzigtausend Menschen wurden deportiert, hunderttausend wurden getötet und viele Male mehr starben. Nachdem Kalinga annektiert worden war, war der Göttergeliebte sehr ernsthaft vom Dhamma eingenommen, liebte den Dhamma und lehrte den Dhamma. Wegen der Eroberung von Kalinga fühlt der Göttergeliebte Reue, denn wenn ein noch nicht erobertes Land erobert wird, sind das Morden, der Tod und die Deportation der Menschen außerordentlich betrüblich für den Göttergeliebten und lasten schwer auf seiner Seele ...« *Dhamma* bedeutet hier nicht die buddhistische Religion, die Aśoka nicht dogmatisch verkünden will. *Dhamma* ist für ihn ein sittliches Prinzip, das Tugend, Barmherzigkeit, Milde und Toleranz einschließt. In einer seiner Inschriften, die ins Griechische übersetzt wurde, wird *dhamma* mit *eusébeia* (Frömmigkeit) wiedergegeben. »Alle Menschen sind für mich wie meine Kinder«, ist eine seiner berühmten Maximen. Er setzt spezielle Beamte ein, die Dhamma-mahātmas, die die Menschen zur Frömmigkeit anleiten, aber auch für deren Wohlfahrt sorgen sollen. Dem Wohle der Menschen zu dienen ist Aśokas vornehmste Aufgabe: »... an den Straßen ließ ich Banyanbäume pflanzen, die Tieren und Menschen Schatten spenden. Alle fünfzehn Kilometer ließ ich Mangohaine anlegen, Blumen graben und Rasthäuser erbauen«, heißt es in Aśokas siebtem Säulenedikt. Im ersten Großen Felsenedikt steht geschrieben: »Früher wurden in der Küche des Göttergeliebten, des freundlich schauenden Königs täglich viele Hunderttausende von Tieren zum Essen geschlachtet, aber jetzt nach dieser Dhamma-Inschrift werden nur drei Tiere getötet, zwei Pfauen und eine Gazelle, und sogar diese drei Tiere werden künftig nicht mehr getötet werden.« Gerade diese Inschrift zeigt, wie weit Aśoka seine Politik der Gewaltlosigkeit versteht. Auch die Schonung der Tiere gehört dazu. In seinen Inschriften ist sein Name nicht enthalten. Er nennt sich selbst »Der freundlich Schauende« *(piyadassi)* und »Göttergeliebter« *(devānam piya)*. So kam es, daß diese Erlasse erst in den dreißiger Jahren des 19. Jahrhunderts dem Kaiser Aśoka zugeschrieben werden konnten. Aśoka ließ seine Edikte auf Säulen und Felsplatten in den Volkssprachen einmeißeln, damit seine politischen Maximen auch überall verstanden würden. In Kandahar wurde 1957 sogar eine zweisprachige Inschrift (griechisch und aramäisch) entdeckt, was darauf hinweist, daß diese Sprachen damals um Kandahar (heute Afghanistan) gesprochen wurden. Wichtigstes Indiz für seine Regierungszeit ist das dreizehnte Große Felsenedikt, das fünf fremde Könige, deren Regierungszeit feststeht, als Zeitgenossen nennt. Die meisten Gelehrten halten es für erwiesen, daß Aśoka von 268 bis 232 v. Chr. regierte. Damit ist seine Regierungszeit die erste sichere Datierung der indischen Geschichte, wenn man von der exakten Chronologie des Alexanderzuges absieht. Aśokas Edikte bleiben einmalige Dokumente der Menschlichkeit. Die buddhistische Religion hat sein Gewissen geschärft, aber mit seiner Politik des *dhamma* will er nicht den Buddhismus als Staatsreligion einführen, sondern dem Wohle aller Menschen dienen, denen es freigestellt ist, welcher Religion sie angehören wollen. Während andere Herrscher – wie die Guptas – in Inschriften ihre kriegerischen Erfolge, die Besiegung der Feinde und die Unterwerfung fremder Könige als glorreiche Taten feiern, bekennt sich Aśoka rückhaltlos zu den Prinzipien der Toleranz und Gewaltlosigkeit, wie es für einen Kaiser der alten Geschichte ganz ungewöhnlich ist. Allerdings mußte auch er sich die Macht erkämpfen und Kriege führen, ehe er seine Toleranzedikte proklamieren konnte. In den Inschriften steht man dem Kaiser viel unmittelbarer gegenüber als in buddhistischen Texten, die ihn natürlich als Anhänger ihrer Religion herausstellen und oft seine Biographie mit legendären Zügen ausschmücken. Es erscheint sicher, daß Aśoka den Buddhismus durch große Spenden unterstützt hat. Er gründet buddhistische Klöster und erbaut unzählige Kulthügel zur Aufnahme von Reliquien *(stūpas)*. Eine Pilgerreise führt ihn zum Geburtsort des Buddha und nach Bodhgayā, wo der Buddha die Erleuchtung fand. Nach ceylonesischen Chroniken tritt siebzehn Jahre nach dem Regierungsantritt Aśokas ein buddhistisches Konzil in Pāṭaliputra zusammen. Hier wird beschlossen, Missionare nach Südindien und Ceylon, nach Kaschmir und Afghanistan zu entsenden. Damit ist der erste Schritt getan, die buddhistische Lehre über die Reichsgrenzen hinauszutragen. Mahinda, ein Sohn oder jüngerer Bruder Aśokas, bekehrt den König von Sri Lanka (Ceylon) und seine Untertanen.

Bei allen Verdiensten, die Aśoka zu seinen Lebzeiten erwirbt, ist es ihm nicht gelungen, eine seinen Tod überdauernde Friedensordnung zu schaffen. Zu groß sind die Dimensionen des Reiches, zu stark die zentrifugalen Kräfte, und ein ebenbürtiger Nachfolger, der das Großreich noch einmal in einer Hand zusammenhalten kann, findet sich nicht. Aśoka hat sein Riesenreich mit vier Unterkönigen regiert, die in Taxila (im Nordwesten), in Ujjain (Madhya Pradesh), in Suvarnagiri (auf dem Dekkan) und in Tosali (in Kalinga im Osten) ihre Residenzen haben. Hinzu kommen noch Königsstaaten, die dem Kaiser direkt unterstehen, sowie Berg- und Dschungelstämme, die stets auf ihre Unabhängigkeit bedacht sind. Diese Vizekönigreiche und Vasallenstaaten machen die Größe des Reiches aus, sind aber auch eine potentielle Bedrohung. Gegenkräfte sind auch in den Anhängern der alten vedisch-brahmanischen Religionen zu suchen, die sich ihrer alten privilegierten Stellung durch die Politik des *dhamma* beraubt sehen. Auch Aśokas Staatsverwaltung bietet zunehmend Anlaß zu heftiger Kritik. Seine Spenden an den Buddhismus werden immer großzügiger und ruinieren die Staatsfinanzen. Der Beamtenapparat, den er geschaffen hat, macht den Staat »kopflastig«. So gesehen ist es nicht erstaunlich, daß Aśokas Reich nach seinem Tode auseinan-

Bodhgayā war schon unter Maurya- und Gupta-Herrschern das bedeutendste Pilgerzentrum der Buddhisten. Im 6. Jahrhundert wurde über Buddhas »Diamantthron« (vajrāsana) *dieser Turmtempel errichtet.*

Vorhergehende Doppelseite: Das Relief aus der Gandhāra-Zeit zeigt die Geburt des Bodhisattva. Aus der rechten Hüfte der Königin Māyā tritt das Kind hervor und wird vom Götterkönig Indra in einem Laken aufgefangen.

derfällt. Im Kernland Magadha regiert Aśokas Enkel Samprati, große Provinzen des Maurya-Reiches machen sich selbständig, und 185 v. Chr. wird der letzte Maurya-König von seinem General ermordet. Die Maurya-Dynastie ist erloschen, und der General begründet die Śunga-Dynastie. Diese herrscht 112 Jahre, ehe sie von der Kāṇva-Dynastie entthront wird. Die Kāṇvas regieren 45 Jahre, bis sie 28 v. Chr. dem Reich der Andhras zum Opfer fallen. Mit dem Ende der Maurya-Dynastie wird der Nordwesten wieder zum Wetterwinkel der indischen Geschichte.

Neue Invasionen: die Indogriechen, Saken und Kuṣāṇas

Der König von Baktrien (im nordafghanischen Grenzraum) hat sich um 205 v. Chr. vom Seleukidenreich losgesagt. Demetrios, der Sohn dieses griechischen Königs, will wie ein zweiter Alexander Indien erobern. Im Jahre 183 v. Chr. dringt er durch Afghanistan bis Taxila vor, erreicht dann Pattala am Indusdelta und gelangt sogar – erfolgreicher als Alexander der Große – bis Zentralindien nach Ujjain und Mathurā. Offensichtlich plant Demetrios die Eroberung der alten Reichsmetropole Pāṭaliputra, doch Unruhen in Baktrien erzwingen seine Rückkehr. Das nordwestliche Indien verbleibt unter indogriechischen Herrschern, von denen viele nur von ihren Münzen her bekannt sind. Einer von ihnen aber erscheint in einem buddhistischen Werk, wo er – Milinda (griechisch: Menander) – von einem buddhistischen Mönch belehrt wird. In der zweiten

Hälfte des 2. Jahrhunderts v. Chr. machen die Saken (Śakas), ein skythischer Stamm, der griechischen Herrschaft in Baktrien ein Ende. Die Saken werden nun ihrerseits von den Parthern bedrängt und fallen in Indien ein, wo sie sich nach und nach an die Stelle der Indogriechen setzen: Der bekannteste der indoparthischen Könige ist Gondopharnes (um 20–48 n. Chr.). Nach den apokryphen Thomas-Akten ist der Apostel Thomas an seinen Hof gekommen, hat in seinem Reich missioniert, ehe er nach Südindien ging und bei Madras den Märtyrertod starb. Armenisch heißt der König Gathaspar, woraus sich die Namensform Kaspar entwickelt. Somit ist er mit einem der Drei Heiligen Könige gleichzusetzen. Es folgt eine neue Invasion in Indien, die ebenfalls durch Völkerverschiebungen in Zentralasien ausgelöst wird. Im 2. Jahrhundert v. Chr. verdrängt der hunnische Nomadenstamm der Hiung-nu die Yüe-chi aus Westchina. Die Yüe-chi herrschen nach der Zeitenwende in Baktrien. Der Kuṣāṇaklan der Yüe-chi schwingt sich zum Oberherrn dieses Stammes auf. Es kommt zu einer kriegerischen Auseinandersetzung mit China, die zunächst ungünstig verläuft, aber letztlich zur Eroberung von Ostturkestan führt. Das Territorium des südlichen Afghanistan wird besetzt und der Kampf gegen die Saken und Parther in Indien begonnen, die die Oberschicht der Kuṣāṇas anerkennen.

Der Kuṣāṇa-Herrscher Kaniṣka verlegt die Hauptstadt nach Puruṣapura (heute Peschawar in Pakistan). Sein Herrschaftsgebiet erstreckt sich von Ostturkestan und Afghanistan über den Panjab bis nach Benares am Ganges, so daß die neue Hauptstadt im Zentrum seines Großreiches liegt. In der Nähe seiner Hauptstadt errichtet er einen hundert Meter hohen Reliquienturm, von dem chinesische Pilger staunend berichten, der aber heute nur noch als Ruine vorhanden ist. In buddhistischen Quellen gilt Kaniṣka als zweiter Aśoka. Tatsächlich wird in seiner Regierungszeit ein Konzil einberufen, auf dem sich das Sanskrit als Sprache des nördlichen Buddhismus durchsetzt. Missionare werden in die nördlichen Gebiete des Reiches bis nach Turkestan geschickt, von wo sich der Buddhismus nach Ostasien ausbreitet. Wie Aśoka sieht Kaniṣka im Buddhismus eine Religion, die verschiedene Völkerschaften zu integrieren vermag. Kaniṣka – das beweisen seine Münzen – hat offensichtlich viele Religionen gelten lassen. Neben mithraistischen (iranischen) Götternamen finden sich auch griechische, neben dem Namen des Buddha (Boddo) Darstellungen des hinduistischen Gottes Śiva. Dies zeigt, daß seine Förderung des Buddhismus wohl nicht auf Kosten anderer Glaubensrichtungen gegangen ist. Persische, indische und chinesische Herrschertitel, die er auf seinen Münzen verwendet, verraten den weitgefaßten Herrschaftsanspruch dieses Monarchen.

Die Chronologie der Kuṣāṇa-Dynastie gehört zu den großen Streitfragen der Indienhistoriographie. Von Kaniṣka und seinen beiden Nachfolgern gibt es Inschriften, die zwischen 1 und 98 einer unbekannten Zeitrechnung datiert sind. Wann hat diese Zeitrechnung ihren Anfang genommen? Die Śaka-Ära beginnt 78 n. Chr. und gilt für viele Gelehrte als Jahr 1 des Kaniṣka. Die Zählung der Śaka-Ära benutzt übrigens das moderne Indien offiziell neben dem gregorianischen Kalender. Der englische Orientalist Roman Ghirshman plädiert für das Jahr 144 n. Chr., weil er meint, daß die Kuṣāṇa-Dynastie in der Mitte des 3. Jahrhunderts vom ersten König der Sassaniden gestürzt wurde. Robert Göbl stützt sich vor allem auf numismatische Untersuchungen und macht geltend, daß das Kuṣāṇa-Reich erst 325 n. Chr. zerfällt, weshalb er zirka 225 n. Chr. als das Jahr 1 des Kaniṣka betrachtet.

Die historische Entwicklung in Südindien

Der Norden des indischen Subkontinents steht viel früher im Licht der Geschichte als der Süden. Auch wenn eigentliche Geschichtswerke und Annalen fehlen, ermöglichen die vedische Literatur und die Sanskritliteratur, Inschriften und Münzen sowie die Berichte der Griechen und Römer den Gang der Geschichte im Norden und in der Mitte des Subkontinents nachzuzeichnen. Im Süden liegen literarische Zeugnisse erst aus der nachchristlichen Zeit vor, die sogenannte Literatur des Śangam, der Tamil-Akademie von Madurai. Das Tamil zählt neben Telugu, Kannada und Malayalam zu den wichtigsten Sprachen des Südens. Alle genannten Sprachen sind dravidisch und die dravidischen Stämme waren wahrscheinlich schon lange vor dem Eindringen der Arier im Süden ansässig. Hier im Süden konnten sich die nichtarischen Sprachen bis heute behaupten, wenn sie auch viele Sanskritwörter aufgenommen haben. Auch die vorarische Kultur dieses Raumes gerät nach und nach unter arischen Einfluß, kann aber viele eigene Wesenszüge bewahren. Die ersten Nachrichten über Südindien kommen nicht von dort, da die dravidische Literatur so spät einsetzt, sondern aus dem Norden. Im Sanskritepos Rāmāyaṇa wird geschildert, wie Rāma Südindien durchquert, um seine geraubte Frau aus Sri Lanka (Ceylon) wiedererobern zu können. Im Staatslehrbuch des Kauṭilya wird der Handelsweg zum Dekkan für wertvoller erachtet als der zum Himalaja, weil es im Süden Muscheln, Perlen, Diamanten und Gold gebe. Auch der griechische Gesandte am Hofe der Mauryas erwähnt, daß bei den südlichen Pāṇḍyas Perlen im Überfluß vorhanden seien. Im äußersten Süden bestehen in den Jahrhunderten nach Christi Geburt drei Reiche nebeneinander: das der Colas (heute Tamilnāḍu), das der Ceras (heute Kerala) und das der Pāṇḍyas (im äußersten Südosten mit Madurai als Zentrum). Von ihnen wird das Cola-Reich im 11. und 12. Jahrhundert eine herausragende Rolle spielen.

Südindien steht um die Zeitenwende im Brennpunkt eines weltweiten Handels. Es bestehen schon wirtschaftliche Verbindungen mit Südostasien, die in den nächsten Jahrhunderten einen starken Aufschwung nehmen werden. Bedeutsamer aber ist der Austausch mit dem Römischen

Gajendramokṣa, ein Relief der Gupta-Zeit aus dem Viṣṇu-Tempel in Deogarh: Der durch einen Fluch in einen Elefanten verwandelte König Gajendra soll tausende Jahre in einem Lotosteich mit Schlangengeistern (nāgas) *gekämpft haben, bis er durch die Anrufung Nārāyaṇas befreit wurde. Ein Gleichnis für die erlösende Wirkung des Glaubens. Neu-Delhi, National Museum*

Reich, den schon Plinius (23–79 n. Chr.) erwähnt. Er bedauert aber die passive Handelsbilanz des Römischen Reiches, weil jährlich indische Waren für 550 Millionen Sesterzen eingeführt werden. Römische Niederlassungen konnten an der Koromandelküste in Arikamedu (südlich von Pondichery) und an der Malabarküste in Muziris (heute Cranganore) wiederentdeckt werden. Handelsniederlassungen werden auch vom Geographen Ptolemäus (2. Jahrhundert n. Chr.) erwähnt. Augustus empfängt indische Gesandtschaften. Eine indische Elfenbeinfigur, die in Pompeji gefunden wurde, beweist, daß sie schon vor dem Ausbruch des Vesuvs 79 n. Chr. dorthin gekommen sein muß. Exportiert wurden aus Indien hauptsächlich Edelsteine, Perlen, Seide, Elfenbein, Baumwolle, Zucker, Gewürze und Duftstoffe. Das Römische Reich lieferte dafür Metalle wie Kupfer und Blei, Glas- und Keramikwaren und vor allem Goldmünzen, von denen viele im Raum des heutigen Coimbatore und anderswo in Südindien wiedergefunden wurden. Der Fernhandel setzt voraus, daß die Schiffahrt einen neuen Aufschwung genommen hat und man den Monsunwind zu nutzen verstand.

Die älteste Geschichte der drei südindischen Reiche bleibt im dunklen, in das nur gelegentlich ein Lichtstrahl fällt. So wird berichtet, daß der Cola-König Karrikāl die Ufer des Flusses Kaverī durch Kriegsgefangene gegen Überschwemmungen befestigen ließ. Eine solche Überlieferung zeigt deutlich, daß die südindische Geschichte nicht friedlich verlaufen ist, nur weil die Quellen schweigen.

In den Handel mit dem Römischen Reich ist auch das Reich der Śātavāhanas einbezogen. Der andere Name dieser Dynastie »Andhras«, lebt noch im Namen des heutigen indischen Bundesstaats Andhra Pradesh fort, der zum Teil das Territorium des alten Śātavāhana-Reiches umfaßt. Das alte Reich, das seinen Höhepunkt im 1. und 2. Jahrhun-

Im »Gazellenpark« von Sārnāth begann der Buddha das Rad der Lehre zu drehen. Die ältesten Überreste der an dieser buddhistischen Kultstätte gefundenen Vihāras und Stūpas reichen bis in die letzten beiden Jahrhunderte v. Chr. zurück. Der große achtnischige Dhāmekh-Stūpa trägt um die Trommel ein zum Teil erhaltenes geometrisch-floral geschmücktes Relief aus dem 6. Jahrhundert.

dert n. Chr. hat, erstreckt sich aber zeitweise von der Ost- bis zur Westküste ungefähr auf der Höhe der Godavarī, an deren Oberlauf sich die alte Hauptstadt Pratiṣṭhāna befand. Die Herkunft der Bevölkerung ist wie die der drei südindischen Staaten vorarisch, doch übernimmt die Śātavāhana-Dynastie die Sanskritkultur des Nordens. Auch die Verwaltung des Reiches wird nach dem Vorbild des Maurya-Staates organisiert. Die Beamten tragen Sanskritbezeichnungen, und Śātakarni I. schmückt sich mit dem Sanskrittitel »Herrscher des Dekkan«. Im 3. Jahrhundert n. Chr. zerfällt dieses Reich, nachdem es zahlreiche Kriege mit den Mächten im Norden geführt hat, mit den Saken und westlichen Kṣatrapas und mit Khāravela, dem mächtigen Herrscher von Kalinga (heute Orissa).

Als der Meister des Gesetzes und Kumāra Rāja sich dem Palast näherten, kam ihnen König Śilāditya [das ist einer von Harṣas Titeln] mit zwanzig Hofleuten entgegen. Nachdem sie den Palast betreten und ihre Plätze eingenommen hatten, ließ ihnen der König auserlesenes Fleisch vorlegen, süße Musik erklingen und Blumen zu ihren Füßen streuen. Nach dieser Begrüßung sagte er zu Hsüan-tsang: »Ich höre, daß du eine Widerlegung der falschen Lehre geschrieben hast. Wo ist diese Abhandlung?« »Hier ist sie«, antwortete Hsüan-tsang, und der König nahm sie entgegen und las sie durch. Freude erfüllte ihn, und er sagte zu seinen Beamten, die ihn umgaben: »Wie das schwache Licht des Glühwürmchens vor dem Glanz der aufgehenden Sonne verblaßt, wie der Schlag vom Hammer des Arbeiters von dem Dröhnen des Donners übertönt wird, so sind die Apostel der Irrlehre vom Blinzeln eines Auges zum Verstummen gebracht worden. Keiner von ihnen hat, wie ihr wißt, es gewagt, zur Verteidigung seiner Lehre die Lippen zu öffnen. Ihr Führer Devasena, der den Anspruch erhebt, in der Auslegung der heiligen Bücher alle andern zu übertreffen und alle Zweige der Wissenschaft gemeistert zu haben, Devasena hat niemals, während er seine merkwürdige Lehre predigte, eine Gelegenheit versäumt, die Prinzipien des Großen Fahrzeugs [des Mahāyāna] anzugreifen. Aber sobald er die Ankunft dieses erlauchten Fremden vernahm, ist er geradewegs geflohen und hat sich unter dem Vorwand einer Wallfahrt zu den heiligen Stätten in Vaiśālī verborgen. Daraus erkennen wir, daß diese falschen Lehrer weder über wirkliches Wissen noch Können verfügen...«
König Śilāditya wandte sich an Hsüan-tsang und sagte: »Meister, deine Schrift ist in der Tat unvergleichlich. Ich, dein Schüler, und diese gelehrten Männer hier nehmen deine Lehre mit gläubiger Ergebenheit auf. Aber ich fürchte, daß es in anderen Königreichen noch Irrgläubige gibt, die dem Pfad der Finsternis folgen. Es ist deshalb mein Wunsch, dir zu Ehren in der Stadt Kanyakubja [Kanauj] eine große Versammlung abzuhalten...«
Noch am gleichen Tag sandte König Silāditya Boten in die verschiedenen Königreiche, um alle, die in der Auslegung der heiligen Bücher geübt waren, zur Versammlung von Kanauj zu berufen, daß sie den Ausführungen des Meisters des Gesetzes aus China beiwohnen sollten. Zu Beginn der kalten Jahreszeit nahm er den Meister des Gesetzes mit sich und reiste mit ihm den Ganges aufwärts. Im letzten Monat des Jahres kamen sie am vereinbarten Ort an. Hier waren bereits achtzehn Könige aus Zentralindien versammelt, dreitausend im Großen und Kleinen Fahrzeug wohl bewanderte Mönche, zweitausend Brahmanen und Anhänger häretischer Lehren und an die tausend Mönche aus dem Kloster von Nālandā. Alle diese Männer, gleichermaßen berühmt für ihr Wissen, ihre Beredsamkeit und ihr Geschick im Disputieren, waren begierig, die wahrhaftige Kunde des Gesetzes zu hören.
Der König hatte den Befehl erteilt, zwei große Pavillons für die Gläubigen zu errichten und eine Buddhastatue aufzustellen. Am Tage seiner Ankunft waren beide Gebäude fertig; sie boten Platz für je tausend Personen. Das Lager des Königs war fünf Li [knapp 1 km] westlich des Versammlungsplatzes aufgeschlagen, und hier war auf seinen Befehl eine goldene Buddhastatue gegossen worden.
Ein riesiger, prächtig aufgezäumter Elefant trug einen herrlichen Thron, auf den der Buddha gesetzt wurde. Der König, mit den Kennzeichen des Gottes Indra geschmückt und in der Hand einen weißen Chowri [ein zeremonieller Wedel aus dem Schwanz eines Yaks], schritt an der rechten Seite des Elefanten, an seiner linken König Kumāra im Gewand des Gottes Brahma mit einem juwelengeschmückten Schirm; jeder trug die mit Blumen und edelsteinbesetzten Bändern verzierte heilige Tiara.
Nachdem Śilāditya gemeinsam mit Hsüan-tsang dem Buddha seine Verehrung bezeugt hatte, durften tausend der berühmtesten und gelehrtesten Mönche der 18 Königreiche den Versammlungsplatz betreten, ferner 500 Brahmanen und Gelehrte der häretischen Anschauungen und ebenso 200 Minister und hohe Beamte der verschiedenen Königreiche. Alle übrigen, Mönche und Laien, die keinen Platz mehr fanden, wurden angewiesen, sich außerhalb der Einfriedung in Gruppen aufzustellen, und als das geschehen war, ließ der König Lebensmittel an alle austeilen.
Danach erhielten Hsüan-tsang und die Mönche reiche Geschenke, jeder nach seinem Verdienst.
Dann ließ der König einen prächtigen Sitz herbeibringen, auf dem der Meister des Gesetzes Platz nehmen mußte, und forderte ihn als den Vorsitzenden der Versammlung auf, die Lehre des Großen Fahrzeugs zu entwickeln und den Gegenstand der Debatte zu verkünden.
Hsüan-tsang bat Ming Hien, einen Meister des Gesetzes und Mönch des Klosters von Nālandā, seine Einführungsworte der Menge außerhalb des Platzes mitzuteilen und eine Abschrift davon am Tor anzubringen, damit alle sie studieren konnten. Außerdem ließ er folgendes hinzufügen: »Wenn irgend jemand einen einzigen Irrtum entdeckt und imstande ist, ihn zu widerlegen, biete ich ihm meinen Kopf dafür...«
Am andern Morgen wurde die Buddhastatue mit dem gleichen Pomp zum Versammlungsplatz gebracht, und die Konferenz begann von neuem. Nach fünf Tagen, als die Anhänger des Kleinen Fahrzeugs einsehen mußten, daß Hsüan-tsang die Grundsätze ihrer Lehre widerlegt hatte, fühlten sie in sich einen tiefen Haß gegen ihn aufsteigen und trachteten ihm nach dem Leben. Der König, der davon unterrichtet wurde, erließ folgende Erklärung: »Seit dem Beginn der Welt haben falsche Lehrer die Wahrheit vergiftet, und die Menschheit ist durch falsche Darstellungen verführt worden. Gäbe es keine weiseren Gelehrten, wie könnten ihre Irrlehren enthüllt werden? Der Meister des Gesetzes aus China, dessen Weisheit unbegrenzt ist und dessen Lebensweise unsere Bewunderung und Achtung erregt, ist in dieses Königreich gekommen, um den Irrtum mit der Wurzel auszureißen, das hohe Gestz zu erleuchten und die Blinden von der Dunkelheit zu befreien, die sie umgibt. Trotzdem haben die Hauptvertreter der Irrlehre, ohne vor Scham zu erröten, es gewagt, gehässige Anschläge auf sein Leben anzuzetteln. Solches zu dulden, würde bedeuten, die abscheulichsten Verbrechen ungesühnt zu lassen. Es wird deshalb angeordnet, daß jeder, der es wagen sollte, das Leben des Meisters vom Gesetz anzugreifen oder ihm sonst zu schaden, seinen Kopf verlieren soll, und wer ihn schmäht, dem soll die Zunge herausgeschnitten werden. Wer aber meiner Gerechtigkeit vertraut und in geziemender Weise zu disputieren wünscht, soll volle Freiheit genießen.« Von da an schlichen sich die Verschwörer beiseite und blieben verschwunden, und die 18 Tage der Versammlung gingen vorüber, ohne daß einer es gewagt hätte, den Mund zu öffnen.
Am letzten Abend der Versammlung predigte der Meister des Gesetzes wieder die Lehre vom Großen Fahrzeug und pries die Verdienste des Buddha, und viele verließen den Pfad des Irrtums und schlugen dafür den rechten Weg ein, wandten den beschränkten Lehren des Kleinen Fahrzeugs den Rücken und folgten dem hohen Gedanken des Großen. Die Achtung des Königs vor dem Meister des Gesetzes wurde danach noch größer. Er beschenkte ihn mit 10 000 Gold- und 30 000 Silberstücken sowie 100 Gewändern aus feinem Leinen. Auch die 18 Könige machten ihm reiche Geschenke. Hsüan-tsang wollte jedoch nichts davon annehmen. Da ließ ihn der König einen Elefanten besteigen, der eigens für diese Gelegenheit mit einer prächtigen Schabracke geschmückt war, und befahl den würdigsten seiner Adligen, den Meister in einer Prozession durch die Menge zu geleiten und bekanntzumachen, daß er die wahre Lehre erläutert und befestigt habe und niemand imstande gewesen sei, seine Argumente zu widerlegen. In westlichen Königreichen wird auf diese Weise der Sieger in einer Diskussion geehrt.
Der Meister würde auch diese Ehre abgelehnt haben, aber der König sagte: »Dieser Brauch ist bei uns seit undenklichen Zeiten üblich, und es ist uns nicht erlaubt, ihn zu mißachten.« Und indem er Hsüan-tsang an seinem heiligen Gewand festhielt, rief er laut: »Der Meister des Gesetzes hat die Lehre des Großen Fahrzeugs siegreich verteidigt, und er hat die Irrlehren mit der Wurzel ausgerissen. 18 Tage lang hat niemand gegen seine Worte Einspruch erheben können. Sein Sieg sei überall verkündet.« Darauf brach die Menge in Freudenrufe aus und überschüttete den Meister mit ehrenvollen Namen.
Nachdem sich die Versammlung aufgelöst hatte, übergab der König die goldene Buddhastatue mit einer großen Menge von Geld und Gewändern der Obhut der Mönche im Kloster von Nālandā.

Aus »Leben des Hsüan-tsang« des Hwui Li

Das Goldene Zeitalter

Das Jahr 320 n. Chr. ist der Beginn der Ära der Gupta-Dynastie. Da dieses Jahr die größte kulturelle Blütezeit des alten Indien einleitet, wird die Zeit der Guptas (320 bis um 500) vor allem von Indern als das Goldene Zeitalter des alten Indien angesehen. So heißt es in einem Geschichtsbuch, das heute für indische Schüler im Unterricht benutzt wird: »Die Gupta-Periode war ohne Zweifel das Goldene Zeitalter des Hinduismus, denn der Fortschritt, den der Hinduismus während dieser Periode auf dem Gebiet der Kultur, politischen Ökonomie, Naturwissenschaft, Philosophie, Literatur und Kunst machte, ist davor und seitdem nicht erreicht worden.« Würde man allerdings den moralischen Aspekt der Politik zum Bewertungskriterium machen, müßte man die Regierungsjahre Kaiser Aśokas (3. Jahrhundert v. Chr.) als das Goldene Zeitalter bezeichnen, was gelegentlich auch geschieht. Für den Hindu ist jedoch die Gupta-Zeit wichtiger, denn in ihr erfährt die brahmanische Religion eine Renaissance. Wichtig für die Anerkennung ist auch, daß die Guptas nach Jahrhunderten der Fremdherrschaft wieder ein Großreich schaffen, das eine einheimische Tradition hat und nicht von fremden Eindringlingen aufgebaut wird.

Links oben: Goldmünze aus der Zeit Samudraguptas (335–380 n. Chr.), Darstellung des Herrschers mit Schlachtaxt, Hofzwerg und Diener. Links Mitte: Goldmünze Samudraguptas, Dinar, Aśvamedha-Typ mit Pferd. Links unten: Silberdrachme, Hunnen in Indien, Alchon-Gruppe, Khingila um 440–490 n. Chr. Brustbild des Königs mit artifizieller Schädeldeformation.

Rechts: Die alte Hindu-Zitadelle von Rāj Pithaurā oder Lalkot mit der nichtrostenden eisernen Säule. Die vermutlich bereits im 4. Jahrhundert gefertigte Säule ist ein einmaliges Dokument für den hohen Stand auch der Metallurgie im alten Indien. Die im Süden Delhis liegende Festung Lalkot wurde Ende des 12. Jahrhunderts zur ersten islamischen Hauptstadt. Qutb-ud-dīn Aibak, ein aufgestiegener türkischer Sklave, der für die Ghūriden Afghanistans die neue Provinz verwaltete, ließ hier 1193 die Moschee Qutb-ul-Islām errichten. Eine Inschrift am Osttor der Moschee besagt, daß zur Beschaffung von Baumaterial 27 Tempel der Hindus und Jainas zerstört worden seien.

Candragupta (320–335)

Die Herkunft der Gupta-Dynastie ist ungeklärt. Wahrscheinlich stammt Candragupta aus einer kleinen Dynastie in Magadha, die die Oberhoheit der Kuṣāṇas anerkannt hatte. Nach dem Zusammenbruch des Kuṣāṇa-Reiches bestehen zunächst viele unabhängig gewordene Kleinstaaten nebeneinander, bis es wieder einem Kleinkönig gelingt, sich zum Oberherrn aufzuschwingen. Damit wiederholt sich das nun bekannte Schema der Reichsbildung im alten Indien, zu dem auch gehört, daß die so entstandenen Großreiche relativ kurzlebig sind und allzusehr vom politischen Geschick einzelner Monarchen abhängen. Candragupta – er trägt vielleicht nicht von ungefähr den Namen des Begründers der Maurya-Dynastie – heiratet eine Prinzessin aus der berühmten Adelsfamilie der Licchavis, die schon zur Zeit des Buddha in Vaiśālī oligarchisch regiert hat. Diese Verbindung bringt territorialen Gewinn, und der klangvolle alte Name stärkt die Stellung der jungen Dynastie in Magadha. Candragupta gibt Pāṭaliputra den Glanz zurück, den es als Hauptstadt der Mauryas besessen hat. Sein Reich umfaßt in etwa das heutige Bihar und das Gebiet am Ganges westwärts bis zur Einmündung der Jumna (Yamunā).

Samudragupta (335 bis um 380)

Eine Säule in Prayāga (Allahābād) trägt eine Inschrift, die Samudraguptas Kriege und Siege in Form eines Sanskrit-Kunstgedichtes würdigt. Er macht Eroberungen westlich und nordwestlich seines Erblandes. Er steht in der altindischen Tradition des Cakravartin (Weltherrschers), dessen Aufgabe es ist, die Könige aller Himmelsrichtungen zu besiegen und zu Vasallen zu machen. Ganz anders als Aśoka, der seinen Kalinga-Feldzug aus humanitärer Einsicht bitter bereut, bekennen sich die Guptas – und namentlich Samudragupta – zur Politik der Eroberungskriege. Doch in Richtung Süden sind seiner Expansion Schranken gesetzt. Er behauptet zwar, daß er den Pallava-König Viṣṇugopa besiegt hat, doch kann er diesen Sieg nicht durch weitere Erfolge krönen. Das Gupta-Reich wird immer ein nördliches Imperium bleiben und seine Grenzen nicht südlich der Narmadā ausdehnen können. Nepal, Assam und Ostbengalen erkennen Samudragupta als Oberherrn an und zahlen Tribute. Diplomatische Beziehungen bestehen zu den Kuṣāṇa-Nachfolgern im Panjab und zu den Kṣatrapas in Mālwā. Nach einem chinesischen Historiker soll König Meghavarṇa von Ceylon eine Gesandtschaft mit Geschenken an den Hof Samudraguptas geschickt haben. Er erhielt vom König die Erlaubnis, nahe bei Bodhgayā ein buddhistisches Kloster zu erbauen. Dies spricht für Samudraguptas Toleranz anderen Religionen gegenüber. Wie die anderen Guptas ist er ein Anhänger des Hinduismus. So feiert er auf der Höhe seiner Triumphe das Pferdeopfer *(aśvamedha)*, das nach der brah-

manisch-hinduistischen Tradition der Großkönig (Cakravartin) vollzieht, der alle Himmelsrichtungen erobert hat. Dazu muß sich das Pferd ein Jahr lang ohne Reiter frei bewegen, ehe es geopfert wird. Auf einer Goldmünze Samudraguptas steht die Sanskritinschrift: »Der König der Könige, der das Pferdeopfer veranstaltet hat, gewinnt den Himmel, nachdem er die Erde erobert hat.« Seine Herrschaft gilt als tolerant und milde. Den Armen und Kranken wird besondere Hilfe zuteil, den Brahmanen werden unzählige Kühe geschenkt.

Candragupta II. Vikramāditya (380–414)

Durch seinen Sieg über die westlichen Kṣatrapas setzt Candragupta II. die Großmachtpolitik seines Vaters Samudragupta fort. Damit gelangt der nördliche Teil der indischen Westküste in den Besitz des Gupta-Reiches, und der Weg ist frei für den Seehandel mit dem Westen, zumal der Hafen von Bharukaccha (griechisch: Barygaza), der an der Mündung der Narmadā eine Schlüsselstellung einnimmt, an die Guptas fällt. Die Heirat einer Tochter Candraguptas II. mit dem König der Vākāṭakas auf dem Dekkan sichert die Vasallentreue dieses Reiches im Süden. Neben Pāṭaliputra, der alten Residenzstadt, wird Ujjayinī zur zweitwichtigsten Metropole des Gupta-Reiches, die auch der Geburtsort Kālidāsas gewesen sein soll. Kālidāsa, der größte Dichter des alten Indien, ist der Überlieferung nach einer der neun »Juwelen« am Hofe Candraguptas II. Auch die Sanskritinschriften der Guptas lassen erkennen, zu welch hoher Entfaltung die Sanskrit-Kunstdichtung gelangt ist. Neben den Künsten erleben auch die Naturwissenschaften einen Aufschwung. Wichtige Sanskritwerke über Mathematik und Astronomie fallen in diese Epoche. Die nichtrostende eiserne Säule im Qutb-Minār-Bezirk in Delhi stammt aus dieser Zeit und bezeugt den hohen Stand der Metallurgie. Zusätzliche Informationen gibt der Bericht des chinesischen Pilgers Fa-hsien, der von 405 bis 411 in Indien weilt. Drei Jahre verbringt er in Pāṭaliputra und schreibt über das Gupta-Reich: »Das Land hat ein gemäßigtes Klima ohne Frost oder Schnee. Die Menschen sind wohlhabend und glücklich, sie werden nicht registriert und leben ohne amtliche Restriktionen ... Wer weggehen will, kann weggehen; wer bleiben will, kann bleiben. Der König verhängt keine Körperstrafen in seiner Rechtsprechung. Verbrecher erhalten nur Geldstrafen je nach der Schwere ihrer Vergehen. Selbst beim wiederholten Versuch einer Rebellion ist die Strafe lediglich der Verlust der rechten Hand ... Im ganzen Land tötet niemand ein lebendes Wesen. Keiner trinkt Alkohol oder ißt Zwiebeln oder Knoblauch ...«

Ausländische Berichte über Indien neigen oftmals zu Übertreibungen im Guten, und es mag sein, daß dieser buddhistische Pilger das Heimatland seines Religionsstifters in einem besseren Licht zeigt, als es dies verdient. Im großen und ganzen jedoch müssen die Zustände im Gupta-Reich vergleichsweise liberal gewesen sein, weshalb auch das Kāmasūtra dieser Epoche zugeordnet wird.
Kumāragupta, der Sohn Candraguptas II., regiert von 414 bis 455. Verhältnismäßig wenig ist über ihn bekannt. Er stiftet die Universität von Nālandā, die in den folgenden Jahrhunderten das geistige Zentrum des buddhistischen »Großen Fahrzeugs« wird. Er feiert das Pferdeopfer, aber wir wissen nicht, ob er sich nur als Welteroberer fühlt oder noch siegreiche Kriege geführt hat.

Oben: Vom Dharmarājika-Stūpa in Taxila, das im 5. Jahrhundert von den Hunnen zerstört wurde, ist heute nur noch ein formloser, wenn auch noch imposanter Mauerkern erhalten. In seinem ursprünglichen Zustand ist er als halbkugeliger mit Ornamenten gezierter Bau mit abschließendem chattra-*Mast vorzustellen.*

Rechte Seite: Diese Frühform eines Stūpas des 1. Jahrhunderts v. Chr. in Sirkap, der Stadt der frühen Kuṣāṇas, inmitten eines Straßennetzes nach griechischem Vorbild gelegen, war, wie Untersuchungen erweisen konnten, an der Oberfläche ursprünglich mit aus Stuck geformten Akanthusranken geziert.

Die weißen Hunnen

Das Ende seiner Regierungszeit ist bereits überschattet von einer neuen Gefahr aus Nordwesten. Die weißen Hunnen (Hephthaliten) fallen in Indien ein. Sie sind ein Teil des großen Volksstammes der Hunnen, die nicht am Sturm auf Europa teilnehmen, sondern nach Indien abbiegen, um sich dieses Landes zu bemächtigen. Skandagupta (455–470) vermag noch einen Angriff dieser Hunnen zurückzuschlagen. 484 n. Chr. haben die weißen Hunnen jedoch Firoz, den König der Sassaniden besiegt. Damit fällt Persien als Bedrohung im Rücken aus, und die Hunnen können sich nun ganz auf die Eroberung Nordindiens konzentrieren. Um 500 n. Chr. haben sie große Territorien des nördlichen Indien in ihre Gewalt gebracht, und das Gupta-Reich fällt auseinander. Um 510 dringt der weiße Hunne

Von den Geschichtsschreibern wird auch noch folgendes erzählt: Die Inder verehren den Zeus Ombrios, den Strom Ganges und die einheimischen Gottheiten. Wenn der König sein Haar wäscht, feiern sie ein großes Fest und senden große Geschenke, wobei jeder um die Wette seinen Reichtum zeigt. Einige der goldgrabenden Ameisen sollen auch geflügelt sein, und die Flüsse, gleich den iberischen, Goldsand mit sich führen. Bei den Festaufzügen werden viele mit Gold und Silber geschmückte Elefanten, viele Vierspänner und Ochsengespanne aufgeführt. Dann folgt das Heer in seinem Schmuck; dann Goldgefäße, und zwar große Becken und klaftertiefe Mischkessel; dann Tische, Stühle, Trinkbecher und Badewannen von indischem Kupfer, die meisten mit Edelsteinen besetzt, mit Smaragden, Beryllen und indischen Karfunkeln; auch bunte und goldgestickte Gewänder; ferner Buckelochsen, Panther, gezähmte Löwen und eine Menge bunter und schön singender Vögel. Klitarchos erwähnt auch vierrädrige Wagen, auf welchen großblättrige Bäume gefahren werden, an welchen verschiedene Arten zahmer Vögel hängen, unter denen, wie er sagt, der Orion am schönsten singt, der sogenannte Katreus aber der prachtvollste von Ansehen ist und den größten Farbenschmuck zeigt; denn in der Gestalt nähere er sich am meisten dem Pfau. Die übrige Schilderung seiner Gestalt aber möge man aus ihm selbst entnehmen.

Aus Strabo, *Geographica*, Buch XV

Toramāṇa bis in die Gangesebene vor. Sein Sohn Mihirakula (512–528) wird in der Inschrift eines Sonnentempels im Gebiet von Gwalior als Verehrer des hinduistischen Gottes Śiva genannt und verrät damit die Neigung zu einem Religionssynkretismus, wie er schon für die früheren Fremdvölker in Indien charakteristisch gewesen ist. Im Jahre 527 gelingt es Yaśodharman, die Hunnen entscheidend zu schlagen. Sie ziehen sich nach Kaschmir und in den Panjab zurück, wo sie ebenso assimiliert werden wie die in Zentralindien verbliebenen. Was Awadh Narain über die Indogriechen gesagt hat, gilt für alle Fremdvölker, die nach Indien eingedrungen sind: »Sie kamen, sahen, aber Indien siegte.«

Das Großreich Harṣas

Der Sieg über die weißen Hunnen befreit Indien von der Gefahr einer neuen Fremdherrschaft, aber das Gupta-Großreich ist zerbrochen. Indien bietet wieder das Bild rivalisierender Kleinstaaten, von denen ein jeder die Hegemonialmacht anstrebt. Eines dieser kleinen Reiche ist das der Vardhanas, die in Thanesar (etwa 150 Kilometer nördlich von Delhi) residieren. Der Thronanwärter Harṣa wird mit einer Prinzessin von Kānyakubja (heute Kanauj) vermählt. Der König von Mālwā versucht, diese Heiratsallianz mit kriegerischen Mitteln zu durchkreuzen. Harṣa vermag ihn jedoch zu besiegen und besteigt 606 den Thron. Wie der erste Gupta-König und manch anderer Herrscher des alten Indien setzt er das Jahr seines Regierungsantritts mit dem Jahr 1 seiner eigenen Ära gleich, aber auch die Zeitrechnung nach Harṣas Regierungsjahren ist kurzlebig wie die Macht, die sie künstlich geschaffen hat. Harṣa verlegt die Hauptstadt von Thanesar nach Kanauj am Ganges, das sich rund 400 Kilometer südöstlich von Thanesar befindet und rund 600 Kilometer westlich der alten Hauptstadt Pāṭaliputra, die zur Provinzstadt absinkt.

Ehe er eine dreißigjährige Friedensära begründet, führt er die umfangreichen Feldzüge, durch die er die Oberhoheit über Nordindien gewinnt. Danach erstreckt sich sein Reich von Valabhi (heute Halbinsel Kathiawar) bis nach Bengalen, also von Küste zu Küste auf einer Länge von 3 000 Kilometern. Nach dem Bericht des chinesischen Buddhisten Hsüan-tsang, der eine Pilgerreise durch Indien unternimmt und an Harṣas Hof weilt, verfügt Harṣa über ein Heer von 5 000 Elefanten, 20 000 Reitern und 50 000 Fußsoldaten, das sich schließlich sogar auf 60 000 Elefanten und 1 000 000 Reiter erhöht haben soll. Die beiden letztgenannten Zahlen sind freilich zu hoch, als daß sie glaubwürdig sein könnten. Harṣa vermag allerdings auch nicht, Gebiete südlich der Narmadā zu erobern. Als er es versucht, tritt ihm der Cālukya-König Pulakeśin II. siegreich entgegen, und Harṣa muß die Narmadā als Grenzstrom zwischen Nord und Süd anerkennen.

Die Schaffung eines solchen Großreiches ist gewiß eine historische Leistung, aber erst durch seine tolerante Religionspolitik, die er in dreißig Friedensjahren befolgt, wird er zu einem Großen der indischen Geschichte und verdient es, mit Aśoka, Kaniṣka und Akbar verglichen zu werden. Alle fünf Jahre veranstaltet Harṣa eine große religiöse Feier. Hsüan-tsang berichtet, daß er 643 an einer solchen Feier in Prayāga teilnehmen darf. Es ist die sechste und letzte dieser Feiern, die Harṣa veranstaltet, denn er stirbt

im Jahre 647. Am ersten Tag der Feier wird das Bild des Buddha, am zweiten, das des Sonnengottes und am dritten Tag das des Śiva verehrt. Hier zeigt sich die Großzügigkeit dieses Kaisers gegenüber anderen Religionen.
Seiner Herkunft nach kommt Harṣa aus der śivaitischen Tradition des Hinduismus, tendiert aber immer mehr zum Buddhismus des »Großen Fahrzeugs« (Mahāyāna). Er stiftet viele neue buddhistische Klöster, in Kanauj allein gibt es jetzt mehr als einhundert, und täglich speist er in seiner Hauptstadt tausend buddhistische Mönche und fünfhundert Brahmanen. Er gilt als Autor von drei Schauspielen. In einem von diesen opfert der Held im Sinne des Mahāyāna-Buddhismus sein Leben, um das eines anderen zu retten. Die Göttin Gaurī jedoch, die eine Erscheinungsform der Gattin des Gottes Śiva ist, schenkt ihm das Leben zurück. Diese Vermischung von buddhistischen und hinduistischen Wesenszügen spricht dafür, daß Harṣa wirklich der Autor gewesen ist.

Hsüan-tsang schildert eine Schaudisputation, an der er teilgenommen hat. Hierzu kommen achtzehn Könige aus Zentralindien (vermutlich die Herrscher kleiner Vasallenstaaten), dreitausend buddhistische Mönche des Kleinen und Großen Fahrzeugs, zweitausend Brahmanen und Anhänger häretischer Lehren. Hsüan-tsang disputiert im Sinne des »Großen Fahrzeugs« und sieht sich dem Haß der Mönche des »Kleinen Fahrzeugs« (Hīnayāna) ausgesetzt, aber der König stellt sich auf die Seite Hsüan-tsangs und des »Großen Fahrzeugs« und droht, daß jeder den Kopf verlieren werde, der Hsüan-tsang nach dem Leben trachtet, und jedem werde die Zunge herausgeschnitten, der ihn schmäht. Man gewinnt den Eindruck, daß Harṣa die Schaudisputation autoritär im Sinne des Mahāyāna-Buddhismus entschieden hat und eine freie Meinungsbildung nicht zuließ. Dies trübt ein wenig das Charakterbild dieses Herrschers, der es sonst offensichtlich so gut verstand, Regierungsgewalt und Toleranz in Einklang zu bringen.

In Elūrā, dem alten Pilgerzentrum für Buddhisten, Jainas und Hindus, stammen die ältesten Höhlentempel aus buddhistischer Gupta-Zeit (links). Die Fassade des spätesten buddhistischen Höhlentempels in Elūrā, des dreistöckigen Tempels Nr. 12, des Tin Thal, aus dem späten 7. Jahrhundert, ist bei strenger architektonischer Formensprache von monumentaler Wucht (rechts oben). Das Innere des Tempels zeigt eine reiche Ausstattung mit qualitätvollen Skulpturen, wie etwa mit diesen weiblichen Bodhisattvas (Tārās) auf Lotossockeln (rechts Mitte). An der linken Wand im Obergeschoß des Tin-Thal-Tempels sind Skulpturen der »menschlichen« Vorzeitbuddhas (Mānuśibuddhas) aufgestellt (rechts unten).

Die Städte und Dörfer haben Tore, ihre Mauern sind breit und hoch, und die Straßen und Wege ziehen sich in vielen Windungen dahin. Die Hauptstraßen sind schmutzig und an beiden Seiten von Verkaufsständen mit ihren verschiedenen Kennzeichen gesäumt. Fleischer, Fischer, Tänzer, Scharfrichter, Straßenkehrer usw. wohnen außerhalb der Stadt und müssen stets die linke Seite der Straße benutzen, wenn sie kommen und gehen. Ihre Häuser sind von niedrigen Mauern umgeben und bilden alle zusammen die Vorstädte. Die Erde ist hier weich und schlammig, und man verwendet sie in Form von Lehmziegeln zum Bau der Mauern, nur die Türme bestehen aus Holz oder Bambus. Die Häuser haben Balkone, ebenfalls aus Holz mit einem Überzug aus Kalk oder Mörtel, und sind mit Ziegeln gedeckt. In ihrer Form gleichen die Gebäude etwa den chinesischen, und für die Dächer verwendet man Binsen, Zweige, Ziegel oder Bretter. Die Mauern verputzt man mit Kalk oder Lehm, den man der Reinheit wegen mit Kuhdung mischt.

Mit besonderem Geschick bauen die Inder ihre Klöster. Über jeder der vier Ecken wird ein dreistöckiger Turm errichtet, die Balken und hervorkragenden Balkenköpfe sind sehr fein in verschiedenen Formen verziert. Reiche Malereien schmücken die Fenster, Türen und niedrigen Mauern; die Zellen der Mönche sind innen ebenfalls verziert, außen dagegen glatt. Im Mittelpunkt des Klosters befindet sich eine hohe, weite Halle. Man findet auch mehrstöckige Räume und kleine Türmchen verschiedener Höhe und Form, ohne besondere architektonische Regel gebaut. Alle Türen öffnen sich gegen Osten, und auch der königliche Thron blickt nach Osten.

Das gewöhnliche Volk ist im allgemeinen leichtherzig, dabei aber aufrichtig und ehrenhaft, ehrlich in Geldangelegenheiten und bedächtig in Rechtsdingen. Ihren Mitmenschen gegenüber handeln die Inder nie hinterlistig oder treulos, sondern halten, was sie versprochen haben. Wenn die Inder auch in ihrem Benehmen sanft und freundlich sind, so zeigen ihre Grundsätze, nach denen sie das Land regieren, doch viel Festigkeit. Verbrecher und Rebellen gibt es nur wenige, und man hat selten etwas von ihnen auszustehen. Wenn ein Missetäter das Gesetz übertritt oder den König angreift, wird das Vergehen geprüft und der Betreffende bestraft. Körperstrafen gibt es nicht, man läßt die Übeltäter einfach leben und sterben, aber unter den Menschen sind sie geächtet. Werden die Regeln des Anstands oder der Gerechtigkeit von einem verletzt, benimmt er sich unehrenhaft oder läßt er es an kindlicher Liebe gegenüber seinen Eltern fehlen, so werden ihm Nase oder Ohren abgeschnitten, und er wird aus der Stadt verjagt und lebt im Dschungel, bis er stirbt. Für andere Vergehen wird eine kleine Geldbuße verhängt. Will man ein Verbrechen aufdecken, so sucht man das Geständnis nicht durch Stockschläge zu erpressen. Man befragt den Angeklagten, und antwortet er offen, so wird ihm eine angemessene Strafe zudiktiert, leugnet er jedoch hartnäckig seine Schuld, so wird ein Gottesurteil angeordnet.

Da die Verwaltung des Landes sich auf milde Gesetze gründet, so ist auch die Ausführung einfach. Die Familien werden nicht registriert, und Zwangsarbeit gibt es nicht. Die Krongüter sind in vier Teile eingeteilt: Aus dem ersten wird der Staatshaushalt bestritten, aus dem zweiten werden die Minister und Beamten bezahlt, der dritte steht für Belohnungen verdienter Männer bereit, und aus dem vierten fließen die Unterstützungen religiöser Gemeinschaften.

Aus dem Bericht des chinesischen Pilgers Hsüan-tsang

Die Indisierung Südostasiens

Im 1. Jahrtausend n. Chr. hat Indien große Teile Südostasiens kolonisiert und kulturell geprägt. Die Ausbreitung der indischen Kultur erfolgte auf dem Seewege entweder von der südindischen Küste quer über den Golf von Bengalen oder vom bengalischen Hafen Tāmralipti (Tamluk) aus südostwärts die Küsten entlang. Indische Händler sind wohl die ersten gewesen, die an den Kontakten mit Südostasien interessiert waren. Später hat die buddhistische Pāla-Dynastie in Bengalen (8.–12. Jahrhundert) ein vitales Interesse, den Buddhismus in Südostasien zu verbreiten. Reine machtpolitische Absichten verfolgt im Jahre 1024 der Cola-König Rājendra I., als er eine Flotte über den Golf von Bengalen schickt, die die südmalaiische Halbinsel (Kedah) tributpflichtig macht. Solche Eroberungen konnten aber nicht von Dauer sein. Während Indien in der Neuzeit zur Kolonie Großbritanniens wurde, gehörten die von Indien kolonisierten Gebiete nie fest zum indischen Subkontinent, sondern verselbständigten sich sofort. Die Auswirkungen sind dennoch sehr groß. Buddhismus und Hinduismus werden nach Südostasien getragen. Man verwendet dort Sanskrit auf Inschriften, und Lehnwörter des Sanskrit und des Tamil dringen in die Volkssprachen dieses Raumes ein. Viele Dynastien indischer Provenienz tragen Sanskritnamen mit der Endung »-varman«. Nach 400 n. Chr. gelangt der Brahmane Kauṇḍinya nach Fu-nan (heute Südvietnam). Chinesische Annalen bezeugen, daß er dieses Land nicht gewaltsam annektiert hat: »Das Volk von Fu-nan hörte von ihm [Kauṇḍinya], und das ganze Königreich erhob sich in Freude. Sie kamen zu ihm und wählten ihn zum König. Er änderte alle Gesetze entsprechend den indischen Vorschriften.« Im 9. Jahrhundert wird von König Yaśovarman die Residenzstadt Angkor (aus Sanskrit *nagara*: »Stadt«) gegründet, die zum berühmten Reichszentrum des Staates der Khmer in Kambodscha aufsteigt. In der ersten Hälfte des 12. Jahrhunderts erbaut man in dieser Stadt Angkor Vat eine große Tempelanlage zu Ehren des hinduistischen Gottes Viṣṇu. 1177 wird die Stadt von den östlichen Grenznachbarn, den Cham, erobert und zerstört.
Auch Birma ist starken indischen Kultureinflüssen ausgesetzt. Hier setzt sich schließlich seit dem 11. Jahrhundert der Buddhismus des »Kleinen Fahrzeugs« durch. Der Buddhismus erreicht auch Insulinde (Indonesien). Vom 7. bis 11. Jahrhundert ist Sumatra das Zentrum eines Königreiches mit indischer Führungsschicht. Die Hauptstadt ist Śrīvijaya, die von der Śailendra-Dynastie gegründet wird. Dieses Reich nimmt im 8. Jahrhundert Java und einen Teil der Malaiischen Halbinsel in Besitz. Besondere Förderung findet die Verbreitung des »Großen Fahrzeugs« des Buddhismus. Um 800 wird auf Mitteljava die großartigste Tempelanlage der buddhistischen Welt erbaut: der Borobuḍur, der den Weltmittelpunkt symbolisiert wie im Hinduismus der Meruberg.

Kṛṣṇa I., der von 756 bis 774 regierte, ist der Auftraggeber für das wohl berühmteste aller Rāṣṭrakūṭa-Bauwerke: den aus dem Fels gehauenen Kailāsanāth-Tempel Nr. 16 in Elūrā. Die Arbeiten am Tempel begannen mit der Ausschachtung dreier breiter, 90 und 50 m langer Gräben aus dem Hang, so daß ein Rechteck, die Grundform des Tempels, entstand. Die stehengebliebene, etwa 30 m hohe Felsmasse in der Mitte wurde von oben ausgehend in den Umrissen der projektierten »Gebäude« behauen, und in der Folge die Oberflächen von Skulpteuren bearbeitet. Es handelt sich beim Kailāsanāth-Tempel demnach nicht um ein Bauwerk, sondern um eine riesige Skulptur in Form eines Bauwerks.

Kṛṣṇa Rāja ließ auf dem Berg von Elapura einen wunderbaren Tempel bauen. Als die Götter in ihren Himmelswagen vorüberfuhren und ihn sahen, waren sie sehr überrascht und dachten lange darüber nach. Sie sprachen zueinander: »Dieser Tempel Śivas ist einzigartig; in keinem Kunstwerk ist so viel Schönheit zu finden.« Sogar der Architekt, der ihn erbaut hatte, wurde selbst von Staunen ergriffen, und nichts Gutes für einen ähnlichen neuen Versuch ahnend, sagte er: »Wunderbar! Ich hätte nicht für möglich gehalten, daß ich etwas so Schönes würde schaffen können!«

Inschrift auf einer Kupfertafel am Kailāsanātha-Tempel in Elūrā

Die Entwicklung in Südindien nach dem 6. Jahrhundert

Harṣas Gegenspieler im Süden ist Pulakeśin II., der die Narmadā erfolgreich als Grenze nach Norden verteidigt. Er gehört zur Dynastie der Cālukyas, die vor allem das Territorium des heutigen Mahārāṣṭra beherrschte. Begründet wurde die Dynastie durch Pulakeśin I., der im 6. Jahrhundert die Hauptstadt Vātāpi (Bādāmī) erbauen läßt. 642 wird diese Hauptstadt von den Pallavas, die in Kānchīpuram (unweit von Madras) residieren, zerstört, doch dieser Sieg ist nicht von Dauer, und die Cālukyas sind zweimal, in den Jahren 647 und 740 in der Lage, die Pallava-Hauptstadt einzunehmen, aber beide Male ohne bleibenden Erfolg. Schließlich fällt das Cālukya-Reich in die Hände der Rāṣṭrakūṭas, die von 760–973 regieren, ehe sie von einer zweiten Cālukya-Dynastie abgelöst werden. Diesen Dynastien sind bedeutende Kunstwerke auf dem Dekkan zu verdanken, beispielsweise wurde unter dem Rāṣṭrakūṭa-

Links: Die mit drei Eingängen versehene Höhle Nr. 29 in Elūrā wird in Anspielung auf den Wasserfall »Sītās Bad« (Dhumar Lena) *genannt. Die Form der Pfeiler (links Mitte), der Grundriß und die den Purāṇas entnommene Ikonographie sind der śivaitischen Höhle auf der Insel Elephanta bei Bombay sehr ähnlich.*
Links unten: Monumentales Relief mit Śiva und Pārvatī auf dem Berg Kailāsa, den der vielköpfige Dämonenkönig Rāvaṇa vergeblich wegzuschleudern versucht.

Rechte Seite: Die Jaina-Höhlen Nr. 32 (innere Spalte) und Nr. 33 (äußere Spalte) datieren ins 9. und 10. Jahrhundert. Besonders die Indrasabha-Höhle Nr. 32 ist berühmt für ihren reichen Skulpturenschmuck sowie für die erhaltene Bemalung der Decke.

Folgende Doppelseite: Blick über den Tempelteich von Cidambaram auf einen der vier monumentalen Portalbauten (gopuram) *aus der späteren Cola-Zeit. Fertiggestellt im Jahre 1272.*

Der König ist Herrscher über alle, außer über die Brahmanen.
Er soll in seinem Tun und Reden heilig sein,
wohl unterwiesen in der dreifachen heiligen Wissenschaft und in der Logik.
Rein; er soll seine Sinne beherrchen und sich mit vortrefflichen Gefährten umgeben, die über die Mittel verfügen, seine Herrschaft aufrechtzuerhalten.
Er soll seinen Untertanen gegenüber unparteilich sein; und tun, was gut für sie ist.
Alle mit Ausnahme der Brahmanen sollen ihn kultisch verehren und auf einem niedrigeren Sitz sitzen, während er einen erhöhten Sitz einnimmt.
Auch die Brahmanen sollen ihn ehren.
Er seinerseits soll die Kasten und Ordnungen gemäß der Gerechtigkeit beschützen;
und auf dem Weg der Pflicht diejenigen zurückführen, die davon abgewichen sind.
Denn im Veda steht geschrieben, daß ihm ein Teil des spirituellen Verdienstes, das sich seine Untertanen erworben haben, zukommt.
Und als Hauspriester soll er sich einen vedakundigen Brahmanen aus adliger Familie wählen, beredt, schön, von passendem Alter und tugendhaften Neigungen, unbescholten und sittenstreng.
Mit seiner Hilfe soll er seine religiösen Pflichten erfüllen. Denn im Veda steht geschrieben: »Die Kṣatriyas, denen Brahmanen beistehen, werden gedeihen und nicht in Not geraten.«
Zu Herzen nehmen soll er sich auch, was die Astrologen und Zeichendeuter sagen.
Denn nach Ansicht mancher hängt davon auch der Erwerb von Reichtum und Sicherheit ab.
Am Feuer in der Halle vollziehe er die Riten, die das Gedeihen gewährleisten, die Sühn- und Festriten, solche, die einen günstigen Verlauf der Dinge und solche, die ein langes Leben und glückverheißende Omen bewirken; aber auch jene, die zum Ziele haben, Feindschaft zu wecken, die Feinde zu überwinden, durch Beschwörungen zu vernichten und ins Unglück zu stürzen.
Die nach den Vorschriften des Veda dazugehörigen Opfer sollen die diensthabenden Priester darbringen.
In der Verwaltung sei er gerecht und lasse sich vom Veda, den Einrichtungen des heiligen Gesetzes, den Angas und den Purāṇas leiten.
Gültigkeit besitzen auch die Gesetze der Länder, Kasten und Familien, die nicht im Widerspruch zu den heiligen Schriften stehen.
Ackersmann, Kaufmann, Hirte, Geldleiher und Handwerker genießen genügend Ansehen, um die Vorschriften für ihre jeweiligen Klassen aufzustellen.
Durch die Vertreter der einzelnen Klassen über den Stand der Dinge unterrichtet, treffe er eine gesetzliche Entscheidung.
Durch Abwägen der Einwände findet man die Wahrheit.
Ist er so zu einem Schluß gelangt, treffe er die entsprechende Entscheidung.
Denn wenn er also handelt, werden ihm Glück und Segen in dieser und der anderen Welt zuteil werden.

Gautama II. 1–26

Herrscher Kṛṣṇa I. in der zweiten Hälfte des 8. Jahrhunderts der berühmte Kailāsanāth-Tempel in Elūrā aus dem gewachsenen Felsen herausgemeißelt.

Die Dynastie der Pallavas, die als Feinde der Cālukyas erwähnt wurden, haben von der Mitte des 5. Jahrhunderts bis zur Mitte des 8. Jahrhunderts eine Vormachtstellung im Gebiet des heutigen Bundesstaates Tamilnāḍu. Dieses Gebiet ist bis heute die Heimat der Tamilen, die das Tamil, also eine dravidische Sprache, sprechen. Die Pallavas machen ihre Hauptstadt Kānchīpuram (*puram* bedeutet »Stadt«) zu einem Zentrum der Sanskritkultur, von dem die »Arisierung« des dravidischen Südens ausgeht. Imposante Tempelanlagen für die Hindu-Götter Viṣṇu und Śiva bezeugen den Kunstsinn und die Religiosität dieser Dynastie. Der Pallava-König Narasimhavarman (625–645) gründet an der Ostküste die Stadt Mamallapuram (Mahābalipuram), die nach seinem Beinamen Mahāmalla (»Großer Athlet«) benannt ist. Die unter seiner Regierung aus den Felsen gemeißelten Tempel und Skulpturen gehören zu den beeindruckendsten Beispielen indischer Kunst. Hauptstadt der Cola-Dynastie (888–1267) ist Tanjāvūr (Tandschur oder Tanjore). Unter König Rājarāja (985–1014) wird das Cola-Reich zur Großmacht des Südens. Rājarāja unterwirft Kerala an der Malabarküste, Kalinga und Maisur. Seine Flotte macht sich Kedah auf der südmalaiischen Halbinsel vorübergehend tributpflichtig, erobert die Inselgruppe der Malediven und die nördlichen Teile Ceylons. Sein Sohn und Nachfolger Rājendra (1014–1042) setzt die Eroberung Ceylons fort. Er entsendet sogar ein Heer bis an den Unterlauf des Ganges, das den Pāla-König von Bengalen schlägt, aber keine territorialen Erfolge erringen kann. Keinem Herrscher Südindiens ist es je gelungen, sich den Norden zu unterwerfen, und alle Großreiche, die den Anspruch erhoben, ihren Herrschaftsbereich über den ganzen indischen Subkontinent auszudehnen, haben ihre Hauptstadt im Norden gehabt. So ist es bis heute geblieben.

Südindische Einfälle in Ceylon (Sri Lanka)

Die Insel Ceylon (Sri Lanka) liegt zu nahe am indischen Subkontinent, als daß ihre Geschichte isoliert hätte verlaufen können. Um die Mitte des 1. Jahrtausends v. Chr. wird die Insel bereits von Nordindern kolonisiert, die eine indoarische Volkssprache sprechen, aus der sich das Singhalesische entwickelt. Als Ureinwohner gelten die Weddas, ein vordravidischer Volksstamm. Unter Kaiser Aśoka (3. Jahrhundert v. Chr.) gelangt der Buddhismus in seiner Hīnayāna-Form nach Ceylon und wird dort zur Staatsreligion. Ceylon wird immer wieder von dravidischen Invasionen heimgesucht. Am folgenschwersten sind die Einfälle der Colas am Anfang des 11. Jahrhunderts, die große Teile der Insel in ihre Gewalt bringen, doch gelingt es den Ceylonesen im 12. Jahrhundert, die Fremdherrschaft der Colas abzuschütteln. Was bleibt, ist der hohe Anteil an Tamilen

Linke Seite: Unter den Pallavas zögernd begonnen, erreichte die Bronzekunst im Cola-Reich ihren Höhepunkt. Dynamisch und beherrscht zugleich erscheint die Bronzefigur des Māṇikka Vāsahar aus dem 13. Jahrhundert. Neu-Delhi, National Museum

Rechts: Unnachahmlich blieb der majestätische Ausdruck der berühmten Cola-Bronzen, wie hier des Yoga-Narasiṁha, mit Gurt in der ṛṣi-Haltung sitzend, eine Mensch-Löwen-Inkarnation aus dem 12. Jahrhundert. Neu-Delhi, National Museum

Man muß wissen, daß es im ganzen Königreich von Malabar keinen Schneider gibt, der angesichts der Blöße seiner Mitmenschen, die das ganze Jahr über nackt gehen, einen Mantel zuschneiden und nähen könnte ...! Allein um der Schicklichkeit willen tragen sie einen Fetzen Tuch, und zwar unterschiedslos Männer und Frauen, Arme und Reiche, ja sogar der König, Sundara-Pāndya, selbst ... Der König geht ebenso bloß wie die übrigen, nur um die Lenden trägt er ein Stück feines Tuch und um den Hals eine Kette von ausschließlich kostbaren Steinen: Rubinen, Saphiren, Smaragden und so weiter, so daß das Kollier wirklich von großem Wert ist ... Was dieser König an Gold und Edelsteinen und Perlen trägt, ist mehr wert, als eine ganze Stadt an Lösegeld aufbringen könnte.

Aus *Il Milione*, dem Reisebericht Marco Polos, aufgezeichnet von Rustichello da Pisa

Es ist ein wüstes und wildes Land, voller Dschungelwälder und Marschland. Seine Bevölkerung ist nicht zahlreich, und Räuberbanden treiben offen ihr Unwesen. Das Klima ist heiß und das Betragen des Volkes liederlich und grausam. Die Männer sind von grimmigem Wesen und hängen häretischen Lehren an. Die Priester sind ebenso schmutzig wie ihre verfallenen Klöster. Es gibt ungefähr zehn Deva-(Hindu-)Tempel und viele Anhänger der häretischen Nirgrantha-(jainistischen) Lehre.

Aus dem Bericht des chinesischen Pilgers Hsüan-tsang über das Cola-Reich

besonders im Norden der Insel. Später werden Einwanderungen von Tamilen das dravidische Element auf Ceylon weiter verstärken.

Nordindien vor dem Einbruch islamischer Völker

Nach Harṣas Tod 647 zerfällt das letzte indische Großreich im Norden. Zahlreiche neue Dynastien treten zwischen Kaschmir und Bengalen in Erscheinung. Von der Mitte des 8. Jahrhunderts bis in das 12. Jahrhundert herrschen die Pālas in Bengalen; sie sind imstande, ihre Macht auch auf Magadha auszudehnen. In ihrem Reich erlebt der Buddhismus seine letzte Entwicklungsphase auf indischem Boden, ehe er dort verlöscht, denn die Pālas fördern neben dem »Großen Fahrzeug« auch das »Diamantfahrzeug« (Vajrayāna). Neben die ehrwürdige Universität von Nālandā treten Otantapurī und Vikramaśilā als neue buddhistische Hochschulen, die gleichfalls hohes Ansehen in der buddhistischen Welt genießen. Otantapurī dient als Vorbild für den Bau des ersten tibetischen Klosters Bsamyas, das 787 vollendet wird. Auch später erhält der Buddhismus in Tibet neue Impulse vom Pāla-Reich. Von hier geht im 11. Jahrhundert Atīśa nach Tibet und verhilft dort dieser Religion zum endgültigen Durchbruch.
In Harṣas alter Hauptstadt Kanauj herrscht im 8. Jahrhundert König Yaśovarman, der als Mäzen eines so berühmten Dichters wie Bhavabhūti bekannt geworden ist. Nach der Rājataranginī, der sogenannten Kaschmirchronik, die Kalhaṇa im 12. Jahrhundert als historische Kunstdichtung verfaßt, wird Yaśovarman vom Kaschmirkönig Lalitāditya unterworfen. Leider ist in dieser Chronik Lalitāditya zum Weltherrscher stilisiert, der sogar in das sagenhafte Land der Amazonen vorgedrungen sei. Solche Angaben machen es schwer, den historischen Kern seiner Feldzüge herauszuschälen, aber der Krieg mit Yaśovarman wird für historisch gehalten.
Im Westen herrschen mit Schwerpunkt in Mālwā (später in Kanauj) die Gūrjara-Pratīhāras. Sie sind ein Bollwerk gegen die Araber, die 711 von Belutschistan in Sind eindringen und weitere indische Gebiete angreifen. Die Machtstellung der Gūrjara-Pratīhāras wird mehrfach von ihren südlichen Nachbarn, den Rāṣṭrakūṭas, ins Wanken gebracht, und Anfang des 10. Jahrhunderts wird Mahīpāla, der jetzt in Kanauj residiert, von ihnen vernichtend geschlagen.
Ehemalige Vasallen der Pratīhāras sind die Chandellas in Bundhelkhand (Zentralindien), deren politische Rolle unbedeutend ist. Berühmt wurden sie aber durch die mit erotischen Skulpturen geschmückten Tempel von Khajurāho. Die Dynastie der Pratīhāras wird wie die der Chauhans, Paramāras, Solankis und anderer, die in dieser Periode in Nordindien herrschen, zu den Rājputen gerechnet. Die

Links: Die kunstvoll gearbeiteten arabischen Inschriftfriese auf dem Qutb-Mīnār wurden von den lokalen Künstlern Delhis mit indischen Blumenranken als Dekor umgeben, ohne dabei stilistisch die islamische Gesamtwirkung zu schwächen.

Rechts: Der 73 m hohe Qutb-Mīnār wurde als Moscheeturm und Siegessäule zugleich auf Befehl des Qutb-ud-dīn Aibak begonnen und 1230 von Iltutmiś vollendet – auf daß ein langer Schatten Gottes über das eroberte Hindu-Reich falle.

Man errichtete sein Zelt am Flußufer, so daß es halb über Wasser reichte, und niemand gab acht, diese Seite gegen die Fidais [Spione der Ismailis] zu schützen. Plötzlich am Mittag, als der Sultan ruhte, tauchten zwei oder drei Inder aus dem Wasser auf, unerwartet wie Feuer stürzten sie ins Zelt, wo er sorglos lag, unbekümmert um den Feind und die Tücken des Schicksals. Sie verwandelten den hellen Tag in schwarze Nacht, indem sie den Soldaten ihren König töteten und ihnen damit den Glanz ihres Lebens nahmen. Wenn der Untergang droht, was nützt dann dem Menschen seine Macht? Und wenn das Glück schwindet, was helfen dann die Heere der Elefanten? Alle Güter und alle Waffen nützen ihm nichts.

Juvaini, Geschichtsschreiber Dschingis Khans, schildert in seiner »Geschichte des Herrn der Welt« die Ermordung des Muhammed von Ghūr

Muhammed hält die Menschen vor allem durch zwei Dinge in Atem: durch Geschenke und durch Blutvergießen. Vor seinem Palast sah man immer einige Arme auf dem Weg zum Reichtum oder einige Leichen von eben Hingerichteten. Weit verbreitet sind die Geschichten, die von seiner Freigebigkeit und seinem Mut, von seiner Grausamkeit und seiner Härte berichten. Dabei ist er der bescheidenste und gerechteste Mensch, den man sich denken kann. Die religiösen Riten werden an seinem Hof genau beachtet, er hält streng an den vorgeschriebenen Gebeten fest und bestraft alle, die sie vernachlässigen. Aber sein hervorstechendster Charakterzug ist seine Freigebigkeit. Bis in weit entfernte Länder, wie den Yemen, Khorassan und Persien, sind die Anekdoten über diesen König gedrungen, und ihre Einwohner kennen ihn gut.

Der Reisende Ibn Batūta berichtet über Muhammed Tughluk

Herkunft dieses Kriegeradels ist umstritten. Wahrscheinlich gehören ihre Vorfahren zur Führungsschicht von Fremdvölkern wie den weißen Hunnen, die sich in Indien durch Blutsmischung mit arischen und vorarischen Stämmen assimiliert haben. Sie selbst sehen sich als Nachfahren der großen Kriegerhelden des Sanskritepos. Ihre Stammbäume leiten sie von der Sonne ab (so ursprünglich in Ayodhyā und Kanauj) oder vom Mond (so ursprünglich in Delhi und Hastināpura), oder sie betrachten sich als solche, deren Ahnherren angeblich auf dem Mount Abu aus dem Feuer entstanden waren. Zu den letztgenannten gehören die Pratīhāras und Chauhans. Nachfahren der Rājputengeschlechter leben heute noch. Bis 1947 regierten die Rājputen als Mahārājas in Jaipur, Jodhpur, Udaipur und anderen Orten von Rājputāna, aus dem der heutige indische Bundesstaat Rājasthān hervorgegangen ist.

Die islamischen Eroberungen

Anders als der Hinduismus und Buddhismus ist der Islam eine Religion, die die Verbreitung der Lehre durch den heiligen Krieg gebietet. Nach dem Tode Mohammeds 632 n. Chr. kommt es zu einem Siegeszug des Islam, der in der Weltgeschichte nicht seinesgleichen hat. Im Jahre 711 wird im Westen Gibraltar erobert, im selben Jahr brechen die Araber in Sind ein. Auch Zentralasien wird islamisiert. Nachdem schon 642 das Sassanidenreich in Persien besiegt wurde, wird der Islam zu den nomadischen Turkvölkern getragen, die östlich des Aralsees bis nach China hinein ansässig sind, seit dem 7. Jahrhundert Reiche gründen und ab dem Jahre 1000 immer neue Einfälle in Indien unternehmen.

Mahmūd von Ghazna (992–1030) ist der erste dieser Türken, die in Indien einfallen, aber seine Hauptstadt bleibt Ghazna im heutigen Afghanistan. Auf seinen Raubzügen dringt er bis Kanauj und Gwalior, aber auch bis auf die Halbinsel Kathiawar vor. Überall plündert er die Tempelschätze und zerstört die Heiligtümer. Die Beute kommt seiner Hauptstadt zugute, die er zu einem kulturellen Mittelpunkt macht. Gelehrte wie Albīrūnī wirken an seinem Hof.

Nach seinem Tod hat Indien noch einmal eine Atempause. In der zweiten Hälfte des 12. Jahrhunderts werden die Herrscher von Ghazna durch ihre Vasallen, die Ghūriden, abgelöst. Muhammed von Ghūr versucht mit Erfolg, sich des nördlichen Indien zu bemächtigen. Sein Vordringen

Links: Dieses Mausoleum (Shish Gumbad) in Delhi aus dem späten 15. Jahrhundert ist ein durchdachter, perfekt ausgewogener Bau, der durch die Klarheit der stereometrischen Verhältnisse und durch ein diffizil gestaltetes Wandrelief besticht.

Rechts: Das Grabmal des Isā Khān, fertiggestellt 1547, ist im Unterschied zur geschlossenen Bauweise älterer indischer Grabbauten umringt von einem offenen Arkadengang. Über dem Arkadengang sitzen acht kleine hinduistische Kuppelpavillons.

eint zwar vorübergehend die sonst sich bekriegenden Hindu-Völker, und es kommt zu einer Hindu-Allianz unter Führung des Chauhan-Königs Prithvīrāj. Diese vornehmlich aus Rājputen bestehende Allianz erringt sogar einen Sieg bei Tarain (Taraori bei Thanesar) an der »Pforte von Delhi«, wird aber im darauffolgenden Jahr 1192 vernichtend geschlagen.

Das Schicksalsjahr 1192

Der Sieg an der »Pforte von Delhi« verhilft dem Islam in Indien endgültig zum Erfolg. Qutb-ud-dīn Aibak, der türkische Sklave Muhammeds von Ghūr, wird als Gouverneur und später Vizekönig in Indien zurückgelassen. Er erobert Delhi, Kanauj, Gwalior und damit bereits ein strategisch wichtiges Territorium für weitere Annektionen. Sein General okkupiert Bihar 1194 und versetzt dem Buddhismus den Todesstoß.

Nach dem Tod Muhammeds von Ghūr 1206 macht sich Aibak zum Sultan von Delhi und begründet die erste Dynastie der Sklavenkönige (1206–1266). Er verunglückt in Lahore beim Polospiel. Auf ihn folgt sein Schwiegersohn Iltutmiś, der Feldzüge bis nach Bengalen und Mālwā führt. In seiner Regierungszeit dringt Dschingis-Khan bis zum Indus vor, zieht sich jedoch nach Ghazna zurück, aber bis 1399 unternehmen die Mongolen immer wieder Raubzüge in Indien. 1303 belagern sie Delhi, wenn auch erfolg-

Die Ungläubigen in diesem Land, die mit besonderer Macht ausgestattet sind, lieben es, ihren Stolz und Reichtum, ihre Macht und ihren Ruhm zur Schau zu stellen, und feiern jedes Jahr ein prächtiges Fest, das sie Mahānavamī nennen, und zwar auf folgende Weise: Der König von Vijayanagar versammelte in seinem Palast seine Edlen und Beamten aus allen Provinzen des Landes, das sich über eine Entfernung von 10 bis 120 Tagereisen erstreckt. Sie brachten an die tausend Elefanten mit – ungestüm wie das Meer und donnernd wie die Gewitterwolken, geschmückt mit Schabracken und mit Haudās, auf denen Gaukler und Naphthawerfer saßen; und auf die Stirnen, Rüssel und Ohren der Elefanten waren mit Zinnober und anderen Farben Bilder und Ornamente gemalt.

Die Heerführer und Beamten jeder Provinz, weise Brahmanen und die dämonengleichen Elefanten versammelten sich zur festgesetzten Zeit am Hof des Herrschers der Welt, nämlich zum Vollmond des Rajab [März], auf einer großen Ebene. Diese wundervolle Fläche der zahllosen Menschen und riesigen Elefanten glich den Wogen der grünen See und den Myriaden, die einst auf der weiten Ebene der Auferstehung erscheinen werden.

Auf diesem herrlichen Platz waren wunderschöne Pavillons aufgebaut, zwei- bis fünfstöckig, von oben bis unten mit Figuren bemalt, wie sie sich die Phantasie nur ausdenken mag: Menschen, wilde Tiere, Vögel, bis herab zu Fliegen und Mücken, alle mit viel Geschmack und großer Feinheit ausgeführt. Einige dieser Pavillons waren drehbar, so daß die verschiedenen Stockwerke und Räume jeden Augenblick einen neuen und fesselnden Anblick boten. Am einen Ende des Platzes war eine herrlich verzierte, neunstöckige Säulenhalle errichtet. Im obersten Stockwerk stand des Königs Thron. Mir hatte man einen Platz im siebenten Stockwerk angewiesen, zu dem nur meine Freunde Zutritt hatten. Zwischen diesem Palast und den Pavillons war ein freier Platz geblieben, auf dem Sängerinnen und Geschichtenerzähler ihre Künste zum besten gaben. Die Sängerinnen waren meist junge Mädchen mit mondgleichen Wangen und Gesichtern, leuchtend wie der Frühling, mit Körpern, die wie Rosenknospen das Herz entzückten, und geschmückt mit wundervollen Gewändern. Sie saßen hinter einem prächtigen Vorhang dem König gegenüber. Plötzlich öffnete sich der Vorhang nach beiden Seiten, und die Mädchen begannen ihre Füße so anmutig zu bewegen, daß die Seele der Zuschauer sich mit Entzücken berauschte und der Verstand sich in alle Winde verlor. Am dritten Tag, als der König im Begriff war, das Fest zu verlassen, wurde ich vor den Thron Seiner Majestät geführt. Das Dach und die Wände des Raumes waren mit Goldplatten bedeckt und mit Edelsteinen eingelegt, jede dieser Platten war so dick wie der Rücken eines Schwertes und mit goldenen Nägeln befestigt. Der riesige Thronsessel war ganz aus Gold und mit herrlichen Edelsteinen eingelegt, eine feine und kunstvolle Arbeit, der man ansah, daß sie an Kunstfertigkeit in anderen Ländern nicht übertroffen werden konnte. Vor dem Thron lag ein Kissen aus Seidenatlas, rundherum mit drei Reihen auserlesener Perlen bestickt. Drei Tage lang saß der König auf diesem Thron, und am Ende des Festes ließ er zur Zeit des Abendgebetes die erwähnte niedrige Person zu sich rufen. Einer der Höflinge fragte mich durch einen Dolmetscher, wie mir die vier schönen gestickten Sofas gefielen, weil er meinte, daß so etwas in unserem Lande sicher nicht gemacht werden könne. Ich erwiderte, daß sie dort bestimmt ebenso schön hergestellt würden, aber daß es nicht Sitte sei. Der König billigte meine Antwort und befahl, daß man mir mehrere Taschen voll Betel mitgeben solle und einige Früchte, die eigens für ihn aufbewahrt worden waren.

Schilderung vom Leben in Vijayanagar,
aus Abdur Razzaqs *Matlaus Sadain*

los, aber 1398 plündert Timur-i-Leng (Tamerlan) diese und andere Städte Nordindiens, ehe er 1399 nach Zentralasien zurückkehrt.
Diese Mongoleneinfälle fügen weiten Gebieten Nordindiens schweren Schaden zu. Dort hat sich der Islam durchgesetzt und herrscht über eine Hindu-Bevölkerung, ohne deren Unterstützung er sich nicht an der Macht gehalten hätte. Freilich ist der Islam eine Religion, die jede Vermischung mit anderen Religionen verbietet. Anders als die Griechen, Saken oder weißen Hunnen, die rasch fremde Glaubenslehren amalgamierten und von den Indern assimiliert wurden, kapseln sich die Muslime ab. Hierin sind sie vergleichbar mit den Ariern, die sich von der vorarischen Bevölkerung abschlossen. Zu Rassenmischungen kommt es allerdings in beiden Fällen, und bei den Muslimen ist die Heirat mit hochadligen Inderinnen sogar Teil der Eroberungspolitik.
Bis zur Gründung des Mogulreiches 1526 folgen in Delhi mehrere muslimische Dynastien und viele Sultane aufeinander. Von 1266 bis 1290 regiert die zweite Dynastie der Sklavenkönige, 1290–1320 die Khaljī-Dynastie, 1320–1413 die Tughluk-Dynastie, 1414–51 die Sayyiden-Dynastie und 1451–1526 die Lodhī-Dynastie.
Zu den erfolreichsten Herrschern dieser Dynastien zählt Alā-ud-dīn Khaljī. Zu seinen Eroberungen gehörten Gujarāt, Mālwā und Fürstentümer der Rājputen. Er vermag die Rājputenfestung Chitor 1303 einzunehmen, die sich heldenhaft verteidigt. Sein Heer dringt sogar bis Südindien vor und macht sich Hoysalas und Pāṇḍyas tributpflichtig.
Aus der Reihe der vielen muslimischen Herrscher von Delhi ragt noch ein anderer Türke heraus: Muhammed Tughluk, in dessen Charakterbild sich auf bizarre Weise Kunstsinn, Frömmigkeit und Grausamkeit mischen. Er wird mehr berüchtigt als berühmt durch die Verlegung der Hauptstadt von Delhi nach Deogir, das er in Daulatābād umbenennt. Die ganze Bevölkerung Delhis muß den tausend Kilometer langen Marsch in die neue Hauptstadt antreten, wobei sehr viele umkommen. Bald darauf wird Delhi wieder zur Hauptstadt, da sich die Lage von Daulatābād als strategisch ungünstig für das Reich erweist. Ein anderer Fehlschlag ist sein Feldzug 1337/38 gegen China, der schon in den Bergen des Himalaja scheitert und den Abfall Bengalens auslöst. Gegen Ende des 14. Jahrhunderts beginnt das Delhi-Reich zu zerbröckeln, und die Rājputen und andere Fürsten machen sich unabhängig. Ein Sprichwort aus dieser Zeit verdeutlicht satirisch den Machtschwund: »Die Herrschaft des Herrn der Welt reicht von Delhi bis Palam« (Palam ist heute der Flughafen von Neu-Delhi!).
Jedoch unter den afghanischen Lodhīs, deren Gräber in Delhi als eindrucksvolle architektonische Zeugnisse erhalten geblieben sind, erneuert sich das Reich von Delhi am Vorabend der Mogulherrschaft und erstreckt sich vom Panjab bis nach Bihar im Osten und Gwalior im Süden.

Das Hindu-Reich von Vijayanagar (1336–1565)

Südlich an das Delhi-Reich grenzt ein anderer muslimischer Staat, der von 1347 bis Anfang des 16. Jahrhunderts unter der Bahmanī-Dynastie über den Dekkan herrscht. Damit werden der Norden und der Dekkan von Muslimen regiert, aber die große Masse der Bevölkerung besteht aus Hindus, die ihre Traditionen fortsetzen. Besonders den Rājputen gelingt es, sich ein gewisses Maß an Eigenständigkeit zu erhalten und wiederholt das muslimische Joch abzuschütteln.

Es gibt jedoch noch zwei große Reiche, in denen indische Dynastien regieren und der Hindu-Glaube Staatsreligion bleibt. Das eine dieser Bollwerke gegen den Islam ist Orissa, wo sich bis ins 16. Jahrhundert indische Dynastien behaupten können und der Gott Viṣṇu im großen Jagannāth-Tempel in Puri (der Tempelbau begann 1135) eine besondere Verehrung genießt.

Das andere, weit bekanntere Bollwerk bildet Vijayanagar (»Siegesstadt«). Vijayanagar, am Südufer der Tungabhadrā von zwei Brüdern umstrittener Herkunft gegründet, wird zur Hauptstadt des gleichnamigen Königreiches, das binnen weniger Jahrzehnte die Oberhoheit über Südindien südlich der nach Osten fließenden Kṛṣṇā (Kistnā) und ihres Nebenflusses Tungabhadrā erringt und damit ein größeres Territorium beherrscht als vordem das Cola-Reich. Das Bahmanī-Reich ist als nördlicher Grenznachbar der Hauptfeind des neues Staates, mit dem es wiederholt

Als nächstes unternahm der Sultan Schritte, künftig Aufstände zu verhindern. Erst legte er seine Hand auf das Eigentum. Wo sich ein Dorf in Privatbesitz befand, fiel es durch einen Federstrich an den Staat zurück. Das Volk wurde unterdrückt und mit Strafen belegt, und jeder Vorwand war recht, Geld aus ihm herauszupressen. Alle Renten, Landschenkungen und Stiftungen wurden liquidiert. Auf diese Weise hatte das Volk so hart um seinen Lebensunterhalt zu kämpfen, daß es an Rebellion gar nicht denken konnte. Ferner baute der König ein ausgeklügeltes Spionagesystem auf, so daß nichts, weder Gutes noch Böses, vor ihm verborgen blieb. Niemand konnte sich ohne sein Wissen rühren, und nichts geschah in den Häusern der Adligen und Beamten, von dem er durch seine Spione nicht erfuhr. Die Bespitzelung nahm solche Formen an, daß die Adligen sogar in den riesigen Sälen des Palastes nicht laut zu sprechen wagten, sondern sich nur durch Zeichen verständigten. In ihren eigenen Häusern, bei Tag und bei Nacht, zitterten sie vor den Spionen des Königs. Was auf den Märkten vor sich ging, wurde kontrolliert und weiterberichtet.
Und schließlich verbot er den Genuß und Verkauf von Wein, Bier und Rauschgift, auch das Würfeln war nicht erlaubt. Der König selbst gab alle Trinkgelage auf. Leute, die etwas auf sich hielten, folgten sofort seinem Beispiel, aber die Taugenichtse brauten weiterhin Wein und Schnaps und versteckten die Lederschläuche unter Heufudern oder Feuerholz und erfanden mannigfaltige Schliche, den Alkohol in die Stadt zu schmuggeln. Aufseher, Torhüter und Spitzel waren eifrig bemüht, dem Treiben Einhalt zu gebieten, und wenn sie einen der Schmuggler ergriffen, konfiszierten sie den Wein und gaben ihn den Elefanten zu trinken, die Schmuggler, Händler und Käufer wurden ausgepeitscht und erhielten eine kurze Freiheitsstrafe. Es waren ihrer aber so viele, daß man außerhalb des großen Marktes am Tor Höhlen für sie graben mußte, um sie einzusperren, und viele der Zecher starben an den Folgen der strengen Haft oder wurden halbtot entlassen und brauchten lange Zeit, bis sie ihre Gesundheit wiedererlangten.

Aus einem Bericht des moslemischen Geschichtsschreibers Baranī
über die Herrschaft Alā-ud-dīn Khaljīs

Vorhergehende Doppelseite: Das Grabmal des Śer Śāh Sūrī, erbaut von dem Architekten Aliwāl Hān um 1545 in Sasaram, zeigt die kraftvolle Weiterentwicklung der an den Lodhī-Grabmälern entwikkelten Bautradition: In einem künstlichen See gelegen, sind die Eckpfeiler des Baus nicht mehr wie beim Grabmal des Isā Khān geböscht, auch sind die Pavillonaufbauten nun zahlreicher und aufwendiger. Die früher farbige Fassung ist leider verloren.

Linke Seite: Im Diwān-Khānā-Pavillon in der ummauerten Zenānā von Vijayanagara sind nord- und südindische Bauformen zur Synthese gebracht.

Oben: Die monumentalen Portalbauten (gopuram) *und Säulenhallen* (maṇḍapa) *der Tempelanlagen in Vijayanagara (Hampī) künden noch heute von der Macht des Hindu-Reiches von Vijayanagara, das lange Zeit den mohammedanischen Angriffen standhielt.*

zu Kriegen kommt. Verschiedene Dynastien folgen in Vijayanagar aufeinander. Anfangs wird Śiva verehrt, später setzt sich der Viṣṇu-Glaube durch. Als bedeutendster Herrscher gilt Kṛṣṇa Deva Rāya (1509–1529). Er ist nicht nur ein großer Feldherr, der sogar Orissa besiegt und es tributpflichtig macht, sondern auch ein großer Bauherr, der viele Tempelbauten finanziert.

Die Sanskritkultur genießt in Vijayanagar besonderes Ansehen. Gegen Ende des 14. Jahrhunderts wirken hier zwei berühmte Sanskritgelehrte: Sāyaṇa, der den Ṛgveda kommentiert, und sein Bruder Mādhava, der ein Vedānta-Philosoph ist. Neben dem Sanskrit pflegt man auch die dravidischen Sprachen, besonders das Telugu. Die Rituale der Hindu-Religion werden genau durchgeführt, und Tieropfer sind allgemein verbreitet.

Ausländische Reisende unterrichten anschaulich über die Hauptstadt. Es kommen und berichten der Italiener Niccolò Conti (1420), Abdur Razzaq aus Herat (1443) und der Portugiese Domingo Paes (1552). Seit der Landung Vasco da Gamas in Calicut 1498 haben die Portugiesen an der Malabarküste Fuß gefaßt und 1510 Goa erworben – mit Duldung von Vijayanagar, denn dieses Reich profitiert vom Handel mit den Portugiesen und bezieht von ihnen auch Kriegspferde und Feuerwaffen. Der Portugiese Paes beschreibt die Größe und Schönheit der Hauptstadt, die er mit Rom vergleicht. »Die Menschen dieser Stadt sind nicht zu zählen. Es sind so viele, daß ich keine Zahl niederschreiben möchte, aber ich versichere, daß keine Truppe zu Pferd oder zu Fuß, sich durch irgendeine Straße oder Gasse ihren Weg bahnen könnte, so viele sind der Menschen und Elefanten.«

Alle Berichterstatter sind sich einig über die große militärische Stärke des Reiches, doch gegen die muslimische Gefahr aus dem Norden kann auch Vijayanagar sich auf Dauer nicht behaupten. Als das Bahmanī-Reich am Anfang des 16. Jahrhunderts zerfällt, entstehen die Dekkansultanate als Nachfolgestaaten. Als diese ihre internen Streitigkeiten beilegen und sich zu einer Allianz zusammenschließen, erringen sie über die große Armee von Vijayanagar in der Schlacht von Tālikota 1565 einen entscheidenden Sieg. Vijayanagar, die »Siegesstadt«, wird geplündert und zerstört, und damit hat eine der größten Metropolen der Welt für immer zu bestehen aufgehört.

Oben: Akbar, der sicher bedeutendste Mogulherrscher, ist auf dieser Miniatur in der ersten der drei Bildnisreihen ganz rechts dargestellt. Links daneben sein Vater Humāyūn. In der zweiten Reihe ganz rechts Akbars Sohn Jahāngīr, daneben Šāh Jahān. Berlin, Museum für Indische Kunst

Rechts: An der Wirkungsstätte des mohammedanischen Heiligen Shaikh Chishtī Salīm, dessen Rat Kaiser Akbar über Jahre hinweg gesucht haben soll, ließ Akbar ab 1569 seine neue Hauptstadt Fatḥpūr Sīkrī errichten, die allerdings bereits fünfzehn Jahre später, angeblich wegen Wassermangels, wieder aufgegeben wurde.

Das Mogulreich

Baber (1526–1530)

Eine der eindrucksvollsten Epochen der indischen Geschichte, vielleicht sogar der Weltgeschichte, ist mit der Dynastie der Mogulkaiser verknüpft. Das Wort Mogul beziehungsweise Großmogul wurde wohl zuerst von den Portugiesen geprägt *(o grão Mogor)*, um auf den mongolischen Ursprung der Dynastie anzuspielen. In den Adern Babers, der 1526 die Dynastie begründet, floß das Blut Dschingis-Khans und Timur-i-Lengs (Tamerlans), dennoch ist Baber türkisiert, und Tschagatai-Türkisch ist die Sprache seiner Memoiren. Die persische Kultur hat ihn geprägt, und seine Nachfolger bedienen sich des Persischen. Die Mogulkaiser bezeichnen sich selbst als Šāh (oder Pādšāh), nicht als Großmoguln, denn die Mongolen sind zwar mit den Türken entfernt verwandt, doch betrachtet man sie mit einer gewissen Distanz, so wie Engländer über Schotten reden. Baber ist durch die Usbeken aus seinem Stammland in Ferghana und aus Samarkand vertrieben worden und residiert in Kabul. Von hier zieht er nach Indien, wobei er vermeintliche, von Timur-i-Leng abgeleitete Rechte geltend macht. Bei Pānīpat an der »Pforte von Delhi« besiegt er mit nur 12 000 Soldaten das viel größere Heer der Lodhīs von Delhi, indem er zum erstenmal in der nordindischen Geschichte Kanonen und Gewehre als kriegsentscheidende Waffen einzusetzen versteht. Baber zieht in Delhi ein, macht aber Agra zu seiner neuen Hauptstadt. Die neuen Feuerwaffen ermöglichen ihm auch einen Sieg über die Rājputen, die ihm 1527 bei Khanua westlich von Agra eine Schlacht liefern.

Schon 1530 stirbt Baber als erfolgreicher Eroberer in Indien, das er in seinen Memoiren »ein heißes, häßliches Land« nennt.

Humāyūn (1530–1540 und 1555/56)

Nach zehn Regierungsjahren vertreibt der Statthalter von Bihar Babers Sohn Humāyūn. Dieser Statthalter namens Sher Šāh wird nun Herr über Nordindien, und er und seine Nachfolger hätten es bei größerem Glück in der Hand gehabt, Babers Reichsgründung als kurzlebige Episode der indischen Geschichte abzutun und statt der Mogulkaiser die nächsten Jahrhunderte über Indien zu herrschen. Doch die Nachfolger vermögen sich nicht zu behaupten, und die administrativen Leistungen Sher Šāhs, etwa auf dem Gebiet des Straßenbaus, kommen letztlich den Mogulkaisern zugute. Humāyūn hatte beim Perserkönig Tahmasp Šāh politisches Asyl gefunden, und persische Truppen ermöglichen ihm die Wiedergewinnung des väterlichen Erbes. Ein Jahr danach stirbt er, doch das eine Jahr bedeutet den Triumph der Großmoguln, und die fünfzehnjährige Herrschaft Sher Šāhs und seiner Nachfolger wird dadurch zu einem bloßen Intermezzo.

Akbar (1556–1605)

Humāyūns Sohn ist dreizehn Jahre alt, als er den Thron besteigt, großgeworden in den Entbehrungen und Fährnissen des Exils: keine schlechte Lebensschule für den größten der Großmoguln, für Akbar, der in seiner Regierungszeit den Glanz und die Größe des Mogulreiches

Mein Vater hat stets Gelehrte aller Bekenntnisse um sich gehabt, besonders Pandits [hinduistischer Gelehrtentitel] und indische Weise, so daß er, obgleich er selbst ungelehrt und unbelesen war, durch lange Gespräche mit ihnen doch in viele Dinge Einblick erhielt und mit den Feinheiten von Poesie und Prosa so vertraut wurde, daß ihm niemand diesen Mangel anmerken konnte. Er war von mittlerer Statur, aber eher groß als untersetzt zu nennen, sein Haar hatte die Farbe des Weizens, Augen und Augenbrauen aber waren schwarz, seine Hautfarbe ziemlich dunkel … Auf der linken Seite seiner Nase hatte er ein hübsches, halb erbsengroßes Muttermal. Leute, die in der Wissenschaft der Physiognomik bewandert sind, sahen in diesem Mal das Zeichen großen Reichtums und Glücks. Er sprach stets mit lauter Stimme und in ausdrucksvollen Worten. In allen seinen Bewegungen und Handlungen war etwas, das ihn vor den andern auszeichnete, man könnte sagen, daß sich in ihm die schöpferische Kraft Gottes offenbarte. Ungeachtet seiner kaiserlichen Würde, seiner Schätze und seines Reichtums an Schlachtelefanten und arabischen Pferden wich er nie um Haaresbreite von der Ehrerbietung Gott gegenüber ab und vergaß ihn nie auch nur einen Augenblick. Er hielt sich stets an die guten Menschen jeder Rasse und jeden Glaubens und erwies sich allen gnädig gemäß ihrer Stellung und ihrem Wissen. Er durchwachte seine Nächte und schlief nur wenig am Tage; die längste Zeit, die er während eines Tages und einer Nacht ruhte, war einundeinehalbe Nachtwache [eine Nachtwache entspricht zwei Stunden]. Er betrachtete diese nächtlich verbrachte Zeit als seinem Leben hinzugefügt. Mutig und kühn, schreckte er nicht davor zurück, wütende und brünstige Elefanten zu besteigen, und brachte sogar bösartige Bullen, die ihre eigenen Kühe nicht an sich heranließen, wieder zum Gehorsam. Mit dem asketischen Vorbild meines verehrten Vaters vor Augen, wagte niemand Fleisch zu essen, wenn er es nicht tat: Während dreier Monate des Jahres erlaubte er sich den Fleischgenuß, während der übrigen ernährte er sich wie ein Sufi [islamischer Asket].

Jahāngīr über seinen Vater Akbar

Linke Seite: In der Palaststadt Fathpūr Sīkrī ersetzen Terrassen auf einzelnen Gebäuden die Straßen. Die zum Teil zweistöckigen Paläste sind typisch für die mit Hindu-Elementen durchsetzte frühe Mogulkunst.

Oben: Die aus rotem Sandstein errichteten Bauwerke von Fathpūr Sīkrī mit ihren nebeneinander verwendeten islamischen und hinduistischen Stilelementen spiegeln die Absicht Akbars wieder, die beiden Völkergruppen kulturell zu integrieren.

Folgende Doppelseite: Die auf einem flachen Hügel Ende des 17. Jahrhunderts errichtete und rundum befestigte Palastanlage von Amber zeugt in ihrer imposanten Ausdehnung von der Macht der Rājputāna-Fürsten.

Akbar besaß einen rasch aufnehmenden und urteilenden Geist und ein gesundes Rechtsempfinden, er war klug, freundlich und freigebig und verband mit diesen Eigenschaften noch den Mut eines unerschrockenen, großer Unternehmen fähigen Mannes. Er konnte leutselig und heiter sein, ohne dabei etwas von seiner kaiserlichen Würde einzubüßen. Er erkannte Tugend an und war allen Fremden wohlgeneigt, vor allem Christen, von denen er immer einige um sich haben wollte. Aufgeschlossen und wißbegierig, besaß er ein eingehendes Wissen nicht nur militärischer und politischer, sondern auch technischer Dinge. Besonders gern sah er dem Gießen von Geschützteilen zu und beschäftigte sogar in seinem Palast dauernd Arbeiter, die Kanonen und Waffen verschiedenster Art herstellten.
Doch nicht genug mit diesen mechanischen Kenntnissen, er wußte auch genau über die Gesetze vieler religiöser Sekten Bescheid, deren Studium er sich besonders gewidmet hatte.

Aus Pierre du Jarric, »Geschichte bemerkenswerter Dinge, die sich in Ostindien und den von Portugiesen entdeckten Ländern zugetragen haben«

begründet. Militärisch unterwirft er in einer langen Reihe von Feldzügen Nordindien von Gujarāt im äußersten Westen bis Bengalen. Akbar vermag sich auch gegen die Rājputen durchzusetzen. Er erobert nach viermonatiger Belagerung die Festung Chitor (heute im südlichen Rājasthān), die nicht kapituliert: Die Männer suchen den Tod in einem verzweifelten Ausfall, Frauen und Kinder werden in der Festung verbrannt. Die Schande, daß sie in die Hände des Feindes fielen, wäre zu groß. Dieser *jauhar* genannte Todeskampf einer Festung ist in den Kämpfen der Rājputen gegen die Muslime mehrfach bezeugt.
Andererseits versteht Akbar, die Rājputen von Amber mit friedlichen Mitteln an sich zu binden, indem er eine Prinzessin von Amber als Gattin in seinen Harem aufnimmt. Hier verrät sich das diplomatische Geschick des Kaisers, der auch in Fragen der Religion »allgemeine Toleranz« (Sulh-i-kull) durchzusetzen bestrebt ist. Er wird zum Schöpfer des »Göttlichen Glaubens« (Dīn ilāhī), einer eklektizistischen neuen Lehre, in der sich Hindu-Mystik und persisischer Sufismus verbinden und die den Gegensatz der Glaubensbekenntnisse überbrücken soll. Wie vor ihm im 3. Jahrhundert v. Chr. Kaiser Aśoka den Versuch gemacht hatte, die am Buddhismus orientierte sittliche Ordnung des *Dhamma* zum religionsverbindenden Bekenntnis zu erheben, so läßt sich bei Akbar eine ähnliche Absicht erkennen. Er will durch seine neue Lehre der Toleranz alle Untertanen fest in sein Reich integrieren.

Auch durch Verwaltungsreformen sucht Akbar seinem Reich die größtmögliche Stabilität zu geben. Schon in den muslimischen Dynastien vor den Mogulkaisern hatte sich das Lehenswesen herausgebildet: Die Adligen erhielten Lehen *(jāgīr)* und stellten dem Herrscher eine bestimmte Zahl von Soldaten. Gegen dieses Lehenswesen waren bereits einzelne Herrscher aufgetreten. Sie hatten die Feudalherren zu besoldeten Beamten degradiert oder verjagt und die Lehen in Kronländer verwandelt. Auch Akbars Reformen zeigen diese Tendenz. Zwar erhalten die Beamten feudale Ränge, insgesamt dreiunddreißig, vom Befehlshaber über zehn Reiter bis zum Befehlshaber über zehntausend Reiter, doch werden diese Befehlshaber direkt vom Kaiser besoldet, und ihre Ämter sind nicht erblich. Selbst der Hofdichter Faisal ist der Hofrangliste nach Befehlshaber über vierhundert Reiter.

Der zentralistischen Straffung der Verwaltung dient auch die Unterteilung des Reiches in Provinzen, Distrikte und Subdistrikte, die seinen Beamten, nicht aber Feudalherren unterstehen. An dieser Reorganisation ist Akbars Minister Todar Mall entscheidend beteiligt. Dieser Minister ist ein Hindu, was ebenso wie die Abschaffung der Kopfsteuer für Hindus, die die Muslime in Indien eingeführt hatten, deutlich zeigt, wie ernst dieser Großmogul die Aussöhnung der muslimischen und der hinduistischen Religion meint.

In der Nähe von Agra schafft sich Akbar eine neue Hauptstadt: Fatḥpūr Sīkrī, die er nach fünfzehn Regierungsjahren wieder aufgibt – waren Schwierigkeiten mit der Wasserversorgung der einzige Grund? – und die heute fast noch genauso erhalten ist, wie der Kaiser sie verlassen hatte. Nach seinem Sieg über Gujarāt läßt er am Hohen Tor der Moschee die Inschrift anbringen:

Isā [Jesus], dem Frieden sei, sagte: Die Welt ist eine Brücke. Geh darüber hin, aber bau kein Haus darauf. Die Welt währt nur eine Stunde, verbring sie in Andacht.

Als Akbar diese Zeilen auswählte, ist er wohl etwa dreißig Jahre alt, nähert sich dem Zenit seines irdischen Ruhmes, dessen Nichtigkeit er gleichwohl durchschaut. Anderen Religionen steht er aufgeschlossen gegenüber. Er empfängt sogar Jesuiten, läßt sich allerdings zu ihrer Enttäuschung nicht bekehren. Durch Miniaturen aus der Mogulzeit ist Akbars Aussehen überliefert. Er trägt einen Schnurrbart und keinen Kinnbart. Nur sein Sohn Jahāngīr folgt dieser Barttracht. Die anderen Großmoguln tragen den Kinnbart, wie ihn der orthodoxe Islam vorschreibt. Oft sehen wir ihn auch in knöchellangen Hosen mit einem Überrock sowie einem Turban als modische Konzession an das indische Ambiente. Eine Miniatur zeigt Jahāngīr, wie er das Porträt seines Vaters betrachtet. Jahāngīr hatte einige Jahre vor dem Tod seines Vaters zu rebellieren versucht, konnte aber durch Akbar wieder zur Botmäßigkeit gezwungen werden. Aus den Zügen Jahāngīrs spricht Nachdenklichkeit, sogar Reue.

Links: auf einem 3 km langen und 90 m über die Stadt aufragenden Sandsteinfelsen ließ Rāja Mān Singh (1486–1516) die imposante vieltürmige Festung von Gwalior errichten, deren Anlage dem etwa gleichzeitigen Fort von Agra vergleichbar ist.

Rechts: Die Palastfestung von Jodhpur aus dem 17. Jahrhundert, die sich auf dem Burgberg über eine Länge von mehreren hundert Metern erstreckt, ist ein unregelmäßiger Stufenbau mit charakteristischen Details wie Zackenbogen und Zwölfkantsäulen.

Schon früh bei Tagesanbruch betet er als erstes, das Gesicht westwärts gewendet, seinen Rosenkranz. Wenn er sich in Agra aufhält, geschieht dies in einem hübschen kleinen Privatgemacht, in dem auf einem schönen Jettstein zwei in Stein gravierte Darstellungen der Madonna und Christi stehen. Nach der Andacht zeigt er sich dem Volk und nimmt dessen »Salaam«- und »Guten-Morgen«-Grüße entgegen, eine Zeremonie, zu der sich täglich eine große Menschenmenge einfindet. Danach schläft er nochmals zwei Stunden, speist dann und verbringt einige Zeit mit seinen Frauen. Mittags zeigt er sich wieder dem Volk und schaut bis drei Uhr sportlichen Übungen und Tierkämpfen zu. Um drei Uhr versammeln sich alle seine Edlen bei ihm, und der Kaiser gewährt eine öffentliche Audienz.
Anschließend begibt sich der Kaiser wieder in sein Privatkabinett zum Gebet, worauf ihm ein Mahl gebracht wird, das aus vier bis fünf Sorten schön angerichteten gebratenen Fleisches besteht, von dem er mit einem kräftigen Trunk ein wenig zu sich nimmt. In einem anderen Privatgemach, zu dem niemand ohne seinen ausdrücklichen Befehl Zutritt hat, trinkt er weitere drei Becher und raucht Opium. Dann legt er sich zur Ruhe. Nach zwei Stunden weckt man ihn und bringt ihm sein Abendbrot, das er aber nicht allein zu sich nehmen kann; man muß ihm die Bissen einzeln in den Mund schieben. Und dann schläft er wieder den Rest der Nacht.

Der Engländer William Hawkins
schildert den Tagesablauf Kaiser Jahāngīrs

Jahāngīr (1605–1627)

Dieser Großmogul stammt aus Akbars Ehe mit einer Prinzessin von Amber, hat also schon zur Hälfte indisches Blut in seinen Adern. Sein Kriegsglück ist wechselnd. Er ist der Sohn des großen Vaters, der Sinn für die Feinheiten der Miniaturmalerei hat und schöne Gärten in Śrīnagar, der Sommerresidenz in Kaschmir, anlegt, aber auch die Neigung zeigt, Opiumträumereien ernsten Regierungsgeschäften vorzuziehen. Seiner persischen Gattin Nūr Jahān wird großer Einfluß auf seine Politik zugeschrieben. Anders als sein Vater vertritt Jahāngīr wieder die Sache des Islam, gestattet aber den Bau von Hindu-Tempeln und die Missionstätigkeit der Jesuiten. Er empfängt den Abgesandten König Jakobs I. von England, Sir Thomas Roe, und genehmigt Handelskonzessionen für die 1600 gegründete englische Ostindische Kompanie. Ganz intransigent indessen verhält sich Jahāngīr zur neuen Sekte der Sikhs.

Die Sikhs

Guru Nānak (1469 – 1538), der die Sekte der Sikhs (Schüler) im Panjab gründet, fußt auf der Lehre von der Gottesliebe *(bhakti)* des indischen Mystikers Kabīr. Nānak verkündet die bilderfreie Verehrung des *einen* Gottes und sucht damit Islam und Hinduismus zu amalgamieren. Er leugnet aber nicht nur die heiligen Schriften der Hindus, sondern auch den Koran. Damit ist er für den Islam ein Dissident, und seine Lehre könnte dem Islam gefährlich werden. Wie oft in der Geschichte der Religionen erweist sich hier der Grundsatz, daß Dissidenten verfolgt werden müssen, Andersgläubige aber toleriert werden können. Die Führung der Sekte geht von einem Guru (Lehrer) auf den folgenden über. Arjun, der fünfte Guru, läßt das heilige Buch der Sikhs, den Ādi Granth, zusammenstellen, der später, im Goldenen Tempel in Amritsar aufbewahrt, zum zentralen Kultgegenstand dieser Gemeinde wird. Jahāngīr bezichtigt Arjun der Unterstützung eines Verschwörers und läßt ihn töten. Den neunten Guru läßt der Mogulkaiser Aurangzeb enthaupten, weil er sich weigert, zum Islam überzutreten. An der Hinrichtungsstelle in der Chandni Chowk in Delhi befindet sich heute ein Sikh-Heiligtum. Mit solchen Maßnahmen haben die Mogulkaiser nur Märtyrer geschaffen.
Der zehnte Guru schließt die Sikhs zu einem militanten Kampfbund zusammen. Jeder Sikh erhält nun den Beinamen Singh (Löwe), trägt ein Schwert und einen eisernen Armreif. Auch darf er sich nicht die Haare schneiden. Ihre militärische Kampfkraft ermöglicht es den Sikhs, im Laufe des 18. Jahrhunderts im Panjab ein eigenes Reich aufzubauen, das nach dem Tod des berühmten Sikh-Herrschers Ranjit Singh 1839 allerdings bald in britischen Besitz übergeht. Die Sikhs erweisen sich als tapfere Soldaten in der britischen Armee und in der Armee des modernen Indien.

Für das Indien von heute sind die Unabhängigkeitsbestrebungen der Sikhs zu einem schwerwiegenden Problem geworden.

Šāh Jahān (1628–1658)

Jahāngīrs Sohn Šāh Jahān, der vierte der Großmogulen, hat sich den Ruf des größten Bauherren der indischen Geschichte erworben, und dieser Ruf überstrahlt glanzvoll seine Ruchlosigkeit in den Augen der Nachwelt.
Um sich die Thronfolge zu sichern, gibt er den Befehl, alle männlichen Verwandten zu ermorden. Militärisch ist er auf dem Dekkan erfolgreich, aber in Afghanistan muß er Niederlagen gegen die Perser hinnehmen. In Delhi, das er zur neuen Hauptstadt macht, läßt er das Rote Fort und die Große Moschee erbauen. In dem aus rotem Sandstein erbauten Fort findet man einzelne Hallen aus weißem Marmor, die durch gezackte Bögen nach außen geöffnet sind. In der privaten Audienzhalle (Diwān-i-Khās) stand der berühmte Pfauenthron, den aber Nādir Šāh nach Persien entführte, als er 1739 einen Raubzug nach Delhi unternahm. Hier findet sich die persische Inschrift: »Wenn es ein Paradies auf Erden gibt, so ist es hier, so ist es hier.« Man kann sich auf Erden die Hölle ohne Paradies vorstellen, schwerlich ein Paradies ohne Hölle. Sie ist nicht weit entfernt: In den tiefen Gewölben unter den marmornen Palästen schmachteten die Feinde der Krone.
Das meistbewunderte Bauwerk Indiens ist der Tāj Maḥall, den Šāh Jahān als Grabmal für seine nach der Geburt des vierzehnten Kindes verstorbene Gattin erbauen läßt. Die Kosten des in zwanzigjähriger Arbeit errichteten Baus steigen schließlich von veranschlagten drei Millionen Rupien (das entsprach dem Jahreseinkommen von 30 Dörfern) auf das Zehnfache. Man sollte die hohen Ausgaben aber nicht tadeln, sie sind längst amortisiert auf eine Weise, die der Erbauer allerdings nie gewollt hat: durch den Tourismus. Außerdem haben andere Herrscher weit größere Summen in die Rüstung und in Kriege investiert, ohne daß

Jai Singh II., Gründer der Stadt Jaipur (1727), war nicht nur als militärischer Führer anerkannt, sondern galt auch als ernstzunehmender Wissenschaftler. Vom Großmogul Mohammed Šāh erhielt er den Auftrag, den indischen Kalender zu revidieren, und 1734 ließ er sich das hier in einigen Instrumenten abgebildete Freiluftobservatorium errichten, mit dem er erhoffte, zu astronomischen Meßergebnissen von höchster Präzision zu gelangen.

die Nachwelt sie mit besonderem Tadel bedacht hätte. Es ist ungewiß, was die großen Grabbauer und großartig Bestatteten seit den Tagen eines Ramses und Mausolos von jenem prachtvollen Rahmen nach dem Tod erhofften. Man weiß nur, daß sie erreicht haben, was ihnen irrelevant erschien: daß je und je Menschen späterer Generationen romantisch bewegt werden von dem formvollendeten Versuch, einem Erdenleben überzeitliche Dauer zu verleihen. Die letzten Lebensjahre muß Šāh Jahān als Gefangener seines Sohnes Aurangzeb im Roten Fort in Agra verbringen, und über die Flußbiegung kann er in der Ferne schemenhaft das Grabmal seiner geliebten Frau erblicken.

Aurangzeb (1658–1707)

Als im Jahre 1657 Šāh Jahān schwer erkrankt, kommt es zu einem Machtkampf unter seinen vier Söhnen, aus dem Aurangzeb als Sieger hervorgeht. 1658 besteigt er den Thron, erst acht Jahre später stirbt sein Vater. Aurangzeb ist der letzte der großen Mogulkaiser, und seine Regierungszeit ist mit fast fünfzig Jahren die längste. Wie sein Vater und sein Großvater hat er sich durch Brudermord den Weg zum Thron gebahnt. »Thron oder Bahre« heißt in dieser Dynastie die Alternative. Mit diesem Spruch wird ein Tatbestand umrissen, der nicht nur für die Geschichte dieses Herrscherhauses bezeichnend ist.
Aurangzeb erweist sich als orthodoxer Muslim, der jeden Kompromiß ablehnt und einen muslimischen Einheitsstaat schaffen will. Er führt die Kopfsteuer für Hindus wieder ein, sucht sie aus der Verwaltung zu drängen und zerstört viele Hindu-Tempel, unter anderem in Benares und Mathurā. Hatte Akbar es vorzüglich verstanden, sich die

Links: Im Mittelpunkt dieser auf Elfenbein ausgeführten Miniaturmalerei mit im Oval angeordneten Vignetten, ist Benares mit der Moschee Kurungzebes, eines Sohnes Šāh Jahāns zu sehen. Sammlung Xaveria Berger

Rechts: Der »Palast der Winde« in Jaipur gilt als eines der großartigsten Rājputāna-Bauwerke. Durch die Fensteröffnungen dieses Fassadenbaus konnten die Haremsfrauen Umzüge und Prozessionen beobachten.

Rājputen als treue Stützen seiner Herrschaft zu sichern, so provozierte jetzt Aurangzeb durch seine hindufeindliche Politik deren Widerstand. Zwar kann er Jodhpur (Mārwār) erobern, doch hat er sich aus Vasallen erbitterte Feinde geschaffen, die sich nach seinem Tod unabhängig machen und bis 1947 als Fürsten in Rājputāna regieren.
Aurangzeb ist erfolgreicher im Nordosten, Assam wird tributpflichtig, und im Süden erobert er die Dekkan-Sultanate Bījāpur und Golkonda. Damit erhält das Mogulreich seine größte territoriale Ausdehnung, aber die inneren Bedrohungen nehmen zu. Im Raum von Mathurā muß er Aufstände niederschlagen und im Süden ist eine neue Hindu-Macht im Entstehen, die zum Verfall des Mogulreiches entscheidend beitragen wird: die Marāthen.

Die Marāthen

Der heutige indische Bundesstaat Mahārāṣṭra wird zum größten Teil von Marāthen bewohnt, die die indoarische Sprache Marāthi sprechen. Sie sind die Nachfahren jenes Hindu-Volkes, das in der zweiten Hälfte des 17. Jahrhunderts Śivājī eint. Dieser neue expansionistische Staat, der Eroberungen in Bījāpur macht und Surat einnimmt, erregt das Mißtrauen Aurangzebs. Er entsendet ein Heer, das die Marāthen besiegt. Śivājī muß sich unterwerfen und vor Aurangzeb erscheinen. Der Venezianer Niccolò Manucci hat diese denkwürdige Begegnung festgehalten: »Nach seiner Ankunft in Agra wurde Śivājī zum Kaiser befohlen. Anstatt ihm aber den versprochenen höchsten Platz in der Audienzhalle anzubieten, wies er ihm den niedrigsten in der ersten Reihe der Adligen innerhalb der goldenen Barriere zu. Gekränkt, daß Aurangzeb sein Versprechen nicht hielt, machte Śivājī seiner Empörung mit energischen Worten Luft. Diese Stellung, so rief er, entspreche nicht derjenigen, die ihm der Kaiser bei seinem Ehrenwort zugesichert habe. Von diesem Empfang könne er wohl darauf schließen, was ihn in Zukunft noch erwarte. Aurangzeb möge sich klarmachen, daß alle hier versammelten Offiziere mit Ausnahme von Namdar Khān alte Weiber seien, die er im Kampf mit Leichtigkeit überwunden habe und von denen kein einziger den Platz verdiene, auf dem er stehe. Damit verließ er zornig den Raum.« Es gelingt Śivājī, aus Agra zu entfliehen, und 1674 läßt er sich zum Chattrapati (»Schirmherr«) krönen. Von 1714 bis 1818 regieren nicht die Nachfolger Śivājīs, sondern Minister als Hausmeier (insgesamt sieben Peshwās). In den ersten Jahrzehnten des 18. Jahrhunderts erlangt das Reich seine größte Ausdehnung, unterliegt aber schließlich den Afghanen und am Ende den Briten.
Der Aufstieg der Marāthen bedeutet eine Hindu-Renaissance in den von ihnen beherrschten Gebieten. Ihre hohe militärische Schlagkraft wird durch eine geschickte Finanzpolitik ermöglicht. Die Marāthen besteuern nicht nur das Bauernland sehr hoch, sondern erpressen auch den sogenannten Chauth, den die unterworfenen Gebiete zahlen müssen, um sich von der Plünderung freizukaufen.

Das Ende des Mogulreiches

Nach dem Tod Aurangzebs findet sich kein Mogulkaiser, der das Format eines der ersten sechs Großmoguln besitzt. Thronwirren (1719 besteigen drei Mogulkaiser nacheinander den Thron) und Invasionen der Afghanen und Perser beschleunigen den Niedergang des Reiches. In Bengalen und an der Koromandelküste entscheidet sich auf lange Zeit die Zukunft Indiens. Hier stehen sich Briten und Franzosen gegenüber. Der Sieg fällt den Briten zu, doch erkennen sie die Autorität des Schattenkaisers an, und noch bis 1814 bezeichnet sich der britische Generalgouverneur als Diener des Großmoguls. Als aber der Mogulkaiser Bahādur Šāh beim Aufstand gegen die Kolonialherren 1857/58 die faktische Macht zurückgewinnen will, bedeutet dies das endgültige Verlöschen der Moguldynastie. Die Engländer verbannen Bahādur Šāh nach Rangun, die Mogulfamilie verliert ihren Anspruch auf den Thron, und Indien kommt unter die englische Krone (1858–1947).
Von jetzt an herrschen die Briten über Muslime und Hindus. Der Kampf um die Unabhängigkeit, der 1947 zur Teilung des Subkontinents in den muslimischen Staat Pakistan und den säkularen Staat Indien führt, bewirkt auch eine Rückbesinnung auf die altindische Kultur. Das moderne Indien bekennt sich zu allen Facetten, die das bunte Bild seiner Geschichte ausmachen: Einheit in Vielfalt (Unity in diversity) ist seine Devise.

Staat und Gesellschaft

Über die Gesellschaftsordnung der Induskultur lassen sich nur Mutmaßungen anstellen, da hier einzig archäologische Zeugnisse vorliegen. Vermutlich hatte die Induskultur die Sozialstruktur eines Priesterkönigtums, wie es aus dem alten Vorderen Orient genauer bekannt ist. Indiens klassisches Kastensystem bildete sich erst nach dem Eindringen der Arier in spätvedischerZeit heraus.

Die Kastenordnung

Die Arier teilten sich anfänglich nur in einen Kriegeradel *(kṣatra)* und in freie Stammesangehörige *(viś)*, die vor allem Viehzucht und Ackerbau trieben. In Versammlungen *(sabhā)* wird die Macht des Königs *(rājan)* kontrolliert. Zunächst entstehen nur kleine Stammesherzogtümer, die die vorarischen Ureinwohner bekämpfen, aber sich auch untereinander befehden. Erst in einem viel späteren Hymnus des Ṛgveda werden die vier Kasten genannt. Das Wort Kaste stammt aus dem Portugiesischen *(casta)* und wurde von den Portugiesen für die verschiedenen Bevölkerungsgruppen gebraucht, die sie in Indien antrafen. Später übernahmen Völkerkunde und Soziologie diesen Begriff, um die verschiedenen Schichten der indischen Gesellschaft zu bezeichnen. Die Inder selbst verwenden das Wort *varṇa*, wenn sie eine der vier Hauptkasten meinen, und *jāti*, wenn sie eine der vielen Berufskasten und Untergruppen nennen; – die Zahl der *jātis* wird heute bis auf 3 000 geschätzt. Das Wort *varṇa* bedeutet im Sanskrit eigentlich »Farbe« und bietet einen semantischen Hinweis auf die Entstehung der Kastenordnung. Die eingewanderten Arier betrachteten ihre helle Hautfarbe als Privilegierung gegenüber den dunkelhäutigen Ureinwohnern.

Auf einem kraftstrotzenden Elefanten sitzt Akbar und hat keine Mühe das mächtige Tier zu bändigen. Die Miniatur will aber sicherlich nicht nur dies dokumentieren, sondern gleichnishaft auf die Herrscherqualitäten des Kaisers, der mühelos die Staatsgeschäfte lenkt, verweisen. Berlin (Ost), Islamisches Museum

Das Wort *jāti* hat im Sanskrit die Grundbedeutung »Geburt«, wodurch klargestellt wird, daß man in eine Kaste hineingeboren wird und die Geburt die Kaste bestimmt. Im praktischen Leben wurde die indische Gesellschaft durch diese Berufskasten viel stärker geprägt als durch das ideale Modell der Vierkastenordnung.
Die erste Erwähnung der vier (Haupt-)Kasten *(varṇas)* findet sich, wie oben schon erwähnt, bereits im Ṛgveda, allerdings in einem sehr späten Hymnus (X, 90, 12), in dem die Opferung des Urriesen *(puruṣa)* folgendermaßen beschrieben wird:

Sein Mund ward zum Brahmanen, seine beiden Arme wurden zum Rājanya gemacht, seine beiden Schenkel zum Vaiśya, aus seinen beiden Füßen entstand der Śūdra.

Diese vier Kasten unterscheiden sich durch Berufszugehörigkeit und spezielle Pflichten und Privilegien. Auch besteht Endogamie, das heißt die Eheschließung ist nur innerhalb der eigenen Kaste erlaubt. Die brahmanischen Texte bekämpfen die Kastenmischung und sehen in ihr die Wurzel allen Übels, auch ein Symptom für das vierte und schlechteste Weltalter *(kaliyuga)*. Grund für solch heftige Polemik bestand offensichtlich hinreichend, denn zahlreiche Mischkasten werden genannt, wobei die religiösen Texte Verbindungen mit Frauen aus höherer Kaste (Hypogamie) für wesentlich schlimmer erachten als die Hypergamie, Beziehungen zu Frauen aus niedrigerer Kaste.
Die oben zitierte Strophe des Ṛgveda findet erst in späteren Texten eine nähere Erklärung, etwa im Gesetzbuch des Manu (I, 88 – 91), das als autoritativstes Werk des indischen Rechts und Brauchtums gilt. Hier werden explizit die Aufgaben genannt, die der Schöpfergott Brahma den vier Kasten zuteilt:
»Den Brahmanen [Priestern] wies er zu: Lehren und Lernen [des Veda], Opfern für sich und andere, Spenden und Annehmen von Gaben; dem Kṣatriya [Krieger, im Ṛgveda »Rājanya« genannt] Schutz der Untertanen, Spenden,

Opfern [für sịch], Lernen [des Veda] und Nichtanhängen an den Sinnesobjekten; dem Vaiśya Viehzucht, Spenden, Opfern [für sich], Lernen [des Veda], Handel, Geldleihe und Ackerbau. Dem Śūdra wies der Herr die eine Aufgabe zu: Gehorsam ohne Aufsässigkeit gegenüber diesen [drei oberen] Kasten.«

Die Arier und die Śūdras

Die Ordnung der vier Kasten privilegiert die oberen drei Kasten gegenüber der vierten Kaste der Śūdras. Nur die oberen drei dürfen den Veda, das heilige »Wissen«, hören. Als Jünglinge werden sie vom Lehrer in einem besonderen Ritus zum Vedastudium aufgenommen, das für jeden Veda zwölf Jahre dauern soll, insgesamt also 48 Jahre dauern könnte. Diese Vorschrift aber ließ sich in der Praxis nur in besonderen Fällen realisieren. Zum Ritus gehört das Umlegen der heiligen Schnur, und die Aufnahme beim Lehrer gilt als zweite Geburt, weshalb die Angehörigen der drei oberen Kasten auch die »zweimal Geborenen« heißen. Die andere Selbstbezeichnung der drei oberen Kasten ist Arier *(ārya)*, ein Wort, das sonst nur die alten Iraner von sich selbst gebrauchten (altpersisch: *ariya*, awestisch: *airyō*). Deshalb werden die indogermanischen Sprachen Indiens und Irans auch zusammengefaßt arische Sprachen genannt, und nur in dieser Definition ist die Verwendung des Wortes gerechtfertigt. Im 19. Jahrhundert hat man die Bezeichnung »arisch« fälschlich auf alle indogermanischen Sprachen ausgedehnt. Die Anthropologie übernahm das Wort »Arier« als Rassebezeichnung für alle Indogermanen. Die Gleichsetzung der Arier mit den Indogermanen wurde schon vor 1933 rassistisch mißbraucht, um die »Nichtarier« zu diskriminieren. Mit »Nichtarier« bezeichnete man im Dritten Reich vor allem die Juden – übrigens auch die Zigeuner, die in Wahrheit aus Indien stammen und eine indoarische Sprache sprechen. Es gab aber auch im 19. Jahrhundert Gelehrte, die die Bezeichnung »Arier« in völkerverbindender Absicht verwendeten, um die Blutsverwandtschaft aller Indogermanen zu betonen. So wollte damit der Indologe Max Müller hervorheben, daß das gleiche Blut in den Adern der Briten und Bengalen flösse. Für die Śūdras, die Angehörigen der vierten Kaste, betont das Gesetzbuch des Manu, daß sie gegenüber den drei oberen Kasten Gehorsam üben müssen. Im Staatslehrbuch des Kauṭilya heißt es, daß sie in der Landwirtschaft und im Handel tätig sind und als Grobhandwerker und Schauspieler arbeiten. Die Śūdras setzen sich vermutlich aus unterworfenen Ureinwohnern und abgesunkenen Ariern zusammen. Immerhin gehören sie aber noch zur Vierkastenordnung. Ihre Berufe entsprechen teilweise denen der dritten Kaste der Vaiśyas, und wie diese sind sie in der Lage, große Vermögen zu erwerben. Dadurch ist es ihnen möglich, trotz ihrer niedrigen Kaste zu gesellschaftlichem Ansehen zu kommen. Arme und Reiche gibt es in jeder der vier Kasten. Die Regierungsmacht lag meist in den Händen der Kriegerkaste, doch gibt es auch historisch belegte Fälle, wo Śūdras eine Dynastie begründen konnten. Die Priesterkaste der Brahmanen steht an der Spitze der Kastenordnung, und die brahmanischen Schriften versuchen diese privilegierte Stellung zu untermauern.

Sklaven – Caṇḍālas – Parias – Unberührbare – Outcasts

Die Ureinwohner werden in den Veden *dasyus* oder *dāsas* genannt. Der Begriff *dāsa* erhält später in den Rechtsbüchern die Bedeutung »Sklave«. Obwohl bis zu fünfzehn Arten von Sklaven, etwa Kriegsgefangene oder Schuld-

Links unten: Zwei Männer, auf einem Elefanten reitend. Das Relief aus dem 1. Jahrhundert v. Chr. ziert das Verstrebungsstück eines ehemaligen Stūpa-Zaunes aus Mathurā. Neu-Delhi, National Museum

Unten: Liebespaar auf einem Diwan sitzend, um 100 v. Chr. Neu-Delhi, National Museum

Rechte Seite: In Berlin aufbewahrtes Relief, Frau mit Kind im Arm unter Aśoka-Baum.

Da gibt es für zwei, die noch nicht vereint sind, um die Zeichen der Liebe auszudrücken, eine Vielzahl der Umarmungen: die berührende, die durchbohrende, die reibende und die pressende.
Überall wird schon durch das Eigenschaftswort die Art der Ausführung angedeutet.
Wenn die zu Umwerbende in die Nähe gekommen ist und er, unter einem anderen Vorwand, herantritt, so daß ein Leib den anderen berührt, so ist das die berührende Umarmung.
Den zu Umwerbenden, am einsamen Ort Stehenden oder Sitzenden, soll sie mit dem Busen stoßen, indem sie etwas holt; und der Liebhaber soll sie unter Drücken festhalten: das ist die durchbohrende Umarmung. Das beides findet statt, wenn die Liebenden noch nicht recht haben zusammen reden können.
Wenn beide in der Dunkelheit, in einem Menschengedränge oder in der Einsamkeit langsam dahinschreiten und ihre Körper nicht allzu kurze Zeit aneinander reiben, so ist das die reibende Umarmung.
Ebendiese wird zur pressenden Umarmung, wenn man dabei außerordentlich mit der Klammer einer Mauer oder einer Säule gepreßt wird.
Diese beiden [finden statt] bei [Liebenden], die ihre beiderseitigen Gedanken schon kennen.

Aus dem *Kāmasūtraṃ* des Vātsyāyana

sklaven, unterschieden werden, ist nirgends zu erkennen, daß sie in der Wirtschaft eine wichtige Rolle gespielt hätten, wie etwa im alten Rom. Die *dāsas* des alten Indien wurden hauptsächlich als Haussklaven verwendet.
Verachtete Kasten unterhalb der Vierkastenordnung sind die Caṇḍālas, die aus der schlechtesten der Kastenmischungen stammen: aus dem Geschlechtsverkehr eines Śūdra mit einer Brahmanin. Der chinesische Pilger Fa-hsien (5. Jahrhundert n. Chr.) schildert die Caṇḍālas als Unberührbare, die auf ein Stück Holz schlagen, wenn sie sich einem Ort nähern, damit die anderen Menschen sie erkennen und die Berührung mit ihnen vermeiden.
Besonders im Westen hat sich der Ausdruck Parias für die verachtetste Schicht in Indien durchgesetzt. Man denke nur an Goethes Gedichttrilogie »Paria«. Hier stellt sich Goethe auf die Seite dieser diskriminierten Kaste. In anderen Werken der westlichen Literatur wird seit Anfang des

19. Jahrhunderts der Paria zum Begriff des rechtlosen Außenseiters in jeder Gesellschaft. Ursprünglich bezeichnete das Wort Paria nur eine Kaste von tamilischen Trommelschlägern in Südindien. Da viele von ihnen als Dienstboten bei Europäern in Madras arbeiteten, erhielt das Wort seine erweiterte Bedeutung.
Gelegentlich werden Caṇḍālas und Parias auch als Outcasts bezeichnet. Dies ist eine unpräzise Benennung, denn Outcasts sind kastenlose oder zur Bestrafung aus der Kaste Gestoßene. Damit entbehren sie des Schutzes, den auch eine verachtete Kaste ihren Angehörigen noch bieten kann. Harijans, »Gotteskinder«, ist dagegen eine Wortprägung, mit der Gandhi seine Sympathie für die unterdrückten Volksschichten zum Ausdruck bringen wollte. Im modernen Indien sind alle Bürger vor dem Gesetz gleich. Durch Quotenregelungen und andere Förderungsmaßnahmen soll die Lage der untersten Kasten verbessert werden.

Die vier Lebensstadien

Zur Kastenordnung gehört auch der Lebenslauf durch vier Lebensstadien *(āśramas)*. Jeder Angehörige der drei oberen Kasten soll als Brahmanenschüler im Hause eines Lehrers den Veda studieren und dann als Hausvater eine Familie gründen. Sieht er die Enkel um sich heranwachsen, übersiedelt er im dritten Lebensstadium allein oder mit seiner Frau in den Wald und wird im vierten zum wandernden Asketen, der mit der Bettelschale umherzieht. Es handelt sich hier um eine Idealbiographie, die nicht allgemein befolgt wurde. Manche Inder haben sich ausschließlich dem Vedastudium gewidmet, ohne eine Familie zu gründen, andere blieben im Stadium des Hausvaters, und wieder andere übersprangen das Stadium des Waldeinsiedlers oder wurden nie Wanderasketen.

Die drei Lebensziele

Die altindische Gesellschaft gründet sich auf die drei Lebensziele *dharma*, *artha* und *kāma*. Das wichtigste dieser Lebensziele ist *dharma*, Recht und Sitte. *Artha* ist der materielle Nutzen und politische Erfolg, und *kāma* ist Liebe und Lebensgenuß. Alle drei Lebensziele haben autoritative Werke hervorgebracht. Für den *dharma* ist das schon erwähnte »Gesetzbuch des Manu« (Manu-smṛti) am angesehensten. Das bedeutendste Werk der Staatslehre ist das Arthaśāstra des Kauṭilya, und den *kāma* schildert das Kāmasūtra des Vātsyāyana.
Mit diesen drei Lebenszielen ist dem Inder eine wertvolle Anleitung zum Handeln in die Hand gegeben worden. Jeder Hindu muß den *dharma* befolgen: die Gesetze beachten, aber auch alle religiösen Pflichten seiner Kaste erfüllen. Im weiteren Sinn ist der *dharma* die brahmanische Weltordnung, nach deren Gesetzen das irdische und kosmische Geschehen abläuft. Der König muß den *artha* anstreben, dann dient er in einem höheren Sinne dem *dharma*. Der einen Beruf ausübende Hausvater hat materiellen Gewinn für sich und seine Familie anzustreben. Ebenfalls dem *artha* verpflichtet ist nach dem Kāmasūtra die Hetäre, die ihren Beruf zum Broterwerb ausübt. Aber die Kunden der Hetäre befolgen den *kāma*. Zum Hausstand ist die Ehe und damit der *kāma* notwendig. Die Befolgung des *artha* und *kāma* zur richtigen Zeit dient zugleich dem *dharma*. In Konfliktsituationen ist der *dharma* am wichtigsten. Er hat den Vorrang vor dem *artha* und dieser vor dem *kāma*. Jedoch der Politiker soll den politischen Erfolg auch dann anstreben, wenn dieser nur unter Verletzung von Rechtsnormen zu erzielen ist.

Das Rechtswesen

Der König gilt als oberster Gerichtsherr, und der Gerichtshof wird mit dem menschlichen Körper verglichen. Dabei fungiert der König als Haupt, die Richter als Mund, die Beisitzer als Arme. Praktisch haben meist die Richter den Vorsitz geführt und im Namen des Königs Recht gesprochen. Aus dem Tageslauf des Mogulkaisers Šāh Jahān ist bekannt, daß am Mittwoch unter seiner Leitung der Gerichtshof zusammentrat.
Das Rechtswesen wird in den *dharma*-Werken dargestellt, die neben der Jurisprudenz auch eine Vielzahl religiöser Fragen behandeln wie etwa die Kastenordnung, die Pflichten des Brahmanenschülers, Hausvaters und Asketen, Speise und Reinheitsgebote und Bußen für religiöse Vergehen. Die Rechtsprechung berücksichtigt die Zugehörigkeit zur Kaste, wobei die Brahmanen, die diese Werke verfaßten, die höchsten Privilegien genießen; so sind sie von der Todesstrafe ausgenommen. Die Strafen fallen schwerer aus, je niedriger die Kaste ist. Bei Manu (VIII, 267) heißt es: »Hat ein Kṣatriya einen Brahmanen geschmäht, so gebührt ihm eine (Geld-)Strafe von einhundert; einem Vaiśya gebühren anderthalbhundert oder zweihundert, einem Śūdra eine Körperstrafe.« Auch sind die Höherkastigen und ihr Rechtsgut besser geschützt. Manu (XI, 127) schreibt: »Ein Viertel der Buße für den Mord an einem Brahmanen gilt für den Mord an einem Kṣatriya, ein Achtel für den Mord an einem Vaiśya und ein Sechzehntel für den Mord an einem Śūdra.«
Bei der Ermittlung des Täters spielen in der frühen Rechtstradition auch Ordalien eine Rolle, von denen verschiedene Arten aufgezählt werden. Beispielsweise muß der Beschuldigte eine glühende Eisenkugel eine bestimmte Strecke tragen. Wenn seine Hände unversehrt bleiben, ist er unschuldig. Oder er muß im Wasser so lange untertauchen können, bis ein abgeschossener Pfeil zurückgebracht wird, um sich als unschuldig zu erweisen. Für Brahmanen, Alte, Kinder und Schwache ist das Ordal der Waage anzuwenden, weil es am ungefährlichsten ist. Der Beschuldigte wird zweimal gewogen. Ist er beim zweiten Mal leichter, gilt er als unschuldig, ist er schwerer, gilt er als schuldig.
Neben diesen Ordalien finden sich früh schon Indizien und

Geständnisse als Beweismittel. Wie in allen alten Staaten kann das Geständnis durch Folterverhör erlangt werden. Das Arthaśāstra des Kauṭilya (IV, 8) nennt jedoch bereits Fälle, in denen die Folter untersagt ist oder eingeschränkt werden muß: »Einen Schwachsinnigen, ein Kind, einen Greis, einen Kranken, einen Trunkenen, einen Irrsinnigen, einen von Hunger, Durst oder Reise Erschöpften ... oder einen Schwachen soll er nicht der Folter unterwerfen. ... Einen, gegen den ein zuverlässiger Verdacht vorliegt, soll er der Folter unterwerfen. Nicht aber ein schwangeres Weib oder eine Wöchnerin, die vor weniger als einem Monat geboren hat. Für Frauen ist aber nur die halbe Folter oder das Wortverhör.« Ferner wird in diesem Kapitel betont, daß der Brahmane und der vedakundige Asket durch Geheimagenten überführt werden sollen. Die höchste Strafe trifft den, der jemanden durch die Folter zu Tode kommen läßt. Auch wird schon die Gefahr gesehen, daß der Angeklagte durch die Anwendung der Folter sich fälschlich bezichtigt. Deshalb sei es wichtig, daß alle Beweismittel zusammenpassen. Dasselbe Staatslehrbuch lehrt allerdings auch die »stille Strafgewalt« für politische Gegner im eigenen Lande, was nahelegt, daß Staatsfeinde nicht nach den Normen der Rechtsprechung behandelt wurden. Augenzeugenberichte aus den muslimischen Staaten Indiens schildern sehr grausame Methoden gegenüber echten und vermeintlichen Rebellen.

Die alten Rechtsbücher kennen je nach Vergehen und Kaste verschiedene Strafen bis hin zur Todesstrafe. Geldstrafen werden häufig verhängt und stellen eine Einnahmequelle für den Staat dar. Gefängnisstrafen sind seltener als andere, vielleicht weil sie dem Staat Kosten verursachen. Zwangsarbeit wird öfter als Strafe genannt, und Körperstrafen folgen dem Ius talionis, indem man die Tat analog vergilt, etwa einem Taschendieb die Finger abschneidet oder einem Śūdra, der Schmähreden führt, heißes Öl in den Mund gießt.

Als die fünf schwersten Verbrechen werden in einem Werk der Rechtsliteratur (Viṣṇusmṛti XXXV) genannt: »Brahmanenmord, Alkoholgenuß, Stehlen des Goldes eines Brahmanen, der Geschlechtsverkehr mit der Frau des Lehrers und Umgang mit diesen [die solche Verbrechen begangen haben].« Die Liste dieser Verbrechen ist merkwürdig, denn Alkohol ist in der altindischen Literatur nicht überall verboten, im Arthaśāstra des Kauṭilya sogar ein Staatsmonopol. Wohl wollten die Brahmanen hier fünf Vergehen besonders geißeln, die in ihren Augen am verwerflichsten erschienen. Gerichtsurteile sind nicht überliefert, und man weiß nicht, ob diese Schwerverbrechen überall als todeswürdig galten – der Alkoholgenuß war es

Vorhergehende Doppelseite: Zwei Sandsteinreliefs aus Mathurā mit Szenen aus dem Drama Mṛcchakaṭikā. Heldin ist die gebildete Hetäre Vasantasenā. Neu-Delhi, National Museum

Rechts: Rundplastisch gearbeiteter, 31 cm hoher Elfenbeinthronfuß aus dem 17. Jahrhundert. Dargestellt ist ein bewaffneter Reiter mit Schuppenpanzer. München, Völkerkundemuseum

jedenfalls nicht. Auch ist damit zu rechnen, daß die Grausamkeit der Bestrafung sehr vom jeweiligen Regime abhing. Ein milder Herrscher wie Aśoka oder Harṣa wird auch ein milder Richter gewesen sein. Auf beide hat der Buddhismus einen mäßigenden Einfluß auch in bezug auf die Bestrafung und den Strafvollzug ausgeübt. Der buddhistische Pilger Fa-hsien, der Anfang des 5. Jahrhunderts n. Chr. nach Indien reiste, berichtet, daß der König des indischen »Mittellandes« keine Körperstrafen verhängte, sondern selbst schwere Vergehen nur mit Geldstrafen ahndete. Der Aussage dieses Chinesen stehen jedoch zu viele gegenteilige Zeugnisse gegenüber, als daß man sie verallgemeinern dürfte.

In der späteren Zeit werden unter den muslimischen Herrschern einige wie Muhammed Tughluk (1325–1351) als besonders grausame Tyrannen geschildert, andere wie Akbar als vergleichsweise maßvoll. So beschreibt der Reisende Ibn Batūta die Regierung Muhammed Tughluks als Augenzeuge: »Nur selten liegt am Tor des Palastes kein Leichnam eines Hingerichteten ... Der Sultan pflegte kleine wie große Vergehen gleichermaßen zu bestrafen und respektierte dabei weder einen Gelehrten noch einen Frommen oder Adligen. Tag für Tag wurden Hunderte von Leuten in Hals- und Fußeisen und aneinandergekettet, in den Audienzsaal geschleppt. Diejenigen, die getötet werden sollten, wurden hingerichtet, die gefoltert werden sollten, wurden gemartert, und die geschlagen werden sollten, wurden ausgepeitscht. Nur an Freitagen wurde niemand aus den Kerkern geholt und bestraft.«

Im Gegensatz hierzu steht die Schilderung, die der Pater Pierre Du Jarric über die Rechtsprechung des Mogulkaisers Akbar (1556–1605) hinterlassen hat: »Was die Gerichtsbarkeit betrifft, so gab es Richter, deren Urteil rechtskräftig war, und solche, durch die man Berufung einlegen konnte. In allen Fällen geschahen die Verhandlungen mündlich und wurden nicht zu Papier gebracht. Der Grundsatz des Kaisers war es, in jedem Fall der Gerechtigkeit zum Siege zu verhelfen, aber er war ebenso vorsichtig beim Verhängen von Strafen, besonders der Todesstrafe. Es konnte kein Verbrecher zum Tode verurteilt werden, wenn der Vollstreckungsbefehl dem Kaiser nicht vorher vorgelegt worden war, manche sagen sogar: dreimal.« Du Jarric betont des weiteren, daß Akbar meist keine grausamen Bestrafungen verhängte. Hochverräter aber, die nach seinem Leben getrachtet hatten, ließ er von Elefanten zerstampfen und pfählen. Dieben schlug man die Hand ab, »aber Mörder, Straßenräuber und Ehebrecher wurden je nach der Schwere ihres Verbrechens gehängt, gekreuzigt oder geköpft. Missetäter mit leichteren Vergehen peitschte man aus und ließ sie laufen«

Das Kāmasūtra

Kāmasūtra heißt Lehrbuch des *kāma*, und der *kāma* (Liebe, Lebensgenuß) ist das dritte der drei Lebensziele des Hindus. Nur das zweite Kapitel dieses Lehrbuchs handelt von sexuellen Praktiken, während die anderen sechs Kapitel sich mit der Liebe im weiteren Sinne befassen und etwa schildern, wie man Mädchen erobert. Die Ratschläge hierfür sind sc raffiniert, daß Vātsyāyana, der Verfasser des Kāmasūtra, ein Machiavelli der Liebe genannt worden ist. Auch finden wir in diesem Buch den Lebensstil der altindischen Oberschicht, vermutlich zur Zeit der Guptas im 4. Jahrhundert n. Chr., geschildert, ferner das Hetärenwesen, die Aphrodisiaka und vieles andere. Zu leicht dubioser Berühmtheit gelangte aber das Kāmasūtra wegen seines zweiten Kapitels. In ihm werden Liebesstellungen beschrieben, wie sie an den Tempeln von Khajurāho in Skulpturen dargestellt sind. Als eigentümlich für das Kāmasūtra mag gelten, daß als Liebesbeweise nicht nur Küsse, sondern auch Zahn- und Nägelwunden aufgeführt werden. Auch Liebesschläge finden Anwendung, und verschiedene Liebesseufzer werden genannt. Beschrieben werden alle diese Praktiken in einem trocken aufzählenden Stil, wie er für die Lehrbücher des alten Indien allgemein üblich ist. Besonderes kulturgeschichtliches Interesse verdient die Darstellung der Liebesgewohnheiten unter verschiedenen Völkern des indischen Subkontinents. In dieser erotischen Geographie

Vorhergehende Doppelseite: Darstellung einer Audienz am Mogulhof, bemalte Holz- und Elfenbeinschnitzerei aus Nordindien, Anfang 18. Jahrhundert. Berlin, Museum für Indische Kunst

Links: Handabdrücke der Witwen des Rāja Mān Singh an einer Palastmauer in Gwalior.

Rechts: Kaiser Baber (1526–1530) bei der Jagdrast. Miniaturmalerei. Berlin (Ost), Islamisches Museum

Indiens heißt es etwa: »Die Frauen von Mahārāṣṭra entbrennen durch die Anwendung der sämtlichen vierundsechzig Künste, lieben unanständige, grobe Reden und sind auf dem Lager von ungestümem Beginnen. Die Frauen von Nagara [hiermit ist offensichtlich die Hauptstadt Pāṭaliputra gemeint] sind ganz ebenso, zeigen das aber nur im geheimen.«
Das Kāmasūtra wendet sich vor allem an den vornehmen Städter *(nāgaraka)* und beschreibt dessen Lebensalltag, Liebesleben und Vergnügungen. Offensichtlich muß er keiner bestimmten Kaste angehören. Wichtig ist nur, daß er finanziell unabhängig ist. Er lebt von erworbenem oder ererbtem Reichtum oder von beidem. Den erworbenen Besitz verdankt er entweder Geschenken (als Brahmane), Siegen (als Krieger), dem Handel (als Vaiśya) oder der Entlohnung (als Śūdra). Er besitzt ein Haus, dessen wichtigster Innenraum im Kāmasūtra (I, 4) beschrieben wird: »In dem äußeren Schlafgemache seien eine sehr weiche beiderseits mit Kissen versehene, in der Mitte vertiefte Lagerstätte mit weißer Decke und ein Nebenlager. An deren Kopfende sei der Platz für das Grasbündel und die Opferbank. Dort seien die von der Nacht übriggebliebenen Salben und Kränze, ein Körbchen mit gekochtem Reis, ein Gefäß mit Parfums, Zitronenbaumrinde und Betel; auf dem Fußboden stehe ein Spucknapf; eine an einem Haken hängende Laute; ein Malbrett; eine Farbendose; irgendein Buch; Kränze aus gelbem Amaranth; ... Würfelbrett und Spielbrett. Außerhalb dieses Gemaches Käfige mit zahmen Vögeln; der Platz abseits für Zimmer- und Schnitzarbeiten ...«

Die Hetären

Der Hausherr ist zwar ein verheirateter Mann, doch verbringt er seine Mußestunden am liebsten in der Gegenwart gebildeter Hetären *(gaṇikās)*. Zu ihrer Ausbildung gehören die 64 Künste *(kalā)*, die auch Prinzessinnen und die Töchter hoher Würdenträger beherrschen sollen. Einige dieser Künste sind Gesang, Instrumentalmusik, Tanz, Kosmetik, Kochen, Herstellung von Getränken, Säften, Gewürzen und Likören, literarische Spiele wie das Ergänzen von Verszeilen, Sprechenlehren von Papageien, Massieren und Frisieren, verschiedene Spiele wie das Würfelspiel. Der vornehme Städter und seine Freunde besuchen mit diesen Hetären Schauspielaufführungen und andere Veranstaltungen. Die Hetären nehmen auch an Trinkgelagen teil: »Hierbei sollen die Hetären zutrinken und mittrinken.« Es gab im alten Indien auch Prostituierte niederen Ranges, die eine verachtete Stellung hatten, aber die gebildeten Hetären waren sehr angesehen. Zur Zeit des Buddha lebte in der Stadt Vaiśālī die Hetäre Ambapālī. Der Buddha nimmt eine Einladung zu ihr an, und sie wird buddhistische Nonne. Der Held des Schauspiels Mṛcchakaṭika ist ein verarmter Kaufmann, der zur Brahmanenkaste gehört.

Links: Blick auf die malerischen, von den Rājputen erbauten Bundela-Bauwerke von Orccha, in der Nähe von Jhansi, die die Inselberge und Kuppen von Bundelkhand krönen.

Oben: Die Rājputenburg von Orccha erinnert ohne die für Festungsanlagen üblichen Zitadellen an einen Palast, dem allerdings Merkmale der Mogularchitektur, wie etwa Balkone, fehlen.

Er verliebt sich in die reiche Hetäre Vasantasenā, die seine zweite legitime Gattin wird. In den Dramen sprechen die Frauen nur den Volksdialekt (Prakrit), aber eine Hetäre wie Vasantasenā spricht gelegentlich auch Sanskrit, was ihren hohen Bildungsstand offenbart. Die Devadāsī (wörtlich: »Sklavin Gottes«) war eine Hetäre, die zu einem Tempel gehörte. Ihre Einnahmen kamen dem Tempel zugute. Die Tempelprostitution kam erst im frühen Mittelalter auf und war besonders in den Tempelbezirken Südindiens verbreitet.

Heiratsformen

In der altindischen Literatur sind acht Heiratsformen genannt. In einem Fall werden dem Brautvater zwei Rinder geschenkt. In den Kasten der Vaiśyas und Śūdras ist die Kaufehe üblich. Unter den acht Heiratsformen finden sich auch die reine Liebesheirat ohne elterliche Zustimmung und – für den Krieger – die Raubehe. Außerhalb der acht Formen steht der *svayaṃvara*, das heißt die Selbstwahl. Zu einer solchen Selbstwahl erscheinen die Freier, und das Mädchen hat das Recht, sich ihren Mann auszuwählen. Berühmt ist die Selbstwahl der Königstochter Damayantī im Mahābhārata. Es ist eine offene Frage, ob sie in Wirklichkeit vorkam. Auf jeden Fall scheint sie nur in Adelskreisen hie und da praktiziert worden zu sein. Die Schilderung idealer Liebespaare ist in der Literatur häufig, und berühmt sind Nala und Damayantī oder Rāma und Sītā. Jedoch ist die Monogamie nicht durchgängig. Wohlhabende Inder leisteten sich mehrere Frauen und eine größere Zahl von Dienerinnen. König Duṣyanta, der sich auf einem Jagdausflug in Śakuntalā verliebt und mit ihr eine Liebesheirat eingeht, ist an seinem Hof schon verheiratet. Im Mahābhārata heiraten die fünf Pāṇḍava-Brüder gemeinsam eine Frau, Draupadī. Diese Form der Polyandrie gilt als vorarisch und ist bei Himalajastämmen bis in jüngere Zeit üblich gewesen. Da es als Sünde galt, daß ein heiratsfähiges Mädchen unverheiratet im Hause des Vaters wohnt, bildete sich die Sitte der Kinderhochzeiten heraus. Das Kāmasūtra (V, 6) schildert das Frauengemach, in dem mehrere Frauen eines Mannes zusammenwohnen, und nennt verschiedene Ersatzbefriedigungen, denen sich die vernachlässigten Frauen zuwenden. Harems- und Eunuchenwirtschaft im türkischen Stil bringen aber erst die Muslime nach Indien. Mogulkaiser Akbar besaß einen Harem mit 5 000 Frauen aus verschiedenen Ländern, von denen aber die meisten nur Dienerinnen und Statussymbole waren. Zu seinen Favoritinnen gehörte nur ein engerer Kreis, und als Kronprinz galt der Sohn der Hauptgemahlin. Diese inneren Zirkel des Harems waren ein Ort der Intrige. Viele der Frauen suchten aus ihrer erotischen Wirkung politisches Kapital zu schlagen und ihren Söhnen zur Macht zu verhelfen. Aber auch in diesem Milieu finden wir die innige Zuneigung zu *einer* Frau: Šāh Jahān liebt Mumtaz Maḥall (»die Auserwählte des Palastes«) über ihren Tod hinaus und läßt für sie den »Tāj Maḥall« erbauen.

Die Stellung der Witwe im alten Indien war bedauernswert. Sie erhält nur eine Mahlzeit am Tag, darf keinen Schmuck tragen und muß täglich ihrem verstorbenen Gatten opfern. Sie lebt bei den Verwandten ihres Mannes oder bei ihren erwachsenen Söhnen. Wiederverheiratung wird in den meisten Texten ausgeschlossen; eine Ausnahme macht hier das Staatslehrbuch des Kauṭilya, das den Frauen grundsätzlich mehr Rechte einräumt als die Gesetzbücher. Dagegen wurde die Witwenverbrennung in der altindischen Literatur nur gelegentlich erwähnt. Sie entwickelt sich erst in den Adelskreisen des hinduistischen Mittelalters. Im Harṣacarita aus dem 7. Jahrhundert wird beschrieben, wie die Gemahlinnen eines Königs sich den Tod geben. Sogar Minister und Diener wollen den Tod des Königs nicht überleben. Im Hindu-Königreich von Vijayanagar sollen sogar 3000 Konkubinen dem König in den Tod gefolgt sein. Auch unter den Rājputen war die Sitte verbreitet, und die Handabdrücke solcher Frauen finden sich heute noch an Palastmauern in Rājasthān. Auch Gedenksteine wurden ihnen errichtet, sogenannte *satī*-Steine. *Satī* (wörtlich: die gute [Frau]) wurde im Westen zur Bezeichnung der indischen Witwenverbrennung (englisch: *suttee*). Mit diesem Tod entging die Witwe einem Leben in Armut und Schande und sah sogar noch eine Möglichkeit, durch ihr Selbstopfer große Verdienste zu erwerben. Obwohl die Sitte schon früh von Indern und Muslimen getadelt und 1829 von Lord Bentinck verboten wurde, sind immer wieder einzelne Fälle vorgekommen.

Vergnügungen

Im Unterschied zum Kāmasūtra, für das die Vergnügungen zum Lebensstil des vornehmen Städters gehören, steht die *dharma*-Literatur den Vergnügungen ablehnend gegenüber. Eine differenziertere Beurteilung findet sich im Staatslehrbuch des Kauṭilya (VIII, 3), wo die *vyasanas* (persönliche Mißstände, Laster) diskutiert werden. Es gibt Mißstände, die aus dem Zorn *(kopa)* entstehen, nämlich Grausamkeit der Rede, Sachbeschädigung und Grausamkeit der Gewaltanwendung, und solche, die aus dem *kāma* entstehen: Jagd, Würfelspiel, Frauen und Rauschtrank – *kāma* bedeutet hier also nicht nur »Liebe«, sondern auch Begehren und Genußsucht.

Eine auffällige Bedeutung hat das Würfelspiel schon im Mahābhārata, wo die große Schlacht letztlich auf die Spielleidenschaft zurückgeht, denn die Pāṇḍavas versuchen im Kampf ihre im Würfelspiel verlorene Reichshälfte zurückzuerobern. Offensichtlich haben die Arier die Vorliebe für das Würfelspiel nach Indien mitgebracht, denn bereits in einem Hymnus des Ṛgveda (X, 343) wird die Problematik des Würfelspiels behandelt:

Verlassen härmt sich des Spielers Weib,
die Mutter des Sohnes, der wer weiß wo
hingeht. Verschuldet geht er voll Furcht
Geld suchend bei Nacht in das Haus anderer.

Die Jagd war zunächst weit verbreitet und angesehen. Durch den Vegetarismus und die Lehre von der Gewaltlosigkeit kam aber eine Gegenströmung auf, die in der Jagd die ungerechtfertigte Tötung von Lebewesen sah. Die Jäger gehörten auch oft zu den Dschungelstämmen und waren schon dieser Herkunft wegen nicht angesehen. Andererseits bot die Jagd dem Krieger die Möglichkeit zu paramilitärischen Übungen. So lobt der General in Kālidāsas Schauspiel Śakuntalā:

Wo gibt es ein Vergnügen wie die Jagd,
die nur der Tor ein Laster nennen kann?
Sie stärkt den Leib und macht ihn flink und sehnig
und fähig, jede Mühsal zu ertragen,
wie selbst das Tier in aufgeregtem Zustand
sich ändert und sein ganzes Wesen steigert.
Den Schützen aber freut es, wenn sein Pfeil
von weitem ein beweglich Ziel erreicht.

Das Trinken berauschender Getränke gilt in den Rechtsbüchern als eines der fünf schlimmsten Verbrechen. Aber andere Texte wie das Kāmasūtra halten sogar Trinkgelage für etwas Übliches. Das Staatslehrbuch des Kauṭilya erklärt die Herstellung und den Verkauf alkoholischer Getränke zu einem Staatsmonopol. Kaum Hinweise auf Rauschdrogen finden sich im alten Indien – *bhangā* und *gañjā* sind die Sanskritwörter für Hanf und die daraus hergestellte Droge. Auch einige späte tantrische Sekten verwenden Rauschmittel in ihren Riten. Opium aber kam vermutlich erst im 14. Jahrhundert aus Persien nach Indien. Nicht nur an muslimischen Höfen war Opium beliebt. Die Rājputen nahmen es auch, und es ist belegt, daß sie ihren Soldaten vor einer Schlacht doppelte Opiumrationen gaben, damit ihr Kampfesmut und ihre Ausdauer gesteigert wurden. In der ältesten Zeit spielt ein anderes Rauschmittel eine große Rolle. In den Hymnen des Ṛgveda wird beim Opfer Soma aus einer Pflanze gepreßt, und Gott Indra wird eingeladen, diesen Rauschtrunk zu trinken. Bis heute konnte nicht geklärt werden, um welche Pflanze es sich handelt, denn die Somaherstellung geriet schon früh in Vergessenheit. Man denkt an eine Rhabarberart, aber auch an den Fliegenpilz. Nach neuester Forschung könnte es sich auch um die Ephedra-Pflanze handeln, aus der sich bekanntlich ein Alkaloid gewinnen läßt.

Zu den Vergnügungen sind auch die Tierkämpfe zu rechnen. Kämpfe von Widdern, Hähnen und Wachteln nennt

Die Wandmalereien von Orccha in Bundelkhand aus dem 16. Jahrhundert zeichnen sich nicht nur durch den Einsatz vielgestaltiger Rahmensysteme und Ornamente aus, sondern vor allem durch die romantisch-lyrischen Darstellungen der Rāgamāla-Malereien, neben denen auch epische Szenen zu finden sind. Blick auf Gewölbe und Stirnwand eines besonders reich dekorierten Saales.

das Kāmasūtra. Der Kampf Schlange gegen Mungo wird hier nicht erwähnt, hat aber sicher schon eine lange Tradition. Besonderes Interesse an Tierkämpfen haben die Mogulkaiser. Du Jarric berichtet, daß Akbar großen Gefallen an den Kämpfen von Elefanten, Kamelen, Büffeln, Widdern und Hähnen fand. Er liebte auch Treibjagden großen Stils, bei der bis zu 50 000 Treiber das Wild in einem riesigen Areal zusammentrieben. Mit den Muslimen kamen auch neue Jagdarten nach Indien: die Beizjagd und die von Akbar besonders geschätzte Jagd mit gezähmten Geparden (Tschita-Jagd). Zwar wußte man schon im alten Indien Falken zu zähmen, aber erst die Muslime betrieben die Beizjagd als höfisches Vergnügen. Nach ihrem Vorbild widmeten sich dann auch einige Mahārājas der Falkenjagd. Der Hindukönig Someśvara hat 1129 ein Sanskritwerk über Vergnügungen geschrieben. Er behandelt darin verschiedene Jagdarten, auch die mit Falken und Geparden, sowie das Ausrichten von Tierkämpfen, das

Halten von Brieftauben, Bogenschießen und Polo. Auch das Polospiel ist erst mit den Muslimen aus Zentralasien nach Indien gekommen. Akbar schätzte diesen Sport und spielte Polo sogar in der Nacht mit einem Ball aus lumineszierendem Holz. Die Briten lernten das Polospiel in Indien kennen und führten es im 19. Jahrhundert in Europa ein. Das Schachspiel geht vermutlich auf das altindische Würfelschach zurück, das im 8. Jahrhundert n. Chr. die Araber in Sind kennenlernten und fortentwickelten. Das neue Spiel wurde durch die Araber bis Europa getragen, kehrte aber in seiner anderen Gestalt unter dem persischen Namen Chatranj nach Indien zurück. Dieses persische Wort geht auf das Sanskritwort Caturanga zurück, was »vier Glieder (Waffengattungen)« einer Armee bedeutet. Ursprünglich waren die Türme die Kriegswagen, die Springer die Kavallerie, die Läufer die Kriegselefanten und die Bauern die Infanterie. Die Dame war ursprünglich der General (oder Minister), die stärkste und die wendigste Figur. Aber sie ist schlagbar. Erst wenn der König matt ist (persisch: *Šāh māt*, »der König ist tot«), ist das Spiel entschieden.

Pacīsī ist ein anderes indisches Brettspiel, das sich unter den Muslimen großer Beliebtheit erfreute. In der von Akbar gegründeten Hauptstadt Fatḥpur Sıkrı befindet sich an zentraler Stelle der sogenannte Pacīsī-Hof, wo die Felder des Brettspiels durch Steine gekennzeichnet sind. Akbar liebte es, Mädchen seines Harems als Spielfiguren zu benutzen.

Spielkarten werden erstmals in den Memoiren des Mogulkaisers Baber (1526–1530) erwähnt. Ganjīfā (persisch: *ganjafeh*) ist der Name dieses Kartenspiels, bei dem Stiche gemacht werden und die Zahl der Stiche entscheidet. Die Spielkarten sind rund und haben acht Farben. In jeder Farbe gibt es einen König und einen Wesir sowie zehn Zahlenkarten. Die Hindus übernahmen dieses Spiel, erfanden aber eigene Kartenbilder. Am verbreitetsten sind die zehn Inkarnationen des Gottes Viṣṇu, die in vielen Varianten auf den Spielkarten erscheinen.

Das Staatslehrbuch des Kauṭilya

Das grundlegende Sanskritwerk über das Lebensziel *artha* ist das Arthaśāstra (Staatslehrbuch) des Kauṭilya (oder Kauṭalya), das erst Anfang des 20. Jahrhunderts in Indien wiederentdeckt wurde und seither völlig neue Aspekte des politischen Denkens im alten Indien sichtbar gemacht hat. Viele hielten den Autor Kauṭilya für identisch mit dem gleichnamigen Minister des Maurya-Kaisers Candragupta, der um 320 v. Chr. das erste indische Großreich gründete. Hermann Jacobi nannte deshalb den Verfasser sogar den indischen Bismarck. Die Unterschiede zum Bericht des Griechen Megasthenes, der als Gesandter an den Hof Candraguptas gekommen war, sind indessen so groß, daß schon Otto Stein zu dem Schluß kam, das Staatslehrbuch des Kauṭilya müsse späteren Datums sein. Heute sind viele überzeugt, daß dieses Werk eine Kompilation aus den ersten Jahrhunderten n. Chr. ist und nur diesem Kauṭilya zugeschrieben wurde, weil er als kluger Politiker und Ränkeschmied bereits ein legendäres Ansehen genoß. Dem Werk ist nicht zu entnehmen, daß es das Spiegelbild eines altindischen Staates zeigt. Es beschreibt nicht eine bestimmte Regierung, sondern lehrt normativ, wie der König seinen Staat regieren soll, damit er sich gegen innere und äußere Feinde durchsetzen kann und seinen Unter-

Pragmatisch, wie es dieses Staatslehrbuch durchgehend ist, wird im nächsten Satz dem König auch gestattet, Tag und Nacht nach seinen eigenen Kräften einzuteilen.

In Abdul Hamīds »Buch des Pādšāh« wird der Tagesablauf des Mogulkaisers Šāh Jahān ähnlich minuziös beschrieben: Er steht zwei Stunden vor Sonnenaufgang (4 Uhr) auf, murmelt Koranverse in Richtung Mekka und verrichtet bei Sonnenaufgang sein Gebet in der Palastmoschee. Um 6.45 Uhr zeigt er sich am Palastfenster, Bittsteller erhalten Zutritt. Danach sieht er Elefantenkämpfen zu. 7.40 Uhr geht er zur öffentlichen Audienzhalle, wo die Adligen und Offiziere versammelt sind. Er nimmt die Berichte der Verwaltungsbeamten und Provinzgouverneure entgegen. 9.40 Uhr erledigt er private Korrespondenz in der privaten Audienzhalle. Wichtige Finanzgeschäfte und Bauvorhaben werden hier besprochen. 11.40 Uhr ist im »königlichen Turm» eine Besprechung über geheime Angelegenheiten mit den Prinzen und höchsten Offizieren. 12 Uhr zieht sich der Kaiser in den Harem zurück, wo er speist und ruht. 16 Uhr begibt er sich an manchen Tagen nochmals in die öffentliche Audienzhalle. 18.30 Uhr nach der Abendandacht erfreut er sich am Gesang und Tanz der Frauen. 20 Uhr erneute Geheimbesprechung im »königlichen Turm«. 20 Uhr 30 erholt er sich wieder in Gesellschaft der Frauen. 22 Uhr begibt er sich zur Ruhe und läßt sich noch etwas vorlesen.

Auch dieser Tageslauf hat Ausnahmen. Jeden Mittwoch tritt ein Gerichtshof zusammen, und freitags finden keine Audienzen statt.

Es ist sogar möglich, daß die Mogulkaiser das altindische Staatslehrbuch des Kauṭilya kannten und daraus einige Lehren gezogen hatten. In diesem Staatslehrbuch finden sich viele ältere politische Anschauungen, denen man auch im zwölften Buch des Mahābhārata begegnet. So ist die Theorie vom Staatenkreis (Maṇḍala-Theorie) schon vor Kauṭilya entwickelt worden. Es handelt sich hier um einen Versuch, Gesetzmäßigkeiten in der internationalen Politik zu entdecken. Nach dieser Geometrie der Macht sind Grenznachbarn natürliche Feinde, weshalb der eigene Staat von einem Kreis natürlicher Feinde umgeben ist. Diese haben aber ihrerseits Grenznachbarn im Rücken als natürliche Feinde, die damit aber zu Verbündeten für den

Die aus feinkörnigem Sandstein errichteten Tempel des 10. und 11. Jahrhunderts in Khajurāho stehen sich stilistisch sehr nahe und sind das Ergebnis einer spezifischen Architekturentwicklung, die gleichzeitig einen Höhepunkt zentralindischer Baukunst markiert. Die charakteristischen Merkmale der Tempel von Khajurāho werden anhand der hier abgebildeten Tempel, Pārśvanātha-Tempel (links), Duladeo-Tempel (rechts oben), Citragupta-Tempel (rechts Mitte) und Viśvanātha-Tempel (rechts unten), augenfällig: Versammlungshalle und Cella verschmelzen mehr und mehr zu einem einzigen zum Tempelturm (śikhara) *hin aufsteigenden Bauwerk. Die sonst übliche Umfriedung erübrigt sich durch die abgrenzende Wirkung der hohen Sockel. Diese sind übersät mit Skulpturen einer Bildhauerschule, die sämtliche anderen gleichzeitigen Werkstätten Indiens an Produktivität übertrifft.*

Der dem Viṣṇu geweihte Lakṣmaṇa-Tempel (rechts) gehört gemeinsam mit dem in enger Nachbarschaft stehenden Viśvanātha-Tempel und dem Kandarīya-Tempel zur besterhaltenen Tempelgruppe in Khajurāho. Man vermutet, daß sich hier einst das Zentrum der Chandella-Stadt befand. Berühmt ist der Lakṣmaṇa-Tempel unter anderem wegen seines Sockelfrieses (links), der auf vitale Weise Liebesszenen zeigt, aber auch einen sitzenden Guru mit seinen Schülern. Der Lakṣmaṇa-Tempel aus dem Jahre 954 ist inschriftlich genau datiert und zählt zu den frühen Bauten der Chandella-Hauptstadt. Am Grundriß (unten) wird sichtbar, wie die Säulenvorhallen mit der turmbekrönten Cella zu einem homogenen Raumkomplex verschmelzen.

Staat in der Mitte werden. Diese Kreise werden analog noch um neue erweitert. Hinzu kommen Reiche, die an Freund und Feind grenzen und als Neutrale gelten. Nur auf den ersten Blick erscheint dieses Modell als die graue Theorie eines Pandits. Auch die Weltgeschichte kennt die »Erbfeindschaft« zwischen Grenznachbarn, etwa die zwischen Preußen und Frankreich sowie Frankreich und England, weshalb eine Zeitlang Preußen und England »natürliche« Verbündete wurden. Und vor dem ersten Weltkrieg wurde der Begriff »Einkreisung« geprägt. Bezeichnend für Kauṭilya ist die Bedenkenlosigkeit in der Wahl der Mittel, die Skrupellosigkeit, die ihm den Beinamen eines indischen Machiavelli eingetragen haben. In der Tat betrachtet Kauṭilya den Erfolg *(artha)* als wichtigstes Lebensziel, was ihm gestattet, in Konfliktsituationen stets das politisch Zweckmäßige vorzuziehen. Aber er ist ein entschiedener Gegner blinder Gewaltanwendung und despotischer Willkür. Er weiß um die Charakterschwächen der Menschen, die ohne einen König in den »Fischzustand« geraten würden, in dem die Starken die Schwachen verschlängen wie große Fische die kleinen. In einer Volksansammlung sollen Agenten eine Diskussion anfangen: Der eine soll sich (zum Schein) über den König beschweren, der die Unter-

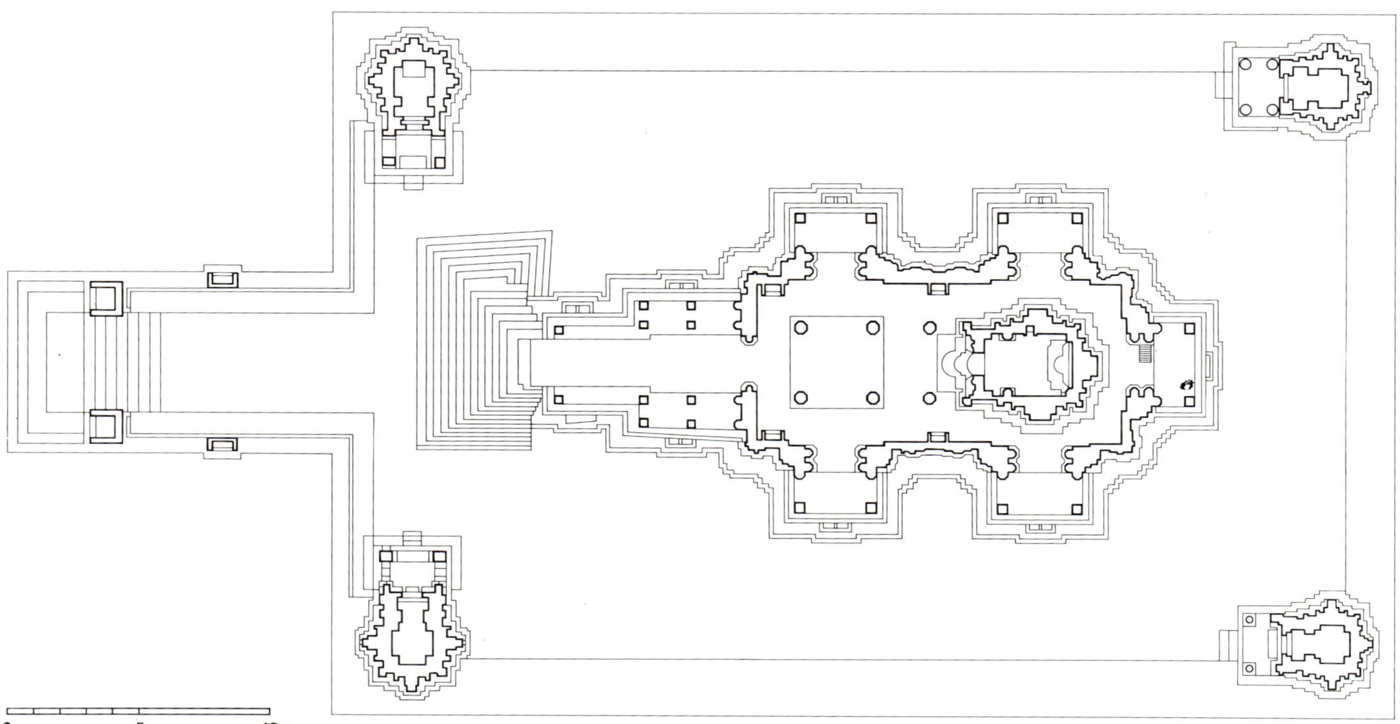

Vorhergehende Doppelseite: Am Beispiel des Kālī-Devī-Tempels wird sichtbar, wie der Haupttempel auf einem Podest (jagatī) *errichtet ist, dessen Ecken in der Regel von Nebenschreinen* (pañcāyatana) *besetzt sind. Der Haupttempel selbst besteht aus den Elementen Eingangshalle* (ardhamaṇḍapa), *Vorhalle* (maṇḍapa), *Haupthalle* (mahā-maṇḍapa), *kurzem Vestibül* (antarāla) *und Cella* (garbha-gṛiha). *Sie folgen von Osten nach Westen aufeinander. Das Kultbild in der Cella ist immer nach Osten ausgerichtet.*

Linke und rechte Seite: Die Tempel von Khajurāho sind berühmt wegen ihrer eindrucksvollen Architektur: An die Zone mit der verwirrenden Fülle figuraler Darstellungen anschließend, wachsen über der Cella des Kandarīya-Tempels (links) die kleinteilig ornamentierten Dächer einer zunächst fast regellos erscheinenden Abfolge von Scheinkuppeln empor. Sie symbolisiert den Weltberg Meru.
Weltbekannt wurden die Tempel von Khajurāho allerdings wegen der unverblümten Erotik ihrer Reliefdarstellungen, die freilich nicht Zustände bei den Chandellas beschreiben, sondern symbolisch das tantrische Heilsziel verdeutlichen sollen.
Allerdings vermag die künstlerische Qualität des Skulpturenschmucks nicht mit Arbeiten aus Bhubaneswar zu konkurrieren.

tanen durch Steuern und Strafen bedrücke. Darauf soll der andere ihn (und die Umstehenden) belehren, daß der König den »Fischzustand« verhindere – ein Beleg für politische Propaganda, wie er in der Geschichte des Altertums selten zu finden ist. Die Furcht vor Rebellionen zwingt den König, einen großen Spionageapparat in Gang zu halten. Im Reich des Feindes sind dessen Unzufriedene aufzuwiegeln, und es wird analysiert, wer zu diesen zu zählen hat: die Erzürnten, die in Angst Lebenden, die Habsüchtigen und die Hochmütigen, wobei jede Gruppe noch genauere Charakterisierung erfährt. Es wird auch genau gesagt, wie sie aufzuwiegeln sind. So soll den in Angst Lebenden gesagt werden: »Ehe dieser König, den die Besorgnis vor Schaden gepackt hat, gleich einer lauernd versteckten Schlange, welche ihr Gift auf ihn ablädt, von dem sie Gefahr erwartet, das Gift seines Zornes auf dich ablädt, mußt du anderswohin gehen.«

Das Staatslehrbuch erörtert auch das Problem, wie Reichsflüchtlinge, die zurückkehren, zu behandeln sind, und diskutiert die Gründe für die Reichsflucht mit älteren Staatslehrern, die als Ursachen nennen: »Zerstörung des Erarbeiteten, Schwund der Macht, Verachtung der Wissenschaften, Verzweiflung an der Hoffnung, Reiselust, Mißtrauen oder Feindschaft mit Mächtigen.« Kauṭilya selbst nennt »Furcht, Mangel an Lebensunterhalt, Zorn«. Gute Politik soll darauf bedacht sein, daß die Untertanen nicht flüchten, sondern die des Feindes zu einem überlaufen. Gewiß soll der König ein starkes Heer unterhalten, jedoch versuchen, seine Ziele mit den Mitteln des kalten Krieges zu erreichen. Aber das Staatslehrbuch des Kauṭilya weiß auch, daß das Schicksal *(daiva)* die Politik beeinflußt und daß nur ein Teil machbar ist. Sind die Dinge mit menschlichen Möglichkeiten nicht lösbar, werden Zaubersprüche und schwarze Magie empfohlen. Das Kastenwesen spielt wie im Kāmasūtra keine wichtige Rolle, doch bleibt es unangetastet. Die Brahmanen dienen als Priester und Hofkaplane dem Staat, aber in Notzeiten werden Tempelvermögen konfisziert und Orakel gefälscht. Das Rechtswesen gesteht den Untertanen oft mehr Rechte zu als die Werke der *dharma*-Literatur. Vor allem sind die Frauen besser gestellt, auch als Witwen. Wenn es aber politisch notwendig ist, werden staatlich besoldete Meuchelmörder beauftragt, politisch Mißliebige zu beseitigen. Kauṭilya spricht hier von der Anwendung der »stillen Strafgewalt«.

Das Staatslehrbuch des Kauṭilya erörtert auch detailliert die Staatsökonomie. Es vertritt einen Wirtschaftszentralismus, der staatliche Unternehmen fördert und die Privatwirtschaft hoch besteuert und zu enteignen versucht. Das zweite Kapitel ist den Aufsehern über die Wirtschaft gewidmet. Dem Obersteuereinnehmer unterstehen die Einnahmen aus der staatlichen und privaten Wirtschaft – daneben ist er noch der Chef des Geheimdienstes. Viele Wirtschaftszweige sind staatliche Monopole, wie beispielsweise die Bergwerke, und die Bodenschätze dürfen nur durch den staatlichen Handel vertrieben werden. Die Herstellung und der Verkauf alkoholischer Getränke sind ein Staatsmonopol. Die Prostituierten sind Staatsangestellte, die einem besonderen Aufseher unterstehen. Das Hindu-Königreich von Vijayanagar ist ein später Beleg für die Prostitution als Einnahmequelle des Staates, denn im

Links: Die Blätter für das Kartenspiel Daśāvtāra Ganjifa aus dem 17./18. Jahrhundert zeigen verschiedene Inkarnationen (āvatāras) *Viṣṇus. Leinfelden, Spielkartenmuseum*

Oben: Polospiel am Mogul-Hof, Ende des 18. Jahrhunderts. Im Mittelpunkt steht der Kampf zweier Reiter um den roten Ball. Berlin, Museum für Indische Kunst

15. Jahrhundert sollen dort die Polizisten durch diesen Erwerbszweig finanziert worden sein. Ferner werden in diesem Kapitel Aufseher über die Gespinste und Gewebe, über die Edelmetalle und Edelsteine, über die Nutzpflanzen und Walderzeugnisse, über die Waffenkammer, die Elefanten und Pferde genannt. In diese Abschnitte, die wohl aus verlorengegangenen älteren Quellen übernommen wurden, sind ganze Wissenschaftszweige eingearbeitet wie etwa Elefantenkunde, Pferdekunde und Mineralienkunde. Daneben gibt es noch Bauernland in privatem Besitz, das mit dem auch sonst im alten Indien üblichen sechsten Teil des Ertrages besteuert wird. Hinzu kam eine Wassersteuer, und darüber hinaus konnten die Bauern zu Fronarbeiten verpflichtet werden. Im Falle des Staatsnotstandes hatten Beamte den Auftrag, die Felder der Bauern von der Aussaat an zu überwachen und die Abgaben gegebenenfalls zu erhöhen. Private Handwerker und Händler sind dem staatlichen Dirigismus ein Dorn im Auge, und in einem Kapitel, das »Ausrottung der Dornen« heißt, wird die Überwachung der Händler und Handwerker behandelt. In Notzeiten ist sogar jedes Mittel recht, ihren Besitz zu konfiszieren.

Kauṭilya (V, 3) bringt eine Besoldungsliste, die zeigt, welche Hierarchie der Ämter für zweckmäßig gehalten wird. Der Sold wird wahrscheinlich in Silber-Paṇas angegeben und ist als Jahresgehalt zu verstehen:

48 000: der Opferpriester, der Lehrer (des Königs), der erste Minister, der Hofkaplan, der Heerführer, der Kronprinz, die Mutter des Königs und die Hauptgemahlin;

24 000: der Haushofmeister, der Obersteuereinnehmer, der Oberschatzmeister;

12 000: die Prinzen, deren Mütter, der Ministerrat;

8 000: die Zunftvorstände, die Aufseher über die Elefanten, Pferde und Wagen, die Richter;

4 000: die Aufseher der Infanterie, der Kavallerie, der Kriegswagen und Elefantentruppen, die Aufseher der Nutz- und Elefantenwälder;

2 000: Wagenkämpfer, Elefantenführer, Pferdetrainer;

1 000: Astrologen, Zeichendeuter, Sagenerzähler, Wagenlenker und Barden;

500: ausgebildete Infanteristen, Buchhalter, Schreiber;

120: Handwerker;

Ferner wird gesagt, daß Lehrer und Gelehrte zwischen 500 und 1000 bekommen. Spione, die als Mönche, Händler oder Asketen verkleidet sind, bekommen 1000, Meuchelmörder, Giftmischer und (spionierende) Bettelnonnen bekommen 500. Man weiß nicht, ob je in einem altindischen Staat diese Gehälter gezahlt worden sind, denn keine andere Quelle bringt eine solche Besoldungsliste. Erst die Liste der Mansabārs der Mogulkaiser hat gewisse Ähnlichkeiten. Hingegen finden sich in der altindischen Literatur und in Inschriften Würdenträgerlisten, von denen die der achtzehn *tīrthas* am verbreitetsten ist.

Megasthenes

Anders als das Staatslehrbuch des Kauṭilya beschreibt der Indienbericht des griechischen Gesandten Megasthenes einen Staat, den es wirklich gegeben hat: das Maurya-Reich Candraguptas (nach 320 n. Chr.). Megasthenes erkennt einen starken Trend zu staatlicher Überwachung und unterscheidet drei Gruppen von Beamten, die verschiedene Bereiche des Staates kontrollieren. Er nennt nicht die vier Kasten, die ihm, dem Griechen, vielleicht nicht aufgefallen sind, sondern sieben Berufsgruppen: 1. die Philosophen, worunter die Brahmanen zu verstehen sind, 2. die Landleute, die Pacht und ein Viertel des Ertrages zahlen, 3. die Hirten, 4. die Kunsthandwerker, 5. die Krieger, 6. die Spione und 7. die Ratgeber und Beisitzer des Königs. Ausdrücklich stellt er fest, daß es in Indien keine Sklaven gibt. Die altindischen Rechtsbücher bezeugen aber verschiedene Arten von Sklaven *(dāsas)*, die jedoch nicht eine so augenfällige Rolle spielten, wie in Rom und Griechenland.

Zentralismus und Feudalismus

Zwangsläufig ließ sich ein Großreich nicht von einer Reichszentrale aus allein beherrschen. Man mußte das Reich unterteilen, um es verwalten zu können. Doch hier lauerte stets die Gefahr, daß sich die Provinzgouverneure oder Vizekönige unabhängig machten, wenn sich die Zügel der Zentralgewalt lockerten. Mehrfach begegnet man im alten Indien einer Einteilung, wie sie beispielsweise bei den Rāṣṭrakūṭas bestand: Die Provinzen waren in Distrikte unterteilt, und diese zerfielen in Bezirke, die sich wiederum in Unterbezirke mit nur wenigen Dörfern aufgliederten.

Akbar teilte sein Reich in zwölf Provinzen *(subah)* ein, diese in Distrikte *(sarkār)* und diese ihrerseits in Bezirke *(paraganā)*.

Mit den Muslimen kommt der Feudalismus nach Indien, der sich ansatzweise schon vor ihnen entwickelt hatte. So werden in Inschriften immer wieder Landschenkungen bezeugt. Das System der Muslime gründet sich auf die Lehen *(jāgīr)*, die verdienten Offizieren und anderen Würdenträgern verliehen werden. Der Besitz dieser Lehen verpflichtet sie, dem Herrscher eine entsprechende Anzahl von Soldaten zu stellen. Manche Herrscher sahen in diesem System eine große Gefahr für die Zentralgewalt, und Alā-ud-dīn Khaljī schaffte die Lehen ab, aber Fīrōz Šāh (1351–1388) führte sie wieder ein, während Akbar die direkte Besoldung vorzog. Dagegen stützte sich sein Sohn Jahāngīr wieder stärker auf das *jāgīr*-System.

Neben den Lehen gab es Kronländer *(khalsā)* und staatliche Manufakturen *(karkhāna)*. Der Franzose François Bernier, der im 17. Jahrhundert reiste, berichtet: »An vielen Stellen der Stadt (Delhi) trifft man auf große Hallen, die Karkhānās genannt werden. In einem Raum sieht man unter der Aufsicht eines Meisters Sticker emsig bei der Arbeit, in einem anderen Goldschmiede, in einem dritten Maler, in anderen Lackierer, Tischler, Drechsler, Schneider und Schuhmacher. Wieder woanders stellen sie Stoffe her, Seide, Brokat und feinen Musselin...«

Der wichtigste Beamte im Staat war der Wazīr (Wesir), dem die Finanzverwaltung unterstand. Akbar teilte die Adligen und Beamten in militärische Ränge ein, die nach der Zahl der Reiter abgestuft waren, die sie im Kriegsfall zu stellen hatten. Es gab 33 Ränge von Mansabdārs, und die Skala reichte vom Mansabdār über 10000 Reiter – eine Rangstufe, die den Prinzen vorbehalten war – bis zum Mansabdār über zehn Reiter. Auch die Ministerialbeamten, Dichter und Maler erhielten solche Ränge, ohne daß sie in der Lage waren, berittene Truppen aufbringen zu können. In ihrem Fall bedeutete der Rang einen Ehrentitel – und die Besoldungsgruppe. Die hohen Adligen erhielten nichtvererbbare Lehen, während die rangniedrigen Offiziere besoldet wurden.

Die muslimische Verwaltungsstruktur verdrängte die hinduistische in weiten Teilen des indischen Subkontinents. Seit dem 18. Jahrhundert kamen große Gebiete wie Bengalen, die Präsidentschaften Bombay und Madras unter die Administration der englischen Ostindienkompanie. Nach dem Aufstand 1857/58 wurde die Ostindienkompanie aufgelöst und Indien der englischen Krone unterstellt. Der Generalgouverneur, dessen Amtszeit begrenzt blieb, erhielt den Titel Vizekönig. Von 1876/77 bis zur Unabhängigkeit Indiens 1947 führten die englischen Monarchen den Titel eines Kaisers von Indien *(Kaisar-i-hind)*. Unter britischer Oberhoheit bestanden aber noch 562 indische Fürstenstaaten und bewahrten die alten Strukturen bis 1947, einige sogar bis 1949. Die Mehrzahl dieser Staaten wurde von Hindumahārājas regiert, die übrigen von muslimischen Fürsten, die den Titel Nawāb führten – nur der mächtigste von ihnen nannte sich Nizām von Haidarābād.

Die Miniaturmalerei zeigt die Vorführungen einer Gauklertruppe auf dem Platz einer großen Stadt, die in einzelnen Architekturmotiven an Jaipur erinnert. Nach einer Beschriftung auf der Rückseite des Blattes handelt es sich bei dem kostbar gekleideten Reiter, der den Darbietungen nebst Gefolge beiwohnt, um Kaiser Jahāngīr. Berlin, Museum für Indische Kunst

Religionen

Die Religion des Veda

Jener war unter den Wissenden wahrlich ein Künstler,
der diese beiden erschaffen hat: Himmel und Erde.
Die (drei) *weiten, tiefen, festgegründeten Welten –*
ohne Balken fügte mit Kunst sie zusammen der Meister!
Ṛgveda, IV,56,3

Die Bewunderung des vedischen Sängers gilt dem Kosmos und dem kunstreichen Gott, der diesen gewaltigen Raum ohne stützende und tragende Balken zu schaffen vermochte. Mit der Welt gestaltete er nicht nur den Lebensraum für die Menschen, sondern auch die dreifache Szene für das Wirken der Götter: im Himmel, im Luftraum und auf der Erde. Dort schweifen die Himmlischen frei umher. Kein Tempel, kein Berg, keine heilige Grotte, keine Quelle bezeichnet ihren ständigen Wohnsitz, wie dies in polytheistischen Kulturen des Vorderen Orients und Mittelmeerraums üblich war; keine regionale Grenze, auch nicht der Lebensraum der sie verehrenden Völker, kennzeichnet eine Abgrenzung ihres Zuständigkeitsbereichs. Vielmehr wirken die Götter weltweit, ein jeder auf bestimmte Funktionen spezialisiert, aber viele von ihnen zugleich mächtig genug, um gelegentlich auch die Funktionen anderer Götter an sich zu ziehen. Auf himmlischen Streitwagen, von gedankenschnellen Rossen gezogen, eilen sie dorthin, wo der Mensch sie Opfer spendend, Hilfe erflehend, anruft.

Das Anrufen freilich ist eine Kunst, denn die Götter lieben die dichterisch gestaltete Rede, sie lieben die geheimnisvolle Anspielung und das vieldeutige, raffiniert gesetzte Wort – die plumpe, offene Rede hingegen ist ihnen verhaßt. Auch ist das Opfern bereits eine komplizierte Handlung, an der mehrere Experten beteiligt sind. Da gilt es, den Opferplatz richtig zu wählen, ihn zu glätten und den Göttern Sitze zu bereiten auf einer Spreu von Kuśa-Gras. Drei Feuerstätten sind zu errichten; es gilt den Somatrank zu pressen, zu filtern und mit Milch und Honig zu mischen, das Opfertier zu weihen, zu schlachten und zu zerlegen; Gerste oder Reis und Schmelzbutter als Opfergaben bereitzuhalten; dann mit Preisliedern einen oder mehrere Götter zu rufen, unter Gesängen und Opferformeln die Opfer zu vollziehen und dabei stets darauf zu achten, daß keinerlei Fehler in Wort oder Tat die Perfektion des Ritus zerstört. Denn leicht vermag schon ein kleiner Fehler die erhoffte Hilfe in Unheil zu verwandeln, Dämonen können Zugang zum Opfer finden, Gefahren vielfacher Art können drohen. Der Umgang mit den Göttern will gelernt sein, und die Priesterpoeten sind Spezialisten ihres Metiers. Vom Opferherrn, der das Opfer ausrichtet und finanziert und dem auch die daraus resultierenden Gaben der Götter zufließen, erwarten die Priester für ihre Dienste reichliche Zuwendungen.

Votiv-Stūpa in Bodhgayā. Die Figuren zeigen mehrfach den an diesem Ort zu völliger Erkenntnis erwachten Buddha, der den Versucher Māra abgewehrt hat und die Erde als Zeugin für diesen Sieg anruft, sowie in der Mitte eine Darstellung der ersten Predigt des Buddha: Im Tierpark von Sārnāth bei Benares setzt er das Rad der Lehre in Bewegung.

Die vedische Literatur

Dank der sorgfältigen Ausbildung dieser Priester, die das heilige Wissen genauestens bewahrten und von Vater auf Sohn, von Lehrer auf Schüler in unglaublich präziser mündlicher Tradition weitergaben, sind die Texte dieser frühen Zeit, die noch heute (nach rund 3000 Jahren) ihre Aura heiliger Texte bewahrt haben, erhalten geblieben. Man bezeichnet sie als den Veda, »das Wissen«. Dieser Veda besteht aus vier umfangreichen kanonischen Sammlungen: dem Wissen der Verse (Ṛgveda), dem Wissen der Gesänge (Sāmaveda), dem Wissen der Opferformeln (Yajurveda) und dem Wissen der Atharvan (Atharvaveda), jener Priester, denen es oblag, jeden durch etwa aufgetretene Fehler entstandenen Schaden abzuwehren, ungünstige Einflüsse seitens feindlicher Kräfte zu beseitigen und

positive Einflüsse zu fördern. Die drei erstgenannten Veden waren für die Kommunikation der Priester mit den Göttern unerläßlich und bildeten die grundlegenden heiligen Schriften; die vierte hingegen wurde erst wesentlich später als »Veda« anerkannt und diente vor allem dem kontrollierenden Umgang mit den niedrigen Geistern und Dämonen.
Der älteste und bedeutendste dieser heiligen Texte ist der Ṛgveda. In zehn Büchern oder Liederkreisen enthält er 1028 Gedichte mit insgesamt mehr als 10 000 Strophen, davon die meisten zu drei oder vier Zeilen. Sie enthalten das dichterische Werk von Generationen von Priesterpoeten, gesammelt und geordnet vermutlich im 10. Jahrhundert v. Chr. und seither mit Hilfe einer bewundernswerten Mnemotechnik unverändert überliefert. Fügt man die ebenfalls umfangreichen anderen Veden hinzu und betrachtet ferner die Fülle von Texten der Brāhmaṇa-Literatur (9.–6. Jahrhundert v. Chr.), die sich mit der Kommentierung und Auslegung des vedischen Opferrituals befassen, sowie die sich daran anschließenden philosophisch-spekulativen Werke des 8.–4. Jahrhunderts v. Chr. (Araṇyaka und Upaniṣaden), ferner auch die Leitfäden für häusliche und öffentliche Riten (Gṛhya- und Śrautasūtras, 5.–3. Jahrhundert v. Chr.) und die vedischen Hilfswissenschaften Grammatik, Etymologie, Metrik, Astronomie und Mathematik, so darf man eine ungewöhnlich gute Dokumentation für die vedische Religion konstatieren.

Das Pantheon der Götter

Dennoch gibt diese Religion nach wie vor einige Rätsel auf. Im Zentrum zahlreicher Hymnen steht der Götterkönig Indra, aber dennoch findet sich keine klare Hierarchie der Götter, wie dies etwa im Pantheon der homerischen Götter der Fall war. Vielmehr begegnen Angehörige verschiedener Götterkreise, die mit wenigen Ausnahmen konfliktlos und weitgehend unabhängig voneinander existieren und kosmogonische Taten verrichten. Auffällig ist, daß diese Taten durchaus verschiedenen Göttern zugeschrieben werden können. Auffällig ist ferner, daß mehrere der Himmlischen als König der Götter, als höchster Herrscher, als Herr über alles Bewegliche und Unbewegliche und so weiter gepriesen werden können. All dies zeigt deutlich, daß es einen »Höchsten« in Wirklichkeit gar nicht gibt: Der Gott, der gerade angerufen wird, erhält allen Ruhm und alle Ehre, er ist für den Augenblick der Höchste.
In der Tat ist das vedische Pantheon gemischt und macht den Eindruck, als entstamme es zumindest zwei, vielleicht drei verschiedenen Kulturstufen. Da gibt es einige Gestalten, die sich durch ihre Namen als der indoeuropäischen Frühzeit zugehörig erweisen, für die es also sprachliche Äquivalenzen in der indoeuropäischen Sprachfamilie gibt. Dazu gehören beispielsweise der Himmelsgott Dyaus pītā (griechisch: Zeus patēr, lateinisch: Diēs piter/Jupiter), ferner der Sonnengott Sūrya (griechisch: Hēlios), der Windgott Vātā (lateinisch: ventus), der Feuergott Agni (lateinisch: ignis), Uṣas, die Morgenröte (griechisch: Eōs, lateinisch: Aurora) und einige andere mehr.
Anders verhält es sich mit einer Reihe von Göttern, die zwar der indoiranischen Sprache und Kulturgemeinschaft angehören, jedoch dem übrigen indoeuropäischen Sprachraum fremd blieben. Dazu gehören unter anderem der vedische Gott Mitra (avestisch: Mithra), der im kaiserzeitlichen Rom als Mithras nochmals Bedeutung gewann, der Göttertrank Soma (avestisch: Haoma), der Werkmeister Tvaṣṭṛ (avestisch: Thvaštar), eine Gottheit Vṛtraghna (avestisch: Verethragna), die in Indien mit Indra verschmolz, und schließlich Indra selbst, der in Indien höchste Bedeutung erlangte, während er im Iran nur als unbedeutender Dämon in Erscheinung tritt. Ein dritter Kreis von vedischen Gottheiten ist selbst den iranischen Nachbarn in der sprachlichen Form ihrer Namen fremd. Es handelt sich

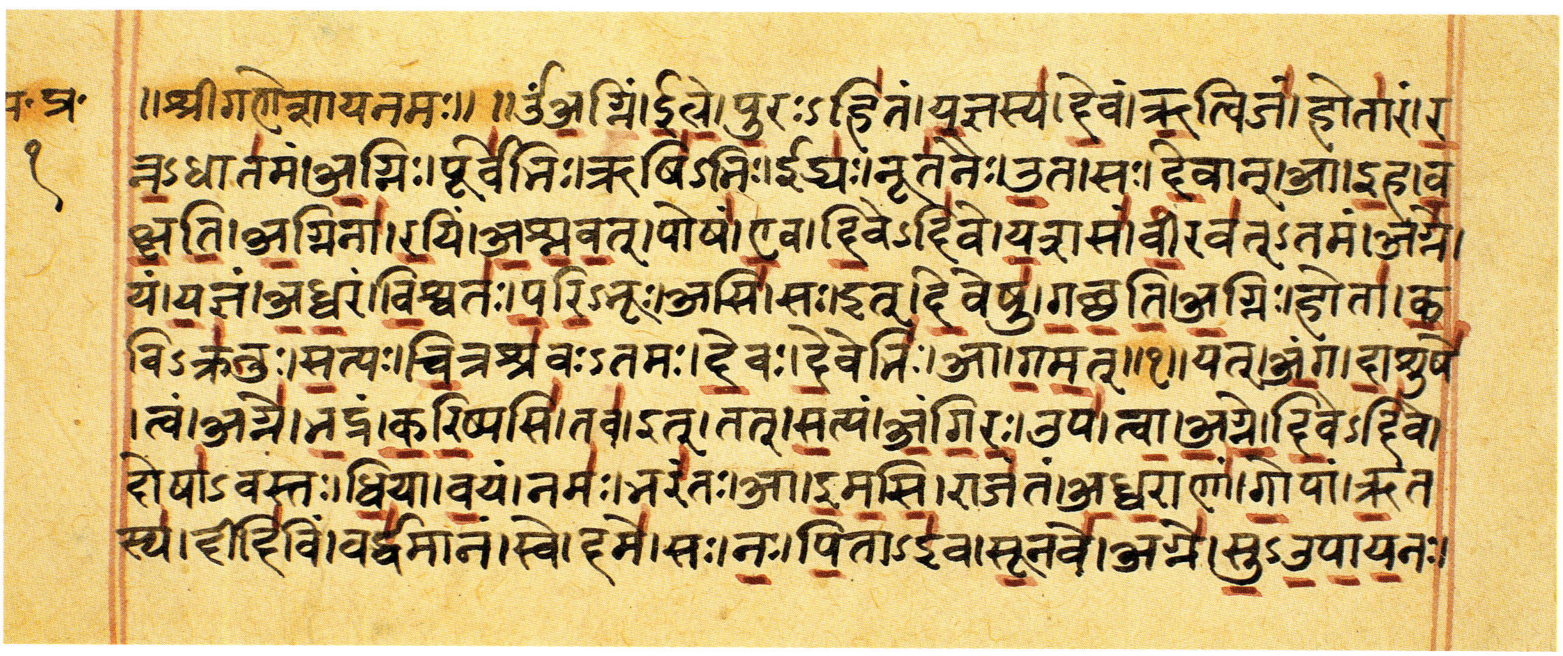

um die Adityas, lichthafte Götter von großer Bedeutung, an deren Spitze der Gott Varuṇa steht. Die in den Hymnen an diese Götter erkennbare Gottesvorstellung unterscheidet sich deutlich von Indra und seinen Kampfeskumpanen, wenngleich Indra allmählich selbst Züge der Adityas annimmt und schließlich sogar in ihren Kreis Aufnahme findet. Auch auf die Religion Zarathustras, insbesondere auf die Gotteskonzeption des Ahura Mazdā, haben die Adityas, ohne daß sich dies in einer Übernahme von Namen ausgewirkt hätte, sicherlich Einfluß ausgeübt.

Einflüsse der Induskultur

Manche Details der vedischen Religion wären leichter zu erklären, wenn der Zeitpunkt der arischen Einwanderung nach Indien genauer bekannt wäre, wenn man sicher wüßte, ob sie auf einmal oder in sukzessiven Wellen nach Indien einwanderten und wie lange sie sich bereits vorher in Regionen aufhielten, in denen sich vielleicht ein Einfluß der Induskultur geltend machte.

Diese große Stadtkultur, die ihre bedeutendsten Zentren in Mohenjodaro am unteren Indus und in Harappa im Panjab hatte, deren Ausläufer aber im Norden bis weit ins heutige Afghanistan, im Westen tief nach Baluchistan, im Osten bis an den Ganges und im Süden bis an die Narmadā reichten, zerbrach in ihren politischen und wirtschaftlichen Zentren aus bisher nicht gesichertem Grund um 1750 v. Chr. Eine mögliche Veränderung der Wasserläufe und, in deren Folge, ein Verlassen der alten Städte allein erklärt nicht völlig das rasche Aussterben dieser zentral organisierten Kultur. Wie dem auch sei: Die Städte waren wohl schon von ihren Erbauern verlassen und von eingeborenen Hirtenstämmen besetzt, als die vedischen Arier eintrafen. Keine der bedeutenden technischen Errungenschaften – gebrannte Ziegel, Be- und Entwässerungsanlagen, Stadtplanung, Vorratskammern, einheitliche Maße, Gewichte und die Schrift – konnte von den Ariern aufgegriffen und weiter praktiziert werden. Gilt das auch für die Religion? Noch ist es zu früh, um auch nur annähernd gesicherte Aussagen zu machen. Es ist jedoch nicht unmöglich – und die Zusammensetzung des vedischen Pantheons macht es wahrscheinlich –, daß die Arier, schon ehe sie nach Indien eindrangen, mit einer Hochkultur in Berührung waren, von der sie bestimmte Gottesvorstellungen übernahmen. Ob dies die Induskultur war, ist nicht sicher, aber auch nicht ausgeschlossen.

Leider ist nur wenig über die Religion der Induskultur bekannt. Es gab aufwendig gebaute Bäder, die zeigen, daß Reinigungsriten eine wichtige Rolle spielten, und es gab erhöhte Plattformen mit Feuerstellen. Beides taucht später in Indien wieder auf: der erhöhte, aus Ziegeln errichtete Feueraltar mit an die Ziegel gehefteter ausgeprägter Symbolik schon in den Brāhmaṇas, die Tempelteiche erst in den Jahrhunderten vor der Zeitenwende mit dem Erstarken der Volkskulte. Andere Funde aus der Zeit der Indus-

Linke Seite: Ṛgveda I,1, pada-pāṭha-*Text, Verse 1–8 und ein Teil von Vers 9. Die Anfangshymne des Ṛgveda ist an Agni, den »Gott Feuer«, gerichtet.*
Berlin, Staatsbibliothek Preußischer Kulturbesitz

Oben: Der Gott Indra mit seiner Waffe, dem vajra, *in der Hand reitet auf dem Elefanten Airāvata. Hinter ihm sitzt seine Gemahlin Indrāṇī auf einem verzierten Sitz. Relief am Keśava-(Somanātha-) Tempel in Somnāthpur, um 1268*

Der die schwankende Erde befestigte, der die tobenden Berge zur Ruhe brachte, der den Raum sich ausgemessen hat, immer breiter, der den Himmel stützte – der, ihr Völker! ist Indra.

Der die Schlange erschlug und die sieben Ströme laufen ließ, der die Kühe heraustrieb, indem er das Felsverlies öffnete, der zwischen zwei Steinen das Feuer erzeugt hat, der Beutemacher in den Schlachten – der, ihr Völker!, ist Indra.

Ohne den die Völker nicht siegen, den sie im Kampf sich zu Hilfe rufen, der mit jedem sich messen kann, der das Unerschütterliche erschüttert – der, ihr Völker!, ist Indra.

Ṛgveda, II,12,2–3 und 9

kultur geben zwar vage Anhaltspunkte, ermöglichen aber noch keine klare Vorstellung über die Religion. Daß man an eine Weiterexistenz nach dem Tode glaubte, ergibt sich aus Grabbeigaben: Sie zeigen, daß man damit rechnete, daß die Verstorbenen noch Speise brauchen. Zahlreiche kleine Lehmfigurinen weiblicher Gestalten sind als Beweis für den Kult einer Muttergöttin gedeutet worden, doch weder das Format noch die Qualität der Ausführung dieser Figurinen deutet darauf hin, daß es sich um Kultfiguren handelt. Wenn nicht Kinderspielzeug, so war dies bestenfalls eine Produktion von Wegwerffiguren für Fruchtbarkeitszauber. Hohe künstlerische Qualität und Fähigkeit zeigt sich dagegen in einigen wenigen Skulpturen und in den zahlreichen Siegeln der Induskultur. Ihre Schrift ist noch nicht überzeugend entziffert. Auf einem der Siegel hat man den Gott Śiva als »Herrn der Tiere« erkennen wollen, doch die Gestalt trägt den Schmuck einer Frau. Es scheint, daß hier (wie auch in kleinen Tonfiguren aus Mohenjodaro) eine androgyne Gottheit konzipiert war, wie sie sehr viel später in Indien in Gestalt des Ardhanārīśvara wieder auftaucht. Bisher aber bleiben Aussagen dieser Art im Bereich der Spekulation, da nicht sicher ist, ob es sich bei den kleinen Tonfiguren überhaupt um Gottheiten handelt. Nur dies eine scheint eindeutig: Die Sitzhaltung des Yogin findet sich auf mehreren Siegeln abgebildet und läßt vermuten, daß der später so wichtige Yoga in einer seiner Wurzeln bis in die Induskultur zurückreicht. All dies sind Hinweise, die sich in der Religion des Veda nicht spiegeln. Umgekehrt könnte jedoch der Veda jene Gottesvorstellung bewahrt haben, welche die Ruinen der Induskultur nicht mehr preisgeben: die Vorstellung eines allwissenden, mächtigen, zauberkräftigen Gottes, der den wunderbaren, in ständiger Bewegung befindlichen Kosmos einschließlich aller ihm innewohnenden Gesetze und einschließlich der physikalischen und moralischen Ordnung geschaffen hat und der diese Ordnung beschützt und aufrechterhält. Das macht ihn auch zum Richter, der die Sünder bestraft, der die Guten zum unvergänglichen Licht führt. Sollte eine solche Gottesvorstellung, deren Spuren sich mit Varuṇa und den Adityas im Veda (mit Ahura Mazdā und den Ameša spentas im Avesta) und später mit Nārāyaṇa im Viṣṇuismus finden, aus der Induskultur stammen? Man weiß es nicht.

Indra

In der Hand die Keule, im Haupte die Überlegung.
Ṛgveda, II,16,2

Der Ṛgveda selbst gibt die Zahl der Himmlischen mit 33 an. Nach der späteren Literatur setzt sich diese Zahl zusammen aus zwölf Adityas, elf Rudras, acht Vasus und zwei Nāsatyas. Indra ist der beliebteste unter ihnen. Er ist neben Agni, dem Gott Feuer, der am häufigsten angerufene Gott im Veda.

Indra ist derb und gutmütig zugleich, ein rüder Recke, unwiderstehlich in seiner Kraft, wenn er berauscht ist. Seine Waffe ist der Vajra, eine Wurfkeule, und seine Kampfgefährten sind die wilden Maruts, die Sturmwinde. Mit ihrer Hilfe und mit Hilfe seines Freundes und Kampfgefährten Viṣṇu erschlug er die Schlange Vṛtra, die wie ein Wall die Wasser zurückhielt: Indra brach ihr das Rückgrat und ließ die Flüsse fließen, bahnte ihnen den Weg zum Meer. Und mit dem Wasser befreite er auch die himmlischen Lichter. Der Dichter preist diese und andere Taten, um Indra zu schmeicheln, um ihn anzufeuern zu neuer Tat. Er preßt für ihn den Rauschtrank Soma, der, mit Milch und Honig gemischt, den Gott zu den größten Heldentaten befähigt. Indra soll dem Opferer zum Sieg verhelfen, denn er ist es, der die Wälle der plattnasigen Dasyus bricht, der den arischen Stämmen bei der Landnahme hilft, der ihnen beisteht, die Rinder des Gegners zu erbeuten.

Doch nicht nur gegen Einheimische richtet sich die Beutelust der arischen Stämme, auch untereinander tragen sie Fehden aus, rauben sich gegenseitig Rinder und Schätze. In diesem Fall opfert auch der Gegner dem Indra. Bei seinem Opfer aber soll sich Indra nicht niederlassen, seine Bitten um Hilfe soll er nicht erhören, die Rosse seines Wagens soll er am Opfer der Gegner vorbeilenken, sie nicht dort anhalten, sie erst hier abspannen! Es sind solche Situationen – und Veranstaltungen öffentlicher Dichterwettkämpfe –, die dazu anspornen, immer neue Lobgesänge, immer kunstvollere Schmeicheleien zu erfinden, damit der Gott, von der Rede der Dichter und Sänger angelockt, zu diesem Opfer komme und nicht bei dem des Gegners verweile.

Die Verehrung Indras ist daher nicht Sache der beutelüsternen Krieger allein, sie ist auch und vor allem Sache des individuellen Dichterruhmes vedischer Priester. Diese

Linke Seite: Siegel aus Mohenjodaro. Die dreigesichtige, mit breitem Hörnerschmuck gekrönte und in Yoga-Haltung sitzende Gestalt, die von wilden Tieren umgeben ist, wird meist als »paśupati« *(Herr der Tiere) bezeichnet.*

Oben: Tempelteich in Śravaṇa Belgola. Solche Anlagen haben in Indien eine bis auf Mohenjodaro zurückreichende Tradition. Das rituelle Bad vor der Anbetung der Gottheit spielt in den Hindu-Religionen eine wichtige Rolle.

sind es, die die Gunst des Gottes zu gewinnen vermögen, und das Kriegsglück wird bezeugen, ob ihr Preislied und ihr Opfer perfekt waren, ob es ihnen gelang, die Freundschaft des Gottes zu gewinnen. Die Dichter, die Priester sind es, die im Wettstreit miteinander kämpfen um das Wissen, um die Kunst des Opfers und um den Gott.

Komm Indra, mit den erfreulichen Falben, den pfauenschweifhaarigen!
Nicht sollen Dich irgendwelche Leute festhalten, wie die Schlingensteller den Vogel.
Geh an ihnen vorbei, wie an einem wüsten Land.
Ṛgveda, III,45,1

Als König ist Indra nicht nur der Starke, er ist auch der Herr des Reichtums, der Freigebige, Gabenreiche. Auch ist er der Einsichtige und Umsichtige, der Weise und Gütige. Entfaltet er einerseits Mut und Wut im Kampf, ist ungeduldig und ruhmbegierig, so ist er andererseits auch redekundig und großmütig, herrlich in seiner Erscheinung und unerreichbar, der Erste unter den Höchsten.

Neben der Befreiung der Wasser sind auch andere kosmogonische Mythen mit Indra verbunden, wenn auch vielleicht erst sekundär, von anderen Göttern, vor allem von Varuṇa, Mitra, Viṣṇu und Agni, übernommen. Er befestigt die Erde und dehnt sie aus, er stabilisiert die Berge, indem er ihnen die Flügel abschneidet, er furcht die Bahnen der Flüsse, reguliert ihren Lauf und treibt sie zum Meer. Er breitet den Himmel aus und stützt ihn, ist Herr des Himmels und festigt die Himmelslichter. Den Luftraum und die Meere dehnt er aus. Er ist es auch, der die weiße Milch in die farbigen Kühe legte oder, wie es häufiger heißt, die gekochte (weil warme) Milch in die rohe Kuh. Die ihn preisenden Sänger inspiriert und belohnt er, so daß ihn ein

Dichter als »allumfassenden Brunnen der Gedanken« bezeichnen kann. Er verleiht dem Gebet Kraft und wird seinerseits durch die Lobesworte zu großen Taten ermuntert. Neben dem Göttertrank Soma dient ihm auch die feierliche Rede zur Stärkung.

Agni: »Gott Feuer«

Das Opfer, das du von allen Seiten umfassest,
das allein gelangt zu den Himmlischen.
Ṛgveda, I,1,4

Indra ist ein Gott der Fürsten und Krieger, ein Gott der Mächtigen, die aufwendige Opfer bezahlen und den dafür nötigen Priestern reiche Gaben schenken können. Noch häufiger aber wird Agni angerufen, der Gott Feuer. Er ist der Freund der Menschen, wohnt in ihrem Haus, verwandelt ihr Opfer mit seiner Flamme in eine für die Götter genießbare Form und trägt es in seinem Rauch zu den Himmlischen. Licht und Wärme bringt er den Menschen, er, der als Sonne am Himmel, als Lebenskeim im Wasser und latent in allen Pflanzen wohnt: denn aus dem Holz wird er beim Reiben der Reibhölzer geboren. Da Agni als Opferfeuer und Bote den Kontakt mit den Göttern herstellt, werden alle Ergebnisse des Opfers, alle Siege und Schätze und Nachkommen, die Indra und andere Götter schenken, zugleich auch Agni verdankt: Er gibt die reichen Gaben, und er kann folglich mit vielen der Götter, für die er stellvertretend die Opfer annimmt, auch in bezug auf ihre Taten identifiziert werden. In Wahrheit aber ist Agni ein Opferpriester: der Opferpriester der Götter. Als solcher verkörpert »Gott Feuer«, der auch als großer Dichter gilt, alle Priester des vedischen Rituals und alle ihre Funktionen. Er ist weise, beredt und achtsam, ein Meister, dessen Rat und Einsicht gepriesen wird. Und wie der vedische Priester jeden Guß von flüssiger Schmelzbutter ins Opferfeuer mit lauten Opferrufen begleitet, so erhebt auch Gott Agni im gleichen Moment seine Stimme, wenn er die Schmelzbutter aufnimmt und unter lautem Prasseln den Göttern weitergibt. Agni erleuchtet die Nacht. Er kennt alle Wege und auch alle Gedanken. Aufrichtig und untrüglich ist er, wacht über Gebote und Satzungen. Als Gott des Feuerordals sieht er der Menschen Schuld und Unschuld: Er verklagt die Schuldigen, verteidigt die Schuldlosen. Charakteristisch für Agni ist seine Vielgestaltigkeit. Zeigt er sich in der Sonne, im Blitz und im irdischen Feuer auf den drei Ebenen des Kosmos, so erscheint er im Mikrokosmos des Opfers in Gestalt dreier Feuer: dem Opferfeuer für die Götter *(āhavanīya)*, dem Hausfeuer *(gārhapatya)*, das den notwendigen Bezug zwischen dem universalen, ritualistischen Bereich und dem individuellen, privaten Bereich des Opferherrn herstellt, und dem südlichen Feuer *(dakṣiṇāgni)*, das Schutz bietet gegen Störungen und Gefahren, in dem man den Verstorbenen Gaben darbringt und die

Linke Seite außen: Nymphe, den Zweig eines Baumes herabbiegend. Relief am Brahmésvara-Tempel in Bhubaneśwar.

Linke Seite innen: Der Feuergott Agni, umgeben von einem Flammenkranz. Der Gott steht über seinem Reittier, einem Widder.

Oben: Fliegende Vidyādharas. Die meist freundlichen himmlischen Genien sind mit der Zaubermacht des Wissens begabt.

Dämonen befriedet. Agni wohnt in allen Pflanzen, da sie brennbar sind. Er wohnt auch im Wasser, wie nicht nur der Blitz zeigt, der in strömendem Regen aufflammt, sondern auch das heiße Wasser und das männliche Sperma, das man als prokreatives Feuer in der Samenflüssigkeit auffaßte. Auf der Erde ist Agni nicht nur Opferfeuer oder Herdfeuer, er ist auch das lodernde Steppenfeuer, der mörderische, Tiere und Menschen verschlingende Waldbrand. Er ist ferner das reinigende Leichenverbrennungsfeuer und das Verdauungsfeuer im Menschen, das Speise in Lebenskraft umsetzt. Daher kann Agni als Bote zwischen Himmel und Erde, als weiser Priester, als wilder, alles vernichtender Krieger, als reinigender und als lebenspendender Gott gepriesen werden. An seinem vielgestaltigen, geheimnisvollen, wandlungsfähigen Wesen hat sich die priesterliche Spekulation am intensivsten entzündet. Der Opferplatz wurde zum Mikrokosmos, in dem kosmische Kräfte harmonisiert wurden, und der in jedem seiner Ziegel mit Symbolik befrachtete Altar wurde die Keimzelle, aus der später die indischen Tempel entstanden.

Soma

Läutere du dich zum Heil für unser Rind,
zum Heil für unsere Leute,
zum Heil für das Rennpferd,
zum Heil für die Gewächse, o König!
Ṛgveda, IX,11,3

Großen Raum nimmt im Veda auch die wichtigste Opfergabe ein, der aus der Somapflanze hergestellte Göttertrank Soma. Ein ganzes Buch des Ṛgveda ist ausschließlich den Hymnen an Soma gewidmet. Der vedische Mythos erzählt, daß die Pflanze aus dem Himmel stammt, aber auf der Erde wächst – genauer: auf den Bergen. Ein Falke brachte sie von der Spitze des Berges Muñjavat und gab sie Manu, dem Sohn des Vivasvat, dem ersten Menschen und dem ersten Opferer, damit er sie Indra opfern könne. Der Mythos wird mit Variationen erzählt. Es handelt sich um einen Raub, dessen Erfolg den Göttern die Oberhand über die Dämonen und – als Konsequenz – den Ariern die Oberhand über die einheimischen Dasyus sicherte. Denn Soma verleiht physische Kraft, visionäre Kraft und Unsterblichkeit, wenn er richtig zubereitet wird; ohne Soma aber ist Indra schwach. Doch Soma war den Göttern nicht zugänglich, die opfernden Arier besaßen ihn nicht. Ringförmige Bastionen schützten den Soma auf der Spitze des Berges; mit Bogen bewaffnete Wachen behüteten ihn. Doch der Räuber kam aus unerwarteter Richtung: Im Sturzflug kam

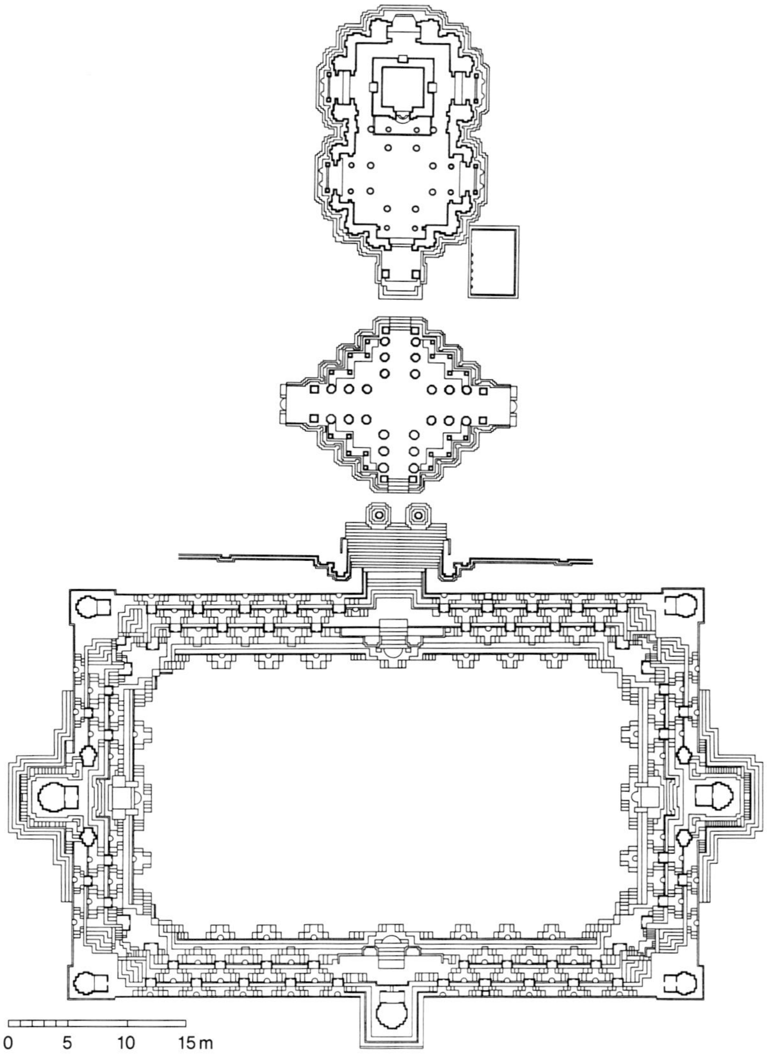

der Falke vom Himmel, und er hatte den Soma schon ergriffen, ehe die Wächter sich dessen versahen. Niemand vermochte ihn aufzuhalten; nur eine Feder verlor er durch einen Pfeil des Schützen Kṛśānu.

Auch später scheint es nicht immer einfach gewesen zu sein, den Soma zu beschaffen. Je weiter die Arier nach Indien eindrangen, desto weiter entfernten sie sich vom natürlichen Habitat der Pflanze. In getrocknetem Zustand wurde sie über weite Distanzen transportiert. Und sie war teuer. Nichtarische Bergstämme verkauften sie und forderten hohe Preise. Dann wurden die getrockneten Pflanzen ausgiebig gewässert, die Stiele zwischen Preßsteinen gepreßt, der gewonnene Saft in Schafwollfiltern gefiltert, mit Milch und Honig gemischt und schließlich den Göttern und den Teilnehmern am Opfer zum Trunk gereicht. Jede einzelne Handlung dieser Prozedur, jeder rezitierte Spruch, der vergöttlichte Saft selbst in seinen sich wandelnden Farben – alles ist voll von Symbolik in einem religiösen Drama, dessen Held Soma ist: Auf ihn übertragen sich die Attribute und kosmogonischen Taten aller Götter, die von ihm trinken. Diese Bildersprache und ihre Symbolik blieb erhalten, auch als man sich später mit Substituten begnügen mußte, weil der echte Göttertrank Soma nicht mehr erhältlich war.

Die Adityas und das Ṛta

Durch die Wahrheit ist eure Hoheit groß, ihr Adityas.
Ṛgveda, II,27,8

Indra, Agni und Soma stehen im Zentrum des vedischen Rituals. Doch die im Ṛgveda gesammelten Hymnen berichten auch von einer anderen Gruppe wichtiger Götter. Dies sind die Adityas, unter denen Varuṇa und Mitra deutlich herausragen. Es handelt sich um Gottheiten, die den Menschen ferner stehen als Indra und Agni; sie sind majestätischer, weniger in die Angelegenheiten des täglichen Lebens verwickelt, ergreifen auch nicht Partei für eine bestimmte Gruppe oder ein bestimmtes Interesse. Vielmehr schützen sie die kosmische und moralische Ordnung insgesamt und halten die ethischen Werte aufrecht. Gemeinsam ist ihnen ein transzendentes, lichthaftes Königtum. Diese Adityas sind dem Ṛta verpflichtet, jenem schöpferischen Prinzip, auf welchem die inneren Strukturen des Kosmos gegründet sind und mittels dessen die Welt erschaffen wurde. Dem Ṛta sind alle Götter unterworfen. Wenn Agni die beiden Welten (Himmel und Erde) ausbreitet, so tut er dies mittels Ṛta. Und durch Ṛta erscheint die Morgenröte, fließen die Flüsse, leuchtet die Sonne und so fort. Ṛta bedeutet »Wahrheit«, wie auch das korrespondierende Wort *aša* im Avestischen »Wahrheit« bedeutet. Und in beiden Sprachen wird das Gegenteil als Unwahrheit (Sanskrit *anṛta*; avestisch *anaša*) und als Lüge oder Trug bezeichnet (Sanskrit *druh*, avestisch *drug*). Aber schon im Ṛgveda ist das Wort ein Terminus, der eine bestimmte Art von Wahrheit bezeichnet: nicht die bloße augenblickliche Korrespondenz von Behauptung und Sachverhalt, sondern eine strukturelle, gesetzmäßige Wahrheit, die als Naturgesetz oder moralisches Gesetz allgemeine Geltung beansprucht. Es ist diese den Lauf der Welt und das Dasein der Lebewesen gleichermaßen bestimmende »Wahrheit«, von der man spricht, wenn man Ṛta sagt. Und die Bedeutungen »richtig«, »gut« und »notwendig« im Sinne eines geordneten Ablaufs des Weltgeschehens sind dabei mit impliziert. In diesem Sinne ist das Konzept des Ṛta mit dem ägyptischen Konzept der *ma'at* vergleichbar. Die Wahrheit *(ṛta)* erschafft und erhält den geordneten Kosmos, die Unwahrheit *(anṛta)* oder Lüge *(druh)* zerstört ihn. Und es bildet sich eine Begriffskette, in welcher die Wahrheit sich verbindet mit Beständigkeit, Ordnung, Treue, Richtigkeit, Recht, religiösem Verdienst, Reinheit und einem Leben im Licht; während die Lüge mit Begriffen wie Veränderung, Chaos, Unzuverlässigkeit,

Vorhergehende Doppelseite und rechts: Der Tempel des Sonnengottes in Modhera wurde Anfang des 11. Jahrhunderts n. Chr. erbaut. Wie der Grundriß (oben) zeigt, besteht die Tempelanlage aus dem Sanktum mit Vorhalle, einer Versammlungshalle und einem Tempelteich, zu dem von allen Seiten Treppen hinabführen. Die Lage des Teichs läßt Ähnlichkeit mit derjenigen des »Großen Bades« in Mohenjodaro erkennen. Die Säulen der Versammlungshalle (rechts) zeigen die reiche Verzierung des Solaṅkī-Stils.

Unrecht, Sünde, Unreinheit, Finsternis und Tod assoziiert wird. Diese Begriffsketten behalten im religiösen indischen Denken ihre Suggestivität und Kohäsion auch später, nachdem der Begriff Ṛta längst durch den Begriff *dharma* abgelöst worden ist.
Die Adityas sind Götter, die besonders eng mit dem Ṛta verbunden sind. Es sind Brüder, deren Zahl von ursprünglich sieben oder sechs allmählich auf zwölf anwächst. Neben Varuṇa und Mitra gehören Aryaman, Bhaga und der Sonnengott Sūrya zu den wichtigeren Göttern dieser Gruppe. Letzterer wird später zum Aditya par excellence. Schon im Ṛgveda wird auch Indra in diese Gruppe eingefügt, doch Varuṇa und Mitra bleiben die bedeutendsten der Adityas.

Varuṇa und Mitra

Varuṇa ist ein Gott von hoher Würde. Als König steht seine Autorität außer Zweifel. Aber er ist nicht nur ein wohlwollender, sondern auch ein ominöser Gott: Als Richter straft er die Übeltäter und Betrüger. Mitra wacht besonders über die durch Vertrag, Bündnis oder Versprechen garantierte Freundschaft, verhindert also Feindschaft, indem er an ihre Stelle den Interessenausgleich durch das Bündnis setzt. Aryaman sorgt für die Gastfreundschaft und den Schutz des Fremdlings – ein Bestandteil des Ehrenkodex der Arier, auf den sie stolz waren und der sie anscheinend von einigen Nachbarstämmen unterschied, welche die Fremden auszurauben pflegten. Unter dem Schutz der Adityas stehen also vor allem gesellschaftstragende ethische Normen und Verhaltensweisen, welche die Menschen einigen und in Frieden miteinander verbinden.
Mitra und Varuṇa werden im Veda häufig gemeinsam angerufen. Sie bilden ein königliches Paar, wobei Mitra im Iran und in Indien den Charakter eines lichthaften Gottes besaß, der mit dem Sonnenauge alle tagsüber begangenen Sünden erspähte.
Varuṇa, der ebenfalls die Sonne als Auge benutzt, stand darüber hinaus zum Wahrheit bezeugenden reinen Wasser in Verbindung, das die ganze Welt umhüllt und belebt und in allem Lebendigen gegenwärtig ist. So heißt es in einem im Atharvaveda (IV,16,3) erhaltenen Lied an Varuṇa, die beiden Ozeane (nämlich der himmlische und der irdische) seien seine Lenden, und er sei im kleinsten Tropfen Wassers vorhanden. Dank seiner Verbindung mit dem Wasser ist Varuṇa selbst in allem Lebendigen gegenwärtig und daher allwissend.

Wenn zwei Menschen zusammensitzen (und etwas Geheimes beraten), König Varuṇa weiß es als Dritter.
Atharvaveda, IV,16,2

Auch im Dunkel der Nacht ist ihm kein Geheimnis verborgen. Als allwissender Richter wird Varuṇa auch zum gnädigen Gott, dem nicht nur Opferspende, sondern auch Liebe und Selbsthingabe entgegengebracht werden.

Die Kosmogonie

Noch ehe die Kanonisierung des Ṛgveda sich vollzog, wurde das locker gefügte Pantheon vedischer Götter neuen Ideen und neuen Fragestellungen ausgesetzt. Hatte zuvor die Frage nach dem Wunder der Weltordnung im Vordergrund gestanden, die den vom Himmel umspannten Raum durchdringt und sich in den Jahreszeiten, im Wechsel von Tag und Nacht, in den Kräften der Natur und in den Lebewesen überall offenbart, so trat nun die Frage nach der Entstehung dieses Kosmos, also die Kosmogonie, in den Vordergrund. Man begann nun – in den Hymnen an Varuṇa vorhandene Ansätze aufgreifend –, die Welt als Werk eines Schöpfers, eines Bildners, eines Künstlers zu begreifen. Vor allem zwei Götter treten in dieser Funktion auf: Viśvakarman, *»dessen Werk das All ist«* und auf den sich der am Anfang dieses Kapitels zitierte Vers bezieht; und Tvaṣṭṛ, ein göttlicher Bildner, von dem es heißt, er sei der Werkkundigen Kundigster, der Meister aller Formen, der alle Tiere fertiggestellt hat, der den Samen zur Gestalt verwandelt und dessen Geschöpfe alle Wesen seien.
Ein weiterer Versuch, der Entstehung der Welt und ihrer Heiligkeit gerecht zu werden, geht von dem Bild des Opfers aus. Puruṣa, ein Urgott, opfert sich selbst in die Vielheit der Welt, und die Götter führen das Opfer aus. In dem Lied an Puruṣa (Ṛgveda X,90,2–3) heißt es dazu:

Puruṣa allein ist dieses alles, das Gewordene und das, was noch entstehen wird. Und er ist Herr über die Unsterblichkeit (und auch über das), was durch Speise weiter wächst (das Sterbliche).
Solches ist seine Größe, und noch gewaltiger als dies ist Puruṣa. Ein Viertel von ihm sind alle Geschöpfe, drei Viertel von ihm ist das Unsterbliche im Himmel.

Hier liegt die Konzeption eines Gottes vor, der einen Teil seiner selbst, nämlich ein Viertel seines unsterblichen Wesens, in die Welt und in die Sterblichkeit hinein entläßt, um dadurch die Vielheit der vergangenen und künftigen Wesen, *»die durch Speise weiter wachsen«*, entstehen zu lassen. Er bedarf dazu einer Reproduktion seiner selbst, die dadurch zustande kommt, daß er Virāj als Tochter aus sich entläßt und dann als ihr Sohn geboren wird. Dieser ist das Opfer, das zur Vielheit zerlegt wird. Im weiteren Verlauf der Hymne wird dann berichtet, welche Wesen aus welchen Körperteilen des Puruṣa entstanden sind.

Der Eine und die Vielen: Die Auflösung des vedischen Polytheismus

Neben dem Ursprung der Welt wurde auch der Ursprung der Götter hinterfragt. Die Adityas beispielsweise waren als Söhne von Dakṣa und Aditi bezeichnet worden. Die Herkunft dieser Eltern aber blieb zunächst ungeklärt und stellt auch in früher Zeit offenbar kein Problem dar. Es gab eben zwei ewige, ursprüngliche Prinzipien – am häufigsten werden Vater Himmel und Mutter Erde oder – in anthropomorpher Gestalt – Dakṣa und Aditi als solche genannt. Im späteren Teil des Ṛgveda aber begann man, nach der Entstehung des ersten Götterpaares zu fragen. Die Antwort, die noch von der alten Erklärung der Schöpfung als Prozeß von Zeugung und Geburt ausgeht, lautet: Die beiden müssen sich gegenseitig erzeugt haben, so daß einerseits Dakṣa der Sohn der Aditi und andererseits Aditi die Tochter des Dakṣa ist. Das klingt zunächst ziemlich hilflos. Doch dies paradoxe Bild enthielt den Keim für tiefsinnige theologische Überlegungen, die sich im Śivaismus und im Śāktismus noch 2000 Jahre lang entfalten sollten.

Linke Seite: Büffel, Elefant und Rhinozeros. Drei Bronze-Tiere aus dem Chalcolithicum, gefertigt um 1500 v. Chr. Fundort: Ahmadnagar, Mahārāṣtra.
Neu-Delhi, National Museum

Oben: Der Gott Soma, hier ein Gefäß mit Unsterblichkeitstrank tragend, wurde schon in spätvedischer Zeit mit dem Mond identifiziert, dessen Sichel hinter seinem Kopf erscheint.

Varuṇa, der Welthüter des Westens (links), und seine Gemahlin Varuṇānī (rechts). In der linken Hand hält der Gott eine Schlinge, mit der er die Sünder bindet. Die elegante, aber stark korrodierte Figur steht auf einem Meerungeheuer (makara), *das die Herrschaft des Gottes über die Gewässer symbolisiert. Skulptur des 13. Jahrhunderts am Mādhavānanda-Tempel in Mādhava. Die Göttin Varuṇānī trägt ebenfalls die Schlinge und sitzt auf dem* makara. *Relief aus Konārak, 13. Jahrhundert. Neu-Delhi, National Museum*

Doch schon damals sah man auch eine andere Möglichkeit, die erste Schöpfung zu deuten. Man gab das anthropomorphe Bild von Zeugung und Geburt auf und konzipierte statt dessen einen Gott, der ohne Partner aus sich selbst heraus die ersten Wesen entläßt, ein Emanationsgeschehen also, das die ganze Vielheit der Welt auf eine einzige Quelle zurückführt.

Die Wurzel dieser Tendenz, nach einem letzten Ursprung der Welt zu suchen, ist allerdings nicht nur in der kosmologischen Spekulation, sondern vor allem im priesterlichen Umgang mit den Göttern zu finden. Die Beschäftigung der Priester mit den Göttern Varuṇa, Mitra und Agni hatte nämlich dazu geführt, daß ein merkwürdiger und charakteristischer Aspekt dieser Götter (und damit auch des Göttlichen als solchem) immer deutlicher ins Bewußtsein trat, nämlich ihre Allgegenwart und Allwissenheit.

Besonders der Gott des Feuers, Agni, bot ein täglich zu beobachtendes Beispiel für die Pluralität der Manifestationen eines einigen Gottes. Tausende von Feuern brannten in den Wohnstätten der Menschen gleichzeitig auf der Erde, und der Gott war in allen zugegen. Nicht nur das – er brannte, wie schon erwähnt, auch in der Sonne, auch im Blitz, war zudem auch in dürren Gräsern und in allem Holz latent vorhanden. Sogar im scheinbar ihm entgegengesetzten Element Wasser war das Feuer (im heißen Wasser, im Sperma) zu finden.

Nimmt man zu dieser Vielgestaltigkeit und Omnipräsenz des Agni die schon erwähnte Allgegenwärtigkeit und Allwissenheit des in jedem Wassertropfen vorhandenen Gottes Varuṇa und die Vorstellung vom alles sehenden Gott Mitra hinzu, so ergibt sich fast zwangsläufig der Gedanke, daß der Vielheit der Erscheinungen eine Einheit, eine einzige göttliche Realität, ein einziges Bewußtsein zugrunde liegt. So heißt es in einem Lied, das nur als Fragment erhalten ist (Ṛgveda, VIII,58,2):

Nur ein Feuer ist es, das vielfach entzündet wird,
nur eine Sonne durchdringt das All,
nur eine Morgenröte durchscheint diese ganze Welt.
Fürwahr, das Eine hat sich zu dieser ganzen Welt entfaltet.

Und an anderer Stelle heißt es (Ṛgveda I,164,46):

Sie nennen es Indra, Mitra, Varuṇa, Agni
und es ist der himmlische Vogel Garutmat (die Sonne).
Was nur das Eine ist, benennen die Redekundigen vielfach:
Sie nennen es Agni, Yama, Mātariśvan

Wird hier also bereits deutlich, daß hinter der Vielheit der Götter und ihrer Erscheinungen eine einzige göttliche Realität steht, so bleibt nun die Aufgabe, diesen einen Gott zu erkennen, ihm zu opfern. Sie ist im Lied (Ṛgveda, X,121,1–3) ausgedrückt:

Der Goldkeim entstand am Anfang. Als einziger Herr der Schöpfung war er geboren. Er hielt den Himmel und diese Erde – wer ist der Gott, dem wir mit dem Opfer soll'n dienen?
Der Leben schenkt, Kraft schenkt, dessen Weisungen alle, auch die Götter, befolgen, dessen Schatten Unsterblichkeit ist und Tod – wer ist der Gott, dem wir mit dem Opfer soll'n dienen?
Der durch seine Macht alleiniger Herrscher wurde der atmenden und schlafenden Welt und gebietet über Menschen und Tiere – wer ist der Gott, dem wir mit dem Opfer soll'n dienen?

So geht es weiter. Wer ist es, der die Schneeberge, den Ozean, die Himmelsrichtungen geschaffen, den Himmel und die Erde gefestigt, die Sonne und das Firmament gestützt hat und der den Raum durchdringt? Wer ist der

alleinige Lebensgeist aller Götter, der Keim, aus dem das All entstand, der Gott über allen Göttern, der schon war, ehe Dakṣa, der Ahnherr der Götter und Menschen, und ehe das Opfer entstanden waren? Wer ist dieser Gott, der nicht nur die Welt hervorgebracht, sondern sie mit gültigen Gesetzen geschaffen hat? Wem sollen wir opfern?
Die Antwort kommt schließlich im 10. Vers, und sie gibt keinen Namen, sondern einen Titel: Prajāpati ist es, der Herr der Geschöpfe. Er umspannt all diese Wesen. Ihm gilt folglich das Opfer. Er soll unsere Wünsche erfüllen.
Ein anderes Weltschöpfungslied aus dieser fragenden, suchenden Zeit wird oft zitiert. Es ist ein nachdenkliches Lied, ein Lied, das den Gedanken Ausdruck verleiht, welche die Dichter durch Nachdenken in ihrem eigenen Herzen entdeckten. Es ist das Bild des Welteis, in dem zunächst noch keinerlei Gestalt existiert, in dem es nur Potenzialität gibt, nur latentes Bewußtsein. Nach diesem Lied existierte zu Anfang weder Nichtseiendes noch Seiendes. Es gab weder Luftraum noch Himmel, weder Tod noch Leben, weder Nacht noch Tag. Licht gab es nicht: Finsternis war in Finsternis versteckt. Es gab jedoch, windlos atmend, ein Einziges, vor dem nichts anderes war.
Dies Eine wurde durch (Brut-)Hitze geboren. Und es regte sich in ihm ein Begehren, das zum ersten Samen des Denkens wurde. In diesem Begehren erkannten die Dichter den Ursprung des Seienden im Nichtseienden. Wie aber das Schöpfungsgeschehen im einzelnen verlief, wer kann das sagen? Die Himmlischen sicherlich nicht, denn sie sind erst später entstanden. Wenn es einen Zeugen gibt im höchsten Himmel, der sie gemacht hat oder nicht gemacht, dann weiß er es – oder weiß auch er es nicht?
Hier ist ein Punkt erreicht, in dem der Auflösungsprozeß der polytheistischen Religion des Veda offen zutage tritt. Die Götter sind zu Potenzen sekundärer Ordnung abgesunken. Sie verlieren ihre Bedeutung, gehen ineinander auf oder erweisen sich als verschiedene Aspekte einer einzigen Realität. Aber gerade weil der Polytheismus im Begriff ist, sich selbst zu zerstören, beginnt man mit der Kanonisierung des Ṛgveda: Wie fast jede Kanonisierung kennzeichnet auch diese eine Zeit, in der man im Begriff steht, die heilige Tradition zu verlieren. So werden zwar die Texte gerettet, nicht aber die Götter. In den kommenden Jahrhunderten werden sie im immer komplexeren Ritual zu bloßen Chiffren, durch deren Kenntnis und geschickten rituellen Einsatz der gelehrte Experte die Kräfte des Kosmos zu beherrschen trachtet. In der Religion der gehobenen Bürgerschicht setzen einige der alten Götter, vor allem Indra, ein Dasein als hilfreiche Geister fort.
Schon während sich aber die alte polytheistische Religion aufzulösen beginnt, und noch vor der endgültigen Kanonisierung des Ṛgveda, werden von den vedischen Sängern selbst jene Grundgedanken konzipiert, die später zwei der dominanten Schulen religiösen indischen Denkens hervorbringen sollen: den Monismus und den Monotheis-

Links: Feueraltar einfacher Art. Für größere öffentliche Opfer wurden aufwendige Altäre von beträchtlichen Ausmaßen hergestellt, beispielsweise in Form eines Falken (der das Opfer zum Himmel trägt).

Rechts: Der Sonnengott Sūrya mit zwei Lotosblüten in den Händen, auf einem von sieben Pferden gezogenen Wagen stehend. Seine Begleiter sind Piṅgala (mit Feder und Papier) und Daṇḍanāyaka (mit Schwert und Schild). Der eine notiert die Taten der Menschen, der andere führt die Verstorbenen vor das Gericht und schützt sie vor Dämonen. Vor den Füßen des Gottes sitzt der Wagenlenker Aruṇa (»Morgenröte«). In Schiefer gearbeitete Pāla-Skulptur des 12. Jahrhunderts. Neu-Delhi, National Museum

Prangend ist das Antlitz der Götter aufgegangen, das Auge von Mitra, Varuṇa, Agni.
Er hat Himmel und Erde und die Luft erfüllt:
Sūrya ist die Seele von allem, was geht und steht.

Sūrya geht hinter der leuchtenden Göttin Uṣas her wie ein Jüngling hinter dem Mädchen, während die gottergebenen Männer die Joche aufstecken, je ein glückbringendes zu glücklichem [Tun].

Das ist die Göttlichkeit, das ist die Macht des Sūrya: daß er inmitten der Arbeit das ausgespannte [Gewebe seiner Strahlen wieder] zusammengefaltet hat. Wenn aber abgeschirrt sind die Falbinnen von ihrem Platze, so spannt die Nacht für ihn ihr Gewand aus.

Ṛgveda I,115,1–2 und 4

mus. Der Dualismus, die dritte wichtige Komponente nachvedischer Religionen in Indien, entstand nicht primär aus einer der zahlreichen Oppositionen, die sich im Veda finden lassen wie Himmel und Erde, Licht und Finsternis, Devas und Asuras, rein und unrein. Solche Oppositionen konnten später einbezogen werden, sie waren aber nicht Ursache des philosophischen Dualismus. Dieser entstand vielmehr aus der Logik einer neuen deduktiven Methode der philosophischen Analyse, die in der Periode der Brāhmaṇas erstmals auftritt und die sich später im Sāṃkhya sowie in Teilen der Theologie des Śivaismus und Śāktismus weiter entfaltet.

Periode des Umbruchs und die Geburt neuer Religionen

Im allgemeinen wird die Periode von zirka 900 bis 400 v. Chr., in der die Brāhmaṇas, die Araṇyakas und die wich tigsten Upaniṣaden entstanden, als Fortsetzung der vedischen Religion angesehen. Das ist zum Teil berechtigt, denn in ihr gelangt das vedische Ritual zu seiner vollsten Ausbildung. Es bildet sich eine ausgefeilte Opfertheologie von hohem Abstraktionsniveau, und es entstehen in ihren Diensten eine Reihe von Wissenschaften, die noch heute Bewunderung hervorrufen. Grammatik, Etymologie, Metrik und Didaktik (beziehungsweise Mnemotechnik) dienen der Meisterung der vedischen Texte; Mathematik/

Ausschnitte aus der Dekoration zu einem Opfer. Die Farben bestehen aus Getreidearten, Hülsenfrüchten und Gewürzen. Die weiße Farbe wird aus Reis bereitet. Svastika-Ornament auf dem Fußboden am Eingang zur Opferhalle (oben) und Detail einer Ecke der zentralen Opferdekoration mit einer Schlange (unten). An der Ecke sieht man ein als Bällchen geformtes Speiseopfer (pinda) *für die Ahnen.*

Rechte Seite: Tempelteich mit Tempel, in Berlin aufbewahrtes Kultgefäß aus Sonkh, Terrakotta, um 50 v. Chr. Ist das Gefäß mit Wasser gefüllt, so erhebt sich die Lotosblüte über dem Wasser.

Geometrie und Astronomie/Astrologie dienen der Konstruktion von Opferstätten und der Berechnung des günstigsten Zeitpunkts für Opfer und Sakramente. Die spätvedische Gelehrsamkeit wird so schwierig und so exklusiv, daß der Brahmane den höchsten Rang in der sozialen Hierarchie zu beanspruchen wagt. Er stützt diesen Anspruch mit dem Postulat seiner Opferreinheit, einer Reinheit für das Opfer und durch das Opfer, die durch Wissen erworben ist; und um der Reinerhaltung der Lehre und der Gemeinschaft der Opfernden willen setzt er – gegen Ende dieser Periode – den rigorosen Ausschluß der Śūdras und Kastenlosen von der Teilnahme am Vedastudium durch. Noch bis gegen Ende des 1. Jahrtausends n. Chr. wird die Schule der Pūrva-Mīmāṃsakas die Opfertheologie mit großem Einfluß weiter vertreten. Sie wird auf dem Gebiet der Erkenntnistheorie bedeutende Leistungen vollbringen und die Priorität von Idee, Begriff und Wort vor der Realität verteidigen, denn der Veda als ewiges und ewig gültiges Wort, das von den vedischen Sängern nur erschaut, nicht aber erschaffen wurde, existiert vor aller Realisierung der Welt und wird unverändert bestehen bleiben. Noch bis in die Gegenwart sind kleine Trägergruppen dieser spätvedischen Tradition in Indien erhalten geblieben.

Der Ausgangspunkt für Neuerungen

Das alles darf aber nicht die Tatsache verdecken, daß es sich hier nur um eine weitgehend äußerliche Kontinuität handelt. Das eigentliche Zentrum der vedischen Religion, der Glaube an die Existenz und Macht der Götter, war längst im Verblassen. Die Fragen, die man nun stellt, richten sich vor allem auf die priesterliche Beherrschung einer Welt, in der die Götter entmachtet sind.

Das Eine ließ sich – an den Veda anknüpfend – auf drei verschiedene Weisen vorstellen: als Schöpfergott; als Weltei, in dem ein Keim sich zur Gestaltung bringt; oder als reines Bewußtsein, das unvergänglich ist. Bewußtsein aber ist ohne Bewußtseinsinhalt zunächst nicht faßbar. Die Philosophen der Brāhmaṇa-Zeit begreifen es als das Brahman, als die formulierte, wirkungskräftige Rede, als ein inhaltsträchtiges Bewußtsein, das am Anfang steht. Alle drei Vorstellungen haben die spätere Theologie und Philosophie nachhaltig beeinflußt. Die monotheistischen Religionen des Śivaismus und Viṣṇuismus konnten an den Schöpfergott Prajāpati anknüpfen. Aus der Weltei- und Goldkeimlehre entwickelte sich das philosophische System des Sāṃkhya, das Geist und Materie als unvergängliche Prinzipien von Anfang an nebeneinander stellt. Die Lehre vom Brahman, dem schöpferischen Urbewußtsein und seiner Manifestation im formulierten Gedanken schließlich, wurde in den Upaniṣaden und im späteren Vedānta weiterentwickelt. Sie führte einerseits zu einem Monismus, der das Geistige als einzige Realität, das Weltliche nur als Schein oder Verhüllung dieser Realität auffaßt. Sie führte aber in Verbindung mit der ersten Vorstellung auch zu

einer Gotteskonzeption, die das Göttliche als personal und apersonal zugleich auffaßt, je nachdem, ob es sich mit den Attributen seiner Vollkommenheit *(saguṇa)* oder ohne diese *(nirguṇa)* manifestiert. Es ist dies eine Auffassung, die derjenigen der Scholastik und Mystik des Christentums in wesentlichen Punkten nahe verwandt ist.
Zwei Möglichkeiten sah man, die Herrschaft über den Kosmos zu erlangen. Die erste Möglichkeit lag in *tapas*, in der Erzeugung von (asketischer) innerer Hitze, das heißt der gleichen Kraft, die den Keim im Weltei zur Entfaltung gebracht hatte. *Tapas* ist jene innere Glut, die durch extreme Anspannung des Willens zustande kommt. Man versuchte, sich in dieser Willenskraft zu schulen. Die körperlichen Entbehrungen, die man um ihretwillen auf sich nahm, dienten einzig und allein der Steigerung des Durchhaltevermögens, des unbeugsamen Willens, der Fähigkeit zur nicht ablenkbaren Konzentration auf ein einziges einmal ins Auge gefaßtes Ziel. Der später so wichtige Yoga entstammt diesem asketischen Bemühen um Steigerung der Willens- und Geisteskräfte durch Konzentration.
Das Ziel der Konzentration ist bestimmt durch ein Begehren. In den Texten ist zu lesen, daß man Askese übte, um sich von einer Krankheit zu befreien, um Söhne zu erlangen, um den Feind zu vernichten, um ein Königreich zu erwerben, um die richtige Gottesverehrung zu erkennen oder um erlösendes Wissen zu erlangen. Auch das Eine, das zu Anfang Askese übte, hatte ein Ziel, nämlich das Ziel, Vieles zu werden, Nachkommenschaft zu haben. Willenskraft ist das Mittel, mit dessen Hilfe sich das Erwünschte realisiert.
Das Erwünschte wiederum drückt sich aus im formulierten Wort, in der Rede. Das Wort ist also der Existenz des Dinges vorgeordnet. Erst kommt der Begriff oder die Idee, dann erst folgt ihr die Verwirklichung in der Realität durch die Verbindung der schöpferischen Macht der Willenskraft mit der formenden Kraft der in Worte gefaßten Idee. Sprache ist also nicht Abbild der Wirklichkeit, sondern ihre Vorform oder Urgestalt.
Die zweite Möglichkeit, Herrschaft über die Kräfte des Kosmos zu erlangen, lag im Opfer: Wenn es nicht die Götter waren, die dem Opfer zur Wirkung verhalfen, so mußte das Opfer selbst Kräfte freisetzen, die es zu erkennen und zu beherrschen galt. Hatte nicht auch der Schöpfergott die Welt durch die Wirkung verschiedener Opfer erschaffen? Mit Hilfe von *tapas* versuchen nun die Priester, jene Riten zu schauen, durch die der Schöpfergott die Welt in Gang gesetzt hatte. Und indem sie diese Riten nachvollziehen, indem sie selbst jene Mechanismen in Gang zu setzen lernen, durch deren Wirkung der Regen fällt und die Sonne aufgeht, glauben sie, der Götter nicht mehr zu bedürfen, glauben sie, selbst die Ordnung der Welt aufrechterhalten zu können, versuchen sie, durch die Macht des Opfers den Lauf der weltlichen Ereignisse im Rahmen der ihnen innewohnenden Gesetze zu beeinflussen.

Links: Sarasvatī, Göttin der Gelehrsamkeit, auf einem Lotos stehend und von musizierenden Begleiterinnen flankiert. In den Händen hält sie Rosenkranz, Lotosblüte, ein Manuskript des Veda und einen Wasserkrug. Rājasthān, 12. Jahrhundert. Neu-Delhi, National Museum

Rechts: Die Flußgöttin Gaṅgā, auf einem Makara reitend. Schon vor der Vollendung des Ṛgveda hatten die Arier den Strom Ganges erreicht, dem sie dann ostwärts folgten. Terrakotta aus Nordindien, 5. Jahrhundert. Berlin, Museum für Indische Kunst

Es bleibt ein Zweifel, wenn der Mensch gestorben:
»Er ist!« sagt dieser; »er ist nicht!« sagt jener.
Das möchte ich, von dir belehrt, erkennen,
dies ist der dritte Wunsch von meinen Wünschen.

Katha Upaniṣad I,20 (Naciketas richtet diese Frage an den Todesgott Yama, der ihm drei Wünsche zu gewähren versprach.)

Bhṛgu Vāruṇi näherte sich seinem Vater Varuṇa [und sprach]: »Lehre mich, Erhabener, das Brahman!« – Und er nannte ihm dies, [was er bisher gelernt hatte]: die Nahrung, den Atem, das Auge, das Ohr, das Denken und die Rede. [Jener aber] sagte zu ihm: »Dasjenige, fürwahr, woraus die Wesen geboren werden, wodurch sie leben, wenn sie geboren sind und worin sie eingehen nach dem Tod, das versuche zu erkennen: Das ist das Brahman.«

Taittirīya Upaniṣad III,1

Der aus Geist besteht, der den Atem [Lebenskraft] als Leib, der Licht als Gestalt hat, dessen Entschluß Wahrheit wird, dessen Wesen [immateriell] ist wie der Raum, der alles bewirkt, alles wünscht, alles riecht, alles schmeckt, der dieses All umfaßt, der nicht spricht, von nichts abhängt –
dieser ist mein Atman im innersten Herzen, kleiner als ein Reiskorn oder Gerstenkorn oder Senfkorn oder Hirsekorn oder Kern eines Hirsekorns. Dieser mein Atman im innersten Herzen ist größer als die Erde, größer als der Luftraum, größer als der Himmel, größer als diese Welten.
Der alles bewirkt, alles wünscht, alles riecht, alles schmeckt, der dieses All umfaßt, der nicht spricht, von nichts abhängt – dieser ist mein Atman im innersten Herzen, dies ist Brahman. Zu diesem werde ich eingehen, wenn ich von hier abscheide. Wem so geschieht, der zweifelt nicht mehr. So sprach Śāṇḍilya, [so sprach] Śāṇḍilya.

Chāndogya Upaniṣad III,14,2–4

Damit sind die alten Götter endgültig entmachtet, die Brahmanen dagegen erreichen einen Höhepunkt ihrer Macht. Allerdings leben sie jetzt auch gefährlich; versagt ihr Opfer, mißlingt ihre magische Kunst, so erweisen sie sich als unwissend und müssen einem Anderen, Erfolgreicheren weichen. Unter dem Druck der Verantwortung und der Konkurrenz müssen die Priester ihr Wissen schützen. Schüler werden sorgfältig geprüft, ehe man ihnen die Geheimlehre anvertraut. Neue Erkenntnisse werden gehütet, da sie Lebensunterhalt und Macht ihrer Besitzer sichern. Der Brahmane grenzt sich nun als »opferrein« – das heißt für das Opfer frei von jedem Makel – vom »unreinen« Śūdra strenger ab als je zuvor. Erst jetzt, unter dem Eindruck der übernatürlichen Kräfte, die sich im Opfer manifestieren und die bei jeder kleinsten Fehlleistung zu Unheil und Verhängnis führen können – erst jetzt bildet sich jene unüberbrückbar große Distanz zwischen Brah-

manen und Śūdras heraus, die von nun an den Rahmen des Kastenwesens bestimmt. Die veränderte Aufgabe wirkt sich auch auf den Priester aus. Er ist nicht mehr in erster Linie inspirierter Dichter, sondern Analytiker der Zusammenhänge in Mikro- und Makrokosmos. Zum erstenmal zeigt sich so etwas wie wissenschaftliches Denken. Dies führt zu Experimenten. So versucht man etwa durch Experimente zu erkennen, wo eigentlich die Lebensseele des Menschen sitzt.

Wiedertod und Wiedergeburt

Die entscheidende Erkenntnis betrifft jedoch das Wesen der Seele selbst und die Vorstellung von ihrem Zustand nach dem Tode. Nach der alten Vorstellung kam der gute Verstorbene mit seinem wieder verjüngten Leib in die Himmelswelt und genoß dort ewige Freuden. Der Böse verschwand in ewiger Finsternis. Da jedoch das himmlische Leben genau wie ein idealisiertes irdisches Leben konzipiert war, kam in der Brāhmaṇa-Zeit die Befürchtung auf, daß man auch dort, analog zur irdischen Welt, nach langem glücklichen Leben wieder sterben werde.

Aber nicht nur der Wiedertod war eine beunruhigende Vorstellung, sondern es stellte sich auch die ethische Frage nach der Gerechtigkeit der Weltordnung. Kann es richtig sein, daß ein Sünder für ewig in der Finsternis verschwindet? Gibt es keine Möglichkeit zu Buße und Wiedergutmachung? Die Vorstellung von Hölle und Höllenstrafen als Pendant zum Himmel entwickelte sich.

Doch die Frage nach der Gerechtigkeit betrifft nicht nur die Toten, sie betrifft auch die Lebenden. Woher kommen die Unterschiede der Menschen? Warum wird ein Mensch blind oder verkrüppelt geboren? Warum ist der eine klüger als der andere? Alte Erklärungen wie Zorn der Götter, ein

Fluch, eine Verhexung als Ursachen für physische oder psychische Defekte befriedigen nicht mehr. Man sucht nach neuen, rationaleren Antworten.

Zu diesen Fragen kommen zwei wesentliche Naturbeobachtungen und eine aus der Opferspekulation gewonnene Erkenntnis hinzu. Die eine Naturbeobachtung betrifft den Kreislauf des Wassers. Die sengende Sonne saugt das Wasser mit ihren Strahlen von der Erde und aus den Pflanzen auf, so daß diese unter der Sonnenglut verwelken und sterben. Das Wasser als Träger der Lebenskraft dieser Pflanzen steigt zum Himmel auf. Die Erde ist ausgedörrt, rissig und tot. Das Wasser aber wird in Wolken gespeichert. Dann fällt es als Regen wieder auf die Erde zurück und läßt aus dem ausgedörrten toten Boden sogleich wieder neues Leben sprießen. Dies Leben wird die ihm bestimmte Zeit währen und dann, von der Sonne des Lebenssaftes beraubt, wieder sterben. Der Kreislauf schließt sich, und er kehrt immer wieder. Leben endet in Tod, aber die im Wasser enthaltene Lebenskraft geht wieder ein in neues Leben. Die andere Beobachtung betrifft den Lebenszyklus des Getreides. Es wächst, trägt Ähren, diese reifen und öffnen sich, die Körner fallen zur Erde und werden in ihr begraben. Daraus sprießt neues Getreide empor: Der Kreislauf beginnt von neuem. Beide Beobachtungen führen zur Überzeugung, daß die Kontinuität des Lebendigen auf einem Kreislauf des Lebens beruht, in dem sich Tod immer wieder zu neuem Leben verwandelt. Die Lebenskraft ist nicht sterblich. Sterblich sind nur die Körper, die sie aufbaut und dann wieder verläßt.

Das Ergebnis dieser Erkenntnisse ist eine neue Seelenvorstellung: Die Seele ist unsterblich, und sie wechselt ihre Körper, wie man alte, ausgetragene Kleider gegen neue austauscht. Da die Seele allein erkenntnisfähig ist – der tote Leib ist ja starr und gefühllos, während man von der Seele sagt, sie könne im Himmel Freude genießen –, da also die Seele erkenntnisfähig ist und das eigentlich bewegende und für alle Handlungen des Menschen verantwortliche Element bildet – ein Toter handelt ja nicht –, folgt zwingend, daß gute und böse Tat nicht am Körper, sondern an der Seele haften. Also kann sich der gerechte Ausgleich des Guten oder Bösen auch nur an der Seele vollziehen. Die Seele aber geht in den nächsten Körper ein, trägt ihre Sünde, ihre guten Taten mit sich und das bedeutet, daß jede Seele je nach Verlauf des letzten Lebens eine andere moralische Qualität in das nächste Leben mitbringt.

Die Karmanlehre

Wahrlich, gut wird einer durch gutes Werk,
böse durch Böses.
Bṛhadāraṇyaka Upaniṣad, III,2,13

Auf einmal sind alle Fragen gelöst. Die offenkundigen Unterschiede der Menschen erklären sich nicht aus Zufall oder blindem Schicksal und auch nicht aus Zorn und Fluch

der Götter, sondern aus den unterschiedlichen moralischen Qualitäten ihrer Seelen. Diese Qualitäten werden je nach den Handlungen in jedem Leben wieder verändert. Sie bestimmen die Wahl des nächsten Lebens, so daß man in ihm die Früchte der guten Taten genießen kann, aber auch die Strafen für die schlechten Taten erdulden muß. Die universale Gerechtigkeit existiert also, die Welt ist auf ein moralisches Gesetz gegründet, und dieses Gesetz ist, wie alle grundlegenden Gesetze der Natur, ein einfaches Prinzip. Es besteht darin, daß jedes Tun zwei Folgen hat, eine sichtbare und eine unsichtbare. Die sichtbare vollzieht sich vor aller Augen, die unsichtbare in der Seele des Handelnden. Dort hinterläßt sie einen Eindruck, einen Code, der in einem künftigen Leben wieder gelöscht werden kann und muß.
Das in dieser Zeit, gegen Ende der Brāhmaṇa-Periode, entdeckte Gesetz ist das Gesetz der Tat (und ihrer Folgen): das Karmangesetz. Es etabliert eine moralisch-psychische Kausalität. Damit ist die indische Form der Wiedergeburtslehre entstanden, und sie vermag es, allem Leid und Elend in der Welt mit einem Schlag einen Sinn zu geben – den Sinn der Selbstläuterung der Seelen.
Die neue Lehre hat durchschlagenden Erfolg. Sie wird von nun an zur Grundlage jedes komplexen anthropologischen Denkens in Indien. Sie bestimmt später den Buddhismus und Jainismus ebenso wie den Viṣṇuismus, Śivaismus und viele andere Religionen Südasiens. Der genaue Zeitpunkt der Entstehung dieser Lehre ist nicht bekannt, doch ist ein Ansatz im 7. Jahrhundert v. Chr. wahrscheinlich. Gut hundert Jahre später tragen Pythagoräer und Orphiker diese Lehre bereits in die griechische Philosophie.

Die Erlösung aus dem Kreislauf der Geburten

Doch nun entsteht ein neues Problem. Es taucht in den ältesten Upaniṣaden auf und wird von nun an in den Hindu-Religionen und im Buddhismus im Zentrum stehen. Es ergibt sich aus der Konsequenz der Wiedergeburtslehre ganz von selbst und entzieht der Heilsbotschaft der Opferpriester plötzlich den Boden. Wenn nämlich die Wiedergeburt stattfindet – und daran zweifelt außer den konservativsten unter den Opferpriestern bald niemand mehr –, dann ist der Genuß himmlischer Freuden im Paradies nur vorübergehend, dann bleibt man dem Kreislauf von Geburt und Tod unterworfen, dann verliert das durch Opfer gewonnene jenseitige Glück an Attraktivität, weil es im ewigen Kreislauf der Geburten verpufft wie ein Tropfen auf dem heißen Stein. Die neue Frage ist nun: Wie erlangt man Erlösung aus dem Kreislauf der Geburten? Anders gefragt: Wie verhindert man, daß man durch Anhäufung von gutem oder schlechtem Karman sich selbst zu neuer Geburt in irgendeinen Leib zwingt, in welchem man die Früchte früherer Taten genießen muß?
Die neue Lehre ist nicht in Brahmanenkreisen allein entstanden, sondern die Diskussion mit philosophierenden

Linke Seite: Himmlische Schönheiten erfreuen im Himmel Indras die Götter und die wahrheitsliebenden Menschen. Relief aus Koṇārak, 13. Jahrhundert. Zürich, Museum Rietberg

Oben: Der Todesgott Yama, Welthüter des Südens. Der Herrscher der Toten hielt in der rechten Hand den als Keule gestalteten Stab des Richters. Relief des 11. Jahrhunderts in Bhubaneśwar.

Unten: Vier Menschen, aber nur zwei Köpfe. Spielereien dieser Art finden sich schon auf Siegeln der Induskultur. Relief des 10. Jahrhunderts vom Mukteśvara-Tempel in Bhubaneśwar.

Fürsten hat den Anstoß dazu gegeben. Die Opferpriester jedoch haben in ihrem Streben nach Erkenntnis die neue Lehre aufgenommen, weiterentwickelt und propagiert und damit ihre eigene Machtposition untergraben: Das Opfer führt nur zu zeitweiligem Glück im Paradies, es führt nicht zur Erlösung. Aber diesen Priestern geht es um die Wahrheit. Und abermals ist es die Erkenntnis, von der sie die Lösung ihrer Probleme erwarten. Sie forschen nun nicht mehr nach den geheimen Gesetzen, die den Kosmos durchwalten, sondern suchen das Wesen der individuellen Seele zu ergründen.

Atman und Brahman

Das Ergebnis spiegelt sich in den Upaniṣaden: Das Brahman, nicht mehr aufgefaßt als schöpferisches formuliertes Wort, sondern als absolutes Bewußtsein, das den ganzen Weltraum durchdringt und – selbst unsichtbar – der stets gegenwärtige Zeuge allen Geschehens ist, dieses Brahman erscheint im Menschen als der Atman, als individuelles Bewußtsein, als lebendiges Selbst. Die berühmte Formel der Upaniṣaden, in der die Identität von Atman und Brahman ausgedrückt wird, lautet: *»Das bist du (tat tvam asi)«*, wobei »das« auf das eine, absolute und unvergängliche Sein, das Brahman, hinweist und »du« für das ebenfalls unvergängliche individuelle Bewußtsein, den Atman, steht. Der Atman ist in eine Lebensseele (Sanskrit: *jīva*) verstrickt, welche die karmanbedingten individuellen Anlagen mit sich trägt. Was der Jīva erlebt, das erlebt auch der Atman. Aber im Gegensatz zum unvergänglichen und unwandelbaren Atman ist der Jīva wandelbar und vergänglich. Er besteht nur, solange sich der Atman an ihn bindet. Wenn sich der Atman von ihm löst, so zerfällt der Jīva, wie der Leib zerfällt, von dem sich die Seele gelöst hat.

Der Mensch hat also einen unvergänglichen Kern, der reines Bewußtsein ist, nämlich den Atman. Dieser besitzt einen feinstofflichen Leib, die Lebensseele Jīva, die von Geburt zu Geburt wandert und erst zerfällt, wenn sich der Atman von ihr löst. Die Lebensseele wiederum, der Jīva, besitzt als Leib den jeweiligen menschlichen, tierischen, dämonischen oder göttlichen Körper, in den er sich gemäß seinem Karman verkörpert. Erlösung aus dem Kreislauf der Geburten ist gleichbedeutend mit der Lösung des Atman vom Jīva. Wie aber kommt diese Lösung zustande? Sie kommt zustande, wenn am Jīva kein Karman mehr haftet, weder gutes Karman noch schlechtes Karman, und folglich der Jīva nicht mehr in eine neue Geburt getrieben wird.

Nur, wie läßt sich ein karmanfreier Zustand erreichen, da doch jede Tat Karman produziert und sogar Nichtstun karmisch wirksam ist, falls nämlich dadurch eine Unterlassung eintritt, die für ein anderes Wesen Nachteil bringt? In der Frage ist eine falsche Annahme impliziert, die zunächst korrigiert werden muß: Zwar produziert jede Tat

Vorhergehende Doppelseite: Als die Priester den vedischen Schöpfergott Prajāpati mit der schöpferischen Macht des brahman *gleichsetzten, entstand der Gott Brahmā-Prajāpti. Seine vier Köpfe blicken in die vier Himmelsrichtungen, seine vier Münder rezitieren die vier Veden.*

Linke Seite: Geschmückte Elefanten. Fries des 12. Jahrhunderts am Chennakeśava-Tempel in Belūr.

Oben: Krieger. Fries des 16. Jahrhunderts am Hazāra-Rāma-Tempel in Hampi. Das Kriegerethos forderte den Einsatz des Lebens im dharmagerechten Kampf.

Karman, aber nicht jedes Karman haftet an der Lebensseele. Wenn nämlich eine Tat ohne Leidenschaft, ohne Liebe oder Haß, ohne Zuneigung oder Abneigung, kurz: ohne jegliche Ichbezogenheit, getan wird, so perlt das entstehende Karman von der Seele ab, wie ein Wassertropfen vom Lotosblatt abperlt und nicht daran haftet. Daher lehren einige Upaniṣaden und die Bhagavadgītā, daß man Gleichmut üben und sich weder von Freude noch von Leid berühren lassen solle. Nur die Tat, die ohne Eigennutz geschieht, bringt keine karmische Belastung.
Darüber hinaus aber läßt sich bereits bestehendes Karman auch vernichten. Dafür werden mehrere Rezepte angeboten. In den Upaniṣaden beispielsweise vertritt man die Ansicht, daß die existentielle Erkenntnis der Identität von Atman und Brahman den Menschen aus der karmischen Bindung befreit. Wer solche Erkenntnis vollzogen hat, an dem würde Karman selbst dann nicht mehr haften, wenn er etwas täte, was gewöhnlich als Sünde betrachtet wird. Auch verbrennt bereits bestehendes Karman in der Glut der Erkenntnis. Solche Erkenntnis freilich ist nicht leicht zu realisieren. Es genügt ja nicht, wenn man hört und versteht, daß Atman und Brahman identisch sind. Vielmehr muß dieses Verständnis tiefer dringen, muß in den tiefsten Schichten des eigenen Geistes bewirken, daß sich der Atman vom Jīva löst und wieder ins absolute Brahman eintaucht, dem er eigentlich zugehört.
Hat also erlösende Erkenntnis den sofortigen Tod des Erkennenden zur Folge? Die Antwort ist: Nein. Hätte sie es, so könnte erlösendes Wissen ja niemals mitgeteilt werden, weil derjenige, der es erlangt, gleichzeitig stirbt. Keiner der Weisen könnte sein Wissen vermitteln, und niemand könnte erfahren, ob ein anderer höchste Erkenntnis erlangt hat.
Folglich entwickelte man die Lehre, daß der zu Lebzeiten erlöste Mensch noch so lange weiterlebt, bis die in ihm noch vorhandenen Lebensantriebe restlos verbraucht sind. So wie sich eine Töpferscheibe, wenn sie sich in Schwung befindet, noch eine Weile weiterdreht, so lebt der Erlöste noch bis zum endgültigen Erlöschen seiner vitalen Energien weiter.
Das Streben nach dieser neuen erlösenden Erkenntnis, die Suche nach Leidlosigkeit und Unvergänglichkeit, erfaßte im 6. und 5. Jahrhundert nicht nur die Brahmanen, die dadurch ja ihr Opferprivileg entwertet sahen, sondern es erfaßte vielleicht noch intensiver auch die Krieger- und Kaufmannsschicht.

Links: Askese übender Brahmā und zuschauender Ṛṣi. Darstellung des 16. Jahrhunderts an einem Pfeiler im viṣṇuitischen Tempelkomplex von Śrīraṅgam.

Rechts: Asketen in Verehrungshaltung. Darstellung des 8. Jahrhunderts am Tor der Umfassungsmauer des Madhukeśvara-Tempels von Mukhaliṅgam.

Sozio-ökonomische Veränderungen

Die politischen und sozialen Verhältnisse hatten sich inzwischen deutlich verändert. In Nordindien war eine Reihe von selbständigen Reichen unterschiedlicher Größe entstanden. Diese waren teilweise monarchisch verfaßt, doch gab es auch mehrere sogenannte Republiken, das heißt, Clan- und Stammesverbände sowie Oligarchien. Es hatten sich kleine Städte gebildet. Der Handel erschloß immer weitere Regionen und bediente sich nicht nur der Flußschiffahrt, sondern auch der Meeresschiffahrt. Die Paläste und die Häuser reicher Bürger waren aus Holz gebaut und auf einem Fundament von Lehmziegeln errichtet. Während sich Könige bemühten, den Bestand ihrer Pferde und Elefanten zu vermehren – der Elefant war sowohl als Kriegselefant als auch als repräsentativ geschmücktes Reittier sehr begehrt – und während sich die Wirtschaft vom reinen Gütertausch allmählich auf Geldwirtschaft umstellte, galt den Brahmanen noch immer das Rind als erstrebenswertestes Gut. Wohlstand, ja Luxus, erlaubte zunehmenden Müßiggang und ein breiteres Bildungsbedürfnis vor allem in den Städten, das heißt in den Familien der wohlhabenden Kaufleute und der Aristokraten. Letztere schalteten sich, wie die Upaniṣaden zeigen, in die Suche nach dem erlösenden Wissen ein. Sie veranstalteten öffentliche Diskussionen zwischen bekannten Weisheitslehrern, sie gaben dem Diskussionssieger reichliche Gaben – tausend Kühe soll König Janaka von Videha dem Weisen Yājñavalkya gegeben haben –, und sie greifen selbst als Lehrer in die Atman-Brahman-Diskussion ein.
Prinzen und Kaufmannssöhne verlassen ihre Familien, um sich der Askese und Meditation in der Waldeinsamkeit zuzuwenden. Es bilden sich Gruppen von wandernden Asketen, die bettelnd und lehrend durch die Lande ziehen, sich um hervorragende Lehrer scharen, miteinander diskutieren und voneinander lernen. Das Ideal der Weltflucht färbt ab auf die bürgerliche Gesellschaft, die durch Achtung vor den Wahrheitssuchern und durch Spenden von Speise, Kleidung und Unterkunft am religiösen Verdienst der Weisen indirekt teilhat.
Sowohl Gautama Buddha als auch Mahāvīra, die Gründer der buddhistischen und jainistischen Mönchsgemeinschaften, gehören ihrer Herkunft nach dem Adel an, und sie richten ihre Lehre vor allem an das städtische und ländliche Großbürgertum und die Angehörigen der Nobilität.

Die Krise des Ideals der Weltflucht und die soziale Dimension von Karman

Gegenüber dem Opferwerk ist die neue Lehre schon deshalb attraktiver, weil sie nicht nur dem Vedaspezialisten zugänglich ist, sondern jedem denkenden Menschen der drei oberen Schichten offensteht. Da sie darüber hinaus nicht nur Himmelsglück, sondern ewige Erlösung verheißt, lohnt sich der Einsatz.
Allerdings erweist sich bald, daß auch die neue Erlösungslehre elitären Charakter trägt. Viele mühen sich vergeblich, jenen Zustand geistiger Versenkung zu erreichen, in dem die Vielheit der weltlichen Dinge ausgelöscht wird in der Vision des absoluten Einen, in der Schau des Brahman, in der individuelles Bewußtsein seine Individualität aufgibt und sich zu kosmischem Bewußtsein erweitert. Die charakteristischen Merkmale dieses Zustands, insbesondere die Allwissenheit, sind nicht jedem erreichbar. Es zeigt sich vielmehr, daß die Suche nach Erlösung sich über viele Leben hinzieht und ein Erfolg nur eintritt, nachdem sich die Seele im Kreislauf zahlloser Geburten endlich geläutert hat.
Wie so häufig in Erlösungsreligionen, wird die Erlösung schnell erwartet. Wenn sie nicht eintritt, setzt eine Krise ein. Man muß sich nun auf einen langsamen, zeitlich schwer absehbaren Erlösungsprozeß einstellen. Damit verringert sich die Weltflucht, die Bewältigung der Aufgaben in der weltlichen Gesellschaft tritt wieder in den Vordergrund. Wo käme man auch hin, wenn sich allzu viele Menschen der Askese zuwendeten? Wer würde die Aske-

ten ernähren, wer die Gesellschaft aufrechterhalten, die ja doch bestehen bleiben muß, wenn der Erlösungsprozeß viele Leben dauert und man auf Wiederverkörperung in der Gesellschaft angewiesen ist? Die innere Läuterung, die vor dem Griff nach Erlösung nötig ist, kann man auch innerhalb der Gesellschaft erreichen, indem man nämlich jene Pflichten gewissenhaft und ohne Eigennutz erfüllt, die einem der Beruf der eigenen Kaste auferlegt, in die man ja nicht ohne Grund geboren worden ist. Das ist eine Position von großer Nachwirkung und sie wird in den Epen Rāmāyaṇa und Mahābhārata vertreten und an prominenter Stelle in der Bhagavadgītā gelehrt.

Neue Orientierungen, neue Religionen

Zusammenfassend läßt sich die sogenannte spätvedische Periode als eine Umbruchszeit charakterisieren, in der sich ein religiöser Wandel von großer Tragweite vollzieht. Die Reflexion geht zwar vom vedischen Opfer aus, aber an ihrem Ende ist von den entscheidenden Prämissen des vedischen Weltbildes fast nichts mehr gültig. Die Götter haben ihre einstige Macht verloren, und auch das Opfer ist radikal entwertet. Das neue Verständnis vom Wesen des Menschen, von seiner Seele, von der Reinkarnation und von der Erlösung hat selbst dem paradiesischen Götterhimmel seinen Reiz genommen: Sein Glück ist vergänglich wie das irdische Glück.

Ein neuer, monistischer und höchst abstrakter Gottesbegriff (das Brahman) hat den vedischen Polytheismus überwölbt. Das religiöse Streben wendet sich von den bisherigen Zielen ab und einem neuen Ziel zu: der Erlösung aus dem Kreislauf der Geburten. Da hierzu die vedischen Texte nichts taugen, verlieren auch sie ihre dominante Position. In diesem nach der Selbstauflösung der vedischen Religion zurückgelassenen Vakuum entstehen neue Konzepte, neue Orientierungen, neue Sinngebungen. Einige von ihnen überzeugen und setzen sich durch.
Es entstehen neue monotheistisch konzipierte Kulte mit Tempeln und Götterbildern, und es entstehen der Weltentsagung zugewandte Mönchsorden. Die Anhänger sind nicht mehr auf die zum Vedastudium zugelassenen Angehörigen der obersten Kasten beschränkt, sondern rekrutieren sich auch aus den volkreichen Unterschichten. Auf diese Weise bilden sich etwa gleichzeitig mehrere Religionsgemeinschaften mit unterschiedlicher Lehre und Praxis, mit unterschiedlicher Gotteskonzeption und unterschiedlicher Priesterschaft, von denen einige mit der Zeit wieder verschwinden, andere sich auf die Dauer etablieren und zu eigenständigen, bedeutenden Religionen entwikkeln. Zu letzteren gehören der Buddhismus und Jainismus sowie Viṣṇuismus und Śivaismus; später treten der Śāktismus und synkretistische Religionen hinzu. Sie alle haben der Kultur Indiens in den letzten 2000 Jahren wichtige Impulse gegeben.

Buddhismus

Bodhgayā ist ein kleiner Ort im Südosten von Bihar. Ein Heiligtum mit hochragendem Turm zieht dort weithin sichtbar Pilger an: Es steht unmittelbar neben dem Bodhibaum, einem Nachfahren des Baumes, unter dem Buddha »der Erwachte« die Erweckung *(bodhi)* erlangte.

Nicht der Tag, nicht das Jahr, nicht einmal das Jahrhundert kann mit Sicherheit angegeben werden, in dem dies Ereignis von weltweiter Bedeutung stattfand. Die buddhistische Tradition kennt viele und weit divergierende Daten für die Lebenszeit Buddhas; und wenn man bis vor kurzem noch glaubte, das Todesjahr mit einiger Sicherheit bestimmen zu können – war doch das Eingehen Buddhas in das Nirvāṇa für die Buddhisten das wichtigste Ereignis –, so hat die Forschung der letzten Jahre gezeigt, daß keines der für Buddhas Tod kursierenden Daten verläßlich ist. Buddha starb irgendwann zwischen 486 und 350 v. Chr. im Alter von 80 Jahren. 45 Jahre zuvor hatte er die Erleuchtung erlangt. Weitere 35 Jahre vorher war er als Sohn eines Landadligen aus dem Hause der Śākyas im Hain von Lumbinī geboren worden, nicht weit entfernt von Kapilavastu, einem Ort nahe der Grenze zwischen Indien und Nepal. Die Legende kennt jedes Detail dieses außergewöhnlichen, an Wundern reichen Lebens. Vorzeichen verkünden die Geburt, der Gott Indra und seine Begleiter stehen bereit, um das Kind zu empfangen, das auf übernatürliche Weise das Licht der Welt erblickt: Ohne die Mutter zu verletzen, tritt es auf der Höhe der Taille aus ihrer rechten Leibeshälfte heraus, während sie, stehend, an einem Baum Halt findet. Wunderbar war schon der Traum der Mutter Māyā bei der Empfängnis gewesen, in dem sie einen weißen Elefanten in sich eingehen sah. Die Traumdeuter erklärten, das Kind werde entweder ein Weltbeherrscher oder ein Erleuchteter werden. Der Vater hoffte auf ersteres. Daher versuchte er, den Sohn, der Siddhārta Gautama genannt wurde, fernzuhalten von den Einflüssen der Asketen. Der Jüngling wuchs in Wohlstand auf. Er heiratete und hatte einen Sohn, Rahula.

Doch dann geschah es anläßlich eines Ausrittes, daß der Anblick eines Kranken, eines Alten und eines Toten dem unbeschwerten Leben des jungen Mannes ein Ende setzte. Er erkannte die Vergänglichkeit der Lebewesen, verließ mit 29 Jahren Weib, Kind und Eltern und begab sich auf die Suche nach erlösender Erkenntnis. Er schloß sich Asketen an und übte strengstes Fasten – ohne Erfolg. Als er das

Links: Siddhārtha Gautama, aus dem Geschlecht der Śākyas, als Bodhisattva. Er trägt noch den reichen Schmuck eines Prinzen, besitzt aber schon von Geburt an die Merkmale des künftigen Buddha. Gandhāra-Stil. Berlin, Museum für Indische Kunst

Rechts: Verehrung des Buddha. Dieser selbst wurde in erzählenden Reliefs der älteren indischen Kunst zunächst nicht dargestellt, seine Präsenz aber durch die Handabdrücke auf dem reich verzierten Thron angezeigt. Relief aus Bhārhut, 1. Jahrhundert n. Chr. Calcutta, Indian Museum

Links: Malereien an Säule und Architrav im buddhistischen Höhlentempel (caitya) *Nr. 10 in Ajaṇṭā, erbaut im 2. Jahrhundert v. Chr. Die Malereien wurden im 6. Jahrhundert n. Chr. ergänzt.*

Rechts: Reste großer Gebäudekomplexe zeugen von der einstigen Bedeutung der berühmten buddhistischen Universität Nālandā, die Gelehrte aus allen Teilen Indiens und sogar aus China anzog.

Dies, Mönche, ist die edle Wahrheit vom Leiden: Geburt ist Leiden, Alter ist Leiden, Krankheit ist Leiden, Tod ist Leiden; Trauer, Jammer, Schmerz, Gram und Verzweiflung sind Leiden; mit Unliebem vereint, von Liebem getrennt sein ist Leiden; Begehrtes nicht erlangen ist Leiden; kurz: Die fünf Aneignungsgruppen [welche die Wesen in ihrer Existenz bedingen] sind Leiden.
Dies, Mönche, ist die edle Wahrheit von der Leidensentstehung: Es ist die Wiedergeburt bewirkende, wohlgefällige, mit Leidenschaft verbundene Gier [wörtlich: Durst], die hier und dort Gefallen findet, nämlich: Die Gier nach Lust, die Gier nach Werden, die Gier nach Vernichtung.
Dies, Mönche, ist die edle Wahrheit von der Aufhebung des Leidens: Die restlose Aufhebung, Vernichtung, Aufgabe, Verwerfung, das Loslassen [und] Ablegen eben dieser Gier.
Dies, Mönche, ist die edle Wahrheit von dem zur Leidensaufhebung führenden Wege – es ist ein achtfacher Weg – nämlich: rechte Ansicht, rechter Entschluß, rechte Rede, rechtes Verhalten, rechter Lebensunterhalt, rechte Anstrengung, rechte Achtsamkeit, rechte Meditation.
Mahāvagga I,6,17–20

Fasten aufgab, wurde er wegen mangelnder Willensstärke verspottet. Jahrelang zog er umher, bis ihm ein mittlerer Weg zwischen Wohlleben und Askese jene Entspannung brachte, die für ihn Voraussetzung für die Erkenntnis wurde und die später die mönchische Lebensform mitbestimmte. Die Erkenntnis selbst vollzog sich in der Meditation unter dem Bodhibaum. Sie ließ den Buddha jene Stufen des Bewußtseins erreichen, auf denen ihm seine früheren Leben gegenwärtig wurden, auf denen er die Kette der Entstehung in Abhängigkeit durchschauen konnte, Gier, Haß und Verblendung abstreifte, erkannte, daß es keinen ewigen Wesenskern gibt, und alle Bindungen hinter sich ließ.
Der Verführer, wichtiges Element orientalischer Hagiographie, fehlt auch bei Buddha nicht. Doch trotz großen Aufgebots vermag er ihn weder abzulenken noch zum sofortigen Austreten aus dem leidvollen Erdendasein zu bewegen: Der Erwachte will nicht nur sich allein, er will auch andere retten, will seine Erkenntnis mitteilen.
Er wandert nach Benares. Dort, im Tierpark von Sārnāth, trifft er fünf seiner früheren Gefährten, gewinnt sie als seine ersten Jünger und hält seine erste Predigt, die das Rad der Lehre – Dharma genannt – in Bewegung setzt. Schüler scharen sich um ihn. Es entsteht eine Mönchsgemeinde, der Sangha. Zu diesen drei »Edelsteinen« nimmt Zuflucht, wer die Erlösung sucht: zum Buddha im Vertrauen darauf, daß er den Weg zum Nirvāṇa, zur Erlösung, wirklich gefunden hat; zum Dharma, weil die Lehre diesen Weg weist; und zum Sangha, weil in der Mönchsgemeinde die Lehre bewahrt und weitergegeben wird und die Bedingungen für die nötige Disziplin und Konzentration gegeben sind. Buddha zieht 45 Jahre lang lehrend durch die mittlere Gangesebene. Reiche Kaufleute stiften Unterkünfte für die Regenzeit. Könige empfangen den berühmten Prediger. Nach seinem Tod sollen die Gebeine an Delegationen mehrerer Staaten und Stadtstaaten als Reliquien verteilt worden sein.
Es wurde ein Konzil abgehalten, um vor allem die Regeln der Ordenszucht und die Lehre des Meisters im Gedächtnis festzuhalten; zwei weitere Konzilien folgten. Niedergeschrieben aber wurde der Text des Palikanons, in seinen älteren Teilen, erst Anfang des 1. Jahrhunderts v. Chr. Und auch die Reste des Sanskritkanons, von dem nur noch Teile erhalten sind, reichen nicht viel weiter zurück.

Die Lehre vom Nichtselbst

Was war das für eine Lehre, die der Buddha verkündete? Er lebte in einer Zeit, in der die meisten Denker von der Lehre der Wiedergeburt und dem Fortwirken der Taten ausgingen. Wie aber die Seele beschaffen sei und wie sich die Taten des einen Lebens auf die Gestalt und die Erfahrungen des nächsten Lebens auswirken sollten, darüber war man sich noch nicht ganz im klaren. Und es gab eine

starke Gruppe von Denkern, welche die Existenz einer Seele und eines jenseitigen Lebens leugneten und diesen Zweifel mit guten Gründen untermauerten. Die Materialisten zeigten, daß sich eine Seele experimentell nicht nachweisen lasse.

Buddha versuchte eine Synthese zwischen diesen beiden Positionen. Er hielt an der Lehre von der Wiedergeburt fest. Diese hatte überzeugend ein Moralgesetz in der Welt selbst verankert, sie hatte einen Sinn des Lebens auch im Unglück sichtbar gemacht und ein Prinzip der Gerechtigkeit aufgewiesen, ohne dafür eines himmlischen Richters zu bedürfen. Die Seele aber – hier gab er den Materialisten recht – ist nicht existent. Es gibt einen Zyklus von Werden und Vergehen, aber es liegt ihm kein Atman zugrunde. In der Welt des Wandels gibt es nichts Bleibendes, auch keine Seele. Das Leben ist vielmehr ein kontinuierlicher Fluß von Impulsen, die ihre Bewegungskraft weitergeben, selbst jedoch wieder verschwinden. Wie ein Fluß, trotz äußerlicher Kontinuität, in Wahrheit jeden Augenblick ein anderer ist, weil das Wasser in ihm ständig wechselt, so ist es auch mit dem Selbst des Menschen: Es existiert nur als Bewegung, nicht als Substanz. Und läßt sich die Gesetzmäßigkeit des Karman, die in der Wiedergeburtslehre zum Ausdruck kommt, nicht auch ohne Seele erklären? Beim Spiel mit Kugeln stößt eine die andere an, und je nach dem Winkel und der Kraft des Aufpralls gibt die erste der zweiten Bewegung und eine bestimmte Richtung. Sie selbst kommt zur Ruhe. Die Substanz beider Kugeln ist verschieden. Nichts geht von einer auf die andere über, mit Ausnahme des Bewegungsimpulses und seiner Richtung. Wirkungsprinzipien wie das Karman bedürfen also nicht eines substantiellen Trägers. An die Stelle des unvergänglichen Selbst treten vielmehr nach der Lehre des Buddha fünf vergängliche, leidvolle und unpersönliche Daseinsgruppen *(skandha)*, die unaufhörlich der Veränderung unterliegen.

Die Vision eines Funktionierens des Karmanprinzips auch ohne Seele bildete die entscheidende Neuerung der Lehre Buddhas. Sie bildete seine Stärke und seine Schwäche. Gab es keine Seele, so bedurfte es auch keiner Spekulation über das Jenseits. Das Ende des Zyklus der vielen Leben war vielmehr einfach ein Zur-Ruhe-Kommen der Bewegung, ein Verlöschen, so wie ein Öllicht verlischt, wenn es keine Nahrung mehr hat.

Nahrung aber bringt dem Leben der Durst, das Sich-Klammern an die Welt, an die Dinge und Wesen und an das eigene Ich. Und da nichts von all diesem beständig ist, da man alles, was man festhalten will, mit Notwendigkeit verliert, ist das Leben grundsätzlich leidvoll. Befreiung bringt nur das Verlöschen des Durstes und damit das Ende der Lebensimpulse. Das Wort *nirvāṇa* bedeutet »Aushauchen«, »Verwehen«; die Übersetzungen sagen, das Bild des Öllichtes aufgreifend, oft »Verlöschen«. Was erlischt, sind die Gier, der Haß und die Verblendung. Sind diese ver-

Links: Buddhas Erleuchtung. Der Buddha, symbolisiert durch den Thron, sitzt am Fuße des Bodhibaums und wird vom Schlangenkönig Mucalinda beschützt.
Nāgpur, Archaeological Museum

Unten: Buddhistischer Reliquienbehälter aus grauem Schiefer mit den darin gefundenen silbernen und goldenen Döschen mit Perlen und Halbedelsteinen.
Berlin, Museum für Indische Kunst

Rechts: Zwei Stelen des 3. und 4. Jahrhunderts aus Nāgārjunakoṇḍa mit Szenen aus Buddhas Leben.
Neu-Delhi, National Museum

schwunden, so bilden sich keine neuen Triebkräfte. Der Körper verbraucht sich noch, dann geht der Sterbende ins Nirvāṇa ein.

Die vier edlen Wahrheiten

Die Lehre geht von vier »edlen Wahrheiten« aus. Sie betreffen erstens den Zustand der Welt: alles ist Leiden; zweitens die Ursache des Leidens: den Durst, der sich im Begehren nach Existenz, nach Lust und nach Vernichtung ausdrückt; drittens die Möglichkeit der Erlösung: es gibt ein Ende des Leidens, ein Nirvāṇa; und viertens den achtfachen Pfad, den der Buddha lehrt und der zum Nirvāṇa führt.
Die Leidhaftigkeit der Welt ergibt sich aus ihrer Vergänglichkeit. Sie ist zusammengesetzt aus fünf sich ständig wandelnden Komponenten, den »Daseinsgruppen« *(skandha)*, die Gestalt, Empfindung, Wahrnehmung, Geistesformationen und Bewußtsein bilden. Diese fünf Daseinsgruppen entspringen dem (Lebens-)Durst und unterliegen dem Gesetz der Entstehung in Abhängigkeit *(pratītyasamutpāda)*.
Daß die Wesen aufgrund von »Durst« am vergänglichen Leben haften, liegt an ihrer Unwissenheit *(avidyā)*, die an der ersten Stelle einer zwölfgliedrigen, als »Entstehung in Abhängigkeit« *(pratītyasamutpāda)* bezeichneten Kausalkette steht. Diese führt von *avidyā* (1) über die durch Karman bedingten Geistesformationen *(saṃskāra)* (2) zu neuer Inkarnation, das heißt, zur Bildung eines neuen Bewußtseins *(vijñāna)* (3), einer entsprechenden Gestalt *(nāmarūpa)* (4) und den ihr und ihrem Karman gemäßen Wahrnehmungsbedingungen *(saḍāyatana)* (5). Durch diese kommt das Bewußtsein in Kontakt *(sparśa)* (6) mit Objekten. Es entsteht Empfindung *(vedanā)* (7), und diese führt zu erneutem Durst *(tṛṣṇā)* (8). Aufgrund des Durstes erfolgt in einem künftigen Leben das Ergreifen *(upādāna)* (9) der fünf Daseinsgruppen, das Werden *(bhava)* (10), die Geburt *(jāti)* (11) und schließlich Alter und Tod *(jarāmaraṇa)* (12).
Wer aus diesem Kreislauf ausbrechen will, muß dem edlen achtfachen Pfad des Buddha folgen, indem er 1. rechte Erkenntnis, 2. rechte Gesinnung, 3. rechte Rede, 4. rechte Tat, 5. rechten Lebenserwerb, 6. rechte Anstrengung, 7. rechte Achtsamkeit und 8. rechte Sammlung übt. Es ist ein Weg, der mit der Einsicht in die Erlösungsbedürftigkeit und der festen Resolution beginnt, sich um die Überwindung der Bindungen zu bemühen. Es folgen drei Glieder (3–5), in denen es um sittliches Verhalten, um die Makellosigkeit im Handeln, im Reden und im Denken geht. Danach folgen die Stufen der Konzentration und Meditation, die zum erlösenden Wissen führen sollen.
Die Lehre bestach durch ihre Klarheit und durch den Verzicht auf unbeweisbare Spekulationen. Ihre Problematik lag in der Ablehnung der Seele. Gab auch das Bild von den

Kugeln eine Erklärung für die Wirkung von Karman, so ging dabei doch das entscheidende moralische Prinzip verloren, das solchem Karman »Gerechtigkeit« und »Sinn« gegeben hatte: die Eigenverantwortung für die Form des jetzigen und der künftigen Leben. Ohne Kontinuität eines Bewußtseins gab es weder Verantwortung noch das Auskosten der Tatfolgen. Ein anderer mußte das Karman ertragen, das man selbst verursachte. Die buddhistische Philosophie hat sich mit dem Paradox der Nichtexistenz eines Bewußtseinsträgers bei gleichzeitiger Existenz von Bewußtsein, das über ein Leben hinausreicht (Buddha soll sich an seine früheren Leben erinnert haben), jahrhundertelang beschäftigt. Wenn es aber richtig ist, daß ein unvergänglicher Wesenskern fehlt, so ist *śūnyatā*, der Zustand der Leere, ein entscheidendes Merkmal der Welt. Dies ist ein Begriff, der im späteren Buddhismus wichtig wurde.

Theravāda und Mahāyāna

Das mönchische Leben in der Nachfolge Buddhas war ein Weg, der wenigen Fortgeschrittenen unter den Mönchen die Chance einer Überwindung des Saṃsāra bot und zugleich den Laienanhängern die Möglichkeit gab, durch Unterstützung des Ordens religiöses Verdienst und damit eine bessere Ausgangsposition für das nächste Leben zu erwerben. Die Adressaten der Lehre waren weitgehend Angehörige der städtischen und ländlichen Oberschicht: Kaufleute, Grundbesitzer und Adel, Leute, deren Familien es sich leisten konnten, daß ein oder mehrere ihrer Mitglieder sich vom Erwerbsleben zurückzogen, um sich dem Erlösungsstreben hinzugeben.

Dieses städtische Ambiente mit seinen zu Ablenkung und Wohlleben tendierenden Bedingungen führte schon relativ bald zu Konflikten im Mönchsorden. Grundsätzlicher war ein zweiter Konflikt, der sich in den letzten beiden Jahrhunderten vor der Zeitenwende anbahnte und später zur Trennung in Theravāda- (Hīnayāna-) und Mahāyāna-Buddhismus führte.

Es ging um die Definition der Ziele der mönchischen Bemühung: Buddha hatte einen Weg gezeigt, der aus dem Kreislauf der Geburten herausführt. War es Aufgabe der Mönche, diesen Weg bis zu seinem Ende zu gehen und Erlösung zu finden? Oder war es vielmehr ihre Aufgabe, ihre eigene Erlösung zurückzustellen, um andere auf den Weg der Erlösung zu führen? Letzteres hatte Buddha selbst in den letzten Jahrzehnten seines Lebens getan. Dann aber hatte er die Welt ohne Führung hinter sich gelassen und war ins Nirvāṇa eingegangen.

Ein konservativer Teil der Mönche vertrat die Ansicht, man müsse Buddha genau folgen: durch Predigt und Vorbild anderen den Weg weisen, aber zugleich für sich selbst das Nirvāṇa anstreben. Letztlich ist es jedem Wesen nur gegeben, die eigenen Bindungen zu lösen, den eigenen Lebensdurst zu beenden. Dies war die »Lehre der Alten«

(Theravāda), die ihre Kritiker als »mickriges oder erbärmlich kleines Fahrzeug« *(hīnayāna)* bezeichneten. War es doch ein Fahrzeug, das jeweils nur eine Person über das Meer des Saṃsāra trug. Das Ideal der (Nächsten-) Liebe *(maitrī)* dagegen, das seit Ende des 3. Jahrhunderts v. Chr. große Bedeutung erlangt hatte, und das Ideal des Mitleids mit allen Lebewesen *(karuṇā)*, das Buddha selbst vorgelebt hatte, forderten ein »großes Fahrzeug« *(mahāyāna)*, groß genug, um alle Wesen zu erretten. Dazu war es ebenfalls nötig, die Erleuchtung zu erlangen. Dann aber galt es, die eigene Erlösung hintanstellend, durch die Kraft der Erkenntnis und durch Übertragung des eigenen Verdienstes auf andere, von schlechtem Karman belastete Wesen, die ganze Welt so lange helfend zu betreuen, bis alle Wesen erlöst sind.

Das neue Ideal eines solchen Erlösers hieß »Bodhisattva«, »Erleuchtungswesen«. Mehrere solcher Boddhisattvas, unter denen Avalokiteśvara und Maitreya herausragen, wurden konzipiert, um Hilfe angefleht, verehrt. Im Laufe weniger Jahrhunderte entstand ein ganzes Pantheon; Göttinnen traten hinzu. Die rationale Entmachtung der Welt des Übersinnlichen, die Buddha vollzogen hatte, war schon in den ersten Jahrhunderten nach der Zeitwende wieder dahin. Daß sich die Schulen des Mahāyāna von den Strömungen der Zeit und der Region, in denen sie wirkten, nicht fernhalten konnten, liegt auf der Hand. Formen des Tantrismus und des Śāktismus drangen frühzeitig ein und wurden mit Einflüssen aus Ostiran und Zentralasien vermischt. So entstanden aus dem »großen Fahrzeug« das »Diamantfahrzeug« *(vajrayāna)* und das »Fahrzeug der magischen Formeln« *(mantrayāna)*. Diese Mahāyāṇa-Schulen haben nach China und Japan ausgestrahlt. Der Theravāda dagegen, der sich von einigen Ideen, wie beispielsweise der Verdienstübertragung, anstecken ließ,

Linke Seite: Māra, der Herrscher über die Begierde, versucht noch im letzten Moment vergeblich, die erlösende Erkenntnis des Buddha zu verhindern.
Berlin, Museum für Indische Kunst

Oben: Der Tod des Buddha (parinirvāṇa). *Schüler, Mönche und Nonnen, Fürsten und Götter trauern um ihn. Gandhāra, 3. Jahrhundert n. Chr.*
Berlin, Museum für Indische Kunst

Das Leid ist, niemand ist, in dem's entsteht,
die Tat ist, doch kein Mensch, der sie begeht.
Nirvāṇa ist, doch keiner, der verweht,
der Weg ist, aber keiner, der ihn geht.

Visuddhimagga 513

Es gibt sechs Kräfte, mit denen ein Vollendeter die Stelle eines Stiers [das heißt den höchsten Platz] einnimmt, in den Versammlungen den Löwenruf ertönen läßt und das Brahma-Rad [der Lehre] in Bewegung setzt:
1. Er erkennt das Mögliche als möglich und das Unmögliche als unmöglich den Tatsachen entsprechend,
2. er erkennt die Folgen der vergangenen und zukünftigen Taten der Ursache gemäß,
3. er erkennt die Trübungen, die Läuterung und das Aufsteigen bei den geistigen Übungen,
4. er erinnert sich vieler früherer Wiedergeburten,
5. er erkennt mit seinem göttlichen Auge, wie die Wesen sterben und wiedergeboren werden, hohe und niedere, schöne und häßliche, entsprechend ihren Werken,
6. nachdem in ihm die Grundübel geschwunden sind, hat er die leidenschaftslose Erlösung erkannt und verwirklicht.

Aṅguttara-Nikāya VI,64

Geht auf Wanderschaft, Mönche, zum Heile der vielen, zum Segen der vielen, aus Mitleid mit der Welt, zum Nutzen, zum Heile, zum Segen für Götter und Menschen. Gehet nicht zu zweit zusammen! Zeiget, Mönche, die Lehre, die im Anfang gut ist, in der Mitte gut ist, im Ende gut ist, im Geiste wie im Wort. Legt zutage einen vollerfüllten reinen Tugendwandel! Es gibt Wesen, die mit nur geringem Makel geboren sind; wenn sie nicht von der Lehre hören, werden sie verderben, [durch euch aber] werden sie Erkenner der Lehre sein.

Mahāvagga I,11,1

aber sonst weitgehend auf der mönchisch-strengen Lehre des Buddha beharrte, hat vor allem auf dem Seeweg nach Südostasien ausgestrahlt.
Diese große, heute fast weltweite Verbreitung des Buddhismus verdankt ihren ersten entscheidenden Impuls dem Kaiser Aśoka (268–239 v. Chr.). Wie das Christentum durch Konstantin, so erhielt der Buddhismus durch Kaiser Aśoka jene entscheidende Förderung, die ihn zu einer mächtigen religiösen Bewegung werden ließ.
Aśoka ließ Stūpas errichten, sandte Missionare aus, schickte Gesandtschaften bis nach Ägypten, Griechenland und Vorderasien. Er versuchte, den Spaltungen im Orden Einhalt zu gebieten, und schuf eine laizistische Kurzfassung der Lehre, die er im ganzen Reich propagierte.
In seiner Zeit gelangte der Buddhismus nach Ceylon und nach Nordwestindien. Die Expansion des Buddhismus nach Zentralasien und China begann unter der Herrschaft der Kuṣāṇas vom 1. bis 3. Jahrhundert und setzte sich ab dem 7. Jahrhundert über Tibet fort. Nach Japan gelangte er von Korea aus im 6. Jahrhundert.
In Indien selbst allerdings verlor der Buddhismus bereits ab Mitte des 7. Jahrhunderts allmählich an Boden. Damals entwickelte sich eben jene Schule des »Diamantfahrzeugs« *(vajrayāna)*, die starke tantristische Elemente in den Buddhismus einbrachte. Dadurch wurde er jedoch bestimmten śivaitischen und śāktistischen Sekten so ähnlich, daß er allmählich in ihnen aufgehen konnte.
Den eigentlichen Vernichtungsschlag gegen den Buddhismus führten jedoch die Muslime. Diese zerstörten bei ihrer Eroberung Nordindiens im 13. Jahrhundert nicht nur die Tempel der Hindus, sondern auch die Klöster der Buddhisten. Während aber die Hindus einen Rückhalt im häuslichen Bereich behielten und die Periode der Gewaltherrschaft überstanden, wurde den Buddhisten mit ihren Klöstern und Bibliotheken die Existenzgrundlage genommen. Sie flohen nach Birma, Thailand und Tibet. Indien, die ursprüngliche Heimat des Buddhismus, wurde zwar später wieder zum Ziel von Pilgern, die zu den heiligen Stätten reisten, doch als Religion spielte der Buddhismus in Indien ab 1250 nur noch eine geringe Rolle.

Links: Gekrönter Buddha oder Bodhisattva, sitzend auf Löwenthron. Kopf-, Hals- und Armschmuck in Verbindung mit den Kennzeichen des Buddha könnten auf den Prinzen Siddhārtha vor der Erleuchtung deuten, doch im Nordwesten Indiens wird später auch der Buddha mit Schmuck dargestellt. Bronze aus dem nördlichen Swat-Tal.
Berlin, Museum für Indische Kunst

Rechts: Stehender Buddha, die rechte Hand ist in der Geste der Schutzgewährung erhoben, während die linke einen Gewandzipfel hält. Die 18,5 cm hohe Figur zeigt mit Haarknoten, Locke zwischen den Augenbrauen, gelängten Ohrläppchen und Verbindungshäuten zwischen den Fingern – trotz aller Eigenart der Auffassung – beispielhaft die wesentlichen Merkmale eines Buddha. Die Messingfigur datiert ins 8. Jahrhundert, stammt aus Kaschmir und gilt als eines der frühen Zeugnisse für Metallarbeiten aus dieser Region.
Berlin, Museum für Indische Kunst

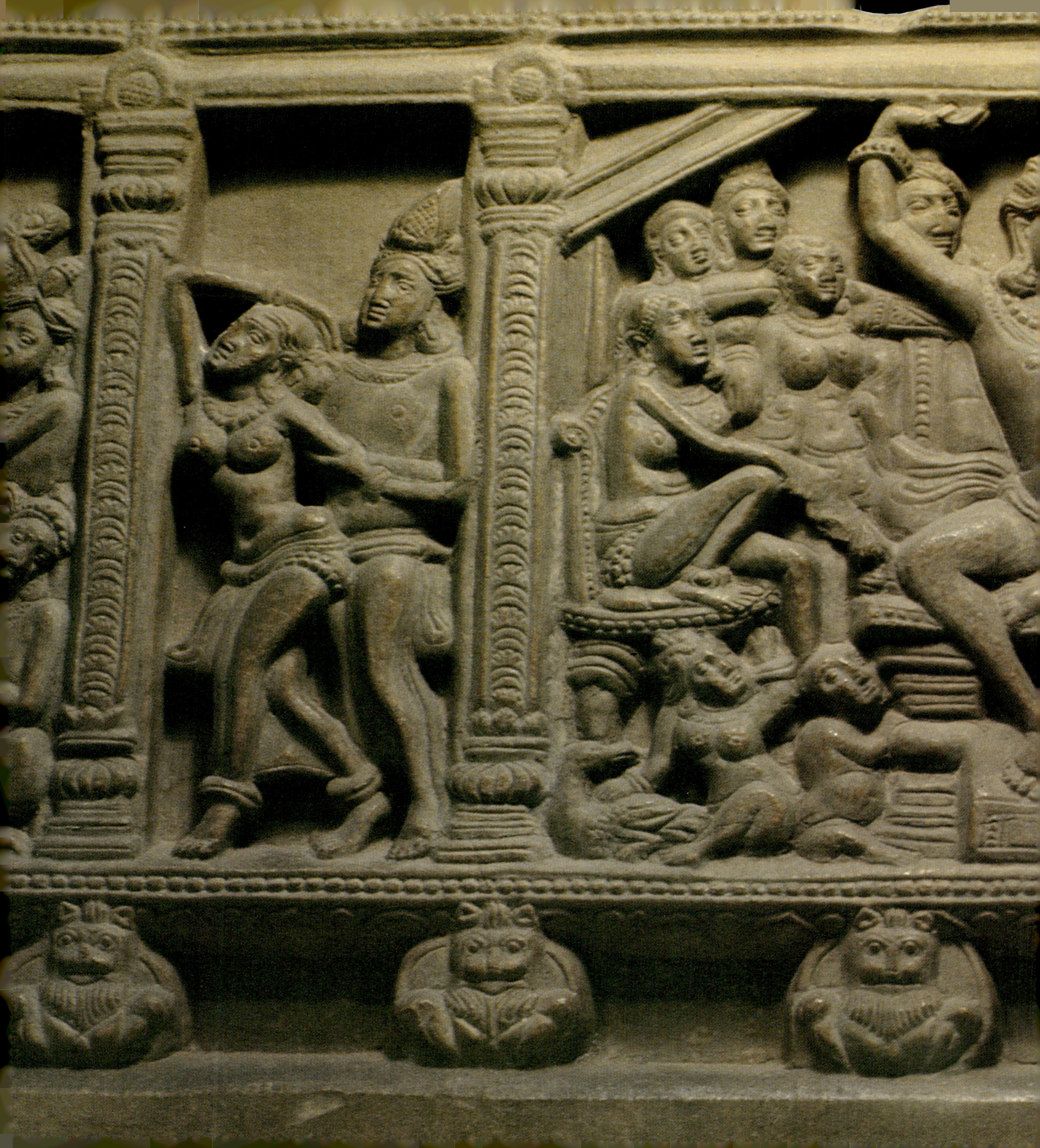

Vorhergehende Doppelseite: Prinz Siddhārtha in den Freuden des Harems. Der junge Aristokrat, im Klan der Gautama aus dem Stamm der Śākyas geboren, erhielt eine seiner gesellschaftlichen Stellung entsprechende Erziehung, heiratete und hatte auch einen Sohn. Er schwelgte in den weltlichen Vergnügungen. Erst als er eines Tages bei einem Ausritt den Phänomenen von Krankheit, Alter und Tod begegnete, wendete er sich von seinem bisherigen Leben ab. Es folgten sieben Jahre vergeblicher Erprobung verschiedener Lehren, ehe Buddha unter dem Bodhi-Baum zur Erleuchtung gelangte.
Relief des 2./3. Jahrhunderts n. Chr. aus Nāgārjunakoṇḍa.
Neu-Delhi, National Museum

Links: Jainistischer Haustempel aus Holz, einst aufgestellt in einem Zimmer oder einer Halle als Stätte des häuslichen religiösen Kults. Er ist dem Tīrthaṃkāra Nemināthа geweiht. Der reich dekorierte, 235 cm hohe Tempel, in den architektonischen Formen freistehenden Bauten nachempfunden, ist eine Arbeit des 18. Jahrhunderts aus Gujarāt.
Berlin, Museum für Indische Kunst

Rechte Seite: Sambhava in Meditationshaltung, der dritte unter den 24 Tīrthaṃkāras, den »Furtbereitern« der Jainas.

Jainismus

Archaischer und deutlich strenger als die Lehre des Buddha ist diejenige seines Zeitgenossen Mahāvīra, »der große Held«, der auch Jina, »der Sieger«, genannt wird. Die beiden Ehrentitel bedeuten, daß er die Bindung an den Kreislauf der Geburten überwunden, daß er die Unwissenheit endgültig besiegt hat.
Auch Mahāvīra, der eigentlich Vardhamāna hieß, entstammt einem adligen Hause im Nordosten Indiens – sein Geburtsort ist Vaiśālī in Bihar –, auch er durchzog das Land Bihar, auch er leitete einen Mönchsorden. Und wie Buddha war auch Mahāvīra ein Exponent jener Protestbewegung, die sich gegen das Opferritual der Brahmanen, gegen ihren Superioritätsanspruch und gegen ein durch Geburt bestimmtes Kastensystem richtete. Buddha und Mahāvīra scheinen einander nicht begegnet zu sein, müssen aber voneinander gehört haben. Mag sein, daß sie sich als Rivalen bewußt aus dem Weg gegangen sind – eine sinnvolle Zurückhaltung in einem Land, in dem die Ressourcen besonders in der heißen Zeit gering waren und wo es für wandernde mönchische Gruppen mit größerer Anhängerzahl nicht einfach war, in den Dörfern ausreichend Speise und Wasser zu finden.
Mahāvīra war der Fortsetzer und Vollender einer schon bestehenden Lehre, wahrscheinlich auch der Erneuerer eines schon existierenden Mönchsordens. Die Tradition der Jainas (Anhänger Jinas) weiß von insgesamt 24 »Furtbereitern« *(tīrthaṃkāra)*, von denen Mahāvīra der letzte war. Doch nur bei seinem unmittelbaren Vorgänger Pārśva sind Züge einer historischen Persönlichkeit greifbar. Die anderen verlieren sich im Legendären.
Diese Tradition bietet jedoch eine Erklärung für die gegenüber dem Buddhismus deutlich archaischere Lehre und

Gedankenführung des Jainismus. Danach gibt es fünf ewige Grundtatsachen, welche die wandelbaren Formen der Seinsmasse und damit die Welt (und Nicht-Welt) prägen. Es sind Regung, Ruhe, Raum, Seelen und Atome von Stoffen. Alle Grundtatsachen bis auf die Seelen *(jīvas)* sind unbeseelt, alle, bis auf die Stoffe, sind unkörperlich oder gestaltlos. Einen Gott, der schöpferisch oder lenkend eingreifen könnte, gibt es nicht: Die Welt ist anfangslos und ungeschaffen. Nur das Gesetz des Karman, der Tatfolgen, bestimmt die Zusammenfügung von Atomen zu Aggregaten und damit den Wandel der Gestaltungen.

Auch Mahāvīra geht also von der Wiedergeburt aus. Aber er leugnet nicht die Existenz einer Seele. Vielmehr sieht er die ganze Welt – auch alle Pflanzen – als beseelt und somit wahrnehmungsfähig und leiderfahrend an. Daher ist allererstes Gebot für jeden, der schlechtes Karman vermeiden will, daß er anderen Wesen kein Leid antut. Ahiṃsā, die Lehre von der Nichtverletzung der Lebewesen, ist von keiner Religion so konsequent gepredigt und befolgt worden wie von den Jainas. Um keinen Käfer, keine Ameise, keinen Wurm zu zertreten, kehren im Extremfall die Mönche den Weg vor ihren Füßen. Um nicht versehentlich ein kleines Insekt einzuatmen, tragen sie ein Tuch vor dem Mund.

Fast ebenso strikte Einhaltung der Ahiṃsā fordern die Jainas auch von ihren Laienanhängern, und dies macht es ihnen unmöglich, all jenen Berufen nachzugehen, in denen sich eine Verletzung von Wesen nicht vermeiden läßt, wie etwa in der Landwirtschaft. Deshalb haben sich die Laienanhänger der Jainas frühzeitig den Kaufmannsberufen zugewandt, und da ihre insgesamt asketische Lebenseinstellung große Ausgaben kaum zuließ, wurden viele von ihnen reich.

Die Mönche übten strenge Askese. Bedürfnisse des Körpers wurden weitgehend negiert. Kleidung zu tragen galt schon als unerlaubter Luxus, der zur Spaltung der Jainas in zwei Konfessionen führte, als ein Teil von ihnen, dem Anstandsgefühl der Zeit Rechnung tragend, das Anlegen weißer Gewänder einführte. Seither gibt es Digambaras, »Von den Himmelsgegenden Bekleidete«, und Śvetāmbaras, »Weißgekleidete«, deren Traditionen jedoch im übrigen nur geringfügig voneinander abweichen.

Der Kanon ihrer heiligen Schriften ist in einer mittelindischen Sprache, der Ardhamāgadhī, verfaßt und bewahrt in beträchtlichen Teilen eine Denkstruktur, wie man sie in den Brāhmaṇas und den älteren Upaniṣaden findet. Das Prinzip der Ordnung von Gegenständen und Gedanken in Form von Sequenzen und Zahlengruppen (Begriffsreihen, die sich etwa in Dreiergruppen und Fünfergruppen zusammenfassen lassen) ist noch nicht abgelöst durch ein Denken in Kausalzusammenhängen oder durch deduktive Analyse. Die Pluralität der Seelen, die sich im belebten Kosmos überall findet, wird durch die Erlösung aus dem Kreislauf des Werdens und Vergehens nicht aufgehoben: Sie bleiben als unbeteiligte, dem Leid und jeglicher Wahr-

nehmung enthobene, in sich perfekte Monaden bestehen. Dieses Ideal mag wenig attraktiv klingen, es bezieht seine hohe Wertschätzung jedoch aus der Gegenüberstellung des Bleibenden, Unveränderlichen, Perfekten – das auch keinerlei Bedürfnisse mehr hat – mit dem Vergänglichen, Wandelbaren, Unvollkommenen, das sich in Begierde und Leid verzehrt. Die figürliche Darstellung des Mahāvīra und der anderen Tīrthaṃkāras spiegelt dieses Ideal in konsequenter Weise: Die Gestalten, stehend oder sitzend, sind im Typus alle gleich, jedes geringste Zeichen einer Individualität ist sorgfältig vermieden; denn das Perfekte kennt keine Unterscheidung mehr, es ist zeitlos gültige Form. Nur ein Symbol am Sitz verrät dem Betrachter, welchen Tīrthaṃkāra er vor sich sieht.

Dank ihrer strengen Moral, ihrer asketischen Lebensführung und ihrer absoluten Verpflichtung zur Nichtverletzung von Mensch und Umwelt gewannen die Jainas schon

Glückverheißende Segensspenderin,
Wurzel der Tugenden, die ich verehre,
reinsten Glaubens Vollenderin,
siegreich blühe die Jaina-Lehre.

Pañcapratikramaṇa 295

Nur der Allwissende, des' Ruhm die Welt durchdrungen,
weil er die Leidenschaft und Sünde hat bezwungen,
der alles, was da lebt, in Weisheit unterwiesen,
der einzig wird als Gott, als höchster Herr gepriesen.

Nyāyavijaya, *Jainadarṣana*

Freundschaft mit allen Wesen,
Freude an den Fähigkeiten der Guten,
tiefes Mitleid mit Leidbefallenen,
Gleichmut gegenüber denen,
die mir nicht wohlgesinnt sind:
Möge meine Seele diese Qualitäten
für immer besitzen!

Amitagati, *Dvātriṃśatikā* 1

Einzig und ewig ist meine Seele,
Bewußtsein, Erkenntnis ist ihr Wesen.
Alle anderen Zustände, die ich erfahre,
gehören nicht zu mir, sind äußere Zusätze.

Dieser Zusätze wegen hat meine Seele
gelitten in Ketten des Elends.
Darum entsage ich in Körper, Geist und Rede
jeder Verbindung mit ihnen.

Amitagati, *Dvātriṃśatikā* 13–14

Oben: Sarasvatī, die Göttin der Gelehrsamkeit und Künste, wird auch von den Jainas verehrt.

Der heilige Gommateśvara (rechte Seite) und seine Füße (unten) im Zentrum des Jaina-Heiligtums auf dem Hügel von Śravaṇa Belgola. Gommateśvara, Sohn des 1. Tīrthaṃkāra Ṛṣabhanātha, verharrte so lange unbeweglich stehend in Askese, daß sich Termitenhügel um ihn bildeten und die Schlingpflanzen bis zu seinen Schultern rankten. Das aus einem Monolithen gemeißelte, über 17 m hohe Standbild entstand als Stiftung um das Jahr 983.

Folgende Doppelseite: Blick auf die Tempelanlage der Jainas auf dem Berg Girnār.

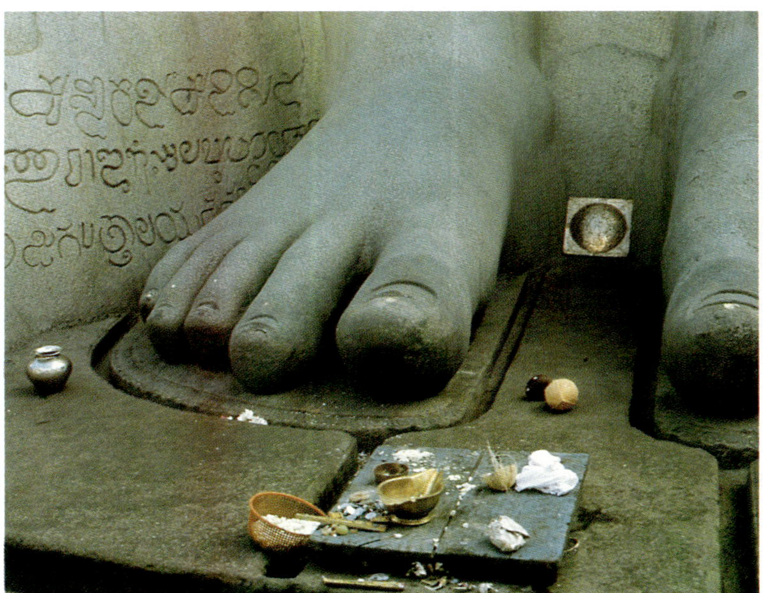

vor den Buddhisten unter der Dynastie der Nandas königliche Protektion größeren Stils. Ihr Einfluß wurde seit der Zeit Aśokas zurückgedrängt, doch erwiesen sie sich auf Dauer in Indien als überlebensfähiger als die Buddhisten. Mit dem Kastensystem arrangierten sie sich. Berühmte Gelehrte, Literaten und Minister gingen aus ihren Reihen hervor. Besonders im Westen und Süden Indiens erwiesen sie sich als stabilisierende Kraft. Und wenn die Strenge ihrer Ordensregeln auch verhinderte, daß der Jainismus zur Massenbewegung werden konnte, so verhinderte eben diese Beschränkung und Selbstkontrolle auch die Dekadenz des Jainismus. Die wirtschaftliche Macht dieser zahlenmäßig kleineren Religion war immer beachtlich.

Viṣṇuismus

Gott ist uranfänglich, ist das Sein,
ist allgegenwärtig, unvergleichbar,
ist erhaben über die Natur,
rätselhaft, dem Denken nicht erreichbar.
Jayadeva

Die Pilgerstadt Purī am Golf von Bengalen ist eines von mehreren großen religiösen Zentren des Viṣṇuismus. Täglich strömen hier Tausende in den Tempel des »Herrn der Welt« Jagannātha. Hunderttausende von Gläubigen, die aus allen Teilen Indiens anreisen, nimmt die Stadt zur Zeit

des »Wagenfestes« Rathayātrā auf. Die Tempelküchen entfalten ihre volle Kapazität und werden in dieser Zeit zu einem der größten Restaurationsbetriebe der Welt. Und wenn sich die drei bunt geschmückten, aus schwerem Holz gefertigten haushohen Tempelwagen in Bewegung setzen, die den dunklen, rundäugigen Gott, seine Schwester Subhadrā und seinen weißen Bruder Balarāma tragen, so geschieht dies wie spielerisch mit der Kraft ungezählter Hände der Gläubigen, die eine Handbreit der riesigen, ebenfalls schweren Seile zu erhaschen suchen: Der Gott verläßt seinen Tempel und begibt sich während der Regenzeit in seine Sommerresidenz zur Ruhe.

Die Ruhe, Symbol für einen der heilsträchtigen Momente im Wirken Gottes, verweist auf die Phase der Reinigung, der Auflösung der verwirrten Vielheit in der kosmischen Flut, verweist auf die Resorption von Welt und Wesen in das unendliche Bewußtsein des unvergänglichen Gottes Nārāyaṇa und damit auf einen Akt universaler Erlösung. Die Viṣṇuiten denken in riesigen Zeiträumen, aber diese Zeiträume sind strukturiert durch den Lebensrhythmus Gottes – es handelt sich nicht um ein einförmiges Kreisen des Rades des Saṃsāra.

Von der winzigen Zeiteinheit ausgehend, die eine Nadelspitze braucht, um ein Lotosblatt zu durchstoßen, und die 810 000 mal so kurz ist wie ein Augenblick, erreicht man mit acht Augenblicken die Länge eines Atemzugs: den Beginn des Lebens. Von da aus werden die Zeitzyklen immer größer. Das Leben des Menschen (hundert Jahre), das Leben der Götter (ein Jahr der Menschen ist für sie ein Tag), die Kreise der in Yugas und Mahāyugas gerechneten Äonen, bis hin zu einem Leben des Schöpfergottes Brahmā, der jeden Tag seines hundertjährigen Lebens eine neue Welt wie eine Blüte erblühen läßt, um sie abends wieder vergehen zu lassen – das alles ist nur ein Augenblick

Oben: Bildnis des Viṣṇu, auf Lotosthron sitzend. Kultbild des 6./7. Jahrhunderts aus dem Rājīvalocana-Tempel von Rājim.

Unten: In Berlin aufbewahrtes Tempelbild. Im Zentrum steht der Gott Kṛṣṇa als Śrīnāthaјī (heiliger Schutzherr).

Rechte Seite: Der im 12. Jahrhundert erbaute Jagannātha-Tempel in Purī, eines der bedeutendsten Pilgerzentren Indiens.

des unendlichen Gottes Nārāyaṇa: Er atmet wieder aus. Alles Leben, alle Welten sind zwischen diesen beiden Momenten des Ein- und Ausatmens Gottes enthalten. Brahmā, Śiva und andere Götter entstehen und vergehen. Sie sind Teil des Kreislaufs ungezählter Welten.

Der große Gott aber bleibt, und er greift in diese Welten ein. Um die Ordnung zu erhalten, um gestörtes Gleichgewicht zwischen Göttern und Dämonen wiederherzustellen, inkarniert er sich in dieser Welt. Zehn solcher Inkarnationen sind besonders bekannt: Als Fisch (Matsya) rettete er Manu und die Veden zur Zeit der großen Flut, als Schildkröte (Kūrma) ermöglichte er den Göttern und Dämonen die Quirlung des Milchmeeres, bei welcher der Unsterblichkeitstrank, die Göttin des Glücks und andere Kostbarkeiten entstanden; als Eber (Varāha) hob er die ins Meer gesunkene Erde aus dem Meer empor; als Mann-Löwe (Narasiṃha) besiegte er den Dämon Hiraṇyakaśipu; als Zwerg (Vāmana) nahm er mit drei Schritten (daher auch Trivikrama genannt) dem edlen Unterweltfürsten Bali die Herrschaft über Erde und Götterwelt und setzte ihn wieder in der Unterwelt ein; als Rāma mit der Axt (Paraśurāma) vernichtete er die überheblichen Kṣatriyas; als Rāma, Sohn des Königs Daśaratha und Held des Epos Rāmāyaṇa, befreite er die Welt von der Willkür des zehnköpfigen Dämonen Rāvaṇa; als das Brüderpaar Balarāma und Kṛṣṇa (von denen der letztere aus der Liste der zehn Avatāras herausgenommen wurde, um eine Sonderstellung als Vollinkarnation Viṣṇus einnehmen zu können) besiegte er den Dämon Kaṃsa; als Buddha schwächte er die Dämonen, indem er sie mit falscher Lehre verwirrte; und als Kalkin wird er am Ende des gegenwärtigen Zeitalters erscheinen, um ein neues goldenes Zeitalter heraufzuführen.

Im gegenwärtigen Weltzeitalter spielen vor allem zwei dieser Inkarnationen eine heilswirksame Rolle: Rāma (als Vorbild eines dharmagerechten Lebens) und Kṛṣṇa (als Religionsstifter und Erlöser). Die Wirkung des Epos Rāmāyaṇa – ursprünglich ein Heldengedicht, dessen Held bald göttliche Züge annahm – war überaus groß. Vor allem im späten Mittelalter entwickelte sich eine intensive Rāma-Verehrung, die heute noch anhält. Kṛṣṇa gilt als Vollinkarnation Viṣṇus. Er ist Nārāyaṇa selbst: sichtbar, erfahrbar als Mensch. Die Kindheit, die Versuche des Königs Kaṃsa, das Kind zu töten, die Scherze des Knaben, die Wundertaten, sein bezauberndes Flötenspiel und die Reigentänze der hingerissenen Hirtinnen (Gopīs) um den flötenspielenden Kṛṣṇa – Sinnbild der Hinwendung liebender Seelen zu dem sie lockenden Gott –, das alles gibt diesem Gott unvergleichlichen Charme, macht ihn liebenswert wie keinen anderen der Götter. Zugleich aber durchbricht das in Menschengestalt sich zeigende Göttliche alle menschlichen Konventionen. Das beginnt bei der dunklen Hautfarbe, sonst Zeichen sozial geringeren Standes, hier Symbol der regenschwarzen, lebenspendenden Wolken, des den quälenden Durst nach Erlösung stillenden, Rettung bringenden Gottes. Es endet in der Aufhebung aller Oppo-

Der Keśava-Tempel in Somnāthpur (nach seinem Gründer, dem General Soma, auch Somanātha-Tempel, genannt) ist eines der ausgewogensten Bauwerke der Hoysalazeit (oben). Seine drei dem Viṣṇu als Veṇugopāla, Keśava und Janārdana geweihten Kultschreine sind auf stern- oder blütenförmigem Grundriß (links) erbaut und von einer gemeinsamen Halle aus zugänglich. Die Außenwände umziehen Friese mit Tieren und Menschen sowie Szenen aus den Epen und Mythen (rechte Seite). Darüber stehen an der Wand der Tempeltürme reich geschmückte Götterfiguren.

Wer überschreitet,
wer überschreitet die Māyā?
derjenige, der alle Bindungen aufgibt,
der dem Machtvollen dient,
der selbstlos ist;

der sich an einsamem Orte aufhält,
der die Bindung an die Welt entwurzelt,
der sich von Materiellem befreit,
der Erwerb und Besitz aufgibt;

der die Frucht der Taten aufgibt,
der auch die Taten ablegt
und dann weder Freude noch Leid kennt;

der auch die Vedas gänzlich ablegt,
und die ausschließliche, unbeschnittene
Liebe erlangt,

der überschreitet,
der überschreitet,
der bringt auch die Andern hinüber.

Nārada, *Bhaktisūtras* 46–50

sitionen. Selbst Gut und Böse, Leben und Tod werden durch Kṛṣṇa integriert in das unergründliche Spiel der Gottheit. Es ist dieser inkarnierte Gott, der in der Bhagavadgītā eine Lehre des allgegenwärtigen Handelns Gottes verkündet. Wer als Mensch seine Pflichten selbstlos erfüllt, im Bewußtsein, daß er nur stellvertretend handelt für Gott, an dessen Seele haftet kein Karman. Wer sich in Liebe Kṛṣṇa zuwendet, so daß er sich selbst vergißt, dem kommt der Gott in Liebe entgegen, den nimmt er auf.
Der »Herr der Welt« (Jagannāth) in Purī ist dieser schwarze Gott Kṛṣṇa, der von allen Sünden befreit. Nur die Augen und die Andeutung einer Taille geben dieser fast formlosen Figur eine entfernt anthropomorphe Gestalt: Er ist der höchste Gott in seiner gestaltlosen Form, ohne Attribute, so wie er jenseits der Welt und zugleich überall in der Welt wirkt.
Die äußere Gestalt, die nur in Purī (und in Nachahmungen von Purī) in dieser Form auftritt, ist von Stammeskulturen Orissas übernommen und gibt Zeugnis von der großen integrativen Kraft des Viṣṇuismus, der im Laufe der Jahrhunderte zahlreiche Kulte, sogar Stammeskulte, integriert und mit seiner Theologie überformt hat. Überall sonst wird Kṛṣṇa in menschlicher Gestalt gezeigt und trägt die Symbole des Gottes Viṣṇu: Diskus, Schneckentrompete, Keule und Lotos, oder er ist durch seine Farbe und sein Handeln, beispielsweise durch sein Flötenspiel oder seine kindlichen Streiche, gekennzeichnet.
Entstanden ist diese neben dem Śivaismus heute wichtigste Religion der Hindus schon in den frühesten historisch greifbaren Formen aus der Verschmelzung mindestens dreier Elemente: eines Heldenkultes (Kṛṣṇa, Sohn des Vāsudeva) mit einem in der Region von Mathurā heimischen Nāgakult (der in Kṛṣṇas älterem Halbbruder Balarāma mythisch integriert wurde) und mit einem transzendenten Gott Nārāyaṇa (der in den Brāhmaṇas erstmalig erwähnt wird und in seinem Wesen Züge des vedischen Varuṇa als Gott der kosmischen Wasser und des allgegenwärtigen Bewußtseins zu besitzen scheint). In dieser Kombination, deren Elemente etwa bis ins 8. Jahrhundert v. Chr. zurückreichen, entfaltet sich der Kult des Gottes Kṛṣṇa-Vāsudeva (Sohn des Vāsudeva), der eine Manifestation des Nārāyaṇa ist und der als Bhagavat, als »Erhabener« (wörtlich »Die Anteile [des Glücks oder Schicksals] Besitzender«) verehrt wird, in den drei Jahrhunderten vor der Zeitwende zu einer in archäologischen Zeugnissen greifbaren expandierenden Religion.
Die Ausbreitung dieses Kultes vollzieht sich rasch. Schon im 1. Jahrhundert v. Chr. dringt er in den Süden Indiens. Unterschiedliche Sekten entstehen: Während die Bhāgavatas (Anhänger des Bhagavat) eine Theologie der Avatāras (»Herabkünfte«) Gottes entwickeln, entsteht in der Sekte der Pāñcarātrins, den inzwischen auf fünf Helden *(pañcavīra)* angewachsenen Heldenkult umgestaltend, eine kosmogonische und psychokosmische Emanations-

Wo ich bin und wo ich gehe,
überall ich Biṭṭhal sehe,
wonnig spielt er in der Welt.

Blumen brachte man die Fülle,
Kränze wurden draus geflochten,
um den Gott zu ehren nun.

Doch den ersten Duft der Blumen
sogen Bienen, in den Bienen
ist der Gott, was wollt ihr tun?

Milch ward dann herbeigetragen,
und man kochte, um dem Gotte
Speise zu bereiten, Khīr.

Doch die Milch war erst gekostet
von dem Kalbe, in dem Kalbe
ist der Gott, was tut denn ihr?

Hier ist Biṭṭhal, dort ist Biṭṭhal
Biṭṭhal ist an jedem Orte,
ohne ihn die Welt ist nichts.
Fort und fort, allgegenwärtig,
Nāmdev, ihn anbetend, spricht's.

Nāmdev

lehre der Selbstentfaltung Gottes in vier *vyūhas* (»Entfaltungen«) und 12 beziehungsweise 24 göttliche Manifestationen, die in der Welt wirksam sind. Weitere sektarische Aufgliederungen sind nachweisbar. Doch in der Guptazeit erfolgt eine Sammelbewegung, die alle diese Gruppen als *vaiṣṇava*, als »Anhänger Viṣṇus«, zusammenfaßt. Der Gott Nārāyaṇa ist inzwischen längst als eine Form Viṣṇus identifiziert und damit noch expliziter an die Tradition des Veda angeschlossen, allerdings an eine Gottheit, deren Ansehen in der Periode der Verfügungsgewalt der Opferpriester über die Götter nicht gelitten hatte: Viṣṇu stand etwas abseits der manipulierten Götter. Er, der Himmel und Erde auseinandergestemmt und mit drei Schritten Raum geschaffen hatte, war zum wichtigsten Zentrum der Religion geworden, zum Opfer selbst. Denn das Opfer schuf Raum für das Lebendige und durchschreitet die drei Welten, das Opfer besiegt die Dämonen.

So stellte sich der Viṣṇuismus in das Zentrum der spätvedischen Tradition und war doch zugleich etwas völlig anderes: Ein Monotheismus, der anstelle der Soma-Opfer und Tieropfer das Opfer der Liebe und das Opfer der Früchte der Taten setzte, eine Religion, die allen Kasten zugänglich war, die auch Frauen und Śūdras und Kastenlose zum Kult zuließ. Es war eine Religion, die der Weltabgewandtheit der Mönchsorden die Weltverantwortung im Rahmen einer gottgewollten Ordnung entgegensetzte. Und eine Religion, die der Welt selbst den Makel des Sinnlosen, des bloßen Scheins und des ausschließlichen Leids nahm, indem sie diese Welt als Spiel und Ausdruck des Gottes auffaßte.

Zugleich machte sie Erlösung zugänglicher, indem sie alle Erlösungswege zuließ. Waren doch auch alle anderen Götter nicht Rivalen Viṣṇus, sondern nur begrenzte Aspekte des einen höchsten Gottes, und alle Wege führten letztlich nur zu ihm. Einer dieser Wege war der »Weg der (rituellen) Handlungen« *(karmamārga)*, wie er in der vedischen Opfertradition ausgebildet worden war und von dem man sich Zugang zum Himmel erhoffte. Allerdings verabscheuten die Viṣṇuiten blutige Opfer: Lebewesen sollten nicht verletzt werden, aber Blüten, duftende Blätter und Pasten, Getreide und Milchprodukte und Wasser galten als mögliche Opfergaben.

Ein anderer Weg war der »Weg der Erkenntnis« *(jñānamārga)*, wie ihn die Denker der Upaniṣaden konzipiert hatten, als sie mit der Erkenntnis von Atman und Brahman erlösendes Wissen zu erlangen versuchten.

Ein dritter, neuer Heilsweg trat noch hinzu und rückte sogleich als wirksamere Methode in den Vordergrund: Bhakti, die liebende, dienende Zuwendung zur Gottheit, ihre Verehrung und ihre Vergegenwärtigung in allen ihren Aspekten, wie sie in Mythos und Epos, in Kultbild und Meditationsvers dargestellt waren.

Schließlich wurde später ein vierter Heilsweg hinzugefügt, der allen offensteht, auch denen, die keinen Zugang zu heiligen Schriften und anderen Hilfsmitteln der Erkennt-

nis haben. Er besteht in absoluter Selbsthingabe an Gott *(prapatti)*, in unverbrüchlichem Vertrauen auf seine Gnade *(puṣṭi)* und wird daher als Weg der Gnade *(puṣṭimārga)* bezeichnet.

Askese und Yoga dienten für alle vier Heilswege als reinigende Übung, die unterstützend eingesetzt werden konnte.

Der Kult des Kṛṣṇa hatte seinen ersten regionalen Schwerpunkt in der Gegend von Mathurā, dehnte sich aber rasch in Nordindien und ab Ende des 1. Jahrhunderts v. Chr. auch nach Südindien aus. Im goldenen Zeitalter der Guptaherrschaft erreichte er unter königlicher Protektion eine hohe Blüte. Später war er in mehreren Phasen theologischer Reflexion führend an der Weiterentwicklung der Gotteskonzeption und an der Diskussion beteiligt, ob die individuelle Seele bei der Erlösung mit der Gottheit verschmilzt und dabei ihre Individualität verliert *(advaita)*; ob sie zwar in Gott eingehen kann, dennoch aber von ihm verschieden bleibt und daher weiterhin Gott lieben und von ihm geliebt werden kann *(viśiṣṭādvaita)*; oder ob sie, ewig von Gott verschieden, nach der Erlösung ständig in seiner Nähe weilt *(dvaita)*.

Zahlreiche heilige Schriften – neben der Bhagavadgītā, dem Harivaṃśa, dem Rāmayāṇa, dem Bhagavatapurāṇa und einigen anderen Purāṇas gehören dazu die 108 Pāñcarātra-Agamas und die Lieder der viṣṇuitischen Heiligen – sowie eine riesige theologische Literatur zeugen von der Auseinandersetzung der Viṣṇuiten mit allen Problemen der Erkenntnistheorie, der Kosmogonie und Kosmologie, der Anthropologie, des Gottesbegriffs und der Erlösungslehre. Werke von großer Gedankenkraft und hoher literarischer Qualität befinden sich darunter.

Der unter Viṣṇuvardhana erbaute und im Jahr 1117 geweihte Cennakeśava-Tempel in Belūr zählt zu den beeindruckendsten Bauwerken der frühen Hoysala-Zeit. Der feinkörnige Chloritschiefer, der den bis dahin verwendeten Sandstein ablöste, erlaubt in der Gestaltung der Skulpturen (linke Seite) einen hohen Grad an Detailgenauigkeit. Die Architektur tritt dabei hinter die durch die Dekoration gesetzten Akzente zurück. Die Haupthalle (oben, in der Abbildung rechts) ist über kreuzförmigem Grundriß (unten) errichtet.

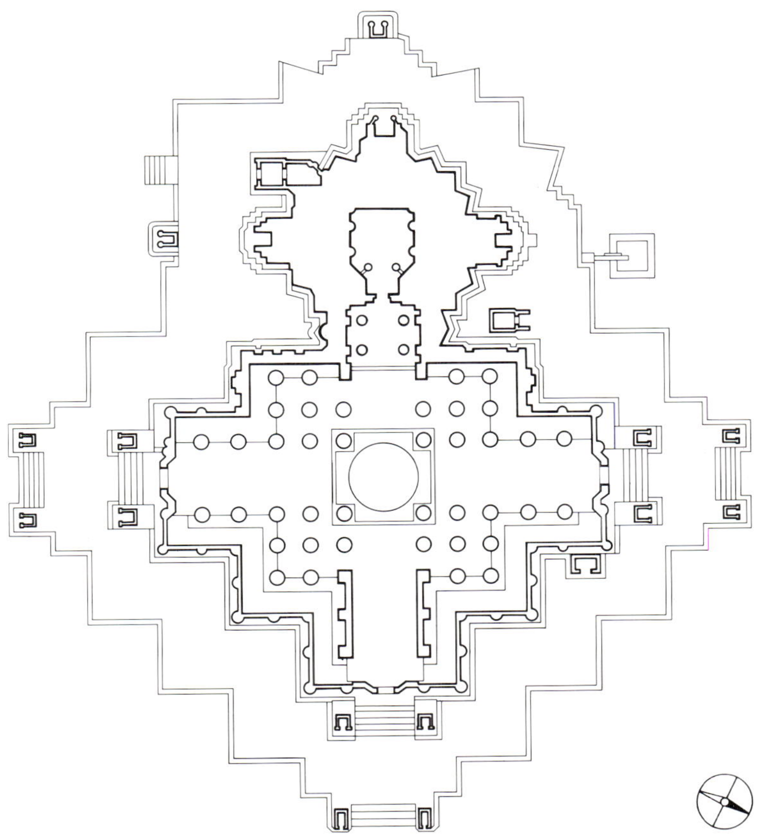

Oben: Kṛṣṇa bewahrt Hirten und Rinder vor einem Steppenbrand, indem er das Feuer verschluckt. Berlin, Museum für Indische Kunst

Rechte Seite: König Rāma, Sohn des Daśaratha und Inkarnation des Gottes Viṣṇu. Cola-Bronze des 11. Jahrhunderts. Madras, Government Museum

In ganz Indien und darüber hinaus in Südostasien und Ostafrika verbreitet, hat der Viṣṇuismus auch in den Vereinigten Staaten und Europa Fuß gefaßt. In Indien ist diese Religion fast überall vertreten, und große Pilgerzentren finden sich in allen Teilen des Subkontinents. Obwohl in zahlreiche Denominationen und Sekten aufgespalten, sind die Viṣṇuiten einig im Glauben an die erlösende Liebe des einen Gottes Viṣṇu (und seiner Manifestationen Rāma und Kṛṣṇa). Sie waren auch offen für Anregungen aus der islamischen Mystik, die ihrerseits stark von viṣṇuitischen und śivaitischen Gedanken befruchtet wurde.

Śivaismus

Für die Glücklichen, die ihr Leben in Kāśī beenden, verkünde ich selbst das erlösende Brahma-Wissen am äußersten Ende (ihres Lebens)*; sie aber werden im gleichen Augenblick erlöst.*

Dieses Versprechen Śivas lockt noch heute wie vor Jahrhunderten zahlreiche alternde Menschen nach Benares – Kāśī ist der alte Name dieser berühmten Stadt am Ganges –, um dort ihren Tod zu erwarten.

Für die Śivaiten manifestiert sich Śivas Allmacht am deutlichsten darin, daß er alle Gegensätze in sich trägt, jene Spannungen, zwischen denen sich Welt und Leben entfalten. Er ist Mann und Weib, Gott der Fruchtbarkeit und der Askese, Gott der Zeugung und des Todes, Gott der Verhüllung und der Erkenntnis, Gott der Bindung und der Erlösung. Diese Polaritäten sind im *nirguṇa* Aspekt des Gottes, im attributlosen, gestaltlosen Zustand des höchsten Absoluten aufgehoben, ausgeglichen, ausgelöscht. In seinen gestalthaften Manifestationen aber treten sie hervor und werden durch Attribute und Symbole seiner Macht evident. Dabei kommt die Opposition von Zeugung und Vernichtung am deutlichsten zum Ausdruck, da sie alle anderen Oppositionen übergreift. Über beide hinaus aber führt die Erlösung, die Śiva als Gnade gewährt.
Śiva ist ein willensstarker, unabhängiger Gott, der alle weltlichen Ordnungen durchbricht. Nicht das Normen-

setzen, nicht die Formulierung gottgegebener Gesetze ist Śivas Botschaft an die Menschen, und die Befolgung göttlicher Gebote steht nicht im Zentrum des Interesses der Anhänger Śivas. Gewiß ist sie nötig als Vorstufe, als Übung in den Präliminarien auf dem Wege zum Heil. Im Zentrum der śivaitischen Lehre aber steht die Überwindung der bestehenden, dem weltlichen Leben immanenten Ordnungen und Gesetze, damit die individuelle Seele durch Lösung von der Welt die göttliche Freiheit, die göttliche Unabhängigkeit gewinnt und damit ihr eigenes göttliches Wesen realisiert.

Śiva selbst ist autonomer Herrscher, der sich keinem Gesetz beugt. Die Eigenwilligen und die Selbstherrlichen wenden sich ihm zu und verehren ihn als den großen Zerstörer: die Asketen, die sich selbst zu beherrschen und ihre Unwissenheit zu vernichten trachten, und die Krieger, die Herrschaft über andere zu erlangen suchen. Beiden dient Śiva als Vorbild, denn er selbst ist der große Yogin, der die Sinne bezwingt, das Nichtwissen überwindet, der Herr der erlösenden Erkenntnis. Er selbst ist aber auch der ungestüme Krieger, der siegreiche Gott, der die Dämonen vernichtet, dem keiner zu widerstehen vermag. Er ist der Herrscher der drei Welten.

Anderes tritt für die Kleinbauern und die breite Schicht der Landarbeiter in den Vordergrund. Sie verehren Śiva als den Herrn der Fruchtbarkeit, der machtvoll, aber unberechenbar ist. Es ist die vom Mann ausgehende Fruchtbarkeit, die in Śiva verehrt wird, der schöpferische Anstoß zu dem, was dann von der weiblichen Energie genährt und zum Wachsen gebracht wird. Es ist nicht die Fruchtbarkeit der Kuh, sondern die des Stieres, nicht das Gebärende, sondern der zeugende Willensimpuls, von dem neues Dasein ausgeht.

Symbol dieser Zeugungskraft Śivas sind der Stier und der Phallus. Letzterer heißt auf Sanskrit *liṅgam*, »das Merkmal« schlechthin – ein Wort, das übrigens auch den Grabstock bezeichnete, den man einst zum Aufreißen des Bodens vor der Saat, also als primitiven Pflug, benutzte. Die gleichartige Symbolik von Phallus und Pflug ist ja auch aus anderen Kulturkreisen bekannt.

Das Liṅgam ist die Gestalt, unter der Śiva in allen śivaitischen Tempeln Indiens verehrt wird. Sein wichtigstes Kultbild ist also im allgemeinen nicht anthropomorph. Manchmal aber sind ein, vier oder fünf Hauptaspekte Śivas durch Köpfe gekennzeichnet, die aus dem Liṅgam herausblicken. Anthropomorph sind jedoch alle Bildnisse des Gottes am und im Tempel, die Bildnisse für festliche Anlässe wie rituelle Waschung, Weihe und Prozession und die Bildnisse für die häusliche Verehrung.

Eines der ältesten erhaltenen Kultbilder zeigt, daß einst das Liṅgam durchaus realistisch in Form eines Phallus dargestellt wurde. Da die Arier keine phallische Gottheit kannten, darf man annehmen, daß die phallische Komponente Śivas ursprünglich der Religion der vorarischen Bevölkerung zugehörte. Schon der Veda polemisiert gegen die

Feinde, die plattnasigen Dasyus, »deren Gott ein Penis ist«. Es handelt sich um die charakteristische Gottheit einer Ackerbau treibenden Gesellschaft, bei der das Leben von Pflanzstock/Pflug, Same und Schoß der Erde abhängt. Die Arier dagegen waren in erster Linie Viehzüchter, als sie nach Indien einwanderten. Die Phallusverehrung empfanden sie als obszön. Kein Wunder also, daß diese frühe, naturalistische Form des Liṅgam unter brahmanischem Einfluß bald verharmlost, verwandelt, zum Symbol abstrahiert wurde. Das Liṅgam ist gewöhnlich ein abgerundeter, polierter Stein, der aufrecht in einen Sockel gefügt ist. Der obere, zylindrische und oben rund gewölbte Teil symbolisiert den Himmel. Er zeigt nur ein Drittel des Liṅgam. Ein weiteres Drittel steckt im Sockel, der den Luftraum darstellt und als *yoni*, als Schoß, bezeichnet wird. In ihm ist der Schaft des Liṅgam nicht mehr rund, sondern achteckig, denn Śiva durchdringt die acht Himmelsrichtungen des Raumes. Das unterste Drittel des Liṅgam sitzt in der Erde in Form eines quadratischen Pfeilers, denn viereckig ist die rituell geordnete Erde, viereckig ist der Opferaltar, in vier Veden sind die heiligen Schriften enthalten, und in vier soziale Schichten ist die Menschheit gegliedert.

Das Kultbild des śivaitischen Tempels in seiner brahmanisch überprägten Form ist also ein Symbol, das die drei Welten Erde, Luftraum und Himmel darstellt und in ihnen als schöpferische Opposition das männliche und das weibliche Prinzip, nämlich Liṅgam und Yoni. Dabei stellt das Liṅgam die Eins und die Einheit und die *axis mundi* dar, das heißt den direkten Weg des Aufstiegs der Seele von der Erde zum Himmel. Die Yoni dagegen, die selbst rund ist wie der Erdkreis oder quadratisch wie der Opferaltar und die für den Abfluß von Wasserspenden eine Spitze hat, die nach Norden weist, umschließt den achteckigen Schaft und damit die acht Himmelsrichtungen und den Raum über einem viereckigen Sockel, das heißt einem geordneten Kosmos, und verweist mit der Summe beider auf die Zwölf, sowohl auf die zwölf Monate, die das Jahr als Maßeinheit irdischer Zeit bilden, als auch auf die zwölf Tierkreiszeichen, die die Maßeinheiten kosmischer Zeit sind. Raum und Zeit bilden somit die Yoni, den Schoß, in dem sich die Vielheit der Wesen entfaltet. Die physische und normative Basis ihrer Existenz am Grunde des Liṅgam aber bilden in der viereckigen Grube mit viereckigem Schaft die rituell geheiligte Erde einerseits und die Kastenordnung andererseits.

Nicht nur im Liṅgam als Kultbild des Śiva ist das weibliche Prinzip mit dem männlichen untrennbar verbunden, sondern diese enge Verbindung kommt auch in anthropomorphen Darstellungen Śivas nicht selten zum Ausdruck, wenn er beispielsweise als Ardhanārīśvara, das heißt als »der Herr, der zur Hälfte eine Frau ist«, gezeigt oder in Begleitung seiner Gemahlin dargestellt wird.

Auch dieser androgyne Aspekt des Gottes wird aus einer frühen Gotteskonzeption der Ackerbau treibenden vor-

Vorhergehende Doppelseite: Von Elefanten gezogener Götterwagen (ratha) *im Hof des Viṭṭhala-Tempels in Hampi, 16. Jahrhundert.*

Links: Badende am Ganges in Benares. Der heilige Fluß reinigt den Leib und die Seele, selbst wenn er Nicht-Hindus als schmutzig erscheint.

Oben: Blick auf den vergoldeten Turm des Śiva-Viśvanātha-Tempels in Benares.

arischen Bevölkerung übernommen sein; schon die Induskultur kannte eine androgyne Gottheit. In ihr manifestiert sich die Gottheit als Einheit und als schöpferische Polarität zugleich. Auch im Liṅgam ist solche Doppelbedeutung vorhanden. Das Glied jedoch ragt aufwärts aus der Yoni heraus. Es zeigt nicht das Pflanzen des Samens und das daraus erwachsende weltliche Leben, sondern seine Sublimierung und Transformation. Daher ist weder das Liṅgam als Symbol noch der aufgerichtete Penis des Gottes auf bildlichen Darstellungen als ein Zeichen von Erotik und hemmungsloser Sexualität zu verstehen, sondern im Gegenteil als Zeugnis für die asketische Transformation von Lebenskraft in Erkenntniskraft, die Erlösung bringt. Sie zeigen den Gott als Yogin, der seine vitale Kraft, seinen Bewußtseinssamen aufsteigen läßt im Innern des Körpers, der Suṣumṇā, jener zentralen vertikalen Ader, die nach der Physiologie des Yoga die sechs Zentren des subtilen Leibes miteinander verbindet und hinaufführt bis zum sogenannten tausendblättrigen Lotos unter der Schädeldecke. Dies ist der Ort, von dem aus ein Eingehen der individuellen Seele in die Gottheit beziehungsweise in das absolute Sein möglich wird. Daher ist Śiva als derjenige, »dessen Samen aufsteigt« alles andere als ein Gott der sexuellen Lust. Sein Liṅgam zeigt den Fruchtbarkeits- und den Erlösungsaspekt zugleich. Stellt man den Gott in menschlicher Gestalt dar, so bedeutet das aufgerichtete Glied nur den Erlösungsaspekt. Der Fruchtbarkeitsaspekt wird durch den Stier Nandī vertreten, der Śivas Reittier ist. Śiva selbst war sicherlich einst ein gehörnter Gott, wie man sie im alten Orient von Ägypten über den Vorderen Orient und Iran bis in die Induskultur findet. Eine Spur dieser einstigen Hörner ist in der Mondsichel erhalten geblieben, die Śiva als Kopfschmuck trägt. Und auch der Dreizack Śivas ist in seinem Ursprung als Lanze mit darangebundenen Stierhörnern zu verstehen.

Śiva ist also eine Gottheit, in der sich Gotteskonzeptionen einer früheren agrarischen Kulturphase aus der Tiefebene Indiens erhalten haben. Diese verbanden sich mit einer Gottheit, die einem anderen Kontext angehört: dem Wald und den Berghängen, wo die wilden Jäger schweifen, sowie den eisigen, lebensfernen Gipfeln der Berge. Diese Gottheit heißt Rudra. Nach dem Veda streift dieser »Herr der Tiere« mit Pfeil und Bogen bewaffnet in Begleitung wilder Winde (der Maruts) an den Hängen der Berge umher, ein gefährlicher, ungepflegter Geselle, dessen Pfeile Krankheit und Tod bringen, der aber auch die Macht besitzt, Krankheiten zu heilen. Der wilde Gott Rudra

wurde gefürchtet, und wenn man ihn in euphemistischer Manier Śiva, den »Heilsamen«, »Glückverheißenden« nannte, so nur, um seinem Zorn zuvorzukommen, um ihn zu besänftigen und von ihm verschont zu werden. Der Name Śiva hat sich dann allgemein eingebürgert, ebenso wie die Bezeichnungen Mahādeva, »Großer Gott«, und Iśa oder Iśvara, »Herr, Herrscher«, die schon frühzeitig für Rudra gebraucht werden. Dieser Gott hat etwas unberechenbar Zerstörerisches. Furcht packte die Menschen bei seinem Anblick, und nur völlige Unterwerfung konnte Rettung bringen vor seinem Zorn.

Eine weitere starke Komponente im Wesen des Rudra/Śiva stammt von dem vedischen Sonnengott Sūrya, über den sich zum Teil die Brahmanisierung und Domestizierung des fremden Gottes vollzog. Jedenfalls ließen sich die Heilkraft, die Zeugungskraft und die sengende Glut des Sonnengottes leicht mit Rudras Macht über Krankheiten, mit seinem phallischen Aspekt und mit der Glut seiner Askese in Beziehung setzen. Von da aus ist es über die Gleichsetzung von Sonne und Feuer nur ein Schritt zur Identifizierung von Rudra und Agni und zur Einbeziehung Rudras in die spätvedische Opferspekulation. Diesen Schritt vollzogen Brahmanen der Taittirīya-Schule des Schwarzen Yajurveda. Aus ihrem Kreis entstand die älteste Hymne mit tausend Namen Rudras, die ihn als Allgott schildert, und die Śvetāśvatara-Upaniṣad, die vedische Opfertradition mit einem monotheistischen Gottesbild verbindet: Der ehemalige Außenseiter Rudra hat Eingang in die Theologie der Opferspezialisten gefunden.

Der so mit Elementen aus der vorarischen und der arischen Tradition ausgestattete Gott hat später zahlreiche andere Kulte ausprobiert. Sein wilder, zerstörender Aspekt war im Mythos auf die Vernichtung der Götterfeinde gelenkt wor-

Links oben: Verehrung des Śivaliṅgams durch eine vornehme Dame. Vor dem Eingang des Tempels sitzt der Stier Nandī, das Reittier des Gottes Śiva.

Links: Der Stier Nandī in einem Pavillon vor dem Eingang des Ekāmbareśvara-Tempels in Kāñcīpuram.

Rechts: Liṅgam mit einem Kopf des Śiva (ekamukha-liṅgam) aus Khoh, um 500 n. Chr. Allahābād, Museum

Rechte Seite: Harihara als Śiva-Vaikuṇṭhanātha, 9. Jahrhundert. Die Verbindung von Śiva und Viṣṇu zu einer (śivaitischen) Gestalt, deren linke Hälfte Viṣṇu integriert, ist häufig. Selten aber dient dabei der vierköpfige Viṣṇu-Vaikuṇṭhanātha als Vorlage. Berlin, Museum für Indische Kunst

den und bot nun einen wichtigen Ansatz für die Zuwendung von Kriegerkasten, die in dem Feinde besiegenden Gott einen Prototyp ihres Standes sahen. Der Kriegsgott Skanda/Kārttikeya wurde als Śivas Sohn in seinen Kreis integriert, ebenso der Hindernisse beseitigende, elefantenköpfige Gott Gaṇeśa. Auch Pārvatī, die Gemahlin Śivas, spielte eine maßgebliche Rolle bei der Verbreitung des Śivaismus, da sich viele regional verehrte weibliche Stammesgottheiten mit ihr identifizieren ließen. Zahlreiche Namen flossen ihr auf diese Weise zu, die sich teils ihrem freundlichen, liebevollen, nährenden und mütterlichen Aspekt zuordnen lassen, teils ihrem wilden, zerstörerischen, kriegerischen Aspekt: Als Energie *(śakti)* des Gottes spiegelt sich sein ambivalentes Wesen auch in ihr.
Wie der Buddhismus, so war auch der Śivaismus zunächst eine asketische Religion, in der die Selbstläuterung durch Yoga und das Streben nach erlösender Erkenntnis eine große Rolle spielten. Allerdings waren andere Voraussetzungen gegeben. Der Glaube an die Existenz einer Seele gab den Überlegungen über das Wesen des Menschen und dem Prozeß der Verstrickung und Erlösung einen präzisen Rahmen: Es galt, die innerseelischen Prozesse zu erforschen und zu beherrschen. Aus diesem Bemühen entwickelte sich eine philosophische Anthropologie von außerordentlich hohem Niveau und eine Technik der psychosomatischen Selbstbeherrschung, die den Yoga in spezifischer Weise weiterentwickelte. Die Gewißheit der Existenz eines allwissenden, Gnade gewährenden Gottes gab darüber hinaus die Möglichkeit, alle emotionalen Kräfte der Liebe, Hingabe, Demut und Verehrung einzusetzen, um solcher Gnade würdig zu werden. Die Gläubigen ließen alle kreativen Kräfte in Preislied, Dichtung, Musik, Tanz und bildende Künste strömen, um den Gott zu verherrlichen. Śiva selbst galt als Meister des Tanzes, als Musiker und als Lehrer der Künste. In der Säulenhalle des berühmten Tempels von Cidambaram soll er einst den Tāṇḍava-Tanz vorgeführt haben, während Götter und Heilige staunend zusahen. Tanzend bringt der Gott die Welt zur Erscheinung, in den Rhythmen seines Tanzes hält er sie in Bewegung, und tanzend zerstampft er sie wieder in ihre Atome. Śiva allein ist Schöpfer, Erhalter und Zerstörer der Welt. Der Schöpfergott Brahmā und der Welterhalter Viṣṇu sind nur untergeordnete Aspekte seiner selbst, die er für die genannten Funktionen vorübergehend hervorbringt und dann wieder in sich zurücknimmt. Er allein ist es, der erlösendes Wissen schenkt. Der gläubige Anhänger des Gottes fühlt sich winzig klein vor dieser Größe des Gottes. Wenn er nur seinen Lotosfuß preisen darf, fühlt er sich schon hoch beglückt.

Śiva als Vernichter und als Erlöser

Wenn auch die Weltschöpfung und Welterhaltung zu den Werken des allmächtigen und allgegenwärtigen Gottes gehören, so tritt für den gläubigen Śivaiten doch der Aspekt

Links: Śiva und Pārvatī mit ihren Söhnen Gaṇeśa (Gott der Gelehrsamkeit) und Kārttikeya (sechsköpfiger Kriegsott) sowie den zugehörigen Reittieren: Stier, Löwe, Ratte und Pfau. Miniatur der Kāngra-Schule vom Anfang des 19. Jahrhunderts. Berlin, Museum für Indische Kunst

Rechts: Von Pfeilerreihen gesäumter Korridor im Tempel von Rāmeśvaram.

Ich verehre den Herrn, das einzige höchste Selbst,
den Urkeim der Welt, den Wunschlosen, Formlosen,
der durch Om zu erkennen ist, aus dem alles geboren wird,
von dem es beschützt wird, in dem es sich auflöst.

O Herr mit dem Dreizack in der Hand, du Alldurchdringender,
Herr des Universums, Mahādeva, Śambhu, großer Herr,
o Dreiäugiger, Gatte der Pārvatī, du Abgeklärter,
der du Feind bist des Liebesgottes, Feind der drei Städte!
Außer dir ist niemand groß, niemand zu verehren, nicht einmal zu sehen.

O Śambhu, großer Herr, der Barmherzigkeit ist,
der den Spieß hält, Gemahl der Gaurī und Herr der Seelen,
der die Fesseln der Seelen zerschneidet, Herr von Benares,
du allein, der Maheśvara, in deiner Barmherzigkeit erschaffst,
beschützt und zerstörst diese Welt.

Aus dir entsteht die Welt, Gott, Bhava, Feind des Kāma.
In dir allein ruht die Welt, o Mṛda, Herr des Alls!
In dir allein vergeht diese Welt o Herr,
dessen Gestalt das Liṅgam ist, der alles Bewegliche und Unbewegliche als Gestalt hat.

Vedasāraśivastotram 1 und 9–11

der Weltzerstörung am stärksten in den Vordergrund, und die Todessymbolik im Erscheinungsbild Śivas ist unübersehbar.

Der Leib des Gottes ist mit weißer Asche beschmiert; in der Hand hält er eine Bettelschale, die aus der Schädeldecke eines Menschen gefertigt ist. Ein Totenschädel, der auf einen Knochen gesteckt ist, dient ihm als Keule; weitere Totenschädel dienen ihm als Kopfschmuck; Schlangen umringeln wie Schmuckstücke Hals und Arme, bilden seinen rechten Ohrring und dienen ihm als Brahmanenschnur. Selbst der Mond in seiner Haarkrone ist ein Symbol für die Welt der Toten: Śiva ist der Gott der Zeit *(kāla)*, der alles Lebendige verschlingt.

Für den eingeweihten Śivaiten allerdings hat dieser Todesaspekt nichts Abschreckendes an sich, er besitzt vielmehr eine auf die Erlösung gerichtete Dimension: Die vergängliche Welt des Scheins wird überwunden, zu Asche verbrannt in der erlösenden Erkenntnis, die das von irdischen Bedingungen eingeengte Bewußtsein der Sterblichen wieder befreit und zu seiner ursprünglichen Göttlichkeit zurückführt.

Solche Kongruenz von Zerstörung und Erlösung wird auch in Śivas drittem Auge sichtbar. Es sitzt in der Stirn über der Nasenwurzel an der Stelle, an der das *ājñācakra*, das Zentrum der Erkenntnis, liegt. Sechs solcher Zentren befinden sich nach der Physiologie des Yoga im menschlichen Körper, Zentren, die für die Praxis des Yoga von großer Bedeutung sind. Erkenntnis, wie sie im Ajñācakra konzentriert ist, bedeutet jedoch nicht nur Wahrnehmung, sondern sie hat auch zerstörerische Kraft, denn sie zerstört den Schein, zerstört die Welt der vordergründigen Erscheinungen.

Diesen doppelten Aspekt besitzt auch Śivas drittes Auge. Es ist Zeichen für die alldurchdringende, erlösende Erkenntnis Gottes. Doch zugleich entsprang ihm mehrfach zerstörerische Kraft, etwa als ein zorniger Blick dieses Auges den Liebesgott Kāma zu Asche verbrannte.

Erlösung, wie sie im Śivaismus konzipiert wurde, gilt niemals der ganzen Welt, sie gilt immer dem einzelnen Individuum. Und da Gottes Handeln absolut frei ist, gibt es keine verbindlichen Vorbedingungen für seine Gnade. Auch kann sich Śiva verschiedener Mittler bedienen, sowohl höherer Geistwesen als auch menschlicher Gurus, durch die er seine Gnade überträgt.

Für die überwältigende Mehrzahl der Śivaiten gab es klare Verhaltensnormen und Reinheitsvorschriften. Es hat jedoch auch extreme Sekten wie beispielsweise die Kāpālikas und Kālamukhas gegeben, die sich bewußt und provokativ gegen die Normen der Gesellschaft stellten. Gut und Böse, Rein und Unrein hielten sie für Kategorien, die es nur im Bereich des Scheins und der Unwissenheit geben kann. Für den Wissenden dagegen ist alles Geschehen wertfrei und jedes kleinste Atom von Gottes Macht durchdrungen: Selbst der stinkende Kot ist nicht weniger göttlich als das reine Wasser. Wer dies erkennt, wird Ekel und Abscheu

ebenso zu überwinden versuchen wie Begierden aller Art. Die Normen der Gesellschaft können nicht hindernd sein für den, der sich Śiva hingegeben hat und der Welt den Rücken kehrt. Und je mehr Schimpf und Spott er durch sein Verhalten oder durch sein Aussehen auf sich zieht, desto leichter wird es ihm fallen, sich von der Welt zu lösen und nur noch für Śiva zu leben. Auch sind Handlungen als solche ohnehin weder gut noch schlecht. Nur die Gesinnung, mit der man sie ausführt, gibt ihnen eine moralische Komponente und eine Wertdimension. Für einen, der alle Handlungen Śiva anheimstellt, kann es somit keine Sünde geben. Diese theoretische Position kann jedoch der gläubige Bhakta im allgemeinen nicht aufrechterhalten. Im Wissen um die überwältigende Größe und Vollkommenheit Śivas fühlt er sich winzig klein, unvollkommen und unrein. In dieser Erfahrung erlischt aller Stolz. Es bleiben nur noch die Verehrung der Füße des Herrn und die Hoffnung auf seine unendliche Gnade.
Als heilige Schrift gelten den Śivaiten weder die Veden, noch die Schriften der Viṣṇuiten. Vielmehr sind es die 28 von Śiva offenbarten Agamas, die Pāśupatasūtras Śivasūtras und einige śivaitische Tantras, die im Rang von heiligen Schriften stehen.
Auch die Śivaiten haben eine überaus umfangreiche theologische Literatur hervorgebracht, und die enge Beziehung zwischen Śivaismus und Śāktismus führte dazu, daß diese Schriften zum Teil auch für die Śāktas verbindlich sind.

Śāktismus

Als Dakṣa, der Sohn des Schöpfergottes Brahmā, ein Opfer bereitete, eilten alle Götter dorthin, denn sie waren zum Opfer geladen. Śiva aber wurde nicht eingeladen, er erhielt keinen Anteil am Opfer. Darob erzürnte Satī, die Gemahlin und als Śakti die Energie des Śiva und Tochter des Dakṣa. Sie vermochte die Schmach nicht zu ertragen, die ihrem Gemahl angetan wurde, ging zu dem Opfer ihres Vaters und stürzte sich in das Opferfeuer. Als Śiva dies erfuhr, war er außer sich vor Schmerz. Er eilte zur Stätte des Opfers, köpfte Dakṣa, schlug dem Gott Puṣan die Zähne aus, verletzte ein Auge des Gottes Bhaga und zerstörte das Opfer. Dann nahm er den verkohlten Leichnam Satīs auf die Schulter und begann wie von Sinnen zu tanzen. Er hätte die ganze Welt durch sein Tanzen zugrunde gerichtet, wäre nicht Viṣṇu ihm gefolgt und hätte den Leichnam Satīs zerstückelt. Erst als das letzte Stück zu Boden fiel, erwachte Śiva aus seiner Trance. Er ließ ab von seinem zerstörerischen Tanz und zog sich zur Meditation auf die Berge zurück. Überall aber, wo ein Glied Satīs zu Boden gefallen war, entstand ein Heiligtum der Göttin.
Diese Ursprungslegende der großen Śāktatempel Indiens zeigt noch die frühere Anbindung des Śāktismus an den Śivaismus, aber auch seine Emanzipation: Śiva zieht sich zurück, während die Teile der Śakti (Energie) selbständig zu wirken beginnen.

Vorhergehende Doppelseite: Blick auf den Tempel von Tiruvaṇṇāmalai. Seine Umfassungsmauern geben drei weiten Höfen Raum. Tortürme markieren die vier Himmelsrichtungen. Hier wird Śiva als Liṅgodbhavamūrti verehrt.

Links: Die Göttin Durgā besiegt den Büffeldämon Mahiṣa. Skulptur aus Abānerī, Rājasthān.

Rechte Seite oben: Vierarmige Cāmuṇḍā, auf einem Leichnam sitzend. An ihrem ausgemergelten Körper treten die Knochen und Adern deutlich hervor. Die Haare, von einer Schlange gehalten und mit einem Totenkopf verziert, sind Flammen, eine Girlande aus Totenschädeln ist ihr einziges Gewand. Eine Hand hält den abgeschlagenen Kopf des Dämons Muṇḍa, eine andere hält eine Trinkschale voll Blut vor der Brust. Teil einer Gruppe von Mātṛkās aus Dharamśālā, Cuttack Distrikt, 10. Jahrhundert. Bhubaneśwar, Orissa State Museum

Rechte Seite, unten: Kultstätte in Sītābhiñji. Die polierten Kultsteine einer Stammesgottheit in einer Felshöhle sind durch einen śāktistischen Hinduisierungsprozeß überformt. Lehmwände verwandelten die Höhle in einen kleinen Kultraum, einfache Opfergeräte, Tücher und Votivfiguren zeigen die Präsenz eines Hindu pūjārī *an. Die Gottheit wird jetzt als Sītā verehrt und damit in das Hindu-Pantheon einbezogen.*

Om, willkommen, Devī, in meinem Haus
mit deinen acht Śāktis [Kräften]
Vernichterin aller Verfehlungen
in diesem unüberquerbaren Meer der Welt,
rette mich, Göttin...
Devī Durgā, nähere dich,
zeige dich hier...
komm her, o Göttin...

Der Ursprung des Śāktismus ist in der indischen Geschichte relativ spät anzusetzen. Zwar hat man in der Induskultur Figurinen weiblicher Gestalt hergestellt, die wohl in Fruchtbarkeitszaubern Verwendung fanden; auch findet sich eine Baumgöttin. Aber Göttinnen hat es auch bei den Ariern und in den Stammeskulturen Indiens gegeben. Ihre Existenz und Verehrung – allein oder neben anderen Göttern – ist nicht mit Śāktismus zu verwechseln. Vielmehr setzt der Śāktismus eine besondere Theologie voraus, die alles göttliche Wirken auf eine als weiblich konzipierte Potenz Gottes, eine Śakti, zurückführt.

Diese Theologie ist im Rahmen des Śivaismus entstanden und erreichte im 5. bis 7. Jahrhundert n. Chr. ihre voll entwickelte Form. Sie entstand aus dem Bemühen um eine Deutung des androgynen, die polaren Aspekte des Männlichen und Weiblichen in sich verbindenden Gottes Śiva. Dieser ist auf der höchsten Ebene zwar ein Einziger, er manifestiert sich jedoch schon zu Beginn des Schöpfungsprozesses in zwei Gestalten oder zwei Formen der Realität, der männlichen und der weiblichen. Diese Polarität des göttlichen Wesens wurde in ihrem letzten Grund aufgefaßt als Polarität von Bewußtsein und Potenz oder Energie, wobei das Bewußtsein als männlich, die Potenz *(śakti)* als weiblich gedacht wurde. Die gleiche Polarität läßt sich auch als Sein (unveränderlich) und Dasein (vergänglich) oder als Sein und Werden/Vergehen verstehen. In der Interaktion von reinem göttlichem Bewußtsein und seinen Potenzen (Śaktis) des Wissens, Wollens und Handelns entsteht und vergeht also alles Dasein in der Welt.

Diese Theologie, die im Śivaismus auch die Kosmogonie bestimmt und in der die Potenzen dem sie leitenden Bewußtsein untergeordnet, die Göttin (Devī) ihrem Herrn (Iśvara) ergeben ist, bildet die Grundlage für den Śāktismus, der sich später aus einer Verschiebung der Gewichtung von Śiva und Śakti entwickelt.

Jahrhundertelang hat der Śivaismus vor allem in Stammesgebieten die lokalen und regionalen Muttergottheiten absorbiert, indem er sie mit Śivas Gemahlin Durgā identifizierte. Der Einfluß der vielgestaltigen kriegerischen Göttin war dadurch immer größer geworden, und allmählich (etwa ab dem 7. Jahrhundert) begann sie sich von Śiva zu emanzipieren. Die frühere Selbständigkeit brach wieder hervor. Der Göttin gewidmete Kulte beziehen Śiva zwar noch mit ein, aber im Zentrum der Verehrung steht die Dämonen besiegende, Erkenntnis gewährende und Erlösung bringende Herrin der Gläubigen. Hähne, Ziegen, Büffel, Fische, Schnaps und manchmal auch Menschen werden ihr geopfert: Die Spuren der absorbierten Volkskulte lassen sich nicht so schnell verwischen.

Der erste vollwertige śaktistische Text ist zugleich der berühmteste: das »Preislied über die Größe der Göttin« (Devīmāhātmyam, zirka 7. Jahrhundert). Von nun an schreitet die Entwicklung rasch voran. Es geht um eine Überarbeitung der śivaitischen Theologie mit einer neuen Gewichtung, die im 10. und 11. Jahrhundert ihren Höhepunkt erreicht. Die Śakti erscheint nun als einzige und höchste Gottheit. Sie erschafft und vernichtet, sie ist gütig und gefährlich, Leben und Tod sind in ihrer Hand. Śiva als ihr Gemahl ist zwar noch präsent, aber er ist für das Heilsgeschehen ohne Bedeutung, denn alles, was überhaupt geschieht, wird allein durch die Macht der Göttin verursacht. Sie ist es, die alle Potenzen umfaßt. Als Fähigkeit zu erkennen, zu wollen und zu handeln ist sie ja die einzig und überall Wirkende in der Welt: Ohne sie wäre Śiva unfähig und bewegungslos wie ein Leichnam *(śava)*. Die Göttin ist es, die die Schöpfung, Erhaltung und Zerstörung der Welt ebenso wie die Erlösung des Menschen bewirkt. Ihr wendet sich der Gläubige daher mit Bhakti zu und verehrt sie als liebende Mutter, die alle Wesen fürsorglich zu sich nimmt.

Im Unterschied zu Viṣṇuismus und Śivaismus ist der Śaktismus nicht in ganz Indien gleichmäßig vertreten. Regionen mit starkem śaktistischem Einschlag sind vor allem Assam, Bengalen und Orissa im Osten, Kaschmir und Gujarāt im Westen.

Unter den heiligen Schriften der Śaktas sind vor allem 64 śāktistische Tantras und das Devīmāhātmyam sowie das Devī-, Devībhāgavata- und Kālikā-Purāṇa zu nennen.

weiblich gedacht wurde. Die gleiche Polarität läßt sich auch als Sein (unveränderlich) und Dasein (vergänglich) oder als Sein und Werden/Vergehen verstehen. In der Interaktion von reinem göttlichem Bewußtsein und seinen Potenzen (Śaktis) des Wissens, Wollens und Handelns entsteht und vergeht also alles Dasein in der Welt.
Diese Theologie, die im Śivaismus auch die Kosmogonie bestimmt und in der die Potenzen dem sie leitenden Bewußtsein untergeordnet, die Göttin (Devī) ihrem Herrn (Iśvara) ergeben ist, bildet die Grundlage für den Śāktismus, der sich später aus einer Verschiebung der Gewichtung von Śiva und Śakti entwickelt.
Jahrhundertelang hat der Śivaismus vor allem in Stammesgebieten die lokalen und regionalen Muttergottheiten absorbiert, indem er sie mit Śivas Gemahlin Durgā identifizierte. Der Einfluß der vielgestaltigen kriegerischen Göttin war dadurch immer größer geworden, und allmählich (etwa ab dem 7. Jahrhundert) begann sie sich von Śiva zu emanzipieren. Die frühere Selbständigkeit brach wieder hervor. Der Göttin gewidmete Kulte beziehen Śiva zwar noch mit ein, aber im Zentrum der Verehrung steht die Dämonen besiegende, Erkenntnis gewährende und Erlösung bringende Herrin der Gläubigen. Hähne, Ziegen, Büffel, Fische, Schnaps und manchmal auch Menschen werden ihr geopfert: Die Spuren der absorbierten Volkskulte lassen sich nicht so schnell verwischen.
Der erste vollwertige śaktistische Text ist zugleich der berühmteste: das »Preislied über die Größe der Göttin« (Devīmāhātmyam, zirka 7. Jahrhundert). Von nun an schreitet die Entwicklung rasch voran. Es geht um eine Überarbeitung der śivaitischen Theologie mit einer neuen Gewichtung, die im 10. und 11. Jahrhundert ihren Höhepunkt erreicht. Die Śakti erscheint nun als einzige und höchste Gottheit. Sie erschafft und vernichtet, sie ist gütig und gefährlich, Leben und Tod sind in ihrer Hand. Śiva als ihr Gemahl ist zwar noch präsent, aber er ist für das Heilsgeschehen ohne Bedeutung, denn alles, was überhaupt geschieht, wird allein durch die Macht der Göttin verursacht. Sie ist es, die alle Potenzen umfaßt. Als Fähigkeit zu erkennen, zu wollen und zu handeln ist sie ja die einzig und überall Wirkende in der Welt: Ohne sie wäre Śiva unfähig und bewegungslos wie ein Leichnam *(śava)*. Die Göttin ist es, die die Schöpfung, Erhaltung und Zerstörung der Welt ebenso wie die Erlösung des Menschen bewirkt. Ihr wendet sich der Gläubige daher mit Bhakti zu und verehrt sie als liebende Mutter, die alle Wesen fürsorglich zu sich nimmt.
Im Unterschied zu Viṣṇuismus und Śivaismus ist der Śaktismus nicht in ganz Indien gleichmäßig vertreten. Regionen mit starkem śaktistischem Einschlag sind vor allem Assam, Bengalen und Orissa im Osten, Kaschmir und Gujarāt im Westen.
Unter den heiligen Schriften der Śaktas sind vor allem 64 śāktistische Tantras und das Devīmāhātmyam sowie das Devī-, Devībhāgavata- und Kālikā-Purāṇa zu nennen.

Als zwar auf alten Kulten gründende, aber theologisch späteste Religion Indiens ist der Śāktismus bis in die Neuzeit theoretisch ausgebaut worden. Auch drangen śāktistische Einflüsse frühzeitig in den Buddhismus ein und trugen dort zur Entstehung des Vajrayāna, des »Diamantfahrzeugs«, bei. Auch der Viṣṇuismus des 15. und 16. Jahrhunderts hat śāktistische Einflüsse aufgenommen.

Die Beziehungen zwischen Viṣṇuismus, Śivaismus und Śāktismus

Viṣṇuiten und Śivaiten haben mehr als zwei Jahrtausende lang in unmittelbarer Nachbarschaft und unter gleichen sozio-ökonomischen Bedingungen gelebt. Seit etwa dem 7. Jahrhundert hat sich auch der Śāktismus in diese Koexistenz von Religionen eingefügt. Gelegentlich gab es Konflikte und Rivalitäten, aber im allgemeinen sind sie friedlich miteinander ausgekommen.

Jede dieser Religionen hat den Gott der anderen geachtet und als verehrungswürdig anerkannt, hat ihn aber der eigenen Gottheit untergeordnet. Nur die eigene höchste Gottheit – sei es Viṣṇu oder Śiva oder Devī – ist ewig und allmächtig. Die Götter der anderen sind sterblich und abhängig: Wie alle niedrigen Götter beziehen sie ihre Macht einzig und allein von der höchsten Gottheit und wirken nur auf niederer Ebene als Teilmanifestation des Höchsten mit begrenzten Funktionen. Dort, wo die materielle Welt entsteht, erhalten wird und vergeht, das heißt auf der Ebene von Name, Form, Vergänglichkeit und Schein, haben solche untergeordneten Götter ihren Ort. Die transzendente Welt der höchsten und einzigen Gottheit aber, das reine Sein und unermeßliche Bewußtsein, erreichen sie nicht.

Viṣṇuiten, Śivaiten und Śāktas haben völlig verschiedene heilige Schriften, eine in wichtigen Punkten unterschiedliche Theologie und teilweise deutlich unterschiedliche Kultgebräuche.

Dennoch sind sie nicht exklusiv: Jeder kann sich selbst entscheiden, an welchen Gott er sich gerade wenden will. Die Toleranz und individuelle Freiheit der religiösen Suche ist beachtlich groß. Die Menschen befinden sich ja auf verschiedenen Stufen ihrer geistigen Entwicklung: Nicht jeder ist in der Lage, schon jetzt die höchste Erkenntnis zu erlangen. Mit der Zeit – nach vielen Leben – wird er letztlich immer den einen höchsten Gott erreichen.

Diese Haltung war durch die Wiedergeburtslehre und durch das dadurch geprägte Menschenbild von vornherein naheliegend. Sie hat sich später voll entfaltet, als die jahrhundertelange Fremdherrschaft islamischer und später christlicher Machthaber die Hindu-Religionen um des Überlebens willen zu einem Zusammenschluß zwang. Versuche, die wichtigsten der Hindu-Religionen in synkretistischen Neugründungen zusammenzufassen, hat es mehrfach gegeben. Nennenswert ist vor allem die Religion der Smārtas. Diese versuchten, die fünf Gottheiten Viṣṇu, Śiva, Sūrya, Devī und Gaṇeśa in einem fünffachen Kult miteinander zu verbinden. Gemeinsame Grundlage dieser Religionen sollten im praktischen Leben die in den Lehrbüchern des Rechts (Smṛti) und der häuslichen Sakramente festgelegten sozialen Normen sein; im Bereich der Theologie wurden die Kulte der fünf Gottheiten überwölbt durch einen übergreifenden Monismus: Es ist das eine, absolute Brahman, das hinter allen Formen, auch hinter den fünf Gottheiten, verborgen liegt. Die Religion der Smārtas konnte sich zwar nicht allgemein durchsetzen, sie hat jedoch viele Jahrhunderte überlebt.

Erfolgreiche synkretistische Versuche hat es auch später noch gegeben. So konnte ein Zweig der nordindischen Bhakti-Bewegung, welche in der Hingabe an die eine Gottheit den entscheidenden Heilsweg sah und die höchste Form Gottes als jenseits von Name, Form und Zeit verehrte, ohne Schwierigkeiten den Gottesbegriff der islamischen Mystik aufgreifen. Ob man nun Rāma oder Allah sagte: nur die Namen waren verschieden, die Gottheit aber nicht, und sie war letztlich ohnehin unbenennbar, unausdenkbar. Aus diesem Zweig der Bhakti-Bewegung, dessen Meister sich als Sant (Heiliger) bezeichneten, sind auch die Sikhs (Schüler) hervorgegangen, die Schüler des Guru Nānak, der selbst in der Sant-Tradition stand und Anfang des 16. Jahrhunderts im Panjab lehrte. Hier handelt es sich also um eine ursprünglich viṣṇuitische Bhakti mit synkretistischen Beimischungen aus der islamischen Mystik.

Einen ähnlich erfolgreichen synkretistischen Versuch gab es im 19. Jahrhundert, als der sogenannte Neohinduismus entstand, der Elemente aus dem Christentum und Islam mit den Traditionen der wichtigsten Hindu-Religionen zu verbinden suchte und dabei ebenfalls auf den reinen Monismus als übergreifende theologische Konzeption zurückgriff.

Der Islam, mit dem sich diese Bewegungen auseinanderzusetzen hatten, hatte schon zu Anfang des 8. Jahrhunderts einen ersten Vorposten im unteren Industal gebildet und sich später den Indus aufwärts bis in den Panjab ausgebreitet; aber erst um 1200 mit der islamischen Eroberung Nordindiens wurde er zu einem relevanten Faktor unter den Religionen Indiens. Jahrhundertelang stand die politische Macht hinter ihm, doch seine Missionserfolge blieben begrenzt. Es entstand aber unter dem Einfluß der viṣṇuitischen Bhakti einerseits und der extrem antibürgerlichen śivaitischen Asketenorden andererseits eine islamische Mystik, die deutlich indische Züge trägt. Alle diese Entwicklungen der indischen Religionen können in dem vorliegenden, dem alten Indien gewidmeten Band nicht mehr geschildert werden.

Der Goldene Tempel in Amritsar ist das bedeutendste Heiligtum der Sikhs. Dort wird der Guru-Granth-Sāhib, die Heilige Schrift der Sikhs, bewahrt. Seit dem Tod des 10. Gurus der Sikhs, Guru Govind Singh (1708), gilt nur noch die Heilige Schrift als Guru.

Philosophie und Weltanschauung

Etwa zugleich mit den alten Griechen und Chinesen haben die Inder in der »Achsenzeit« (Karl Jaspers) zwischen 800 und 500 v. Chr. den Schritt zur Philosophie vollzogen, die aber hier wie dort tief in ältere Überlieferungen eingebettet und von diesen abhängig geblieben ist, ja von Grundstrukturen menschlicher Weltauffassung, deren Wurzeln bis in jenes stammesgeschichtliche Erbe hinabreichen, das der Mensch mit den höheren Tieren gemeinsam hat.

Jeder Organismus braucht zur Selbst- und Arterhaltung ein gewisses Maß an durchschnittlich verläßlichen Informationen über lebenswichtige Gegebenheiten in seiner Umwelt sowie die Fähigkeit, sich diesen gegenüber entsprechend zu verhalten. Diese Aufgaben werden zunächst durch instinkthafte Auslösemechanismen bewältigt, deren Tätigkeit bei den höheren Lebewesen meist mit starken gefühlsmäßigen Reaktionen verbunden ist.

Man mag also von »plurifunktionalen Führungssystemen« sprechen, sofern hier Informationsgewinnung, Verhaltenssteuerung und emotionales Erleben miteinander verbunden sind. Schon bei den höheren Tieren werden diese Systeme jedoch umgestaltet, die Instinkte durch das individuelle und ansatzweise auch das soziale Lernen ergänzt und überformt, wobei neuere Forschungen gezeigt haben, daß sich die Intelligenz zunächst vor allem im sozialen Bereich entwickelt hat.

Beim Menschen schließlich werden die instinktiven weitgehend durch sozialkulturelle Führungssysteme ersetzt, die ihm gleichfalls bieten, was er in der Praxis braucht, nämlich gewissermaßen eine »Welt mit eingebauter Gebrauchsanweisung«, wo ihm mit den Informationen über die Dinge und Wesen zugleich auch Anweisungen gegeben werden, wie er sich diesen gegenüber verhalten solle. Zu diesen Führungssystemen gehört wesentlich auch die Sprache, die keineswegs bloß ein wertfreies Tatsachenwissen vermittelt. Vielmehr sind mit den Bezeichnungen für die Gegenstände meist auch bestimmte Wertakzente und Verhaltenshinweise verbunden. Dazu kommt oft der »Wortrealismus« der frühen Kulturen, der Glaube an die enge Verbundenheit, ja Identität von Zeichen und Bezeichnetem und im Zusammenhang damit auch die verbreitete Überzeugung, wenn ein Wort existiere, so existiere auch der betreffende Gegenstand. Mit dem Wortrealismus verwandt ist ferner die Wortmagie, zu der auch der Glaube gehört, daß die Kenntnis seines Namens eine Zaubermacht über ein Wesen verleihe.

Überdies suggeriert die Sprache dadurch, daß ihre Hauptwörter meist Personen oder personifizierte Dinge und ihre Zeitwörter deren Tätigkeiten oder Befindlichkeiten bezeichnen, vielfach die Auffassung der Welt als eines insgesamt von handelnden Wesen, die auch und insbesondere Handlungspartner des Menschen sind. Auf diese Weise werden sehr häufig auch soziale Strukturen und Verhaltensformen in die Natur und das Universum projiziert. Dieses erscheint dann als Sozialgebilde – Familie, Sippe oder später Staat –, und in Umkehr dieser Projektion werden dann die menschlichen Gesellschaftsformen in dem so zustande gekommenen »soziokosmischen Universum« verankert.

Zu diesen soziomorphen Modellvorstellungen kommen die technomorphen, die vom Hantieren mit Dingen, vom handwerklich-künstlerischen Verfertigen und von seinen Materialien, Vorgängen und Produkten entlehnt sind. Hierher gehört etwa das Himmelszelt oder die Himmelsstadt, der Weltenmantel oder das Weltengebäude. In Rückanwendung dieser Projektionen entsteht dann in den Hochkulturen eine »kosmische Architektur«, wo der Tempel, der Palast oder die gesamte Stadt als Abbild ihres vermeintlichen kosmischen Urbildes gestaltet ist.

Bevor Buddha den »edlen mittleren Weg« jenseits von Selbstpeinigung und Genußleben fand, den rechten Weg zur Erleuchtung, übte er sechs Jahre lang strengste Askese, während der er bis auf das Skelett abmagerte. 2./3. Jahrhundert n. Chr. Berlin, Museum für Indische Kunst

Vorhergehende Doppelseite: Indische Weise (ṛṣis) verehren Śiva in Form des Śivaliṅgam auf dem heiligen Berg Kailāsa, beides Symbole des absoluten Bewußtseins (puruṣa). Miniaturmalerei der Malschule von Kangra, um 1800. Neu-Delhi, National Museum

Zwei Reliefs aus dem 1. Jahrhundert v. Chr. flankieren den Eingang der Höhle Nr. 19 in Bhājā. Ihre Botschaft ist bei der verwirrenden Fülle der Details nicht eindeutig entzifferbar. Doch dürfte es sich bei der Darstellung links vom Eingang um den Sonnengott Sūrya im himmlischen Wagen handeln, der mit den Rädern des Wagens böse Dämonen (yakṣas) *zermalmt (links). Rechts des Eingangs das berühmte Relief, einen Elefanten mit zwei reich geschmückten Reitern darstellend.*

Eine weitere Vorstellungsgruppe entstammt dem Bereich des Lebens und der Lebewesen. Der Weltenbaum und die Tiergötter sind Beispiele für diese biomorphen Modelle. Ferner sind Zeugung, Geburt, Wachstum, Altern und Tod häufige Leitvorstellungen. Besonders oft wird die Entstehung des Universums auf diese Weise erklärt, etwa im Mythos vom Weltei, von der »Heiligen Ehe« eines Urelternpaares (oft Himmel und Erde) oder von der Selbstbegattung eines zweigeschlechtigen Gottes.

Etwas anders beschaffen ist ein vierter Kreis derartiger Leitmotive, der besonders aus der Auseinandersetzung des Menschen mit dem Druck der Realität – Tod, Leid, Bedürftigkeit, Abhängigkeit, Schuld – hervorgegangen ist, dem er vielfach ohnmächtig ausgesetzt ist. Doch in bestimmten seelischen Ausnahmezuständen – Traum, Trance, Rausch, Ekstase – meint der Mensch, diesem Druck entzogen zu sein, magische Macht und hellseherisches Wissen erlangen zu können und schließlich mit der Gottheit vereinigt und ihrer Vollkommenheit teilhaftig zu werden. Diese aus schamanistischen und verwandten Formen der Magierekstatik und der Reinigungsmysterien stammenden ekstatisch-kathartischen Vorstellungen liegen auch dem Glauben an eine vom Körper als dem Hauptangriffspunkt des Realitätsdruckes wesensverschiedene und loslösbare, unsterbliche und leidlose »Seele« zugrunde, die als das »wahre« oder »höhere Ich« auch das Göttliche im Menschen darstellt. Diese Traditionen haben auch die Philosophie in Indien wie im alten Griechenland wesentlich beeinflußt.

Es liegt auf der Hand, daß alle diese Vorstellungen in hohem Maße durch Wert- und Vollkommenheitsgesichtspunkte mitbestimmt sind: die Macht und Erhabenheit der Götter, die Gerechtigkeit, Harmonie und Schönheit der Weltordnung und des Weltgebäudes, die vitale Fülle des universalen Lebensquells, die Überwindung des Realitätsdrucks durch das freie und unbezwingliche »wahre Selbst«. Theologische und metaphysische Spekulation hat dann versucht, diese Vollkommenheitspostulate bis aufs äußerste hochzusteigern, und hat sich damit in mannigfache Schwierigkeiten verwickelt.

Nicht nur in mythischer Frühzeit, sondern im größten Teil der historisch faßbaren Kulturen sind die Funktionen der oben erwähnten Führungssysteme – Informationsgewinnung, Verhaltenssteuerung, Weltverklärung, Weltüberwindung – ebenso wie die wichtigsten Leitvorstellungen – die soziomorphen, technomorphen, biomorphen und ekstatisch-kathartischen – im wesentlichen gleich geblieben. Sie bildeten relativ kompakte »Gehäuse«, die mit den Sozialstrukturen integriert waren, diese stützten und umgekehrt von ihnen gestützt wurden. So sind die inneren Schwierigkeiten dieser Formen der Weltauffassung nur langsam und teilweise bewußt und erst spät und selten konsequent durchdacht worden. Beispielsweise hat erst David Hume im 18. Jahrhundert die Problematik von Sein und Sollen, von Tatsachenaussagen und Werturteilen folgerichtig thematisiert.

Indien und Europa

In diesem Sinne sind auch Gemeinsamkeiten und Unterschiede zwischen »westlichem« – im wesentlichen griechisch bestimmten – und indischem Denken zu verstehen. Zu den erwähnten Weltanschauungsfunktionen und Leitvorstellungen kommt als Basis der Gemeinsamkeit die Verwandtschaft der beiden indoeuropäischen Sprachen, des Griechischen und des Sanskrit, der altindischen Hochsprache. Überdies gab es da wie dort ein beachtliches Maß an geistiger Freiheit. Vergleichbar den griechischen Prie-

sterschaften waren die Brahmanen zwar angesehen, aber sie haben sich zu keiner straff organisierten »Kirche« zusammengeschlossen, deren Macht schwer auf dem Geistesleben gelastet hätte.
Doch ist die indische Philosophie in noch höherem Maße als ihre griechische Schwester durch Heilssuche und Erlösungsstreben motiviert. Zwar darf nicht vergessen werden, daß schon bei Pythagoras, Parmenides und besonders bei Platon eine Hauptaufgabe der Philosophie die Anagoge bildete, die Emporführung der Seele aus der leidvollen und befleckenden Gefangenschaft in der Sinnenwelt hinauf zu den Höhen göttlicher Leidlosigkeit, Reinheit und Ewigkeit. Aber schon der Blick der frühesten griechischen Denker, der jonischen Naturphilosophen, war vor allem auf die sinnlich erfahrbare Welt gerichtet, und über die hippokratische Ärzteschule führt der Weg zu den naturwissenschaftlichen Schriften des Aristoteles. Freilich: bald nach Beginn der christlichen Zeitrechnung kommt es besonders durch die einflußreiche religiös-philosophische Strömung der Gnosis zu einer auffallenden Annäherung an indisches Denken, wobei die Frage noch nicht geklärt ist, ob es sich hier um eine reine Parallelentwicklung, um Einflüsse aus Indien oder um eine Kombination von beiden handelt. Doch wenn solche Kontakte bestanden haben sollten, so waren sie am Ausgang der Antike längst abgerissen, und erst zu Beginn des 19. Jahrhunderts trat die indische Philosophie endgültig in den Gesichtskreis Europas. 1801/02 veröffentlichte der Franzose Anquetil Duperron eine lateinische Teilübersetzung der Upaniṣaden, 1808 Friedrich Schlegel sein Werk »Über die Sprache und Weisheit der Inder«, und wenig später lernte Arthur Schopenhauer durch den Orientalisten Friedrich Majer die Lehren der Veden kennen, die ihn tief beeinflußten. Anhänger Schopenhauers war dann Paul Deussen, der wohl hervorragendste Kenner und Übersetzer der heiligen Texte. Ja, in seiner Schrift »Vedānta, Platon und Kant« suchte Deussen darzutun, daß trotz aller Wahrung ihrer Eigentümlichkeiten die Anschauungen der indischen, griechischen und deutschen Denker zutiefst übereinstimmten.

Die ältesten Veden

Schon in den ältesten vedischen Texten, dem Ṛgveda, ist die Weltauffassung weitgehend von der sozialen Produktion und Reproduktion des Lebens geprägt. Entsprechend dem Dasein von Hirtenkriegern steht der Gott Indra im Vordergrund, ein ins Göttliche gesteigerter Kriegshäuptling, der sozialen Charakter trägt, aber auch Mitra, der über Freundschaft, Ehe und Vertragstreue wacht. Das so lebenswichtige Feuer verkörpert Agni, die »technomorphe« Komponente ist durch den Handwerksgott Tvaṣṭṛ repräsentiert. Erst etwas später tritt der »biomorphe« Lebensgott Prajāpati auf, der »Herr der Geburten«, und die zerstörerischen Mächte vertritt Rudra, den man euphemistisch auch Śiva, den »Wohlwollenden«, nennt.

Über allem aber waltet als Nachfolger des alten indoeuropäischen Himmelsvaters Dyaus der Himmelsgott Varuṇa. Weniger dynamisch als Indra, ist er der Hüter des soziokosmischen »Weltgesetzes« Ṛta. Dieses »ist die auf Gesetzmäßigkeit und Regelmäßigkeit beruhende normale und deshalb richtige, natürliche und deshalb wiederum wahre Struktur des kosmischen, weltlichen, menschlichen, rituellen Geschehens … Im wesentlichen ist es identisch mit dem etymologisch verwandten Aṣa des Avesta, das gleichfalls … die rechte, planvolle Struktur bedeutet, die als Norm für alles, was recht ist, auch der Idee der Wahrheit nahekommt« (Jan Gonda). Es handelt sich also um eine uralte Vorstellung, die die Indoarier mit den Iranern gemeinsam haben, die aber auch außerhalb der indoeuropäischen Kulturen etwa in Ägypten und China auftritt. Ähnliche Grundmotive sind in der griechischen Philosophie wirksam und haben sich in hellenistischer Zeit bei den Stoikern mit verwandten orientalischen Traditionen zur Lehre vom universalen »Weltgesetz« (Logos, Nomos) vereinigt, im christlichen Glauben an die »gerechte Weltordnung« fortgesetzt und sind noch in der Ideologie des »ordre naturel« der Aufklärung lebendig.
Eine andere uralte Tradition leitet sich von schamanistischen und verwandten Formen der Magierekstatik her,

vom Glauben an eine Machtgewinnung durch asketische Techniken und an die Weltüberlegenheit der unkörperlichen Seele. »Dieser Seelenmythos enthält keimhaft eine ganze Metaphysik der Autonomie und geistigen Freiheit des Menschen, und hier liegt der Ausgangspunkt für die frühesten Spekulationen über das freiwillige Verlassen des Körpers, die Allmacht der Intelligenz und die Unsterblichkeit der menschlichen Seele« (Mircea Eliade).

Eine eindrucksvolle Hochstilisierung solcher Traditionen bildet einer der ältesten philosophischen Texte, der »Schöpfungs«-Hymnus aus dem Ṛgveda. Die Macht, die der Asket und Ekstatiker als magische Hitze *(tāpas)* in sich konzentriert, ist auch Urmacht und Urgrund der Welt, ursprünglicher als Sein und Nichtsein, als Tod und Unsterblichkeit. Aus ihr ist erst das Eine geboren und aus diesem der kosmogonische Eros mit seinen Keimen und Kräften, denen auch die Götter entstammten. Doch der Schluß bleibt skeptisch: Vielleicht weiß auch die Gottheit nicht, woher die Schöpfung stammt.

Seither ist der Glaube, daß die Einheit des Seelengrundes mit dem Weltgrund die entscheidende Heilswirklichkeit bilde, ein Hauptthema des indischen Denkens geblieben, allerdings mit verschiedenen Varianten. Vielfach blieb die Erreichung einer nach außen gerichteten Weltüberlegenheit das Ziel, also übermenschlicher Macht und höheren Wissens, im Extremfall sogar göttlicher Allmacht und Allwissenheit. Doch dann ergab sich ein Widerspruch zwischen jenen angeblich erreichten Fähigkeiten und der tatsächlich fortdauernden Ohnmacht und Unwissenheit der betreffenden menschlichen Individuen. Diesen Schwierigkeiten kann man aber ausweichen, indem man die aktive Weltüberwindung preisgibt und sich auf eine kontemplative und emotionale Variante beschränkt. Hier wird die heilbringende Einheit des Seelengrundes (Atman) mit dem Weltgrund (Brahman) zu einem Gefühl der mystischen Einheit aller Wesen beziehungsweise zum Glauben an den Erlösungsweg ins eigene Innerste.

Die Heilslehre der Upaniṣaden

Dieser letztere Weg wird in den Upaniṣaden eingeschlagen, deren ältere etwa im 8. und 7. vorchristlichen Jahrhundert entstanden sind. Damals hatte seit dem Ṛgveda ein tiefgreifender Wandel der äußeren Verhältnisse, vor allem aber auch der Einstellung zur Lebenswirklichkeit stattgefunden. Die hellhäutigen Eroberer waren aus dem Indus- in das Gangesgebiet vorgedrungen, und ihre Apartheidpolitik gegenüber den dunkleren Vorein-

Links: Das Liṅgam, Idol des Gottes Śiva, gilt als Symbol der Schöpfungskraft. Die Steinskulptur aus dem Herrschaftsbereich der Colas stammt aus dem 12. Jahrhundert. Neu-Delhi, National Museum

Rechts: Der dreiköpfige Schöpfergott Brahma. In der Mitte des Sokkels ist ebenso wie neben den Profilköpfen je eine Gans, das Symboltier Brahmas, dargestellt. Berlin, Museum für Indische Kunst

Links: Agni, der »Gott Feuer«, gehört neben dem Sonnengott Sūrya und dem Gott des Donners Indra zur vedischen Götterdreiheit. Südindische Darstellung aus dem 9. Jahrhundert Neu-Delhi, National Museum

Rechts: Rudra, der vedische Gott der Stürme und Krankheitsplagen, schrecklich und wohlwollend zugleich, wurde später mit Śiva identifiziert. Relief aus dem 8. Jahrhundert in einem Höhlentempel in Elūrā.

Voran steht der Geist. Der Geist ist der erste der Atemzüge.
Das Auge ist der »Fuß«; denn mit Hilfe des Auges wandelt dieses Selbst einher. Die Opferformeln samt den einleitenden Handlungen sind in bezug auf Gottheit und sein Selbst fest begründet. Wer die Opferformeln samt den einleitenden Handlungen in bezug auf Gottheit und sein Selbst als fest begründet kennt, der erlangt, unversehrt und unverletzt, glücklich das Ende des Opfers. Der wird unter den Seinigen der Beste, ein Führer, ein Herr und Fürst, der also weiß. Wer einem, der also weiß, unter den Seinigen entgegenzutreten wünscht, der ist für die Untertanen nicht geeignet. Aber wer sich einem, der also weiß, anschließt und im Anschluß an ihn die Untertanen zu unterhalten sucht, der ist für die Untertanen geeignet.
Das ist das größte Brahma. Nicht gibt es etwas Größeres als das.
Der Größte und Beste unter den Seinigen wird der, der also weiß.
Das Brahma hat nichts vor und nichts hinter sich. Der, welcher das Brahma in dieser Weise als etwas kennt, das nichts vor und hinter sich hat, hat unter seinesgleichen keinen Besseren, als er selbst ist. Die Nachkommen, die ihm geboren werden, werden immer besser. Wenn einer größer als er wäre, so soll er die Himmelsgegenden östlich von ihm verehren. Dann tut er ihm nichts.
Von diesen Opferformeln ist die Upaniṣad der Kern. Wie klein auch die Opferformeln sein mögen, mit denen der Adhvaryu einen Becher Soma schöpft, er durchdringt Rezitationen und Gesänge, er durchsetzt Rezitationen und Gesänge. Wie klein auch die Essenz einer Speise ist, sie würzt die ganze Speise, sie durchzieht die Speise.

Brahmana der Hundert Wege, X,3,5,7–12

wohnern hatte zur Entstehung des Kastensystems geführt. Während sich die Herrenschicht in die höheren Kasten der Priester (Brahmanen), Krieger (Kṣatriyas) und Gemeinfreien (Vaiśyas) gliederte, bildeten die Unterworfenen die unterste Kaste, die Śūdras. Dennoch dürfte schon damals eine Reihe von Vorstellungen aus dem Weltbild der Unterschicht in jenes der Eroberer eingesickert sein, etwa die Seelenwanderung, von welcher der Ṛgveda noch nichts weiß. Noch bedeutsamer ist aber der Wandel der Grundeinstellung zum Leben, dessen Ursache aber noch weitgehend im dunkeln liegt. Im Ṛgveda herrscht noch eine weltzugewandte, ja weltfrohe Stimmung, während den Upaniṣaden das menschliche Dasein als zutiefst leidvoll gilt und das Heil in der Leidlosigkeit gesucht wird. Seither ist die Leidabwehr zu einem Grundthema der indischen Philosophie geworden.
Dieses Denken hat sich aber nicht bei den niedrigen Kasten, den »Mühseligen und Beladenen«, sondern bei den Brahmanen und den Kṣatriyas entwickelt, und es muß auffallen, daß der Kriegeradel mit den Priestern auf gleichem geistigen Niveau wetteifert.
Schon in dem wohl ältesten dieser Texte, der Chāndogya-Upaniṣad, wird die Lehre von der Einheit von Weltgrund und Seelengrund eindrucksvoll vertreten. Aus dem Brahman, das als das eigentliche Reale gilt, sind alle Dinge hervorgegangen, die ja in ihrem Wesen selbst nichts anderes sind, und zwar vom Feinsten, dem Feuer, bis zum Bereich alles Belebten. Diesen Weg geht nun das Ich des Menschen in jeder Nacht wieder zurück, indem es im Tiefschlaf *(suṣupti)* sich mit dem Brahman vereinigt, und es geht diesen Weg endgültig nach dem Tode zurück. »Ich bin das Brahman« *(aham brahman asmi)* lautet die Heilsbotschaft. Doch da das Brahman zugleich im Innersten das Weltall ist, ist dadurch auch die Einheit des wahren Ich (Atman) mit allen Dingen und Wesen gegeben. »Dieses Weltall bist du« *(tat tvam asi)*, die mystische Allverbundenheit, ist die zweite Heilsbotschaft, die aus der ersten folgt. Zugleich aber bildet das Brahman in Fortführung des alten Ṛta-Glaubens auch die Einheit von Wahrheit und Gerechtigkeit, was sich beispielsweise in der Feuerprobe als einer Art von »Gottesurteil« manifestiert. Doch versucht man schon hier auch eine Antwort auf die Frage, warum es nirgends gegenständlich vorfindbar ist: Wie ein Stück Salz, das im Wasser zergangen und so unsichtbar geworden ist, aber doch dem Wasser den salzigen Geschmack gegeben hat, so nimmt man auch das Seiende im Menschen und der Welt

nicht wahr, und doch ist es darin. Auf anspruchsvollerem Niveau werden diese Grundmotive in der Bṛhad-Aranyaka-Upaniṣad fortentwickelt, vor allem durch Yājñavalkya, die wahrscheinlich früheste uns einigermaßen faßbare Philosophengestalt. Und an ihn, als er sich aus dem Stande des Hausvaters in die Waldeinsamkeit zurückzieht, richtet seine Frau Maitreyī die Frage, die die Menschen bewegt hat, seit ihnen die Unausweichlichkeit des Todes bewußt geworden ist: »Wodurch ich nicht unsterblich werde, was soll ich damit tun?«

Die Antwort folgt zunächst den aus der Chāndogya-Upaniṣad bekannten Motiven. Das »höhere Selbst« ist der Weltgrund, aus dem und um dessen Willen alles existiert und – im Sinne der alten Allwissenheitsillusion – »wer das Selbst (Atman) gesehen, gehört, verstanden und erkannt hat, von dem wird diese ganze Welt gewußt«. Ja, dieses Selbst ist – im Sinne der alten Allmachtsillusionen – der »innere Lenker« aller Dinge.

Doch im Widerspruch zum bisher Gesagten wird behauptet, dieser Lenker erkenne zwar selbst, sei aber unerkennbar. »Er sieht und wird doch nicht gesehen ... er erkennt und wird doch nicht erkannt. Nicht gibt es außer ihm einen Sehenden ... nicht gibt es außer ihm einen Erkennenden. Das ist dein Ich, der innere Lenker, der unsterbliche, und was von ihm verschieden ist, ist voll von Weh.« Unsterblichkeit und Leidlosigkeit sind also hier die maßgeblichen Vollkommenheitsprädikate, aber die ganze Spekulation ist durch die These von der Unerkennbarkeit des »höheren Selbst« jeder Überprüfbarkeit entzogen. Jedoch die Widersprüche gehen noch weiter. Entsprechend dem Wertgesichtspunkt der absoluten Einheit wird jenem Ich nicht nur die passive Erkennbarkeit, sondern auch das aktive Erkennen abgesprochen, da jedes Erkennen die Zweiheit von Subjekt und Objekt voraussetzt, ja im Heilszustand und vom Heilszustand gibt es kein Bewußtsein – wie im Tiefschlaf und im Tode. Dahinter steht aber auch die Tatsache, daß dort, wo es kein Bewußtsein gibt, schließlich auch kein Leid denkbar ist.

Doch andererseits will der Mensch des Heilszustandes, um dessentwillen diese ganzen Spekulationen angestellt worden sind, auch irgendwie innewerden, es genügt ihm nicht die Leidlosigkeit des Tiefschlafs und des Todes, sondern er will das Heil als positive, irgendwie erlebbare Seligkeit. So wird denn später das Brahman-Atman als *saccidānanda* bezeichnet, als Einheit von Sein *(sat)*, Wissen *(citta)* und Wonne (*ānanda*).

Oben: Zwei bei Sārnāth gefundene Köpfe, Fragmente von Skulpturen aus der Maurya-Zeit, lassen vermuten, daß dabei Vertreter unterschiedlicher Gesellschaftsschichten dargestellt sind. Kopfschmuck und Ohrgehänge und nicht zuletzt auch der willensstarke Mund kennzeichnen den Aristokraten (links), während der – lediglich durch einen Bart gezierte – Kopf, der mit den weit aufgerissenen Augen fast ängstlich zurückzuweichen scheint, einen Mann niederen Standes darstellen könnte. Neu-Delhi, National Museum

Rechts: Die kleinen Terrakotta-Skulpturen von Akhnur zeichnen sich bei aller Einfachheit der Mittel durch eine besonders eindringliche Formulierung des Charakteristischen aus. Im Original nur 15 cm hoher Kopf eines Sehers (ṛṣi) aus dem 6. Jahrhundert. Neu-Delhi, National Museum

Diese Schwierigkeiten haben immer wieder zu paradoxen und widersprüchlichen Formulierungen geführt, etwa wenn es in der Kena-Upaniṣad von jenem erhabenen Prinzip heißt:

Nur wer es nicht erkennt, kennt es,
wer es erkennt, der weiß es nicht –
nicht erkannt vom Erkennenden,
erkannt vom Nichterkennenden.

In ähnlicher Weise wird der Brahman-Atman auch über alle ontologischen Gegensätze emporgesteigert, es ist »nicht seiend noch nichtseiend«, es ist »höher als was ist und nicht ist«.

Die Problemlage wird aber noch dadurch kompliziert, daß neben den Tiefschlafspekulationen, deren Heilsweg vom leidvollen Wachzustand über den noch immer leidbedrohten Traumschlaf zum leidlosen Tiefschlaf führt, ein anderer Heilsweg angeboten wird, nämlich von den auf archaische Traditionen der Ekstatik zurückgehenden Lehren des Yoga. Hier wird die Erlebbarkeit stärker betont, die Befreiung vom Druck der Realität *(duḥkha)* soll in einem Erleuchtungszustand erfahrbar sein, der durch bewußte asketische und meditative Anstrengungen erreichbar ist. Durch methodische Unterdrückung der Gefühle, Sinnesempfindungen, Wahrnehmungen, Vorstellungen und Gedanken wird hier der ewige Ich-Kern von allen verdekkenden irdischen Hüllen gereinigt, um in einem Zustand der Versenkung und Erleuchtung *(samādhi)* die völlige Freiheit und Abgelöstheit *(kaivalya)* zu erreichen. Diese Erleuchtung steht allerdings gleichfalls jenseits aller Vielheit, aller Vorstellung und Wahrnehmung.

In ähnlicher Weise überbietet die relativ späte Māṇḍūkeya-Upaniṣad die drei Stufen der Tiefschlafspekulation

Unter der sehr großen Anzahl und endlosen Mannigfaltigkeit von Fakiren oder Derwischen und heiligen Männern oder heidnischen Heiligen Indiens leben viele in einer Art Kloster, das vom Oberen regiert wird, wo Gelübde von Keuschheit, Armut und Demut abgelegt werden.

Ich beziehe mich besonders auf die Leute, welche Yogis genannt werden, ein Name, welcher bedeutet »vereint mit Gott«. Man sieht eine Menge, Tag und Nacht, sitzend oder auf Asche liegend, vollkommen nackt; häufig unter den großen Bäumen an Teichen oder Wasserbecken oder in den gedeckten Gängen der Deuras oder Götzentempel. Einige haben ihr Haar bis zur Wade herabhängen, geflochten und verwickelt in Knoten … Ich habe verschiedene gesehen, die einen und auch einige, die beide Arme ständig über den Kopf erhoben halten; die Fingernägel ihrer Hände sind gekrümmt und länger als die Hälfte meines kleinen Fingers, mit dem ich sie gemessen habe. Ihre Arme sind klein und dünn … die Muskeln sind eingeschrumpft und die Äußerungen trocken und schwerfällig. Novizen begleiten diese Fanatiker und zollen ihnen die höchste Achtung als Personen, die mit außerordentlicher Heiligkeit begabt sind …

Einzelne dieser Fakire unternehmen lange Wallfahrten, nicht nur nakkend, sondern mit schweren Eisenketten beladen, solche, die um die Beine von Elefanten gelegt werden. Ich habe andere gesehen, die infolge eines speziellen Gelübdes aufrecht standen während sieben oder acht Tagen, ohne sich ein einziges Mal zu setzen oder hinzulegen und ohne irgendeine andere Unterstützung, als sie gewährt werden mag durch das Anlehnen an ein Seil für einige Stunden in der Nacht …

Aufzeichnung des französischen Reisenden Bernier um 1700

(Wachen, Traumschlaf, Tiefschlaf), indem sie diesen eine vierte *(turīya)* hinzufügt, die den eigentlichen Heilszustand darstellt, der folgendermaßen umschrieben wird: »Nicht nach innen erkennend und nicht nach außen erkennend, auch nicht durch und durch aus Erkenntnis bestehend, weder bewußt noch unbewußt – unsichtbar, unbetastbar, ungreifbar, uncharakterisierbar, undenkbar, unbezeichenbar, nur in der Gewißheit des eigenen Selbst gegründet, die ganze Weltausbreitung auslöschend, beruhigt, selig, zweitlos ... das ist der Atman, den soll man erkennen.« Wer dies weiß, geht mit seinem individuellen Selbst in das höchste Selbst ein.
Man hat diese Gedankengänge dann folgendermaßen kommentiert:

In anfanglosem Weltblendwerk
schläft die Seele, wenn sie erwacht,
dann wacht in ihr das zweitlose
schlaf- und traumlose Ewige.

Auch hier werden die Heilsstufen des Traumschlafs und Tiefschlafs durch eine Art Wachheit höherer Ordnung überboten.
So kreisen diese Lehren unablässig um das Grundproblem: Sind jene Urwesenheit und das Einssein mit ihr bewußt oder nicht, gibt es da Erkenntnis oder nicht? Es bleibt das Dilemma: Entweder liegt das Heil im Sinne einer einfachen Einheit *(advaita)* und Unzerstörbarkeit jenseits allen Bewußtseins und damit auch allen vergewissernden Inneseins (sowie aller Überprüfbarkeit), oder es überwiegt das Bedürfnis, sich des Heils irgendwie zu vergewissern, dann ergibt sich die entzweiende Spaltung von Subjekt und Objekt und die kritische Frage nach der wahren Heilsgewißheit.

Die Seelenwanderung

Diese Schwierigkeiten werden durch die Lehre von der Wiedergeburt *(Saṃsāra)* oder Seelenwanderung, die im Ṛgveda noch nicht erwähnt und möglicherweise aus der Weltauffassung der Vorbevölkerung in die der Indoarier eingesickert ist, noch weiter kompliziert. Hier geht die Einzelseele keineswegs etwa in Ekstase, Tiefschlaf oder Tod in die Leidlosigkeit des ewigen Urgrundes ein, hier sind vielmehr Unsterblichkeit und Leidlosigkeit scharf voneinander getrennt. Die Unsterblichkeit der Seele, die von einer Wiederverkörperung zur anderen wandert, bedeutet ein leidvolles Gefangensein im »Rad der Geburten«, aus dem es erst nach einem langen, stets von Rückfällen bedrohten Läuterungsprozeß ein erlösendes Eingehen in die Leidlosigkeit gibt.
Eine starke soziale Abstützung hat dieser Glaube durch seine enge Verbindung mit dem Kastensystem erfahren. Wer seine Kastenpflichten *(dharma)* getreulich erfüllte, konnte hoffen, bei der künftigen Wiedereinkörperung in eine höhere Kaste und schließlich zum Brahmanen aufzusteigen, der letzten Stufe vor dem Erlösungsziel. Wer aber gegen diese Pflichten verstieß, dem drohte der Abstieg in die tiefsten Tiefen des Tierreiches. Auf diese Weise konnten die krassesten Unterschiede des Kastenschicksals mit dem Gedanken einer »gerechten Weltordnung« vereinbar gemacht werden. So wurde diese Ideologie nicht nur von der Kastengesellschaft gestützt, sondern wirkte auch im höchsten Maße stabilisierend auf diese zurück. Diese »Theodizee der Kastenordnung« lief praktisch auf eine Domestikation der niedrigeren Schichten mit Hilfe einer religiösen Lehre hinaus, doch ist der Seelenwanderungsglaube wohl nicht ursprünglich zu diesem Zweck geschaffen worden, sondern hat erst im Laufe der Zeit eine so ausgeprägte politisch-ideologische Funktion erhalten und ist so in ein massives plurifunktionales Führungssystem eingebunden worden.

Spätere Ausgestaltungen

Damit sind die Grundthemen umrissen, die in verschiedenen Variationen das spätere indische Denken bestimmt und zu mannigfachen Versuchen geführt haben, den hier vorgegebenen Schwierigkeiten zu entrinnen.
Diese sind bereits durch die in den Voraussetzungen jener Spekulationen enthaltenen Widersprüche bedingt. Da

Linke Seite: Auch in der persischen Tradition des Mogulhofes wurden meditationsorientierte Asketen hoch geachtet, wie diese Miniatur auf der Jeander Šāh mit einem auf einem Tigerfell in Meditationshaltung sitzenden Yogi dargestellt ist, zeigt.
Bombay, Museum Dr. Bhau Daji Lad

Rechts: Bestimmte Körperhaltungen (āsana) *und Atembeherrschung* (prānayāma) *sind wesentliche Hilfsmittel durch Herrschaft über den Körper zur Befreiung des Geistes zu gelangen. Darstellung eines Yogi. Rājput-Schule, 18. Jahrhundert.*
Bombay, Museum Dr. Bhau Daji Lad

Jeder, der lebt, hat vom Augenblick seiner Geburt an eine Schuld den Göttern, den Weisen, den Vätern und den Menschen gegenüber.
Beim Opfern tritt ihm die Schuld den Göttern gegenüber ins Bewußtsein: Für sie handelt er also, wenn er opfert oder ihnen ein Opfer darbringt.
Und beim [Veda-] Vortrag tritt ihm die Schuld den Weisen gegenüber ins Bewußtsein: Für sie handelt er also, denn einen Vortragenden nennt man den Hüter des Schatzes der Weisen.
Und wenn er sich Nachkommen wünscht, so tritt ihm die Schuld gegenüber den Vätern ins Bewußtsein: Für sie handelt er also, damit die Reihe ihrer Nachkommen ohne Unterbrechung fortgesetzt werde.
Und wenn er [Gäste] beherbergt, so tritt ihm die Schuld den Menschen gegenüber ins Bewußtsein: Für sie handelt er also, wenn er sie aufnimmt und ihnen zu essen gibt. Und wer alles das macht, der hat sein Werk vollbracht, der hat alles erhalten, alles erlangt.
Und wenn ihm beim Opfern die Schuld gegenüber den Göttern ins Bewußtsein tritt, bezahlt er sie [die Götter], indem er ein Opfer ins Feuer gießt, bezahlt er sie. Deshalb nennt man auch jedes Opfer, das man ins Feuer gießt, eine Bezahlung.

Brahmana der Hundert Wege, I,7,2,1–6

erhebt sich zunächst die Frage nach dem Verhältnis des einen, einzigen und allein wahrhaft seienden Ur-Ich zu den zahllosen menschlichen Einzel-Ichen, aber auch zur Sinnenwelt als ganzer. Wie weit ist dieses göttliche – oder richtiger: übergöttliche – Prinzip, das ja durch die Wertpostulate der Unsterblichkeit und Leidlosigkeit konstituiert und (wenn man von den Ansprüchen auf Allmacht und Allwissenheit absieht) zur meditativen Weltüberwindung bestimmt ist, auch für die Welterklärung brauchbar?
Dazu kommt die Frage, ob und inwieweit aus jenem Ur-Ich irgendwelche Richtlinien für das moralisch-politische Verhalten in unserer Lebenswelt zu folgern sind. Noch weiter zugespitzt wird diese Frage durch den Widerspruch zwischen der Lehre, daß das Heil, das Eine, das nottut, in der durch Ekstase, Tiefschlaf oder Meditation erreichbaren Vereinigung des Einzel-Ich mit jenem Ur-Ich besteht, und der Lehre von der Wiederverkörperung, wo die schließliche Erlösung nur nach einem langen, stets von Rückfällen bedrohten Läuterungsweg erfolgen kann. Dieser letzte Glaube stößt aber auch an die Vexierfrage, wie die in das Tierreich abgesunkenen Seelen ihren Wiederaufstieg bewerkstelligen sollen, da es dort weder Kastenpflichten noch sonstige Moral oder Askese gibt.
Diese Grundgedanken der Upaniṣaden sind dann im Sāmkhya (»Aufzählungs«)-System, im Jainismus und im Buddhismus weiterentwickelt worden, und alle diese Richtungen haben versucht, sich mit den eben umrissenen Schwierigkeiten auseinanderzusetzen.
Für die älteren Upaniṣaden sind die Einzel-Iche etwa wie Funken aus dem Ur-Ich hervorgegangen und die Sinnenwelt gilt noch als real, doch später wird letztere zu einer Art Trugbild *(māyā)* entwirklicht. Aber diese Art von Weltüberwindung führt nur zu weiteren Rätselfragen. Woher stammt dieses Trugbild, und wer ist es, der es sich vorspiegelt – das Einzel-Ich oder das Ur-Ich? Die indische Philosophie hat jahrhundertelang über dieses Problem – oder Scheinproblem – spekuliert. Als schließlich im Mittelalter versucht wurde, die Traditionen der Upaniṣaden in der sogenannten Vedānta-Schule in systematische Form zu bringen, hat der Meister dieser Richtung, Śaṅkara (um 800 v. Chr.) schließlich zu der resignierenden Formel gefunden: »Der Weise soll unter keinen Umständen darüber nachgrübeln, was ist das All, was ist seine Form, wie ist es geworden, was ist seine Ursache, sondern er soll es nur als *māyā* betrachten.«
Aus diesen Lehren lassen sich auch keine moralischen Normen ableiten. Das Handeln in der *māyā*-Welt ist letzthin bedeutungslos, die Ethik nicht heilsrelevant, und ebenso irrelevant muß auch jeder revolutionäre Impuls erscheinen.

Mit diesen Traditionen verwandt und wohl auch aus ihnen hervorgegangen ist das Sāṃkhya-System, gleichfalls eine Erlösungslehre. Hier gibt es nicht einen einzigen Urgrund, sondern zwei voneinander unabhängige Urwesenheiten: den zu den einzelnen »Ich-Kernen« individualisierten Geist *(puruṣa)* und die Ursubstanz oder Urmaterie *(prakṛti)*, aus der die Welt in einer bestimmten Stufenfolge hervorgegangen ist. Von der Aufzählung dieser Stufen trägt das System übrigens seinen Namen. Die geistigen »Ich-Kerne« sind – ähnlich wie in den Upaniṣaden – von allem Erlebten und Erlebbaren wesensverschieden, denn dieses gehört ausnahmslos zur Welt. Was aber zur Welt gehört, ist an sich unbewußt und wird nur insofern bewußt, als der Geist es mit seinem Licht beleuchtet. Das gilt auch für die erlebbaren seelischen Erscheinungen wie Denken, Wollen, Fühlen und besonders Leiden. Diese werden im Lichte des Geistes zwar bewußt, aber nicht zu Geist. Das Geist-Ich ist bei allen diesen Vorgängen nur unbeteiligter Zuschauer und ist so an sich allem Leid entrückt, doch vergißt es dies in einer Art Wahnbefangenheit und meint, es sei in das leidvolle Weltgeschehen verwickelt. Diesen Wahn – der übrigens weitgehend der Befangenheit in der *māyā*-Welt entspricht – gilt es zu überwinden und den geistigen »Ich-Kern« in seine wahre Weltüberlegenheit zurückzuführen,ihm seine bloße Zuschauerrolle bewußt zu machen. Doch die konsequente Loslösung jenes »Ich-Kerns« von allem Welthaften bedeutet zugleich das Ende seiner Zuschauerrolle und der Geist »west« jenseits des Bewußtseins in ewiger, leidloser Vollkommenheit, aber auch die Welt kehrt in den Zustand der Bewußtlosigkeit zurück. So wird hier wie in den Upaniṣaden die Leidlosigkeit durch die Bewußtlosigkeit erkauft, ethische Folgerungen ergeben sich aus dieser Heilslehre nicht.

Dagegen ist im Jainismus eine stärkere ethische Komponente wirksam, freilich ebenfalls im Rahmen einer umfassenderen Heilslehre. Wie beim Sāṃkhya-System, so gehen auch hier wichtige Grundmotive auf die Upaniṣaden zurück, freilich mit nicht unwesentlichen Variationen. So gilt auch hier die materielle Welt als real, doch liegt größeres Gewicht auf dem Glauben an die Wiedergeburt. Die Erlösung aus dem Bann der Wiedergeburt erfolgt aber nicht durch ekstatische oder meditative Wiedervereinigung mit dem Urgrund, sondern durch die Befolgung bestimmter Lebensregeln, nämlich so, daß die Seele sich von der durch die Gemeinschaft mit der Materie erlittenen Befleckung kraft eines reinen Wandels reinigt und sich vom Bösen überhaupt befreit. Dabei folgt die ethische Grundregel aus einer konsequenten Durchführung des Gedankens der Überwindung des Realitätsdrucks: Nicht nur das heilsuchende menschliche Individuum soll die Leidlosigkeit für sich selbst anstreben, sondern es soll auch anderen Wesen kein Leid zufügen. Dies ist das Gebot des »Ahiṁsā«, des Nichttötens oder Nichtschädigens aller Lebewesen, das so weit getrieben wurde, daß jainistische Mönche ein Tuch vor den Mund banden, um keine Mücken zu verschlucken. Da dieses Gebot in vielen Berufen undurchführbar ist, betätigten sich die Jainisten, sofern sie nicht Mönche waren, meist als Kaufleute und brachten es dabei nicht selten zu großem Wohlstand.

Buddha

Auch Buddhas Lehre geht von dem Grundgedanken aus, daß die Welt zutiefst leidvoll ist, und auch hier ist Weltüberwindung als Leidüberwindung das Heilsziel. Dieses soll unabhängig von anspruchsvollen, aber ergebnislosen philosophischen Spekulationen und unfruchtbaren Schulstreitigkeiten erreicht werden. So distanziert sich der »Erleuchtete« vielfach von den Gedankengängen der Upaniṣaden, besonders von der Brahman-Atman-Lehre, und von allen Erörterungen über die Herkunft und das wahre Wesen der Welt. Bedenkenswert ist nur, was unmittelbar der Erlösung dient, und dementsprechend soll sich auch das Wissen um die Sinnenwelt auf das unmittelbar Erfahrbare und Handgreifliche beschränken.

Doch entwickelt sich aus der Wiedergeburtslehre auch eine neue Variante der uralten soziomorphen Vorstellung des moralischen »Weltgesetzes«. Wenn sich nämlich die guten und bösen Taten *(karman)* der Menschen in guter und schlechter Wiedergeburt auswirken und die Wiedergeburt auch in der außermenschlichen Natur stattfinden kann, dann ist das ganze Weltgeschehen durch eine Gesetzlichkeit von Ursache und Wirkung bestimmt, freilich nicht durch eine wertfreie Kausalität im Sinne der modernen Wissenschaft, sondern eine solche der moralischen Vergeltung. Dabei sollte daran erinnert werden, daß auch im Westen das Kausalitätsprinzip geistesgeschichtlich aus dem Vergeltungsprinzip und der Ausdruck »Naturgesetz« aus der Vorstellung einer universalen moralisch-rechtlichen Gesetzgebung Gottes hervorgegangen ist. Freilich läßt sich – um zu Buddha zurückzukehren – die Karmanlehre kaum mit der Leugnung eines die Reihe der Wiedereinkörperungen überdauernden geistigen Ichs in Einklang bringen, welches das Subjekt von Verdienst oder Schuld und das Objekt von belohnender oder bestrafender Vergeltung bilden müßte.

Nach der Bewährung durch gute Taten und vor allem durch Abtötung des Lebensdurstes im Laufe der Abfolge von Wiedergeburten winkte schließlich das Heil in Gestalt des Aufgehens im Nirvāṇa. Dieses Wort bedeutet »Erlöschen«, aber darunter ist ebensowenig wie in den Spekulationen der Upaniṣaden, im Sāṃkhya und im Jainismus ein totales Ausgelöschtsein zu verstehen, sondern das

Tantrische Asketen gelten wegen ihrer durch Meditation und Yoga gewonnenen übernatürlichen Kräfte als Weise, die die Einheit mit Brahman verwirklicht haben. Diese Miniaturmalerei der Mogulschule vom Anfang des 17. Jahrhunderts zeigt sechs Fakire bei ihren Übungen um ein Feuer sitzend. Abendstimmung und im Hintergrund die Silhouette der Stadt sind Verweis auf die weltentsagende Haltung der Asketen. Berlin (Ost), Islamisches Museum

Links: Narasiṁhadeva I. (1238–1264), ein König der Gaṅga-Dynastie, ließ den Sonnentempel in Koṇārak errichten. Es haben sich aus dem 13. Jahrhundert einige ursprünglich aus Koṇārak stammende Reliefs erhalten, die den König bei bedeutsameren, über sich hinausweisenden Handlungen zeigen wie etwa hier, sich übend in der Kunst des Bogenschießens. Neu-Delhi, National Museum

Rechte Seite: Die rechte Hand des auf einem Thron mit Rückenlehne sitzenden Buddhas ist in der Geste der Erdanrufung zum Lotoskissen hin nach unten gerichtet. Die zentrale Figur der Kultstele ist umgeben von Darstellungen legendärer Begebenheiten aus dem Leben Buddhas. An der Spitze der ins 10. Jahrhundert datierenden Stele, »Darstellung« des Parinirvāṇa. Berlin, Museum für Indische Kunst

»Bewußtseinsparadox« Yājnavalkyas kehrt auch hier wieder ein: Einerseits soll es im Nirvāṇa kein Bewußtsein, keine Empfindung mehr geben, andererseits aber soll dieser Zustand doch die sublimste Seligkeit darstellen. Schließlich münden diese Überlegungen in eine Art Agnostizismus: Ein genaues Wissen vom Nirvāṇa ist weder möglich noch notwendig.

So soll die indische Philosophie in erster Linie zur Weltüberwindung durch Leidüberwindung dienen – alles andere ist zweitrangig. In diesem Punkt sind die Ich-Spekulationen der Upaniṣaden und die Ich-Leugnung des Buddhismus völlig einig. Diese Heilssuche ist im wesentlichen individuell, wenn man von den Schülerkreisen um Waldeinsiedler oder den Mönchsgruppen absieht. Die Handlungssteuerung wird auf das zur Erreichung jenes »Einen, das nottut« eingeschränkt, darüber hinausgehende moralische Normen als nicht heilsrelevant abgewertet,

> Vier unfaßbare Dinge gibt es, über die man nicht nachdenken soll, und wer darüber nachdenkt, wird wahnsinnig oder verstört: die Machtsphäre eines Buddha, die Machtsphäre der Versenkungen, die Vergeltung der Taten und das Wesen der Welt.
>
> *Aṅguttara-Nikāya 4,77*

aber konformistisch hingenommen. Die Welterklärung im Sinne einer Gewinnung durchschnittlich verläßlicher Informationen über die Erfahrungswelt erscheint höchstens insofern erstrebenswert, als sie irgendwie mit der Heilsgewinnung zusammenhängt, oft aber geht es nur darum, die Welt als *māyā* hinwegzuerklären. Immerhin erhält aber die Welt durch die Seelenwanderungslehre eine gewisse Funktion im Heilsprozeß als Stätte der Bewährung, und aus der Verschmelzung dieser Lehre mit der Kastenordnung entsteht sogar ein massives und massiv ideologisches Führungssystem.

Im ganzen jedoch trägt die Philosophie in Indien einen weniger politischen Charakter als im Westen, es fehlt hier auch die soziokosmische Einheit von Universum und Imperium, die für China ebenso charakteristisch ist wie für das altorientalische und hellenistisch-römische Denken – vor allem wohl deshalb, weil das erste indische Großreich, das Maurya-Reich, erst viel später als die Philosophie entstanden ist.

Aus dem unpolitischen, weltflüchtigen Charakter des überwiegenden Teils der indischen Philosophie darf man jedoch nicht auf das gesamte indische Denken schließen. So ist aufgrund älterer Traditionen das berühmte Gesetzbuch des Manu entstanden, das zwar den Brahmanen bedeutende Privilegien einräumt, aber auch zahlreiche Vorschriften maßvollen und humanen Verhaltens umfaßt. Strenge Regeln ritterlicher Kriegführung werden hier aufgestellt. Der wehrlose, fliehende oder sich ergebende Gegner darf nicht getötet werden, vergiftete Pfeile und Hinterlist sind verboten. Auch der König soll mit seinen Untertanen milde verfahren, die Schwachen schützen und den Notleidenden helfen. In der Politik soll die gütliche Verhandlung den Vorrang vor gewaltsamer Eroberung haben, doch ist es ihm erlaubt, im Staatsinteresse Bestechung zu üben und Zwietracht unter den Feinden zu säen.

Wie es aber in der Politik wirklich zugegangen ist, zeigt das »Arthaśāstra« des Kauṭilya. Hier wird eine Machtpolitik

Aber gleichwie dort im Luftraum ein Falke oder ein Adler, nachdem er umhergeflogen ist, ermüdet seine Fittiche zusammenfaltet und sich zur Niederkauerung begibt, also auch eilt der Geist zu jenem Zustand, wo er, eingeschlafen, keine Begierde mehr empfindet und kein Traumbild schaut.
Nämlich da sind in ihm [im Leib] jene *hitāh* genannten Adern; wie ein Haar, welches tausendmal gespalten ist, von solcher Feinheit sind sie; und angefüllt sind sie mit heller, dunkler, gelber, grüner und roter [Flüssigkeit]. Wenn es nun [im Traum] ist, als wenn man ihn tötete, als wenn man ihn schändete, als wenn ein Elefant ihn bedrängte, als wenn er in eine Grube stürzte – alles was er im Wachen fürchtet, das hält er daselbst in seinem Nichtwissen für wirklich; oder aber wenn es ist, als wäre er ein Gott, als wäre er ein König – wenn er sich bewußt wird: »Ich allein bin dieses Weltall« –, das ist seine höchste Stätte; [wenn er dann, eingeschlafen, keine Begierde mehr empfindet und kein Traumbild schaut].
Das ist die Wesensform desselben, in der er über das Verlangen erhaben, von Übel frei und ohne Furcht ist. Denn so wie einer, von einem geliebten Weibe umschlungen, kein Bewußtsein hat von dem, was außen oder innen ist, so auch hat der Geist, von dem erkenntnisartigen Selbst umschlungen, kein Bewußtsein von dem, was außen oder innen ist.
Das ist die Wesensform desselben, in der er gestillten Verlangens, selbst sein Verlangen, ohne Verlangen ist und von Kummer geschieden. Dann ist der Vater nicht Vater und die Mutter nicht Mutter, die Welten sind nicht Welten, die Götter nicht Götter, die Veden nicht Veden; dann ist der Dieb nicht Dieb, der Mörder nicht Mörder, der Paulkasa nicht Paulkasa, der Cāndāla nicht Cāndāla, der Shramana nicht Shramana, der Asket nicht Asket; dann ist Unberührtheit vom Guten und Unberührtheit vom Bösen, dann hat er überwunden alle Qualen seines Herzens.
Wenn er dann nicht sieht, so ist er doch sehend, obschon er nicht sieht; denn für den Sehenden ist keine Unterbrechung des Sehens, weil er unvergänglich ist; aber es ist kein Zweites außer ihm, kein andres, von ihm Verschiedenes, das er sehen könnte.
Wenn er dann nicht riecht, so ist er doch riechend, obschon er nicht riecht; denn für den Riechenden ist keine Unterbrechung des Riechens, weil er unvergänglich ist; aber es ist kein Zweites außer ihm, kein andres, von ihm Verschiedenes, das er riechen könnte.
Wenn er dann nicht schmeckt, so ist er doch schmeckend, obschon er nicht schmeckt; denn für den Schmeckenden ist keine Unterbrechung des Schmeckens, weil er unvergänglich ist; aber es ist kein Zweites außer ihm, kein andres von ihm Verschiedenes, das er schmecken könnte.
Wenn er dann nicht redet, so ist er doch redend, obschon er nicht redet; denn für den Redenden ist keine Unterbrechung des Redens, weil er unvergänglich ist; aber es ist kein Zweites außer ihm, kein andres, von ihm Verschiedenes, das er anreden könnte.
Wenn er dann nicht hört, so ist er doch hörend, obschon er nicht hört; denn für den Hörenden ist keine Unterbrechung des Hörens, weil er unvergänglich ist; aber es ist kein Zweites außer ihm, kein andres, von ihm Verschiedenes, das er hören könnte.
Wenn er dann nicht denkt, so ist er doch denkend, obschon er nicht denkt; denn für den Denkenden ist keine Unterbrechung des Denkens, weil er unvergänglich ist; aber es ist kein Zweites außer ihm, kein andres, von ihm Verschiedenes, das er denken könnte.
Wenn er dann nicht erkennt, so ist er doch erkennend, obschon er nicht erkennt; denn für den Erkennenden ist keine Unterbrechung des Erkennens, weil er unvergänglich ist; aber es ist kein Zweites außer ihm, kein andres, von ihm Verschiedenes, das er erkennen könnte.
Wie Wasser stehet er als Schauender allein und ohne Zweiten, er, o Großfürst, dessen Welt das Brahma ist.
So belehre ihn Yājṇavalkya.

Dieses ist sein höchstes Ziel, dieses ist sein höchstes Glück, dieses ist seine höchste Welt, dieses ist seine höchste Wonne; durch ein kleines Teilchen nur dieser Wonne haben ihr Leben die anderen Kreaturen
Wenn unter den Menschen einer glücklich ist und reich, König über

die andern und mit allen menschlichen Genüssen überhäuft, so ist das die höchste Wonne des Menschen.
Aber hundert Wonnen der Menschen sind eine Wonne der Väter, die den Himmel erworben haben.
Und hundert Wonnen der Väter, die den Himmel erworben haben, sind eine Wonne in der Gandharva-Welt;
und hundert Wonnen in der Gandharva-Welt sind eine Wonne der Götter durch Werke, die durch ihre Werke das Gottsein erlangen;
und hundert Wonnen der Götter durch Werke sind eine Wonne der Götter von Geburt und eines, der schriftgelehrt und ohne Falsch und frei von Begierde ist;
und hundert Wonnen der Götter von Geburt sind eine Wonne in Prajāpatis Welt und eines, der schriftgelehrt und ohne Falsch und frei von Begierde ist;
und hundert Wonnen in Prajāpatis Welt sind eine Wonne in der Brahma-Welt und eines, der schriftgelehrt und ohne Falsch und frei von Begierde ist.
Und dieses ist die höchste Wonne, dieses ist die Brahma-Welt, o Großfürst.
So sprach Yājṇavalkya.

Bṛhadāraṇyaka-Upaniṣad 4,19–33

umrissen, die sich ohne Rücksicht auf irgendwelche moralischen Grundsätze mit kalter Berechnung jeder Form von Gewalt und Heimtücke bedient, wenn sie nur der Erreichung des Ziels dient. Eine objektive Beurteilung der indischen Mentalität darf auch an diesem hochbedeutsamen Text nicht vorbeigehen.

Die brahmanisch-orthodoxe Scholastik

In Indien bezeichnet man Lehrtraditionen, die sich mit der Erscheinungswelt durch Ausbildung eines zumindest Metaphysik, Ontologie und Erkenntnislehre umfassenden Systems auseinandersetzen, traditionell als Sicht(weise) *(darśana)*. Inhaltlich ist damit das zum Ausdruck gebracht, was man als philosophisches System umschreiben würde. Jedoch besteht ein charakteristischer Unterschied zwischen der indischen und der abendländischen Kultur darin, daß der das philosophische Denken motivierende Zugang der ersteren stets die Zweckgerichtetheit, der Zugang der letzteren aber die Zweckfreiheit war. Gemäß einem für dieses Denken exemplarischen und von Paul Hacker popularisierten Diktum des indischen Philosophen Kumārila (7./8. Jahrhundert) ist eine zweckfreie Wissenschaft als nicht zielgerichtete auch zwecklos. Das indische Philosophieren leitet seine Legitimation demgemäß aus dem Anspruch ab, durch das Aufzeigen absoluter Wahrheiten einen Zweck von höchster soteriologischer Relevanz zu erfüllen, insofern jedem Individuum durch Aneignung dieser Wahrheiten die Möglichkeit geboten wird, jene erlösende Erkenntnis zu gewinnen, die dem Grundübel des Daseinswandels ein Ende macht.

Mit Ausnahme der Materialisten und Skeptiker haben alle auf indischem Boden entstandenen Schulen – ob in jainistischen, buddhistischen oder brahmanisch-orthodoxen Traditionen befangen – versucht, sich diesem Ziel auf philosophischem Wege anzunähern. Dabei errichteten sie gewaltige Lehrgebäude, die von der historischen Forschung noch unzureichend erschlossen sind.

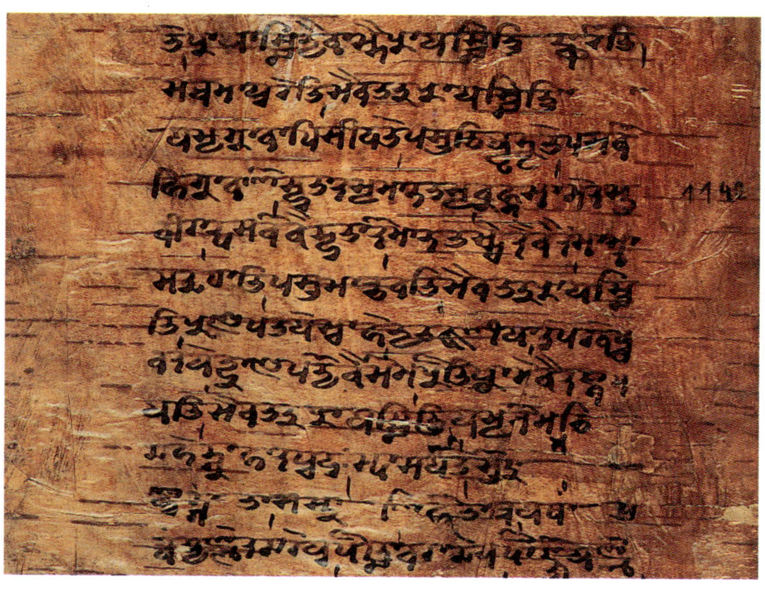

Für alle sechs brahmanisch-orthodoxen Systeme *(darśana)*, die in Indien etwa die Geltung klassischer Philosophie erlangt haben, gilt, daß sie die vedische Überlieferung als autoritativ akzeptieren. Die ersten fünf dieser Systeme (Sāṃkhya, Yoga, Vaiśeṣika, Nyāya, Mīmāṃsā) sind einem realistischen Pluralismus verpflichtet, das letzte (Vedānta) ist monistisch orientiert. Sie alle versuchen ihre Welterklärung aus ursprünglich – und auch später noch tendenziell – atheistischen Positionen.

Sāṃkhya

Zu den ältesten, noch in vorchristliche Zeit zurückzuverfolgenden Systemen zählt jene Schule, deren Lehre sich auf die Aufzählung von Prinzipien *(tattva)* der Erfahrungswelt gründete. Gemäß dieser für das indische Denken übrigens typischen Systematisierungsmethode trägt das System den Namen Sāṃkhya, in Ableitung von dem Sanskritwort für Zahl *(saṃkhyā)*. Anders als bei den übrigen klassischen Systemen, gibt es im Sāṃkhya keine erhaltenen alten Merksätze *(sūtra)* als Ausgangspunkt für die weitere Schulentwicklung. Denn die dem legendären Begründer des Systems, dem Weisen Kapila, zugeschriebenen Sūtren stammen aus relativ später Zeit. Für die Frühgeschichte, die bis auf die Zeit der alten Upaniṣaden zurückgeht, sowie für die ganze vorklassische Periode ist die Forschung auf einzelne in der epischen Literatur überlieferte Textstücke und auf einige wenige Fragmente angewiesen, die aber die Entwicklung zur klassischen Ausformung hin erkennen lassen. Das System hat durch seine Geschlossenheit nicht nur vorbildlich auf die Ausbildung anderer philosophischer Schulen gewirkt, sondern es hat auch die religiöse Epik, den klassischen Yoga, Vedānta-Lehren und theistische Systeme bis in späte Zeit mit seinen Lehren und Begriffen durchdrungen und ihnen damit das Rüstzeug etwa für die Erklärung der Psychologie der Wahrnehmung an die Hand gegeben.

Für das klassische System ist ein in selten erreichter Prägnanz verfaßter Verstext (Sāṃkhyakārikā) überliefert, den ein Iśvarakṛṣṇa noch vor 500 n. Chr. verfaßt hat und in dem das alte System in seiner damaligen Form abgeschlossen beschrieben wird. Zu dieser Zeit hatte die klassische Schule ihren Zenit aber bereits überschritten. Sie war nach etwa tausend Jahren lebendiger Tradition überaltert und spielte in der philosophischen Auseinandersetzung mit anderen Systemen keine konkurrierende Rolle mehr.

Charakteristisch für das Sāṃkhya ist sein Dualismus zwischen Geist/Bewußtsein *(puruṣa)* und Materie *(prakṛti)*. Es unterscheidet präzise zwischen diesen beiden Prinzipien, wobei das erste pluralistisch verstanden wird, indem man eine Vielzahl von geistigen, aber passiven (Individual-)Seelen *(puruṣa)* annimmt, das zweite aber streng monistisch, indem alle Gegebenheiten als Entfaltungen aus einer einzigen ungeistigen, aber aktiven Urmaterie *(prakṛti)* abgeleitet werden. Interessant dabei ist, daß die

Linke Seite: Blatt aus der Handschrift eines Mīmāṃsā-Textes auf Birkenrinde zur vedischen Ritualwissenschaft (ṛcaka). *Geschrieben 1675 in Śāradā-Schrift in Kaschmir.*
Codex Indicus 11, Pagina 1140. Wien, Österreichische Nationalbibliothek.

Oben: Handschrift aus Kaschmir aus dem 18. Jahrhundert. Der Text dieser »Doctrina Mystica« enthält, auf Philosophen des Sāṃkhya und Vedānta aufbauend, kurzgefaßte Anweisungen zum tantrischen Kuṇḍalinī-Yoga. München, Völkerkundemuseum

Om.
Om. Dem erhabenen Gaṇeśa Verehrung!

Om. Das zwölfte ist das Bhramara-Cakra. Im Kopf gelegen. Von gelber Farbe. Ähnlich zehn Millionen Sonnen. Ein glänzendes, flammendes Licht. Śiva ist die Gottheit. Die Mūlamāyā ist die Śākti. Der Paramātman ist der Ṛṣi. »Hinschwinden« *[laya]* ist der [zu diesem Cakra gehörende] Zustand *[avasthā]*. [Hier ist] das Fortbestehen des Lautes *[dhvaniṣṭhiti]*. [Das Cakra ist] vom Wesen des Nāda. [Zu ihm gehört] die Śūnya-Mudrā. [Ebenso] die Mūlamāyā-Prakṛti. [Hier ist] der körperbesitzende Bereich des Manas. [Das Cakra hat folgende Eigenschaften:] unentfaltet, sicher, bewegungslos, fleckenlos [das sind Attribute des Brahman, soweit dieses überhaupt Attribute haben kann]. [Zu diesem Cakra gehört:] 1. das Hinschwinden *[laya]*, 2. das Zeichen *[lakṣa]*, 3. die Konzentration *[samādhi]*. [Diesen] höchsten Ort des Brahman soll [d]er [Yogin] als den erhabenen Sitz *[mahāsana]* verkünden. Die Meditation [geschieht folgendermaßen]: Om. Im Adhāra[-Cakra], im Liṅga, im Nabel, im Herzlotos, an der Gaumenbasis, in der Stirn, im zweiflügeligen, im sechzehneckigen, im zwölfblättrigen, im sechsfachen, im vierfachen [Cakra], am Ende des Kleides, in der Mitte des Haares, in dem mit den Lauten ḍā, pha, ka, ṭa Verbundenen [und] im Ort der Kehle ist die Götterspeise *[surāṇṇa]*. Ham! Kṣam! Ich verehre das mit der Wahrheit Verbundene *[tattvārthayuktam]*, das mit allen Blütenblättern Versehene, das die Form der Buchstaben Habende. Das Brahmarandhra ist der Zustand der im Körper befindlichen Suṣumnā, in dem sich der Atman oben [mit dem Brahman] vereinigt. »Brahmarandhra« ist im Agni-Cakra der Laut »m«.
Das Brahmarandhra ist der Weg und der Zustand der im Körper befindlichen Suṣumnā, in dem sich der Atman oben [mit dem Brahman] vereinigt.

Doctrina Mystica aus Srīnagar, nach Fausta Nowotny

Psychologie der Wahrnehmung – dem strengen Monismus der Urmaterie gemäß – folgerichtig dem Bereich der Materie zugeordnet wird, weil die psychischen Organe, da sie keine Seelen sind, materielle Entfaltungen sein müssen. Die geistige Seele aber kann von den Zuständen des Erkennens nicht wirklich berührt werden; sie wähnt sich durch irrtümliche Identifizierung allenfalls davon affiziert. Diese Anschauungen, die auch für die spätere Erkenntnis- und Erlösungslehre maßgeblich wurden, nehmen den Dualismus des klassischen Systems bereits vorweg. Bedeutsam ist aber auch die von der Früh- bis zur Spätzeit charakteristische Terminologie, mit der die Qualitäten der Urmaterie bezeichnet werden, die eigentlich als Substanzen zu denkende, die Materie konstituierende Eigenschaften *(guṇa)* sind. Die erste dieser Eigenschaften ist hell, ruhig und klar *(sattva)*; die zweite besteht in Aktivität *(rajas)*; die dritte Eigenschaft dagegen ist Trägheit oder Taubheit (*tamas*). Die mannigfachen Erscheinungen der Welt beruhen somit auf einer durch Mischung dieser Eigenschaften verursachten Umgestaltung *(vi-kṛti)* der in ihrem Urzustand subtilen, aber gestalteten *(pra-kṛti)* Materie. Denn da es außerhalb des den Dualismus begründenden Paares *puruṣa-prakṛti* nichts geben konnte – und die Annahme einer Schöpfung aus dem Nichts war dem indischen Philosophieren im allgemeinen, den atheistischen Systemen aber im besonderen fremd –, mußte alles Seiende als Produkt *(kārya)* seiner (Material-)Ursache in dieser bereits präexistieren *(sat)*. Gemäß dieser für das Sāṃkhya typischen Kausalitätslehre ist alles Existierende daher nur die Manifestation *(vyakta)* von Latentem *(avyakta)*, was bedeutet, daß die Wirkung mit ihrer Ursache identisch sein muß.

Das Verhältnis der Seelen zu »ihrem« Erkennen besteht daher nur darin, daß sie das Wirken der Materie beobachten; und das wird zunächst dadurch möglich, daß die Sinnesorgane ihre Objekte kontaktieren. Die inneren Organe, nämlich das Ich-Bewußtsein *(ahaṃkāra)* und das Denken *(manas)*, führen diese Informationen als Vermittler dann im – ebenfalls aus subtiler Materie gebildeten – Erkennen *(buddhi)* zusammen, indem sie selbst die Form der Objekte annehmen. Die Seele aber verändert sich nicht. Sie blickt in den materiellen Spiegel des Erkennens, der die Bilder der Außenwelt im Licht der Geistigkeit der Seele auf seiner Oberfläche zeigt. So kommt es zu dem verhängnisvollen Irrtum, der die Seele dadurch, daß sie diese Erscheinungen auf sich bezieht, dem Kreislauf *(saṃsāra)* unzähliger Geburten unterwirft, obwohl sie in Wahrheit von der Welt der Materie getrennt ist. Erst die richtige Erkenntnis, die auf einem Überwiegen der hellen Eigenschaft *(sattva)* der Materie beruht, zeigt der Seele die wahren Verhältnisse an, woraus sich ihre Erlösung als Befreiung aus diesem nur scheinbaren Daseinswandel ergibt.

Das Sāṃkhya gehört zu den ältesten Schulen, die auch die Logik pflegten, und schon in alten Texten wird es zu jenen Systemen gezählt, für die das prüfende Untersuchen *(ānvīkṣikī)* charakteristisch war. Aus der Sicht mancher Sāṃkhya-Lehrer konnte die erlösende Erkenntnis daher nur durch logisches Denken – und das heißt für die alte Schule durch auf Analogie gegründete Schlußfolgerungen – erreichbar sein. Gegen Anfang des 4. Jahrhunderts n. Chr. gründete man das ganze System auf eine Erkenntnislehre und versuchte dabei, seine Grundlagen mit Hilfe von Schlußfolgerungen abzuleiten. Unter diesen wurden nur solche als schlüssig anerkannt, die – bei Vorliegen einer festen Verbindung zwischen Ursache und Wirkung – von der Wirkung auf die Ursache *(śeṣavat)* geführt wurden. Die selbständige Schlußlehre des Sāṃkhya sollte später noch fruchtbar auf die buddhistische Logik wirken.

Yoga

Das Sāṃkhya war auch durch eine theistische Richtung vertreten, die nicht das logische Denken, sondern eine auf psychophysischen Konzentrationstechniken aufbauende Meditationspraxis als Methode zur Erlösungsgewinnung in den Vordergrund stellte. Da sich die Lehren dieser Richtung weitgehend mit denen seiner Schwesterschule deckten, wurde dieses System erst spät als ein selbständiges anerkannt. Sein Name entspricht der von ihm bevorzugten Erlösungsmethode (Yoga). Es ist zwar eine Sammlung alter Merksätze (Yoga-Sūtra) erhalten geblieben, die einem Patañjali als Verfasser zugeschrieben werden, jedoch aus verschiedenen Überlieferungssträngen zusammengetragen worden sind. Von den Kommentaren zu diesem an der Praxis ausgerichteten Sūtra zeichnet sich der des Vyāsa (5. Jahrhundert n. Chr.?) durch eine ausführliche Behandlung auch der theoretischen Grundlagen des Systems aus. Vor allem auf dem Gebiet der Psychologie und Erlösungslehre verlief die Entwicklung anders als beim Sāṃkhya, weil die Yoga-Schule unter dem Einfluß buddhistischer Richtungen stand, die von jeher stärker praxisorientiert waren. Statt drei wird nur noch ein psychisches Organ *(citta)* angenommen. Seine Eigenschaften sind die psychischen Zustände, die aus Eindrücken *(saṃskāra)* vergangener Erlebnisse resultieren. Diese Eindrücke rufen stets neue Erkenntniserlebnisse hervor, die sich aber ihrerseits sogleich wieder einprägen, um so Ursache für weitere Eindrücke zu werden. Die Erlösung wird durch solche eingeprägte Übel *(kleśa)* behindert, die man in zwei Hauptgruppen zusammenfaßte: 1. Das Verkennen *(avidyā)* der tatsächlichen Gegebenheiten und 2. die darauf beruhende leidenschaftliche Auseinandersetzung der Individualseelen mit der Welt der Materie. Die Meditationspraxis wird nun darauf ausgerichtet, diese Übel so abzuschwächen, daß sie die verhängnisvolle Identifizierung der geistigen Seele mit den Zuständen im materiellen psychischen Organ nicht mehr begünstigen können. Daß die Lehre von einem höchsten Herrn/Gott *(īśvara)* in diesem System nur ein spätes Zugeständnis an die erstarkenden theistischen Strömungen ist, wird hier besonders deutlich. Denn diesem Gott, der eine schon immer erlöste Individualseele ist, wird allenfalls zugetraut, daß er die Überwindung von Hindernissen auf dem Weg der Selbsterlösung durch seine Gnade erleichtern kann. An der uneinheitlichen Überlieferung der Praktiken zeigt sich auch die Inhomogenität der überlieferten Merksätze: Eine Methode nämlich besteht im sogenannten achtgliedrigen Yoga *(aṣṭāṅgayoga)*, der sich von anderen, sechsgliedrigen *(ṣaḍaṅga)* Formen vor allem dadurch unterscheidet, daß bei ihm auch die Befolgung (moralischer) Gebote *(yama)* und (religiöser) Vorschriften *(niyama)* durch die ersten beiden Glieder vorausgesetzt wird. Erst die darauffolgenden sechs Glieder umfassen die eigentlichen psychophysischen Techniken, die mit gewissen Körperhaltungen *(āsana)* beginnen, und über die Kunst der Atembeherrschung *(prāṇāyāma)* und der Kunst, äußere Sinnesreize auszuschließen *(pratyāhāra)*, zu den drei Versenkungsübungen *(saṃyāma)* hinführen. Dabei wird zunächst die Aufmerksamkeit durch (innere) Sammlung *(dhāraṇā)* ausschließlich auf ein Objekt gerichtet, wobei durch die fortlaufende (innere) Betrachtung *(dhyāna)* desselben sein Bild immer deutlicher wird und bald darauf den ganzen Geist erfüllt. Wenn dann ausschließlich dieses Bild in höchster Klarheit unerschütterlich vor dem geistigen Auge des Yogin steht, so ist er in die höchste Stufe der Versenkung *(samādhi)* eingetreten. Mit zunehmender Übung wird die Betrachtung auf soteriologisch relevante Erkenntnisobjekte gerichtet. Das bedeutet im klassischen Yoga die theoretisch gelehrte Verschiedenheit von Seele und Materie. Wenn diese Tatsache geschaut und als wahr realisiert wird, ist das Erlösungsziel erreicht.

Eine andere Methode dieser Schule lehrt die Hemmung des Wirkens des psychischen Organs, damit es der Seele keine Eindrücke mehr zur Beobachtung darbieten kann. Dadurch wird die Seele von den Einflüssen der Materie isoliert und besteht in ihrer wahren Form der reinen Geistigkeit, wodurch die Erlösung ebenfalls gewonnen ist.

Der Yoga erweist sich somit als eine Methode zur Realisierung von theoretischen Inhalten durch Einübung ihrer unmittelbaren Anschauung. Und als Methode ist er keineswegs systemspezifisch, obgleich alle Systeme, die sich seiner bedient haben, die in der Meditation je zu verwirklichenden Inhalte als theoretischen Überbau stets vorgegeben haben.

Die im Westen populär gewordene Ausprägung des Haṭha-Yoga soll durch vornehmlich physische Techniken die subtile Physiologie des Körpers beeinflussen, um eine latente Kraft im Körper freizusetzen.

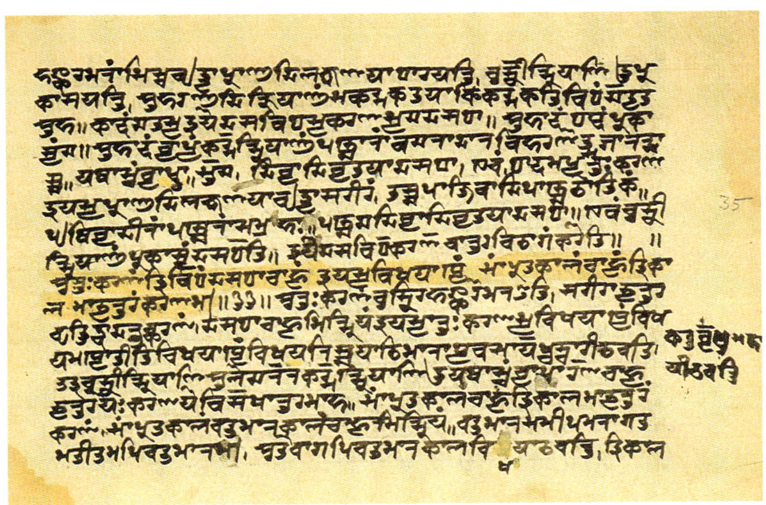

Unten: Seite aus einer Handschrift der Sāṃkhyakārikā von Īśvarakṛṣṇa (4. Jahrhundert) in Śāradā-Schrift.
Göttingen, Niedersächsische Staats- und Universitätsbibliothek

Oben: Seite aus einer Handschrift des Brahmasūtra des Bādarāyaṇa (2./3. Jahrhundert) in Devanāgarī-Schrift.
Göttingen, Niedersächsische Staats- und Universitätsbibliothek.

»Die Herabkunft der Gaṅgā« oder verschiedentlich auch »Die Buße des Arjuna« wird das riesige Felsrelief aus dem 7. Jahrhundert in Mahābalipuram genannt. Die teilweise in Lebensgröße dargestellten Tiere und Personengruppen huldigen einem aufrecht stehenden Asketen (links oben), der den epischen Erzählungen des Mahābhārata nach sowohl als Bhagīratha interpretiert wird, dessen Askese die Herabkunft der Gaṅgā bewirkte, oder als Arjuna, der durch seine Buße Śivas Hilfe im Krieg gegen die Kurus erhielt. Die aufrecht stehende Katze hingegen (links Mitte), zu deren Füßen Mäuse spielen, erinnert an Geschichten von falschen asketischen Katzen, die unschuldige Mäuse an den Ufern des Ganges hintergehen. Die eleganten Darstellungen von Löwen, Stieren und Affen sowie die Heerschar schwebender Götter mit den hohen Kronen (links unten) sind typisch für die naturalistische Gegenstandsauffassung in der Pallava-Kunst.

Folgende Doppelseiten: Im 16. Jahrhundert wurde vermutlich für den Mogulkaiser Akbar ein philosophischer Sanskrittext in das Perische übertragen und prachtvoll illuminiert. Die Handschrift befindet sich heute in der Chester Beatty Library in Dublin. Der Text (Yogavāsiṣṭha), der in die Gestalt eines Lehrgesprächs zwischen dem Waisen Vasiṣṭha und dem epischen Helden Rāma gekleidet ist, lehrt einen subjektiven, buddhistisch beeinflußten Idealismus und bestreitet die Existenz der objektiven Welt. Dies geschieht in literarischen Kleinformen (ākhyāna), *die an Lehrmethoden* (Koan) *des Zen-Buddhismus erinnern. Hierzu aus dieser Handschrift die Illustrationsbeispiele: »Bhṛgu holt seinen Sohn vom Tod in einen früheren Körper zurück«, »Die Brüder Puṇya und Pāvana diskutieren über Wiedergeburt«, »Viṣṇu erscheint dem Brahmanen Gādhi im Teich«, »Rudra besucht mit seiner Frau des Vasiṣṭha«.*

Die Welt war anfangs Wasser, eine wogende Flut. Es wünschte sich fortzupflanzen, kasteite sich und tat Buße. Als es Buße tat, entstand ein goldenes Ei [das Weltei]. Es gab damals noch kein »Jahr«. Das goldene Ei schwamm so lange umher, als die Zeit eines Jahres beträgt. Daraus entstand in einem Jahre ein Mann, der Prajāpati. Darum gebiert innerhalb eines Jahres eine Frau oder Kuh oder Stute; denn innerhalb eines Jahres entstand Prajāpati. Er durchbrach das goldene Ei, fand aber keinen Halt. Da trug ihn, umherschwimmend, für die Dauer eines Jahres das goldene Ei.
Nach Jahresfrist wünschte er zu sprechen. Er sagte *bhūr*, da entstand die Erde; er sagte *bhuvar*, da entstand der Luftraum; er sagte *suvar*, da entstand der Himmel. Darum wünscht ein Kind nach Jahresfrist zu sprechen; denn nach Jahresfrist sprach Prajāpati.

Śatapatha-Brāhmaṇa X

Vaiśeṣika

Als zweites großes System gilt neben dem Sāṃkhya das naturphilosophisch orientierte Vaiśeṣika, das später mit dem Nyāya eine enge Verbindung eingehen sollte. Als Gründer gilt ein mythischer Weiser namens Kaṇāda, der die erhaltenen und zweifellos interpolierten Merksätze (Vaiśeṣikasūtra) verfaßt haben soll. Naturphilosophische Betrachtungen lassen sich in Indien bis in vorchristliche Zeit zurückverfolgen, und aus einer dieser Richtungen ist das Vaiśeṣika als System hervorgegangen, dem erst Praśastapāda (um 500) seine klassische Gestalt verliehen hat. Das System vertritt eine atomistisch-mechanistisch ausgerichtete Naturphilosophie: Die Elemente (Erde, Wasser, Feuer, Luft) sind Aggregate von runden, unendlich kleinen Atomen *(paramāṇu)*, deren ewige und unveränderliche Eigenschaften erst an den wahrnehmbaren Elementen in charakteristischer Weise zutage treten. Die theistischen

Tendenzen der späteren Zeit zwangen allerdings auch das Vaiśeṣika zur Integration der Lehre von einem höchsten Herrn/Gott *(maheśvara)*, der im Zuge der zyklischen Weltschöpfungen über die Macht verfügt, die Aggregatbildungen auszulösen.

Die Elemente gehören zu einer der von der klassischen Schule gelehrten ontologischen Kategorien *(padārtha)*, nämlich zu den Substanzen. Mit der Aufstellung der sechs Kategorien hatte man versucht, zur Beschreibung der allgemeinsten Klassen alles Seienden *(astitva)*, Erkennbaren *(jñeyatva)* und Benennbaren *(abhidheyatva)* vorzudringen. Es sind dies die Kategorien Substanz *(dravya)*, Qualität *(guṇa)*, Bewegung *(karman)* sowie Gemeinsamkeit *(sāmānya)*, Besonderheit *(viśeṣa)* und Inhärenz *(samavāya)*. In ihrer Vereinigung bilden diese kategorialen Entitäten die Erscheinungswelt. Vom pluralistischen Denken des Vaiśeṣika zeugt auch die Annahme von (Einzel-)Seelen *(ātman)* als Substanzen, deren Existenz man schon in der vorklassischen Periode durch Beweise abzusichern versucht hatte. Die Wahrnehmungslehre, die von einer Verbindung Seele–Denkorgan–Sinnesorgan–Erkenntnisgegenstand auszugehen hatte, mußte nach Ausbildung der Kategorienlehre den Kontakt zwischen Sinnesorgan und seinem Objekt entsprechend modifiziert erklären. So gelangte man in Anlehnung an die Schule des Nyāya zu einer sechsfachen Auffächerung dieses Kontaktes, die von der einfachen Verbindung *(saṃyoga)* im Falle der Substanzerkenntnis, über die Erkenntnis von Gemeinsamkeiten durch Inhärenz in dem, was dem Verbundenen inhäriert *(saṃyuktasamavetasamavāya)*, bis zur Wahrnehmung des Nichtseins und der Inhärenz durch ein Verhältnis von Bestimmung und Bestimmtem *(viśeṣaṇaviśeṣyabhāva)* reichte. Die Wahrnehmung des Gegenstandes als Ganzes lag in der Summe solcher spezifischer Kontakte begründet. Der Charakter der Wahrnehmung aber wurde als zweifach beschrieben: als prädikativ *(savikalpa)*, wenn

بهر کس پسر را بچشم ظاهر بدید و ملک الموت چون او را محو تماشای جمال ایزدی دید.

خواست که بهوش آید و بیدار گردد دیگر همدران لحظه بافاقه آمده چشم بگشاد

۱۰۷

از شناخت حق محروم مانی بشنته گفت که چون پیر این نوع تلقین و راه

نمایی کرد پاو پرده غفلت را از پیشگاه نظر برانداخته از جمله واصلان و کاملان این راه گردید

167

23

sie sprachlich oder kategorial bestimmt war, oder als nichtprädikativ *(nirvikalpa)*, wenn sie von solchen Bestimmungen frei war. In der Logik orientierte man sich seit Praśastapāda an der von dem buddhistischen Logiker Dignāga entwickelten formalen Logik. Im Verhältnis zur Erörterung der Atomtheorie, Kategorienlehre und Wahrnehmungsproblematik standen Fragen der Erlösung weit im Hintergrund. Dennoch lehrte man, daß ein Heil *(abhyudaya)* durch Wiedergeburt in den Götterwelten bei Befolgung ritueller Vorschriften erreichbar sei. Die endgültige Er-/Loslösung *(mokṣa)* vom Daseinswandel konnte durch die richtige Erkenntnis der sechs Kategorien gewonnen werden, weil dadurch die leidenschaftliche Hinwendung an die Welt, die die Vergeltungskausalität *(karman)* in Gang hält, beendet wird.

Nyāya

Ein dem Vaiśeṣika nahestehendes philosophisches System ist der Nyāya (Logik, Methode), dem dessen ältere Naturphilosophie zugrunde liegt. Die Entstehung dieser Schule, von der mehrfach subkommentierte und erst aus nachchristlicher Zeit stammende Sūtren eines Akṣapāda überliefert sind, ist einer Richtung verpflichtet, die sich mit der Methodologie des Argumentierens zum Zwecke erfolgreicher öffentlicher Disputation befaßte. Die für Indien bedeutsame denkerische Leistung des Nyāya liegt in der bevorzugten Pflege der Logik und Erkenntnistheorie, die während der klassischen Periode durch Bindung an die sechzehn dialektischen Kategorien des Nyāya stets im Kontext des Redewettstreits befangen blieben. Dabei wurde den Kategorien Erkenntnismittel *(pramāṇa)*, Beweisglieder *(avayava)*, fehlerhafte Formen des (logischen) Grundes *(hetvābhāsa)*, Sophismen *(jāti)* und Gründe für die Niederlage in der Disputation *(nigrahasthāna)* besondere Bedeutung beigemessen. Für die Entwicklung der Logik war die Untersuchung des Erkenntnismittels Schlußfolgerung *(anumāna)* und der Beweisführung als sprachliche Formulierung desselben maßgeblich. In den Nyāyasūtren werden Beweise durch einfache Analogieschlüsse mit fünfgliedrigen Syllogismen geführt: Behauptung, Grund, Beispiel, Anwendung und Folgerung.

Auch die Schlußfolgerung selbst beruhte bis ins 5. Jahrhundert hinein auf Folgerungen, die sich an analogen Fällen orientierten.

Erst der buddhistische Logiker Dignāga (um 500) fand ein formales Prinzip für die Formulierung des logischen Nexus in der festen Verknüpfung *(vyāpti)* des (Beweis-)Grundes *(hetu)* mit dem Inferendum *(sādhya)*. Wenn die Merkmale des Grundes von dem (Beweis-)Fall *(pakṣa)* ganz und von allen anderen Beispielfällen *(sapakṣa)*, denen die zu beweisende Beschaffenheit *(sādhyadharma)* zukommt, ganz oder teilweise aussagbar sind und wenn sie in den Gegenbeispielen *(vipakṣa)* keinesfalls aufscheinen, gilt der Grund als schlüssig. War er aber auch in den Gegenbeispielen nachweisbar, galt er als zweifelhaft *(śaṇḍigdha)*, und fand er sich nur in den Gegenbeispielen, so erwies er das Gegenteil *(viruddha)*. Damit hatte Dignāga die Grundlagen für formale Schlußfolgerungen geschaffen. Da die Feststellung der Beziehung von Grund und Folge aber immer noch auf beobachtete Fälle gestützt war, faßten seine Nachfolger in der erkenntnistheoretisch-logischen Schule (Pramāṇavāda) des Buddhismus die innere Notwendigkeit für diese Verknüpfung unter anderem schärfer als eine ursächliche Beziehung *(tadutpatti)*, die dadurch für alle Fälle gültig sein mußte.

Mit Ausnahme der Jainas übernahmen alle zeitgenössischen Schulen die Logik Dignāgas, machten sie aber zur Grundlage systemspezifischer Modifikationen, die dem Nyāya etwa auch die für ihn wichtigen metaphysischen Schlüsse beim Gottesbeweis oder zum Nachweis der Existenz der Seele ermöglichte. In lebendiger dialektischer Auseinandersetzung mit den Erkenntnistheoretikern anderer Schulen entwickelten die Denker des Nyāya zuletzt die Lehre, daß der logische Nexus in einer natürlichen Beziehung *(svabhāvikasambandha)* der Gemeinsamkeiten *(sāmānya)* bestehe, die den Dingen inhärieren, und daß er durch wiederholte Beobachtung feststellbar sei. Das ist – sehr verallgemeinernd und von Spezifikationen abgesehen – das Logikverständnis des Alten Nyāya im 11. Jahrhundert. Dann kam es zu einer Erstarrung der Schule, insofern sie als kombiniertes Nyāya-Vaiśeṣika nur noch die inzwischen erweiterte Kategorienlehre zusammen mit der Erkenntnislehre und der Dialektik in Handbüchern weitergab.

Daneben entwickelte sich aber ab dem 13. Jahrhundert eine neue, streng logikorientierte Nyāya-Schule (Navyanyāya), die noch unzulänglich erforscht ist. Sie hat sich aus dem dialektisch-kategorialen Überbau der alten Schule herausgelöst und konzentriert ihre Untersuchungen besonders auf die Verknüpfungsproblematik von Grund und Folge. Wie im Vaiśeṣika blieb auch im Nyāya die Erlösungsrelevanz eher im Hintergrund.

Mīmāṃsā

Die Mīmāṃsā (Erörterung) ist aus der vedischen Ritualwissenschaft erwachsen, indem sie zunächst bedeutsame Interpretationsmethoden für die im Veda enthaltenen Opfervorschriften entwickelt hat. Der Veda wurde hier nicht wie später in anderen Schulen als göttliche Offenbarung angesehen, sondern galt als Ausdruck einer naturgesetzlichen Beziehung zwischen der Opferhandlung und ihrem Ergebnis, so daß bei genauer Kenntnis der inneren Zusammenhänge der Erfolg des Opfers gewährleistet sein mußte. Die ältesten Merksätze dieser Wissenschaft werden einem Jaimini zugeschrieben und enthalten nichts eigentlich Philosophisches. Doch bald zwang die Auseinandersetzung mit Gegnern, die die ewige Autorität eines sich selbst offenbarenden Veda heftig bestritten, die

Mīmāṃsā zur Ausbildung einer bemerkenswerten Sprachphilosophie und Erkenntnislehre, deren Ausgangspunkt und zentrales Thema die Glaubwürdigkeit des Veda aufgrund der Ewigkeit seiner Worte waren: Da der Veda keinen Verfasser hat und damit nicht menschlichen Ursprungs, sondern geoffenbart ist, muß er aus ewigen Worten bestehen, die – indem sie für sich allein sprechen – wie die sinnliche Wahrnehmung eine unmittelbare Erkenntnis ihres Gegenstandes vermitteln, weil ihre Beziehung zu diesem ewig und ursprünglich *(autpattika)* ist. Ewig sind die Worte aber in latenter Form; erst durch die aufeinanderfolgende Aussprache der einzelnen sie konstituierenden Laute wird ihre Bedeutung kurzzeitig auf die Ebene der Manifestation gehoben. In der Frage des Zustandekommens der Bedeutung geht die Mīmāṃsā jedoch andere Wege als jene indischen Sprachphilosophen wie Bhartṛhari (5. Jahrhundert), die das Wesen des letzthin Wirklichen *(brahman)* als sprachlich bestimmten und so zur Lehre eines Wortmonismus vordrangen.

Es waren besonders Kumārila und andere Mīmāṃsā-Philosophen des 7. und 8. Jahrhunderts, die ihrer Schule durch sprachphilosophische und erkenntnistheoretische Untersuchungen sowie durch die Weiterentwicklung der dignāgeischen Logik einen gebührenden Platz innerhalb der klassischen Systeme verschafften. Ontologisch lehnte man sich an die Kategorienlehre des Nyāya-Vaiśeṣika an, ging jedoch in der Anerkennung der Erkenntnismittel über die vier vom Nyāya akzeptierten (Wahrnehmung, Schlußfolgerung, glaubwürdige Mitteilung, Vergleich) um zwei weitere (Implikation, Nichtwahrnehmung als Erkenntnis negativer Fakten) hinaus. Eine endgültige Erlösung war der alten Mīmāṃsā fremd. Vielmehr erwartete man sich das dies- oder jenseitige Heil durch strikte Befolgung vedischer Vorschriften. Erst später bildete sich eine Erlösungslehre heraus, die ähnlich dem Nyāya-Vaiśeṣika die Erlösung als einen Zustand beschrieb, in dem die von allen Erfahrungszuständen befreite Seele in ewiger Empfindungslosigkeit verharrt.

Advaita-Vedānta

Die Genese sowohl des Sāṃkhya als auch des Vaiśeṣika – und damit indirekt auch die der restlichen drei in enger Beziehung zu diesen stehenden Systeme – konnte durch die historische Forschung (Erich Frauwallner) bis in gewisse upaniṣadische Textschichten zurückverfolgt werden, in denen der später in allen fünf Schulen zum System erhobene realistische Pluralismus bereits vorgezeichnet lag. Demgegenüber lehrten die meisten Schulen des Vedānta, des vollendenden Abschlusses des Veda, einen illusionistischen Monismus mit dem expliziten Anspruch, damit dem Inhalt der Upaniṣaden insgesamt gerecht zu werden. Es war vor allem Śaṅkara, der – mehr Schriftgelehrter als Philosoph – durch eine Anzahl von Werken eine Schule gründete, die sich bis heute erhalten hat und die in Verdrängung vieler alter Schulbildungen schließlich zur führenden philosophischen Richtung des Hinduismus geworden ist. Nicht zuletzt deshalb wurde diese Richtung im Westen als indische Philosophie schlechthin verallgemeinert und – durch die Arbeiten Paul Deussens, dem das historische Verdienst zukommt, Śaṅkara bekannt gemacht zu haben – als erkenntnistheoretischer Idealismus weitestgehend mißverstanden. Erst in jüngerer Zeit hat Paul Hakker mit seinen beispielhaften Arbeiten den Weg zu einem historisch richtigen Verständnis der Lehren Śaṅkaras und seiner Schüler gewiesen.

Śaṅkara lehrt einen radikalen Geistmonismus, indem er außer einem einzigen ungeteilten Absoluten *(brahman)* keinem zweiten Existenz zuerkennt *(a-dvaita)*. Während Śaṅkara diese Zweitlosigkeit vor allem anhand der autoritativen Texte zu belegen versuchte, führten andere Lehrer (Maṇḍana) diesen Beweis aus der Wahrnehmung. Vom Absoluten läßt sich nur aussagen, daß es seiend *(sat)*, geistig *(cit)* und voll Wonne *(ānanda)* ist. Für die Erscheinungswelt aber gilt, daß sie deshalb nicht wahrhaft wirklich sein kann und Illusion *(māyā)* sein muß, weil Seiendes nicht werden und das Werdende nicht sein kann. In dieser Illusion – später oft synonym als Verkennung (der Wirklichkeit) *(avidyā)* bezeichnet – liegt auch der in Wahrheit nur illusorische Daseinswandel begründet. Denn unter der Voraussetzung einer Zweitlosigkeit *(advaita)* des Absoluten *(brahman)* muß das Individuum *(ātman)* im absoluten Sinne mit diesem identisch sein. Derlei Identifikationen finden sich bekanntlich bereits in den Upaniṣaden; aber Śaṅkara, der – wie sich an seiner präzisen Herausarbeitung eines vom Psychischen streng geschiedenen Geistbegriffs zeigt – durchaus auch Philosoph war, hat die Auslegung dieser heiligen Schriften, in scharfsinniger Aufbietung auch seines dialektischen Potentials, nicht nur auf die Spitze getrieben, sondern – aus historischer Betrachtung – sicherlich auch überzogen. An sein Werk schließt sich eine reiche Kommentatorenliteratur, die viele seiner Ansätze ausbaute und beispielsweise zu einer modifizierten Beschreibung des Charakters der Beziehung zwischen dem wahrhaft seienden Absoluten und der illusorischen Welt gelangte, indem dieser schließlich als Scheinentfaltung *(vivarta)* beschrieben wurde. In dieser Scheinentfaltung als bloßer Verkennung des Absoluten als Welt bleibt – wie wenn man einen Strick als Schlange verkennt – der ontologische Charakter bei beiden der gleiche. Zugleich aber wird klar, wie die Welt scheinbar aus dem Absoluten »hervorgehen« kann.

Daneben haben sich auch andere – theistische – Vedānta-Schulen gebildet, die sich aber von Śaṅkaras System distanzierten, indem sie eine durch Gott, Welt und Seelen qualifizierte *(viśiṣṭa)* Zweitlosigkeit lehrten. Doch gehören diese und viele andere bedeutende theistische Systeme aus der Zeit um die Jahrtausendwende nicht mehr zu den eigentlichen sechs traditionellen klassischen Systemen der indischen Philosophie.

Literatur

Die alten Inder schieden sorgfältig die Werke ihrer Literatur *(sāhitya)* von den offenbarten Texten *(śruti)*, die die frühe vedische Überlieferung und die Upaniṣaden umfassen, und von den »erinnerten« Schriften *(smṛti)*, zu denen auch »Historiographie« *(itihāsa)* und die Berichte über das Altertum *(purāṇa)* gehörten. *Itihāsa*, was etwa bedeutet »so wie es wirklich war«, umfaßte die großen Epen der Inder, das Mahābhārata und das Rāmāyaṇa, in denen »Geschichte« von mehreren Weltzeitaltern aufgezeichnet ist. Diese Einteilung, die für das Verständnis der indischen Literatur von großer Wichtigkeit ist, wird noch heute in indischen Buchhändlerkatalogen und in verschiedenen Werken über die Literatur in indischen Sprachen angewandt.

Der Hauptgrund für die enge Auffassung von Literatur ist der Glaube, daß sich die Welt der Sinne nicht mit dem transzendentalen Ziel der Erlösung vereinigen läßt, ja diesem diametral entgegengesetzt ist. Denn schon seit einer sehr frühen Zeit hatten asketische Kulte das eigentliche Ziel der Menschen bestimmt, obwohl noch die Lieder der vedischen Sänger deutlich eine andere Sprache sprechen. Doch als die frühesten Werke der Literatur entstanden, war der ursprüngliche vedische Kult längst vergessen und die Welt der Inder geschieden in den Bereich der Pflichten *(dharma)* und den der weltabgewandten Erlösung *(mokṣa, nirvāṇa)*.

Man kann zwar die Lieder des Ṛgveda, jener ältesten und reichhaltigsten der vier vedischen Textsammlungen, wegen ihrer poetischen Schönheit preisen und die Sprache der frühen Upaniṣaden lyrische Prosa nennen, aber jahrhundertelang waren die Veden nur in der zerstückelten Form von Zaubersprüchen *(mantra)* im Opferkult gebraucht, und die Upaniṣaden galten als Geheimlehren, die nur den Brahmanen und von denen wieder nur Angehörigen der entsprechenden Schulfamilien *(śākha)* bekannt waren. So ist es gekommen, daß keine nachweisbaren Linien von den vedischen Texten zur indischen Literatur im engeren Sinne führen.

Etwas anders gestaltete sich das Verhältnis der Literatur zu dem nicht als Offenbarung geltenden Schrifttum. Die Lehren der Dichtkunst legten es den Dichtern sogar ausdrücklich ans Herz, sich Themen aus dem unendlichen Meer von Geschichten und Legenden der Epen Mahābhārata, Rāmāyaṇa und den Purāṇen zu wählen. Fast alle der bedeutenden Vertreter der klassischen indischen Dichtkunst folgten dieser Regel, und die großen Leistungen indischer Literatur müssen demnach nach anderen Maßstäben gemessen werden als dem der Originalität des Stoffes. Im Gegenteil, es darf sogar festgestellt werden, daß die Bedeutung eines Dichtwerkes eher mit der epischen oder legendären Größe ihres Helden wuchs.

Doch den Rang der Dichtkunst wollte man diesen Quellen nicht zuerkennen. Obgleich Vālmīki, der mythische Verfasser des Rāmāyaṇa, in der indischen Tradition als der »erste Dichter« *(ādikavi)* bekannt ist, enthält dieser Titel mehr Nachsicht mit seiner frühen Unbeholfenheit als Preis für seine Originalität. Andere Epen und Erzählungen wie das Mahābhārata und die Purāṇen wurden dagegen nie wegen dichterischer Schönheit gerühmt. Die neuere westliche Forschung, die in diesen Werken ein weitgehend undurchdringliches Gewebe von mündlicher und verschiedenen Lagen von schriftlicher Überlieferung sieht, ist ziemlich sicher, daß die Dichtkunst und ihre Regeln schon existierten, als die Epen und Purāṇen in ihrer heutigen Form noch nicht bestanden oder noch nicht aufgeschrieben waren. Denn schon bei den frühen Grammatikern Pāṇini und Patañjali existieren Hinweise auf das Bestehen einer Kunstdichtung.

Die im Original mit nur 15 cm Höhe ungewöhnlich kleine Miniaturmalerei der Mogulschule vom Anfang des 17. Jahrhunderts besticht gleichwohl in der Umsetzung des Themas »Herabkunft der Gaṅgā« durch beeindruckende Monumentalität: Gott Śiva auf dem heiligen Berg Kailāsa, begleitet von seinem Reittier, dem Stier Nandi, gießt den himmlischen Fluß Gaṅgā (Ganges) mit seinem Haar zur Erde nieder.

Buddhistische Dichtung

Es ist eine Ironie der Geschichte, daß die ersten wirklichen Zeugnisse der indischen Literatur von buddhistischen Dichtern stammen, denen die Grundlagen der Dichtkunst, die in den menschlichen Emotionen *(bhāva)* verankert sind, suspekt erscheinen mußten. Denn der Buddhismus, der nicht nur die unangenehmen Gefühle wie Schmerz, Furcht, Ekel und Zorn für den normalen Ausdruck des Leidcharakters dieser und jeder anderen Welt erklärte, brachte auch den erfreulicheren Gemütsbewegungen wie Heiterkeit, Verwunderung und Erregtheit keine Sympathien entgegen. Jedoch die zentrale Gefühlsgewalt des Geschlechtstriebes *(rati)* war für ihn die eigentliche Fessel, die die menschliche Seele, oder was immer sie an ihre Stelle setzten, zu immer neuen schmerzvollen Existenzen zwingt. Somit zeigten die buddhistischen Dichter, vor allem Aśvagoṣa (1. Jahrhundert n. Chr.) in seinen beiden Kunstepen Buddhacarita (»Das Leben des Buddha«) und Saundarananda (»Der schöne Nanda«), mit den Mitteln der schönen Dichtung, wie diese zusammen mit der leidvollen Welt überwunden werden können.
Im Buddhacarita ist es die Schönheit der Frau, die nicht nur durch die schreckhaften Visionen des Prinzen Siddhārta verdunkelt wird, sondern sich auch in der raffinierten Mischung von Anziehung und Ekel in der Form der berauschten, schlafenden und sich unvorteilhaft entblößenden Palastschönen dem fliehenden Prinzen darbietet.

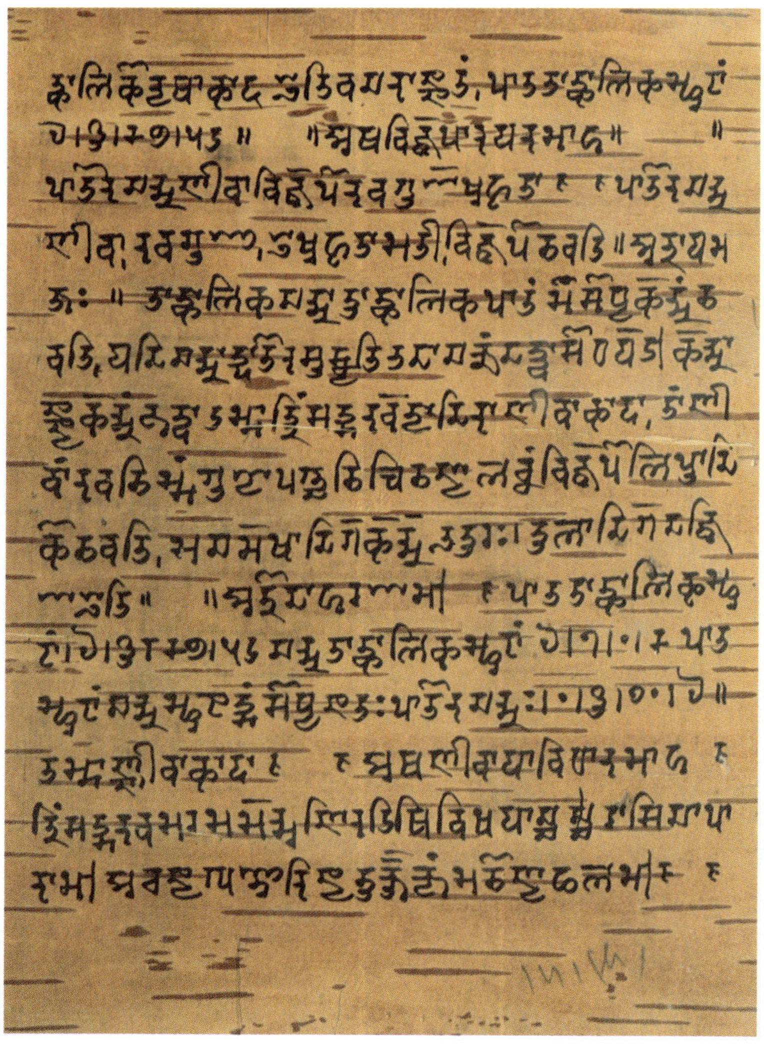

Eine lag da mit losem, verworrenem Haar, ihr Schmuck und ihr Gewand waren von ihrer Hüfte gerutscht, ihre Halskette war verdreht, so als ob ein Elefant das Mädchen erst zerdrückt und dann niedergeworfen hätte.
Aśvagoṣa, Buddhacarita 5,58

In Saundarananda läßt der Dichter die Schönheit der jungen, warmen Liebe des Halbbruders Buddhas und seiner Frau durch den Entschluß Nandas, Buddha zu folgen und Mönch zu werden, brutal zerstören. Natürlich kann man einwenden, daß hier vergängliche Schönheit und Liebe dem ewigen Heil geopfert werden. Doch dieses Opfer waren die Inder nicht bereit zu bringen. Es mag zwar gewichtigere Gründe geben, die für den Untergang des Buddhismus in Indien verantwortlich sind, doch sollte man auch nicht übersehen, daß nicht nur die Dichtung immer auf ihrem Recht bestanden hat, die weibliche Schönheit und das erotische Spiel zum Zentrum der Literatur zu machen, sondern daß auch die Religion sich erotischer Sprache bedient hat, als Gott die Erde in der Gestalt eines schönen Hirtenknaben betrat. In diese Welt paßte der Buddhismus nicht, auch wenn seine späten tantrischen Formen eine mechanistische Sexologie in ihren Ritualen gebrauchten.

Die frühe Literatur in Tamil

Es ist noch immer eine offene Frage, inwieweit die Literatur und Ästhetik der südindischen Tamilen zur Entwicklung der Sanskritliteratur beigetragen haben. Nach einheimischen Traditionen reichen die Anfänge der tamilischen Dichtkunst bis weit in prähistorische Zeit zurück. Allerdings entstammt das Tolkāppiam, eine Grammatik des Tamil, dem wir die südindische Ästhetik entnehmen, etwa dem 5. Jahrhundert n. Chr., und die Sammlungen Eṭṭuttokai (»Acht Anthologien«) und Paṭṭuppāṭṭu (»Zehn Lieder«) der Lyrik in Alttamil sind ebenfalls erst später zusammengestellt worden. Man ist sich aber einig, daß die überlieferte Lyrik und Ästhetik vorchristlicher Zeit entstammen und damit sicherlich mit den Anfängen der Sanskritdichtung gleichzeitig sein müssen.
Die frühe Tamildichtung ist ohne die einheimische Ästhetik nicht zu verstehen. Diese setzte voraus, daß sich die Themen der Dichtung in Liebe *(aham)* und Krieg *(puram)* teilen lassen, und in jeder dieser beiden Kategorien sah man immer wiederkehrende Situationen. Zum Beispiel unterschied man Liebe in passende und unpassende und nahm für die passende Liebe folgende Situationen an: 1. Vereinigung, 2. geduldiges Warten, 3. Untreue und Schmollen, 4. ängstliches Warten und Trennung und 5. Entführung und Mühsal. Diesen fünf Situationen ordnete man fünf Landschaften zu: 1. der Vereinigung die

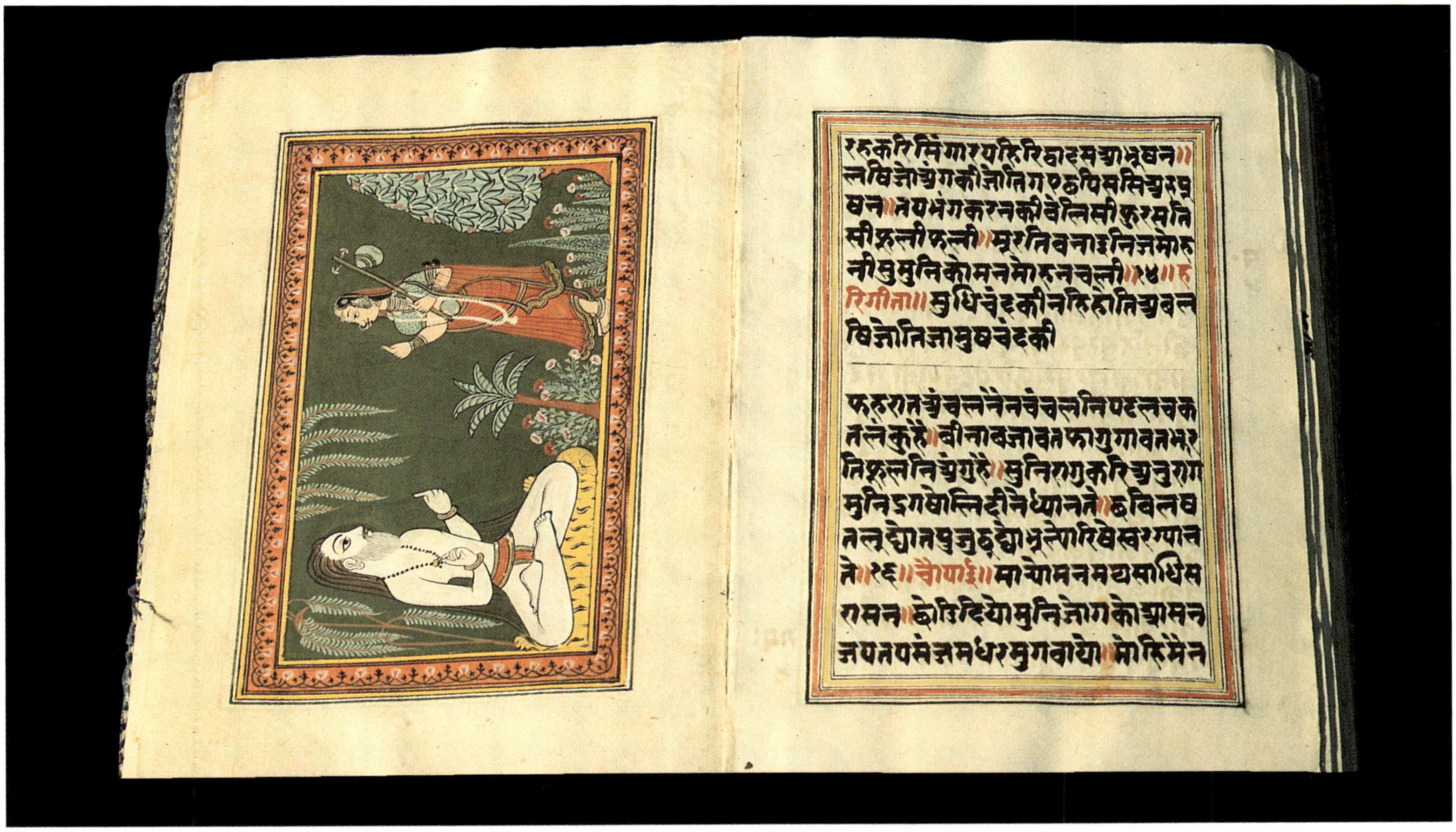

Linke Seite: Eine Seite aus einer Handschrift auf Birkenrinde aus dem 9. Jahrhundert. Viele literarische und wissenschaftliche Schriften im alten Indien sind auf Birkenrinde festgehalten.
Neu-Delhi, National Museum

Oben: Textauszug und Illustration zu Kālidāsas berühmtem sieben Akte umfassenden Drama »Śakuntalā«. Hier die Abschiedsszene aus dem vierten Akt zwischen Śakuntalā und Kaṇva.
Neu-Delhi, National Museum

Bergwelt, 2. dem geduldigen Warten die Wälder, 3. der Untreue und dem Schmollen weite Felder, 4. dem angstvollen Warten die Seeküste und 5. der Entführung und der Mühsal unfruchtbares Land. Zu diesen Landschaften gehören typische Tiere, Vögel und Pflanzen, aber auch hervorstechende Jahres- und Tageszeiten. Mit diesem Wissen ausgerüstet konnte der Tamildichter sich in der knappsten Form ausdrücken: Der Hinweis auf Elefanten, einen Bergbach und die *kuriñci*-Blume genügte, um den Hörer wissen zu lassen, daß das folgende kurze Gedicht ein Ausdruck liebevoller Vereinigung ist.

Größer als die Erde, sicherlich
höher als der Himmel,
unermeßlicher als die See
ist die Liebe für diesen Mann
von den Bergeshängen,
wo Bienen reichen Honig machen
von den Blüten der Kuriñci-Blume,
die so schwarze Stengel hat.

Andererseits ist das Erscheinen von Fischen und anderem Seegetier nebst Fischern und Netzen im Cilappatikāram (»Das Märchen von der Fußspange«) von Ilango Adigal das Zeichen für die in naher Zukunft bevorstehende Trennung der nicht zueinander passenden Liebenden. An dieser Stelle heißt es in einem Lied:

Neben den niedrigen Hütten der Fischer ist
eine Terrasse, auf der Netze zum Trocknen liegen,
und der Tod in der Gestalt eines Mädchens,
mit Augen so scharf wie Pfeilspitzen,
sitzt am Wasser, wo begehrliche Wellen
den leuchtenden Sand schlagen. Sie hält
einen Kranz lieblicher Blumen in der Hand
und verkauft ihre Fische. Hätte ich gewußt,
daß sie hier sein könnte, ich hätte nicht gewagt zu kommen.

Auffällig bei der Tamildichtung ist, daß sie ohne transzendentale Bezüge auszukommen scheint. Erotik wird sehr ernst genommen und so auch der Krieg, und nur beiläufig hört man von den Göttern der Tamilen.

Grundlagen der Sanskritästhetik

Freundin, du darfst an deinem
Ehrentage nicht weinen.
Kālidāsa, Śakuntalā, vierter Akt

Wenn man einen Inder nach dem Besten in seiner Literatur fragt, so wird er antworten: Der beste Dichter ist Kālidāsa, sein bestes Drama ist Śakuntalā (eigentlich: Abhijñānaśakuntalā, »Das Erkennungszeichen und Śakuntalā«), und darin das Beste ist die Abschiedsszene im vierten Akt. Wenn ein solches Urteil vorliegt, sollte man ihm Gehör schenken und sich fragen, was wohl diese Szene so berühmt gemacht hat. Der König Duṣyanta hat das Pflegekind des heiligen Kaṇva verführt und mit ihrer Einwilligung mit ihr geschlafen. Doch sein Versprechen, sie an seinen Hof zu holen, hat er vergessen, weil Śakuntalā in ihrer Verliebtheit einen Gast übersah, der sie dafür wütend verfluchte. Aber für Kaṇva sieht die Lage ganz anders aus: Ob mit großem Ritual oder durch ein einfaches Versprechen, nach dem *dharma* ist die Ehe geschlossen mit allen juristischen Folgen, und das heißt, daß Śakuntalā nun aus seiner Verantwortung in die ihres Mannes übergeht. Sie muß in sein Haus übersiedeln, wie immer dieser nun auch denken mag. Jeder Inder kennt die schmerzvolle Situation des Abschieds der geliebten Tochter oder Schwester aus dem väterlichen Haus in ein fremdes, wo sie die Leiden der Schwiegertochter auf sich nehmen muß und als Außenseiter gilt, bis sie den ersehnten Sohn zur Welt bringt. Wieviel schlimmer war da doch das Schicksal Śakuntalās, deren Ehegemahl sie vergessen hatte und die nun allein und gegen alle Welt ihr Recht als Ehefrau erkämpfen mußte. Darum nehmen nicht nur die Gespielinnen und Freunde von der in eine ungewisse Zukunft scheidenden Śakuntalā Abschied, sondern auch die Tiere, die Blumen und die Bäume der Einsiedelei:

Nicht nur du empfindest Kummer bei der
Trennung von der Einsiedelei; die
Bäume selbst sind auch durch dein
Scheiden von der gleichen Betrübnis
ergriffen. Sieh doch nur, der Hindin
fällt das Gras aus ihrem Munde, die
Pflaumen hemmen ihren Tanz, und die
Lianen senden blasse Blätter,
als wären's Tränen, auf die Erde nieder.

Die ganze Natur ist einbezogen in das Gefühl des Menschen, wie auch in der Anfangsszene des Dramas Sonne, Wald, sprießende Bäume und blühende Blumen, freundliche Tiere und summende Bienen die Szene für die hoffnungsvoll beginnende Liebe setzten:

In einer schönen Zeit hat sich die
Winde mit dem Baume vereinigt.
Vanajosiṇi (Waldmondschein) *prankt*
in frischer Jugendblüte. Der Mango hat
schon seine Knospen getrieben und ist zum
Genusse bereit.
Kālidāsa, Śakuntalā, erster Akt

Diese enge Beziehung zwischen der erotischen Situation und der Natur oder Landschaft verbindet sicherlich die Sanskritdichtung mit den Grundlagen der Tamillyrik. Doch Kālidāsa geht einen wichtigen Schritt weiter, indem er die Unberechenbarkeit des menschlichen Gemüts durch den weisen Kaṇva in den gesicherten Strom des ewi-

Rechte Seite: Der Hindi-Dichter Keśavadasa schuf um 1591 in Orccha sein Hauptwerk Rasikapriya, das die amourösen Szenen des klassischen Liebespaares Rādhā und Kṛṣṇa zum Thema hat. Die hier und auf der folgenden Doppelseite abgebildete Serie von Miniaturen ist eine Illustration zum Rasikapriya, wobei den Bildern am oberen Rand jeweils die entsprechende Textstelle beigegeben ist. Die Bilderfolge wird dem moslemischen Maler Sahibdin zugeschrieben, der im Auftrag des Mahārāja Jagat Singh I. von Mewār (1628–1652) gearbeitet hat. Die Malereien sind in Gouache auf Papier ausgeführt und messen 27 x 20,5 cm.
Im ersten Bild der Serie (links oben) spricht eine Freundin (sakhī) *im Namen der Heldin* (nayikā) *zu Kṛṣṇa: »Was der Fisch für das Wasser ist, ist das Wasser nicht auch für den Fisch? Wie könnte er ohne Wasser leben? Zu deinen Füßen liegt sie, ohne die nichts mehr einen Sinn hat, o Teuerster! … Erhebe sie, nimm sie, umarme sie. Mach, was ich sage, oder du bist ein Narr wie jener, der seine Tür verschließt, selbst wenn Lakṣmī daran klopft!« Das Bild zeigt im Vordergrund den Fisch auf dem Trockenen neben einem Wassergefäß auf einem Dreifuß am Boden liegend sowie Lakṣmī an der Türe Kṛṣṇa sitzend, ihm zu Füßen die kniende Heldin und stehend die Freundin. Unter dem Motto »Als ob alles Leben aus ihr gewichen wäre« illustriert die Malerei rechts oben eine scherzhafte Zurechtweisung Kṛṣṇas durch die Freundin, nachdem seine Geliebte nach der Liebesumarmung wie tot niedergesunken ist: »Laß sie wenigstens jetzt, wo der Morgen graut … Seltsam ist deine Liebe für die Geliebte … Bist du von Sinnen …?*
Links unten: »Eine Gopī, schön wie eine Göttin«, stimmt die Freundin einen Lobgesang über Rādhā an, um die Gefühle Kṛṣṇas; für jene zu wecken: »Sie muß aus Kāma selbst geboren sein, dem Gott der Liebe!«
Den Bogen tragenden Kāma und seine Begleiterin hat der Maler im Baum sitzend im Zentrum des Bildes dargestellt. Die Freundin wendet sich Kṛṣṇa zu, um ihm vom Liebreiz Rhādās zu künden. Den Inhalt dieses Preisliedes freilich im Medium der Malerei mitzuteilen wirft ganz erhebliche Schwierigkeiten auf, die der Maler meistert, indem er die Freundin auf Kāma weisen läßt, während Rhādā und Kṛṣṇa im Bild am weitesten voneinander entfernt sind. Es wird deutlich, daß Rhādā und Kṛṣṇa sich noch nicht endgültig gefunden haben. Damit sich ihr Schicksal erfüllt, bedürfen sie der Hilfe Kāmas und benötigen nicht zuletzt auch die Hilfe der Freundin, die Kṛṣṇa den Weg weist und – bezeichnenderweise – genau in der Augenlinie des Paares steht.
Rechts unten: »Habt ihr gesehen, Freundinnen, wie sie sich erhebt und wie sie eilt ihn zu empfangen, ihn, der eben der Kammer der anderen entronnen …?« Die Untreue Kṛṣṇas zählt zu den beliebtesten Themen der Rājputen-Maler.

Folgende Doppelseite: Linke Seite, links oben: Amouröse Verse und entsprechend erotische Malerei illustrieren die Spiegelmelodie, die die beiden Liebenden in ihren Gedanken aneinander fesselt: »Kann ein Fisch den Anblick des Wassers ertragen, ohne zu erschauern?«
Rechts oben: »Diese langen und erschöpfenden Nächte«, eine Szene, in der die Heldin zum Schein hinderliche Situationen zur Sprache bringt, um den Geliebten noch mehr zu erregen: »Was soll ich nur machen? Das Dienstmädchen hat Ausgang, die Dienerin hat Fieber, und der Pförtner ist blind …?«
Links unten: In dunkler Nacht eilt die Liebende in den Wald, um den Geliebten zu treffen, ohne die Schlangen, die Waldgeister, den Regen zu bemerken.
Rechts unten: »Wird der Tag niemals kommen, wenn ihr Blick wieder wie ein Pfeil sich in mein Herz versenkt?« fragt Kṛṣṇa voll Sehnsucht und betrachtet das Bildnis seiner Geliebten.
Rechte Seite, links oben: Das Leid der Trennung hat Kṛṣṇa befallen. Allein seinen Tränen überlassen, steht er in einem Wald von Bäumen wunderlichster Gestalt.
Rechts oben: »Wer wird jemals wissen, was er leidet?« Der liebeskranke Kṛṣṇa ist befallen vom Zustand der Betäubung (jadata), *bis er in der »Versöhnung« (links unten) wieder die Erfüllung findet. Nochmals wird das Thema der unstillbaren Liebessehnsucht im letzten Bild der Serie (rechts unten) aufgenommen.*
Udaipur, Government Museum

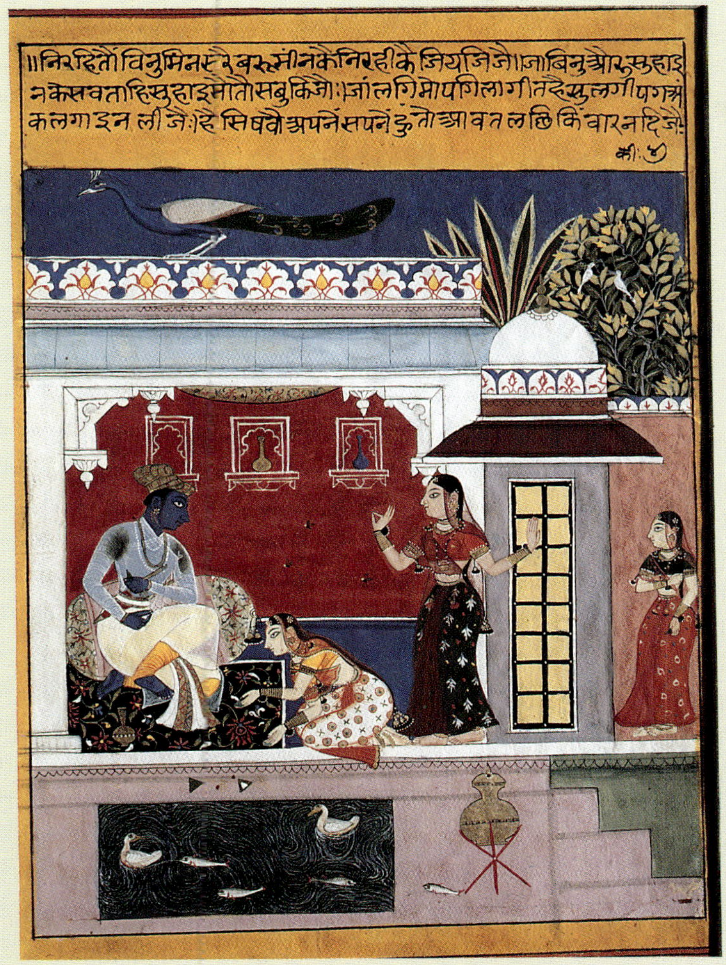

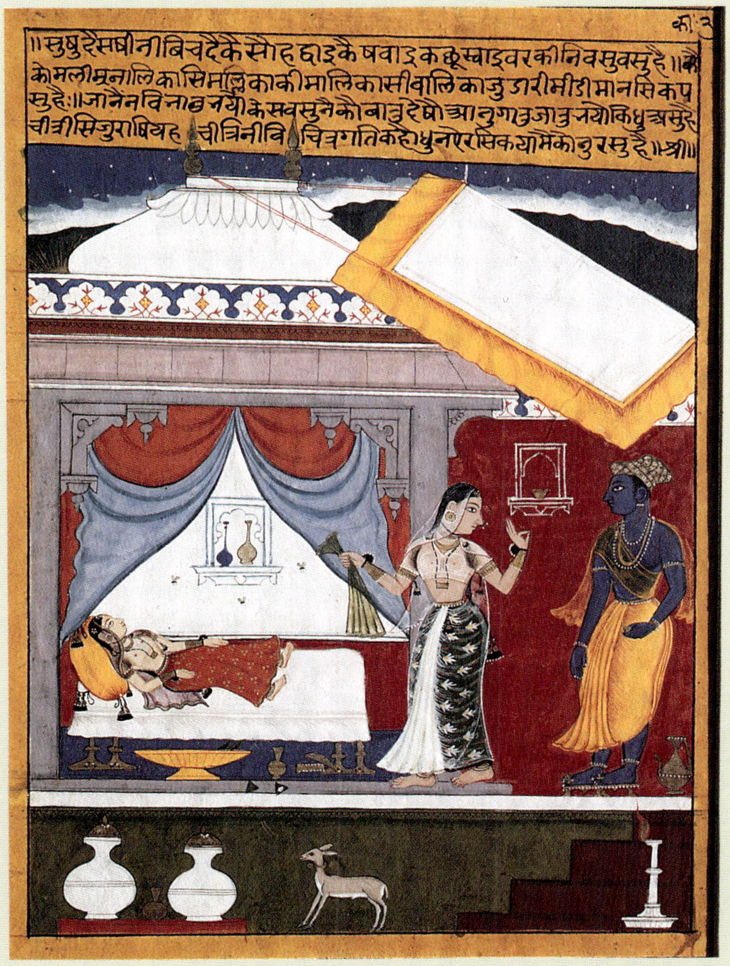

gen *dharma* lenken läßt. Erst vom *dharma* erhält der erotische Trieb seinen Sinn, allerdings gilt es, dabei die Kastenzugehörigkeit der jungen Heißsporne zu beachten. Aber eine innere Stimme scheint hier die Liebenden vor einer Verbindung »gegen den Strich« *(pratiloma)* gerettet zu haben, und wenn dann die Ehe erst einmal und in welcher Form auch immer geschlossen ist, dann fließt der gefährliche Trieb sicher im Strom des *dharma* dahin. Dem *dharma* müssen sich alle Beteiligten beugen, und wer es nicht tut, selbst wenn er ein König ist, fällt der fürchterlichsten Strafe anheim, wenn nicht sogleich, dann später, und wenn nicht in diesem Leben, dann sicherlich in dem nächsten oder den darauffolgenden. In diesem Sinne ist die indische Literatur nicht transzendental. Sie will nicht die letzten Dinge und die absolute Substanz offenbaren, aber sie zeigt den Menschen in der Welt, in der er Entscheidungen treffen muß, die sein jetziges und die folgenden Leben bestimmen. Die richtigen Entscheidungen bilden zwar die Voraussetzungen für eine spätere Erlösung, aber von dieser spricht man nicht; denn zuviel ist noch zu tun in dieser Welt, und wer hier seine Pflichten vernachlässigt, wird niemals das höchste Ziel erreichen.

So verwundert es nicht, wenn die frühen Ästhetiker der Sanskritliteratur sich vor allem mit den menschlichen Leidenschaften beschäftigen und nicht mit dem Offenbarungscharakter der Dichtkunst. Sie teilten die menschlichen Gefühle in zwei Bereiche: 1. Liebe, Zorn, Mut und Abscheu und 2. Heiterkeit, Mitleid, Verwunderung und Schrecken. Es war ihnen klar, daß diese Gefühle auf der Bühne des Dramas *(rasa)* eine andere Grundlage haben mußten als im Leben, und so kümmerten sie sich nicht weiter um die echten Gefühle oder ersannen Nachahmungstheorien, sondern konstatierten, daß auf der Bühne ein Gefühl *(rasa)* durch den Helden und die Heldin (*vibhāva*) und durch die Szene, durch Licht und Requisiten *(anubhāva)* und durch die Schauspielkunst *(vyabhicāribhāva)*, beispielsweise durch Veränderung der Stimme, Erröten, Augenrollen, Schweißausbrüche und zu Berge stehende Haare, erweckt wird. Damit taten sie einen Schritt auf die ontologische Sonderstellung des Kunstwerks hin, den die westliche Ästhetik wegen ihrer Bindung an Aristoteles' Nachahmungstheorie 2500 Jahre nicht zu vollziehen vermochte und dessen Bedeutung erst im 20. Jahrhundert durch Roman Ingarden für das sprachliche Kunstwerk entdeckt wurde.

So wie ein Feinschmecker schmeckt, wenn er
eine Speise ißt, die von
verschiedenen Gewürzen
und anderen Zutaten gekocht ist, so
schmecken die Kenner der Kunst die
rasa, wenn sie durch die
vyabicārabhāva dargestellt werden.
Bhārata, Nāṭyaśāstra 5,32–33

Inder erklären die ontologische Sonderstellung des Kunstwerks auch auf folgende Weise: jeder Mensch reagiert auf heftige Gefühlseindrücke mit entsprechenden Handlungen, aber wer von den Zuschauern würde der bedrängten Śakuntalā auf der Bühne zu Hilfe kommen wollen, obwohl ihr Schicksal den Zuschauer heftig erregt? Zudem sagen die Inder, daß der Aufruhr der Gefühle während der Theateraufführung sich alsbald wieder legt und keinerlei Folgen hat, während erlittene Schmach oder zurückgewiesene Liebe den Menschen ein ganzes Leben lang verfolgen könne.

Diese Theorie der ästhetischen Gefühle *(rasa)* wurde zunächst am Drama entwickelt. Das verwundert nicht, weil in dieser Kunstgattung das Hinzutreten anderer Künste besonders begünstigt ist. Das Sanskritdrama präsentiert nicht nur die Sprache in ihrer höchsten (Sanskrit) und in ihrer anheimelndsten Form (Prākrit), es bietet auch Gesang, Instrumentalmusik und vor allem Tanz, und in den Farben der Kostüme und den Posen der Schauspieler sind Malerei und Skulptur enthalten.

Man weiß nicht, wann und wie das indische Drama entstanden ist. Wieder kommen die frühesten Spuren aus der buddhistischen Tradition, und zwar handelt es sich um einige Bruchstücke von Dramen des schon genannten Aśvagoṣa. Und wenn man von den zweifelhaften Dramen Bhāsas absieht, so tritt das indische Drama zugleich in seiner vollkommensten Gestalt im Werke Kālidāsas entgegen. Dieser größte Dichter Indiens muß wohl im 5. Jahr-

Linke Seite: Während zwei Frauen dem śivaliṅgam opfern, erhebt sich aus der Bananenstaude eine Baumgöttin und verspricht den Opfernden die Erfüllung ihrer Wünsche. Miniaturmalerei der Kotah-Schule, um 1700. Privatsammlung

Rechts: Kṛṣṇa in der Gestalt eines weiß gewandeten Prinzen bringt Rādhā, seiner Geliebten, ein Betelblatt als Liebesgabe dar. Miniaturmalerei des Nihal Chand, einem Meister der Kishangarh-Schule, Rājasthān um 1750. Philadelphia, Museum of Art

hundert n. Chr. gelebt haben. Ihm lagen die großen Epen und viele der Purāṇen schon vor, und da er viele Vorgänger gehabt haben muß, von denen so gut wie nichts bekannt ist, konnte er schon einem Ideal des Dichters folgen, das sich in den Jahrhunderten vor seiner Zeit herausgebildet hatte und das er zu übertreffen und für alle Zeiten mit seinem Werk zu verkörpern imstande war. Es ist das Ideal des gelehrten und gleichzeitig weltmännischen Dichters, der in allen Wissenschaften und Künsten zu Hause war und wegen seiner erfolgreichen Begabung sowohl für das Drama als auch für das Epos den Titel »Großer Dichter« *(mahākavi)* wohl verdiente.

Die großen Epen

Wie die vielen Wasserfluten der Ströme zu dem Meere hin eilen, so gehen jene Helden der Menschenwelt in deinen ihnen entgegenflammenden Mund ein.

Wie die Motten ins brennende Feuer fliegen zu ihrem Untergange mit großer Eile, so gehen auch die Menschen zu ihrem Untergange in deinen Mund mit großer Eile ein.
Bhagavadgītā 11, 27–28

Nicht nur der Stoff für das Drama Śakuntalā, sondern auch die Vorlagen für seine Kunstepen entnahm Kālidāsa den Epen und Purāṇen. Das recht geschlossene Epos vom Prinzen Rāmacandra (oder Rāma) aus Ayodhyā gehört nach indischer Auffassung der Tretā-Zeit an, während das erheblich umfangreichere Epos Mahābhārata vom späteren Dvāpara-Zeitalter handelt und die Schlacht auf dem Kurukṣetra zum Hauptthema hat, an deren Historizität die Inder trotz fehlender archäologischer Evidenz festhalten. Die deutlichen Schichten seiner Entstehung zeichnen sich zum Beispiel in der späteren Zutat des ersten und letzten (siebten) Gesanges des Rāmāyaṇa ab, in denen der sonst als Prinz behandelte Rāmacandra bereits zum Gott erhoben ist. Auch in das umfangreiche Mahābhārata sind viele Episoden eingeflossen und didaktische Partien hinzugefügt. Der wichtigste von diesen späteren Einschüben ist die sogenannte Bhagavadgītā (»Der Gesang des Erhabenen«), in der Kṛṣṇa den Helden Arjuna in achtzehn Gesängen über seine Pflichten als Krieger und Mensch belehrt, und das, nachdem die Schlachttrompeten (hier Muscheln) schon erklungen sind und beide Heere sich kampfbereit gegenüber stehen. Aber das Problem der epischen Zeit stellt sich nicht so einfach: Kṛṣṇa ist schließlich ein Gott, der Zeit und Raum aufheben kann. So bietet er sich im elften Gesang der Bhagavadgītā dem entsetzten Arjuna auch in seiner kosmischen Gestalt dar, die ihn unzählige Welten und Generationen in ihrem Werden und Vergehen erschauen läßt.

Und als sie (von Duḥśāsana an den Haaren) *weggezerrt wurde, beugte sie ihren Körper vorwärts und sprach mit ruhiger Stimme: Du Schwachkopf, ich habe meine Periode und trage nur diesen einen Überwurf. Du kannst mich so nicht in den Saal schleppen, du Barbar!*
Mahābhārata 2,27; 60,25

Die eigentliche »Fabel« des Mahābhārata ist dagegen mehr als menschlich. Nach einer Familiengeschichte voll von ungezügelten Leidenschaften, Kindertötungen und Zeugungshilfe sind vom Kuru Klan nur noch zwei Nachkommen übriggeblieben. Der blinde König Dhṛtarāṣṭra zeugt hundert Söhne, während der faktisch impotente Pāṇḍu die Götter bittet, seine beiden Frauen zu schwängern. Diese gebären die fünf Pāṇḍavas, die »Göttersöhne« Yudhiṣṭhira, Arjuna, Bhīma, Nakula und Sahadeva. Nach dem Tod Pāṇḍus werden sie zusammen mit den hundert Kaurava-Prinzen erzogen, und schon zu dieser Zeit erzeugen Eifersüchteleien Zank und Streit. Als schließlich die fünf Pāṇḍava-Prinzen die Nachfolge Dhṛtarāṣṭras antreten, steigert sich der Haß der Kauravas ins Unermeßliche, und sie benutzen die Spielleidenschaft der Pāṇḍavas, um sie mit heimlich beschwerten Würfeln nicht nur um ihr Königreich zu bringen, sondern auch um ihre gemeinsame Frau Draupadī, die von Duḥśāsana an den Haaren in den Saal gezerrt und von Duryodhana aufgefordert wird, sich auf seine nackten Schenkel zu setzen. Die Pāṇḍavas werden für zwölf Jahre verbannt, und es wird ihnen befohlen, im dreizehnten inkognito in die bewohnte Welt zurückzukehren, und nur wenn sie unerkannt blieben, würde ihnen die Heimkehr offenstehen. Aber die Pāṇḍavas hatten den Beistand Kṛṣṇas und anderer Fürsten gewonnen, und so kehren sie mit einem gewaltigen Heer zurück, fest entschlossen, für die erlittene bittere Schmach blutige Rache zu nehmen. Die achtzehntägige Schlacht endet mit der völligen Vernichtung der Kauravas, doch Asāvaṭṭhāman, einer der wenigen Überlebenden, dringt nachts in das Lager der zu Tode erschöpften Pāṇḍavas ein und erschlägt, wen immer sein Schwert erreicht.

Dieses gegenseitige Morden, das die wenigen Überlebenden wie betäubt und weltmüde zurückläßt, ist vor allem von amerikanischen Indologen benutzt worden, um von dem tief pessimistischen Charakter des Mahābhārata zu sprechen, und zwar berufen sie sich dabei auf den kaschmirischen Ästhetiker Ānandavardhana (8. Jahrhundert), der dieses Epos als Beispiel für einen neunten *rasa*, den sogenannten *śāntirasa*, angeführt hat. Damit meinte er, daß das Leiden der Menschen in dem Epos den Leser oder Hörer von der Welt abwende und ihm den »Frieden« *(śānti)* der Erlösung biete oder wenigstens nahebringe. Aber Kaschmir war zu Ānandavardhanas Zeiten noch fest in den Händen der Buddhisten. Diese, wie bereits besprochen, konnten aber der menschlichen Gefühlswelt nur eine negative Seite abgewinnen, und ihre Dichtungen gipfelten in Bekehrungen zum Buddhismus oder Selbstaufopferungen von Buddhisten, um Menschen vor dem Verderben der Wiedergeburt zu bewahren. Diese Art von Dichtung bedurfte eines neunten *rasa*, der den Abscheu vor der Welt und die Freuden der Enthaltsamkeit verherrlichte. So entstand der *śāntirasa*, und darauf basiert Ānandavardhanas Interpretation der Mahābhārata.

Die nichtbuddhistischen Inder sahen das anders. Für sie ist Leiden und Tod nicht die einzige Antwort auf die Frage nach dem Sinn des Lebens. In der Niederlage der verderbten Kauravas sahen sie den Sieg des *dharma*, für den es lohnt, die größten Opfer zu bringen. Und als Beweis führen sie an, daß Arjunas Enkel Parīkṣit auf den Trümmern des Kaurava-Reiches einen Staat des vollkommenen Rechts errichten konnte; denn nur durch das Opfer der Pāṇḍavas gelang es ihm, den *dharma* aus dem Chaos, das frühere Generationen heraufgeführt hatten, für folgende Generationen zu retten.

Der König, gefangen von Kaikeyīs
Worten, ging wie eine Gazelle in die
Falle zu seinem Untergang, und die
Königin sprach zu dem milden König,
den seine Leidenschaft geblendet
hatte, diese schrecklichen Worte:
Es ist an dir, mir zwei Versprechen
einzulösen, die du damals gemacht hast!
Rāmāyaṇa, Ayodhyākāṇḍa, 11,22–23

Auch im Rāmāyaṇa, dem zweiten großen Epos der Inder, ist es der *dharma*, der das Geschehen verursacht und vorantreibt. Zwar spielt das Epos in einer früheren Weltperiode als das Mahābhārata, aber seiner jetzigen Form nach macht das Werk einen jüngeren Eindruck. Auch hier ist der Ehrbegriff der Kriegerkaste schicksalschaffend. Denn König Daśaratha von Ayodhyā hatte einmal, als er schwer verwundet darniederlag und durch die Pflege seiner zweiten Gemahlin Kaikeyī wieder genas, das Versprechen getan, ihr zu jeder Zeit zwei Wünsche, welcher Art auch immer, zu erfüllen. Er hatte nicht geahnt, daß in dem Moment, als er Rāmaçandra, seinen Sohn von seiner ersten Gemahlin Kauśalyā, zu seinem Nachfolger machen wollte, Kaikeyī, angestiftet von ihrer Sklavin Mantharā, von ihm forderte, ihren Sohn Bhārata zu krönen und Rāma für vierzehn Jahre in die Waldeinsamkeit zu verbannen. Die Kriegerehre verbat es dem König, diese zwei Wünsche abzuschlagen, und die im *dharma* begründete Autorität des Vaters ließ Rāma nicht einen Augenblick zögern, auf das Königreich zu verzichten. Ebenso fest verankert im *dharma* ist das Verhalten seiner Frau Sītā und seines jüngeren Bruders Lakṣmaṇa, die beide die Härte der Verbannung mit Rāma teilten.

Im Exil tat Rāma, was ein Krieger zu tun verpflichtet ist: Er beschützte die Einsiedeleien und frommen Anachoreten vor den Einfällen böser Dämonen, die die guten Werke der Heiligen und Weisen zu zerstören trachteten, um so die Welt ins Chaos zu stürzen. Dabei mußte er sich aller Tricks und Verstellungen seiner Feinde erwehren. So wollte Śūrpaṇakhā, die Schwester des Dämonenfürsten Rāvaṇa von Laṅkā (heute Sri Lanka), ihn oder Lakṣmaṇa verführen, doch sie endete mit abgeschnittener Nase und Ohren, und schreiend flehte sie ihren Bruder um Rache an.

Mit schrecklichen Drohungen zwang Rāvaṇa seinen Onkel Mārīca, der bereits auf dem besten Wege war, durch Askese ein Heiliger zu werden, in Gestalt einer wunderbaren, juwelengeschmückten Gazelle, Rāma abzulenken, um Sītā entführen zu können. Der Plan gelingt, und Rāma und Lakṣmaṇa müssen eine Verfolgung ins Ungewisse aufneh-

Eine Illustration zum Bhāgavatapurāṇa: Während Gott Indra wütend über das ihm versagte Jahresopfer ein schreckliches Gewitter herabschickt, hebt Kṛṣṇa den Berg Govardhana, dem nunmehr gehuldigt wird. Miniaturmalerei der Kotah-Schule, Rājasthān um 1740. Philadelphia, Museum of Art

men. Im Süden Indiens helfen sie dem Affenfürsten Sugrīva gegen seinen Thronräuber und gewinnen so einen Bundesgenossen. Seine Untertanen spähen aus, daß Sītā in Laṅkā gefangen sitzt. Zuerst macht Hanumān, der Minister der Affen, eine Erkundungsfahrt nach Laṅkā und findet Sītā allein in einem Aśoka-Hain. Rāvaṇa hält sie dort fest, weil sie sich ihm nicht ergeben wollte. Sītā ist zunächst argwöhnisch; denn der Dämon hat sich ihr schon in vielen Verkleidungen genähert. Selbst als sie den Affen als einen Abgesandten Rāmas erkennt, weigert sie sich, auf seinen Rücken zu steigen und auf diesem schnellen Reittier die Freiheit zu erreichen; denn der *dharma* verbietet es einer Ehefrau, einen anderen Mann zu berühren.
So muß Rāma mit der Hilfe des Affenheeres und anderer Verbündeter das Meer überqueren und die feste Stadt Laṅkā belagern. Als er schließlich seinen Feind besiegt und Sītā befreit, besteht diese vor den Augen des Heeres eine Feuerprobe auf ihre Reinheit, bevor Rāma sie wieder als Gattin anerkennt. Doch damit nicht genug. Als er nach seiner Rückkehr nach Ayodhyā eines Tages hören muß, daß seine Untertanen sagen: »Warum verabscheut Rāma nicht Sītā, die unter Rāvaṇas Gewalt zwischen den Dämonen im Aśoka-Hain gesessen hat? Nun werden auch wir die Fehler unserer Frauen verzeihen müssen«, hält es Rāma für ausgeschlossen, noch mit Sītā zusammenzuleben, und sendet sie mit seinen beiden Söhnen weit weg in die Einsiedelei des Vālmīki.

Diese Erzählung aus dem Kriegermilieu muß in den ersten Jahrhunderten n. Chr. zu einer Inkarnationsgeschichte des Gottes Viṣṇu umgestaltet worden sein. Denn der erste Gesang des Epos enthält die Legende, daß die Götter Viṣṇu anflehten, sie vor den den Kosmos bedrohenden Plänen Rāvaṇas zu erretten. Viṣṇu versprach ihnen, in der Gestalt des Prinzen Rāmacandra das Übel von der Welt abzuwälzen. Von dieser Warte bekommen die Handlungen Kaikeyīs und die Entführung Sītās einen ganz anderen Sinn: Sie lenken den inkarnierten Gott seinem eigentlichen Ziel entgegen: der Vernichtung Rāvaṇas, des Feindes des *dharma*.

Das Kunstepos

Die ersten Regentropfen ruhten auf
ihren Wimpern aus und fielen dann auf
ihre Unterlippe. Sie zerteilten sich
auf ihren hohen Brüsten und glitten
dann über die drei delikaten Falten
auf ihrem Bauch, bis sie langsam in
ihren Nabel gelangten.
Kumārasambhava, 5,27

Aus diesen Epen und anderen Quellen schöpfte Kālidāsa die Stoffe für seine Epen. Sie sind von anderer Art als die beiden soeben dargestellten. In ihnen folgte der Dichter

Linke Seite: »Der Sieg über Pragjyotiṣa«, eine Erzählung aus dem Bhāgavatapurāṇa (10.59.1–39) über gestohlene Zauberohrringe. Diese werden hier von der Mutter des Diebes, Bhūmi, in der Mitte des Bildfeldes an Viṣṇu/Kṛṣṇa, links auf dem Vogel Garuḍa reitend, zurückgegeben. Miniaturmalerei aus Delhi/Agra um 1525–50. Privatsammlung

Oben: Krönung des Sugrīva zum König der Affen und Einsetzung des Prinzen Aṅgada zum Thronfolger. Illustration zum vierten Buch des Rāmāyaṇa. Miniaturmalerei der Nalagarh-Schule um 1820. Privatsammlung

Heil dir, o Frühling, der du strahlend eingehst
in alle Formen! Machtlos weicht die Schlange
vor deinem Fuß zurück. Mit Blütenkränzen
umschmückst du deine Glieder. Hingedehnt
an die von Fruchtbarkeit gestrafften Brüste
der Erde, schleuderst du den Riesendiskus
der Sonne hoch zum Himmelszelt hinan,
dann wieder schwebst als frische Wolke du
weit über dem Gebirge, das sich dir
entgegenhebt wie eine steigende Lerche.

Als Wasser sinkst du nieder, in den Blättern
keimst du empor. Als Sonne gießest du
Lichtstrahlen über alle Sorgen aus,
daß sie entschwinden. Wie ein Schwan ziehst du
auf dem azurenen See des Himmels ein,
du Glück der Menschen und du Lust der Götter,
du Heiligstes der Welt, gepriesener Frühling!
Aus dem *Gītagovinda* des Jayadeva

den Regeln der Ästhetik, ob sie nun als Theorie oder handwerkliche Tradition auf ihn gekommen sein mögen. Sein berühmtestes ist die Legende von der Geburt des Kriegsgottes Kumāra (Kumārasambhava), des Sohnes von Śiva und Pārvatī. Dabei sind es wieder die so menschlichen Gefühle, die den Göttern unnachahmlichen Reiz verleihen. Da ist zunächst die junge Pārvatī, die ihren Eltern, dem Berggott Himālaya und seiner Gattin Menakā, das Leben wegen ihrer Verheiratung schwermacht, da keiner der möglichen Schwiegersöhne dem Mädchen gefallen.

Da nahm der Gott, der den Stier in
seinem Banner trägt, seine eigene
Gestalt an und hob sie
in seinen Armen auf.
Kumārasambhava, 5,84

Dann wird sie unversehens von der Liebe zu dem einsamen Gott erfaßt, und da sie auf keine andere Weise seine Aufmerksamkeit erregen kann, versucht sie ihn durch eine foltergleiche Askese zu zwingen. Wie wunderbar stellt der Dichter den schönen Mädchenkörper in den Qualen der Selbstkasteiung dar. Und dann geschieht das Unerwartete: In der Gestalt eines wandernden Asketen tritt der große Gott in ihre schäbige Hütte.
Doch als er sich ihr schließlich zu erkennen gibt und selbst von Liebe zu ihr erfaßt wird, weicht Pārvatī zurück und läßt ihn ermahnen, daß nur der Vater ein Mädchen einem

आश्रमं पुण्यशीलानां तापसानां महात्मनां
निखिलेन श्रुविस्मिता ॥ ह
न वा विसर्जनं ॥ ततस्तत्रम
तत्रतः शैख्या वत्स्यस्तपोह्
आश्रमं नामा ह स मुनिः शैख्या
नीमती बालाङ्गः खड्गोकप
भद्देशाक्यं कंतुं तपस्विभिः
पोपुष्कैर्महात्मभिः सात्वेन
दनुग्रहः प्रव्राजितुमिहेछ
मद्येव तानि कर्माणि पूर्वदे
नं पापानि तेषामेतत्फलं ध्रु
स्वजनं प्राप्ति तापसाः प्रत्या

वनवासंयाहपितं ४

Mann zum sexuellen Genusse geben darf, und in der Tat bittet der große Gott Śiva den Berggott um die Hand seiner Tochter. Zur Hochzeit erscheint er wie jeder Hindu in einer Prozession, doch sein Gefolge sind Friedhofsgeister, Kobolde und mißgestaltete Zwerge, die Pārvatīs Mutter in Ohnmacht fallen lassen. Aber Pārvatī ist unbeeindruckt, sie ist die glücklichste Braut mit dem häßlichen Bräutigam. Dieser trägt sie strahlend in sein Brautgemach und enthüllt sich ihr in seiner majestätischen Schönheit, und ein ganzer, langer Gesang dieses kunstvollen Epos beschreibt das Liebesspiel dieser Jungvermählten, zu dem der Gott für sieben Tage der Sonne verbat aufzugehen.

Ob es nun die Beschreibung der sechs indischen Jahreszeiten oder die Darstellung der Familiengeschichte Rāmas (Raghuvaṃśa) ist oder die Botschaft, die der verbannte Himmelssohn mit den Wolken des Monsuns zu seiner Geliebten in den Himalaja sendet (Meghadūta), in jedem Fach der lyrischen, epischen und dramatischen Kunst hat Kālidāsa Meisterwerke geschaffen, die noch heute zu nachahmenden Übersetzungen anspornen. Mehr noch, Kālidāsa hat mehr als irgendein anderer Dichter der Weltliteratur die künstlerischen Möglichkeiten seiner Sprache und Kultur, und das heißt, der Sanskritsprache und -kultur, so vollkommen ausgeschöpft, daß noch für Jahrhunderte die indischen Dichter in seinem Schatten standen.

Ihnen blieb nur, in den verschiedenen Richtungen weiterzugehen, die er schon vor ihnen eingeschlagen hatte. Sie konnten noch kunstvollere Epen schaffen, in denen alle Möglichkeiten komplizierter Vergleiche durchgespielt werden (Kirātārjunīya des Bhāravi) oder in denen jeder Vers eine andere Regel der Grammatik des Pāṇini illustriert (Rāvaṇavadha, »Die Tötung des Rāvaṇa«, auch Bhaṭṭikāvya genannt. Sie konnten Botschaftergedichte von allen möglichen Wesen überbringen lassen oder Dramen schreiben, die mehr politisch (der Mudrārākṣasa des Viśākhadatta, der den Sturz der Nanda-Dynastie behandelt), mehr profan (Mṛcchakaṭika, »Das Tonwägelchen« des Śūdraka), oder mehr religiös (Uttararāmacarita des Bhavabhūi, Ende des 7. Jahrhunderts) waren als die seinen. Sie konnten seine Sprachkunst in umfangreiche Prosaromane übertragen und diese ebenso kompliziert gestalten wie ein Kunstgedicht. In einem dieser Romane (der Kādambarī des Bāṇa, um 600) wird die Stadt Ujjain in einem seitenlangen Kompositum beschrieben.

Da ich nun einmal im Scherzton »geh
doch« sprach mit barschem Ton,
ging er gleich, das Felsenherz, vom
Bette mit Gewalt davon.
Solches hastig treubundbrechend
unbarmherz'gen Mannes nun
denkt die Seele schamlos wieder!
Freundin, o was soll ich tun!
Amaruśataka

Linke Seite: Die Verführung des Asketen Ṛṣyaśṛṅga, eine Erzählung, die in beide großen Epen der Inder, ins Rāmāyaṇa und ins Mahābhārata, Eingang gefunden hat. Miniaturmalerei der Mālwā-Schule um 1635. Privatsammlung

Oben: Gott Indra besucht die gefangene Sītā im Palast Rāvaṇas, während die Dämonenwächterin schläft. Illustration zum Rāmāyaṇa. Miniaturmalerei der Kangra-Schule um 1775–80. Philadelphia, Museum of Art

Beschwert von Blüten, beugen sich die Zweige
der Bäume nieder, silberne Regentropfen
glänzen darüber hin, ein schwüler Duft
ergießt sich durch den feuchten Raum und macht
die Liebenden voll Sehnsucht nacheinander.

Aus dem Ritusamhara des Kālidāsa

Die Leidenschaft soll zuerst in der Frau erwachen und sie erfüllen, danach den Mann dank der unwillkürlichen Zeichen, mit denen die Frau ihre Neigung verrät. Dann entsteht das lockende Spiel, daß sie aneinander Lust haben, und darin finden sich die Liebenden.

Aus dem *Sṛṅgāra-Tilaka* des Rudrabhatta

Dein Antlitz ist wie Mondschein, deine Augen
sind blauerblühten Wasserlilien gleich,
wie Pisangbäume ragen deine Schenkel,
wie Lotosblüten schimmern deine Hände,
und deine Arme sind lianenzart:
Komm, da dein ganzer Körper so in Wonne
erstrahlt, und nimm mich fest an deinen Busen
und kühle meiner Glieder Liebesglut!

Aus dem *Ratnāvalī* von Kaiser Harṣa Śilāditya

Schon vor Kālidāsa bestanden Sammlungen preziöser Verse wie die Satasaī (»Siebenhundert Verse« in Prākrit) des Hāla aus dem 3. Jahrhundert n. Chr. Nach ihm fuhren die Dichter fort, feingeschliffene Vignetten zu schaffen wie die Śatakas »Hundert Verse« des Bhartṛhari (7. Jahrhundert) – und des Amaru (9. Jahrhundert), die jeder Feinheit der Skala menschlicher (meist erotischer) Gefühle nachgehen. Selten ist der Begriff des Epigonentums mehr zu Recht am Platze. Doch andererseits gilt es auch zu bedenken, wie deutlich darin der Strom der Tradition zum Ausdruck kommt, der sich immer wieder zur Größe seiner Meister zurückwandte.

Volkserzählungen

In der schriftlichen Überlieferung der Inder hat sich ein ungeheurer Reichtum von mündlichem Erzählgut niedergeschlagen, von dem jede Zeit, jede Religion und jede Gesellschaftsschicht auf ihre Weise Gebrauch machte. So füllten schon die Buddhisten ihre erbaulichen Geschichten von den früheren Existenzen Buddhas, die sogenannten Jātaka-Erzählungen, mit unzähligem, teils von ihnen erfundenem, teils ihnen mündlich überliefertem Erzählgut an. Mit dem Buddhismus wanderten dann die Erzählungen in viele Literaturen Südost- und Ostasiens. Ebenso, allerdings für andere Zwecke und weniger weitreichend, bedienten sich die Jainas des populären Erzählguts. Die

Links: Eine Illustration zum Rāmāyaṇa (3.64.1–36) und Mahābhārata (3.262.40–263.6): Der von Rāvaṇa schwer verwundete und sterbende Vogel Jaṭāyus berichtet Rāma und seinem Bruder Lakṣmaṇa, daß Sītā noch am Leben sei. Miniaturmalerei der Rājamundry-Schule um 1750. Philadelphia, Museum of Art

Rechts: Die beiden Miniaturmalereien zieren die Vorder- und Rückansicht einer Seite, wahrscheinlich aus dem Rāmāyaṇa. Das Bild innen zeigt Rāma, Sītā und Lakṣmaṇa im Waldexil, vor ihrer Hütte sitzend. Die Malerei außen zeigt die Bestrafung Bhasmāsuras, des Dämons der Asche, der versucht hat, Pārvatī, Śivas Gemahlin, zu verführen. Viṣṇu, in Gestalt Pārvatīs (im Bild rechts), befiehlt ihm zu tanzen. Dabei berührt ihn das Amulett, mit dem der Dämon Śiva zu verbrennen gedachte. So verglüht Bhasmāsura schließlich zu Asche. Diese Malereien der Mārwār-Schule um 1745 zeigen trotz des Einflusses der Hofkunst die Beibehaltung eines lebendigen, volkstümlichen Stils. Privatsammlung

Hindu-Moral wurde dann natürlich auch im Mahābhārata mit Beispielerzählungen illustriert, so die Gattentreue in der unvergeßlichen Erzählung von Sāvitrī und Satyavat.
Ganz ohne moralische Absicht sammelte dagegen der Brahmane Somadeva aus Kaschmir Hunderte von Erzählungen, meistens über die Untreue der Frauen und den Erfolg von Schelmen, zu seinem »Ozean der Geschichtenströme« (entstanden zwischen 1063 und 1081). Doch den größten Erfolg erzielten die amüsanten Lehrbücher der Politik und Weltweisheit Pañcatantra und der daraus abgeleitete Hitopadeśa. Geschichten dieser Sammlungen tauchen schon früh in nahöstlichen Übersetzungen auf und haben Gelehrte des 19. Jahrhunderts dazu verleitet, von einem indischen Ursprung der gesamten Erzählliteratur zu sprechen. Heute sieht man den Sachverhalt nüchterner und beachtet mehr die Besonderheiten der Gestaltung von bestimmten weitverbreiteten Erzählungen, deren Ursprung nicht feststellbar ist oder die an verschiedenen Plätzen zugleich entstanden sein könnten.
Die indischen Erzählungen stechen besonders durch erfindungsreiche Rahmengeschichten hervor, wenn zum Beispiel ein Papagei durch kurz vor ihrem Ende abgebrochene Geschichten eine treulose Frau von ihrem Stelldichein abhält und ihr verspricht, die Lösung am nächsten Abend zu erzählen. Auch die folgende Nacht verbringt er mit Geschichtenerzählen, ohne das Ende mitzuteilen, und so fort (Śukasaptati, »Siebzig Erzählungen eines Papageien«).
Ein anderer wohlbekannter Rahmen ist die Geschichte von dem Gespenst, das den König Vikramāditya zwingt, immer wieder einen schweren Leichnam zu tragen, weil er die aufgegebenen Rätselgeschichten nicht lösen kann (Vetālapañcaviṃśati, »Fünfundzwanzig Geschichten des Leichendämons«). Am Ende dieser Rahmenerzählung gewinnt Vikramāditya Macht über die zwei Gespensterkobolde Tāla und Vetāla. Diese haben in der Erzählliteratur in den Volkssprachen große Beliebtheit erlangt. In den im Mittelalter in Bengalen beliebten Maṅgala-Erzählungen zerstören sie als Tāla und Betāla systematisch das Ansehen des Vikramāditya, indem sie ihn durch Geistertricks schmählich erniedrigen. Wie hier, so schreckten die Bengalis auch sonst nicht vor der Verhöhnung selbst des Heiligsten zurück. So machten sie aus Śiva einen durch Haschischgenuß und Faulheit verarmten Bauern, der betteln gehen muß, um Pārvatī zu ernähren. Als er eines Tages mit einem Sack voller Edelsteine und köstlichen Speisen nach Hause kommt, sagt Pārvatī:

Sag mir die Wahrheit, o Dreizackträger!
Wen hast du umgebracht, um deinen Sack zu füllen?
Du, der du um den Hals eine Girlande trägst
und ein Sektenzeichen auf der Stirn,
bist wohl ein Asket nur am Tag
doch ein Halsabschneider in der Nacht.
Rameśvar Bhaṭṭacāryas, Śivāyana

Auf der Suche nach Sītā begaben sich beide Prinzen in südwestlicher Richtung in den Wald. Bewaffnet mit Schwert und Pfeil und Bogen folgten die beiden Sprößlinge des Hauses Ikṣvāku einem noch unbetretenen Pfad, der mit Büschen, Bäumen und Schlingpflanzen jeglicher Art überwachsen und schwer zugänglich war; dicht stand das Dickicht zu beiden Seiten, und düster erschien er, und dennoch bahnten sich diese mächtigen Krieger einen Weg durch den großen gefährlichen Wald.
Nachdem sie Janasthana, die Wohnstätte der Dämonen, durchquert und noch drei mal drei Meilen zurückgelegt hatten, betraten die beiden starken Brüder die dichte Bewaldung des Reiherwaldes ... Stets auf der Suche nach Sītā durchforschten sie diesen Wald, zuweilen hielten sie inne, um ihr Verschwinden zu beklagen, dann wieder setzten sie ihre Wanderung fort, und nach abermals drei Meilen gelangten sie zur Einsiedelei von Matanga. Nachdem sie den ganzen Wald durchsucht hatten ... da erblickten die beiden Söhne von Daśaratha eine Höhle im Berg, tief wie die Gegend unter der Erde, wo ewige Dunkelheit herrscht.
Die beiden Löwen unter den Menschen näherten sich der Höhle und erblickten die riesige Gestalt einer häßlichen Dämonin. Schrecklich sah sie aus und für Schwächere ein Entsetzen mit ihrem abstoßenden Äußerem, dickem Bauch, scharfen Zähnen, riesigem Wuchs und harter Stimme.
Das Ungeheuer fraß gerade vom Fleisch wilder Tiere. Nun erschien es mit aufgelöstem Haar vor Rāma und Lakṣmaṇa und sprach zu ihnen und sagte: »Kommt, laßt uns zusammen schlafen!« Darauf ergriff sie Lakṣmaṇa, der seinem Bruder vorangegangen war, und setzte hinzu: »Ich heiße Ayomukhi, ich gehöre dir; sei mein Herr, o du Held! Ein langes vergnügtes Leben auf den Gipfeln der Berge und auf den Flußinseln wollen wir uns bereiten!«
Als Lakṣmaṇa ... diese Worte vernahm, geriet er in Zorn, zog sein Schwert und hieb ihr Ohren, Nase und Brüste ab.

Aus *Rāmāyaṇa*, III. Buch

Gegen das Ende des 1. Jahrtausends beginnen sich dann die Ereignisse zu überstürzen: Aus dem Süden Indiens zieht die devotionale *(bhakti)* Dichtung herauf, und mit ihr erblühen alle die regionalen Sprachen zu den literarischen Ausdrucksformen, die größtenteils noch heute die Sprachregionen der indischen Union prägen. Zur gleichen Zeit beginnt der Einfall der Mohammedaner von Nordwesten her und mit ihm der Niedergang der Sanskritliteratur in weiten Gebieten Indiens. Alle diese Ereignisse verändern das Gesicht der indischen Literatur und Kultur von Grund auf und nachhaltig.

Die islamische Literatur

Die Mohammedaner brachten nicht nur die islamische Erziehung nach Indien, die in jeder ihrer Niederlassungen das Arabische und die Grundzüge der arabischen Gelehrsamkeit verbreitete, sondern die neuen Herren schufen auch der persischen Literatur in Indien ein neues Heim. Es sind Poeten des Arabischen bekannt, die im 8. Jahrhundert in Sind schrieben und in arabische Anthologien aufgenommen wurden.
Die eigentliche islamische Literatur in Indien entwickelte sich aber erst, nachdem Mahmūd von Ghazna (971–1030) den Nordwesten Indiens erobert hatte. Eine große Anzahl von Dichtern des Persischen schmückte die Herrschaft des Sultanats von Delhi, unter ihnen Mas'ūd Sa'd Salmān

(1040– um 1131), der das Fach des Gefängnisgedichts aufgrund eigener bitterer Erfahrungen geschaffen hat. Der größte Dichter dieser Zeit ist Amīr Khusrau (1253–1325). Er war wohlvertraut mit den frühen persischen Dichtern Firdausī (um 935– um 1025) und Niẓāmī (1141–1203) und ein Zeitgenosse von Rūmī (1207–1273) und Sa‘dī (1213–1292). Sein bekanntestes Werk ist die Nachdichtung von Niẓāmīs fünf großen epischen Gedichten (Kkamse), wodurch er die berühmten Themen von Lailā und Majnūn, Yūsuf und Zulaikhā, Alexander dem Großen und von Khusrau und Šīrīn in Indien bekannt machte. Als die Moguln Indien eroberten (1526), waren die Gaselen des berühmten Ḥāfiẓ von Šīrāz (1325–1389) schon lange im Besitz aller Gebildeten und viele dichteten in seinem Stil. Muḥammed ‘Urfī (1554–1591), der ebenfalls aus Šīrāz stammte, war die Zierde von Akbars Hof. Mit seinem Namen verbindet sich der Begriff des »indischen Stils« *(sabk-i Hind)*, mit dem eine ganze Epoche der persischen Literatur bezeichnet wird. Im Süden, im Königreich von Bījāpūr gilt Nūru ’d-Dīn Muḥammad Ẓuhūrī (gestorben 1615) aus Transoxanien als der beste der persischen Dichter. Die genannten und viele andere Dichter, Historiker, Theologen und Prosaisten machten die Inder zum erstenmale mit einer gänzlich anders gearteten Literatur bekannt. Ihre poetischen Formen waren das epische oder romantische Gedicht *(mathnawī)*, die Gasele *(ġazal)* und viele andere Vers- und Reimformen, und mit ihnen lernten die Inder die großen Themen und Ausdrucksweisen der reichen persischen Literatur kennen. Zunächst waren es vor allem die vielen literarisch gebildeten Immigranten aus Iran und Turkestan, die in dieser Sprache glänzten und den hohen Standard des Persischen an den mohammedanischen Höfen bewahrten, bis die in Indien geborenen Muslim das Übergewicht erlangten. Eine ähnliche Entwicklung spielte sich auch in der Kunst der Miniaturmalerei ab, indem zunächst persische Künstler an den Hof der Moguln gebracht wurden, die ihre erlernte Kunst weiter ausübten und damit die Inder mit einer gänzlich anderen Kunst konfrontierten. Die kosmopolitische Einstellung Akbars machte sie aber auch mit einem weiten Kreis von Themen der indischen und außerindischen Welt bekannt, und dementsprechend wandelte sich allmählich der Stil ihrer Malerei.

Die Sufis

Du hast geschworen, die, die dich
lieben, nicht zu unterdrücken, doch
du unterdrückst uns.
Du hast geschworen, die, die ihr Herz
an dich verloren haben, nicht
abzuschreiben, doch du
löschest uns aus.
Jawāmi‘u ’l-kalim, um 1400

Links: Kṛṣṇa und die Gopīs. Dieser Illustration des 18. Jahrhunderts liegt eine Legende aus dem Bhagavatapurāṇa zugrunde: Kṛṣṇa stiehlt den Gopīs, die sich nackt im Fluß Yamunā baden, die Kleider. Ihr Verhalten drückt verschiedene Stimmungen aus. Neu-Delhi, National Museum

Rechts: Zwei Fabeln aus dem Pañcatantra: Die obere Szene illustriert, wie Maus, Rabe, Hirsch und Schildkröte sich gegenseitig beistehen und dadurch den Jäger verwirren. Die untere Szene handelt von zu großer Gier. Miniaturmalerei der frühen Mogulschule. Berlin (Ost), Islamisches Museum

Es heißt, daß einmal ein Jäger war. Als der eines Tages mit Pfeil und Bogen in den Wald auf Jagd ging, lief nicht fern von der Stadt ein Hirsch an ihm vorbei. Er schoß und tötete ihn, nahm ihn und kehrte mit ihm nach seinem Hause zurück. Als er seine Straße zog, begegnete ihm ein Eber. Der verfolgte ihn und wollte ihn töten. Als der Jäger das bemerkte, nahm er den Hirsch von seiner Schulter und schoß mit dem Bogen auf den Eber und traf ihn ins Herz. Der Eber empfand nun die Heftigkeit des Schmerzes der Verletzung, stürzte sich auf den Mann und verletzte ihn mit seinen Hauern, indem er seinen Bauch aufschlitzte, und der Mann starb. Aber auch der Eber, der tödlich verwundet war, mußte sein Leben lassen. Und als dort ein Wolf vorüberlief, sah er den Eber, den Hirsch und den Menschen tot und freute sich und sprach bei sich: »Das alles sollte ich mir aufheben, was ich gefunden habe, damit es mir für Zeiten der Not erhalten bleibt. Heute werde ich nicht davon essen, sondern mir genügt es, jetzt an der Bogensehne zu nagen.« Und er ging an den Bogen und fing an, die Sehne zu benagen. Die Sehne aber schnellte plötzlich los und traf ihn, so daß er tot niederfiel.
Ich habe dieses Beispiel angeführt, damit du weißt, daß es nicht gut ist, immer nur Reichtümer zu sammeln, statt sie zu verbrauchen und sich mit Hilfe dieser Reichtümer Nahrung und Freude zu verschaffen.

Nach der lateinischen Übersetzung des *Pañcatantra*
»Beispiele der alten Weisen« von Johann von Capua

Mit dem Islam kam auch der Sufismus nach Indien. Diese recht unorthodoxe Bewegung zog die Inder besonders an, nicht nur weil sie in einigen ihrer Zweige Musik und Tanz pflegte, sondern auch weil ihr pantheistischer Charakter viele Sufis für indische Religionsformen zugänglich machte. Vor allem aber bedienten sich die Sufis in ihren poetischen Aussagen über das Verhältnis der Seele zu Gott einer durchaus erotischen Sprache, und selbst ihre Äbte (*šai<u>kh</u>*) und Heiligen (*pīr*) waren verheiratete Männer. Unter ihren frühen Dichtern in der persischen Sprache ragen Fa<u>kh</u>ru 'd-Dīn Irāqī (gestorben 1283) und Quṭb Jamālu 'd-Dīn Hānswī (gestorben 1260) hervor. Der bekannteste Sufi des Südens ist Gīsūdarāz (gestorben 1422). Er verbreitete die pantheistischen Ideen Ibn 'Arabīs (gestorben 1240) in Indien, die auch auf Hindus eine große Anziehung ausübten.

Muslimliteratur im Dekkan

Doch in den Staaten des Dekkan, besonders Golkonda und Bījāpūr, fanden auch diejenigen einheimischen Mohammedaner, die in ihren Muttersprachen schrieben, Protektion. Seit dem 16. Jahrhundert schufen sie viele Verserzählungen im *ma<u>th</u>nawī*-Stil wie Aḥamad Gujarātīs (vor 1600) Version der Geschichte von Yūsuf und Zulai<u>kh</u>ā oder Ġawwā<u>s</u>īs (1580–1672) Erneuerung der tragischen Liebesgeschichte von Lailā und Majnūn. Einige dieser Dichter bekleideten hohe Ämter an den islamischen Höfen, deren Könige Dichtung, Musik und Kunst lebhaft förderten. Dieser Anteilnahme sind nicht nur die Albumblätter-Miniaturen der Dekkanschule zu verdanken, sondern auch wunderbare Buchillustrationen, die noch bis ins 18. Jahrhundert entstanden.

Ein Tropfen von dir wurde Licht.
Von diesem Licht die Welt ward offenbart;
einst erleuchtete dies Licht Joseph,
doch Liebe zu ihm befleckte Zulai<u>kh</u>ā.
Mullā Nu<u>s</u>ratī, »Rosengarten der Liebe«

Die Dichter des Dekkan behandelten auch »indische« Themen, so die romantische Erzählung von der Trennung und Wiedervereinigung von Manhar und Madhmālatī, dargestellt in Nu<u>s</u>ratīs (um 1620– um 1685) Gulšan-i 'išq (»Der Rosengarten der Liebe«). Obwohl die Charaktere dieser und anderer Versromanzen indische Namen tragen, sind die Erzählungen selbst doch weitläufige Nachbildungen der Alexandergeschichte, die durch Niẓāmī in der persischen und Amīr <u>Kh</u>usrau in der indischen Welt bekannt gemacht worden waren. Ihre Symbolik beruht weitgehend auf neuplatonischen Sufi-Ideen. Die Sprache dieser Gedichte und der vielen Gaselen, die in umfangreichen Diwanen gesammelt sind, ist die südliche, altertümliche Form des Urdū, das in seiner heutigen Gestalt erst im 18. Jahrhundert in Nordindien aufblühte.

Die nordindische Bhaktiliteratur

Eine der Hirtinnen, von Sehnsucht
gequält, legte seine Lotosfüße auf
ihre Brüste.
Eine andere spannte ihre Augenbrauen
wie einen Bogen, biß mit ihren
Zähnen auf ihre Lippen und blickte
ihn im Rausche ihrer Liebe an, als
ob sie ihn mit ihren Augenpfeilen
durchbohren wollte.
Wieder eine andere nahm ihn durch ihre
Augentüren in ihr Herz, schloß sie
und preßte ihn an ihren Busen und
erfuhr dabei solch eine Wonne wie
ein Yogi (der im absoluten Brahman aufgeht).
Bhagavatapurāṇa, 10,32

Die Ideen, die die Sufis nach Indien gebracht hatten, übten einen weitreichenden Einfluß auf die hinduistische Gottesverehrung *(bhakti)* aus. Schon im Bhagavatapurāṇa (vor dem 10. Jahrhundert) hatte sich eine Erotisierung der Gottesauffassung abgezeichnet, die wahrscheinlich gleichzeitig mit den noch stark ritualistischen Liedern der Tamil-Bhakti zu denken ist. In beiden Fällen ist das Verhältnis Mensch-Gott als ein Liebesspiel zwischen Geliebtem und Geliebter gesehen worden. Für den Inder war es ganz offensichtlich, daß sein poetischer Ausdruck nur im Rahmen der indischen Ästhetik stattfinden konnte, die die verschiedensten Gefühlszustände im Liebesspiel schon ausgebildet hatte. Allerdings ließ noch das Bhagavatapurāṇa keinen Zweifel daran, daß es sich bei dieser Art von Gottesverehrung nur um ein ontologisches Mißverstehen handeln konnte, auf das der Gott nur aus Mitleid zu seinen Anbetern einging; denn in Wahrheit besteht kein Unterschied zwischen dem Absoluten, der Welt und der Seele, und daher auch keine Liebe zu ihm.

Wo dem engeren Umfahn vom Schauern
und des Minneblickspiels von des Augs
Blinzelung, dem Lippennektartrinken
von dem scherzenden Liebkosungswort,
selbst dem Liebeskampfe vom Entzücken
immer eine Schranke ward gesetzt:
Unter solchen Hemmungen ergehend,
ward ihr Lustaustausch genußreich erst.
Gītagovindam, 12,10

Wie leidenschaftlich dennoch diese Devotion sein konnte, zeigt Jayadevas Gītagovinda, ein Gedicht von der Eifersucht und dem Schmollen Rādhās, Kṛṣṇas Untröstlichkeit und wie, mit Hilfe von Rādhās Freundinnen, die Liebenden zu einer lustvollen Vereinigung kommen. Der in einigen Manuskripten beschriebene »umgekehrte« Ge-

Die Volkserzählung Simhāsana Battisi hat die Tugenden des legendären Königs Vikramāditya zum Inhalt: Der König beobachtet ein Opferritual, dem sich ein anderer König aus Barmherzigkeit unterzieht (links), und daraufhin handelt Vikramāditya ebenso, wofür ihn die Göttin in Gestalt einer mageren Yoginī segnet (rechts). Malereien der Pahārī-Schule. Benares, Bhārat Kalā Bhavan

schlechtsakt, gehört zu dem ganzen Gedicht, wenn die Lehren der Gosvāmīs von Bṛndāban schon damals verbreitet waren, denn nun ist Kṛṣṇa der einzige Held und die Welt seine Bühne, auf der er für seine Verehrer ein Schauspiel gibt, dessen freimütige Erotik sich nur dem Anbeter materialisiert. Er, der Gott, gibt ihm sozusagen das Glücksgefühl, diesen Moment unmittelbar zu erleben.

Wer von uns wollte wohl den Yoga üben?
Auf einer Gazellenhaut sitzen, Asche auf den Leib schmieren,
den Asketenstab in die Hand nehmen
und verfilztes Haar tragen, wer wollte das?
Wer wollte wohl den lieben, der unzugänglich,
ohne Grenzen und unermeßlich ist?
Wer, der das leuchtende Antlitz des Geliebten sah,
als er den Govardhanaberg aufhob,
würde das wohl auf sich nehmen?
Sūradāsa sagt, wer würde wohl diesen Rubin wegwerfen
und anstatt ein Bündel Asche schnüren?
Sūradāsa, Bhramaragīta

Daß unter solchen Umständen die transzendentalen Lehren des Bhagavatapurāṇa aus den Augen verlorengingen, ist nur allzu verständlich. Daher läßt auch Sūradāsa (16. Jahrhundert), ein Sänger der nordindischen Bhakti, Kuhhirtinnen von Bṛndāban den Vertreter des monistischen Asketentums lächerlich machen, als er ihnen beweisen will, daß ihre heiße Liebe zu dem Gott nur eine Illusion sei. Diese von lustvollen Emotionen ergriffenen Anbeter wollten keine unpersönliche Erlösung mehr, nur ewige, lusterfüllte Nähe am Ziel ihrer Sehnsucht.

Ich fiel zu Boden und war unfähig, ein anderes Wort zu sagen außer: »Rette mich! Rette mich! O Retter deiner verzweifelten Verehrer!« Als der Herr sah, daß ich von Liebe überwältigt war, zügelte er den Einfluß seiner Zauberkraft und legte seine Lotoshände auf meinen Kopf. Aus Erbarmen mit mir Elendem machte er all meinen Leiden ein Ende.
Tulasīdāsa, Rāmacaritamānasa, 7, 125 (»Die Krähe Buśuṇḍi erzählt von ihrem Spiel mit dem Kinde Rāma.«)

Natürlich gab es auch Verehrer Gottes, denen diese schrankenlose Erotik zu weit ging. Allerdings mußten sie sich dann eine andere Inkarnation des Gottes zur Anbetung wählen. Besonders der tugendhafte Rāma bot mehr un-

Links: Liebesgedicht (Übersetzung siehe unten) auf einem kunstvoll mit Gold- und Silbermalereien gezierten Albumblatt. Berlin (Ost), Islamisches Museum

Rechts: Śiva und Pārvatī in einer paradiesischen Landschaft, auf einem Tigerfell sitzend, werden Musik und Tanz dargebracht. Miniatur, signiert von zwei miteinander verwandten Künstlern, dem Zeichner Kusāla und dem Maler Kāma. Derartige »Arbeitsteilung« der Künstler ist für die Malerei der frühen Mogulschule kennzeichnend. Privatsammlung.

Deine rubinroten Lippen geben tausend Versprechen,
doch halten sie keines.
Tausend Pfeile schnellen aus deinen Augen,
nicht einer davon geht fehl.

Fahl wie das Gold ward mein Gesicht vor Gram.
Dein eisern Herz –
mit jedem Schlag versetzt es mir Wunden.

Der geringe, sündige Abdullah,
[Gott] vergebe ihm!

Heiße Seufzer quälen die Lippen der Unglücklichen unter der Gewalt des Liebesgottes, der von ihrem Herzen Besitz nahm, immer neu und mit tiefem Stöhnen, und Tränen, aus den Augen perlend, benetzen sie rings – ich glaube: die Lippen der im Trennungsweh Verwaisten haben das leidenschaftliche Rot abgelegt, um ein hartes Gelübde auf sich zu nehmen, wie jene Asketen, die Feuersglut und Wassersgewalten trotzen.

Aus dem *Sṛṅgāra-Tilaka* des Rudrabhatta

zweideutige Aspekte. So konnte Tulasīdāsa (um 1543–1623) Sītā, Lakṣmaṇa, Bhārata und wer sonst noch im Rāmāyaṇa des Vālmiki eine Rolle spielt, in seinem Rāmacaritamānasa zu Beispielen verschiedener Arten brünstiger Rāma-Verehrung machen. Selbst eine miserable Krähe führt ihre grenzenlose Liebe zum Kind Rāma vor. Darüber hinaus werden auch Rāvaṇa und alle Dämonen zu Anbetern Rāmas gemacht, die allerdings wegen ihrer Geburt in einem schwarzen *(tamasa)* Körper ihre Verehrung nur zeigen können, indem sie Rāma bekämpfen, und erlöst werden, wenn er sie tötet. Diese auf das Sāṃkhya-System gegründeten Ideen entnahm Tulasīdāsa dem Bhagavatapurāṇa.

Die stark gefühlsbestimmte Bhakti verbreitete sich in weiten Gebieten Indiens, besonders dort, wo das klassische brahmanische Erziehungs- und Sittensystem wegen der starken Übermacht des Islam zusammengebrochen war (im heutigen Uttar Pradesh) oder wo es nie bestanden hatte (in weiten Gebieten Bengalens). Die geistigen Väter der unzähligen Bhakti-Dichter und -Sänger waren meistens Brahmanen wie Vallabhācarya (1479–1531), Chaitanya (1485–1533), Jīva Gosvāmī und Sanātana Gosvāmī (beide 16. Jahrhundert), die aber alle die traditionellen Lehren weitgehend veränderten und somit dem Hindutum eine ganz neue Richtung gaben.

Aber der orthodoxe, das heißt der koranglaubige Islam, der die Erotik in die Schranken der legalen Ehe verwies, wurde auch unter den einfachen Gottesverehrern fühlbar. Der bekannteste unter den Anbetern eines nichtinkarnierten Gottes ist sicherlich der Weber Kabīr (15. Jahrhundert), der wohl ein gänzlich ungebildeter Muslim war, aber ein religiöses und poetisches Genie. Er verachtete Gelehrsamkeit, aber verrätselte seine Visionen in die Geheimsprache der Tantriker oder sang in bewegender Einfachheit von einem Hindus und Muslimen gemeinsamen Gott, den er Allah oder Rām nannte:

Als ich an das Leere, das Einfache dachte,
erleuchtete ein Licht.
Ich gebe mich dem Wesen hin,
das im Nichts ruht.
Kabīr, Bījak, Ramainī 6

Aber auch unter den Hindus der einfachen Schichten regte sich das Verlangen, sich geistig von dem Hindu-*dharma* zu lösen. Doch wollte man dabei die devotionale Grundhaltung der Zeit nicht aufgeben. So verehrte man den »unqualifizierten« *(nirguṇa)* Gott, der eigentlich nur Asketen und Philosophen begreiflich sein sollte. Aber daran störten sich diese Männer nicht, die wie die Muslime zu einem in ihren Augen würdigeren Gott beten wollten. Viele derartige Kulte mit reicher Liedliteratur entstanden im 16. und 17. Jahrhundert. Die heute noch machtvollste Sekte dieser Art sind die Sikhs, deren Gründer Nānak (1469–1539) und dessen Nachfolger eine große Sammlung von *nirguṇa-*

Liedern anlegten, den sogenannten Guru Grant Sāheb der Sikhs, der in Amritsar königliche Ehren genießt. Doch der eigentliche Gott der Sikhs ist ein unerforschliches Wesen, und seine größten Verehrer glauben, daß sie in Wahrheit der Welt schon abgestorben sind, obwohl sie noch allen weltlichen Pflichten nachgehen.

Die reiche indische Liedliteratur, die den religiösen Bewegungen dieses Jahrtausends zu verdanken ist, entwickelte sich in vielen Regionen Indiens im 17. und 18. Jahrhundert und wurde von Dichtersängern getragen, die ihren Namen am Ende ihrer Lieder nannten, wie es die großen persischen Poeten taten. Sie fanden ihr Heim in Tempeln und sektengleichen Vereinigungen, wenn sie nicht den größten Teil ihres Lebens auf Wanderschaft verbrachten und ihre Kunst aus dem Gedächtnis vortrugen. Zunehmend jedoch fanden sich ihre Lieder in handschriftlich überlieferten Liedersammlungen.

Die Hofpoesie des ausgehenden Mittelalters

Das bleibende Interesse an den Kompositionen der religiösen Liederdichter geht Hand in Hand mit der Aufmerksamkeit, die nun auch Hindu-Fürsten der Literatur in den gesprochenen Sprachen schenken. Dabei war es ganz unvermeidlich, daß die Regeln der weit entwickelten Kunstdichtung in Sanskrit der volkssprachlichen Poesie halfen, bei Hofe Ansehen zu erringen. Am bekanntesten ist die Aktivität der Könige von Vijayanagar in Dekkan, dem Telugu Hofstatus zu geben, worauf die Dichter mit überaus gekünstelten Kompositionen reagierten.

So wie Indra den Dämonen Jambhasura in Schrecken versetzt,
und das Feuer auf dem Grunde des Ozeans die See,
wie König Rāma den Rāvaṇa, wie der Wind die Wolken,
wie Śiva den Liebesgott, wie Paraśurāma den Saharsrabāhu,
wie der Waldbrand die Bäume und der Leopard die Gazellenherde,
wie der Löwe den Elefanten und das Licht die Finsternis,
so wie Kṛṣṇa dem Dämonen Kansa, so setzt
der Löwe, der König Śivājī, das ganze Geschlecht
der Mohammedaner in Schrecken.
Bhūṣaṇa Tripāthi

Am Hof des stark nationalistisch denkenden Marathen Śivājī fand Bhūṣaṇa Tripāṭhi (1613– um 1715), ein Hindudichter, Zuflucht, der seinen Kampf gegen die Muslime mit ausgefeilten Epigrammen anfeuerte.

Süß ist auch eine kleine Lüge nicht.
Wann ist sie dennoch süß, möcht' ich fragen?
Das »Nein«, das vor dem Kuß ein Mädchen spricht,
ist süß, wenn es auch falsch ist, laßt euch sagen.
Bihārī Lāl, Satasaī

Aber die Mehrzahl der Poeten und ihre Gönner beschäftigten sich mit der alten Kunst, die Schönheit der Frau zu besingen. Dieses Thema war inzwischen von den Theoretikern der Sanskritpoetik erheblich insoweit erweitert worden, als nun detaillierte Klassifikationen der »Heldin« *(nāyikā)* des Dramas und der Poesie, das heißt von Mädchen und jungen Frauen, vorlagen. Der gelehrte Viśvanātha (12. Jahrhundert) hatte in seinem Werke Sāhityadarpaṇa (»Spiegel der Literatur«) mehr als tausend Typen klassifiziert und selbst dazu in Sanskrit viele Beispielverse gedichtet. Im gleichen Stil wurden nun auch von den Dichtern der Volkssprachen Klassifikationen *(lakṣaṇa)* und Beispielverse *(udāharaṇa)* zu hochkünstlerischen Gedichtsammlungen vereint. Berühmt in dieser Kunst ist der Brahmane Keśavadāsa (1555– um 1617) aus Orccha, der auch die Metrik in ausgefeilten Versen beschrieb.
An vielen Höfen von Hindu-Fürsten wurde in dieser Zeit auch die Miniaturmalerei nach dem Vorbild der Muslime gepflegt. Die mehr verspielte Form der Hofdichtung der Hindus fand ihren Ausdruck in Illustrationen zu der Satasaī von Bihārī Lāl (eigentlich Māthur Caube, 1603– um 1663) und Keśavadāsas Rasikapriyā. Darüber hinaus entfaltete sich aber auch eine reiche Illustrationskunst zu den Sanskritepen und dem Bhagavatapurāṇa, besonders seinen Kṛṣṇa-Legenden, und der indischen Musikliteratur.

Die Urdūdichtung des 18. Jahrhunderts

Vergebens, vergebens, Geliebte, gehst
du zum Ufer. Schau doch in das
Antlitz des Spiegels und sieh!
Deine Augen sind feucht von
Trunkenheit, als ob ein Boot
stromauf gerudert ward.
Khwajā Mīr Dard

Am auffallendsten ist aber das Aufblühen der Urdūdichtung im 18. Jahrhundert. Der Niedergang der Moguldynastie und mit ihm die Herrschaft des Persischen gab offenbar vielen Muslimdichtern im Norden Indiens den Mut, auch in einer indischen Sprache zu schreiben, die sie allerdings stark persifizierten. In der Tradition wird der Beginn der Urdūdichtung Muḥammad Walī »Dekkanī« (1688–1744) zugeschrieben. Er war ein Schüler des Sufis Šaikhs Wajhu 'd-Dīn Alwī Gujarātī und blieb sein ganzes Leben verschiedenen Sufizentren verbunden. In ihren Zirkeln schrieb er seine Gedichte und begleitete den Sufi Aḥmad Abūl-Mu'ānī im Jahre 1722 nach Delhi, das er schon einmal, nämlich 1700, besucht hatte und wo ihm empfohlen worden war, einen Diwan in Rekhtā (personifiziertes nördliches Urdū) zu komponieren. Damit hat man alle Elemente vereinigt, die zum Aufblühen der Urdūdichtung führten: den Sufihintergrund, die Errungenschaften der Dekkanī-Dichter, das sinkende Ansehen des Persischen und die stimulierende Atmosphäre in Delhi zu Beginn des Jahrhunderts. Ob wir es hier mit einer Legende oder der Wahrheit zu tun haben, läßt sich nicht entscheiden, aber es entspricht der Situation, daß Walīs Diwan ein großer Erfolg in Delhi gewesen sein soll.
Dort breitete der Hof des Nachfolgers Aurangzebs einen Schirm des Wohlwollens über die Dichter aus und ehrte sie durch Positionen am Hof und durch Pensionen. Daneben veranstalteten die Dichter selbst in Moscheen, Sufizentren, Häusern von wohlhabenden Bürgern und Noblen Dichterwettstreite, sogenannte Muša'īrā, auf denen Poeten des Persischen und des Urdū ihre neuesten Dichtungen der Kritik oder dem Beifall preisgaben. Es ist besonders bemerkenswert, daß in diesen Kreisen bedeutende Dichter des Persischen, wie Sirāju 'd-Dīn 'Alī Khān Ārzū (gestorben 1756) und Mīrzā 'Abdu 'l-Qādir Bedil (gestorben 1721), der größte Dichter des Persischen seiner Zeit, der Bewegung zum Urdū hin aktive Unterstützung boten. Der Grund mag wohl gewesen sein, daß die persische Dichtung in Indien einen solchen Grad von Künstlichkeit und Kompliziertheit erreicht hatte, daß die von den einfacheren Sufiideen inspirierte Urdūpoesie wie eine frische Brise empfunden wurde, der sich selbst die besten Kenner des Arabischen und Persischen nicht entziehen konnten. Man muß lange suchen, bis man auf einen Urdūdichter des 18. Jahrhunderts stößt, der des Persischen nicht mächtig ist und nicht selbst in Persisch geschrieben oder gedichtet hat. Das erklärt dann auch, warum die traditionellen Formen der persischen Literatur erhalten blieben. Man beobachtet anfangs, wie sorgfältig die Gedichte nach den Vers- und Reimschemata des Persischen verbessert wurden, bis sich ein Konsensus darüber entwickelte, was davon im Urdū anwendbar war und was aufgegeben werden mußte. Leichter hatte man es mit den poetischen Bildern und Metaphern. Besonders zu der Form des *ġazal* gehörten die Metaphern, etwa von der Nachtigall und der Rose, der Kerze und der Motte, dem blühenden und dem verlassenen Garten, und die absichtliche Unbestimmtheit des poetischen »Du«, an dem die weltliche oder transzendentale Interpretation der Gedichte hängt. Diese Konventionen waren so stark, daß noch heute das *ġazal* von ihnen beherrscht wird und in dieser traditionellen Form sich größter Beliebtheit erfreut.
Die Dichter des Urdū sind eine bunte Schar. Viele von ihnen waren der Zeit entsprechend in ihrer Jugend Soldaten oder sehr unbändige junge Männer gewesen, meist aus adligem Hause. Aber viele von ihnen überfiel sehr bald die Einsicht von der Nichtigkeit ihres Tuns, und so schlossen sie sich Sufizirkeln an. Aber ihr Talent und die damit verbundene Reizbarkeit und Eitelkeit stachelten so manchen zu literarischen oder persönlichen Fehden an, die, wenn es sich um Mitdichter handelte, amüsanten Zeitvertreib für alle Gebildeten lieferten, wenn aber hochgestellte Personen betroffen waren, Stellung und Einkommen kosten konnten. So ziehen Urdūdichter von Hof zu Hof oder fristen in kleinen Moscheen ein Bettlerdasein. Hinzu kam,

»Die verschlagen handelnde Frau«, Miniatur um 1690 aus der Rasamañjarī-Handschrift von Bhānudatta: Die Frau weist in Gegenwart ihres Gatten den Diener an, einen Baum abzuholzen, wirft aber heimlich die hierzu notwendige Axt ins Wasser. London, Victoria and Albert Museum

daß in der Mitte des 18. Jahrhunderts die Stadt Delhi durch eine Reihe von Invasionen der Perser, Marāthen und anderer Eindringlinge immer wieder geplündert wurde, bis nicht mehr viel von ihrer alten Pracht übrigblieb. Das bewirkte einen allgemeinen Auszug der Poeten, meistens nach Lucknow, wo sich eine junge Dynastie gerade etabliert hatte. Aber der neue Platz und die andere Herrschaft machten viele Dichter sehr unglücklich und ließen sie von dem verlorenen Delhi träumen. Diese Melancholie wurde in Lucknow noch durch den schiitischen Charakter dieses Fürstentums bestärkt, denn dort beweinte man einmal im Jahr für zehn Tage mit allem Pomp den Tod Ḥusains, des Enkels des Propheten, in der Schlacht bei Kerbala.

Unter den Dichtern, die entweder in Delhi blieben oder dort sich einen Namen machten, ist vor allem der Sufi Khwajā Mīr Dard (gestorben 1793) zu nennen, der neben vielen Schriften in Persisch einen wunderbaren Diwan seiner Urdūgaselen hinterlassen hat. Wenig ist bekannt über den sehr vielseitigen Mīr Tāqī Mīr. Er ist der berühmteste und meistzitierte der Urdūdichter des 18. Jahrhunderts. Von ihm stammen nicht weniger als sechs Diwane, und er dichtete in der Stimmung der Zeit:

Eines Tages fand ich Salomonis Grab,
und diese Worte waren auf den Stein
geschrieben:
O stolzer Mann! Auch dieser Kopf erhob
sich einst in Stolz. Doch nun ist's
nichts als Staub, auf dem die Würmer
kriechen.

Der Stimmung der Zeit entsprechen auch die Poetennamen wie Dard (Schmerz), Sawdā (Melancholie) und Soz (Herzensqual). Der Meister der Urdūdichtung in Lucknow war Šaikh Imām Bakhš »Nāsikh« der noch ins 19. Jahrhundert hinein lebte. Doch fehlt seinen glatten Versen die Tiefe der Mystik eines Dard, der wie zum Ausklang eines ganzen Zeitalters schreibt:

Wenn der Nachtfalter nur nicht die Kerze erreicht hätte!
O ihr Federn und Flügel des Falters,
welch Unglück habt ihr angerichtet!
Ich sah ihn gerade sich in der Flamme verbrennen.
Und als ich noch einmal hinsah,
war keine Spur mehr von ihm.
Mit einem Sprung nur hat er das Ziel seiner Wünsche
erreicht.
O Wanderer, wie beneidenswert ist die Reise des Falters!
Auch die Kerze ist ausgebrannt. Der Morgen ist gekommen.
O Dard, wer wird mir noch von dem Falter erzählen?

Tanz und Musik

In den vergangenen Jahrzehnten haben Gastspiele von Tänzern und Musikern aus Indien in vielen Ländern der Welt bei stets breiteren Publikumskreisen zunehmend Anerkennung, ja Bewunderung gefunden. Dabei könnte leicht vergessen werden, welch dramatische Entwicklung gerade der indische Tanz in der jüngeren Zeit genommen hat. Es ist heute kaum mehr vorstellbar, daß der auf einer jahrtausendelangen Tradition beruhende klassische Tanz des Subkontinents um 1920 nur noch ganz wenigen Spezialisten im eigenen Land bekannt war. Es gab nämlich unter der britischen Kolonialherrschaft zu Beginn des Jahrhunderts eine gegen den Tanz *(nautch)* gerichtete, eine sogenannte »Anti-Nautch-Bewegung«. Der nach Indien importierte Puritanismus und die kleinbürgerliche Prüderie waren zum ärgsten Feind des indischen Tanzes geworden. Der Tempeltanz der Devadāsīs wurde in verschiedenen Regionen verboten, die Tänzerinnen hatten keine Existenzgrundlage mehr und wurden zur Prostitution gezwungen. Unter den verbissenen Attacken der Tanzfeinde drohten die regionalen klassischen Tanzstile der Vergessenheit anheimzufallen.

Doch wie so oft in der indischen Geschichte erwies sich die Tradition als stärker. Im antikolonialistischen Befreiungskampf nahmen das Bewußtsein der nationalen Würde, der Stolz auf die eigene kulturelle Vergangenheit rapide zu. Der Streit für oder wider den indischen Tanz wurde zu einem Politikum.

Einige mutige Vorkämpfer setzten sich seit den zwanziger Jahren gegen alle möglichen Widerstände durch und leiteten eine Wiedergeburt der klassischen Tanztraditionen ein. Innerhalb von nur zehn Jahren gelang es ihnen, breite Anerkennung zu finden. Schon Ende der dreißiger Jahre brach die »Anti-Nautch-Bewegung« völlig zusammen. Die Renaissance der indischen Tanzkunst war nicht mehr aufzuhalten.

Den ersten Anstoß gab der bengalische Dichter, Philosoph, Maler, Komponist und Regisseur Rabindranath Tagore (eigentlich Thakur, 1861–1941). Er holte einen Guru des Maṇipuri-Tanzes aus dem nordostindischen Tripura an seine Schule in Santiniketan und bildete 1926 mit begabten Studentinnen seiner Schule eine Maṇipuri-Tanzgruppe, mit der er ein Programm klassischer Maṇipuri-Tänze auf die Bühne brachte. Daß sich damals junge Mädchen in der Öffentlichkeit tanzend zeigten, war ein großes Wagnis. Aber dank der Autorität Tagores fanden die Tanzgegner immer weniger Resonanz. Und nun geschah etwas Bemerkenswertes: In Calcutta, wo sonst nur Foxtrott, Charleston und Tango getanzt wurden, drängten sich junge Inderinnen danach, den eigenen klassischen Tanz zu erlernen. So wurde der Maṇipuri-Tanz bis 1938 in ganz Indien wieder bekannt.

Ebenfalls 1926 hatte die Tänzerin Menakā (1899 – 1947) den Mut, in Bombay mit ihrem ersten Programm als Solotänzerin im Kathak-Stil aufzutreten, wozu sie von Anna Pawlowa, der russischen Ballerina ermuntert wurde, den sie aber gegen den Willen ihrer Familie studierte. Nach ersten Erfolgen gründete sie eine eigene Kathak-Gruppe und schuf einige Tanztheaterstücke, in denen sie behutsam auch Elemente anderer klassischer Tanzstile verwendete. 1936 erregte sie auf einer Europatournee größtes Aufsehen. Zwei Jahre danach gründete sie eine Tanzschule.

Zur gleichen Zeit setzte sich der keralische Dichter Vallathol Narayāna Menon (1878–1958) für eine Wiedergeburt des Kathakaḷī-Tanztheaters ein, nachdem Ende des 19. Jahrhunderts die großen Kathakaḷī-Gruppen eine nach der anderen aufgelöst wurden, da ihnen die keralischen Rājas unter dem Druck der »Anti-Nautch-Bewegung« jegliche Unterstützung versagten.

Figuren an einem Kapitell des Tempels in Amber, Sitz eines alten Rājputengeschlechts in der Nähe von Jaipur. Die Architektur des Tempels und die Skulpturen aus gelbem Sandstein zeigen den Einfluß der Mogulkunst. Die Figur im Vordergrund spielt auf einer Vīṇā, einem altindischen Zupfinstrument mit durch ein Bambusrohr verbundenen Kalebassen, über die die Saiten gespannt sind.

Vorhergehende Doppelseite: Die zahllosen Reliefs von Tänzerinnen und Musikantinnen am gewaltigen, dem Sonnengott Sūrya geweihten Tempel in Koṇārak aus dem 13. Jahrhundert geben einen lebendigen Eindruck von den täglich in der großen Halle vorgeführten Tempeltänzen im klassischen Odissi-Stil.

Links: Die berühmte Bronzestatuette einer Tänzerin aus Mohenjodaro um 2000 v. Chr. In Haltung und Gestus sind Übereinstimmungen mit dem viel später entwickelten klassischen Tanz deutlich erkennbar. Neu-Delhi, National-Museum

Rechte Seite: Das Pfeilerrelief vom Steinzaun des Stūpa in Bhārhut um 100 v. Chr. stellt die junge Göttin Culakoka Devatā dar. Die Tanzhaltung symbolisiert das Erblühen der Baumzweige, die sie mit der rechten Hand berührt. Calcutta, Indian Museum

1926 begann in Tamilnāḍu die Wiedergeburt des wohl ältesten klassischen Tanzstils, der nach Bhārata, dem legendären Verfasser des Tanzlehrbuches Nāṭyaśāstra, Bhārata Nāṭyaṁ genannt wird. Gerade in Südindien war der klassische Tanz weit über tausend Jahre lebendig geblieben, aber auch hier drohte er durch die heftigen Angriffe der Tanzfeinde verlorenzugehen. Der junge Advokat Kṛṣṇa Iyer trat einem Laien-Tanzensemble bei, studierte klassischen Tanz, wirkte an kleinen Veranstaltungen mit und hielt Vorträge. Doch zunächst fand er wenig Resonanz. Erst bei einer heftigen Zeitungspolemik zwischen ihm und dem Wortführer der Tanzfeinde gewann er breitere Sympathien und errang seit 1933 große Erfolge. Mit der hervorragenden Devadāsī Bela Sarasvatī und anderen Tänzerinnen nahm er 1934 an einer allindischen Musikkonferenz in Benares teil, bei der auch Tagore anwesend war. Gleichzeitig hatte die Brahmanentochter Rukminī Devī, wie Menakā von Anna Pawlowa ermutigt, gegen den Willen ihrer Familie indischen Tanz studiert. 1936 gründete sie in Adyar bei Madras das Kunstzentrum Kalākṣetra.

Während die Pioniere des klassischen Tanzes in vier verschiedenen Gebieten ihres Landes um die Realisierung ihrer Ideale, um die Entdeckung und Wiedergeburt des indischen Tanzes kämpften, setzte sich der Tänzer Uday Śaṅkar in Europa für die gleichen Ziele ein. Anna Pawlowa hatte ihn eingeladen, sie und ihre Truppe einige Grundlagen des indischen Tanzes zu lehren und die Ballette »The Hindu Wedding« und »Rādhā und Kṛṣṇa« zu choreographieren. 1924 reiste er mit Anna Pawlowa durch Europa und Amerika. Vier Jahre später trat er dann mit einem eigenen Programm auf und stellte 1930 in Indien eine Gruppe von Tänzern und Musikern zusammen, mit denen er in Europa und Amerika Aufsehen erregte. 1938 gründete er in Almora bei Calcutta ein Kulturzentrum und setzte nach dem Krieg seine Tourneen durch mehrere Erdteile fort.

Seit der Gründung der Republik Indien im Jahre 1950 nahmen Erforschung und Pflege des indischen Tanzes einen noch stärkeren Aufschwung. 1953 wurde in Neu-Delhi die zentrale Sangeet-Natak-Akademie gegründet, der bald ähnliche Institute in mehreren Unionsstaaten folgten. Sie leisteten und leisten bei der Sammlung, Aufzeichnung, Systematisierung und Propagierung der darstellenden Künste einen wichtigen Beitrag zur Entdeckung und Bewahrung indischer Kultur.

Stammes- und Volkstänze

Es ist einleuchtend, daß eine so hoch entwickelte klassische Tanzkunst nur auf der Grundlage einer vielfältigen Tanzkultur der Völkerschaften wie der Draviden im Süden, der Munda im Norden, der Nāga im Nordosten sowie der Negrito und Weddiden in Kerala entstehen konnte. Die Tänze der Jagdmagie, des Regenzaubers, zur Saat und Ernte, zur Anrufung und Beschwörung von Geistern und Teufeln, zu festlichen Anlässen, die Kriegs- und Arbeitstänze wie auch die Geselligkeits- und Geschicklichkeitstänze sind außerordentlich vielfältig. Ihre choreographischen Formen zeugen von einer unerschöpflichen Volksphantasie, sie bewegen sich in Reihen, Kreisen, Ellipsen, in Schlangenformen, Pyramiden, ja sogar im Dreieck. Einige wenige Beispiele mögen das dokumentieren.

Da ist in Kerala der Mudietta-Tanz beheimatet, ein schamanistisches Ritual mit großen Masken zur Austreibung von Teufeln. In Gujarāt tanzen die Frauen den Lichtertanz Cirava: Das brennende Öl in auf dem Kopf getragenen Kupfergefäßen symbolisiert die lebenspendende Erdgöttin. Von einem alten Fruchtbarkeitsritual ist der Kāla-Tanz in Mahārāṣṭra abgeleitet: Junge Männer bilden eine zwei- oder dreistöckige Pyramide, um die auf einen hohen Baumzweig oder Stock gelegte Kāla-Speise herunterzuholen. Equilibristische Fertigkeiten erfordern Tänze auf Stelzen wie bei den dravidischen Gond in Madhya Pradesh oder der Jagartanz aus Goa. Die Nāga-Stämme im Nordosten pflegen äußerst lebendige Kriegertänze. Und bei den Savara- und Juang-Stämmen in Orissa gibt es die verschiedensten phantasievollen Tiertänze.

Elemente und Formen klassischer Tanzkunst

Diese ungemein reiche Volkskultur bildet das Fundament einer Tanzkunst, die aufgrund einer schon sehr frühen gesellschaftlichen Entwicklung auf hohem materiellen und geistigen Niveau zu klassischer Vollkommenheit gelangte. Zeugnisse dafür sind zwei Skulpturen der Induskultur aus dem 3. Jahrtausend v. Chr. Die Bronzestatuette einer Tänzerin aus Mohenjodaro mit ausgesprochen indischem Gestus und der Torso einer tanzenden Männerfigur, dessen Körperhaltung den Darstellungen des tanzenden Śiva als Herrn der Tänzer, Śiva Naṭarāja, aus viel späterer Zeit sehr ähnlich ist.

In den über tausend Jahren zwischen dem Untergang der Induskultur und der Entstehung des Großreiches der Maurya im 3. Jahrhundert v. Chr. sind nur spärliche schriftliche Mitteilungen über den Tanz in der vedisch-brahmanischen Kultur erhalten geblieben. Im Arthaśāstra, dem sogenannten Staatslehrbuch des Kauṭilya, das nach der älteren Forschungsmeinung in die Zeit der Herrschaft Candragupta Mauryas um 300 v. Chr. datiert, heute aber meist auf die ersten Jahrhunderte nach Christus angesetzt wird, erwähnt der Autor bereits die Existenz von Tempeltänzerinnen.

Candraguptas Enkel Aśoka (268 – 232 v. Chr.) berichtet über große kultisch-theatralische Darbietungen mit Erzählungen, Liedern und Tänzen, in den die humanistische Ethik Buddhas, der *dharma*, breiten Schichten des Volkes zugänglich gemacht werden sollte. In den wenigen Jahrhunderten zwischen dem Maurya-Reich und der Kuṣāṇa-Herrschaft im 1. und 2. Jahrhundert n. Chr. kam dann der klassische Tanz zur vollen Entfaltung. In verschiedenen Schriften jener Zeit wird das hohe Können der Tempeltänzerinnen, der Haremsfrauen an den Höfen und der vornehmen Hetären in den Städten gerühmt. Der Tanz, die Musik, das Vortragen und theatralische Darstellen von Episoden aus den in den Urfassungen bereits zuvor entstandenen großen Epen Rāmāyāṇa und Mahābhārata müssen ein so hohes Niveau gehabt und eine solche Verbreitung gefunden haben, daß die schriftliche Kodifizierung der ästhetischen Grundsätze und Formen der darstellenden Künste bis in alle Details in einem Sanskritkompendium notwendig geworden war. Das wahrscheinlich im 2. Jahrhundert in einer erweiterten Form bis zum 4. Jahrhundert n. Chr. entstandene Nāṭyaśāstra ist in der Tat ein einzigartiges Dokument und theoretische Grundlage für alle Stile des klassischen Tanzes.

Um die gleiche Zeit entstand im tamilischen Süden das große Epos Śilappatikaram, in dessen Mittelpunkt die

Tänzerin Mahāvī steht. Darin werden mehrere Tänze exakt beschrieben. Außerdem sind seit den buddhistischen Stūpas von Bhārhut und Sāñcī um 100 v. Chr. in immer stärkerem Maße Tanzfiguren in charakteristischen Körperhaltungen und mit symbolischen Handgesten an Tempeln dargestellt worden. In der ganzen Weltkultur gibt es aus so früher Zeit kein anderes Beispiel einer hochentwikkelten theatralischen Kunst, in der Tanz, Gesang und Instrumentalmusik – dafür heißt im Sanskrit die zusammenfassende Bezeichnung *saṅgīta* – mit episch-dramatischer Literatur eine komplexe Einheit bilden.

Die künstlerischen Mittel im Kommunikationsprozeß von den Ausführenden zu den Rezipienten werden im altindischen Theater *abhinaya* genannt, das bedeutet wörtlich: herübertragen, übermitteln, mitteilen. *Abhinaya* sind alle visuellen und akustischen Mittel, in denen die Künstler die von ihnen zu erzeugenden *bhāvas* – Stimmungen, Haltungen, Emotionen – darstellen, auf die Zuschauer übertragen und bei diesen den *bhāvas* entsprechende *rasas* (Gefühle) erwecken. Im Nāṭyaśāstra werden verschiedene Arten *abhinaya* unterschieden. Die erste, *aṅgika*, umfaßt alle Darstellungsmittel des menschlichen Körpers.

In systematischer Weise wird eine Übersicht aller tänzerischen Haltungen, Bewegungen, Gesten, Schritte und Drehungen gegeben. So werden die Bewegungsmöglichkeiten der Augen, Augenbrauen, Augenlider, der Nase, der Lippen, Wangen und des Kinns, also die Mimik, exakt beschrieben und sechsunddreißig Blicke sowie sieben Bewegungen der Augenbrauen unterschieden. Mit den Lippenbewegungen können Emotionen wie Eifersucht, Schmerz, Freude, Scham, Verzweiflung und Abscheu dargestellt werden. Auch die Bewegungen des Kopfes, der Brust, des Bauches, der Hüften, des Gesäßes und vor allem der Hände und Füße sind genau kodifiziert. Die ausführlich beschriebenen 64 verschiedenen Hand- und Fingerhaltungen – *hastas* oder *mudrās* – bilden einen umfassenden Bewegungskodex, mit dem praktisch der ganze Text einer epischen Erzählung oder eines poetischen Liedes bildlich umgesetzt werden kann. Sie sind ein spezifisch indisches Mittel nichtverbaler, doch ganz konkreter Kommunikation im Theater. Ausgehend von den Positionen beider Füße werden im Nāṭyaśāstra 108 grundlegende Körperhaltungen, *karaṇas*, beschrieben, die in den Tanzskulpturen mehrerer Tempel in Tanjore, Cidambaram und Kumbakonam aus dem 11. – 14. Jahrhundert vollständig nachgebildet worden sind. Für den europäischen Betrachter ist bei vielen *karaṇas* die Auswärtsdrehung der Füße und Beine aus der Hüfte um 180 Grad besonders bemerkenswert, die sich im europäischen Ballett erst zu Beginn des 19. Jahrhunderts durchsetzte. Außerdem werden zwei grundlegende Arten des Tanzes unterschieden: die kraftvoll-männliche, *taṇḍava*, und die anmutig-weibliche, *lasya*.

Die zweite Art von *abhinaya*, *vachika*, beinhaltet alle akustischen Kommunikationsmittel, also das Sprechen in Sanskrit und verschiedenen Volkssprachen, Rhetorik, Metrik, die Tempi und verschiedene Arten des Singens und der Instrumentalbegleitung. Besonders Metrik und Rhythmik der indischen Poesie, Musik und des Tanzes sind außergewöhnlich vielfältig und kompliziert. Jedem Gesang und jedem Tanz liegt eine bestimmte metrische Struktur, *ṭala*, zugrunde, die im allgemeinen in zehn, acht oder auch andere Einheiten – *mātrās* (Schläge) – unterteilt ist. Jede dieser Einheiten kann nun wieder rhythmisch sehr verschieden untergliedert werden. Das Nāṭyaśāstra unterscheidet 32 *ṭalas*. Dabei existiert ein beträchtlicher Unterschied zwischen den *ṭalas* der nordindischen, von persischen und arabischen Einflüssen geprägten Hindustanimusik und der im Süden verbreiteten karnatischen Musik. Die metrisch-rhythmischen Strukturen werden beim Tanz von Trommelinstrumenten wie dem ovalen, an beiden Seiten mit Fingern und Handballen bespielten Mṛdaṅga, dem mit dem Islam eingeführten, mit einer zweiten Trommel gekoppelten, einseitig bespielten *tabla*, der mit Stöcken geschlagenen *nagara* sowie kleineren oder größeren metallenen Becken oder Schellen ausgeführt.

Auch die Melodik ist an genaue Regeln gebunden. Die indische Musik beruht auf spezifischen melodischen Strukturen, die zu einem ganzen System von zwölf *rāgas* in der Hindustani- und sechzehn in der karnatischen Musik erweitert wurden. Innerhalb einer Oktave werden im allgemeinen sieben, manchmal auch nur sechs oder fünf Töne in unterschiedlichen Abständen verwendet. Ein *rāga* ist also ein melodisches Muster mit verschiedenen Intervallen, aber mit einem exakt festgelegten Charakter. Man unterscheidet männliche *rāgas* und weibliche *rāgiṇis*, ferner gibt es differenzierte Melodietypen für die Tages- und Nachtzeiten. Dem Interpreten bleibt es überlassen, innerhalb dieser gegebenen Struktur die Folge der Töne zu bestimmen, Akzente zu setzen, dynamische Unterschiede zu machen und mehr oder weniger komplizierte Verzierungen anzubringen. Sehr variabel sind auch die Regeln über die Anwendung dreier verschiedener Grundtempi.

Außer diesen mimischen, tänzerischen und musikalischen Grundlagen werden zwei verschiedene Arten des klassischen Tanzes unterschieden: der erzählende Tanz, meist in Verbindung mit dem gesungenen Wort, *nṛtya*, und der nichterzählende, nur Vergnügen bereitende, Lebensfreude ausstrahlende *nṛtta*-Tanz, der jedoch keineswegs als abstrakte oder gar inhaltslose Variante des indischen Tanzes gedeutet werden darf.

Das Relief vom Steinzaun des Stūpa von Bhārhut zeigt die Vorführung einer Buddhalegende während einer der seit Aśokas Zeit nachgewiesenen theatralischen Darbietungen. Die von Musikanten begleiteten Tänzerinnen verharren zum Teil in einer charakteristischen klassischen Tanzhaltung mit von der Hüfte aus nach außen gedrehten Beinen, gebeugten Knien, in Schulterhöhe gehaltenem gebeugten linken Arm und der Handhaltung Paṭaka.

Tanzstile

Schon im Nāṭyaśāstra wurde auf mehrere regionale Varianten des klassischen Tanzes hingewiesen. Spätestens jedoch mit der Herausbildung verschiedener regionaler Sprachen und Kulturen seit dem 11. und 12. Jahrhundert ist auch die Entwicklung mehrerer Tanzstile deutlich erkennbar, deren Unterschiede und Eigenarten auf vielfältige ethnische Traditionen und differenzierte historische Ursachen zurückzuführen sind. Während vom Norden her im Laufe der Jahrhunderte die Einfälle der Hephtaliten, Araber, Mongolen, später auch der Perser heftige Erschütterungen und Veränderungen hervorriefen, widerstand die dravidisch-hinduistische Kultur im Süden trotz ständiger Machtkämpfe verschiedener Dynastien allen Einwirkungen des Islam und seit dem 16. Jahrhundert auch denen des Kolonialismus. So wurden die Traditionen des Tanzes und der Musik auf der Grundlage des Nāṭyaśāstra über ein Jahrtausend systematisch gepflegt und behutsam weiterentwickelt.

Bhārata Nāṭyaṁ

Innerhalb dieses Bhārata Nāṭyaṁ genannten Tanzstils mit dem Zentrum in Tamilnāḍu unterscheidet man den von den Devadāsīs und Rājadāsīs überlieferten Solotanz Sadir Nāṭya und einige Genres des Tanztheaters. Die sechsteilige, dramaturgisch klar gegliederte Grundform des Sadir Nāṭya bietet der Solistin große Möglichkeiten der Gestaltung verschiedener *bhāvas* und im spannungsvollen Zusammenwirken mit den Musikern einen breiten Spielraum individueller Improvisation.
Die Tanzkomposition beginnt mit einer kurzen *nṛtta*-Einleitung, *alarippu*, das bedeutet das Öffnen einer Knospe zur Blüte. Es folgt eine längere, kompliziertere, ebenfalls nichterzählende Komposition, *jātisvaram*, der eine bestimmte Tonfolge, *rāga*, und eine metrische Struktur, *ṭala*, zugrunde liegen. Der dritte Teil, *śabdam*, ist ein mimischer Tanz zu einem gesungenen Lied, meist ein Loblied auf einen Gott, König, Philosophen oder Tanzmeister. Im nächsten, sehr virtuosen Teil, *varṇam* (Farbe), der bis zu einer Stunde dauern kann, wechseln *nṛtta*-Passagen in synchronem oder synkopischem Zusammenwirken der Tänzerin mit rhythmisch vielfältiger Musik und Abschnitten getanzter Poesie einander ab. Zur Entspannung bietet der fünfte Teil, *paḍam*, Interpretationen von Liebesliedern. Im Finale, *tillaṇa*, kann die Tänzerin, von einem Musiker durch rhythmisch skandierte Silben lebhaft angefeuert, in immer schnelleren Tempi all ihre Künste mit komplizierten Drehungen und Sprüngen offenbaren – ein einziger Ausdruck jubelnder Lebensfreude.
Seit dem 13. Jahrhundert sind in Südindien tanztheatralische Darbietungen im Stil des Bhārata Nāṭyaṁ nachgewiesen. Daraus haben sich drei verschiedene Arten des Tanztheaters entwickelt. In den Kuravanjī-Tanzspielen, meist

Die Grundhaltung des Körpers im indischen Tanz geht von einer zentralen Lotlinie aus. Die Abweichungen, Bhangas, also Seitwärtsbewegungen, sind exakt klassifiziert. Wenn bei gestreckter Haltung das Körpergewicht gleichmäßig auf beide Füße verteilt ist, heißt die Haltung Samabhanga *(1). Mit der Verlagerung des Gewichts auf einen Fuß und einer leichten Beugung der dem Standbein entsprechenden Hüfte entsteht die* Abhanga-*Haltung (2). Wird der Körper stärker seitwärts gebeugt, das Knie des Standbeins etwas eingewinkelt und das Spielbein hinter dem Standbein etwas erhoben, dann kommt die* Atibhanga-*Haltung (3) zustande. Wenn der Körper in mehr als zwei Beugungen der Hüfte und des Kopfes nach beiden Seiten der Lotlinie abgewinkelt wird, entsteht die besonders für den Odissi-Stil charakteristische* Tribhanga-*Haltung (4). Diese Grundhaltungen sind bei allen Tanzskulpturen deutlich erkennbar. Bei der Grundposition des Bhārata Nāṭyaṁ* Ardhamaṇḍali *(5), ist der Körper gestreckt, die in einem Winkel von etwa 130 Grad auswärts gedrehten Füße stehen im Abstand einer Handfläche. Von dieser Position aus werden nun im Übungskodex die verschiedensten miteinander korrespondierenden Fuß-, Bein-, Körper-, Arm- und Handhaltungen eingenommen. Solche Grundkombinationen stets wiederkehrender Haltungen,* Adavus, *haben sich über viele Generationen herausgebildet. Vom Lehrmeister* (Naṭṭuvanar) *werden die Adavus durch das Ausrufen rhythmischer Silben wie etwa* ta, tai, datta, taiyum *und* takitta *angegeben.*
Das erste Adavu, Taṭṭa, *ist das kürzeste und Grundlage aller anderen. Erst wird der rechte Fuß erhoben (6) und bei dem Ausruf* taiha *auf den Boden zurückgestoßen (7), dann folgt der linke auf die Silbe* tai. *Nach mehrmaliger Wiederholung folgen einige Varianten. Die Arme werden dabei seitwärts gestreckt mit der Paṭaka-Handhaltung. Beim Heben des Fußes dürfen Körper und Arme die Grundposition keinesfalls ändern. Diese Übung kann in mehreren Metren* (ṭalas) *ausgeführt werden.*
Für die Beherrschung der Technik ist der Kontakt des Fußes mit dem Boden entscheidend. Bei dem ersten Adavu ruht der ganze Fuß auf dem Boden. Bei dem zweiten, Naṭṭa, *folgt auf die Grundhaltung eine zweite Fußstellung: Nur der Hacken berührt den Boden, die Zehen werden erhoben, dabei wird das Spielbein auf die Silbe* taiyum *seitwärts gestreckt, während das Standbein in der Grundposition verbleibt (8), der Kopf folgt der Richtung des Spielbeins. Eine dritte Fußstellung schließt sich an, die Zehen berühren den Boden, während der Hacken erhoben ist (9), dabei wird das Spielbein hinter dem in der Grundposition verbleibenden Standbein gekreuzt, der dem Spielbein entsprechende Arm wird mit geöffneter Hand vor der Brust gebeugt, die Augen folgen der Hand. Auf die Silbe* taiyum *werden weitere Haltungen (10, 11) und das Rückwärtsstrekken des Beines (12) geübt. Dieses Adavu dient der im Bhārata Nāṭyaṁ notwendigen Klarheit der Linienführung.*
In einem weiteren Adavu, tai tai tam, *folgen Kombinationen der zweiten und dritten Fußposition. Einer Streckung des Standbeins mit dem Hacken auf dem Boden schließt sich ein leichter Sprung auf die Zehen beider Füße (13) an. Bei einer anderen Variante folgen dem Sprung auf die Zehen ein kurzes Stampfen mit dem Hacken und gleitende Seitwärtsbewegungen (14). Dabei werden weitere Handhaltungen gebraucht.*
Zum Erlernen der unregelmäßigen Rhythmen werden in dem Adavu tai tai ta ha Kombinationen des Fußstampfens und Springens auf Zehen und Hacken mit entsprechenden Armbewegungen geübt. Das sind nur einige Beispiele aus dem reichhaltigen Adavu-System. Von diesen exakt auszuführenden Übungen ausgehend, können die verschiedensten Varianten der Körper-, Bein- und Armbewegungen aufgebaut werden.

Klang wird dadurch angedeutet, daß man einen Finger ans Ohr legt, die Augen verengt und den Kopf seitwärts wendet. Durch ein leichtes Verengen der Augen, eine kleine Bewegung der Augenbraue und ein Berühren der Schulter mit der Wange wird der Tastsinn angedeutet.
Aus dem *Naṭyaśāstra* Kapitel XXII, Vers 75–80

1
2
3
4
5
6
7
8
9
10
11
12
13
14

Links: Statuette einer Odissi-Tänzerin in der charakteristischen Tribhanga-Ḥaltung mit prononcierter Seitwärtsbeugung der Hüfte. Die Beinposition, der rechte Fuß halb gekreuzt vor dem linken, symbolisiert die Swastika, das stilisierte Sonnenrad als Kultzeichen der Fruchtbarkeit.
Neu-Delhi, National Museum

Rechts: Südindische Bronzeplastiken des Śiva Naṭarāja, des Herrn der Tänzer, aus dem 10. Jahrhundert. Im Strahlenkranz des Weltalls symbolisiert eine rechte Hand den Schutz des Lebens, das Feuer in einer linken die Zerstörung alles Bösen. Der rechte Fuß ruht auf einem besiegten Dämon.
Neu-Delhi, National Museum

von sechs bis acht Tänzerinnen ausgeführt, wird in allerlei Varianten ein einziges Sujet behandelt: die Erfüllung der Liebe eines jungen Mädchens zu ihrem idealen Geliebten, entweder dem Tempelgott oder dem königlichen Gönner. Eine weitere Hauptfigur ist Kurajī, eine Wahrsagerin des nomadisierenden Kurava-Stammes, eine Art Zigeunerin, die der jungen Liebenden die Verwirklichung ihrer Sehnsüchte voraussagt.

Wie Kuravanjī beruhen auch die Tanzspiele Bhāgavata Mela auf tamilischer Poesie, deren Sujets aus den großen hinduistischen Epen oder den Purāṇas stammen. Die meist nur von Männern ausgeführten Stücke beschränken sich auf eine unkomplizierte, dramaturgisch klar aufgebaute Handlung und bringen stets die glückliche Lösung eines dramatischen Konflikts.

Das Kuchipudi-Tanztheater aus Andhra Pradesh, ausgeführt von Männern, wird in Sanskrit oder Telugu vorgetragen. Diese dramaturgisch viel freieren Stücke beinhalten meist Erzählungen aus der Gītā Govinda, vor allem die Geschichte der liebreizenden Rādhā, die in ihrer Eifersucht bald der Verzweiflung nahe ist, weil sich ihr geliebter Kṛṣṇa nur allzu gern seinen Spielen mit einer Schar junger Hirtinnen, den Gopīs, hingibt. Erst nach mehreren Vermittlungsversuchen empfängt er sie schließlich, und der Vereinigung des idealen Liebespaares steht nichts mehr im Wege. In anderen Kuchipudi-Stücken wird das Leben Kṛṣṇas von seiner Geburt bis zu seiner Heirat mit Rukminī geschildert. Besonders charakteristisch für Kuchipudi ist ein spektakulärer Tanz auf einer irdenen oder metallenen Schale mit einem Messing- oder Bronzegefäß auf dem Kopf.

Die Technik des Bhārata Nāṭyaṁ ist außerordentlich vielfältig. Die perfekte Beherrschung der klassichen Körperhaltungen, *karaṇas*, der verschiedensten Bein-, Rumpf-, Arm- und Kopfhaltungen, der 28 ein- und 32 beidhändigen symbolischen Handgesten, *hastas*, dazu die Meisterung der komplizierten rhythmisch-metrischen Strukturen, *ṭalas*, im Zusammenwirken oder als Frage-Antwort-Spiel mit dem Mṛdaṅga-Trommler und dem kleine Metallbekken spielenden sowie rhythmische Silben skandierenden zweiten Musiker, die schnelle Reaktionsfähigkeit bei der Improvisation im Dienste der verschiedensten *bhāvas* – dies alles erfordert die komplexe Einheit einer technisch-künstlerischen Meisterschaft.

Odissi

Der im Unionsstaat Orissa beheimatete klassische Odissi-Stil weist neben vielen Gemeinsamkeiten mit dem Bhārata Nāṭyaṁ wesentliche Besonderheiten auf. Bereits im Nāṭyaśāstra wurde dieser Stil als »Odra Nrutya« erwähnt. Die Tanzfiguren an zahlreichen Tempeln in Bhubaneśwar, Puri und Koṇārak vom 7. bis zum 14. Jahrhundert bestätigen seine relative Eigenständigkeit. Den Odissi-Tanz charakterisiert vor allem eine eigentümliche Geschmeidigkeit, Sinnlichkeit und Weichheit, ohne je ins Verweichlichte abzugleiten. Während im Bhārata Nāṭyaṁ, Kathakaḷī und Kathak der kraftvoll-männliche *taṇḍava*-Tanz vorherrscht, ist im Odissi der graziös-weibliche *lasya*-Aspekt besonders ausgeprägt. Die äußerst differenzierte Schmiegsamkeit und Rundung der Bewegungen ist zur Darstellung der unendlich reichen Gefühlsskala des Lie-

beserlebens Kṛṣṇas und Rādhās, den beliebtesten, in unzähligen Varianten wiederkehrenden Sujets des Odissi-Tanzes, ganz speziell geeignet. Das wichtigste Spezifikum des Odissi ist die mehr oder weniger starke Seitwärtsbeugung der Hüfte, verbunden mit der dreifachen Abwinkelung des Körpers von der Lotlinie, *tribhanga*, nämlich der Beugung der Hüfte und des Kopfes nach einer und die der Schulter nach der anderen Seite. Diese Haltung ist bereits seit dem 2. Jahrhundert v. Chr. bildlich nachweisbar und wird in den anderen klassischen Stilen meist bewußt vermieden.

Wie im Sadir-Nāṭya-Solotanz des Bhārata Nāṭyaṁ hat sich auch im Odissi die Praxis eines ausgedehnten mehrteiligen Zyklus mit nichterzählenden *nṛtta*- und die Poesie optisch darstellenden *nṛtya*-Passagen herausgebildet. Allerdings gehen diese beiden Arten häufig direkt ineinander über. Die bis sieben einzelnen Teile sind meist unmittelbar miteinander verbunden. Wie der letzte Satz des Sadir Nāṭya gibt auch das rasante Finale der Odissi-Grundform, *tarijam*, der Tänzerin die Möglichkeit zur Entfaltung ihrer Virtuosität und tänzerischen Fähigkeiten.

Auch im Unionsstaat Kerala entwickelte sich eine auf den Traditionen der Tempeltänzerinnen beruhende Variante des Sadir Nāṭya, der Mohini Attam; die Texte werden jedoch nicht in Sanskrit, sondern in der einheimischen Sprache Malayalam gesungen. Besonders charakteristisch für Kerala ist jedoch das Tanztheater Kathakaḷī.

Kathakaḷī

Der Kathakaḷī-Stil hat sich zwar erst seit dem 17. Jahrhundert herausgebildet, beruht aber auf sehr alten tanztheatralischen Traditionen, die sich durch ungewöhnlich große Kostüme mit riesigem Kopfputz, maskenartige Gesichts-

bemalung, eine ausgeprägte Symbolik der Farben, eine hochentwickelte Sprache der Hände und Finger sowie eine Synchronität von Gesang, Instrumentalbegleitung, Gestik und Körperbewegung auszeichnen. Auf dravidisch-matriarchalische Überlieferungen ist eine Vorliebe für rhythmisch sehr differenzierte, kraftvolle, ja akrobatische Kriegs- und Waffentänze zurückzuführen.

Jede Kathakaḷī-Aufführung ist ein Ritual. Uralten Vorstellungen entsprechend identifizieren sich die Ausführenden während der mehrstündigen Vorbereitung und der komplizierten Gesichtsbemalung mit den zu verkörpernden mythologischen Figuren. Die Charaktere sind streng typisiert, sie personifizieren menschliche Haltungen und Verhaltensweisen, die als Vorbilder oder abschreckende Beispiele dienen. Positive Helden und Götter wie Rāma, Kṛṣṇa und Arjuna mit grüner Gesichtsfarbe zeichnen sich durch Tapferkeit, Mut und Lauterkeit aus; sie können zwar angesichts eines bösen Widersachers zornig werden, aber niemals die *bhāvas* der Furcht oder des Abscheus annehmen. Sie tragen einen hohen, goldgeränderten Kopfschmuck mit einer den Sternenhimmel symbolisierenden runden Aureole in Grün und Rot. Machthungrige Tyrannen und andere Antihelden werden durch einen roten Bart, schwarze Lippen und Stirn, halbkreisförmige weite Striche von den Augen zu den Mundwinkeln, manchmal auch durch zwei lange, gebogene Zähne charakterisiert. Auch Schwarzbärte sind immer böse. Bei mächtigen Helden, die nicht nur böse sind, wird die grüne Grundfarbe des Gesichts mit roten Flecken und rot-weißen Streifen auf der Nase abgesetzt, eine weiße Kugel auf der Nasenspitze gibt ihnen ein phantastisches Aussehen. Der beliebte Affengott Hanumān mit glockenartigem Kopfputz sieht zwar mit schwarz und rot geschminktem Gesicht eher abschreckend aus, aber sein weißer Bart kennzeichnet ihn als gütigen Helfer. Weise Figuren, Brahmanen, Eremiten und edle Frauen sind gelb geschminkt, teuflische Typen dagegen pechschwarz. Auch die weiblichen Figuren werden immer von Männern getanzt. Stets herrscht das uralte humanistische Ideal vor, durch die Vernichtung alles Bösen, Lasterhaften, Tyrannischen ein Leben voller Glück, Edelmut, Tugendhaftigkeit, Vernunft, Friedfertigkeit und vor allem Liebe zu erreichen. Körperbewegungen, Fußarbeit, Mimik und Gestik sind im Kathakaḷī äußerst vielfältig und komplex. Die Grundposition der gewölbten, auf der Außenkante mit etwas eingezogenen Zehen parallel stehenden Füße bei nach außen gedrehten Knien gibt dem ganzen Körper Standfestigkeit und Spannkraft. Die Körperbewegungen sind meist gerade oder rechteckig. Das gilt auch für die Armbewegungen bei der Anwendung der ungewöhnlich reichhaltigen Sprache der Hände und Finger. Spezialisten dieser Gestik haben ein ganzes »Wörterbuch« von über fünftausend *hastas* zusammengestellt. Auch die choreographischen Strukturen sind rechteckig, quadratisch oder diagonal. Die Verfeinerung der Mimik ist nirgends so ausgeprägt wie im Kathakaḷī. Der Tänzer muß fähig sein, jeden Gesichtsmuskel gesondert spielen zu lassen, mit einem Augenlid oder einer Wange zu zittern, Augenbrauen und Lippen mannigfaltig zu bewegen, um die neun grundlegenden psychischen Haltungen, *navarasas*, perfekt anwenden zu können. Hinzu kommt eine äußerst differenzierte rhythmische Fußarbeit. Die um die Fußgelenke gebundenen Schellen wirken als Musikinstrument.

In der Musik wechseln gesungene Gedichte oder Sprüche und wortlose metrisch-rhythmische Passagen einander ab. Das wichtigste Rhythmusinstrument ist die mit Stöcken einseitig geschlagene, hart und trocken klingende zylindrische Chenda-Trommel. Als erster der beiden Vokalisten fungiert der Spieler eines mit kurzem Stock geschlagenen Gongs, der zweite Sänger spielt ein Paar kleine Becken. Außerdem wird eine Maddalam-Trommel, ähnlich dem beiderseits mit Ballen und Fingern bespielten Mṛdaṅga verwendet. Melodieinstrumente fehlen ganz.

Kathak

Im Unterschied zu allen anderen klassischen Tanzstilen ist der nordindische Kathak seit der Mogulzeit ein ausgesprochen weltlicher Hoftanz. Auf der Grundlage des seit dem 16. Jahrhundert nachweisbaren Tanzspiels Rasalīlā auf Themen aus dem Leben Kṛṣṇas entwickelte sich der Kathak unter dem Einfluß arabischer und persischer Elemente mit komplizierter Rhythmik und der Einbeziehung verschiedener Liedformen der Hindustanimusik.

Das Repertoire an solistischen Kathak-Tänzen ist sehr reichhaltig. Zwar hat sich auch hier eine mehrteilige Grundform mit nichterzählenden Tänzen am Beginn und Ende herausgebildet, aber es bleibt dem Interpreten überlassen, die verschiedensten Varianten des erzählenden Tanzes an beliebigen Stellen einzubauen. Nach einer Begrüßung, *salām*, folgt meist eine Anrufung des Hindernisse und Schwierigkeiten überwindenden Elefantengottes Gaṇeśa, vom Vokalisten intoniert, abwechselnd mit rhythmisch skandierten Silben, die vom Tänzer oder von der Tänzerin in aufrechter Haltung mit exakter Fußarbeit bei dynamisch sehr differenziert erklingenden Fußschellen optisch umgesetzt wird. In den nächsten Abschnitten folgt die Exposition verschiedenster Bewegungskombinationen. Zu ganzen Strophen ausgeweitete Silbenfolgen werden je nach ihrem Charakter vom Vokalisten, von den Trommlern und dem Tänzer miteinander wetteifernd angestimmt. Diese *nṛtta*-Tänze erfahren Bereicherung durch verschiedene Arten von Gedicht-Musik-Tanzfor-

Vorhergehende Doppelseite: Das ins 10. Jahrhundert datierte Steinrelief aus Rājasthān stellt Śiva als Naṭarāja, Herrn der Tänzer, dar. Die Figur des Tänzers trägt deutlich Züge des weit über Orissa hinaus verbreiteten Odissi-Stils.

Linke Seite: Die durch Feinheit der Ausführung bestechende Miniaturmalerei der Dekkan-Schule um 1580, zeigt eine Musikantin, die eine Vīṇā mit der großen Kalebasse über der Schulter trägt. Berlin (Ost), Islamisches Museum

men, meist auf Episoden der Kṛṣṇa-Legende, von denen manche vom Tänzer selbst gesungen werden. Die ganze Vorführung kulminiert in einem äußerst virtuosen Finale, *taṭṭakāra* oder *taṭkār*, einem rhythmisch-metrischen Wechselspiel zwischen dem Tänzer und den Musikern in immer schnellerem Tempo.
Wie in der Miniaturmalerei der Mogulzeit wird im Kathak der Raum überwiegend flächig, in Seitwärtsbewegungen verwendet, die Geradehaltung des Körpers auch bei Drehungen und Sprüngen mit beiden Beinen gleichzeitig nicht verlassen, Beugungen kommen kaum vor. Der Händesprache und der Mimik wird ein bei weitem nicht so hoher Wert beigemessen wie im Kathakaḷī.

Chhau-Tänze

Nicht nur in Südindien, auch im Norden entwickelten sich, auf alten Traditionen des Volkstheaters fußend, verschiedene Theaterformen mit Elementen des klassischen Tanzes. Dazu gehört das Chhau-Tanztheater in Purulia (Westbengalen). Alle auftretenden, nur von Männern getanzten Figuren – Götter, edle und böse Helden, Dämonen, einfache Menschen und Tiere – tragen Masken. Die Charaktere und deren Handlungen sind den Epen und Purāṇas entlehnt, in den Tanzbewegungen, den Kampfszenen und vor allem in den Tiertänzen herrschen die regionalen Eigenarten vor. Es gibt auch keine symbolische oder imitative Händesprache, die Charakterisierung der Figuren erfolgt nur durch verschiedene Gangarten, Körperhaltungen, Sprünge und Drehungen. Wie in den anderen Tanzstilen folgen einander Handlungsszenen und *nṛtta*-Passagen. Die Musik ist mundaischer Herkunft. Liedhafte Abschnitte werden wie in der Volksmusik ständig wiederholt, aber immer vom Forte und Fortissimo der Schlaginstrumente in komplexen metrisch-rhythmischen Strukturen übertönt.
Die Chhau-Tänze in Seraikella im Südosten Bihars sind dagegen nur eine bunte Folge verschiedenster Maskentänze ohne durchgehende Handlung. Bei den Chhau-Tänzen im benachbarten Mayurbhanj in Orissa wiederum sind Masken ganz unbekannt. Die ebenfalls ausschließlich männlichen Tänzer tragen meist einen langen Stock, der als stilisierte Waffe dient, aber auch als Fruchtbarkeitssymbol gelten kann. Faszinierende Kampfszenen mit virtuosen Sprüngen in eigenständiger Technik gehören zu den Höhepunkten dieser Chhau-Tänze.

Maṇipuri-Tänze

Eine ganz eigene Prägung unter den klassischen Tanzstilen charakterisiert den Maṇipuri-Tanz aus Maṇipur im Nordosten des Landes. Die tief menschliche Poesie und der eigenartige Zauber dieser Tänze beruhen im wesentlichen auf der kulturellen Originalität der Meithei, eines Volksstammes tibeto-birmesischer Herkunft.
Man unterscheidet drei Arten des Maṇipuri-Tanzes. Der Lai Haraoba ist eine phantasievolle Tanzerzählung von der Entstehung des Lebens: Neun Götter holten die Erde vom Himmel, sieben Göttinnen tanzten auf dem Wasser, nahmen die Erde in Empfang und senkten sie ins Wasser. Mittler zwischen den Göttern und Menschen sind die Maibīs, geweihte Tempeltänzerinnen, und männliche Maibas, die den Lai Haraoba im Frühling zu Ehren der Waldgötter aufführen. Der Schöpfungsakt, die Geburt eines Menschen, der Bau eines Hauses, das Fischen, Säen, Ernten, Spinnen, die Austreibung der Sünden und viele andere rituelle und Arbeitstänze umfassen das ganze Leben der Meithei. Am Schluß stellen alle Tanzenden ein symbolisches Boot dar, das in gleichmäßigen Ruderbewegungen die Götter wieder in den Himmel bringt. Dieses Tanz-

Unten: Sandsteinfries aus Deogarh in Madhya Pradesh aus dem 6. Jahrhundert. Ein Fürstenpaar läßt sich von Rājadāsīs, fürstlichen Tänzerinnen, unterhalten. Die Beine der beiden linken Tänzerinnen in Swastika-Haltung, rechts neben zwei Musikantinnen eine Tänzerin mit gekreuzten Armen.
Neu-Delhi, National Museum

Rechts: Rasalīlā, seit dem 18. Jahrhundert hochentwickeltes klassisches Tanztheaterspiel nach Themen aus dem Leben Kṛṣṇas im nordostindischen Maṇipuri-Stil mit dem flötespielenden Kṛṣṇa in der Mitte. Im Kreis zwischen Bäumen und Büschen und umringt von Musikanten tanzen sieben Gopis, Kuhhirtinnen, mit sieben weiteren Kṛṣṇas.

schauspiel ist durch einen ruhig-anmutigen Stil charakterisiert. Die begleitenden Musiker spielen eine Querflöte, eine große Trommel, kleine Becken und die Pena, ein eigentümliches Streichinstrument mit hell klingenden kleinen Schellen.

Ganz anderer Art sind die ausschließlich von Männern ausgeführten Cholom-Tänze, der Pung Cholom mit einer Mṛdaṅga ähnlichen, über die rechte Schulter gehängten Pung-Trommel und der Kartal Cholom mit kleinen Bekken. Die Tänzer singen meist selbst zur Pung- oder Kartal-Begleitung in kleineren oder größeren Gruppen bei festlichen Gelegenheiten Lieder zum Lobe Kṛṣṇas und Rādhās. Die metrisch-rhythmischen Strukturen sind sehr vielfältig, das Bewegungsvokabular reicht von einer aufrechten Grundhaltung bis zu lebhaften Schwüngen, kraftvollen Drehungen und hohen Sprüngen.

Das Rasalīlā-Tanztheater schließlich wird meist von vierzehn Frauen in den Rollen Kṛṣṇas, Rādhās und der zwölf Hirtinnen ausgeführt. Begleitet werden sie von je zwei weiblichen und männlichen Vokalisten, zwei Pung-Trommlern sowie anderen Instrumenten wie Kartal, Seemuschel, Bambusflöte und dem Streichinstrument Esraj. Getanzt werden je nach Jahreszeit die verschiedenen Episoden des Kṛṣṇa-Rādhā-Mythos. Den Höhepunkt bildet meist ein poetischer Zweitanz der Liebenden mit einem anschließenden Freudentanz der Hirtinnen.

Charakteristisch für die Rasalīlā-Tänze ist das graziöse Kostüm Kumin, ein kreisrunder, bis zu den Füßen reichender Reifrock, der erst im 18. Jahrhundert von einem Maṇipur-König vermutlich in Anlehnung an die damalige französische Mode eingeführt worden war. Die im Nāṭyaśāstra kodifizierten klassischen Prinzipien gelten auch für die Maṇipur-Tänze. Der Bewegungsduktus ist immer fließend, anmutig, gelöst. Ober- und Unterkörper bewegen sich in ruhig sich wölbenden S- oder 8-Formen, jedoch nie mit den ausgeprägten Beugungen des Odissi-Tanzes. Die Grundfigur mit leicht gebeugten, zusammengehaltenen Knien ist zweifellos eine imitative Stilisierung der ursprünglich animistischen Verehrung von Schlangengöttern. Es werden fünfundzwanzig ein- und zwölf beidhändige *hastas* gebraucht, aber auf eine exakt festgelegte Mimik wird verzichtet. Dank ihrer einzigartigen Anmut und ihrer tief bewegenden menschlichen Ausstrahlung haben sich die Maṇipur-Tänze als eine bezaubernde Variante der klassischen Regionalstile Indiens erwiesen.

Links: Ramgarh, eine Stadt nahe Jaisalmer, seit dem 12. Jahrhundert Sitz einer Rājputen-Dynastie, liegt inmitten der Wüste Thar im Westen Rājasthāns. Wie auch an zahlreichen anderen Tempeln dieses Gebiets zeugen eine Fülle von Darstellungen – hier ein Pfeilerrelief – von der hohen Blüte des klassischen Tanzes.

Rechts: Amber, in der Nähe von Jaipur, ist ein altes Zentrum der Rājputen. Der Palast mit dem hoch aufragenden Tempel wurde im 17. Jahrhundert zur Zeit der Mogulherrschaft errichtet. Die drei Stockwerke unterhalb des Turmes sind mit einer großen Zahl von Tanzfiguren im klassischen Kathak-Stil verziert.

Kunst

Im Vergleich zu anderen Hochkulturen sind Bildkunst und Architektur nach dem Niedergang der Induskultur im Indien der indoarischen Epoche erst spät wieder in großem Format bezeugt. Es bedurfte langer Jahrhunderte der Landnahme durch die einfallenden nomadisierenden Stämme der Arier, bis es nach und nach zu einer Seßhaftwerdung kommen konnte, in der sich das unter freiem Himmel veranstaltete Opfer schließlich in ortsgebundene Tempel verlagerte und in der die vergängliche Holzbauweise der dörflichen Befestigungsanlagen der später halbnomadischen Eroberer einer vorwiegend städtischen Steinarchitektur wich.

Die großen religiösen und geistigen Bewegungen konnten diesen Umständen zufolge zunächst nicht primär in der bildenden Kunst ihren Ausdruck finden.

Der Ausgangspunkt dessen, was vereinfachend als indischer Geist umschrieben werden kann, liegt in der Zeit des 2. und 1. Jahrtausends v. Chr. dem vedischen Zeitalter. Was Indien damals an religiösen und philosophischen Ideen entwickelte, hat kein belegbares Bedürfnis nach monumentaler Verewigung im Medium der bildenden Kunst ausgelöst, obwohl sich in jungvedischer Zeit (etwa 1000–600 v. Chr.) städtische Kulturen herauszubilden begannen, so daß ab etwa 500 v. Chr. mit größeren Städten zu rechnen ist. Die Ausdehnung solcher frühen indischen »Städte« *(nagara)* betrug nur wenige hundert Quadratmeter. Allein einige Reichshauptstädte wie Kauśāmbī oder Rājagṛha bedeckten eine Fläche von etwa zwei Quadratkilometern. Die Lehmziegel- beziehungsweise Holzbauweise blieb weiterhin vorherrschend.

Zu den großartigsten Bauwerken der Solaṅkī-Zeit zählt der aus weißem Marmor Mitte des 12. Jahrhunderts zu Ehren des ersten Tīrthaṅkaras errichtete Vimala-Tempel der Jainas auf dem Berg Abū. Die filigran verzierte Kuppelschale über der Versammlungshalle, in der Wölbung besetzt mit Skulpturen der sechzehn Göttinnen des Wissens (mahā-vidyadevīs), *ist mit einer Spannweite von 6,60 m die größte noch erhaltene Kragwölbung der Solaṅkī-Zeit.*

In Westasien dagegen waren Städte schon Jahrtausende zuvor immer wieder Rahmen und Grundlage einer dauerhaften Kunstblüte geworden.

Daß Indien nicht von sich aus, sondern erst unter dem Eindruck der Kunst in den nordwestlichen Nachbarländern den Weg zum monumentalen Gestalten in Stein gefunden hat, war auch in der geistigen Vorstellungswelt des frühen Indien begründet. Das Formen und Gestalten in Stein setzt einen Sinn für den klar und scharf begrenzten Körper voraus, für das plastische Volumen; im Bauen für den abgegrenzten architektonischen Raum. Die geistige Vorstellungswelt des frühen Indien geht aber nicht von statischen, räumlich fixierbaren Begriffen aus und sucht nicht die Gegenstände in ihrer konkreten Begrenzung zu erfassen. Nicht der Mensch in seiner Vereinzelung wird als Grundeinheit und Grundmaß gesehen, vielmehr erscheinen Mensch und Dinge als Teile einer immerwährenden Wandlung, die keine feste, gesicherte Gestalt bestehen läßt: Alles ist dem Fluß der Zeit unterworfen und von immer wechselnder Gestalt. Im Vordergrund steht nicht die Vorstellung von einer fixierten körperlichen Begrenzung im Raum, sondern die einer steten Dynamik. Das ist neben der nomadischen Vergangenheit seiner Eroberer mit ein Grund, daß das frühe Indien nicht selbständig den Weg zu einer Bildkunst in Stein gefunden hat, wie es im Zweistromland bereits bei den Sumerern um 3000 v. Chr. der Fall war. Im steinernen Bildwerk suchte hier der sich seiner Individualität bewußte Mensch für seine Existenz einen fixierten, unverrückbaren Orientierungspunkt zu schaffen.

Die künstlerischen Zeugnisse des vedischen Zeitalters (etwa 1500–600 v. Chr.) bestehen aus kleinformatigen Figuren aus gebranntem Ton, die Muttergottheiten zeigen, aus einer aus der erhaltenen Steinbaukunst teilweise rekonstruierbaren, handwerklich hochentwickelten Holz- und Lehmarchitektur, aus Kupfergeräten und Keramik. Aus jungvedischer Zeit sind Grabhügel erhalten.

Anfänge monumentaler Bau- und Bildkunst

Erst die Berührung mit der Kunst Westasiens gab den Anstoß, in Stein und in großen Dimensionen zu formen. Sieht man von den Kontakten ab, die im 3. und im frühen 2. Jahrtausend v. Chr. zwischen den Städten der Induskultur (Harappa-Kultur) und dem alten Mesopotamien zwar bestanden, jedoch für die Bild- und Baukunst ohne Auswirkung blieben, so kam es erst im 4. und 3. Jahrhundert v. Chr. – nach den Vorstößen Alexanders des Großen (326 v. Chr.) – mit der ersten Begründung eines indischen Großreichs durch die Dynastie der Maurya zu einer künstlerisch fruchtbaren und nachhaltigen Begegnung Indiens mit den Kulturen des Westens. Vermittler waren vermutlich iranische Künstler, die nach dem Zusammenbruch des Achämenidenreichs (6.–4. Jahrhundert v. Chr.) die höfische Architektur der Mauryas prägten, was sich etwa an der zunehmenden Verwendung von Stein zeigt. Diese hochentwickelte dynastische Bildhauerkunst der Mauryas gewann durch die Verbindung mit dem unter Aśoka (268–232 v. Chr.) zur Staatsreligion erhobenen Buddhismus fundamentale Bedeutung für Indien. Die enge Anlehnung an iranische Vorbilder läßt auch der in Patna (Pāṭaliputra) am östlichen Ganges ausgegrabene Hypostylenpalast der Mauryas erkennen. Nach dem Muster der Paläste der Achämeniden in Persepolis trugen 80 runde Säulen, deren erhaltene Fragmente noch die Hochglanzpolitur als besonderes Charakteristikum erkennen lassen, das schwere Dachgebälk. Auch das – teilweise noch erhaltene – Fundament der Treppe zu dieser Säulenhalle war aus Holz. Den Abschluß der Deckenbalken bildeten Kapitelle, die – aus verwandten Funden zu schließen – ebenfalls nach persischem Muster skulptiert waren. Säulenhallen dieser Art fanden in Indien selbst zwar keine Fortsetzung, könnten aber in den Steinpfeilerhallen der buddhistischen Klöster in dem noch unter Aśoka dem Buddhismus erschlossenen Sri Lanka (Ceylon) fortgewirkt haben. In Patna sind – wie in allen anderen Provinzen seines Reiches auch – Monolithsäulen des Kaisers Aśoka erhalten, deren Glokkenkapitelle mit den (mythischen) Tiergestalten ebenfalls iranische Züge aufweisen. Diese Ediktsäulen verkünden die buddhistisch inspirierte, friedvolle Gesinnung des Herrschers, die sie als universale Ethik in das ganze Reich tragen sollten.

Das Kapitell von Sārnāth mit vier – ursprünglich ein steinernes Rad der Lehre *(dharmacakra)* tragenden – Löwenprotomen als Abschluß gehört zwar zu den jüngsten, mit ihren 20 Metern Höhe zugleich aber auch eindrucksvollsten Säulen Aśokas und sollte an den Ort der ersten Predigt Buddhas erinnern. An den Löwen läßt sich deutlich die Übernahme von Herrschaftssymbolen der vorderasiatischen imperialen Kunst erkennen. In ihren schärferen und härteren, in den Mähnen fast graphischen Formen kommt das iranische Element stärker zur Geltung als in den weicher modellierten, mehr indisch empfundenen Elefanten-

und Stierbildern des Abakus. Der glockenförmige Lotoskelch weist ebenfalls auf achämenidische Vorbilder, wie sie in den Kapitellen und Basen von Persepolis zu finden sind.
So verbindet sich in diesen Memorialsäulen der imperiale Gedanke mit der religiösen Botschaft. An allen buddhistischen Kultstätten des Großreichs errichtet, sollten sie an das Wirken Buddhas gemahnen. Insofern könnte man das Löwensymbol auch auf Buddha als den Löwen aus dem Geschlecht der Śākya bezogen deuten.
Indem der Buddhismus sich der Steinbaukunst und der Steinplastik für seine kultischen Zwecke bediente, wurde die bildende Kunst in Stein in Indien endgültig heimisch. Bilderverehrung scheint dem arischen Inder fremd gewesen zu sein. Dagegen ist davon auszugehen, daß die dravidischen Ureinwohner Abbilder von Fruchtbarkeitsgottheiten herstellten und kultisch verehrten. Die erst zögernd, später aber mit Macht hervorbrechende Abbildungsfreudigkeit der Inder mag auf solcherart wirksam werdende Substrateinflüsse zurückzuführen sein.
Die Einflüsse aus der iranisch-vorderasiatischen Welt auf die bildende Kunst des Subkontinents konnten nicht ohne künstlerische Konflikte bewältigt werden. Der indische Künstler trachtete danach, die klare und scharfe Abgrenzung des Plastischen aufzulösen. In der Skulptur führte das zu einer Unterdrückung der Wiedergabe von Knochengerüst, Muskeln und Sehnen zugunsten von üppig quellenden Gliedern, voll von praller Lebensfülle.
Erst aus dem auf die Zeit der Maurya-Herrschaft folgenden 2. Jahrhundert v. Chr. sind die frühesten bekannten buddhistischen Skulpturen in Fragmenten an Stūpas (etwa in Amarāvatī und Jaggayapeṭa) erhalten. Sie dienten der Ausschmückung dieser Kultstätten, die – wie schon erwähnt – auch durch Monolithsäulen gekennzeichnet sein konnten. Dann war der Platz um eine solche Säule als sakraler Bezirk mit einem hölzernen Zaun *(vedikā)* umgrenzt, der zugleich die Einfriedung des Umwandlungspfades *(pradakṣiṇāpatha)* für die Pilger bildete. Ebenso war in Bodhgayā der heilige Bodhibaum, unter dem der werdende Buddha die Erleuchtung empfing, von einer *vedikā* umschlossen, mit demselben Zweck, einen Prozessionsweg für die Verehrer abzugrenzen.
Später – ab dem 2. Jahrhundert v. Chr. – wurden diese Umgrenzungen auch in Stein imitiert, wie der Sandstein-

Linke Seite: Das Kapitell einer Aśoka-Säule aus dem 3. Jahrhundert v. Chr. ist in drei Abschnitte gegliedert: Auf dem glockenförmigen Lotossockel sitzt eine Deckplatte mit Reliefdarstellungen von Pferd, Buckelrind, Elefant und Löwe, dazwischen das Radsymbol. Abschließend der Block der vier Löwenvorderkörper, Wächtern über die Himmelsrichtungen. Sārnāth, Archaeological Museum

Rechts oben: Das in der indischen Kunst häufig wiederkehrende Motiv »Elefant mit Reiter« hier in einer frühen Formulierung aus dem 3. Jahrhundert v. Chr. Neu-Delhi, National Museum

Rechts: Figur einer Muttergöttin aus Terrakotta, im Matharā-Stil um 200 v. Chr. Berlin, Museum für Indische Kunst

Links: Buddhistisches Baumheiligtum (bodhighara) *in Nepal. Die Verehrung des Bodhibaumes wurde von den Buddhisten ebenso wie der Stūpa und die Errichtung von Säulen von älterem Brauchtum übernommen, aber entsprechend der Lehre umgedeutet.*

Rechts: Seit 2000 Jahren bauen buddhistische Mönche und Pilger in Bodhgayā, dem Ort der Erleuchtung Buddhas unter dem Pīpalbaum, um den großen Haupttempel aus der Zeit der Guptas solch kleine, sehr verschiedenartig gebildete Votiv-Stūpas.

zaun aus der Śunga-Zeit in Bodhgayā. In Analogie zu diesen geheiligten Erinnerungsstätten wurden noch weitere Kultstätten wie Baumheiligtümer *(bodhighara)* oder Stūpas errichtet, die jenen acht Grabmonumenten nachgebildet sind, die über der Asche des Erleuchteten errichtet worden waren. Die Beisetzung in einem Grabhügel, einem Tumulus, war für hochgestellte Persönlichkeiten schon in vorbuddhistischer Zeit gebräuchlich.

Nach legendärer Überlieferung stritten nach der Verbrennung des Leichnams in Kuśīnagara, dem heutigen Kasia, acht Herrscher aus Magadha um die Asche des Dahingegangenen. Um den Streit zu schlichten, verteilte der Brahmane Droṇa die Asche gleichmäßig an sie. Jeder der Herrscher umbaute seinen Anteil daraufhin mit einem Stūpa. Aśoka soll dann in seiner Regierungszeit sieben dieser acht Urstūpas geöffnet und die Reliquien auf 84 000 im ganzen Reich errichtete neue Stūpas verteilt haben – eine legendäre Zahl, die aber immerhin auf die rasche Ausbreitung des Stūpa als des zentralen Kultmonuments des Buddhismus hinweist.

Daß mit dem Stūpa ein sonst nur Fürsten und Heiligen vorbehaltenes Grabmonument übernommen wurde, wird im buddhistischen Schrifttum damit begründet, daß Buddha noch zu Lebzeiten diesen Wunsch nach einer derartigen Beisetzung vor seinem Lieblingsschüler Ānanda ausgesprochen habe. Im Mahāparinibbānasuttam antwortet er auf die Frage, was mit seinen sterblichen Überresten zu geschehen habe: »Wie man, o Ānanda, mit dem Leichnam eines *cakravartin*, eines Weltherrschers, umgeht, hat man mit dem Leichnam des Vollendeten zu verfahren: Wo sich vier Straßen begegnen, soll man dem Vollendeten einen Stūpa errichten ... Diejenigen, die dort einen Kranz, eine Blume oder Sandelholz niederlegen, einen Gruß aussprechen oder ihr Herz zuwenden, werden für lange Zeit Freude und Wohlergehen erlangen.«

Die durch Umwandeln des Stūpa auf dem von einem Balkenzaun *(vedikā)* umfriedeten Prozessionsweg *(pradakṣiṇāpatha)* bezeugte Verehrung verweist auf ältere Formen des Totenkults, im Falle von Baum- und Säulenheiligtümern aber auf alte Naturkulte, die hier Eingang fanden. Ein Stūpa ist vor allem ein Erinnerungsmal. Ein Reliquienbau ist er nur dann, wenn er tatsächlich sterbliche Überreste enthält. Diese befinden sich dann aber nicht im Stūpa selbst, sondern in einer auf den Scheitel des Stūpa gesetzten steinernen Truhe *(harmikā)*.

An allen Stätten der buddhistischen Welt errichtet, nahm der Stūpa zunehmend umfangreichere Ausmaße an: Die alten Aufschüttungen aus Erde oder Bruchsteinen ohne Innenraum wurden aus Stein gebaut, die hölzerne Abgrenzung in einen monumentalen Steinbau verwandelt, mit vier hohen Toren *(toraṇa)* in den vier Himmelsrichtungen, deren hölzerne Ausgangsform – mit gebogenen Deckbalken *(uṣṇīṣā)* auf senkrechten Pfosten *(stambha)* – gleichfalls in Stein übertragen und schließlich mit reichem Bildschmuck versehen wurde.

Die frühbuddhistische Bildkunst

Am Tor wie am Zaun und am Stūpa selbst hat sich eine spezifisch buddhistische Bildkunst, zunächst im Flachrelief, dann aber auch als Vollskulptur, herausgebildet. Vom Steinzaun und von den Toren des großen Stūpa von Bhārhut stammt der älteste erhaltene buddhistische Bildschmuck, heute aufbewahrt im Indischen Museum in Calcutta. Die Stifterinschrift bezeugt, daß er unter der in der Zeit zwischen 187 und 80 v. Chr. herrschenden Dynastie der Śungas entstand. Diese regierten nach dem Zerfall der Maurya-Macht das nordöstliche Indien. Die verhältnismäßig geringen stilistischen Unterschiede lassen auf eine Entstehung der Reliefs und Figuren im Laufe des 2. Jahrhunderts v. Chr. schließen. Die Deckbalken des Steinzauns schmücken Ranken und Girlanden, verbunden mit Lotosrosetten, Tierbildern oder figürlichen Szenen. Meist wachsen die Ranken aus dem Maul eines Elefanten. Die Kreu-

zungspunkte der Pfosten und Querbalken markieren Medaillons – wahrscheinlich aus den Holznägeln der Vorbilder entwickelt –, gefüllt mit ornamentalen Lotosmotiven oder aber mit bildlichen Darstellungen. Sie zeigen Szenen aus den vergangenen Existenzen Buddhas unter Verzicht einer Darstellung Buddhas selbst, wie es für diese archaische Epoche typisch ist. Die Gegenwart Buddhas wird in dieser Zeit lediglich durch Sinnbilder wie Thron, Baum, Rad und Stūpa angedeutet.

Die seit der Maurya-Kunst eingeführte monumentale Steinplastik zeigt sich nun an den Pfeilerfiguren zu seiten der Tordurchgänge, die als männliche *(yakṣa)* und weibliche *(yakṣī)* Halb- beziehungsweise Fruchtbarkeitsgötter erscheinen. Diese ursprünglich der Religion des einfachen Volks zugehörigen Lokalgötter, die vom werdenden Buddhismus als Schutzgottheiten übernommen wurden, repräsentieren hier nicht nur typologisch den Höhepunkt des archaischen Stils. Anders als beim modellierenden Stil der Maurya-Plastik am Löwenkapitell in Sārnāth sind die Figuren von blockhaftem Charakter, ohne daß dieser durch Beinstellung oder Armhaltung aufgebrochen wird. Bei den männlichen Gottheiten sind die in der Geste des Grußes oder der Verehrung erhobenen Hände abgewinkelt, so daß sie sich flach an die Brust legen. Die entspannte Haltung der Beine läßt die Füße sich leicht nach außen drehen. Der bereits erwähnte plastizierende Gestaltungswille, dem die anatomische Nachzeichnung des Körpers zugunsten schwellender Lebenskraft verzichtbar ist, kann auch an den hervortretenden Augen beobachtet werden, die genauso als Ausdruck vitalen Lebens aufzufassen sind wie die schwellenden Hüften und Brüste der weiblichen Gestalten. Eine inschriftlich als Culakoka (kleinere Koka) bezeichnete Figur entspricht dem Typus einer Śālabhañjikā, das heißt einer Baumnymphe im Geäst des Salbaumes, die ihn durch Berührung und Krümmung seiner Zweige zum Blühen bringt. In der gleichen Haltung wird auch Māyā, die Mutter Buddhas, bei seiner Geburt wiedergegeben.

So wie die dargestellten Gottheiten lokalen Traditionen entstammen, die in die Zeit vor den Mauryas zurückreichen, so kommt auch in den Reliefs der Medaillons an den Kreuzungsstellen des Steinzauns von Bhārhut und an seinen Pfeilerreliefs, die Vorgeburtslegenden Buddhas (Jātakas) zeigen, ein volkstümliches unmittelbares Empfinden zum Durchbruch. Am sogenannten Prasenajit-Pfeiler (100–75 v. Chr.) des Südtores zeigt ein Relief Musik und Tanz von Himmelsfeen (Apsaras), wobei die vier Tänzerinnen namentlich durch Inschriften erwähnt sind. Offensichtlich soll die Erleuchtung des Buddha gefeiert werden. Ihre geschmeidige Tanzhaltung beweist die unvergleichliche Fähigkeit des indischen Künstlers, schmiegsame weibliche Körper darzustellen. Der archaischen Epoche entsprechend fehlen hier noch bildliche Wiedergaben Buddhas selbst. So erscheinen die Reliefs, die das Erwachen

Um die Kunstfertigkeit der Inder zu beweisen, erzählt er, daß sie die bei den Makedoniern gesehenen Schwämme nachahmten, indem sie Wolle mit Haaren, dünnen Bindfäden und Schnürchen durchnähten und, nachdem sie dieselbe gefilzt hatten, die Fäden herauszogen und die Wolle färbten; daß sich auch viele schnell zu Verfertigern von Badestriegeln und Salbenfläschchen bildeten. Ferner, daß sie Briefe schreiben auf dichtgeschlagenem Baumwollenzeug, während andere sagen, daß sie sich der Schrift gar nicht bedienen; auch daß sie sich des gegossenen, aber nicht des getriebenen Kupfers bedienen. Zu den Nachrichten über Indien gehört auch die, daß es Sitte ist, statt vor den Königen und allen mit Macht und Hoheit Begabten niederzufallen, sie [stehend] anzubeten. Übrigens liefert das Land auch kostbare Steine, sowohl Kristalle als allerlei Karfunkel wie auch Perlen.

Strabo referiert den Bericht des Megasthenes in *Geographica*, Buch XV

Für die Stilstufe, wie sie durch den Stūpa-Zaun von Bhārhut überliefert ist, geben das Medaillon (oben) und das Pfeilerrelief (rechte Seite) charakteristische Beispiele: Die Figuren und Gegenstände sind ganz der Fläche verhaftet: Im Medaillon ist der Kauf des Jetavana-Hains für Buddha durch den Kaufmann Anāthapiṇḍika dargestellt. Im Vordergrund steht der Kaufmann, der den ganzen Park mit Münzen pflastern lassen wollte, neben einem Karren und zwei Ochsen. Rechts lädt ein Mann eine Kiste mit Münzen vom Karren ab während zwei Arbeiter den Garten mit Münzen pflastern. Links ist das Fest der Einweihung zu sehen. Zeitlich voneinander Getrenntes wird simultan erzählt, Darstellung räumlicher Tiefe durch bloßes Übereinandersetzen der Gegenstände in der Fläche ersetzt. Ebenso sind die zum Gebetsgestus erhobenen Hände der Pfeilerfiguren (rechte Seite) in die Fläche geknickt, die Füße nach den Seiten abgedreht.
Calcutta, Indian Museum

Buddhas unter dem Baum der Erleuchtung von Bodhgayā, die erste Predigt in Benares und das endgültige Hinscheiden, das *parinirvāṇa*, darstellen, »anikonisch«.
Die Pfeilerreliefs sind in Bhārhut auch deshalb von Bedeutung, weil sie eine Vorstellung von der Gestalt der hölzernen Kultbauten des frühen Buddhismus vermitteln. Denn die Steinzäune sind in Zimmermannstechnik wie Holzbalkenzäune errichtet. Das heißt, daß alle Teile statt durch Mörtel durch Zapfen und Schlitze zusammengefügt wurden. Auch die hohen Tore scheinen hölzernen Vorgaben zu folgen.
Ein Relief des sogenannten Ajāṭaśatrupfeilers vom Westtor vermittelt ebenfalls eine Vorstellung vom Aussehen der zeitgenössischen Holzbauweise. In einem Rundtempel verehren Götter, umgeben von Scharen himmlischer Tänzerinnen, den Haarschopf, den der zukünftige Buddha Gautama sich bei seiner Abkehr vom weltlichen Leben abgeschnitten und zusammen mit dem Turban in den Himmel geschleudert hatte, wo Indra beides in einem Heiligtum deponierte. Die auf hölzernen Pfosten errichtete Kuppel erhebt sich über einer Einschnürung – eine Form, die sich aus dem Bauen mit biegsamen Materialien wie etwa Bambus oder Schilf entwickelt hatte. Sie wurde in der Folgezeit für den indischen Wölbbau in Stein beibehalten. Die Urform ist in der Rundhütte mit kuppelförmig zusammengebogenen Bambusstäben und einem Belag von Schilfmatten zu suchen.
Auch das Portal erscheint als Konstruktion aus leichtem Material, aus Holz, biegsamem Bambus und Rohrgewächsen. Ein gestelzter, oberer Bogen trägt die Pfosten für die gewölbte Bedachung der Vorhalle, deren Auflagematten oder Schilfdächer durch einen ornamentierten Kielbogen in der Frontansicht verkleidet sind. Das Feld zwischen diesem und einem darunter befindlichen Bogen füllen Spannbögen aus. Dieser Doppelbogen wiederholt sich in den Fensterbekrönungen des Palastes zu seiten des Tempels. Reich mit Erkern verziert, zeigt er eine mehrere Etagen hohe hölzerne Architektur, die sich aus dem immer wiederkehrenden Motiv des Holzbalkenzauns mit darüber aufsteigendem, hufeisenförmigem – das heißt im Überkreisbogen gewölbtem – Fenster zusammensetzt.
Aus diesem doppelten Bogen leitet sich ein zentrales Motiv indischer Architektur ab, das hufeisenförmige Caitya-Fenster. Es ist auf dem Relief des Prasenajit-Pfeilers auch an einem gewölbten Breitbau erkennbar. Die Längstonne sitzt über einer doppelten Brüstung aus Bohlenzäunen, mit einer Reihe von Knäufen auf dem First, an den Ecken Erker mit bekrönenden Doppelbogenfenstern.
Bau- und Bildkunst wurden in Indien bis weit in nachchristliche Zeit vom Buddhismus dominiert, der sich der Förderung mächtiger Dynastien erfreuen konnte. Erst unter den Guptas (320–455 v. Chr.), einer sanskritisierenden Musendynastie par excellence, konnten die hinduistischen Strömungen auf dem Sektor der bildenden Kunst an Terrain gewinnen. Zu dieser Zeit der indischen Klassik

kommt es auch zur Ausbildung eines die Folgezeit der nordindischen Tempelarchitektur prägenden neuen Typs, des sich verjüngenden Tempelturms *(śikhara)*.

Der buddhistische Stūpa

Die Kultbauten aus der Zeit vom 2. Jahrhundert an sind zunächst noch ausschließlich buddhistisch, den Typen nach als Stūpa, Caitya-Hallen (einen Stūpa enthaltende Hallen oder Höhlen) und Vihāra (Felsen, Höhlenklöster) charakterisierbar, und dynastisch den Herrscherhäusern der Śungas, Kānvas und Śātavāhanas zuzuordnen.

Der Stūpa wurde dabei für den Buddhismus zum dominierenden Kultbau und erfuhr in den Dimensionen eine zunehmende Steigerung. Das Wort *stūpa* bedeutet eigentlich Haarschopf und bezieht sich auf die über den zylindrischen Unterbau *(medhi)* gewölbte eiförmige Halbkugel *(aṇḍa)*. Diese archaische Form des Stūpa bildete den Ausgangspunkt für die mannigfachen Entwicklungsformen bis nach Zentral- und Ostasien hin. Zugleich aber erlaubte die sich allein genügende Form, den Stūpa auch als Objekt der Verehrung in Hallen zu integrieren (Caitya-Halle) oder ihn in beliebiger Zahl und in allen Größen zu vervielfachen und so ganze Gruppen von Stūpas zu bilden, wie es etwa um Klosteranlagen *(vihāra)* herum oft geschehen ist. Kultisch diente der Stūpa als Monument des Gedächtnisses, seine Gestalt aber galt als Abbild des Kosmos.
Die noch bescheidenen Tumulushügel der Aśoka-Zeit wurden laufend durch Ummantelung zu großen Steinkuppeln erweitert. Die ältesten vollständig erhaltenen oder in ihrem ursprünglichen Umfang wieder aufgerichteten Stūpas befinden sich in Sāñcī, wo der kleinere Stūpa Nr. II noch dem 2. Jahrhundert v. Chr. entstammt, in das auch der flache Reliefstil an den Pfosten des umlaufenden Steinzauns weist. Ornamentale und symbolische Motive herrschen vor: Blätter, Blüten und Rosetten, dicht in die Felder gepreßt, in fast kerbschnittartiger Bearbeitung der Fläche, dazu die Symbole Buddhas: das Rad als Sinnbild seiner Lehre und der Stūpa als Sinnbild für sein endgültiges Verlöschen *(parinirvāṇa)*. Der Stūpa Nr. II, der bereits in der Mitte des 3. Jahrhunderts v. Chr. begonnen und seit der Mitte des 2. Jahrhunderts v. Chr. um das Doppelte vergrößert worden war, befindet sich auf dem Gipfel des Hügels von Sāñcī. Er war, wie auf Reliefdarstellungen der Zeit zu sehen ist, mit einem von einem Steinzaun umgebenen Reliquienschrein *(harmikā)* bekrönt, aus dessen Mitte ein steinerner Schirm *(chatra)* als Symbol königlicher Macht herausragte. Im Reliquienschrein befanden sich Specksteinbehälter mit Knochenresten von inschriftlich genannten buddhistischen Heiligen der Aśoka-Zeit.

Die Tore des Großen Stūpa in Sāñcī

Im Gegensatz zu der schmucklosen, kargen Gestalt des halbkugeligen Stūpa selbst quellen die Tore *(toraṇa)* der Steinzäune über von Reliefs. Indem die Tore nach den vier Himmelsrichtungen ausgerichtet sind, öffnen sie sich allen Wesen und laden sie zur andachtsvollen Verehrung Buddhas ein. Die vier Tore von Sāñcī entstanden im 1. Jahrhundert v. Chr. in der Reihenfolge Süd-, Nord-, Ost- und Westtor, wie ein Vergleich der Kapitelle nahelegt. Sie sind in Anlehnung an Holzkonstruktionen gebaut und dürfen mit ihren Reliefs als Höhepunkt der spätarchaischen Zeit gelten. Am Südtor stehen sie den Formen der Maurya-Kunst am nächsten: Der Vergleich mit dem Löwenkapitell in Sārnāth zeigt, daß die Śātavāhana-Herrscher (2. Jahrhundert v. Chr. – 2. Jahrhundert n. Chr.) mit den dynastischen Symbolen ausgereifte Typen übernommen hatten, was als bewußte Wiedererweckung monumentaler Staatskunst anmutet.
An den späteren Nord- und Osttoren in Sāñcī sind die Maurya-Löwen als Kapitellfiguren durch Elefanten ersetzt, am Westtor stützen vier dickbäuchige Yakṣas symbolisch die Balken. Die Reliefszenen decken die gesamte buddhistische Überlieferung bilderzählerisch ab. Besonders reizvoll und informativ ist die Tatsache, daß die Bildhauer den Legendenschatz in ihre Zeit transponiert haben und die Begebenheiten vor dem konkreten Hintergrund ihrer zeitgenössischen Welt abrollen lassen.
Die dekorative Ausgestaltung des Nordtores hat sich am vollständigsten erhalten. Die von Elefanten getragenen und von zwei Yakṣas flankierten Balken krönt in der Mitte das Rad der Lehre als Symbol für die erste Predigt in Sārnāth, wo Buddha es in Bewegung setzte, der aber selbst in all dem bunten Treiben weiterhin unsichtbar bleibt, auf dessen Gegenwart aber stets durch Symbole hingewiesen wird. So deutet der Bodhibaum seine Erleuchtung in Bodhgayā, der Lotos seine Geburt an. Die Balkenenden zeigen Baumnymphen (Yakṣīs) in den Zweigen von Mangobäumen.
Ein ikonologisches Programm zeigt sich auch im Auftreten von sieben durch Stūpas (für das Nirvāṇa) und Bäume (für die Erleuchtung) versinnbildlichte Buddhas am obersten Torbalken. Jeder der sieben steht für je eines der letzten

Linke Seite: Der legendäre Weltherrscher (cakravartin) *Mandhātā mit seinen sieben Kostbarkeiten: Königin, Minister, General, Pferd, Elefant, Dharma (symbolisiert durch das Rad) und Wunschjuwel. Marmorrelief des 1. Jahrhunderts v. Chr.*
Madras, Government Museum

Oben: Eines der ältesten Bauwerke in Sāñcī ist der im 2. Jahrhundert v. Chr. entstandene Stūpa II, der von einem Steinzaun, der nach den vier Himmelsrichtungen in Zugängen geöffnet ist, umschlossen wird. Der Stūpa enthielt Reliquien buddhistischer Heiliger der Aśoka-Zeit.

Der Baumeister *(sthapati)* kennt alle Lehrwerke. Der Architekt *(sūtragrāhin)* [heißt deshalb] so, [weil] er die Meßschnur *(sūtra)* trägt. Der Konstruktionszeichner *(vardhakin)* ist mit der Kunst des [richtigen] Messens vertraut, [und] der Zimmermann *(takṣaka)* [führt seine Bezeichnung], weil er das Holz bearbeitet *(takṣaṇa)*.
Dem Baumeister, der die Lehrwerke bemeistert hat und der die Veden kennt, gebührt die Leitung [beim Bau]. Darum nennt man ihn [ja] Sthapati, weil er die höchste Leitung *(sthāpana)* innehat. Gemäß der Anordnung des Baumeisters führen der Architekt und alle anderen die Bauangelegenheiten im Sinne des Lehrwerks [über die Baukunst] sorgfältig aus ... Die Bezeichnung eines Baumeisters wird [demjenigen] verliehen, [der] die Merkmale eines Lehrmeisters hat. Der Architekt hat theologische Kenntnisse, kann zeichnen und beherrscht das Lehrwerk [über die Baukunst]. Der Konstruktionszeichner ist ebenfalls theologisch ausgebildet, weiß [in Angelegenheiten der Konstruktion] prüfend zu verfahren [und] hat die Zeichenkunst erlernt. Der Zimmermann beherrscht sein Metier [und] ist ein umgänglicher Mensch ... Er soll [ebenfalls] die heiligen Schriften und das Lehrwerk studieren. Weil eine [Bau-]Ausführung ohne [einen dieser] Handwerksmeister [genausowenig] gelingt, [wie die Erlösung vom Daseinswandel] ohne einen Lehrer [herbeigeführt werden kann], soll man [einen Bau] nur von diesen durchführen lassen.

Mānasāra 2,12c–19

sieben Weltalter *(kalpa)*. Jātakas, die den stufenweisen Aufstieg des Bodhisattva zum zukünftigen Gautama Buddha über mannigfache Existenzformen schildern, schmücken den unteren Querbalken.
Neben den zu Bildformeln erstarrten Szenen aus dem Leben des historischen Buddha geben die »Wiedergeburtslegenden«, die Jātakas, die von den vergangenen Existenzen Buddhas als Bodhisattva berichten, den Stoff für zahlreiche lebendige Reliefschilderungen ab, ausgehend von der Leidhaftigkeit des anfanglosen, in zahllosen Wiedergeburten sich wiederholenden Daseins. Darstellungen von der mitleidsvollen Selbsthingabe Buddhas, um das Leiden der Wesen zu lindern, bieten auch die Medaillonreliefs vom Steinzaun des Stūpa von Bhārhut (etwa 100 v. Chr.). Das Mahākapi-Jātaka schildert den Bodhisattva als Herrscher eines Affenvolks, das in einem großen Mangobaum am Ufer des Ganges lebte, wo eines Tages ein König mit seinem Jagdgefolge die Herde bedrohte. Indem der zukünftige Buddha, auf einen Baum des anderen Ufers springend, mit seinem Schwanz eine Brücke zum Baum von dem er weggesprungen war, bildete, rettete er seinem Volk das Leben, das dadurch den Pfeilen der Jäger entfliehen konnte. Er selbst fiel tödlich verwundet in ein Netz, das der König hatte aufspannen lassen. Beschämt vom Edelmut des sterbenden Oberhauptes der Affen, vernahm der König von ihm, daß der Opfermut die oberste Tugend eines Herrschers sei.

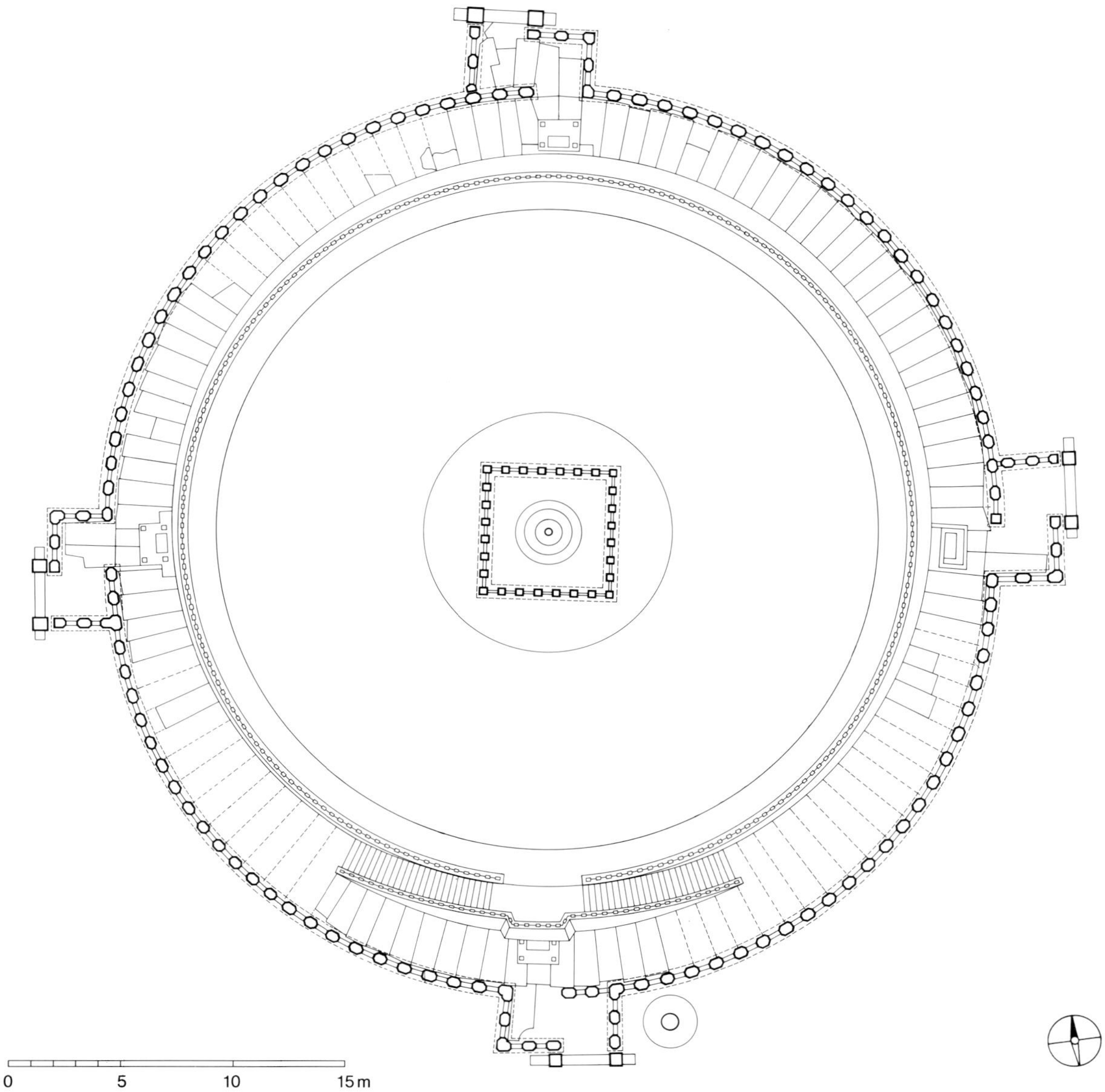

Vorhergehende Doppelseite: Blick von Stūpa I in Sāñcī auf die Innenseiten der reliefierten Steinbalken des Nordtores (toraṇa). *Die Reliefs auf den Balken rechnen in ihrer Eigenart, aber auch in ihrer stilgebenden Wirkung für weite Gebiete Mittel- und Südwestindiens in spätarchaischer Zeit zu den bedeutendsten Kunstleistungen Indiens.*

Links: Grundriß des Stūpa I von Sāñcī, in seiner heutigen Gestalt aus dem 2.–1. Jahrhundert v. Chr. Hinter dem Südtor des ringförmig um den Stūpa angelegten Steinzauns, der einen Umwandlungspfad begrenzt, führt eine zweiarmige Treppe empor zu einem zweiten Wandelgang, der zeitlich den Triumphpforten vorangeht.

Rechts: Die waagerechten Balken des Südportals von Stūpa I werden von mit Löwenkapitellen geschmückten Pfeilern getragen. Deutlich wird hier die motivische Nähe zum Löwenkapitell von Sārnāth und zur Mauryakunst. Das Südportal ist das älteste der vier Tore von Sāñcī und dokumentiert die Wiederaufnahme einer monumentalen Staatskunst unter den Śātavāhana.

In den Medaillons mit Jātaka-Szenen vom Steinzaun des Stūpa von Bhārhut war das Relieffeld locker, scheinbar fast regellos mit Figuren gefüllt. In Sāñcī zeigt die stilistische Entwicklung dagegen eine deutlich zunehmende Verstärkung der Komposition, die – vom Südtor ausgehend in der Reihenfolge Nord-, Ost- und Westtor – in der Betonung sakral-symbolischer Tendenzen deutlich gesteigert erscheint. Am eindringlichsten tritt am östlichen Tor die Einheit der programmatischen Gestaltung hervor. Die sieben Buddhas der Weltalter werden am obersten Balken außen »anikonisch« durch fünf Stūpas und zwei Bäume, innen durch sieben Throne unter Bodhibäumen symbolisiert. Der mittlere Balken enthält zwei Darstellungen aus der Lebensgeschichte Buddhas, auf der Außenseite den Auszug Gautamas aus seiner Vaterstadt, auf der Rückseite seine symbolisierte Erleuchtung unter dem Bodhibaum, und die Verehrung Buddhas durch eine Schar von Tieren, der unterste Balken zeigt außen die Verehrung des Bodhibaums durch Aśoka, auf der Innenseite den von Elefanten verehrten Stūpa von Rāmagrāma, als Hinweis darauf, daß Buddha die gesamte belebte Welt in sein Erlösungswerk einbezog.

Buddhistische Höhlenklöster und Caitya-Hallen

Buddha befand sich mit seiner frühen Mönchsgemeinde stets auf Wanderschaft, die nur während der mehrmonatigen Regenzeit regelmäßig durch Aufenthalte unterbrochen worden war. Doch bald kam es, auch durch das Wachstum der Gemeinde bedingt, zu klösterlichen, zum Teil von »seßhaft« gewordenen Mönchen ständig bewohnten Einrichtungen *(vihāra)*, die ursprünglich ausschließlich aus Holz bestanden hatten. Später wurden auch Höhlen zu Klöstern ausgestaltet, oder es wurden ganze Klöster aus dem Felsen gehauen. In einem solchen Fall wurde der offene quadratische Hof, um den herum bei Freibauweise die Zellen angelegt waren, als große Halle ausgestaltet. Diese Halle, die als kultisches Heiligtum einen Stūpa enthielt, nennt man ihrer »angehäuften« *(cita)* Stūpa-Halbkugel wegen Caitya-Halle.
In der Ausgestaltung solcher höhlenklösterlichen Anlagen hat der Buddhismus architektonisch und plastisch reich ausgestattete Räume geschaffen.
Nachdem schon Kaiser Aśoka im 3. Jahrhundert v. Chr. erste solche Anlagen für die Sekte der Ājīvikas gestiftet

hatte, entstanden unter der Dynastie der Sātavāhanas, die die Entfaltung der buddhistischen Klosterkultur besonders begünstigt hatten, seit dem 1. Jahrhundert n. Chr. in den westlichen Ghats, den zerklüfteten und tief eingeschnittenen Tälern der parallel zur indischen Westküste verlaufenden Gebirge, in den Felsen getriebene ausgedehnte Höhlenklöster. Die Caitya-Hallen sind nach dem Vorbild dreischiffiger gewölbter Freitempel aus Holz mit apsidialem Abschluß zu Pfeilerhallen ausgestaltet. Im Scheitel des tonnengewölbten Mittelschiffs steht ein Stūpa als Kultobjekt, um den die Pfeiler einen Umgang bilden. Die Pilger und Gläubigen können auf diese Weise durch Umwandeln dem Stūpa ihre Verehrung bezeugen. In den alten Kulthöhlen aus dem 1. Jahrhundert v. Chr. gibt es schmucklose Pfeiler ohne Kapitell. Die im 1. Jahrhundert n. Chr. angelegte Caitya-Höhle von Kārlā mit ihrer vollständig in Stein übergegangenen Holzbauweise, ihren mit Basen und Kapitellen versehenen senkrechten Pfeilern und den ausgewogenen Proportionen gilt als vollendetes Beispiel dieser Art von Architektur. Als Lichtquelle dient ein von Holzgebälk getragenes Caitya- oder Sonnenfenster mit einer schmalen Vorhalle, von der drei Eingänge in die Höhle führen. Seitlich sind mehrgeschossige Palastfassaden mit Galerien und Brüstungen von Holz in den Stein übertragen. Die in der Holzarchitektur entwickelte Palisade wiederholt sich als stereotypes Motiv ebenso wie das in verschiedenen Dimensionen wiederkehrende hufeisenförmige Caitya-Fenster.

Eine Frühform mit einfacher Verteilung von drei solchen Fenstergeschossen zeigt auch die Eingangsfront einer Caitya-Höhle (Nr. 9) in Ajaṇṭā (1. Jahrhundert n. Chr.).

Die Höhlen von Bhājā (Ende des 2. Jahrhunderts v. Chr.) gehören zum ältesten Typ buddhistischer Felsenklöster. Sie folgen der Holzbauweise im Detail, mit teilweiser Scheinarchitektur, etwa mit blinden Rundfenstern in der Caitya-Höhle Nr. 12. In Bhājā springen rechts und links vom Sonnenfenster in komplizierter Staffelung Erker hervor, teilweise durch gebogene Streben gestützt. Die Pfostenzaunbrüstungen sind vermehrt, und ein mehrstufig auskragendes Gesims läuft unter den kleinen Sonnenfenstern durch. Auch die Fassade der Caitya-Höhle von Koṇḍāne weist eine ähnliche architektonische Gliederung wie Bhājā auf. Als weitere Beispiele für frühe Caitya-Höhlen können in Nāsik die Pāṇḍuleṇa-Höhlen (2. Jahrhundert v. Chr. – 2. Jahrhundert n. Chr.) genannt werden.

Links: Pfeilerrelief am östlichen toraṅa *von Sāñcī. Für den spätarchaischen Stil kennzeichnend sind die vollständige Füllung des Bildraums und der Tiefschnitt des Reliefs. Das Feld oben zeigt die Verehrung des Vajrāsana unter dem Bodhibaum in Bodhgayā. Darunter eine lebendig geschilderte Szene an einem Stadttor, das soeben ein König mit Gefolge passiert. Solche Szenen erlauben Rückschlüsse auf die zeitgenössische indische Profanarchitektur.*

Rechts: Das Osttor des Steinzauns um den Stūpa von Sāñcī ist auch berühmt wegen der Anmut des weiblichen Baumgeistes im Torzwickel rechts.

Oben: Die Eingangswand zur Caitya-Höhle in Kārlā ist mit Skulpturen von lächelnden Mithuna-Paaren besetzt.

Unten: Die Wandgliederung der Caitya-Höhle in Kārlā beteht aus architektonischen Motiven wie Portal- und Balkonformen.

Rechts: Die buddhistischen Höhlen von Bhājā rechnen zu den bedeutendsten und frühesten Klosteranlagen dieser Art.

Heute noch leben im Hausbau der nordindischen und pakistanischen Bergländer, vor allem in Kaschmir diese altindischen Holzkonstruktionen weiter. Auch an den dortigen dörflichen Wohnhäusern lassen sich als Spätform einer uralten Holzbautradition im Oberstock häufig weit vorspringende, von Konsolen gestützte Lauben beobachten. Als Vorstufen der besprochenen dreischiffigen Langraumhöhlen haben sich auch einfache einräumige Höhlen erhalten. In Kaṇherī finden sich zu seiten der großen Pfeilerhöhle kleinere Höhlen rechteckigen Grundrisses mit einem oder mehreren Stūpas. In Junnār trifft man auf eine kreisrunde, dem Inneren einer Rundhütte nachgebildete und dadurch in archaische Zeit verweisende Caitya-Höhle mit Pfeilern und niedrigem Umgang um den mittleren Kuppelraum. Eine Cella von ovalem Grundriß enthalten auch die Sudāma- und die Lomas-Ṛsi-Höhle (ohne Stūpa) in den Barābar-Hügeln bei Bodhgayā, die zum Teil Stiftungen aus der Aśoka-Zeit sind.

Der »Schöne Stil« der indischen Plastik

Der Weg zur Ausbildung der indischen Klassik in der Gupta-Zeit (320–455) führt nach einer postarchaischen Phase im 1. Jahrhundert n. Chr. über eine – aus der Perspektive der Klassik retrospektiv als Übergangszeit definierbare – Entwicklungsphase, die in die ersten drei nachchristlichen Jahrhunderte fällt, wobei der Höhepunkt im 2. Jahrhundert liegt. Kennzeichnend für diese Zeit ist die zunehmende Regionalisierung der Kunststile: Durch die beiden Großreiche der Kuṣāṇas im Norden und Westen und der Śātavāhanas im Süden beginnen sich auch bereits die später in der indischen Fachliteratur explizit als solche definierten (indoarischen) nördlichen und (dravidischen) südlichen Stile voneinander abzuheben. Immer noch aber sind die Kunstobjekte vom Buddhismus bestimmt, doch treten jetzt auch die Götter des hinduistischen Pantheons langsam in den Vordergrund. Vor allem aber zeigt sich nun eine Gestalt, die bisher immer nur symbolhaft angedeutet worden war, in leibhaftiger Plastizität: Buddha selbst tritt vor den Stūpa und erleichtert dem Gläubigen die anschauliche Vergegenwärtigung. Zweifellos gibt es hier einen deutlichen Zusammenhang mit einer zu dieser Zeit neu entstehenden buddhistischen Bewegung, nämlich der dem Laienbuddhismus und der Volksfrömmigkeit weitaus entgegenkommenderen Richtung des »Großen Fahrzeugs« (Mahāyāna), die ein reiches Pantheon von Buddhas und Bodhisattvas entwickelt hatte.
Die Entwicklung, die die Skulptur in Sāñcī an den Portalen von Stūpa I durchlaufen hat, bezeichnet beispielhaft den Weg der indischen Kunst, die in der Plastik im 1. Jahrhundert n. Chr. eine Stufe erreicht, auf der eine ästhetisch vollendete Form in spezifisch indischem Sinne angestrebt wird. Die balkenstützenden Baumgottheiten am Osttor lassen in Sāñcī den idealisierenden Körperstil erkennen, der in der 1. Hälfte des 1. Jahrhunderts n. Chr. entsteht.

Der Grundriß der caitya-*Höhle in Kārlā (unten) zeigt, wie der Eingang zur Höhle weit hinter die geräumige Vorhalle zurückversetzt ist. Die Haupthalle ist rings von schweren Säulen gesäumt (oben), die in der Apsis des Heiligtums einen Stūpa als zentrales Verehrungsobjekt einschließen.*

Rechte Seite: Die berühmte, knapp lebensgroße Figur der Yakṣī aus Dīdārgañj. Patna, Museum

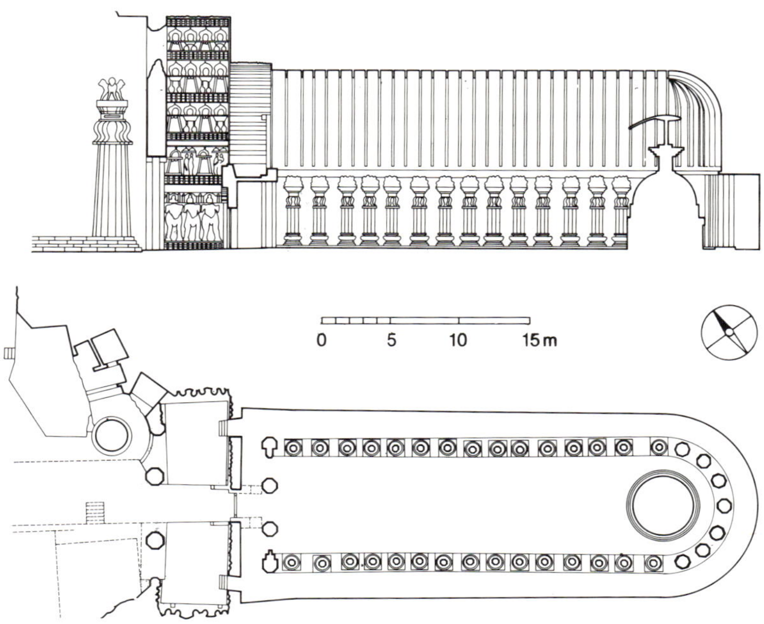

Man kann von der Herausbildung eines »Schönen Stils« sprechen, in dem die schweren Formen der Stilstufe von Bhārhut durch organisch gerundete Umrisse ersetzt sind. Die Etappen der Entwicklung sind angesichts des spärlichen Bestandes an Bildwerken aus dieser Zeit jedoch nur an einigen lebens- und überlebensgroßen Yakṣas und Yakṣīs zu verdeutlichen. Der Stufe von Bhārhut entspricht der Yakṣa aus Pārkham (2./1. Jahrhundert v. Chr.) aus der Schule von Mathurā. Er erscheint zunächst derb, ist aber doch unter Beobachtung genauer bildhauerischer Details gearbeitet, was sich etwa am leicht vorgesetzten linken Knie und an dem um die Hüfte gegürteten Beinkleid zeigt. Aufgrund einer Inschrift, die den Meister dieser Plastik als Gomitaka, Schüler des Kuṇika, bezeichnet, läßt sich auf die Darstellung des Yakṣa Maṇibhadra schließen. Er gehört auf jeden Fall zu den frühesten Arbeiten der Schule von Mathurā.

Dagegen läßt sich der Torso eines Yakṣa aus Patna, von dem der Kopf und ein Arm verloren sind, als Vertreter einer späteren Stilphase erkennen, wo ein neues plastisches Empfinden für die Feinheiten der organischen Körperbildung zur Geltung gelangt, indem die feinpolierte Oberfläche in weich modellierte Formen aufgelöst wird. Auf dem Höhepunkt des sich hier ankündenden »Schönen Stils« steht die knapp lebensgroße Yakṣī aus Dīdārgañj im Museum zu Patna. Aus reiner Gestaltungsfreude formt hier der Steinbildhauer den mit üppig ausgestatteten Rundungen gebauten weiblichen Körper, der jetzt in allen Teilen aus der Vorstellung des vollrund Plastischen konzipiert ist. Sie kann nicht, wie kürzlich behauptet wurde, der Maurya-Zeit entstammen, sondern muß als Werk des 2. Jahrhunderts n. Chr. angesehen werden.

Der im nördlichen Indien und im Dekkan herausgebildete »Schöne Stil« hat im Reich der dravidischen Śātavāhanas auch seine südliche Verbreitung gefunden. In den höfischen Werkstätten erreichten die Bildkünste tatsächlich jene Verfeinerung, wie sie schon die Zeugnisse der Literatur vermuten ließen. Die später das nördliche Indien bedrängenden ikonoklastischen Eroberungszüge haben dort den Bestand an Bildwerken allerdings so dezimiert, daß das Überlieferte nur einen bescheidenen Ausschnitt aus der einstigen Kunstproduktion zeigt. Die Malerei ging fast völlig verloren.

Bedeutsame Zeugnisse der von den Hofwerkstätten getragenen Bildhauerkunst blieben an den schon betrachteten Fassaden der buddhistischen Felsenhöhlen erhalten. Die am Eingang der Höhle Nr. 1 von Kārlā vermutlich in der 2. Hälfte des 1. Jahrhunderts n. Chr. im Hochrelief aus dem anstehenden Felsen herausgeschlagenen Stifterpaare zeigen in den bis auf den Lendenschurz beziehungsweise Hüftgürtel nackt gestalteten Körpern mit ihrer lässigen Haltung und dem Bewegungsspiel der Gliedmaßen den vollendeten »Schönen Stil« der indischen Plastik.

An der um 150 n. Chr. entstandenen Höhle Nr. 3 in Kaṇherī kündigt sich in den weiblichen Figuren der Stifterpaare die

Weiterbildung dieses statischen »Schönen Stils« in einen Stil schwingender Körperbewegung an, dessen Ausbildung sich dann auch anderwärts im späten 2. Jahrhundert n. Chr. verfolgen läßt.

Einen chronologischen Anhaltspunkt für die Ausbildung des »Schönen Stils« liefert eine in Pompej (das ja bekanntlich 79 n. Chr. bei einem Ausbruch des Vesuv verschüttet worden war) gefundene indische Elfenbeinstatuette. Sie stellt eine stehende, nur mit Hüftgürtel bekleidete Frau mit zwei kleinen, eng angeschmiegten Dienerinnen dar, nach indischer Weise reich mit Halsketten, Arm- und Beinringen geschmückt. Sie erscheint deutlich der Phase des »Schönen Stils« angehörig, und steht den Stifterskulpturen an der Fassade der Höhle von Kārlā nahe. Ihre vergleichsweise strenge Haltung weist dabei in die Anfangsphase des »Schönen Stiles« um die Mitte des 1. Jahrhunderts n. Chr., was auch mit dem durch die Fundumstände gewonnenen Terminus ante quem (79 n. Chr.) in Einklang steht.

Ein weiteres Zeugnis für den »Schönen Stil« im nördlichen Indien stellen die berühmten Elfenbeintafeln dar, die – zwar in Mathurā gearbeitet – 1936 in Begrām (Afghanistan) gefunden wurden. Sie sind aus stilistischen Gründen ins 2. Jahrhundert n. Chr. datierbar und bilden ursprünglich Beschläge für Holztruhen und Stühle. Ihre anmutig wirkenden Gravierungen und Reliefdarstellungen zeigen den »Schönen Stil« bereits zu Formen der schwingenden Bewegung erweitert.

Ohne Zweifel hat sich der indische Künstler am Elfenbein zur Meisterschaft im plastizierenden Gestalten emporgearbeitet, und ebenso hat die Tanzkunst – deren (theoretisches) Studium zur Ausbildung des Künstlers gehörte – dauerhaften Einfluß auf die Darstellung der tanzenden oder überhaupt sich bewegenden Personen ausgeübt.

Der »Schöne Stil« im südlichen Indien

Mit der Ausdehnung ihres Reichs in den Süden übertrugen die Śātavāhanas (2. Jahrhundert v. Chr. – 2. Jahrhundert n. Chr.) auch den »Schönen Stil« dorthin. In dem von ihnen verwalteten Großreich, das sich von der Ost- bis zur Westküste erstreckte, prägten sie den südlichen Charakter genuin indischer Kunst in einer gegenüber dem derben Stil Mathurās verfeinerten Form. Anders als die synkretistischen Entwicklungen in Gandhāra, die von ihren Voraussetzungen her eine echte Symbiose gar nicht erst erwarten ließen, haben die Śātavāhanas trotz der Handelsbeziehungen zu Rom eine davon unbeeinflußte, kontinuierliche künstlerische Entwicklung ermöglicht, die direkt in die Klassik der Gupta-Zeit überleitet.

Die buddhistische Bau- und Bildkunst hat sich im 1. bis 3. Jahrhundert n. Chr. an zahlreichen Klosterstätten entlang des Kṛṣṇā-Flusses entfaltet, in Jaggayyapeṭa, Bhattiprolu, Gummaḍidurru, Guntupalle, Amarāvatī, Goli, Ghaṇṭaśāla und Nāgārjunakoṇḍa.

In der Blütezeit der Śātavāhana-Herrschaft im 2. Jahrhundert n. Chr. entwickelte sich im südindischen Amarāvatī eine besonders durch tiefe Unterschneidungen und bewegte Kompositionen ausgezeichnete Reliefkunst. Die Marmortafeln, die einst den Stūpa in Amarāvatī verkleideten, stellen Szenen aus dem Leben Buddhas dar (links, London, British Museum) oder zeigen mit Zäunen umfriedete, reich verzierte Stūpas, vor denen das Rad der Lehre verehrt wird (rechts, Madras, Museum).

Die wichtigsten Funde erbrachte der große Stūpa von Amarāvatī. Von der Marmorverkleidung und von der steinernen Umzäunung erhielten sich Serien von Reliefs, die in das Britische Museum in London und in das Museum von Madras gelangten.

Von Interesse sind besonders die zahlreichen Reliefs, die getreue Wiedergaben des Gesamtmonuments enthalten, zu dem sie ursprünglich gehörten, »Stūpa-Bilder«, auf denen auch der plastische Schmuck genau nachgebildet ist. Sie lassen erkennen, daß der Steinzaun *(vedikā)* wechselweise aus kannelierten Pfeilern *(stambha)* mit kleineren Medaillons und aus breiten Steinpfeilern mit großen und plastisch vorgewölbten Lotosmedaillons bestand. Das deckt sich mit den bisherigen Ergebnissen der Ausgrabungen. Den Abschlußbalken umläuft ein Girlandenfries – ein von der römischen Kunst angeregtes Motiv. Auf der Innenseite waren, was auf dem »Stūpa-Bild« nicht sichtbar ist, meist figürliche Reliefs angebracht. Auch am Sockel des Stūpa selbst sind zwischen Pilastern schmale Reliefs mit Symbolen für Buddha – aber auch mit Darstellungen Buddhas selbst – eingelassen, ein Merkmal für den einsetzenden Mahāyāna-Buddhismus, wie es sprechender nicht sein könnte.

Die stilistische Entwicklung führt deutlich zu einer immer dichter werdenden ornamentalen Verzierung der Kuppel, die mit Medaillons, Lotosrosetten und herabhängenden Girlanden geschmückt ist, und die man sich ursprünglich in bemaltem und vergoldetem Stuck zu denken hat. Die »Stūpa-Bilder« zeigen zugleich sehr anschaulich die ursprüngliche Verteilung der erhaltenen Reliefs und deren drei vom 1. bis zum frühen 3. Jahrhundert n. Chr. reichende Entwicklungsstufen. In ihnen wiederholen sich die Stilphasen, die im nördlichen und zentralen Indien vom flächig-kantigen, figuralen Stil zur organisch gerundeten Formensprache des »Schönen Stils« führten und die eine Steigerung in der »schwingend-bewegten« Figurendarstellung fanden.

In Nāgārjunakoṇḍa, das die Ikṣvākus (175–250) als Nachfolger der Śātavāhanas regierten, fand dann die letzte Phase der Kunst von Amarāvatī in einem beispiellosen Klima religiöser Freiheit – die Könige waren Hindus, die Königinnen Buddhistinnen – eine Fortsetzung und zugleich eine eigenwillige Steigerung. Die der »mittleren Phase« zuzuordnenden Reliefs weisen untersetzte, voluminöse Figuren auf; in den an die letzte Phase von Amarāvatī anschließenden Reliefs sind die Figuren dünnbeinig und schmal, in nervöser Bewegung und unübersichtlicher Vielzahl in der Fläche mehrzonig verteilt und, anstelle der einfachen Schichtung in den älteren Reliefs, wird räumliche Tiefe vorgetäuscht. In dieser Form ist auch der Prinz Siddhārtha, der zukünftige Buddha, zwischen den Frauen im väterlichen Palast dargestellt. Der »schwingend-bewegte« Stil hat hier, auf Südindien übertragen, eine extreme Steigerung erfahren. Im Verein mit dem Spiel von Licht und Schatten erzeugen die Körper den Eindruck unaufhörlicher Veränderung. Ein tänzerisch anmutender Rhythmus scheint alle Szenen zu erfüllen, in dem sich in unübertrefflicher Weise die indische Anschauung von der in ihrer beständigen Veränderung endlosen Leidhaftigkeit alles Gewordenen ausspricht. Nicht minder drückt sich darin

die von innen her wirkende Lebenskraft *(prāṇa)* aus, die atmend alles Lebendige erfüllt und gleichsam vor den Augen des Betrachters Form gewinnen läßt.
Diese vitalen Szenen an der äußeren Umgrenzung des Stūpa-Heiligtums zeigen dem nach Erleuchtung Strebenden, wovon er sich freimachen soll. Sie sind negativ zu lesen, freilich mit einer so deutlichen Freude am Gegenstand dargestellt, daß die innere Begeisterung des Künstlers an der Schönheit des Vergänglichen unverkennbar hervortritt.
Im »Schönen Stil« hat die indische Kunst in den ersten nachchristlichen Jahrhunderten vollendete und ihr gemäße Ausdrucksformen gefunden, die der Klassik der Folgezeit in vielerlei Hinsicht die formalen Grundlagen geboten haben. Diese Zeit kann deshalb als »vorklassische« oder Übergangsphase der indischen Kunst angesprochen werden.

Gandhāra und Mathurā: die nördlichen Kunstzentren

Während die Śātavāhanas als kunstsinnige Handelsmacht Indien südlich des Dekkans beherrschen, treten unter der Herrschaft der Kuṣāṇas im Norden im 1. und 2. Jahrhundert n. Chr. zwei künstlerische Zentren hervor: Mathurā als südliche Residenzstadt und die Landschaft Gandhāra

mit der Hauptstadt Peschawar im Nordwesten (heute Pakistan). Einst eine Provinz des von Alexander dem Großen zerstörten Achämeniden-Reichs, geriet Gandhāra – nachdem es vorübergehend griechische und sakische Herrschaft zu erdulden hatte – unter die Oberherrschaft eines Skythenstamms, der Kuṣāṇa. Der Enkel des ersten Kuṣāṇa-Herrschers, der um 64 n. Chr. Gandhāra erobert hatte und mit Rom in Handelsbeziehung getreten war, hieß Kaniṣka (vermutlich um 100 n. Chr.), und hat den Buddhismus – wie einst Aśoka vor ihm – mit großem Erfolg gefördert. Die Kunst seines Reichs ist dementsprechend eine buddhistische, und der mit ihr verbundene Name Gandhāra wird seither für den Stil gebraucht, der über das Ursprungsland Gandhāra bis ins östliche und nördliche Afghanistan gewandert war. In der sogenannten »Gandhāra-Kunst«, auch »griechisch-buddhistische Kunst« genannt, bildete sich eine Sonderentwicklung von hellenistischen und zeitgenössisch-römischen Formen mit buddhistischen Themen und Motiven heraus. Das hat, da die »anikonische« Phase buddhistischer Kunst zu dieser Zeit auch hier überwunden worden war, zur Schaffung hellenistisch geprägter, menschlich gestalteter Buddhas geführt.

Die Gandhāra-Plastik

An dem in der Gandhāra-Plastik überlieferten Buddha-Bild vereinigen sich indobuddhistische Inhalte mit dem antikisierenden Formenapparat, der sich etwa an den Gewanddrapierungen zeigt. Ein sitzender Buddha (2./3. Jahrhundert n. Chr.) im Museum für Indische Kunst in Berlin kann als Analogon zum gleichzeitigen »Schönen Stil« des Südens für die Großplastik herangezogen werden. Bei der Figur des stehenden Buddha (2. Jahrhundert n. Chr.) im selben Museum läßt der in langen, schwungvollen Falten herabhängende Umhang an mit Toga oder Pallium bekleidete römische Statuen der frühen Kaiserzeit denken, auf die auch die in der augusteischen und flavischen Zeit im 1. Jahrhundert n. Chr. in Rom gebräuchliche Frisur mit in die Stirn fallenden Fransen verweist, die hier offensichtlich übernommen ist. Dies bildet zugleich einen Datierungsanhalt, mit dem erwiesen ist, daß die Gandhāra-Plastik spätestens in der 2. Hälfte des 1. Jahrhunderts n. Chr. voll ausgebildet vorlag. Allerdings handelt es sich bei den Gandhāra-Skulpturen in Wirklichkeit nicht um Vollplastik. Sie stammen aus Kultbauten von Stūpas

Links: Stehende Buddhafigur mit für die Gandhāra-Kunst charakteristischen antikisierenden Merkmalen in Gesichtsausdruck, Frisur und Faltengebung des Mönchsgewandes. Die verlorene Hand war in der Geste der Schutzverheißung erhoben.
Berlin, Museum für Indische Kunst

Rechts: Auf einem stoffbezogenen und an den Ecken mit Löwen verzierten Thron sitzt Buddha in Asketenhaltung. Seine Erkennungsmerkmale sind vor allem die ūrnā, *die Haarflocke zwischen den Augenbrauen, und der Haaraufwurf.*
Berlin, Museum für Indische Kunst

oder Kultkapellen, an deren Wänden sie angesetzt waren. Nur der Kopf ist rundplastisch gearbeitet, der Körper bleibt flach und ist nur an der Oberfläche gewölbt. Da bei den älteren Grabungen noch keine Stratigraphie berücksichtigt worden war, fehlen uns heute sichere Anhaltspunkte für die relative Chronologie der Monumente. Auf vier Buddha-Standbildern finden sich zwar datierte Inschriften, die Jahresangaben folgen aber unterschiedlichen Zeitrechnungen, so daß alle bisherigen Lösungsversuche gescheitert sind. Somit ist die Forschung für die Entwicklung einer Chronologie auf formale Indizien und auf stilistische Vergleiche angewiesen.

Auf den frühesten Werken der Gandhāra-Kunst erscheint Buddha – wie auf einem Relief vom Anfang des 2. Jahrhunderts n. Chr., das ihn mit Vajrapāṇi zeigt – mit Oberlippenbart und hohem Haarschopf, unter dem ein übersinnliches Organ *(uṣṇīṣa)* angedeutet ist.

Er erscheint auch sitzend, die Hände in Meditationshaltung *(dhyānamudrā)*, Friedfertigkeit zusichernd *(abhayamudrā)*, oder die Erde als Zeugin anrufend *(bhūmispar Śamudrā)*, wobei das herabfallende Manteltuch die plastische Erscheinung des Körpers verdeckt.

Die beim stehenden Buddha in den weiten Faltenschwüngen seines Umhangs erkennbare rhythmische Biegung und Drehung charakterisiert auch reliefierte Figuren Buddhas und seiner adorierenden Begleiter. Diese befinden sich an einem goldenen Reliquienbehälter, der, von einem steinernen Gefäß aus Steatit umschlossen, in einem Stūpa in Bīmarān gefunden wurde: Indisches Formgefühl wird in die antikisierende Sprache des Gandhāra-Stils übertragen.

An dem Bild des Gandhāra-Buddha läßt sich deutlich eine stilistische Entwicklung ablesen, die schließlich zu einer Schematisierung führt.

Die Falten des Gewandes werden zu parallelen Linien abstrahiert, die stoffliche Wirkung des fallenden Gewandes verschwindet. Buddha wird streng axial aufgerichtet und in frontaler Bewegungslosigkeit wiedergegeben, das Gesicht gerundet, mit scharf geschnittenen Augenbrauen und Nasenrücken. Die Frisur besteht aus einem ornamental gekräuselten, abstrakten Lockenspiel. Der Ausdruck zeitloser Entrücktheit und feierlicher Stille tritt an die Stelle natürlicher Gegenwärtigkeit.

Analog muß man sich auch die Entwicklung der figürlichen Reliefs der buddhistischen Bauwerke vorstellen, von denen ungezählte Fundstücke in Gandhāra ausgegraben wurden. Auch hier sind hellenistisch-römische Vorbilder für die formalen Details in den Darstellungen der Lebensgeschichte Buddhas und aus dem Legendenkreis der Jātakas bestimmend.

Die in den Parallelen zur Reliefkunst der römischen Kaiserzeit während der ersten vier nachchristlichen Jahrhunderte deutlich werdenden Werkstätten lassen sich aufgrund von stilvergleichenden Untersuchungen chronologisch zuordnen. Die Gandhāra-Kunst spiegelt demnach den gesamten Stilwandel von der Kaiserzeit des 1. Jahrhunderts n. Chr. bis zur Spätantike ebenfalls wider.

Neben Buddha war in der Gandhāra-Kunst auch der Typus des Bodhisattva verbreitet. In der Gestalt eines reich geschmückten indischen Fürsten mit gelocktem Haar, angetan mit Hüfttuch und Turban, repräsentiert er zunächst den noch nicht zum Buddha gewordenen Prinzen Siddhārtha, der als Fürstensohn im väterlichen Haus lebt. Mit der Zunahme mahāyānistischer Anschauungen kommt es aber vermehrt zur Darstellung einzelner Gestalten des Bodhisattva-Pantheons. Die von ihrem universalen Mitleid ethisch motivierten, sich in der Tugend der aufopfernden Selbsthingabe *(dānapāramitā)* übenden Idealgestalten des Mahāyāna-Buddhismus galten als Erlöser schlechthin. Sie konnte der Gläubige im Gegensatz zum endgültig ins Nirvāṇa entrückten Buddha unmittelbar anrufen und Hilfe von ihnen erwarten. So wurden viele dieser Bodhisattvas – allen voran Avalokiteśvara, Maitreya und Mañjuśrī – Gegenstand von Kultbildern, die auffälligerweise die Assoziation mit weltlichen Herrschern provo-

Vorhergehende Doppelseite: Zwei elegant geschmückte Damen auf einem Balkon mit einem Papagei spielend. Relief im Stil der Skulptur von Mathurā. Mathurā, Archaeological Museum

Links: In der Reliquienkammer des zerstörten Stūpa II von Bīmarān in Afghanistan wurde dieses goldgetriebene, mit Rubinen besetzte Reliquiar mit dem Abbild Buddhas (Mitte) gefunden; ein Werk der Gandhāra-Kunst des 2. Jahrhunderts n. Chr. London, British Museum

Rechte Seite oben: Der vermutlich älteste Buddha-Typ der Gandhāra-Kunst ist der Buddha mit Schnurrbart und abgebundenem Haarschopf, hinterfangen von einem am Rand gekerbten Nimbus. Neben Buddha der buddhistische Schutzgeist Vajrapāṇi im Gewand des Waldeinsiedlers. Berlin, Museum für Indische Kunst

Rechte Seite unten: Relief aus dem 3. Jahrhundert n. Chr., Darstellung der Beweinung Buddhas. Calcutta, Indian Museum

zieren. Es ist nicht undenkbar, daß dadurch die Kuṣāṇa-Dynastie als in das erhabene Pantheon des Buddhismus integriert dargestellt werden sollte.
Im nördlichen Afghanistan ließ Kaniṣka I. auf dem Surkh Kotal eine Bergfeste anlegen, die über eine riesige Freitreppe vom Tal aus erreichbar war.
Die Tatsache, daß im Hof um einen zoroastrischen Feuertempel herum überlebensgroße Herrscherbilder der Kuṣāṇa-Fürsten in ihrer typischen Reitertracht mit langem Mantel und Hosen gefunden wurden, zeigt, daß Kaniṣka auch andere Religionen – in diesem Fall die der Zoroastrer – gefördert haben muß. Ähnliche Porträtstatuen konnten in Māt bei Mathurā, einem weiteren dynastischen Heiligtum der Kuṣāṇas, ausgegraben werden. Die Vielzahl der Kulte und Religionen ihres Reichs kommt auch auf den Münzprägungen der Kuṣāṇa zum Ausdruck, auf deren Revers der Feueraltar ebenso wie das Bild Buddhas oder des hinduistischen Gottes Śiva abgebildet sind.

Gandhāra-Architektur

Aufgrund parthischen und hellenistischen Einflusses erfuhr auch der buddhistische Kultbau tiefgreifende Wandlungen. Der kuppelförmige Stūpa wurde auf eine zylindrische Basis mit quadratischem Unterbau gestellt. Die Halbkugel *(aṇḍa)* des Stūpa und die Basis wurden mit Bildwerken verziert, der quadratische Unterbau erhielt durch Pilaster gegliederte Nischen für figürliche Reliefplastik.
Die genuin indische Halbkugel verbindet sich hier synkretistisch mit dem hellenistischen quadratischen Sockel und der oder den dazugehörigen Treppenanlagen. Es ist dieser quadratische Unterbau, der die weitere Entwicklung der Gandhāra-Architektur – bis hin zum Grundriß der Höhlentempel an der Seidenstraße – maßgeblich bestimmt.
Der Synkretismus von Gandhāra läßt sich am Beispiel des Stūpa von Sirkap (Taxila) hervorragend belegen: Über dem quadratischen Sockel wölbt sich das Halbrund des Stūpa. Der Platz in den Nischen ist hier von Reliefplastik noch frei. Doch ist eine der Nischen mit dem aus dem Vorderen Orient entlehnten Motiv des doppelköpfigen Adlers bekrönt, wogegen die übrigen wechselweise ein indisches Toraṇa-Motiv, einen Caitya-Bogen oder einen römisch-hellenistischen Dreiecksgiebel erhalten. Die verschiedenen Stilrichtungen, die sich in der Kunst des Gandhāra-Gebiets zusammengefunden haben, die indische, die hellenistisch-römische und die iranisch-parthisch-vorderasiatische, treten hier anschaulich hervor. So hat man durch das Auftürmen quadratischer, mit Freitreppen verbundener Terrassen und einer entsprechenden Folge von Zylindern einen hoch aufragenden Stūpa geschaffen. Auch der ursprünglich aus wenigen Schirmen bestehende Mast *(chatra)* ist hier zu einem emporragenden Schirmmast weiterentwickelt worden. Das Indische Museum in Calcutta zeigt den Rekonstruktionsversuch eines derartigen mit Reliefs reichverzierten Stūpa.

Links: »Der Großkönig, der König der Könige, der Göttersohn Kaniṣka« *lautet die Inschrift auf dieser – obwohl der Kopf verloren ist – kraftvoll-wuchtigen Porträtfigur. Breitbeinig fest, die Füße in gewaltigen Stiefeln, steht der König, gekleidet in eine bis über die Knie reichende Tunika. Die Rechte hält eine verzierte Keule, die Linke umfaßt energisch den Griff des Schwertes.*
Mathurā, Archaeological Museum

Unten: Goldmünze aus der 1. Hälfte des 2. Jahrhunderts n. Chr. mit dem Abbild Buddhas auf der Rückseite. Auf den Revers der Münzen der Kuṣāṇas begegnet neben Buddha aber auch ein erstaunlich vielfältiges Pantheon griechischer, iranischer und indischer Götter. Die Vorderseite der Münze zeigt König Kaniṣka mit knielangem Mantel, Speer und Schwert.
London, British Museum

Rechte Seite innen: Nicht näher identifizierbar, doch aufwendig geschmückter Würdenträger mit Stab. Figur aus Mathurā, 1. Jahrhundert n. Chr.
Mathurā, Archaeological Museum

Rechte Seite außen: Buddha-Figur aus Mathurā, 3. Jahrhundert n. Chr., in der Geste der Schutzgewährung.
Mathurā, Archaeological Museum

Mathurā

Die Kunstschule von Mathurā, einer schon von Ptolemäus erwähnten traditionsreichen Stadt, gilt als die langlebigste Schule Indiens, die bereits in der Epoche der archaischen Kunst eine bedeutende Rolle spielte. Mathurā war die südlichste Residenzstadt der Kuṣāṇas, die hier im Gegensatz zu Gandhāra auf in ihre Tradition eingebundene einheimische Künstler zurückgreifen konnte. Damit ist auch schon angedeutet, daß das in Mathurā entwickelte Bildnis Buddhas auf jeden Fall das erste genuin indische war. Denn selbst wenn – was noch ungeklärt ist – den Künstlern in Gandhāra die zeitliche Priorität in der Schaffung Buddhas in menschlicher Gestalt zukäme, so könnte an Gandhāra aufgrund seiner synkretistischen Sonderentwicklung doch nie die eigenständige Entwicklung der indischen Kunst erklärt und demonstriert werden.
Ausgangspunkt für die plastische Darstellung Buddhas ist zunächst das traditionelle Bild der von Lebenskraft erfüllten Yakṣas und Yakṣīs.
Der schon besprochene, aus Pārkham stammende große Yakṣa (2./1. Jahrhundert v. Chr.) repräsentiert ja den Stil der frühesten Skulpturen dieser Schule. Demgemäß kennzeichnet auch die Leiblichkeit des frühen Buddha eine voluminöse Schwere.
In Sonkh bei Mathurā wurde bei den von Herbert Härtel durchgeführten Grabungen ein Nāga-Tempel freigelegt, ein Heiligtum, das einer gewissen Klasse von schlangenleibigen Halbgöttern geweiht ist. Aus der Kuṣāṇa-Zeit fand sich ein Relieffries (um 100 n. Chr.), in dessen Mitte ein Nāga mit seiner Gattin thront. Deutlich zeigt sich in den weich schwingenden Bewegungen der Begleiter das Idealbild des »Schönen Stils« verwirklicht. Das gilt auch für die gleichfalls in Sonkh gefundene Yakṣī-Konsole (Anfang des 2. Jahrhunderts n. Chr.).
Das Kultbild Buddhas bleibt in Mathurā von der Formenwelt des »Schönen Stils« ausgeschlossen. In archaisierender Weise wird die überlieferte Formensprache der Yakṣas weitergegeben.
Zu den ältesten Beispielen für die Darstellung des stehenden Buddha gehören zwei Skulpturen, die in die Jahre 2 und 3 der Kaniṣka-Ära datiert sind. Sie stammen aus Kauśāmbī und Sārnāth. Das Obergewand bedeckt im Gegensatz zum Gandhāra-Buddha nur die linke Schulter, wobei die Falten ornamental-schematisch gebildet sind, so daß die Gesamterscheinung der Figuren in ihrer erdgebundenen Schwere, die auch den Kopf nicht ausnimmt, eine völlig andere als die des Gandhāra-Buddha ist.
Auch der sitzende Buddha verdeutlicht eine von Gandhāra unabhängige Entwicklung. Sie zeigt sich an dem vom Kaṭrā-Hügel stammenden Buddha auf dem Löwenthron *(siṃhāsana)*: Seine als Strähnen angedeuteten Gewandfalten über der linken Schulter sind ein beliebtes Stilmittel dieser Schule. Auffällig sind ferner die Körpermerkmale

(lakṣaṇa) wie Haarknoten beziehungsweise Schädelauswuchs *(uṣṇīṣa)*, Haarlocke zwischen den Augenbrauen *(ūrṇā)*, die Glückssymbole an Hand- und Fußflächen sowie die weltzugewandte, lebendige Diesseitigkeit, der das meditative Element noch völlig fehlt. Dagegen repräsentieren seine beiden Begleiter mit den Yak-Wedeln und die beiden blumenstreuenden Gottheiten einen wesentlich anderen, nämlich den »Schönen Stil«.
In Vollendung erscheint er an den Yakṣīs (2. Jahrhundert n. Chr.?) eines Steinzauns aus Bhūteśvara, heute im Museum in Mathurā. Ein weiterer charakteristischer Unterschied zwischen den beiden Schulen des Kuṣāṇa-Reichs ergibt sich aus dem verwendeten Material: In Gandhāra bearbeitete man grauen Schiefer, in Mathurā roten Sandstein aus Sīkrī. Doch erweckt das für den heutigen Betrachter einen (historisch) falschen Eindruck von der ursprünglichen farbigen Wirkung dieser Kunstwerke, da sie alle bemalt waren. Beiden Schulen aber ist gemeinsam, daß sie die in der Gupta-Zeit aufkommende Formensprache der Klassik vorbereitet haben.

Die klassische Zeit

Die Fremdherrschaft der im 3. Jahrhundert von den Sassaniden bereits stark geschwächten, baktrischen Kuṣāṇas wurde im Jahre 320 n. Chr., nachdem Candragupta I. in Pāṭaliputra (heute Patna) zum König gesalbt worden war, endgültig von einer einheimischen Dynastie – den Guptas – abgelöst. Am Höhepunkt ihrer Macht kontrollierten sie Nordindien vom Panjab bis Orissa und zerbrachen im 5. Jahrhundert, als sie Surāṣṭra und Mālwā hinzueroberten, auch das letzte noch bestehende Reich der indoskythischen Kuṣāṇa-Herrscher in Nordwestindien. Das allerdings sollte sich für die Guptas als verhängnisvoll erweisen, da nun eine im Kampf mit zentralasiatischen Steppenvölkern geübte mächtige Bastion gefallen war: Den seit der Mitte des 5. Jahrhunderts das Reich bedrängenden Hephtaliten (Weiße Hunnen) waren die Guptas auf die Dauer nicht gewachsen, was schon unter Budhagupta (477–495) zum Zerfall in ein östliches und westliches Teilreich, unter Bhānugupta (503–530) aber zur endgültigen Zerschlagung der Gupta-Herrschaft führte.
Im 7. Jahrhundert ließ König Harṣavardhana von Kanauj (606–647) den Glanz der Gupta-Zeit noch einmal aufleben, wovon der lebendige Bericht des chinesischen Pilgers Hsüan-tsang zeugt, in dem bereits der einsetzende Niedergang des Buddhismus angedeutet ist.
Ein letztes Mal schuf dann Yaśovarman (um 730–740) ein zwar nicht minder kurzlebiges, aber der Gupta-Kultur verpflichtetes Reich, das durch den Einbruch des Lalitāditya von Kaschmir (724–760) vernichtet wurde.
War so im Norden Indiens der Gupta-Kunst eine kontinuierliche Weiterbildung versagt, bot der Süden weit günstigere Voraussetzungen. Ihm blieben die zerstörenden Ein-

fälle erspart. Hier konnten bau- und kunstfördernde Dynastien das Erbe der Gupta-Zeit weiterführen: Durch Heiratspolitik hatten die Herrscher der Vākāṭaka-Dynastie ihre nördlichen Grenzen gegen die Guptas abgesichert, gerieten aber zugleich unter deren kulturellen Einfluß und beförderten dadurch die Ausbreitung und Entfaltung der Gupta-Kultur in ihrem eigentlichen Herrschaftsbereich südlich der Flüsse Narmadā und Mahānadī.

Die Kultur des Gupta-Hofs ist dadurch gekennzeichnet, daß seine Herrscher als ausgesprochene Liebhaber der schönen Künste diese nicht nur als Mäzene, sondern auch als Kunstschaffende persönlich gefördert haben. Die ästhetisierend-verfeinerte Bildung zeigt sich auch daran, daß das Sanskrit als aristokratische Hofsprache gesprochen wurde und der Gebrauch der damals gerade lebendigen mittelindischen Idiome auf die niedrigeren Stände beschränkt blieb. Mit der gleichzeitigen Förderung des Dramas, der Kunstdichtung, und der hinduistischen Glaubenswelt, wie sie an den Kultstätten deutlich wird, kommt es auch zur Reflexion über die Kunst, so daß nun die ersten – früher nur mündlich tradierten – theoretischen Lehrwerke über die Baukunst *(śilpaśāstras)* aufgezeichnet werden, und von nun an auch andere Schriften über Kunst, Künstler und Ästhetik begegnen.

In der Kunst kommt es – aufbauend auf den besprochenen Leistungen unter den Kuṣāṇas und Śātavāhanas – zu einer von hellenistischen Einflüssen völlig freien, eigenständigen Weiterentwicklung, da Westrom ja inzwischen zu existieren aufgehört hatte. Deutlich sieht man, wie der eher derbe, lebensfrohe Typ der Übergangsperiode nun verfeinert und differenziert wird. Die neue Ästhetik gibt den geistigen Werten durch Anwendung spezifischer Stilmittel erheblich erweiterten Raum. Phantasiereiche Umformung, stilistische Bereicherung und Steigerung kennzeichnen das Bild der indischen Kunst vom 4. bis zum 12. Jahrhundert. Das gilt ganz besonders auch für die Architektur. Ihre formale Grundlage hatte sie durch die der Holzbaukunst entnommenen Motive wie Caitya-Fenster, Steinzaun *(vedikā)* und andere Motive unter den Mauryas und dann unter den Kuṣāṇas erhalten. Dazu hatte das antike Ornament eine Umsetzung in spezifisch indische Formen erfahren, die in der Folgezeit zu geradezu ekstatischen Bildungen gesteigert wurden.

Ferner wurde ein neuer Tempeltyp wenn nicht unbedingt geschaffen, so doch unzweifelhaft herausgebildet. Auf seiner Grundlage kommt es schließlich zu den zu giganti-

Links: In den frühen Buddha-Darstellungen aus Mathurā sitzt Buddha mit verschränkten Beinen und nach oben gekehrten Fußflächen. Sein Thron wird von Löwen getragen. Zu seinen Seiten Vajrapāṇi mit Vajra und Avalokiteśvara mit Lotos.
Mathurā, Archaeological Museum

Rechts: Die als »träumender Jüngling« bekannte Darstellung wird wegen des Horns, das der Jüngling auf der Stirne trägt, mit der Geschichte des Knaben Ṛṣyaśṛṅga in Verbindung gebracht, in der der Jüngling eine Gazelle zur Mutter hat.
Mathurā, Archaeological Museum

schen Ausmaßen gesteigerten Tempelbauten, deren letzte Ursprünge aber in jenen Anlagen zu finden sind, die in einfacher Form in den ersten drei nachchristlichen Jahrhunderten entstanden sind.

Buddhistische Plastik

Die Ausbildung der klassischen Buddha-Darstellung vollzieht sich in diesem blühenden Zeitalter in Mathurā, dem traditionsreichen Kunstzentrum. Der Gang der Entwicklung, der von den symbolisierten Darstellungen und erzählenden Reliefs der archaischen Phase in die ersten, weltzugewandten Buddha-Bilder der Kuṣāṇa-Zeit geführt hatte, mündet nun in ihren Höhepunkt: Buddha tritt in meditativer Abgeklärtheit und transzendenter Schönheit vor den Gläubigen, um dessen Bemühen um visualisierende Vergegenwärtigung zu befördern. In der zugleich begegnenden verfeinerten Formensprache und in der Ausrichtung an vorgegebenen Proportionen – Maßeinheit ist der Abstand zwischen Kinn und Braue oder eine Handlänge *(ṭala)* – dringen die Bildhauer an die Grenzen der Vollendung ihrer Kunst vor.
Zu Recht werden zwei Beispiele für den klassischen Stil immer wieder herangezogen, nämlich der stehende Buddha aus Mathurā im National Museum von Neu-Delhi und die Sārnāth-Buddhas.
Dem Bild des Buddha in der Gupta-Zeit entspricht stilistisch auch das Bild der Jaina-Heroen, die sich nur durch ihre starre Bewegungslosigkeit und die völlige Nacktheit unterscheiden. Das kanonisch in dieser Weise vorgeschriebene Jaina-Bild blieb durch die Jahrhunderte völlig unverändert.

Hinduistische Plastik

Mit der Pflege des Sanskrit unter den Guptas entfaltete sich zugleich auch eine blühende Literatur, deren oft mythologische Stoffe nun von der bildenden Kunst in stärkerem Maße verarbeitet wurden.
Und wieder sind es vor allem die Künstler aus Mathurā, die dieses Genre stilistisch und ikonographisch für die nächsten Jahrhunderte prägen. Wenn der Jina völlig steif und der Buddha – auch im Sitzen – durch eine aufrechte Haltung charakterisiert ist, so kann die Haltung der hinduistischen Götter und anderer Figuren in auffälliger Weise bewegt erscheinen. Dazu gehören etwa die doppelte Brechung der Körperachse *(tribhanga)* und der erstmals vorkommende tanzende Śiva *(Naṭarāja)*. Viṣṇu wird besonders gern in seiner Inkarnation als Eber *(Varāhāvatāra)* und als Mann-Löwe *(Nṛsiṃhāvatāra)*, Śiva dagegen oft in seiner androgynen Form *(Ardhanārīśvara)* dargestellt.
Eine Vorstellung hinduistischer Themen vermitteln auch zwei Terrakottafiguren der Flußgöttinnen Gaṅgā und Yamunā in Lebensgröße aus Ahiccatrā, heute im Museum in Neu-Delhi.

Linke Seite: Statue des stehenden Buddha aus Mathurā, 5. Jahrhundert n. Chr. Größte übermenschliche Gelassenheit und doch höchste Konzentration, Abwesenheit und doch unbedingte Präsenz sind in dieser Figur in der Gestaltung des Gesichts, des feinen Gespinsts des Gewandes über dem athletischen Körper durch die Kunst des Bildhauers zu einer eindringlichen Aussage verdichtet. Der Nimbus, wirkungsvoller Bestandteil der Statue, ist mit Pflanzendekor und Fabelwesen geziert.
Mathurā, Archaeological Museum

Oben: Reiter mit Brahmaschnur auf einer pferdeleibigen Yakṣinī. Relief des 5. Jahrhunderts.

Den Baumeister nennt man die materielle Natur [des Götterbildes], der ausführende [Bildhauer beziehungsweise Schnitzer] wird als Seele [desselben] angesehen. Darum sollen [die beiden] vom Beginn des Werkes an stets gemeinsam tätig sein ... Das »Öffnen der Augen« [eines Götterbildes] soll [seine] Blindheit beenden. Denn wie die tausendstrahlige [Sonne] nach ihrem Aufgang überall hinreicht, so [reichen] auch beim Augenöffnen der Menschen [die Strahlen des Auges überall hin] ... [Der Baumeister] soll das Auge des Abbildes, [dessen] Glieder mit neuen Gliedern umhüllt wurden ... mit der rechten Hand aufmerksam einzeichnen. Hat er die Konturen des Auges gezogen und in betrachtender [Identifizierung] die Sonne angerufen, [so] rufe er bei dem linken Auge den Mond mit heiligen Sprüchen an. Hat er das [dritte] Auge an der Stirn gezeichnet, spreche er die Keimsilbe des Feuers aus. Dann soll er [die Augen] mit Goldfarbe, Wasser und zerlassener Opferbutter bestreichen lassen ... und [dem Bild Opfergaben wie] Milchspeisen, Geld und Getreide[körner] zeigen ... Mit aufmerksamem Geist bringe [der Baumeister], wenn er [das Götterbild] mit Blumen und Wohlgerüchen geehrt hat, [ihm] unter heiligen Sprüchen Duftstoffe und Lichter dar ... Im Widerhall von Glückwünschen, während des Tanzens und des Gesangs [der Anwesenden] zeige der erfahrene Handwerksmeister [dann das Götterbild vor] ...

Mānasāra 70,2–49

Die hinduistische Skulptur entfaltete sich in besonders enger Verbindung mit dem Tempelbau. Aus der Zeit um 500 n. Chr. blieben Reliefs des dem Gott Viṣṇu geweihten Daśāvatāra-Tempels in Deogarh erhalten. An ihnen läßt sich das geradezu kanonisch gewordene Prinzip der erwähnten Tribhanga-Pose studieren. In den vielfigurigen Reliefs dient die schwingende Kurvatur der Körper einer unlösbaren Verbindung der Einzelgestalten. Der »schwingend-bewegte« Stil tritt auch in der fließenden Bewegung der Ornamentik hervor, die als sich endlos einrollende und wieder zurücklaufende Ranken die Türrahmen überzieht. Die gleichen Ranken quellen an den Kapitellen frei aus den Schalen heraus.

An einem der die Scheinportale zierenden Reliefs wird der »Herr« dieses Tempels, Gott Viṣṇu, dargestellt: Er ruht auf der Weltschlange Ananta, deren siebenköpfige Haube sich über seinem Kopf wie eine Gloriole wölbt. Sein rechter Fuß wird von seiner Gattin Lakṣmī massiert, während über ihm ein Lotos wächst, in dessen Blüte der dreiköpfige Schöpfergott Brahmā weilt.

Malerei

Zeugnisse altindischer Malkunst sind dem der Erhaltung vergänglicher Materialien widrigen indischen Klima zufolge kaum überliefert. Und es ist nur einem glücklichen Zufall zu verdanken, daß ein britischer Offizier im frühen 19. Jahrhundert im Dschungel eines Tales bei Ajaṇṭā eine aus 29 Höhlen bestehende buddhistische Klosteranlage, die vor Jahrhunderten aufgegeben worden war, wiederentdecken konnte. Diese Höhlen enthalten prachtvolle Wand- und Deckenmalereien von der Zeit des 1. Jahrhunderts v. Chr. bis in die indische Klassik, die es erlauben, die bereits an der Plastik erkennbare Entwicklung der indischen Kunst auch an der Malerei nachzuvollziehen. Auf einem Malgrund von weißgekalktem Lehm oder Dung wurde unter Verwendung von Mineralfarben ein lebendiges Bild der zeitgenössischen altindischen Kultur der Nachwelt überliefert: Thematisch den buddhistischen Erzählstoffen verpflichtet, spiegeln die Wände das höfische und städtische Treiben in plastischer Wirkung naturgetreu und anmutig wider.

Fünf Höhlen sind der Zeit der letzten beiden vorchristlichen Jahrhunderte zuzurechnen, die übrigen – von den Caitya-Hallen abgesehen – reflektieren die Gedankenwelt des Mahāyāna-Buddhismus.

So wird beispielsweise in Höhle Nr. 17 unter anderem auch die Geschichte des Siṃhala (Siṃhalāvadāna) erzählt: Als Sohn eines reichen Kaufmanns unternahm er entgegen dem Rat seines Vaters eine Reise über das Meer. Das Schiff strandete an einer von menschenfressenden Hexen bewohnten Insel. Von allen Begleitern gelang es allein Siṃhala, mit Hilfe eines himmlischen weißen Pferdes zu entfliehen. Er kehrte mit einem Heer zurück und kolonisierte die Insel, nachdem es ihm gelungen war, die Dämoninnen zu vertreiben.

Das Umpflügen [des Baugrundstückes] sollte zu einem astrologisch günstigen Zeitpunkt durchgeführt werden: Die beiden Zugtiere und der Baumeister werden mit Blumen und Wohlgerüchen geziert. [Dann] soll der weise Handwerksmeister – an seinen Gliedern geschmückt und angetan mit einem weißen Gewand und einem Oberkleid – das [ziehende] Stierpaar als Sonne und Mond betrachten, den Pflug als [Gott Viṣṇu in seiner] Inkarnation als Eber, den Handwerksmeister [selbst] aber als [Gott] Brahmā. Er bitte die Brahmanen darum, nach bestem Können Segenssprüche zu spreche, [und] soll dann, im Widerhall aller Glückwünsche, das Pflügen veranlassen. Während er die Śūdras alles umpflügen läßt, soll er [das Gelände] dreimal rechts umwandeln. Während [dieses] Pflügens aber ist sogar ein Śūdra, [so] er konzentriert [arbeitet, rituell] rein. Die Beendigung des Pflügens hat er dem Baumeister zu melden. [Da] es der Erdboden [ist, der] als Grundlage für alle Bauwerke zuverlässig überliefert wird, soll der Weise die Auswahl des [geeigneten] Bodens [so] treffen, wie es vorhin beschrieben wurde.

Mānasāra 5,39c–45b

Wohnstätten, [die] für Götter und [alle] sozialen Klassen [der Menschen] geeignet sind, reichen von einstöckigen bis zu zwölfstöckigen Gebäuden. ... [Ein solches Gebäude kann] vom Boden bis zur Kuppel vier- oder rechteckig sein ... [und] ein bis drei Kuppeln [haben]. ... Ist es mit gleicheckigen Spitztürmen versehen, [so] soll es drei Türme in [einer] geraden Linie [aufweisen]. Eine Kuppel über dem Oval [sei] rund oder viereckig. ... Jeder der Spitztürme kann von viererlei Art sein, ausgehend von $1\frac{1}{4}$ ratni bis zu 4 hastas, indem man sie [nämlich] um 6 aṅgulas erhöht. Die ein- bis zwölfstöckigen [Gebäude] können [sowohl mit] ganz kleinen [als auch mit] sehr großen Spitztürmen [ausgestattet werden] ... Die Kuppel [für Häuser] der Śūdras [messe] 1 hasta, 2 hastas die [jener] der Vaiśyas, die [von Häusern] der Prinzen $2\frac{1}{2}$ hastas, 3 hastas die [der Paläste] von Königen, $3\frac{1}{2}$ die [der Wohnstätten] für Brahmanen, und 4 hastas [messe] die Kuppelhöhe [der Tempel] für die Götter.

Mānasāra 18,1c–55

Linke Seite: Reliefs der Gupta-Zeit um 500 n. Chr. am Daśāvatāra-Tempel in Deogarh. An der Südfassade der schlafende Viṣṇu ruhend auf der Weltschlange Ananta (innen); Nara und Nārāyaṇa, gemeinsam eine Inkarnation Viṣṇus (außen).

Der nur teilweise erhaltene Tempel in Deogarh (oben) ist den zehn Inkarnationen Viṣṇus geweiht. Das Hauptheiligtum erhebt sich im Zentrum einer quadratischen, von allen Seiten her zugänglichen Plattform (unten), in deren Ecken vier weitere Schreine standen.

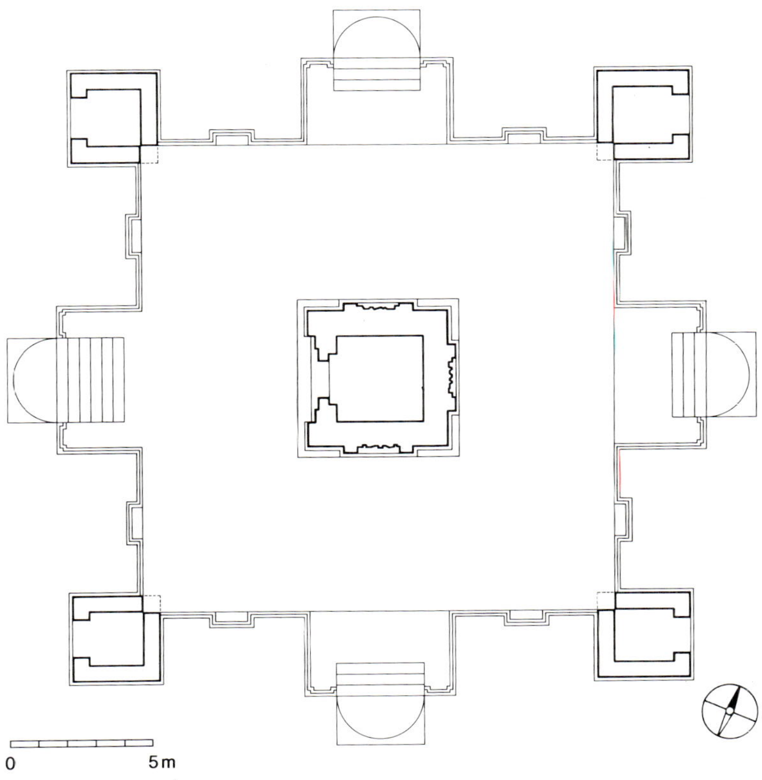

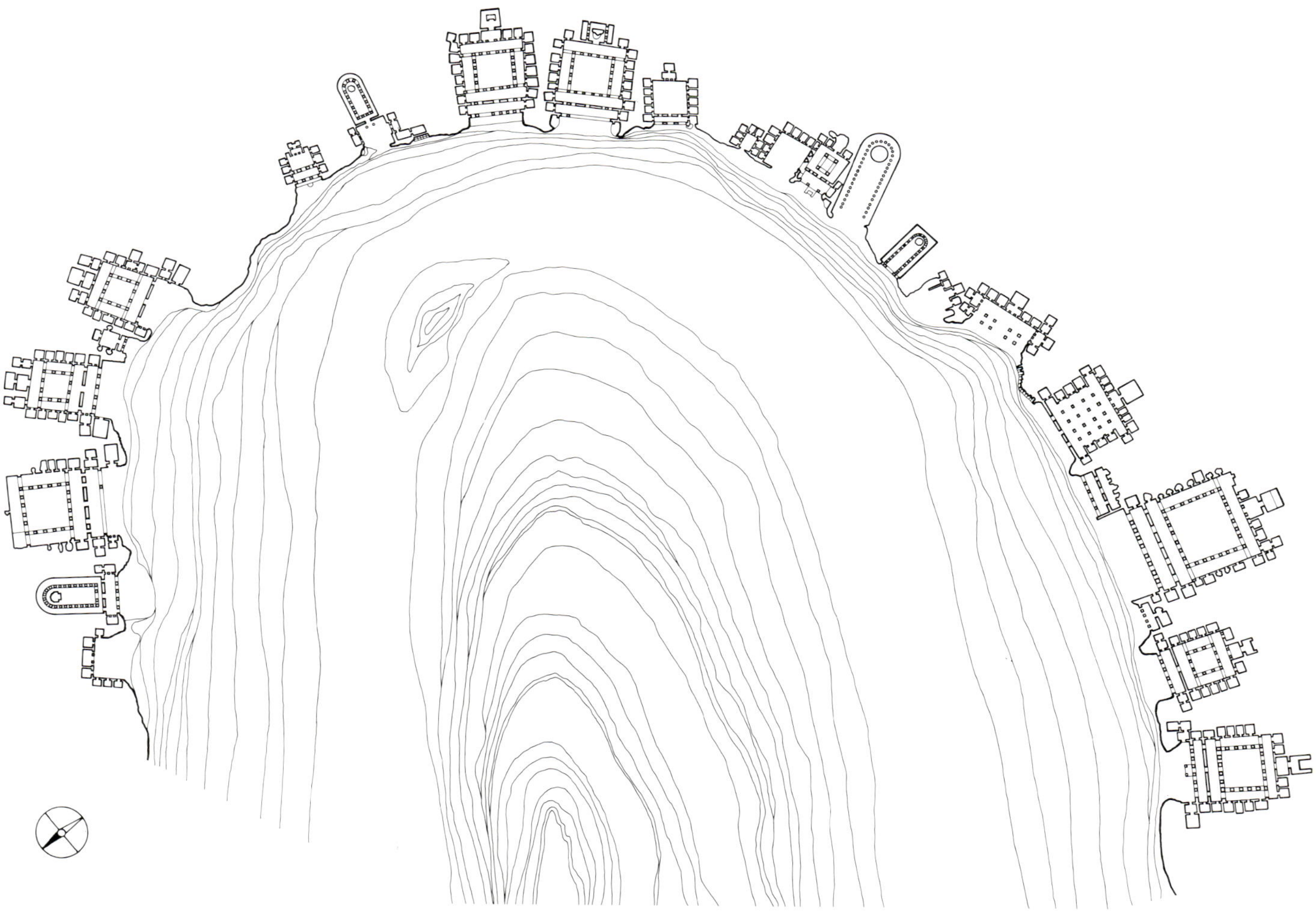

Die an der Rückwand der Vorhalle erhaltene Malerei erlaubt einen Blick in einen königlichen Palast: Der König und die Königin verteilen an die herbeidrängenden Armen Almosen. Die zierlichen Säulenbauten geben eine Vorstellung von der Palastarchitektur dieser Zeit.

Die Malereien der Höhle Nr. 1 stammen aus dem späten 6. oder frühen 7. Jahrhundert und wirken gegen die schlanken, grazil bewegten Gestalten der Höhle Nr. 17 (um 500) breiter, fülliger und großartiger.

Die Wandlung des Stils von Höhle Nr. 17 zu Höhle Nr. 1 zeigt sich auch an Szenen aus dem Mahājanaka-Jātaka. Ursprünglich war die quadratische Höhle Nr. 1 samt ihren zwanzig Säulen vollständig bemalt. Geschlossene Partien mit figürlichen und ornamentalen Motiven sind nur noch an der in Felder geteilten flachen Decke erhalten. Die Kunst dieser Höhle läßt die Phase der Klassik bereits ausklingen, und weist damit auch schon in die Richtung der nachklassischen Zeit.

Architektur seit der Klassik

Für die Betrachtung der Architektur unter den Guptas und den nachfolgenden Dynastien empfiehlt es sich, der Klassifikation der einheimischen Lehrwerke *(śilpaśāstra)* über die »Wissenschaft der Architektur« *(vāstuvidyā)* zu folgen: Die Inder unterschieden drei stilistische Grundtypen des Tempelbaus, den nördlichen *(nāgara)*, den südlichen *(drāviḍa)* und den Mischstil *(vesara)*. Bestimmt wurde die Zuordnung zu einer Stilrichtung in Abhängigkeit von bestimmten geometrischen Grundformen (etwa Quadrat und Achteck), denen ein magisches Diagramm – als zumindest theoretischer Anhaltspunkt für den Baumeister *(sthapati)* – zugrunde gelegt war.

Die vorgeschriebenen Proportionen sollten dabei den Makrokosmos in seiner Dreidimensionalität wiedergeben. Am offenkundigsten wirkt sich der Unterschied zwischen dem nördlichen und dem südlichen Stil an der Form des Tempelturms *(śikhara)* aus: Der Nāgara-Typus ist konvex gekrümmt, der Drāviḍa-Typus verjüngt sich in Form terrassenförmiger Stufen nach oben hin. Doch läßt jeder Typus eine Fülle von Differenzierungen zu, die in einer ganzen Anzahl von Regionalstilen ausgeprägt wurden. Deshalb haben sich entsprechende dynastische Bezeichnungen für die Klassifizierung innerhalb der drei traditionellen Grundtypen in der kunstgeschichtlichen Betrachtungsweise durchgesetzt.

Nördlicher Stil (Nāgara)

Zweifellos wird in der Gupta-Zeit der für die spätere Zeit maßgebliche Turmtempeltyp vorbereitet. Das geschah wohl in Anknüpfung an die buddhistischen Caitya-Hallen. Doch sind aus dieser Epoche nur wenige freistehende Steintempel erhalten geblieben. Als Ausgangspunkt für die postguptazeitliche Entwicklung läßt sich ein Tempel in

Hoch über einer Biegung des Waghora-Flusses sind die insgesamt 28 Höhlen von Ajaṇṭā in den Berg gegraben (linke Seite). Die aus verschiedenen Bauphasen überlieferten Höhlen – zu den späteren, im 5.–7. Jahrhundert entstandenen rechnen die Höhlen Nr. 2 (unten) und 26 (oben) – führen eindrucksvoll die Entwicklung der indischen Felsbaukunst und Plastik vor Augen. Weltberühmt sind die prächtigen Wandmalereien, die Einblick gewähren in die Kultur der Guptas und Vākāṭakas (folgende Doppelseiten).

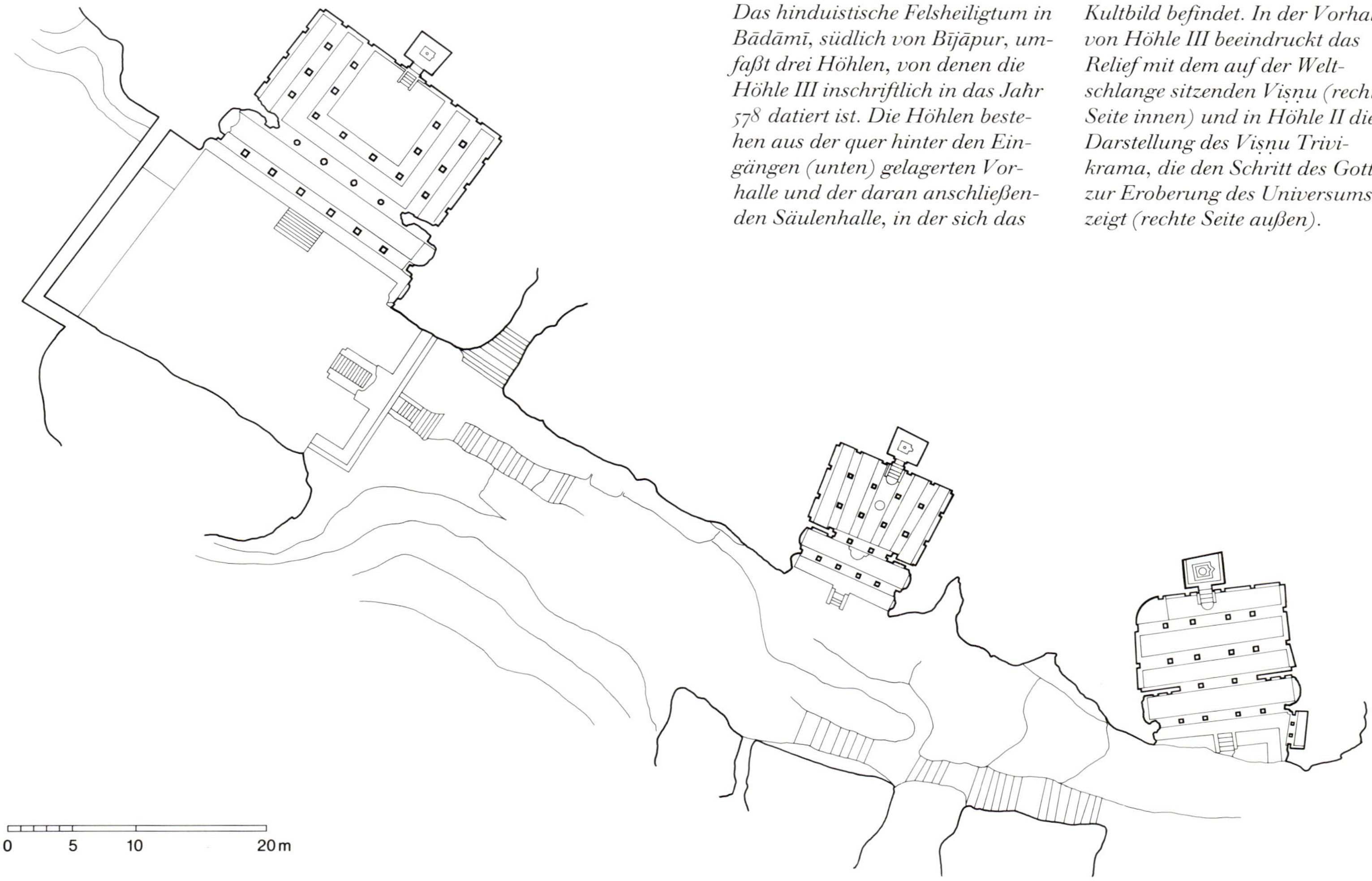

Das hinduistische Felsheiligtum in Bādāmī, südlich von Bījāpur, umfaßt drei Höhlen, von denen die Höhle III inschriftlich in das Jahr 578 datiert ist. Die Höhlen bestehen aus der quer hinter den Eingängen (unten) gelagerten Vorhalle und der daran anschließenden Säulenhalle, in der sich das Kultbild befindet. In der Vorhalle von Höhle III beeindruckt das Relief mit dem auf der Weltschlange sitzenden Viṣṇu (rechte Seite innen) und in Höhle II die Darstellung des Viṣṇu Trivikrama, die den Schritt des Gottes zur Eroberung des Universums zeigt (rechte Seite außen).

Sāñcī mit quadratischem Sanktuarium und kleiner Vorhalle heranziehen. Die Entstehung des Überbaus über dem Sanktuarium fällt in das 5./6. Jahrhundert n. Chr. (Tempel von Bhītārgāon).

Drei als Stützhallen gearbeitete Höhlentempel (Ende des 6. Jahrhunderts) in Bādāmī lassen an ihren Säulen und Eingängen erkennen, daß der nördliche Stil sich zu entwikkeln beginnt. Der gleichen Grundform folgen auch die im 6. und 7. Jahrhundert in Elūrā angelegten hinduistischen Felsen- und Höhlenheiligtümer. Der ursprünglich buddhistische Daśāvatāra-Tempel (Höhle Nr. 15) weist eine zweigeschossige Pfeilerhalle auf. In dem aus dem Felsen ausgeschlagenen Vorhof steht ein vorgelagerter Vierpfeilerpavillon, der vermutlich als Schrein für ein Bild des Stieres Nandī, des Reittiers Śivas, gedacht war.

Von besonderer Bedeutung ist die Dūmar-Leṇa-Höhle (Nr. 29), die gegen 600 bis 640 entstanden sein dürfte. Indem das Licht von drei verschiedenen Eingängen in die Höhle eindringt, wird sie bis in die tiefsten Teile beleuchtet. Ein reiches Licht- und Schattenspiel erfüllt sie und läßt die Räume und Reliefs in mystischer Weise aus dem dunklen Grund aufleuchten. Kannelierte Schäfte mit Kissenkapitellen und einer quadratischen Basis gliedern die Halle, in deren Mitte sich die Cella mit dem phallischen Kultsymbol für Śiva *(liṅga)* nach vier Seiten öffnet. Überdimensionale Torhüter *(dvārapāla)* flankieren die ganz einfach gegliederten Portale. Eindrucksvolle Reliefs in Überlebens-

größe geben Auszüge aus der Mythologie um Śiva wieder. Neben seine imponierende Gestalt tritt die etwas kleiner dargestellte liebliche Gattin Pārvatī. Eine Öffnung der Höhle führt zu einer Schlucht mit einem Wasserfall, weshalb diese Höhle auch Sītās Bad (Sītā-kā-nahān) genannt wird.
Die geschilderte Anlage der Dūmar-Leṇa-Höhle von Elūrā entspricht auch der der Yogeśvara-Höhle von Salsette und der der Maheśa-Höhle (Nr. 1) von Elephanta aus dem frühen 7. Jahrhundert. Hinter der mittleren Cella mit dem Liṅga ist ein gewaltiges Brustbild mit drei Gesichtern des Gottes *(trimūrti)* aus dem Felsen gearbeitet. Die drei Gesichter sind in dem meterhohen Bildwerk zu einer Einheit verbunden. Sie geben Śiva in seinen drei Aspekten der Schöpfung, Erhaltung und Zerstörung wieder, als majestätischen, lieblichen und furchtbaren Gott.
Es sind dann besonders die Tempel der Cālukyas aus dem 7./8. Jahrhundert, die die nächste Phase belegen, in der bereits Bestandteile späterer Merkmale des Nāgara – aber auch des Drāvida-Typs vorweggenommen werden.
Im Durgā-Tempel von Aihole etwa ist der vom Buddhismus in den Caitya-Hallen entwickelte dreischiffige, apsidial endende Umgangstempel weitergeführt.
Örtliche Varianten vertreten Tempel wie der Lād-Khān-Tempel (vermutlich 6. Jahrhundert), für den eine mit Umgang versehene quadratische Cella, die jetzt einen turmförmigen Aufbau erhält, die Ausgangsform bildet. Auch dieser quadratische Kultbildtempel hat seine Vorgeschichte im Norden Indiens, wo ihn der Buddhismus mit dem Aufkommen der bildlichen Darstellung Buddhas zum Zweck der Aufnahme des Kultbildes eingeführt hatte.
Buddhistische Reliefs aus Amarāvatī und anderen Stätten der südindischen Śātavāhana-Kunst bezeugen, daß dort bereits im 2. Jahrhundert n. Chr. Tempel über polygonalem oder ovalem Grundriß mit turmförmigen Aufsätzen bekannt waren, die eine mehrgeschossig durchlaufende Gliederung mit kleinen Caitya-Bogenfenstern aufwiesen. Sie stellen die Vorstufe zum dekorativ umgebildeten Hufeisenbogen- *(gavākṣa-)*Fries dar.
Auch im Tempel von Gop (6./7. Jahrhundert) ist eine solche Ausgangsform des typischen Turmtempels mit quadratischer Cella und Wandelgang erhalten, der sich im Süden durchsetzen konnte. In Aihole und Bādāmī haben die Tempel des 7. Jahrhunderts eine mit dem Wandelgang verbundene dreischiffige Halle. In dieser Form sind auch die Tempel von Alampur errichtet. Sie tragen einen konvex gekrümmten Turm und sind demnach dem Nāgara-Typus ebenso wie der Durgā-Tempel von Aihole zuzurechnen. Erst im Laufe der weiteren Entwicklung wird er vom Drāvida-Typ verdrängt.
Seine reife Form dürfte der nordindische Tempel dann dort gefunden haben, wo es im (8.–10. Jahrhundert) zu gefestigten Großstaaten kam. Man darf annehmen, daß dort auch die Tempelbaukunst ihre Konsolidierung erfuhr.

Von der Tempelbaukunst im Reich der Pratīhāra sind aufgrund kriegerischer Einwirkungen im Kerngebiet fast nur noch ihre Ausstrahlungen in die Randstaaten bekannt, die wie das noch zu besprechende Orissa Kämpfen und Zerstörungen in geringerem Maße ausgesetzt waren. Dort lassen sich noch die Etappen der Entwicklung verfolgen, die zur voll ausgereiften konvexen Krümmung des Tempelturms *(śikhara)* geführt haben. Seine Form hatte sich auch im Zusammenhang mit den technischen Voraussetzungen des falschen Gewölbes ergeben, das sich über der quadratischen Cella erhebt. Die horizontale Steinschichtung am Außenbau ergibt sich aus der Abfolge der nach innen überkragenden Steinplatten, die über der quadratischen Cella allmählich ihren Zusammenschluß im Scheitel erreichen. Mit dieser »unechten« Wölbtechnik lassen sich nur Räume von begrenzter Spannweite überbrücken, und das Gewölbe erhält zwingend einen steilen Zuschnitt. So entstehen enge Räume von großer Höhe.
Der Turm überwölbt stets das Allerheiligste des Tempels, nämlich die ein Kultbild oder ein religiöses Symbol enthaltende Cella, die im Innern als schachtartiger, durchwegs schmuckloser Raum erscheint. So erklärt sich auch aus den Voraussetzungen der Wölbtechnik die spezifische Form dieses Turms. Seine konvexe Krümmung läßt sich aus den heimischen Holz- und Schilfbautraditionen erklären.
So verschmilzt in der Gestalt des nördlichen Turmtyps die konservierende Imitierung ererbter Holzbauweise mit den architektonischen Erfordernissen einer Wölbbauweise in Stein. Der Hufeisenbogen *(gavākṣa)* durchläuft nach sei-

Auf der Insel Elephanta hat sich eine śivaitische Höhlengruppe des 6.–7. Jahrhunderts erhalten. Charakteristisch sind die gerippten Kissenkapitelle der Pfeiler an den Eingängen (rechts oben) und in der Halle. Im Westen der Pfeilerhalle steht in einem pavillonartigen Einbau, behütet von gewaltigen Skulpturen (rechts Mitte), das Liṅgam. Berühmt sind die Reliefs aus der Śiva-Legende (rechts unten) und das Relief des dreiköpfigen Mahādeva (links).

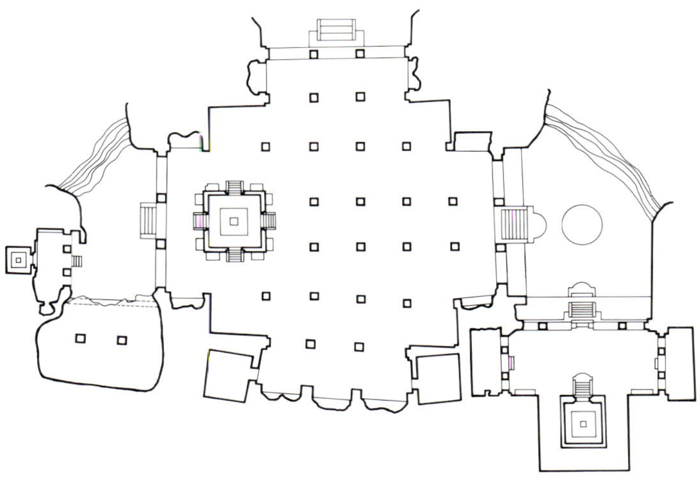

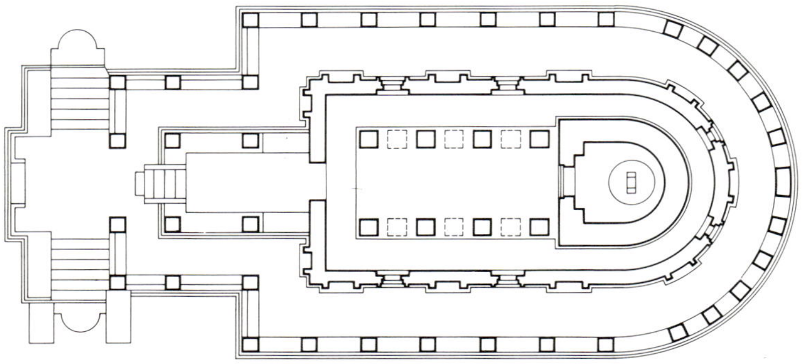

Oben: Der Durgā-Tempel von Aihole, benannt nach der ihn umgebenden burgähnlichen Befestigung (durgā), *ist, wie der Grundriß zeigt (links), seiner Raumaufteilung nach in Mittelschiff, Seitenschiffe und Apsis eine in den brahmanischen Freibau übertragene buddhistische Caitya. Das Innere des im Anfang des 6. Jahrhunderts errichteten Hindutempels wird von einem offenen Umwandlungsgang mit Pfeilerkranz umschlossen.*

Rechte Seite: Ebenso ungewöhnlich in Form und Grundriß, was auf das Fehlen einer Tradition im aus Stein errichteten Freibau zurückgeführt werden muß, ist der um 450 n. Chr. errichtete Lād-Khān-Tempel in Aihole, eines der frühesten hinduistischen Bauwerke in Stein. Ein offener Portikus führt in die auf quadratischem Grundriß errichtete Haupthalle, in deren Zentrum sich eine Skulptur des Stieres Nandī befindet (Grundriß links unten).

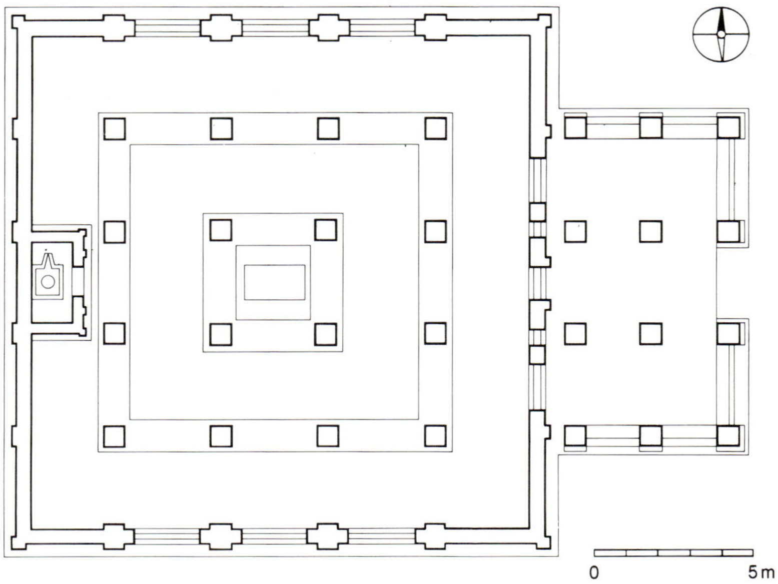

[Vor Baubeginn] spende man Brahmā und den anderen Göttern und Dämonen. Der Baumeister, der nach dem Fasten reinen Körpers und klaren Geistes ist, trage während der Nacht in [seinem] schönsten Gewande die Bestandteile [der Opfergaben] zusammen. Bei Tagesanbruch halte der von einem Mädchen begleitete Baumeister, der die Opfersprüche kennen [muß] ... die einzelnen Bestandteile in einer Schale in der linken Hand und spende sie mit der rechten Hand, indem er sie verstreut ...
Im Widerhall aller Segenswünsche verteilt er die Spenden in der angemessenen Reihenfolge, indem er den betreffenden Namen der Götter das Wort »Om« vorangehen, und das Wort »Verehrung« nachfolgen läßt. Wenn er das gesprochen hat, [so] bringe er die Gaben Brahmā und den anderen [Göttern und Dämonen] dar.

Mānasāra 8,3–8

ner Abtrennung von Nische und Fenster einen Prozeß der Formzerlegung. Dieses Phänomen ist auch am Drāvida-Typ sichtbar, blieb dort aber nicht allein auf den Tempelturm beschränkt. Die Gesamtanlage der Tempel wird in der folgenden Epoche des 8. bis 10. Jahrhunderts ins Riesenhafte gesteigert, sie wird zu Palästen der allmächtigen Götter ausgebaut und erweitert, die aus der Sicht der Gläubigen im Götterbild präsent sind. Vor die Cella mit ihrem Turm tritt nun auch eine Halle *(mahāmaṇḍapa)* für kultische Musik- und Tanzdarbietungen oder Versammlungen. Cella und Versammlungshalle wurden dann noch durch eine Art Vestibül *(antarāla)* verbunden, und vor die Halle setzte man eine Vorhalle *(maṇḍapa)*.

Die relative politische Unabhängigkeit der Herrscherdynastien von Orissa während der Zeit des 8. bis 13. Jahrhunderts hat eine einigermaßen geschlossene Geschichte des Tempelbaus für diese Periode anschaulich überliefert, die vom Geschlecht der östlichen Gaṅgas zum Höhepunkt geführt worden war. Die frühesten Beispiele dieses in seiner Gesamtheit durchaus als geschlossen zu bezeichnenden Regionalstils, der sich auf die Entwicklung des Nāgara-Typs nachhaltig auswirkte, stammen aus Gañjam und Bhubaneśwar. Am Paraśurāmeśvara-Tempel in Bhubaneśwar (8. Jahrhundert) erhält die quadratische Cella eine niedrige Halle mit durchbrochenen Seitenfenstern. Der durch horizontal geschichtete Lagen niedrig wirkende Tempelturm *(śikhara)* wird durch Ecksteine unter dem kreisrunden Abschlußstein *(āmalaka)* erst ganz zuletzt konvex gekrümmt. Die Mittel- und Eckrisalite folgen einem selbständigen Geschoßrhythmus. An den Rücklagen überwiegt eine vertikal aufsteigende Gliederung. Die komplizierte Differenzierung der Horizontalschichtung führt über die im 6. Jahrhundert entstandenen Śikharas der Tempel von Aihole ebenso hinaus wie die erst an der Spitze ausgeführte stärkere Krümmung derselben. Auch treten in diesen frühesten Tempeln die Stützelemente wie Pfeiler und Pilaster im Gegensatz zur Guptazeit nur noch rudimentär auf. In der Folgezeit gewinnen – wie am Turm des Mukteśvara-Tempels (Mitte des 9. Jahrhunderts) ersichtlich – die dekorativen Vertikalteilungen das Übergewicht. Das Steinplattendach der vorgelagerten Halle ist zu einer vielgeschossig gestaffelten Dachpyramide erweitert, die Außenwände sind wie der Turm in horizontale Schichtfolgen zerlegt, was auf das Bestreben, den Hallenbau dem Turm anzugleichen, weist.

Der Rājarāṇī-Tempel (um 1050), bei dem die Vertikalelemente weiter zunehmen, weist als einziger Tempel Bhubaneśwars Bauelemente auf, die sonst für Khajurāho typisch sind: Der Tempelturm erhält eine Anzahl von begleitenden kleineren Türmen *(uruśṛṅga)*, die dem Hauptturm gleichen. Jeder dieser Türme trägt den kreisrunden Abschlußstein *(āmalaka)*. Durch diese Fülle den großen Turm umringender kleinerer Uruśṛṅgas wird die Bedeutung der horizontalen Schichtung als Element der

Gliederung an diesem reifen Śikhara des 11. Jahrhunderts völlig zurückgedrängt. Denn sein Turmkörper tritt erst im oberen Teil frei hervor. Jeder dieser Uruśṛṅgas wirkt nach außen wie eine überhöhte Cella mit Götterbild, so daß man den Eindruck gewinnt, es sei der Haupttempel von zahlreichen geweihten Nebentempeln umringt. Der Liṅgarāja-Tempel (um 1100) bildet den Abschluß der Bauentwicklung in Bhubaneśwar, die im Jagannātha-Tempel (um 1200) in Puri prägend fortwirkte.

Als Krönung in der Reihe der die nachklassische Epoche bezeugenden Tempel Orissas darf der dem Sonnengott Sūrya geweihte Tempel in Koṇārak gelten, der unter Narasiṃhadeva (1238–1264) errichtet wurde. Dunkel erheben sich seine Umrisse über den weißen Sanddünen am Meeresstrand, weshalb die Seefahrer, denen er als Landmarke diente, ihm den Namen »Schwarze Pagode« gaben. Der Turm über der Cella war wohl nie vollendet worden. Der riesige Abschlußstein *(āmalaka)* liegt noch zu seinen Füßen. Vom Tempel steht nur die monumentale Halle mit ihrem terrassenförmig gestuften Dach. Zwölf steinerne Räderpaare mit sieben vorgespannten Zugpferden erweisen den gesamten Tempel als steinerne Imitation eines Prozessionswagens des Sonnengottes. Speichen und Naben sind in feinster bildhauerischer Arbeit nachgebildet. Reich dekoriert ist auch die vorgelagerte Tanzhalle *(naṭamaṇḍira)*. Liebespaare *(mithuna)* führen hier in unverhüllter Weise Szenen der geschlechtlichen Vereinigung vor, die auf religiöse Kulte dieser Zeit deuten (Tantra), die sich die Sexualität symbolhaft oder praktiziert zur Erreichung höherer Ziele nutzbar machten.

Die Tempelstadt Khajurāho

Es würde den Rahmen der vorliegenden Darstellung sprengen, alle Turmtempel des nördlichen und zentralen Indien zu besprechen. Auf den Platz, an dem der nordindi-

Linke Seite: In Alampur wurden unter der Herrschaft der frühen westlichen Cālukyas neun Tempel errichtet, auch der hier in einer Ansicht von Westen abgebildete Svarga-Brahmā-Tempel aus dem späten 7. Jahrhundert. Kennzeichnend ist der śikhara *nördlichen Typs mit elegant gebogenen Seitenlinien.*

Oben: Der um 625 in exponierter Lage auf einer Sandsteinklippe über Bādāmi errichtete Mālegitti-Śiva-Tempel ist ein Beispiel für den südlichen oder dravidischen Stil. Der Turm ragt nicht in elegantem Schwung, sondern ist unter Betonung der Horizontalen stockwerkartig aufgebaut und mit einer Kuppel abgeschlossen.

Die Errichtung der Säulen für Tempel und alle anderen [Bauten geschehe in der folgenden Weise]: ... Über der Stelle, wo sich nordöstliche, südwestliche oder dazwischen gelegene Säulen [befinden], soll entsprechend der Stärke des [Bau-]Objekts eine Trägerplatte von eineinhalb oder zwei *dandas* [eingesetzt werden, wobei] Dichte, Breite und Länge beliebig sind. Das Fundament für Steinsäulen ist aus Stein, das für Holzpfeiler aus Holz. Allerdings [können] auch alle [diese] Fundamente steinern [und] quadratisch sein. Die Breite [solcher Säulenplatten] kann ein bis drei *hastas* betragen. In ihrer Mitte [sehe man] eine Öffnung [vor], um Edelsteine einzulegen. ... Wenn der Handwerksmeister den Sockel der Säule berührt ... und sie [nach verschiedenen Opferzeremonien] als den Berg Himalaja betrachtet hat ... [lasse] er sie von den Zimmermeistern manuell aufrichten und umwandle [dann] mit seinem Gefolge den [ganzen] Bau, [indem er ihm seine] rechte Seite [zuwendet]. Hat er unter Heilsrufen die Stelle erreicht, wo die Säule eingesetzt werden soll, lasse er sie in westlicher Richtung absetzen ... In die Höhlung des Sockels lege er Gold [in der Mitte], Kupfer [im Osten], Eisen [im Süden], Messing [im Westen] und Silber [im Norden] ... [und andere Mineralien und Edelsteine] ein. Während die Brahmanen Segenswünsche ertönen lassen, setze der Baumeister mit den Gehilfen die Säule ein ... Hernach ehre er die mit Stoffen und Kränzen geschmückte [Säule] mit Blumen und Wohlgerüchen, und bringe ihr [wie einem Götterbild] Speisen [mit den Worten] dar: »O Säule, [du] mächtiger [Berg] Meru ... mit deiner Spitze trägst du alle anderen Säulen [wie Meru die anderen Berge]! Die hoch Aufragende sei beschützt! ... In dieser Weise errichte ein erfahrener [Handwerksmeister seine] Säulen überall – [ob sie nun] Paläste, Tempelhallen, Stadt- beziehungsweise Tempeltore oder Wohnhäuser ... [tragen].

Mānasāra 15,179c–215

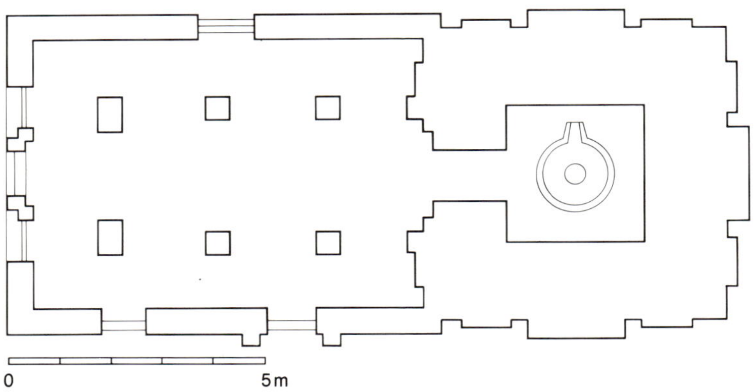

Oben: Der relativ kleine Paraśurāmeśvara-Tempel in Bhubaneśwar, errichtet um 750, zählt zu den frühen Tempeln der neben Koṇārak und Puri bedeutendsten Tempelstadt Orissas. Der nordindische Stil der mittelalterlichen Tempelbaukunst begegnet hier in seiner reinsten Form. Der Grundriß (links) der Pfeilerhalle zeigt noch Nähe zu den älteren Tempeln in Aihole. Eine organische Verbindung von Säulenhalle und Turm ist noch nicht geleistet.

Rechte Seite: Der Rājarāṇi-Tempel, errichtet um 1000, vertritt die spätere Phase der Tempel in Bhubaneśwar. Die Vertikalrippen des Turms werden mehr und mehr betont, die Halle trägt ein sich in Stufen aufbauendes Terrassendach. Halle und Turm, dies macht auch der Grundriß deutlich (links unten), sind nun nicht mehr nur »aneinandergeklebt«, sondern als verschiedene Teile eines Ganzen organisch und doch spannungsvoll miteinander verbunden.

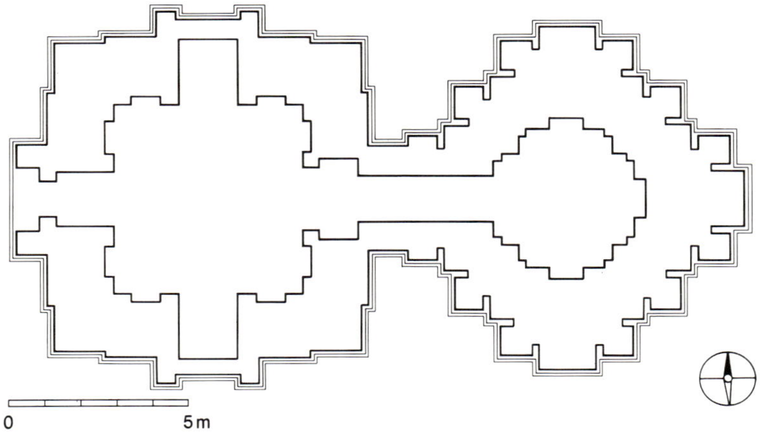

... Die Beschaffung [geeigneter Hölzer für die Säulen] sollte der Baumeister gemeinsam mit den Gehilfen vornehmen ... Der weise [Baumeister] soll, nachdem er [zuvor bloß] Wasser getrunken hat, die Nacht [zunächst] fastend zubringen [und dann], wenn er sich bei Tagesanbruch erhoben hat, zusammen mit seinem Gefolge auf dem Weg zum Wald nach günstigen Vorzeichen Ausschau halten ... Wenn er beim Wald angelangt ist und einen kühlen, schattigen Baum gefunden hat, lasse er sich in [seinem] Schatten nieder und achte auf günstige Vogelstimmen ... treffe die Vorbereitungen für ein Opfer ... lasse [die Brahmanen] einen Glückstag wünschen und speise sie hernach ... Hat der Vorarbeiter die Waldgottheiten geehrt, soll er nach Osten oder Norden gewandt die Axt [mit Wasser] beträufeln. Der Baumeister empfängt sie dann ... aus der Hand des Vorarbeiters und fällt das Gehölz gemeinsam mit [seinen] Gehilfen.

Mānasāra 15,126–155b

sche Nāgara-Typus in der Form begegnet, die vermutlich bei den Pratīhāra angeregt, und die bei deren Vasallen, den Candella-Rājputen, verselbständigt worden war, muß aber noch verwiesen werden. in Khajurāho legten sie ihre befestigte Hauptstadt an und statteten sie im 10. und 11. Jahrhundert mit nicht weniger als 58 hinduistischen und jainistischen Tempeln aus.

Über zwanzig Tempel davon stehen noch. Ihre Besonderheit liegt in dem organischen Zusammenwuchs von Haupt- *(mahāmaṇḍapa)*, Vor- *(maṇḍapa)* und Nebenhallen *(ardhamaṇḍapa)* mit dem Sanktuarium und seinem Turm.

Ein Wandelgang *(pradakṣinā)* um die Cella *(garbhagṛha)* ist im Innern in die Masse des vertikal aufstrebenden Turmtempelmassivs einbezogen. Die Tempel stehen auf hohen Terrassen, deren dichte horizontale Gesimsgliederung sich im Oberbau fortsetzt, wo sie mit Vorliebe in dicht gefüllte mehrzonige Folgen von einzelnen Figuren und Figurengruppen aufgelöst sind.

Am Kaṇḍāriya-Mahādeva- und am Lakṣmaṇa-Tempel sind der Cella und dem Mahāmaṇḍapa balkonähnliche Seitenhallen angefügt. Den konvexen Śikhara umringen zahllose ihm proportional entsprechende kleinere Nebentürme *(uruśṛṅga)*, die eine verwirrend reiche Aufgliederung des Baus bewirken. Vom Ardhamaṇḍapa ausgehend steigern sie sich bis zum Hauptturm über der Cella, dem Abbild des Weltberges Meru.

Die Decken der Hallen, die auf den von üppigen Kapitellen bekrönten Pfeilern aufsitzen, sind verschwenderisch reich verziert. Die Kapitelle enthalten Nischen mit plastischen Darstellungen weiblicher Gottheiten und Himmelsnymphen (Surasundarī). Den Außenwänden entlang werden konzentrische Kuppelringe durch überkragende Steinbalken geformt, in die Miniaturtabernakel mit Götterbildern eingesetzt sind. Sie lassen den Raum nach der Mitte hin allmählich ansteigen. Diese Wölbweise zeigt den mühsamen Weg des nur mit Kragwölbungen vertrauten indischen Architekten zur Kuppelbildung.

Die Cella des Kaṇḍāriya-Mahādeva-Tempels enthält ein Liṅga als Symbol Śivas. Außen hüten in entsprechender Anordnung die acht Herrscher der Himmelsrichtungen *(dikpālas)* den Bau: Indra (im Osten), Yāma (im Süden), Varuṇa (im Westen), Kubera (im Norden) und andere dem vedischen Pantheon zugehörige Götter.

Dagegen sind die Götter des Hinduismus wie Śiva, Viṣṇu, Brahmā, Sūrya und Gaṇeśa meist in vorspringenden Kapellen untergebracht, so daß in jedem Tempel das gesamte vedische und hinduistische Pantheon vereinigt ist. Am Eingang zum Hauptheiligtum *(garbhagṛha)* sind am Fuß der Türpfosten die beiden Flußgöttinnen Gaṅgā und Yamunā auf ihren Reittieren Krokodil *(makara)* und Schildkröte *(kūrma)* postiert. Die Türpfosten und seinen Sturz schmücken Liebespaare *(mithuna)* und reicher Rankenschmuck.

Die Fassaden dieses und des Viśvanātha-Tempels zeigen am Sockel in mehrzonig angeordneten Figurenfolgen unzählige Liebesszenen. Diese Skulpturen sind wegen ihres dem Tempel zu Koṇārak vergleichbaren erotischen Realismus von europäischen Betrachtern häufig völlig falsch interpretiert worden. Sie haben aber, wie bereits erwähnt, ihre Wurzeln im Ritual, das in den umlaufenden Friesgruppen sehr anschaulich dargestellt wird. Im konkreten Vollzug, der die Aufhebung jeglicher Dualität symbolisiert, soll das Erlebnis der Einheit erfahrbar gemacht werden.

Kunst und Kultbauten des Jainismus und des späten Buddhismus

Im westlichen Indien, in Gujarāt und Rājasthān, hat sich – wie auch im östlichen Orissa – ebenfalls eine lokale Variante des nördlichen Tempeltyps entwickelt. Dieser sehr fruchtbare Regionalstil, der von einer reichen Innendekoration der Räume, Decken und Säulen charakterisiert ist, begegnet als frühes Beispiel im Sonnentempel von Modhera (11. Jahrhundert), der Hauptstadt der Solaṅkīs. Der Stil dieser Dynastie erreicht seinen Höhepunkt im 13. Jahrhundert, zur Zeit der Stiftung der berühmten Jaina-Tempel auf dem Berg Abū. Die ganz in weißem Marmor gehaltenen Meisterwerke der Tempelbaukunst belegen durch die präzise, kunstvolle Bearbeitung dieses Werkstoffs den zu dieser Zeit erreichten hohen Standard der Bildhauer und Architekten: Die Kuppeln über den Hallen gerieten ihnen zur Vollendung in der Marmorverarbeitung, das Dekor zeigt ihre Kunst an den feinen und mehrfach überschnittenen Schachtelmustern. Anders als der Jainismus, der sich im Tempelbau dieser postklassisch-barocken Epoche einer Blüte erfreuen konnte, verfiel die Pflege buddhistischer Kultstätten mit dem bereits damals einsetzenden Niedergang des Buddhismus in Indien. Nach der Zeit Harṣavardhanas von Kanauj (606–647) waren es nur noch die Dynastien des nordöstlichen Gangesgebiets (Bihār und Bengalen), die Pālas (765–1175) und Senas (1125–1225), die den Buddhismus förderten.

Die buddhistische Kunst erlebte hier allerdings eine Spätblüte. In der Klosteruniversität von Nālandā, die tausende Schüler der asiatischen Welt in den einheimischen Wissenschaften ausbildete und eine maßgebliche Rolle für die buddhistische Kulturübertragung nach Tibet, China und Südostasien innehatte, entstanden eine Reihe von eindrucksvollen Tempeln.

Sie sind aus dem auf einen gestuften quadratischen Sockel gesetzten Stūpa hervorgegangen, wie er sich im 2. bis 3. Jahrhundert n. Chr. im Bereich der Gandhāra-Kunst entwickelt hatte. Die qualitativ hochwertigen Skulpturen und Bronzen Nālandās wurden zur Exportware, und die hervorragenden Werke der Gelehrten und Dichter dieser Stätte der Wissenschaften und Künste breiteten sich mit bleibender Wirkung in fernste Länder aus.

Der hier vorkommende neue »Stūpa mit Kultbildnischen« – ein doppelstöckiger Tempel mit Treppenfluchten zum Kultbild im Obergeschoß – tritt auch in den buddhistischen Kulthöhlen von Ajaṇṭā (Nr. 19 und 26) und in Elūrā (Höhle Nr. 10) auf (6./7. Jahrhundert).
Als »Stūpa mit Kultbildnischen« sind auch die zahllosen Votiv-Stūpas der Gupta- und Nachgupta-Zeit (5.–10. Jahrhundert) in Nālandā und Bodhgayā gestaltet. Man konnte sogar maßstabgetreue Bronzenachgüsse von ihnen zum Zwecke der persönlichen Verehrung erwerben.
Gegen Ende des 12. Jahrhunderts wurde Nālandā aufgrund der wiederholten Überfälle und Plünderungen durch moslemische Turkstämme verlassen. Ihre Fortsetzung fand Nālandās umfassende Kunst und Geisteskultur im Hochtal von Nepal (Kathmandu), wo auch zu Zeiten des moslemisch beherrschten Indien das Gedeihen und die Entfaltung buddhistischer und hinduistischer Weltanschauungen weiterhin gefördert wurden.
Ein anderes Hochtal – nämlich das von Kaschmir – hat mit seiner eigenwilligen Tempelarchitektur ebenfalls einen berücksichtigenswerten Beitrag zur nordindischen Kunst geleistet. Nach den frühesten Bauten zur Zeit des Lalitāditya Muktāpīḍa (724–760), von denen nur buddhistische Stūpas und Klöster erhalten sind, wurde ein einheitlicher Typ des hinduistischen Tempels entwickelt. Dieser Typ begegnet am anschaulichsten im Śiva-Tempel bei Paṇḍrethān (9./10. Jahrhundert): Eine quadratische Cella erhält

Linke Seite: Der Liṅgarāja-Tempel gilt als der Haupttempel in Bhubaneśwar. In ihm wird Śiva unter dem Symbol des Liṅgam als Herr der drei Welten verehrt.

Oben: Der Sonnentempel in Koṇārak, von dem nur der maṇḍapa *fertiggestellt werden konnte, ist auf einem Sockel errichtet, dessen Wände mit Steinrädern geschmückt sind: ein Hinweis darauf, daß es sich um einen Wagen der Gottheit handelt, der von Zugtieren (unten) der aufgehenden Sonne entgegengezogen wird.*

Bei dem Dorf Dilwara auf dem 1300 m hohen Berg Ābū in Rājasthān sind vier jainistische Marmortempel errichtet, die wegen der Schönheit des Materials und der Feinheit der Steinmetzkunst weltberühmt sind. Das äußere Erscheinungsbild der Tempel ist schlicht, erst im Innern (links), besonders an den Kuppeln (rechts), kommt es zu einer überwältigenden Prachtentfaltung. Begonnen wurde die Tempelgruppe in der 1. Hälfte des 11. Jahrhunderts durch einen Minister der Solaṅkī-Dynastie, Vimala.

nach den Himmelsrichtungen hin vier mit einem Portikus versehene Eingänge. Das Dach ist zweilagig in Pyramidenform konstruiert. Die Säulen und Kapitelle weisen auf hellenistische Einflüsse, die in Kaschmir auch in dieser späten Zeit noch wirksam waren.

Südlicher Stil (Dravida)

Gemäß der Architekturtheorie *(vāstuvidyā)* der alten Inder ist der südliche Stil *(dravida)* dadurch gekennzeichnet, daß als geometrische Grundformen Achtecke oder Ovale angenommen werden. Als charakteristisches Merkmal südindischer Tempel gilt jedoch ihr Tempelturm, der im Gegensatz zur konvexen Krümmung der nördlichen Tempel *(nāgara)* pyramidal gestuft ist. Auch die Terminologie für die einzelnen Teile des Turms ist von der des Nordens verschieden: Der Turm selbst heißt im Süden Vimāna, sein an der Spitze gerundeter Abschlußstein aber Śikhara oder Stūpika, was der Bezeichnung für den gesamten Nāgara-Turm entspricht.
Die einzelnen Stufen der südindischen Tempelpyramide, die als Ebenen verschiedener Gottheiten angesehen werden, verjüngen sich bei den monumentalen Tempeltoren ab dem 12. Jahrhundert dann in einer Weise, die die typische konkave Silhouette hervorruft.
Der südindische Tempel hat ab den frühen Felsbauten (7. Jahrhundert) der Pallavas (325–897) eine klare und deutlich nachvollziehbare Entwicklungslinie, die sich über die Arbeiten unter den Colas (907–1310) bis zu den Tempelstädten des Reichs von Vijayanagar im 16. Jahrhundert zusammenhängend verfolgen läßt.
Aber auch zu den Schöpfungen der Pallavas, die zweifellos die Grundlagen für das südindische nachklassische »Barock« bereiteten, führt eine erkennbare Linie von der Kunst in Amarāvatī, die im Zusammenhang mit der postarchaischen Epoche unter den Śatavāhanas bereits besprochen wurde. Besonders ihre Plastik erscheint in Mahābalipuram stilistisch vollendet worden zu sein.

Pallava-Kunst

Die Pallavas eroberten sich den Südosten Indiens von Norden kommend, aus dem sie auch dessen vom Sanskrit durchtränkten Geist mitbrachten. In beständiger kriegerischer, aber zugleich auch künstlerischer Auseinandersetzung mit den Cālukyas beherrschte ihre Dynastie das östliche Südindien vom 6. bis zum 9. Jahrhundert n. Chr. Zu den entscheidenden Leistungen der Pallavas zählt, daß sie sich den im Süden vorherrschenden Granit – gegenüber dem Sandstein des Nordens – für die architektonische und plastizierende Bearbeitung gefügig machten, und daß sie den Bronzeguß einführten.
Unter Mahendravarman I. (um 600–630), der sich selbst als Architekt, Dichter und Musiker betätigte, kommt es zu den ersten Höhlenbauten in Mahābalipuram, einem schon von Ptolemäus erwähnten Seehafen der Pallavas, von dem aus Fernhandel betrieben wurde.
Der bedeutendste Herrscher dieser Dynastie aber war Narasiṃhavarman I. (um 630–645), nach dessen Beinamen Mahāmalla (großer Ringer) dieser Hafen, volksetymologisch als Mahābalipuram umgedeutet, benannt wurde. Er ließ das wohl größte, an einem 32 Meter langen und 14 Meter hohen Granitfelsen begonnene Felsrelief Indiens vollenden.
In diesem Felsrelief erscheint in eindrucksvoller Weise der »schwingend bewegte« Figurenstil weitergebildet. Seine teilweise überlebensgroßen Gestalten begleiten die

mythologische Szene der Herabkunft der Gaṅgā vom Himmel. In schwingender Bewegung, schwebend und in tänzerischer Leichtigkeit über die Felsenfläche verteilt, wird das bunte Treiben in der Welt der Götter und Menschen dargestellt. Die spezifisch indische Körperauffassung, in der bewußt auf die Artikulation der Muskulatur verzichtet wird, bringt die Schwerelosigkeit der elegant gedrehten Figuren besonders gut zur Geltung.
Gezeigt werden Szenen aus dem Kunstepos Kirātārjunīya des Dichters Bhāravi, der Stoffe aus dem Epos Mahābhārata verarbeitet hat: Arjuna kasteit sich, um von Śiva seinen göttlichen Bogen zu erhalten, der ihm die Wunschgewährung durch eine entsprechende Geste anzeigt.
Ein natürlicher Felsspalt wird zur Darstellung des Flußbetts der Gaṅgā ausgenutzt, in der sich Halbgötter *(nāga)* tummeln und die von ringsum befindlichen Wesen verehrt wird. Der kleine Tempel, vor dem ein Büßer sitzt, zeigt noch die einfache quadratische Struktur, die später im Turmtempel zu ihrer reifen monumentalen Form gesteigert wird.
Narasiṃhavarman I. ließ auch eine Gruppe von monolithischen Felsentempeln aus dem Granit der Uferfelsen herausmeißeln, die der europäischen Seefahrt als die »Sieben Pagoden« geläufig waren. Fünf dieser Tempel sind erhalten geblieben. Auch sie imitieren die Holzbauweise, was sich schon an ihrer indischen Bezeichnung »Rathas« (Prozessionswagen) zeigt. Zwei von ihnen sind als Caitya-Langtempel, zwei als quadratische Tempel mit Kuppelabschluß in der Form des dravidischen Turmtempels gestaltet. Bei aller Verschiedenheit der fünf Rathas bezeichnen die ihnen gemeinsamen Merkmale doch die stilistischen Grundelemente des zukünftigen südindischen Tempelbaus, wie etwa die profilierten Sockel oder die Kuppeldächer.
Auch die in einer Brüstung gipfelnde Reihe von Simsen über den blinden Caitya-Fenstern der ihre Säulen überragenden Dachkante muß zu diesen Leitgestalten gezählt werden. Unter Narasiṃhavarmans Nachfolger Rājasiṃha (700–730) wurde die Felsarchitektur zugunsten des frei errichteten Tempelbaus in Granit aufgegeben, wie er im Strandtempel von Mahābalipuram belegt ist: Von den drei Sanktuarien haben zwei einen gestuften Turm mit einer Spitze auf dem Abschlußstein. Zwischen Hauptcella und umgrenzender Mauer ist ein Wandelpfad angelegt.
Derselbe Herrscher brachte in der Pallava-Residenz Kāñcīpuram den neuen Architekturstil des strukturierten Tempels zur höchsten Blüte: Zu Beginn des 8. Jahrhunderts entstand der große, dem Śiva geweihte Kailāsanātha-Tempel. Die einen pyramidalen Turmaufbau tragende Cella ist auf drei Seiten von offenen Einzelkapellen umgeben, die architektonisch in die hohe Außenmauer integriert sind. Als Frühform des Torturms *(gopura)* verfügt der Kailāsanātha-Tempel über eine als Eingang dienende Kapelle mit Tonnendach *(khākharā)*.

Vorhergehende Doppelseite und linke Seite: Im 7. Jahrhundert wurden die fünf Rathas, »Tempelwagen« in Mahābalipuram, der einstigen Hauptstadt des Pallava-Reichs, aus dem Granitfelsen gehauen. Sie geben als Skulpturen von Architektur Aufschluß über die architektonischen Formen ihrer Zeit, die in tatsächlich gebauten Werken nicht überliefert sind.

Oben und rechts: Ansicht und Grundriß des exponiert gelegenen Küstentempels in Mahābalipuram aus dem 8. Jahrhundert.

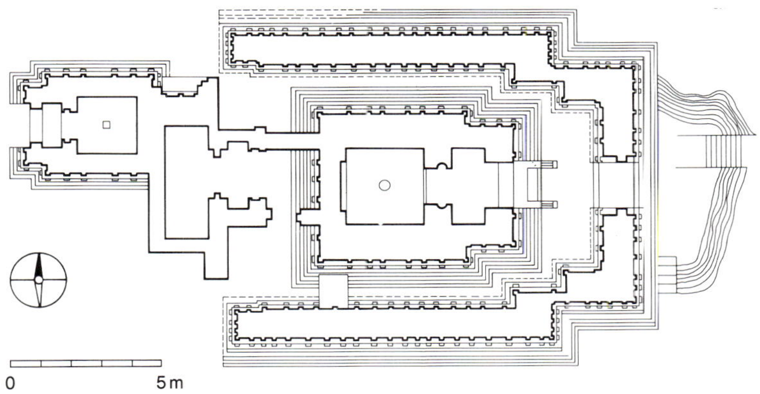

Der nur wenige Jahrzehnte später errichtete Viṣṇu-Tempel (Vaikuṇṭhaperumāḷ) in Kāñcī zeigt den Pallava-Tempel in seiner gereiftesten Form. Zugleich werden hier die bestimmenden Merkmale der nächsten Phase südindischer Baukunst vorbereitet. Die Säulenhalle grenzt nun an die das Sanktuarium umlaufenden Wandelgänge.

Die Cālukyas

Die Dynastie der Cālukyas hatte zwar seit 500 n. Chr. die Macht im Dekkan inne, doch mußten sie sie seit dem Auftreten der Pallavas im 6. Jahrhundert in beständigen Kämpfen immer wieder mit diesen teilen. Zu ihren ältesten Monumenten zählen die Höhlentempel ihrer Hauptstadt Bādāmī, die zwischen 578 und 600 fertiggestellt wurden. Die reliefierten Skulpturen aus dieser Zeit machen die Nähe zur Epoche der Klassik noch deutlich.
Die gleiche Bedeutung können auch die Freibautempel der Cālukyas in Bādāmī, Aihole und Paṭṭaḍākal beanspruchen, weil ab dem 7. Jahrhundert die nördlichen und südlichen Stile nicht nur nebeneinandergestellt, sondern auch stilistisch gemischt erscheinen.
Eine auffällige Kombination aus Pallava- und Cālukya-Architektur zeigen die Tempel von Paṭṭaḍākal und der Kailāsanātha-Tempel von Elūrā, die nach der endgültigen Niederlage der Pallavas, die ihnen der Cālukya Vikramāditya II. (733–746) bereitet hatte, gebaut wurden.
Während der Virupākṣa-Tempel in Paṭṭaḍākal in Anlehnung an den Kailāsanātha-Tempel zum rein dravidischen Typus rechnet, ist der Pāpanātha-Tempel im nördlichen Stil *(nāgara)* gebaut, wie sein Śikhara erkennen läßt, dessen Abschlußstein *(āmalaka)* allerdings fehlt.
Die ganze Anlage ist 30 Meter lang und weist eine Vorhalle *(maṇḍapa)*, Haupthalle *(mahāmaṇḍapa)*, einen Vorraum

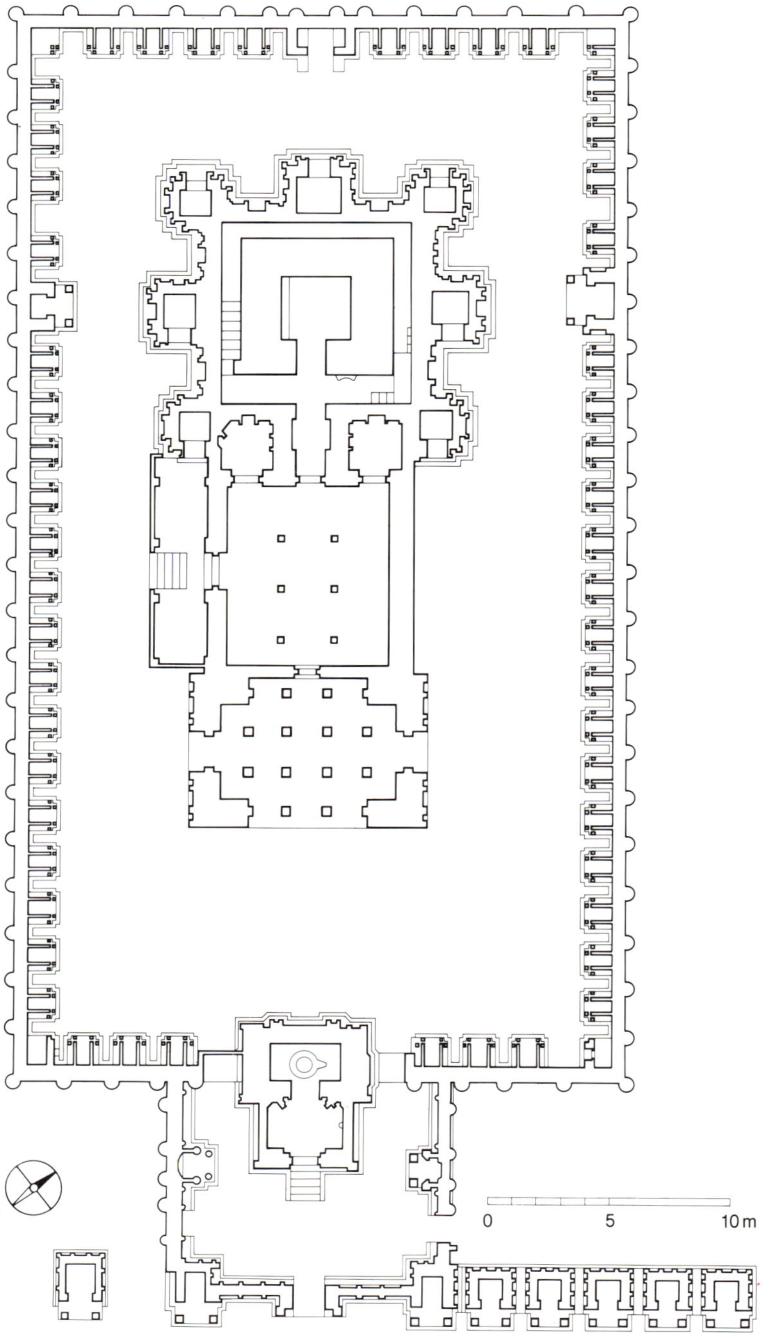

(antarāla) und die Cella *(garbhagṛha)* auf, die Wände der Cella sind mit Reliefs geschmückt. Hufeisenbogen-*(gavākṣa-)*Motive zieren den Sturz der Nischen und die Gesimse. Sie werden auch für die Konstruktion des Abschlußgiebels herangezogen. Repräsentanten des Dravida-Typus in Paṭṭaḍākal sind der mit Hilfe von deportierten Kunsthandwerkern gebaute Virūpākṣa- und der Mallikārjuna-Tempel. Beide wurden als Monumente des Sieges über die Pallavas errichtet. Die Cella trägt einen vierstöckigen Turm *(vimāna)* südlichen Stils und ist von einem Wandelgang umgeben. Eine Kulthalle mit drei Vorhallen zu den drei Eingängen ist angeschlossen. Alle Eingänge sind kunstvoll skulptiert, die Pfeiler reichlich mit Reliefs versehen. In den gedrehten Figuren mag man phantasiereiche Weiterbildungen des schwingend-bewegten Stils sehen.

Die Rāṣṭrakūṭas

Der Bauperiode der Cālukya wurde von Kṛṣṇa I. (757–783), der sein Geschlecht der Rāṣṭrakūṭas (757–973) von der Oberherrschaft der Cālukyas befreite, ein jähes Ende bereitet. In Anlehnung an den Virūpākṣa-Tempel in Paṭṭaḍākal und im Eifer, die Baukunst der Pallavas noch zu übertreffen, schuf Kṛṣṇa das größte monolithische Bauwerk Indiens, den Śiva-Tempel Kailāsanātha in Elūrā.
Es galt, den gesamten Bau aus dem Berg herauszuschneiden, nicht aber – wie in Mahābalipuram – einzelne Granitblöcke zu bearbeiten. Die Maße des so gewonnenen Tempelhofs können die Leistung der beteiligten Steinmetzen und Bildhauer verdeutlichen: Der Hof allein mißt 100 mal 53 Meter, das Sanktuarium ragt mehr als 30 Meter empor. Die Steinmetzarbeiten wurden von oben nach unten durch zwei mit einem dritten als Verbindungsgang verbundene tiefe Gräben vorangetrieben. So entstand ein riesiger Kubus (60 x 30 x 30 Meter), aus dem der Tempel und seine Hallen herausskulptiert wurden. Die Cella trägt einen

Links: Unter Narasiṃhavarman II. entstand im 8. Jahrhundert in Kāñcīpuram der dem Śiva als Herrn des Kailāsa-Bergs geweihte Kailāsanātha-Tempel. Dem Sanktuarium mit Pyramidenturm ist, wie am Grundriß (linke Seite) zu erkennen, eine Pfeilerhalle vorgelagert. Eine hohe Ummauerung in Form gereihter Pavillons umschließt den Tempelhof.

In Paṭṭadākal, der südindischen Tempelstadt, haben sich Tempelbauten des 7. und 8. Jahrhunderts erhalten, die zum Teil in nordindischem, zum Teil in südindischem Baustil errichtet sind. Zu den bedeutendsten Tempelbauten rechnen der Mallikārjuna-Tempel (rechts oben), der Pāpanātha-Tempel (rechts Mitte) sowie der Virupākṣa-Tempel (rechts unten).

dreigeschossigen Turm *(vimāna)* südindischen Typs. In den ersten beiden Bauphasen war man nur bis zum Boden des Hauptschreins und des vorgelagerten Nandī-Schreins gelangt, die heute in Geschoßhöhe über dem Plateau des Hofs liegen. Der Hof wurde in der nächsten Etappe auf sein heutiges Niveau gesenkt, um am Fuße des steil abfallenden Berghangs noch einen Eingangsbau auszumeißeln, der als stockhoher Querriegel den Hof abschließt. Mit dem Senken des Hofs kamen der Nandī-Schrein und der Haupttempel ins Obergeschoß zu liegen und waren nur noch über Treppen erreichbar.

Der endgültige Abschluß der Arbeiten wurde offensichtlich erst unter Kṛṣṇa III. (939–968) erreicht. Seither gelangt man von der Terrasse des Eingangs über Brücken zum Nandi-Tempel und zur Tempelhalle mit der übertürmten Cella.

Noch im 9. Jahrhundert wurden aus den seitlichen Felswänden in Bodenhöhe des Tempels weitere Höhlentempel aus dem Berg gemeißelt. Die beiden reich verzierten Monolithpfeiler neben dem Nandī-Tempel trugen ursprünglich einen Dreizack *(triśula)* als Bekrönung, ein Attribut Śivas.

Die Kapitellzone dieser Pfeiler folgt dem Typus der dravidischen Pfeiler mit Kissenkapitell über einer Verjüngung. Die Bewältigung dieser unerhörten Leistung, ein solch vollendetes und monumentales Abbild des Wohnsitzes Śivas auf dem Berg Kailāsa in einem technisch und künstlerisch hochwertigen »barocken« Stil zu schaffen, konnte nur einer im Felsbau erfahrenen Bauhütte gelingen, wie sie in Elūrā seit Generationen bestand.

Der Kailāsanātha-Tempel ist ihre letzte große Leistung in einer schon von den Cālukyas begonnenen langen Folge von Tempeln: Er erhielt in einer Reihe von buddhistischen, jainistischen und hinduistischen Höhlen, die sich im Felsmassiv über eine Strecke von fast zwei Kilometern verteilen, die Nummer 16.

Colas und Hoysalas und das Reich von Vijayanagar

Im Süden Indiens trat im 9. Jahrhundert die Dynastie der Cola (846–1173) das politische, aber auch das künstlerische Erbe der Pallavas an. Ihre Hauptstadt war Tañjāvūr. Im 11. Jahrhundert reichte ihr Einfluß unter König Rājarāja I. (985–1018) bis nach Ceylon und Bengalen. Als Seemacht

Unter dem Cola-Herrscher Rājarāja I. wurde in nur siebenjähriger Bauzeit ab 1003 der dem Gott Śiva geweihte Bṛhadīśvara- oder Rājrājeśvara-Tempel in einer Festungsanlage im Westen der Stadt Tanjore (Tañjāvūr) errichtet. Der Grundriß (unten) zeigt die innere Mauer mit angebauten Kapellen, die den längsrechteckigen Hof umschließt. Der Zugang zur Tempelanlage erfolgt durch einen erst in späterer Zeit hinzugefügten äußeren Torturm (auf dem Grundriß nicht eingezeichnet) und einen inneren Torturm. Auf der Hauptachse von Südosten nach Nordwesten folgt eine Säulenhalle mit der Steinplastik des Nandī-Stiers, dann die große Versammlungshalle, eine Vorhalle und am Ende das Sanktuarium mit der darüber bis zur Höhe von 58 m gewaltig aufsteigenden dreizehngeschossigen Turmpyramide. Die aus Reihen kleiner Pavillons zusammengesetzten Geschosse bilden keine größeren Stufen aus, sondern sind so geordnet, daß nahezu gerade Konturen entstehen.

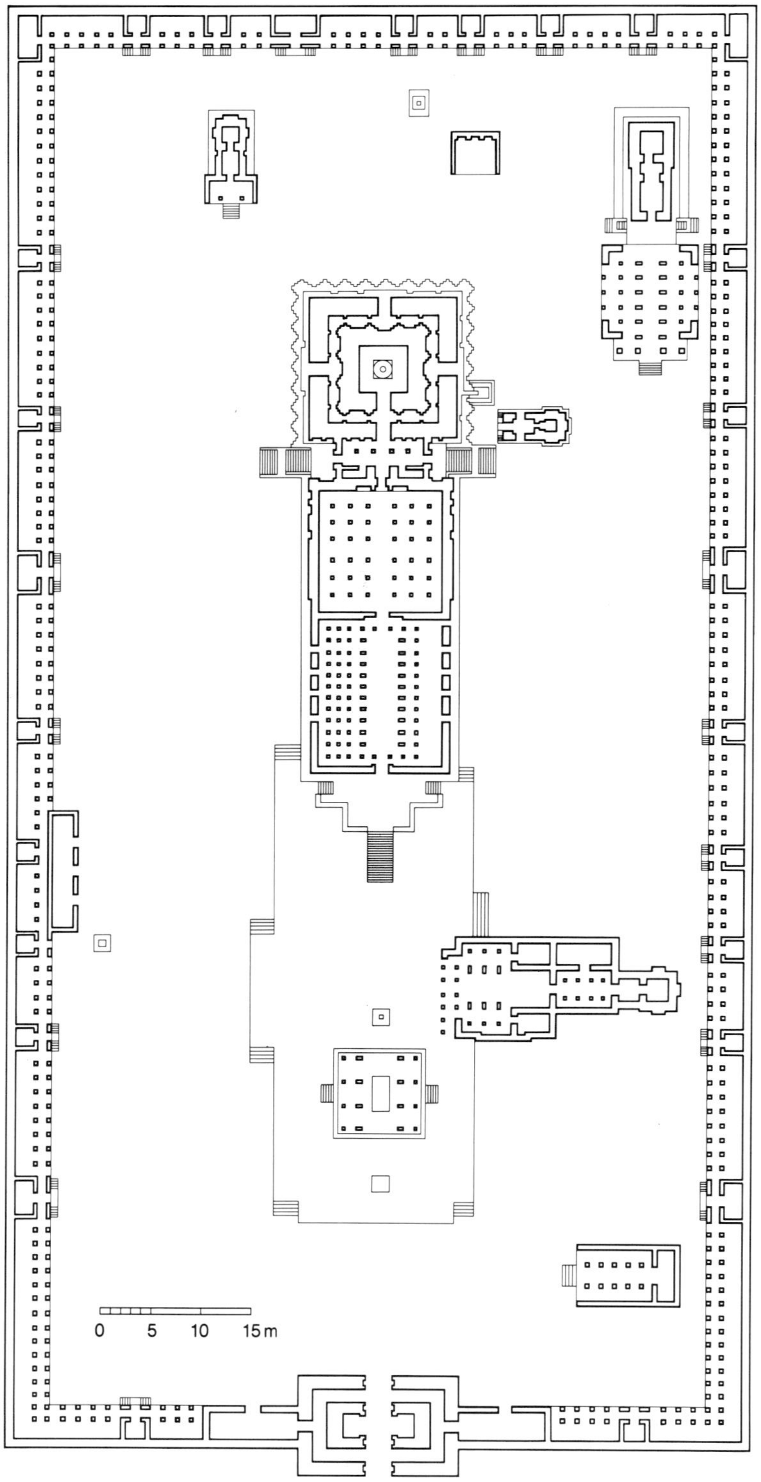

kontrollierten die Colas auch Teile von Birma, Malaysia und Sumatra. Auf der Grundlage des Tempeltypus, den die Pallava entwickelt hatten, steigerte sich unter ihnen der Turmbau zu gewaltiger Höhe. Diese Bauentwicklung findet ihre Höhepunkte im berühmten Bṛhadīśvara-Tempel (erbaut 1003–1010) in Tañjāvūr und im gleichnamigen Tempel in Gaṅgaikoṇḍacolapura (erbaut um 1025), ersterer von Rājarāja I., der seine Kriegstaten einmeißeln ließ, letzterer aber von seinem Sohn Rājendra (1012–1044) gestiftet. Strenge Nüchternheit und architektonische Klarheit geben den Cola-Tempeln ihr charakteristisches Gepräge.

Der pyramidale Oberbau der Pallava-Tempel wird zur sechzehngeschossigen Stockwerkpyramide erweitert, deren Abschluß ein proportional angepaßter, achtzigtonniger Monolith bildet. Jedes Geschoß wird von einem Kranz kleiner Tempelchen umzogen, die an den Ecken als kuppelbekrönte, entlang der Wände als gestreckte Caitya-Wölbtempel erscheinen. Sie sind so angeordnet, daß sie dem Betrachter einmal die Schmal-, das andere Mal aber die Breitseite zukehren. In dieser Weise wiederholen sie sich bis zum Deckstein *(śikhara, stūpika)* auf jeder Geschoßebene, wobei ihre Größe der Verjüngung des Turms *(vimāna)* entsprechend maßstabgetreu abnimmt. Die Tempelanlagen selbst wurden zu großen Tempelstädten erweitert, die aus von hohen Mauern umschlossenen Höfen und Wandelgängen bestehen. Da diese Tempel oft bis heute lebendig blieben, hat eine jahrhundertelange Bautätigkeit vieles hinzugefügt, was ursprünglich weder vorhanden noch intendiert war.

Die mächtigen Tortürme *(gopura)* überragen dabei den eigentlichen Tempelturm bei weitem, wie in den Tempelstädten von Cidambaram, Śrīraṅgam, Tirukkalukunram, Trivandrum, Tirucirāpalli (Trichinopoly). Sie sind wie die Caitya-Wölbtempel über rechteckigem Grundriß errichtet und streben konkav empor, wobei ein Tonnendach den Abschluß bildet. Die einzelnen Geschosse sind von figürlicher Plastik übersät, und die abschließenden Bögen laufen in flammende Ornamente aus.

Solche Tempelstädte haben und hatten enorme wirtschaftliche Bedeutung, weil sie Hunderten, wenn nicht Tausenden Menschen Arbeit gaben. Die Bṛhadīśvara-Tempel Rājendras soll allein 400 Tempeltänzerinnen *(devadāsīs)* und über 600 Angehörige anderer Berufe (Steinmetzen, Maler, Opferpriester, Tempeldiener und Händler) ständig beschäftigt haben.

Die größte dieser Tempelstädte, deren neun bis zu 50 m hohe Tortürme sich bereits von weitem in der südindischen Ebene ankündigen, ist der Mīnākṣī-Tempel in Madurai mit 2000 Säulen. Er entstand in der alten Hauptstadt der Pāṇḍya (590–920) und wurde unter den Nāyakas im 17. Jahrhundert zu seiner heutigen gewaltigen Größe erweitert.

Wie in der Architektur, so erreichte auch die bei den Pallavas erstmals begegnende Bronzekunst in den Güssen der

Im Cola-Reich erreichte die Bronzekunst ihren Höhepunkt. Es entstand nicht nur eine große Zahl neuer ikonographischer Typen, sondern auch, bedingt durch die Nutzung der dem Material eigenen Möglichkeiten für die Skulptur, ein neuer Stil. Fein ziseliertes Ornament kontrastiert häufig mit der glänzend polierten Oberfläche des Metalls, wie hier bei der aus dem 11. Jahrhundert stammenden Bronze von Śiva und Pārvatī (links) und bei der Bronze des 13. Jahrhunderts mit Viṣṇu und Begleiterinnen (rechts).

Nachdem [der Handwerker] die [Figur] als ganze oder in Teilen mit Wachs geformt hat und nachdem er [die Wachsfigur] mit Lehm fest ummantelt hat, soll er das Wachs, wenn es trocken ist, [durch Erhitzen der Gußform] auslassen. Nachdem er darin geschmolzenes Metall hineingegossen hat, soll er die beste Metall[statue] machen. Ich werde nun die Methode dieses [Gusses] erklären zum Nutzen der Handwerks[-gehilfen?].
Nachdem er [die Tiegel] zu einer Mulde auf den Boden niedergesetzt hat, so daß ihre Öffnung nach oben gerichtet ist, [und] nachdem er das in dem Schmelztiegel verflüssigte Metall schnell und mit Sorgfalt genommen hat [und] in die Öffnung [der Gußform] langsam gegossen hat, soll er den inneren Teil gut [das heißt bis zum Rand] füllen. Nachdem er [die Gußform] außen mit Staub bedeckt hat [und] nachdem sie nach einer gewissen Zeit wieder kalt wurde [und] nachdem der Erfahrene mit scharfen Eisen[-schabern und -meißeln] den Lehm[-mantel] nach und nach weggenommen hat, soll der Meister mit diesen oder jenen geeigneten verschiedenen Instrumenten die gegossene Statue glätten. In dieser Weise soll der Erfahrene mit der Hilfe der in dieser Arbeit Versierten [nämlich den Ziseleuren] die Statue machen. Wenn es eine massive [und nicht eine hohle] Metallstatue sein soll, soll er, nachdem er [sie zunächst] nur mit Wachs geformt hat [und] die Lehmschichten [aufgetraten hat], wie oben schrittweise verfahren.

Aus dem *Śilparatna* des Kumāra, nach Axel Michaels

Colas ihre Vollendung. Diese Art der Rundplastik erlaubte es den südindischen Künstlern, ihre Freude an der Bewegung nun in metallenen Meisterwerken vollkommenen Ausdruck zu verleihen. Konzeption und Ausführung des tanzenden Śiva (Naṭarāja), der mit seinem kosmischen Tanz zwar den Weltenbrand entfacht und dabei den bösen Dämon der falschen Weltsicht zu Tode tanzt, dem Betrachter mit einer seiner beiden rechten Hände aber zugleich Friedfertigkeit zusichert *(abhayamudrā)*, mag als das herausragendste Beispiel für die Cola-Bronzen genommen werden.

Die Pflege der Malerei ist für diese Zeit durch Reste von Wandgemälden am Bṛhadīśvara-Tempel bezeugt.

Die Dynastie der Hoysalas (11.–14. Jahrhundert) befreite sich 1191 n. Chr. von der Herrschaft der Cālukyas und beherrschte bis 1317 den südwestlichen Teil (Karṇāṭaka) Indiens. Ihre Hauptstadt war zunächst Belūr (Velapuram), dann aber Haḷebīḍ. In einer Vielzahl von ausgedehnten Tempelgründungen, von denen etwa 90 erhalten geblieben sind, haben die Hoysalas im 11. bis 13. Jahrhundert den Cālukya-/Pallava-Turmtempel in selbständiger Weise weiterentwickelt und einen durch überquellende Dekoration gekennzeichneten ornamentreichen eigenen Stil geschaffen. Der gesamte Tempelkomplex erscheint in tief unterschnittene Relieffriese aufgelöst. Dies beruht auf dem unter den Hoysalas verwendeten Chloritschiefer, der – weil er erst nach Bearbeitung an der Luft wieder härtet – ähnlich wie der Marmor zur schnitzenden Skulptierung einlädt und so alle Voraussetzungen für diese neue Kunst der Dekoration bot.

Ornamentales Rankenwerk wechselt mit szenischen Darstellungen der Epen oder Fabeltiere *(yāli)*, die sich lebhaft vom dunklen Grund abheben. Mauer und Stein verschwinden unter der dichten Folge der den hohen Sockel umziehenden Reliefs. Ihre Schichten setzen sich in die breit gelagerte Turmpyramide fort, die, in feinste Vor- und Rücksprünge aufgelöst, die sternförmige Gestalt des Unterbaus nach oben weiterführt.

So erscheint der Hoysala-Tempel völlig in ein horizontales Schichtengefüge aufgelöst. Alle Vertikalen sind verbannt und die Proportionen so breit gelagert, daß die Horizontalen stärker als die Vertikalen zur Wirkung gelangen.

Neben den schlanken Friesen und den durchbrochenen Fensterwänden sind es vor allem die reichen Dekorationen des Innern, die für den Hoysala-Tempel charakteristisch sind. Die technische Brillanz der Dekorationskunst zeigt sich an den oft an der Drehbank bearbeiteten Säulen. Sie werden durch betonte Verwendung horizontaler Profile in das allgemeine Horizontalgefüge einbezogen und ihres vertikalen Auftriebs entkleidet. So kommen höchst eigenwillige und für alle Hoysala-Tempel typische Pfeilerbildungen zustande.

In den Hallen stehen die massig gebildeten Pfeiler oft so eng beieinander, daß der Raum dicht ausgefüllt erscheint. In der figürlichen Plastik sind die Körper der Göttergestalten mit einer Fülle von Schmuck beladen, so daß sie fast unter diesem Gehänge, das girlandenförmig ihre Gestalten überspielt, verschwinden.
Auch die Ranken sind ebenso von der Freude am Üppig-Schweren und Kräftig-Quellenden bestimmt.
Zu den wichtigsten Bauwerken dieser Dynastie zählen der Hoyśaleśvara-Tempel in Haḷebīḍ (1141), der Chennakeśava-Tempel in Belūr (1117) und der Keśava-Tempel in Somnāthpur (1268).
Die Folgezeit der Tempelarchitektur im Süden ist dem Reich von Vijayanagar, das bis 1565 dem Ansturm der Dekkan-Sultanate als hinduistische Bastion standhalten konnte, und den Nāyakas verpflichtet. Unter den Nāyakas schließlich kam es im 17. Jahrhundert zur letzten Phase hinduistischer Tempelbaukultur, die von dieser Zeit an ihren von islamischen und europäischen Einflüssen beschleunigten Niedergang erfuhr. Die Reichskunst von Vijayanagar überlebte den Zusammenbruch ihrer Dynastie in den Tempelstädten von Śrīraṅgam und Madurai mit ihren »Tausend-Säulen-Hallen« und den Spalieren von Reitern auf sich aufbäumenden Pferden. Die Nāyakas konnten ihre Kunst in den Tempeln von Tiruvaṇṇāmalai und Madurai verewigen.

Grundzüge der nachklassischen Kunst

Sucht man nach einer verbindlichen Formel, um die Entwicklung der erhaltenen fast ausschließlich sakralen Architektur aus der Zeit nach 500 n. Chr. zu charakterisieren, so konstatiert man den Drang nach Streckung, Erhöhung und Vertikalisierung, der durch das Emporheben des Baus vermittels Terrassen und genereller Bevorzugung gestufter Anlagen zum Ausdruck kommt.
So werden Turm-, Terrassen- und Vielgeschoßbau, die bereits im buddhistischen Sakralbau bestimmend hervorgetreten waren, vom Hinduismus aufgegriffen und weitergebildet.
In der Nutzung und Verarbeitung dieser Möglichkeiten durch Kombination verschiedener Systeme, die ihre zeitgenössische Parallele in der Neigung zur »synkretistischen« Vereinigung der verschiedenen Glaubenssysteme findet, tritt eine indische Eigenart besonders zutage. Der vertikale Turm wird in eine Vielzahl horizontaler Geschosse – den mit vertikalen Elementen durchsetzten Terrassenbau – aufgelöst. Das suchte man durch starke Staffelung des Baukörpers zu erreichen. Höhepunkte des geschichteten Horizontalismus treten da auf, wo gleichzeitig Höhepunkte des Vertikaltriebs bemerkbar sind (Tempel von Khajurāho). In Südindien überwiegt die horizontale Teilschichtung am Turmbau. Seine Geschoßgliede-

rung bleibt klar erhalten und wird nicht zu dünngliedrigen Gesimsen reduziert. Die indische Architektur sucht nicht das tektonische Verhältnis von tragenden Stützen und getragener Last darzustellen. Vielmehr erscheint der Bau von Bewegung und Rhythmus erfüllt. In der Gliederung des Tempelturms sprechen sich Unruhe und Spannung aus. Das nicht zur Ruhe kommende Auge des Betrachters wird von Stufe zu Stufe empor- und über den Scheitel des Turms wieder herabgeführt.

Dementsprechend sucht auch die Plastik keinen Kontrapost. Sie will nicht Statik und Ruhe zum Ausdruck bringen, sondern verleiht der dargestellten Gestalt Spannung und Dynamik. Sie ist eine Kunst der bewegten Form. Das Motorische und nicht das Statische steht im Vordergrund. Die Bewegung erscheint nicht willentlich erzeugt, sondern als natürlicher Ausfluß der aus der Gestalt hervorströmenden vitalen Energie, die etwa in der dreifachen Brechung *(tribhanga)* der Gestalt zum Ausdruck kommt. So wird das Formengesetz der Architektur auch in der Plastik und Malerei sichtbar. In dieser Formensprache hat die nachklassische Kunst Indiens ihren großen Göttern Gestalt verliehen und das mythische Geschehen anschaulich gemacht. Zugleich aber hat es damit auch seinem eigenen Wesen und Fühlen Ausdruck verliehen.

Die Kunst des Islam in Indien

Spätestens mit der Gründung des islamischen Sultanats von Delhi (1206) durch Qutb-ud-dīn Aibak tritt ein entscheidender Wendepunkt im Kunstschaffen auf dem Subkontinent ein. Nach ihrer »barocken« Blüte war die Schöpferkraft der hinduistischen Künstler erlahmt. Es entstand nichts wirklich Neues mehr, sondern man bediente sich der weiterhin aufrechten Kunstfertigkeit der Handwerker, um bereits Geleistetes einfach auszuschmücken oder zu erweitern.

Erst die lebendige Auseinandersetzung mit den neuen Eroberern brachte die Impulse zu echten Neuerungen. Die religiösen Grundlagen der islamischen Kunst sind von der des Hinduismus völlig verschieden. Der Islam bildet den denkbar größten Gegensatz zur Welt des Hinduismus. So steht im Islam eine monotheistische, jeder Anschaulichkeit abholde Gottesvorstellung dem vordergründig bilderreichen indischen Götterkult gegenüber. Doch darf dabei nicht übersehen werden, daß diese vielen Götter nur verschiedene Aspekte eines einzigen und letzthin Wirklichen *(brahman)* verkörpern sollen. Die Erhabenheit Allahs bildlich wiederzugeben ist dem Muslim ein blasphemisches Unterfangen. Daher trachtete man mit der schon den monotheistischen Patenreligionen des Islam – dem Juden- und Christentum – ebenfalls eignenden Unduldsamkeit den abscheulich erscheinenden Götzendienst auszurotten und den religiösen Ausschließlichkeitsanspruch mit teils brachialer, teils politisch-fiskalischer Gewalt durchzusetzen. Dem als symbolreichen Kultbau gestalteten und als Residenz der Götter aufgefaßten Hindutempel wird nun als neuer Typus die islamische Moschee als gemeinsame Gebetshalle für alle Anhänger des Propheten hinzugesellt. Entgegen der unglaublich differenzierten Klassengesellschaft des Hinduismus treffen sich die Muslime beim Gebet in der Hofmoschee völlig gleichberechtigt und ohne Ansehen ihres Standes. Eine weitere Neuerung stellt die Einführung von Grabbauten dar. War dem Hindu der Leib nur eine vergängliche Hülle von vielen auf dem langen Weg der Seelenwanderung, so erwartete der Moslem sich konkret eine physische Auferstehung, der die Grabbestattung entgegenkommen sollte. Mit den neuen Bautypen der Hofmoschee und des Grabmonuments wurden auch die neuen Techniken des echten Gewölbebaus (statt der Hindu-Kragtechnik), des Architekturbogens und des Minarettbaus von den islamischen Künstlern eingeführt.

Die Kunst vor der Mogul-Zeit (1200–1525)

Ihre Siege krönten die nach Indien eingefallenen Ghūriden am Ende des 12. Jahrhunderts mit der Anlage ausgedehnter Hofmoscheen, deren umlaufende Hallen aus den Pfeilern geschleifter Hindutempel errichtet wurden. In Delhi wurde auf diese Weise von 1193 bis 1197 die Qutb-ul-Islām-Moschee gebaut und um 1200 in Ajmer ein Jaina-Tempel in eine Moschee verwandelt. Der Mekka zugewandten Gebetshalle setzte man eine hohe Bogenwand mit spezifisch islamischen Kielbögen vor. In Ajmer waren es sieben horizontal geschichtete Kragbögen, die mit umlaufenden Ornamentfriesen und arabischer Kalligraphie dekoriert wurden. Ihr Flachschnittdekor verleiht dem Mauerwerk eine fast textile Feinstruktur. Damit stehen sie in einem absoluten Kontrast zu den dahinter angeordneten Hindupfeilern, in deren gedrungener Körperlichkeit die Masse des Gesteins zur Geltung gebracht wird. Da der islamischen Kunst figürliche Abbildungen verboten sind, entwickelte sie ihre Fähigkeiten an der Durchbildung eines differenzierten ornamentalen Schmuckwerks.

1199 wurde mit dem Bau des ersten Minaretts in Indien, dem Qutb-Minār begonnen, das nach seinem Stifter Qutb-ud-dīn Aibak (1193–1210) benannt, aber erst unter Iltutmiš (1210–1235) beendet worden war. Der über 70 Meter hohe Turm ist mit seinen 379 Stufen zugleich auch der höchste Steinturm Indiens. Er wird durch arabische Schriftfriese, aber auch durch indische Devanāgarī- Inschriften und auskragende Balkons unterbrochen und zeigt in den plastischen Teilen, die von indischen Skulpteuren stammen, bereits den Einfluß hinduistischer Traditionen.

Die Darstellung des tanzenden Śiva im Medium der Bronzeplastik ist die bedeutendste Konzeption und der gleichzeitig eigenwilligste Beitrag der Künstler der Cola-Zeit. Gerade hier kam dem Künstler die Qualität des neuen Mediums besonders entgegen, war es doch in der Lage, Figuren, die sich im freien Raum geschmeidig bewegen, eben den sich im Tanz der Seligkeit wiegenden Śiva, hier auf dem Rücken des Zwergs Mūyalaka, zu verbildlichen.

Durch fortgesetzte Erweiterung ihrer Hallen nahm die das Minarett umgebende Qutb-ul-Islām-Moschee immer gigantischere Ausmaße an. Nordwestlich davon ließ Sultan Iltutmiš seinen Grabbau in hinduistischer Kragbauweise anfügen. Im Innern umziehen fein gearbeitete Flechtband-, Arabesken-, Ranken- und Schriftmuster die Wände. Das Ornament konzentriert sich auch in der Form von einfassenden Rahmenfriesen um die Miḥrāb-(Gebets)Nischen und um die Portale. In ihnen ist das Motiv des aus zwei ineinandergeschachtelten Kielbögen gebildeten »Überfangbogens« ausgebildet, das für die weitere islamische Baukunst in Indien grundlegend wurde.

Höchste Verfeinerung fand dieser kalligraphische Ornamentstil im kuppelbekrönten Pavillon des Südtores der besagten Moschee, 'Alā'-i-Darwāza, den Alā-ud-dīn Khaljī im Jahre 1311 in rotem Sandstein, weißem Kalkstein und blauem Schiefer errichten ließ.

Die Mongolenstürme, die im 13. Jahrhundert die islamische Welt verheerten, hatten zu einer zeitweiligen Isolierung der islamischen Herrschaft in Indien von den arabisierten Mutterländern geführt, was zu einer besonders in den Provinzen spürbaren engeren Anlehnung an genuin indische Traditionen führte.

Die Dynastie der Tughluks (1321–1414) hat dagegen der islamischen Bauweise verstärkt Raum gegeben und den Kuppelbau ihrer Gräber weiterentwickelt. Besonders eindrucksvoll ist in diesem Zusammenhang das Mausoleum des Begründers dieser nüchternen Dynastie, Ġiyāṭ-ud-dīn Tughluk (13121–1325), das vor den Ruinen seiner Festung Tuglukābād, der dritten islamischen Stadtgründung von Delhi, auf einer Insel in einem künstlichen See steht. In dem aus rotem Sandstein errichteten schweren geschlossenen Quaderbau mit einer Kuppel aus weißem Marmor hat sich ein neues, streng-nüchternes Stilempfinden durchgesetzt. So fehlt auch den Toren mit »Überfangbögen« jeder ornamentale Schmuck.

Den schmucklosen Baustil dieser Zeit verkörpert auch das Mausoleum des Firūz Šāh Tughluk (1351–1388), das als quadratischer Kubus mit niedriger Kuppel errichtet ist. Selbst wenn man die ursprüngliche Farbigkeit des Stucks berücksichtigt, bleibt der Bau in der Wirkung kompakt und geschlossen.

Unter demselben Herrscher wurde auch die Begampurī-Masjid bei Delhi errichtet, die ebenfalls von seldschukischen Baumeistern durchgeführte frühe Kuppelbauversuche zeigt.

Ganz im Stil der Tughluks bauten auch die Nachfolgedynastien der Sayyiden (1414–1444) und der Lodhīs (1451–1526). Am Rande von Delhi ließen sie inmitten der sogenannten Lodhī-Gärten Mausoleen von achteckiger oder quadratischer Form mit Kuppelabschluß bauen.

Der achteckige Grabbau von Sikandar Lodhī (1489–1517) ist von Arkaden aus offenen Bogenhallen umgeben. In dem Mausoleum, das der Begründer der kurzlebigen Afghān-

Links: Unter Iltutmiš wurde der gegen Ende des 12. Jahrhunderts errichteten Moschee in Ajmer eine hohe Wand mit spezifisch islamischen Kielbogen vorgelegt.

Rechts: Der Wandausschnitt vom Grabmal des Iltutmiš, um 1235, zeigt, wie die Wand durch den Flachschnittdekor eine geradezu textile Feinstruktur erhält.

Sūr-Dynastie, Šer Šāh (1540–1545), in Sasarām inmitten eines künstlichen Sees anlegen ließ, erscheint das oktagonale Kuppelmausoleum in großartiger Weise bereichert und erweitert: Offene Dachpavillons auf dem zweiten Geschoß des Achtecks entsprechen den Kuppeln der Eckpavillons des Sockels und nehmen zugleich die Form der Hauptkuppel vorweg.

Als Mittelpunkt einer neuen Stadt, der sechsten, die auf dem Boden von Delhi gegründet wurde, ließ Šer Šāh als Zitadelle die Festung Purāṇa Qil'a mit einer Moschee errichten, die nur aus einer Gebetshalle besteht.

Verglichen mit den nur wenige Jahrzehnte vorher in Delhi gebauten Moscheen aus der Zeit der Lodhī-Sultane, zeigt sie, wie sich eine neue Verfeinerung in der Aufgliederung durchsetzt. Man kann darin eine Wiedergeburt der indoislamischen Kunst aus der Zeit der Mamelucken- (Sklaven-)Dynastie (1193–1290) sehen, wie sie im Grab des Iltutmiš und dem ,Alā'-i-Darwāza-Tor (1305) vorliegt. Das dort geprägte Motiv des »Überfangbogens« ist hier wieder aufgegriffen und reich ausgestaltet. Der von einem Rechteck gerahmte Kielbogen bildet die Grundlage für eine reiche ornamentale Aufteilung der Fassade. Jeweils zwei Bögen der Arkaden sind so ineinander geschachtelt, daß ein größerer den kleineren überfängt.

In der Qil'a-Moschee (1541) sind die rechteckigen Bogeneinfassungen und einzelne Zwickelflächen mit polychromem Steinmosaik überzogen, so daß auch eine reiche farbige Wirkung erzielt wird. Seit dem späten 15. Jahrhundert hatte sich der gedrückte Spitzbogen als neue Bogenform durchgesetzt. Er herrschte dann bis zum 18. Jahrhundert vor. Aus dem timuridischen Iran stammend, wurde dieser »timuridische Bogen« in der Hand der indischen Steinmetzen zunächst noch unbeholfen gehandhabt. In der Moṭh-ki-Moschee (1500/1510) wirkt er noch plump. Doch in der Qil'a-i-Kuhna-Moschee mit der mehrfarbigen Stein- und Fliesenintarsia, die der Wand die substantielle Schwere nimmt, gewinnt die Fassade eine malerisch-dekorative Gestalt. In der Kombination dieser Stilelemente kündigt sich bereits die Wende zur frühen Mogul-Kunst an.

Die Kunst unter der Dynastie der Moguln (1526–1750)

Obschon die Herrschaft der mongolisch-turkstämmigen Moguln in Indien mit der Eroberung Delhis durch Baber im Jahre 1526 einsetzt, kann von einem Mogulstil in der Baukunst erst seit der Rückkehr seines zeitweilig in den Iran exilierten Sohnes Humāyūn (1530–1556) gesprochen werden. Trotz der Arabisierung des Iran wurden viele Traditionen der höfischen Kultur der präislamischen Epoche beibehalten, wodurch die gelungene Integration araboislamischer Elemente in persische Kulturtraditionen zustande kam. So brachte Humāyūn 1554 nicht nur die persische Hofkunst, sondern auch das Persische als Hofsprache nach Indien mit, das bis zum Zerfall des Mogulreichs (1857) Staatssprache bleiben sollte. Das Volk dagegen sprach ein stark mit persisch-arabischen Wörtern durchsetztes Hindī, welches Hindustānī beziehungsweise Urdū genannt wurde, und das vom Heerlager (türkisch: *urdū*) des Delhi-Sultanats ausgehend kreolisiert worden war.

Das erste für den Mogulstil repräsentative Bauwerk ist Humāyūns als Gartengrab in rotem Sīkrī-Sandstein und weißem Marmor errichtetes Mausoleum (nach 1565). Der Bau wurde von einem persischen Architekten geleitet, wie die typisch iranische Bogennischenarchitektur erkennen läßt. Nach außen öffnet sich der Bau durch hohe Kielbogenarkaden, hinter denen die Grabkammern liegen. Auch die mächtige Terrasse, die das Mausoleum über das Niveau des Gartens emporhebt, ist in solche Bogennischen zergliedert, so daß der hohe Kuppelbau darüber zu schweben scheint.

Erst unter seinem Sohn Akbar dem Großen (1556–1605) kommt es zu einer echten stilistischen Verschmelzung islamisch-persischer und indischer Motive.

Akbar, der mütterlicherseits bereits das Blut einer Rājputenprinzessin in sich trug, hatte die Synthese von Hinduismus und Islam gesucht. Er tat das auf den Gebieten der

Literatur, indem er die Übersetzung indischer Werke ins Persische anordnete; in der Religion, indem er regelmäßig das Gespräch mit den Vertretern der Religionen Indiens suchte und schließlich selbst eine eklektische Religion *(dīn-i-ilāhī)* gründete, die sich aber nicht durchsetzen konnte; und er tat es durch Stilmischung in der Architektur und der Malerei, die sich unter seiner Förderung dem islamischen Bilderverbot entziehen konnte.

Der Jahāngīrī-Maḥall-Palast in Agra (um 1570), Akbars Reichshauptstadt seit 1566, ist zwar im rotweißen Mauerwerk des Humāyūn-Grabbaus ausgeführt, doch bereits durch üppig wuchernde plastische Motive, die auf Hindu-Steinmetzen weisen, bereichert. Im Hof dominieren die aus der Holzarchitektur entwickelten Kragformen. Sie lassen auch im Innern der großen Nordhalle, wo die Holzbauformen ebenfalls unmittelbar in Stein übersetzt sind, das indische Gepräge erkennen.

Der Stil der Akbar-Zeit tritt vor allem an den Bauten in Erscheinung, die Akbar in der von ihm 1569 bis 1574 gebauten, aber schon 1590 wegen Wassermangels wieder verlassenen Stadt von Faṭhpūr Sīkrī errichten ließ. Diese wurde auf einem felsigen Hügel westlich von Agra angelegt, dort, wo ihm die Geburt dreier Söhne richtig geweissagt und der Thronfolger Jahāngīr geboren wurde.

Die verlassene Stadt erscheint wie ein architektonischer Traum, wie eine durch Herrscherlaune Wirklichkeit gewordene Fata Morgana. Auch hier tritt die Verschmelzung iranisch-islamischer Zierformen mit hinduistischen Pfeilern und dem farbigen Steinmosaik der Wände als Charakteristikum des Akbar-Stils hervor.

In Sikandra, zwischen Agra und Faṭhpūr Sīkrī, steht Akbars Mausoleum als viergeschossiger Grabpalast mit offenen Pfeilerhallen. Auf dem flachen Dach enthält ein von weißen Marmorwänden umgebener offener Hof den schlichten Sarkophag des Herrschers.

Der Grabbau seines Sohnes und Nachfolgers Jahāngīr (1605–1627) in Lahore (Pakistan) dagegen erscheint als von Bogengängen umgebener quadratischer Würfelbau in den Ausmaßen vergleichsweise bescheiden. Künstlerische Vollendung aber zeigen die farbigen Steinintarsien und die Blumenornamentik. Sie sind im Innern in »Pietra-dura«-Technik in weißem Marmor ausgeführt.

Für ihren Vater ließ Jahāngīrs Gemahlin Nūrjahān zwischen 1622 und 1628 ein Mausoleum in Agra als eingeschossige Anlage nach dem Vorbild des Grabbaus in Lahore anlegen. Ein mittlerer, in Lahore nicht ausgeführter Pavillon überdeckt hier den inneren Grabraum. Die in Anlehnung an hinduistisch-rājputische Vorbilder gewonnene Form des bekrönenden Faltdachs blieb in der Folgezeit ebenso ein Kennzeichen der Mogularchitektur wie der weiße Marmor, der hier erstmalig für den ganzen Bau Verwendung fand. Durch die polychrome Steinintarsia hier in der Wirkung noch gedämpft, gelangt der Marmor beim Grabbau des Tāj Maḥall in Agra frei und uneingeschränkt

Linke Seite: Das Grabmal des Ġiyāṭ-ud-dīn Tughluk in Delhi, erbaut um 1325, mit geböschten Wänden und geschlossenen Wandflächen, vertritt den Typus des älteren islamisch-indischen Grabmals (um 1325).

Oben: Die Architektur des Grabmals des Humāyūn, errichtet in den Jahren 1564–72, geht unverkennbar auf persische Vorbilder zurück und zeigt die Wand aufgebrochen in Spitzbogenarkaden mit tiefen Nischen.

zur Geltung. Šāh Jahān (1627–1658), Jahāngīrs Sohn, ließ im zweiten Viertel des 17. Jahrhunderts dieses prächtige Kuppelmausoleum nach dem Vorbild von Humāyūns Grabbau für seine Gattin Mumtāz Maḥall (Auserwählte des Palastes) errichten. Der von einer Lotoskuppel abgeschlossene innere Kernraum ist von einem quadratischen Block mit abgeschrägten Ecken umgeben. Nach außen öffnet sich der Mauermantel in vier 19 Meter hohe Nischen, die von zweigeschossig übereinander angeordneten Nebennischen begleitet werden.

Diese Nischenarchitektur verschleiert die Schwere des Mauerwerks, das als Auflager und zur Verstrebung der an der Spitze 74 Meter hohen Kuppel erforderlich war. Der Bau wirkt unstatisch und schwerelos. Das blendende Weiß des Marmors unterstreicht diesen Eindruck.

Im Grab des Humāyūn war der Ansatz der Mittelkuppel durch die hoch ansteigende Einfassung der mittleren Hauptnische verdeckt, im Tāj Maḥall erhebt sie sich dagegen, indem sie die höhere und steiler proportionierte Mittelnische fortsetzt. Die Eckbauten (Moschee im Westen, Versammlungshaus im Osten) lehnen sich eng an die Mittelvertikale des Kuppelbaus an, so daß sie ihrerseits ebenfalls die aufstrebende Tendenz des Baus unterstreichen. Vier kleine Nebenkuppeln über aufgesetzten Pavillons flankieren die Hauptkuppel. An den Ecken der Marmorterrasse erheben sich vier schlanke Minaretts.

Die Zwiebelkuppel spiegelt sich in den künstlichen Wasserbecken, die zu dem an das Ende des Gartens gerückten Bau hinführen. Aus dem Gartenquadrat früherer Herrscher ist ein Vorgarten geworden, der auf den Höhepunkt hinleiten soll. An seiner Mauer befinden sich die erwähnte Moschee und die Gartenhalle aus rotem Sandstein mit weißen Marmoreinlagen.

Der im Tāj Maḥall perfektionierte neue kaiserliche Marmorstil setzte sich unter Šāh Jahān auch im Palastbau durch, wo er vor allem die Bauten des Herrschers in Agra und Delhi bestimmt. Davon zeugen die prachtvolle, 1646–1653 erbaute Perlenmoschee (Motī-Masjid) und die Stadtmoschee von Agra (1649).

Die Hauptstadt verlegte Šāh Jahān allerdings wieder nach Delhi und ließ als siebente der dortigen Stadtgründungen von 1639 bis 1648 Šāhjahānābād anlegen. Dabei entstanden das Rote Fort (Lāl-Qil'a) über der Yamunā und die größte Moschee Indiens, Jāmi-Masjid (1650–1656).

Im Innern der aus rotem Sandstein gebauten gewaltigen Festung befinden sich zahlreiche Paläste. Am Eingang zum Palastbezirk liegt das Trommelhaus (Naqqar-khāna) als

Musikerherberge. Dann folgt die in weißem Marmor erbaute öffentliche Audienzhalle mit dem weißen Marmorthron des Herrschers. Ein gerader Wasserlauf führt zu den hinter der Audienzhalle an der Flußseite liegenden, marmornen Privatgemächern. Im Innern mit gemalten oder eingelegten Blumenranken, durch Spiegelmosaik und anderen Schmuck verziert, decken diese Pavillons die zu jener Zeit zunehmenden, doch bereits seit dem Grabbau des I'timād-ud-Daula zu Agra auftretenden konvexen Dächer in bengalischer Form, die der indoislamischen Architektur Bengalens entlehnt sind. Ornamentale Steingitter durchbrechen die Wände, Dachpavillons und Kuppeln gliedern den Umriß der Dächer. Die aufgelockerten Gartenarchitekturen wurden von Wasserläufen und Springbrunnen belebt.
Was sich nach der Zerstörung im Zusammenhang mit dem indischen Aufstand (Mutiny) von 1857 bis heute erhalten hat, ist nur ein schwacher Abglanz der einstigen märchenhaften Pracht dieser Palastanlagen. An die Nord- und Südwand seiner Privataudienzhalle in der der berühmte, 1739 von Nādir Šāh geraubte Pfauenthron stand, ließ Šāh Jahān den Vers des Amīr Husrau schreiben:

Wenn es auf Erden ein Paradies gibt, so ist es hier, ist es hier, ist es hier.

Nicht weniger prächtig erscheint die westlich des Forts erbaute Jāmi-Masjid des Šāh Jahān, ein Bau der die ungeheure Summe von einer Million Rupien verschlang. Von drei Seiten führen Freitreppen zu ihr empor. Doppelstökkige Tore empfangen die Gläubigen und führen sie in den riesigen Hof, der an Ausdehnung alle übrigen indischen Moscheen übertrifft. Die Fassade der Gebetshalle besteht aus elf mit Marmorrahmen und Inschriftenfriesen geschmückten Bögen, über die drei Kuppeln emporragen.
Die prächtige Entfaltung der Künste konnte den zunächst politischen, dann aber auch wirtschaftlichen Abstieg der Dynastie seit Aurangzeb (1658–1707) nicht verschleiern. Der Rückgang des künstlerischen Geschmacks zeichnete sich in der Ersetzung der kostbaren Steinmaterialien durch billigere Baumethoden wie etwa durch die Verwendung von Stuck ab. Damit verband sich ein Überschwang der Formen mit nervös überladener Steigerung der Architekturmotive sowie der Freude an ausgeprägter Licht-Schatten-Wirkung. Das Ende der großen Mogulkunst kann das 1753/54 entstandene Mausoleum des Ṣafdar Jang (1739–1753) in Delhi als letztes Beispiel eines Gartengrabs verdeutlichen. Es schließt in der Anlage des Kuppelmausoleums zwar an die große Zeit der Mogulherrscher an, ist aber in billigen Materialien wie Sandstein mit bemaltem Stuck ausgeführt. Aber auch an der Durchbildung und Proportionierung zeigt sich deutlich der Spätstil der einstmals großartigen Mogularchitektur. In manchen Bauten der britischen Kolonialzeit aber hat ihre Kunst als imperialer Stil ein historisierend phantasiereiches und oft auch gewinnendes Nachleben gefunden.

Kunsthandwerk

Das indische Kunsthandwerk innerhalb der Mogulkunst zu besprechen, empfiehlt sich deshalb, weil aus der Zeit davor fast nichts erhalten geblieben ist. Das heißt nun nicht, daß die Kleinkunst nicht seit jeher gepflegt worden wäre. Vielmehr haben das indische Klima und der Insekten- und Rattenfraß den aus vergänglichen Materialien wie Holz oder Geweben gearbeiteten Stücken ein vorzeitiges Ende bereitet. Die frühesten Belege für indisches Kunsthandwerk sind Funde aus der Induskultur, wie Steinschmiedekunst oder Einlegearbeiten mit Muschelschalen. Daß in den Mittelmeerländern indische Textilien, Schmuck und Edelsteine ein begehrtes Handelsgut waren, weiß man von antiken Schriftstellern. Vom erhaltenen Bronzeguß und von seinem Höhepunkt unter den Colas war schon die Rede.
Im Süden sind auch erstklassige Holzschnitzarbeiten entstanden, die wie die späten Bronzen noch bis in islamische Zeit in Kerala, Gujarāt und Rājasthān weitergeführt wurden. Belege für diese Art von Kleinkunst finden sich auch aus Kaschmir, Nepal, Bengalen und Orissa.
Aufgrund der langen Handwerkstradition der hinduistischen Kunst, die in zunftartig organisierten Familienverbänden von Generation zu Generation überliefert worden war, konnte der höfische Ästhetizismus der Moguln in den kaiserlichen Werkstätten deren reiche Erfahrung mit jener der aus Persien geholten Handwerker vereinen.
Aus dem 17. Jahrhundert sind noch Reste der Holzbaukunst, vor allem Türeinfassungen und Fensterfüllungen erhalten, wie etwa ein geschnitztes Portal aus Südindien im Museum für Indische Kunst in Berlin: Die Oberflächen sind von einem dichten Dekor überzogen, der den Rahmen und die Struktur der Tür völlig zurücktreten läßt. Die auf die Kreuzungsstellen der Balken aufgesetzten Knäufe zeigen, daß diese Tür ebensogut aus Stein oder Bronze bestehen könnte. Der umlaufende Rahmen ist in traditioneller Weise mit Pflanzen- und Tiermotiven geschmückt. Zuoberst befindet sich die Göttin Gajalakṣmī. Sie wird wie die 21 in die Türfelder eingesetzten viṣṇuitischen Inkarnationen nach jahrhundertealten Vorbildern dargestellt.
Dieses Portal erweist sich ebenso als Werk einer spätzeitlichen, aber auf lange Traditionen zurückblickenden Kunst wie die aus der gleichen Zeit in Gujarāt erhaltenen Schnitzarbeiten: Eine reich dekorierte, ornamental durchbrochene Fensterfüllung im Museum für Indische Kunst in Berlin zeigt ebenfalls die gedrängte Dichte der aufgesetzten und eingeschnittenen Ziermotive. Die aufgesetzten

Der 1632 nach dem Tod der Kaiserin Arjumand Bānū, besser bekannt unter dem Namen Mumtaz Maḥall (Auserwählte des Palastes), begonnene Tāj Maḥall markiert den Höhepunkt der indoislamischen Kunst. Der Mogulstil bezeugt hier, in der sensiblen Verfeinerung und Ausgewogenheit der Formen, die Phase seiner Reife. Das Grabmal steht nicht im Zentrum der gesamten Anlage, sondern bildet den Abschluß eines geometrisch angelegten Gartens.

Rosetten erinnern an die Medaillons der Steinzäune der frühindischen Stūpas. Hier allerdings sind sie völlig ins Dekorative umgesetzt. Das gilt ebenso für die Wellenranken und die gezähnten Rahmenprofile. Der nahtlose Zusammenschluß und die Häufung der Zierelemente sind Ausdruck eines spezifisch indischen Formengefühls, das sich auch in anderen kunsthandwerklichen Bereichen antreffen läßt: Die Kunsthandwerker Šāh Jahāns schaffen so Gebilde von sublimer Zerbrechlichkeit. Überall werden in den weißmarmornen Palästen und im Grabbau des Tāj Maḥall Marmorgitter eingesetzt, die wie in Stein übersetzte Spitzen wirken. Von besonderer Feinheit sind dabei die Einfassungen der Kenotaphe, der Leergräber des Šāh Jahān und seiner Lieblingsfrau im Innern des Kuppelmausoleums.

Charakteristisch ist auch die Aufgliederung der in Agra und in Delhi geschaffenen Marmorpaläste in verstreute Pavillons, die als luftige, säulentragende Hallen über ein weites Gelände verteilt sind. Dazwischen erstrecken sich von langen Wasserbassins und Brunnenanlagen durchzogene Gärten. Das Idealbild eines derartigen Palastkomplexes wird in einem anderen Genre der Kleinkunst, einer Miniaturmalerei aus der Mitte des 18. Jahrhunderts, entworfen: In zum Teil mehrgeschossigen Pavillons und Terrassen spiegelt sich die Palastanlage wider, die Šāh Jahān im 17. Jahrhundert in Delhi hatte anlegen lassen. Die in der Gartenkunst sich äußernde Liebe zur Natur setzt sich auch in den Dekorationen der Wände fort. Sie sind mit farbigen Steineinlagen überzogen, in denen Pflanzen, Blüten und Ranken in höchst naturalistischer Weise nachgeahmt werden. Selbst die für die Bauten des Herrschers so charakteristischen Baluster sind mit farbigen Intarsien verziert. In der Audienzhalle des Roten Forts in Delhi treten sie als Stützen des Thronbaldachins auf (1648).

Der Ausgestaltung der Wände diente eine Marmorinkrustation nach der Art der Florentiner Pietra-dura-Technik,

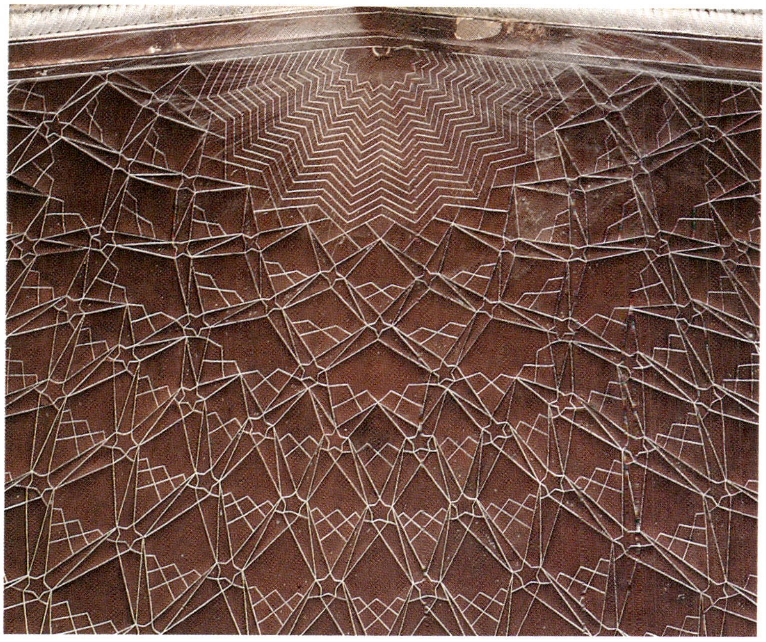

Links: Steinintarsiendekoration in einer Nischenwölbung im Palast von Amber. Solche Einlegearbeiten entwickelten sich zur Zeit der Mogulkaiser und fanden Eingang in die Kunst der Rājputen.

Oben: Kunstvolle, in durchbrochener Ornamentik geschnitzten Fensterfüllungen aus Holz waren Bestandteil zahlreicher Mogul- und Rājputenpaläste des 16.-18. Jahrhunderts.

Rechts oben: Die Ornamente in den Palästen der Mogulzeit sind häufig nicht nur vom Materialwert her kostbar, sondern sie sind auch von verwirrender Kompliziertheit in der Erfindung.

Rechts: Die Füllung dieses Fensters des 16./17. Jahrhunderts aus Patan mit geschnitzten Rosetten gewährleistet Luftaustausch und verhindert Sonneneinstrahlung. Berlin, Museum für Indische Kunst

Unten: Zu einer Wasserpfeife gehörendes Glasgefäß des 17. Jahrhunderts aus Agra. Berlin, Museum für Indische Kunst

Rechts unten: Durchgehend von geschnitztem Relief überzogene Juwelendose aus Elfenbein mit Silber- und Kupferbeschlägen. Berlin, Museum für Indische Kunst

die es erlaubte, mit einem Höchstmaß von Illusionismus gestaltete Tier- und Pflanzenmotive in die Marmorwände einzufügen. Allen Grundsätzen des islamischen Bilderverbots zuwider ist hinter dem Thron sogar ein figürliches Intarsienbild eingelassen, das Orpheus zwischen den wilden Tieren zeigt, die sich, von seiner Musik besänftigt, friedlich zu seinen Füßen niedergelassen haben.
In der kleinformatigen Buchkunst der Miniaturmalerei konnten die Mogulherrscher sich leichter über die diesbezüglichen Verbote des Islam hinwegsetzen. In der Wandkunst aber war dies undenkbar, so daß das Orpheus-Motiv eine ganz ungewöhnliche Ausnahme bildet. Wenn Orpheus mit den Tieren den Friedenskönig Salomo symbolisieren sollte, der auch im Islam in vergleichbarer Weise – also mit friedlichen Tieren um seinen Thron – beschrieben wird, so wollte Šāh Jahān das Simile wohl auf sich angewandt wissen.
Die Gärten mit ihren Blumenbosketten und Brunnenstraßen zeigen die paradiesische Ordnung, die Šāh Jahān als Ideal seiner Herrschaft vorschwebte.
Blumen- und Gartenfreude haben noch einem weiteren Kunsthandwerk zum Aufschwung verholfen, der Teppichkunst. Von Persien aus haben die Moguln den Knüpfteppich in Indien heimisch gemacht. Der der Natur in unmittelbarer Weise entlehnte Motivschatz hat dem indischen Teppich aber zu einem eigenen und selbständigen Stil verholfen. Die Garten- und Blumenmotive haben in ihm vollständig vom Binnenfeld Besitz ergriffen. Die ornamentalen Teile des persischen Teppichs sind auf die Bordüre beschränkt. Auf dem der Zeit des Šāh Jahān entstammenden Teppich der Frick Collection in New York wird das Binnenfeld mit drei Baumreihen erfüllt: ganz unten Zypressen zwischen blühenden Bäumen auf einer mit Blumen besetzten Bodenschwelle; darüber auf zwei Blumengirlanden eine sich wiederholende Gruppierung von Laubbäumen, die jeweils zwischen zwei künstlich geschnittene Blütenbäume gesetzt sind. Die Landschaftsszenerie kann auch, wie in dem der Zeit Jahāngīrs (1605–1627) entstammenden Teppich des Metropolitan-Museums in New York, durch Tiere belebt werden.
Unter diesen Jagdteppichen ist als der schönste von allen der Teppich des Österreichischen Museums für Angewandte Kunst in Wien hervorzuheben. Ein Gebetsteppich desselben Museums aus dem 17. Jahrhundert ahmt im Muster die Form einer muslimischen Gebetsnische *(miḥrāb)* nach, zeigt zugleich aber in der naturalistischen Wiedergabe der Blütenornamentik den indischen Einfluß.

Die dem Faiz Allah zugeschriebene Malerei datiert mit 1765 in eine Phase, in der die Macht der Mogulkaiser längst gebrochen war. Um so mehr mußten Vergnügungen über den Gedanken an die verlorene Größe hinwegtrösten. Vergnügen, die hier in einer unendlichen Palastgartenlandschaft vorgespielt werden: Ein Paradies des Müßiggangs und Zeitvertreibs im Warten der Mädchen im Harem auf den sich bei der Jagd verlustierenden Liebhaber. Kopenhagen, The David Collection

Die Blumenfreude der persischen Kunsthandwerker hat im indischen Teppich eine weitere Steigerung gefunden. Ein in mehrfacher Hinsicht bemerkenswertes Exemplar ist der sogenannte »Fremlin-Teppich« im Victoria and Albert-Museum in London. In der Bordüre und im Feld des in Lahore oder Agra gefertigten Stücks ist das Wappen des Auftraggebers William Fremlin, der 1626–1644 für die Ostindienkompanie tätig war, eingewebt.
Durch die europäischen Niederlassungen in Indien kam es zunehmend auch zu entsprechenden Kulturübertragungen. Audienzen von Europäern bei den Mogulherrschern sind auch auf Miniaturbildern festgehalten. Für die neuartige Hinwendung zur naturgetreuen Wiedergabe war die Auseinandersetzung mit der gleichzeitigen europäischen Kunst jedenfalls nicht ohne Bedeutung.
Der naturalistische »Blumenstil« kennzeichnet auch andere Zweige des Kunsthandwerks, wie die Glas-, Metall- und Elfenbeinbearbeitung. Ein charakteristisches Werk der Šāh-Jahān-Zeit ist ein zu einer Wasserpfeife gehörendes sogenanntes Hukka-Gefäß aus Glas, das ringsum mit naturnahen eingeschliffenen Blumenstauden verziert ist.
Das Pflanzendekor wird auch in der Metallkunst als geläufiger Motivschatz übernommen und findet bis ins 18. Jahrhundert weite Verbreitung. Arbeiten in der sogenannten Bidrī-Technik (Schwarzmetall mit eingelegtem Silber) zeigen sehr schön, wie die Blumenmusterung hier aufgegriffen worden ist. Ein auf sparsame Strenge bedachtes Formengefühl hat sich hier gegenüber der üppig wuchernden Formenfülle der hinduistischen Kunst durchgesetzt.
Die Elfenbeinschnitzerei ist vor allem aus Bengalen, Orissa, Südindien und Sri Lanka bekannt und hat besonders in Maisūr die Sandelholzschnitzerei beeinflußt. In den mogulischen Arbeiten wirkt die hinduistische Formentradition weiter.
Die indische Vorliebe für dichte Füllung der Flächen tritt an einer Schmucktruhe des Museums für Indische Kunst in Berlin ebenso deutlich hervor wie an einer Juwelendose: Die Türen, Schubfächer und Außenwände der Truhe sind mit durchbrochenen Elfenbeinplatten belegt, die stilisierte Rankenmotive altindischer Provenienz zeigen. Die Oberfläche zeigt die Zähmung einer Elefantenherde, die zwischen Palisadenzäunen in ein Gehege getrieben wird. Von pulsierender Lebendigkeit ist auch das geschnitzte Relief der Figuren und Pflanzenranken, die die Deckeldose aus Elfenbein umgibt. Unverkennbar arbeitete der Schnitzer mit einem überkommenen Formengut, ohne aber mit Neuschöpfungen aufzuwarten.
Die schon in der Induskultur blühende Keramik konnte sich erst in der Mogulzeit aus dem ländlichen Bereich zur höfischen Kleinkunst emporschwingen. Besonders in Multān taten sich die Töpfer mit in Fayencemanier gearbeiteten Krügen und Schüsseln hervor.
Auch für die Schmiedearbeiten in Gold und Silber gilt, daß die erhaltenen Objekte nicht vor das 17. Jahrhundert zu-

Vorhergehende Doppelseite: Zwei Teppiche der Mogulzeit. Immer paarweise, Sinnbild für die Liebe, ist das Federvieh in den Teppich (links) geknüpft, bei seinem Gegenüber (rechts) handelt es sich um einen Gebetsteppich mit Blumendekor.
Wien, Österreichisches Museum für Angewandte Kunst

Links: Die Kālakācāryakathā, ein illuminiertes Manuskript im Stil westindischer Miniaturmalerei der 2. Hälfte des 15. Jahrhunderts, schildert die Geschichte des Jaina-Mönchs Kālaka.

Rechts: Diese in Berlin aufbewahrte Miniatur des späten 16. Jahrhunderts ist die früheste bekannte Darstellung, die Künstler der Mogulzeit bei der Arbeit zeigt. Der in dem kleinen Pavillon sitzende, von Pigmentschälchen umgebene Maler trägt – ein Hinweis auf beginnende Handelsbeziehungen mit Europa – Augengläser.

rückreichen. Dennoch ist man über die Bedeutung und die Form des Schmucks durch die Plastiken aus Gandhāra und Mathurā recht gut informiert. Die Yakṣīs-, Bodhisattvas und Kuṣāṇa-Fürsten tragen reichen Schmuck. Ihr Goldschmuck läßt sich unschwer mit den um Christi Geburt in zentralasiatischen Gräbern gefundenen Beigaben identifizieren. Die von den baktrischen Griechen geprägte Goldschmiedekunst, die vor allem durch die Verbindung des Metalls mit farbigen Einlagen und Edelsteinbesatz als polychromer Stil bekannt ist, hat Indien unter der Kuṣāṇa-Herrschaft zweifellos stark inspiriert.
Unter dem moslemisch-orthodoxen Kaiser Aurangzeb (1658–1707) wurde der größte Teil des Hofschatzes der Moguln für die zahllosen Kriegszüge verbraucht, zu denen er von aufständischen Hindufürsten gezwungen wurde.
Mit der Abnahme der realen mogulischen Machtausübung verlagerte sich die Pflege des Kunsthandwerks zunehmend an die Höfe lokaler Fürsten, die als Mäzene die nie unterbrochenen alten Traditionen neu belebten. Wie anderswo auch, kam es aber seit der Industrialisierung in der Kolonialzeit zu Massenprodukten, die den Verfall der Kleinkunst begünstigten. Allein die abgeschlosseneren Königreiche wie Nepal oder Bhutan konnten sich diesen unheilvollen Einflüssen auf längere Sicht entziehen.

Miniaturmalerei

Indien war von jeher ein Land, das den Gestalten seiner mythologischen und epischen Überlieferung anschauliche Formen zu verleihen bemüht war. Die erhaltenen Werke der Bildhauer belegen diese Neigung der Inder zur Veranschaulichung schon für die älteste Zeit. Dem das Land erobernden Islam schließlich galten die Inder dadurch als Götzenverehrer schlechthin. Insofern sich im Abbild aus indischer Sicht die Fähigkeiten des Originals zu konkretisieren vermochten, kann man durchaus von einem magischen Charakter abgebildeter Gegenstände sprechen. Bei solcher Auffassung wäre es erstaunlich, neben Zeugnissen plastischer Kunst nicht auch solche der Malkunst zu finden. Tatsächlich bezeugen Sanskrittexte die Pflege und die Liebhaber solcher Kunst, und kunsttheoretischen Abhandlungen läßt sich entnehmen, daß auf Wänden *(citrabhitti)*, auf Holz *(citraphalaka)* und auf Stoff *(citrapaṭa)* gemalt wurde. Dem vergänglichen Charakter der beiden letzteren zufolge finden sich die ältesten Beispiele für indische Malkunst auf Wänden, wovon die buddhistischen Wand- und Deckengemälde der Höhlenklöster von Ajaṇṭā ein beeindruckendes Zeugnis geben. Die Gemälde in diesen Höhlen reichen vom 1. Jahrhundert v. Chr. bis ins 7. nachchristliche Jahrhundert und bereichern durch ihre naturgetreuen, plastisch wirkenden Wiedergaben auch die realienkundliche Kenntnis des alten Indien. Daß aus früherer Zeit mit Ausnahme der Sīgiriya-Malereien auf Ceylon (5. Jahrhundert n. Chr.) nur noch Bruchstücke von Wandmalereien erhalten geblieben sind (etwa in Bādāmi und Kāñcīpuram), ist auf die Ungunst äußerer Einflüsse zurückzuführen, die die Überlieferung beeinträchtigt haben. Erst aus späterer Zeit lassen sich dann wieder Wandmalereien in (Braut-)Gemächern einiger nordindischer Schlösser nachweisen.
Wenn die Malkunst auch zweifellos ihre Pflege fand, so doch nie im Sinne der abendländischen Kultur nach Art

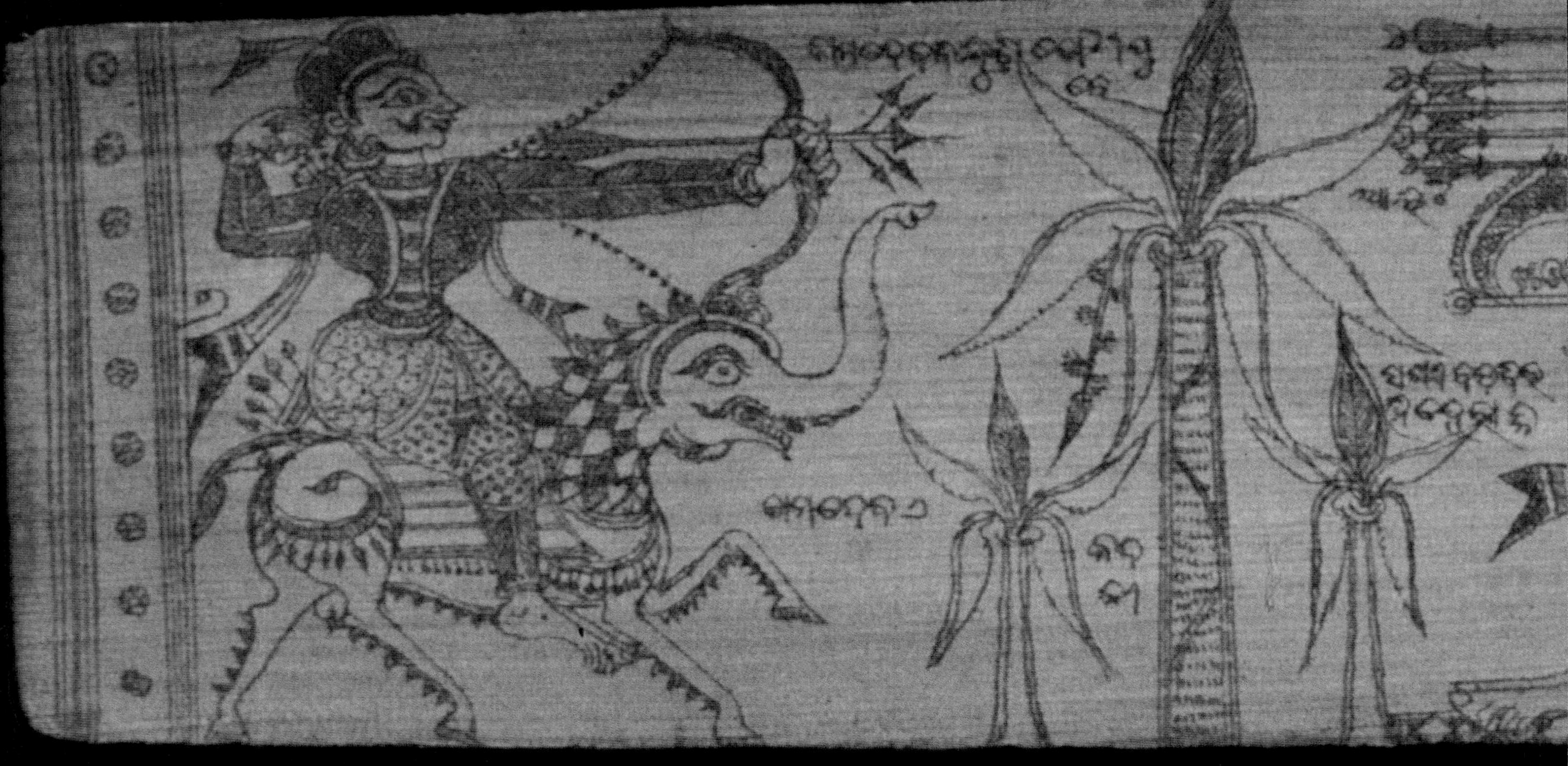

Palmblattzeichnung in typischer Orissa-Ritztechnik, nach einem Manuskript des Uśa Vilasa. Dem Künstler gelingt es unter Einsatz einfachster Mittel, auf eindringliche Weise einen von den Dichtern oft besungenen Kampf zu dokumentieren: Viel Blut wurde vergossen, und beinahe wäre der Kampf in eine Konfrontation zwischen Göttern ausgeartet: Nachdem der Dämonenkönig Bāṇā den Enkel Kṛṣṇs, Aniruddha, gefangengenommen hatte, entbrannte zwischen ihm und der Armee Kṛṣṇs eine fürchterliche Schlacht, die jeden bis an die Grenzen seiner Kräfte führte. Kṛṣṇ hatte den Vorteil der Unsichtbarkeit, Bāṇāsura hingegen erhielt die Unterstützung des zornvollen Śiva. Kṛṣṇ, der an den göttlichen Attributen seiner vier Arme erkennbar ist, reitet auf dem in menschlicher Gestalt geritzten Garuḍa, dessen Vogelnatur jedoch durch seine wie Schwingen ausgebreiteten Arme angedeutet wird. Sie sind von Infanterie, Kavallerie, berittenen Elefanten, Militärmusikanten, standarten- und flaggengeschmückten Kampfwagen begleitet.

Bhubanéswar, Orissa State Museum

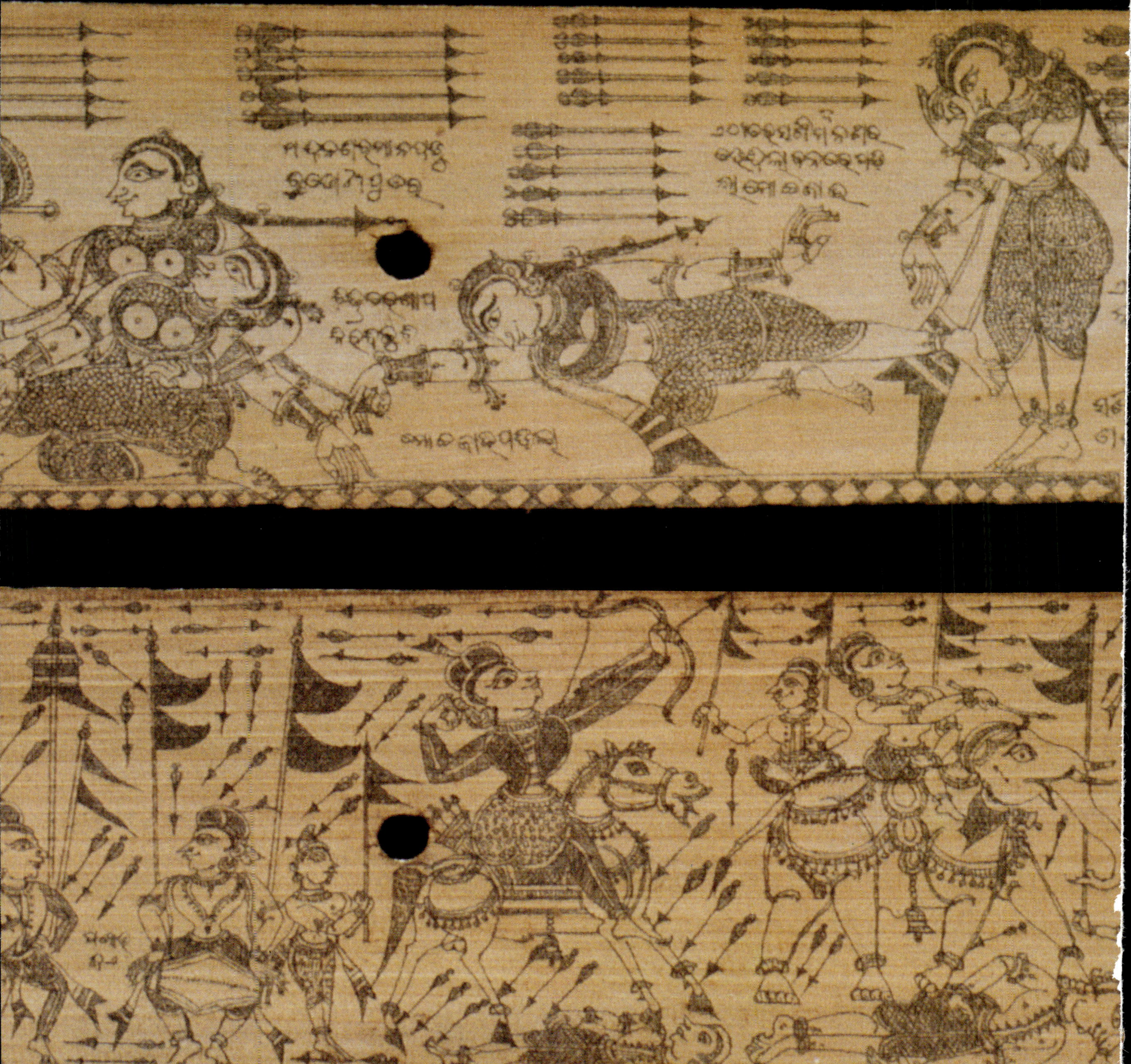

von Gemälden: Der indische Maler war nie der – freilich auch im Abendland erst zur Zeit der Renaissance erscheinende – begnadete Künstler als individuelle Persönlichkeit, sondern er war Angehöriger einer im hinduistischen Ständewesen geringgeschätzten Handwerkszunft. Seine Aufgabe bestand in der treuen Überlieferung der Tradition, die durch eine lange, disziplinierte Ausbildung mit einer emotionalen Bindung an den Lehrer erreicht wurde. So kommt es zu einer breiten Schar begabter Talente mit handwerklich hervorragenden Produktionen und hohen Durchschnittsleistungen, ohne daß bestimmte Persönlichkeiten hervorragen. Dazu kommt, daß der hinduistische Maler seine Bilder nicht signiert – Ausnahmen bildeten nur die Maler des Mogulhofs – und in einer freiwilligen Anonymität verbleibt. Es sind eine Anzahl von Musterbüchern als Vorlagen zum Einüben traditioneller Formen erhalten geblieben, die deutlich machen, wie die ornamentalen Muster und ikonographischen Standardisierungen bis zur vollkommenen Beherrschung geübt worden waren. Überschreitungen der Norm waren – wenn überhaupt – nur bei erfahrenen Meistern denkbar. Denn Malereien waren ausschließlich Auftragsarbeiten, und die Mäzene erwarteten die Wiedergaben so, wie sie als traditionell und ikonographisch festgelegt immer schon bekannt und anders gar nicht vorstellbar waren. Inspirationen im Sinne des europäischen romantisierenden Künstlerverständnisses wären völlig undenkbar gewesen.

Die indische Buchmalerei zeichnet sich vor allem durch die Sicherheit und Zartheit des Pinselstrichs, durch eine wohlabgewogene Farbgebung und eine geschmackvolle, geschlossene Komposition aus, was nicht zuletzt darauf zurückzuführen ist, daß – anders als in der europäischen Buchmalerei – der indische Künstler das ganze Bild allein bestreitet. Wenn sich Unterschiede zeigen, dann vor allem im Stil – damit ist natürlich stets der regionale Stil von Malschulen und kein individueller Stil gemeint – und im Genre. Die indische Buchmalerei ist vor allem eine wirklichkeitsnahe Stimmungskunst mit starkem Naturgefühl, die sich dem Versuch des distanziert ästhetischen Genusses nur schwer erschließt. Diese ihr im höchsten Maße eignende Tendenz wird schon bei der bloßen Textillustration meist mythologischer Stoffe deutlich, vor allem aber zeigt sie sich an einer der Kunstgeschichte sonst nicht geläufigen Gattung, nämlich der visuellen Umsetzung von poetischen *(rasa)* und musikalischen *(rāga)* Stimmungen.

Entsprechend der Vielzahl von Völkern, Religionen, Sprachen und Schriften des Subkontinents war auch die Buchkultur niemals einheitlich, weder im materiellen noch im ideellen Sinn. So bilderfreundlich der Hinduismus auch ist, so buchfeindlich war er jedenfalls in seiner älteren Ausprägung als Brahmanismus. Denn anders als im Abendland, wo die Textüberlieferung stets eine schriftliche ist,

Unten: Die durch den Glanz ihrer Farben beeindruckende Miniaturmalerei zeigt Viṣṇu und Lakṣmi auf der Weltenschlange Ananta ruhend, die sich schützend über den Gott beugt.
Wien, Österreichische Nationalbibliothek

Rechts: In der von Rājputen beherrschten Pahāṛī-Malerei begegnet das Motiv der beiden Liebenden Rādhā und Kṛṣṇa oft in der Verkleidung von Nāyakās und Nāyikās, wie hier in einer Miniaturmalerei des 17. Jahrhunderts.
Chandigarh, Museum

war die altindische Textkultur primär eine mündliche. Die durch raffinierte mnemotechnische Methoden über Jahrtausende hinweg oral exakt überlieferten Texte, die meist auf bestimmte Stände beschränkt bleiben sollten, konnten dadurch kaum in falsche Hände, allenfalls in falsche Ohren geraten, wofür ohnehin drastische Strafen vorgesehen waren. So stand man dem hinsichtlich der Überlieferungstreue und der Kontrollierbarkeit unsicheren geschriebenen Wort stets mißtrauisch gegenüber. In der hinduistischen Kultur galt ein geschriebener Text demnach vergleichsweise wenig, weshalb es kein Zufall sein wird, daß die ältesten Beispiele von Buchmalerei in buddhistischen und jainistischen Handschriften zu finden sind, denn für Buddhisten und Jainas waren Handschriften als Träger ewiger Wahrheiten Gegenstände der Verehrung.

In der frühen Zeit dienten vor allem die Blätter der Talipatpalme als Beschreibstoff, im 16. Jahrhundert, als im Norden das Papier bereits seit 200 Jahren in Gebrauch war, wurden auch die Blätter der eingeführten Palmyra Palme verwendet.

Im Süden und in Orissa blieb das Palmblatt sogar bis ins 19. Jahrhundert in lebendigem Gebrauch. Die Schriftzeichen wurden mit einem Griffel eingeritzt und mit Ruß sichtbar gemacht. Dieselbe Technik verwendete man in Orissa auch für die dort typischen, häufig schwül-erotischen Ritzzeichnungen mit den charakteristischen unruhigen Mustern, die zuweilen auch sparsam mit Weiß, Gelb, Rot und Blaßgrün koloriert wurden.

Im Norden wurden die Palmblätter, die gegen 1400 endgültig dem Papier wichen, mit Tusche beschrieben und mit Farben bemalt. Bei Arbeiten auf Papier mußte man dieses zunächst mit Achat glätten, um mit entfernbarer roter Tusche die Vorzeichnung auszuführen. Die verbessernde Nachzeichnung erfolgte in schwarzer Tusche. Danach wurde eine weiße Grundierung aufgetragen und die Miniatur in Gouache gemalt. Nach dem eventuellen Goldauftrag kam es zur abschließenden Glättung mit Achat.

Die ältesten erhalten gebliebenen Beispiele für die Buchmalerei kommen aus buddhistischem Milieu, das in seiner Ausprägung als »Großes Fahrzeug« (Mahāyāna) ein reiches Pantheon von Buddhas und Bodhisattvas, altruistischen Idealgestalten im Dienste der Erlösung aller Wesen, entwickelt hatte.

Diese Palmblattmalereien des 11. Jahrhunderts, die ihrer Herkunft aus Bengalen und Nepal gemäß als »östliche Schule« bezeichnet werden, zeigen in ihren eleganten Drehungen noch eine deutliche Verwandtschaft zu den Malereien in den buddhistischen Höhlenklöstern. Nach Ausrot-

Links: Album-Malerei mit ungewöhnlicher Jagdszene. In einem Wald mit davonspringenden Gazellen erlegt ein auf einem Pferd dahersprengendes und gleichzeitig in Liebe vereintes Paar einen blutend niederstürzenden Büffel – eine Malerei mit mehreren Bedeutungsebenen.

Rechts: Kṛṣṇ zerreißt den reihergestaltigen Dämonen Bakāsura. Wien, Österreichische Nationalbibliothek

tung des Buddhismus in Indien durch den Islam hat dieser Stil dann in Nepal – wohin die Künstler geflüchtet waren – eine eigenständige Weiterentwicklung erfahren.
Demgegenüber konnte sich der Jainismus, der wie der Buddhismus die Buchkultur ebenfalls bejahte, in ganz Indien behaupten. Er entwickelte einen charakteristischen, genuinen Stil, der von den später durch die Moguln in die indische Buchkunst hineingetragenen iranischen Einflüssen noch frei ist. Das Zentrum der Jaina-Malerei war Gujarāt in Westindien, weshalb man sie als »westliche Schule« zu bezeichnen pflegt. Die Jainas arbeiteten bis zur Mitte des 14. Jahrhunderts ausschließlich auf Palmblatt, in einem durch die eckigen Glieder und die spitzen, im Dreiviertelprofil gehaltenen Gesichter mit hervortretenden Augen bizarren Stil, für dessen Herkunft es keine erhaltenen sicheren Belege gibt. Die weichen Schattierungen der östlichen Schule fehlen hier völlig, vielmehr verleihen die direkt nebeneinander aufgetragenen dominierenden Farben Rot, Weiß und Blau den Bildern einen harten Charakter. Ab dem 14. Jahrhundert kommt es zur Herstellung von Prachthandschriften auf Papier durch Verwendung von Gold und Silber bei Schriften und Bildern. Bevorzugtes Thema der Illuminierungen sind die Lebensbeschreibung des Religionsstifters Mahāvīra und seiner Vorgänger (Kalpasūtra) sowie die Erzählungen vom Lehrer Kālaka.
Im 16. Jahrhundert treten vermehrt hinduistische Themen auf, wobei auch das Format der Miniatur in einem solchen Maß zunimmt, daß der Platz oft nur mehr für ein Über- oder Unterschreiben des Textes reicht.
Zur bevorzugten Illustrationsthematik werden solche Texte, die die einfache Religiosität des Volkes ansprechen, wie etwa die allseits beliebten Kindheitsstreiche und amourösen Abenteuer des Hirtengottes Kṛṣṇa aus der Purāṇa-Literatur, die in der lyrisch-erotischen Adaptierung durch den bengalischen Hofdichter Jayadeva zur mystischen Gottesliebe gesteigert werden. Die ergreifend geschilderte Sehnsucht der schönen Rādhā nach Kṛṣṇa, die für die liebende Hingabe *(bhakti)* der Seele zu Gott steht, wurde gern in Miniaturen umgesetzt. Ein anderes beliebtes Thema aus der Liebeslyrik sind die »50 Strophen vom Dieb« (Caurapañcāśikā) des kaschmirischen Dichters Bilhaṇa. Es wird überliefert, daß der Dichter diese Strophen auf dem Weg zur Hinrichtung gesprochen haben soll, zu der er wegen Verführung der Königstochter verurteilt worden war. In leidenschaftlicher Erinnerung an die Liebesnacht gewinnt er durch seine glühenden Verse die Gnade des Königs. Auch für diese Thematik stammen die ältesten Belege aus dem 16. Jahrhundert. Mit der Verweltlichung der dargestellten Themen geht deutlich auch die Zunahme von Farbe und Ausdruckskraft einher. Zwar ist dies das Jahrhundert der Machtergreifung durch die Moguln, die sich auch an einer massiven Beeinflussung der Buchkunst zeigt, aber widerstandsfähige Hindu-Provinzen wie etwa Mewār behielten dennoch den traditionell gewordenen volkstümlichen Stil bei, erkennbar an den Männern mit Käppchenturban (Kulhādār) und gezipfeltem Schoßrock und an den Frauen mit einem dünnen, steif abstehenden Schleier.
Deutlich wird der mogulische Einfluß in der Buchmalerei in der 2. Hälfte des 16. Jahrhunderts. In Europa galten die Produkte des Hofs für lange Zeit als »indischer Stil« schlechthin. Auch Rembrandt konnte sich dem Reiz dieser Miniaturen nicht entziehen und hat nach mehrjährigen Studien vor Originalen wenigstens 21 Kopien (zwischen 1654 und 1656) angefertigt. Einige ähneln den Miniaturen des »Millionenzimmers« im Schloß Schönbrunn in Wien so stark, daß eine direkte Abhängigkeit oder eine gemeinsame Vorlage wahrscheinlich ist.
Besonders der um ein besseres Verständnis von Hindus und Moslems verdiente Kaiser Akbar (1556–1605) hat die Miniaturkunst entscheidend gefördert. Seine Werkstatt beschäftigte über hundert Maler, die im Auftrag des Kaisers iranische Epen (Šāhnāma), Legenden über den Onkel

Links: Szene, die den Melodietypus Asāvarī verbildlicht. Eine junge Frau hat sich in die Gebirgseinsamkeit zurückgezogen und übt sich in der Beschwörung von Schlangen. Miniaturmalerei der 1. Hälfte des 17. Jahrhunderts aus Būndī.
Berlin, Museum für Indische Kunst

Oben links und rechts: Zu den beliebtesten Themen der höfischen Miniaturmalerei zählen erotische Szenen.

Folgende Doppelseite: Kaiser Aurangzeb liest den Koran (links), und Empfang bei Kaiser Šāh Jahān (rechts).
Berlin (Ost), Islamisches Museum

des Propheten (Ḥamzanāme), aber auch viele in die persische Hofsprache übersetzte Texte illuminierten.
Als neues Genre trat nun die Porträtmalerei hinzu: Der Hof wurde porträtiert und in Alben verewigt, mit deren Hilfe der Kaiser die betreffenden Personen sicher erkennen konnte. Allerdings zeigt sich wie in der Architektur auch im Malstil gegen Ende der Regierungszeit Akbars eine Zunahme indischer Elemente, die besonders bei figürlichen Darstellungen und bei Naturszenen auffallen. Schließlich aber kommt es zu einer vollkommenen Verschmelzung iranischer und indischer Elemente. Erst unter Akbars Urenkel Aurangzeb, der sich als orthodoxer Moslem in zahllose Kriegszüge gegen aufständisch gewordene Hindu-Fürsten verstricken ließ, wird die Förderung der Hofmalerei vernachlässigt. Die abwandernden Maler verdingten sich an moslemischen Provinzhöfen oder bei den Hindu- Fürsten, was freilich die Ausbildung von dezentralen Schulen zur Folge hatte. Zwar mußten die Moguln eine Anzahl von Fürsten Rājasthāns, die nicht unterworfen werden konnten, durch Heiratspolitik an ihren Hof binden, wodurch es schon vor dem Exodus der mogulischen Hofmaler zu einem künstlerischen Austausch mit den Provinzen gekommen war, doch pflegten einige Fürstentümer weiterhin zäh den genuinen indischen Stil. Dabei ragen vor allem die Provinzen Mewār, Mālwā und Jodhpur hervor. In Būndī, einem Nachbarstaat Mewārs in Osträjasthān, wurde die rājputische Malkunst durch Übernahme mogulischer Techniken schließlich zu einem Höhepunkt geführt. Zugleich aber wird damit die für die genuine Malerei typische, volksnahe Thematik zu einer mehr höfischen Kunst, deutlich bemerkbar durch die Überhandnahme von Harems- und anderen erotisch dominierten Hofszenen. Die religiös gefärbte, symbolische Erotik des Hirtengottes des indischen Volkes weicht nun einer Erotik des raffinierten Sinnesgenusses unter Einbeziehung alkoholischer Stimulantien oder Opiaten.
In Kiṣāngaṛh allerdings vereinigte sich die höfisch inspirierte Malkultur mit der religiösen, lyrischen Thematik auf eine besonders glückliche Weise, da der Fürst Savant Singh als Verehrer Kṛṣṇas den Hirtengott in der Gestalt des Herrschers selbst in adeliger Manier malen ließ.
Der expressive Stil Rājasthāns konnte sich ohne mogulische Beeinflussung auch in den Fürstentümern der dem Himalaja vorgelagerten Gebirge halten (Pahāṛī-Schule). Vor einem meist blau oder grün gestalteten Hintergrund

60 – Aurangzeb dans sa vieillesse
اورنگ زیب بادشاه

Oben: Kāmarasa, *Liebeslust. Beispiel für die spätere rājputische Hofmalerei.*

Links: Visuelle Umsetzung der Melodie »Schaukel« (hindolarāga). *Mālwā-Schule.*

Rechte Seite: Rāja Umed Singh von Kotah schießt von einem Baum aus auf Tiger, die von Treibern aus dem Dschungel in ein Gehege gejagt werden. London, Victoria and Adalbert Museum

erscheinen reich geschmückte und farbenfroh gekleidete Gestalten mit offenen Gesichtern. Der in dieser Gruppe zuerst vorherrschende Stil von Baśohli geriet in der Mitte des 18. Jahrhunderts unter die durch sanfte Landschaftsmalerei charakterisierte künstlerische Vorherrschaft der Fürsten von Guler.

Die »klassische« indische Buchkunst klingt gegen Ende des 18. Jahrhunderts im Kāṅgrā-Stil aus, der die Poesie der Guler-Landschaftsmalerei auf wunderschöne Frauengestalten überträgt.

Zu den kunstgeschichtlich bemerkenswertesten und von allen Schulen gepflegten Genres der indischen Miniaturmalerei zählt zweifellos die Visualisierung poetischer und musikalischer Stimmungen. Schon früh hatte man im Zusammenhang dramatischer Kunst eine Lehre von den emotionalen Stimmungen *(rasa)* entwickelt, die für die indische Poetik und Ästhetik konstitutiv geworden ist. Das Wesen indischen Kunstgenusses besteht ja darin, durch dramatische, poetische, musikalische oder visuelle Mittel den Geist des Betrachters in eine gewollte Emotion zu versetzen, wobei der in den Genuß verstrickte Geist derartig von der betreffenden Stimmung affiziert werden soll, daß kein anderer Gedanke mehr Platz findet, was einer der Meditation vergleichbaren völligen Absorption des Geistes

entspricht. Bei Kunstdarbietungen soll auf diese Weise eine gleichzeitige und gemeinsame emotionale Ebene von Künstler und Beschauer erzielt werden.
»Stimmungstheoretische« Werke haben derlei Stimmungen anhand von epischen und dramatischen Situationen erklärt und klassifiziert. Die Buchmalerei hat es dann besonders auf der Grundlage von Bhānudattas Rasamañjarī unternommen, poetische Stimmungen visuell darzustellen.
Den Höhepunkt der Stimmungsmalerei bildet aber das einzigartige Phänomen der sichtbar gemachten musikalischen Stimmungen *(rāga)*. Die indische Musik ist ungemein religiös betont, ja sie wird geradezu als Yoga betrachtet, der Musiker und Hörer in ein gemeinsames kontemplatives Erlebnis der Klang- und Stimmungseinheit versetzen soll. Das Kompositionsprinzip besteht in verschiedenen melodisch bestimmten Tonfolgen, die mit gewissen Natur- oder Gefühlsstimmungen korrespondieren und die man Rāga, stimmungsmäßige Färbung des Geistes, nennt. Diese Rāgas sind ihrerseits oft nur die musikalische Umsetzung der aus der Poetik bekannten Stimmungen *(rasa)*. Die Buchmalerei hat dann den Schritt zur Veranschaulichung vollzogen. Doch war es vor allem der weltliche Bereich der Stimmungen, wie Liebesleidenschaft oder Trennungsschmerz, der bevorzugt behandelt wurde. Diese Tatsache ist darauf zurückzuführen, daß dieses Genre an den Höfen sehr beliebt war, wo der rein sinnliche Genuß im Vordergrund stand. Die gemalten Rāgas sind »männliche« Grundmelodien, denen ein Harem von je fünf oder sechs Rāginīs, »weiblichen« Nebenmelodien, zugeordnet ist. Auf der Grundlage von sechs Rāgas kommt es damit zu 36 oder 42 visualisierten Melodien, die zusammen eine vollständige »Stimmungsgirlande« *(ragamālā)* ausmachen. Als Sammelobjekt wurden solche Rāgamālās bei Hof gern in Alben zusammengefaßt.
Eine weitere ungewöhnliche, für Indien aber typische Gattung der Malerei besteht in einer Kombination von oraler Textüberlieferung und ihrer Illustration: Mündlich vorgetragene epische Texte wurden durch gleichzeitiges Vorzeigen von Bildern in eine optische Sprache umgesetzt, wodurch es zu einer »Textmalerei« im eigentlichen Sinn kommt, die die hinduistische Geringschätzung des geschriebenen Wortes und die Hochschätzung bildlicher Darstellungen auf geradezu ideale Weise vereinigt. Diese Paithan-Malereien wurden von den beim Vortrag oft durch Musik begleiteten »Bilderzählern« (Citrakathi) selbst angefertigt. Sie lösen ihre Wirkung durch auf das Wesentliche reduzierte optische Formeln mit überzeugender Ausdruckskraft und unverwechselbaren Aussagen aus. Die vorwiegend zeichnerisch ausgeführten Arbeiten nehmen keine Rücksicht auf Naturalismus oder Perspektive. Vielmehr wird die Bedeutung einzelner Personen durch überzogene Dimensionen hervorgehoben.
Dennoch ist ein wirkliches Verständnis dieser Aussagen – und das gilt auch für die explizite Stimmungsmalerei – nur mit dem Hintergrund einer gemeinsamen Tradition zu erreichen. Dem am europäischen Kunstverständnis geschulten, in ästhetischer Distanz verharrenden Geist fällt der Zugang durch die Notwendigkeit einer emotionalen Öffnung freilich nicht leicht.

Ausstrahlung

Seitdem Aśoka im 3. Jahrhundert v. Chr. die Weisheitslehre Buddhas zu einer staatlich organisierten Religion erhoben hat, ist Indien missionierend in die angrenzenden Länder Mittel- und Südasiens vorgedrungen. Durch fast eineinhalb Jahrtausende trug Indien in der Folge mit seiner Religion auch seine Kunst und Kultur in diese Länder. Seine über Jahrhunderte bestehende geistige Führungsrolle wurde ihm erst relativ spät durch den Islam streitig gemacht, der allerdings nicht wie bei der »Indisierung« Asiens mit friedlichen Mitteln, sondern auf Eroberungszügen seine religiösen Inhalte durchzusetzen suchte.

Sri Lanka

Am anschaulichsten steht noch heute das Ergebnis der Expansion indischer Kunst auf der Insel Sri Lanka (Ceylon) vor Augen. Durch Aśokas Missionstätigkeit wurde sie früh dem Buddhismus erschlossen, der dort bis heute die dominierende Religion geblieben ist. Der Neffe oder Sohn Aśokas, Mahinda, war ausgesandt worden, dem König Devānampiya Tissa (247–207 v. Chr.) die Lehre Buddhas zu verkünden. Der Legende nach fand die Bekehrung des Königs auf dem heiligen Berg Mihintale statt, östlich der Hauptstadt Anurādhapura, wo sich Mahinda nach seiner Ankunft aus Indien in einer der zahlreichen Felsenhöhlen niedergelassen hatte. Mit Ehrfurcht hat man seitdem die Lehren Buddhas in der ursprünglichen Form des »Kleinen Fahrzeugs« (Hīnayāna) oder des »Theravāda- Buddhismus« beibehalten und weitergepflegt, und »in Ceylon bewahrten die Singhalesen die Bauformen und Kunstmotive, die durch die frühen buddhistischen Missionare auf der Insel eingeführt worden waren, als man diese in Indien schon längst vergessen und durch neue ersetzt hatte« (Paranavitana).

Unter der Herrschaft König Jayavarmans gegen Ende des 12. Jahrhunderts wurde mit den Gesichtertürmen eine der schönsten und zugleich eigenartigsten Formen der Khmer-Kunst geschaffen. Die aus Sandsteinblöcken gefügten turmartigen Bekrönungen mit jeweils vier annähernd gleich großen Bildnissen tragen angeblich die Porträtzüge des Königs, sind ikonographisch jedoch Darstellungen des Bodhisattva Lokeśvara, des »Herrn der Welt«.

Das gilt vor allem für das Hauptmonument des Buddhismus, den Stūpa, in Sri Lanka »Dāgaba« oder »Thūpa« genannt. Bis in die Neuzeit wurde an der ursprünglichen Tumulusform festgehalten, wie sie sich im Maurya-Reich im 3. Jahrhundert v. Chr. herausgebildet hatte. Um den halbkugeligen, gelegentlich auch in Überkreisform errichteten und oft zu gewaltiger Höhe gesteigerten Bau wurden lediglich flache Terrassen von kreisrunder Gestalt für die Prozessionen angelegt. Als spezifisch ceylonesische Eigenform entstand der Stūpa-Tempel, das sogenannte *cetiyaghara.* Eine riesige, abgetreppte hölzerne Kuppel überdeckte auf zwei Steinpfeilerreihen aufruhend den Stūpa. Wahrscheinlich ist hier der Pfeilertempel mit »Schnürkuppel«, wie er schon auf frühbuddhistischen Reliefs in Bhārhut auftritt, von den singhalesischen Baumeistern übernommen worden.

Neben dem Tumulus-Stūpa ist in Sri Lanka noch eine weitere Altform des buddhistischen Kultbaus bewahrt, das Baumheiligtum *(bodhighara).* In Indien war das Baumheiligtum vermutlich mit dem Einsetzen der bildlichen Verehrung Buddhas im 1. Jahrhundert n. Chr. aufgegeben worden. Neben der einfachen Form der Einfriedung eines heiligen Baums finden sich auf Sri Lanka auch aufwendigere Anlagen, die mit Buddha-Bildern, in den vier Himmelsrichtungen angeordnet, ausgestattet wurden.

Ob die Übernahme des Buddha-Bildes mit Versuchen in Zusammenhang stand, den Mahāyāṇa-Buddhismus auf Sri Lanka einzuführen, der vorübergehend im 2. und 3. Jahrhundert n. Chr. durch den verhaßten orthodoxen König Mahāsena (276–303) gefördert wurde, läßt sich nicht mehr erkennen. Die erhaltenen Buddha-Figuren sind vorwiegend von dem in Indien unter der Gupta-Dynastie geprägten stehenden Typus bestimmt, mit Ringellöck-

chenfrisur und dünnem, wie durchscheinendem Gewand, das durch linienhaft feine Parallelfalten aufgegliedert wird. Auch der ursprünglich von einem sogenannten Statuenheiligtum umschlossene Riesenbuddha von Aukane repräsentiert diesen Typus.

Zu einem weiteren spezifisch ceylonesischen Monument hat sich der von den Maurya in Indien im 3. Jahrhundert v. Chr. eingeführte Viersäulensaal entwickelt, der in Form der Steinpfeilerhalle weiterentwickelt wurde. An allen buddhistischen Klosterkomplexen fallen Reste dieser Steinpfeilerhallen ins Auge, die mehr oder weniger regellos als Ruinen über steinernen Sockel- oder Terrassenanlagen aufragen; in Mihintale und in Anurādhapura gehörten sie als locker im Gelände verteilte, erst in späterer Zeit axial angeordnete größere und kleinere Einzelbauten zu den Klosteranlagen. In großer Form waren sie mehrgeschossig mit abgetreppten hölzernen Oberbauten ausgestattet, wie im »Pfeilerwald« des sogenannten Kupferpalastes *(lohapasada)*, der sich in Anurādhapura als größte Anlage dieser Art teilweise erhalten hat, mit heute noch über hundert aufrecht stehenden Pfeilern.

Einen vorwiegend hölzernen mehrgeschossigen Palast hatte sich im 5. Jahrhundert vermutlich auch König Kassapa I. auf dem hoch aufragenden Felsmassiv von Sīgiriya errichten lassen, von dem nur noch Reste der Wandmalerei hoch oben an der Felswand erhalten geblieben sind. Sie gehörten zur Ausschmückung eines Korridors, der sich an den Felsen anlehnte. In feinster und zartester Farbigkeit sind hier reich geschmückte Himmelsfeen halbfigurig dargestellt, Malereien, wie sie in Indien aus dieser Zeit nicht überliefert sind. Es ist der verfeinerte Stil der Gupta-Zeit, der hier nach Sri Lanka gelangte. Darstellungen der mehrgeschossigen und gestuften Steinpfeilerhallen haben sich aus späterer Zeit in Malerei wie auch in Stuckrelief, vor allem in der neuen Hauptstadt Polonnaruva, erhalten.

Afghanistan

Das Reich der Kuṣāṇa, dem der Norden Indiens seit dem 1. Jahrhundert n. Chr. eingegliedert war, bot mit seiner weiten Ausdehnung dem Buddhismus günstige Ausbreitungsmöglichkeiten. Seit etwa dem 2. Jahrhundert n. Chr. konnte die buddhistische Bild- und Baukunst vom Gandhāra-Gebiet im Norden des heutigen Pakistan in die angrenzenden Bergländer vorstoßen. Von dort wurde die Lehre weitergetragen in die Länder jenseits des Amu-Darja (Oxus) und nach Nordosten in die Hochländer Zentralasiens und das Wüstengebiet des Tarim-Beckens, durch das die westöstlichen Handelsstraßen, die sogenannten Seidenstraßen, ihren Weg nahmen.

In Haḍḍa bei Jelalābād haben sich in Afghanistan aus der Zeit des 2. bis 5. Jahrhunderts die Überreste zahlreicher um große Stūpas gruppierter Klosteranlagen erhalten. In den Groß-Stūpas ist die Stūpa-Kuppel über quadratischem

Linke Seite: Einer der beiden Riesenbuddhas des 5. Jahrhunderts, gemeißelt aus dem Felsmassiv bei Bāmiyān, damals ein Zentrum des Hīnayāṇa-Buddhismus. Bei genauerem Hinsehen sind die Zugänge zu den übereinandergeordneten und im Innern häufig durch Treppen verbundenen Höhlen zu erkennen.

Oben und folgende Doppelseite: Ein gewaltiger Felsen erhebt sich zwischen Sigiriya, der einstigen Residenz König Kassapas IV., und der Stadt. Auf den Felsen, der von einem Palast bekrönt war, führt eine Rampe. An dieser Rampe haben sich höchst reizvolle Malereien der Gupta-Zeit, himmlische Nymphen darstellend, erhalten.

Sockel mit Pilastergliederung und hohem Zylinder weitergebildet. Ursprünglich war sie von einem hohen Schirmmast überragt. Rundum sind kleinere Votiv-Stūpas verteilt, die teilweise noch in beträchtlicher Höhe freigelegt werden konnten. Sie bieten Beispiele für den Typus des gestreckt aufragenden Stūpa, der, zuunterst quadratisch, dann zylindrisch, in viele kleine Geschosse mit kurzen Pilastern und Konsolgesimsen aufgegliedert ist. In Meditationshaltung sitzende Buddhas, vorwiegend aus Stuck, der ursprünglich wie der gesamte Stūpa reich bemalt war, sind frei angesetzt oder in Nischen eingestellt. Die Stuckplastik löste, vermutlich im 2./3. Jahrhundert, weitgehend die ursprünglich in Schiefer gearbeitete Gandhāra-Plastik ab. Ungezählte Fragmente solcher Buddha-Figuren konnten ausgegraben werden, in denen sich das indische Element mit den hellenistisch-baktrischen Traditionen verbindet.
In der Nähe von Kabul hat sich auf einem Bergrücken oberhalb des Groß-Stūpa von Shevaki, in Anlehnung an die Aśoka-Säulen, die Riesensäule des sogenannten Minar-i-cakri erhalten, die ursprünglich mit einem buddhistischen Rad der Lehre bekrönt war.
Nicht minder ungewöhnliche Zeugnisse des sich nach Norden ausbreitenden Buddhismus sind die beiden Riesenstatuen stehender Buddhas aus dem 5. Jahrhundert, die sich in Bāmiyān inmitten eines Höhlenklosters erhalten haben, eine 35 Meter, die andere 53 Meter hoch. Der schematisierte Faltenstil lehnt sich an Buddha-Figuren aus der Gupta-Zeit an. Sie weisen damit eine stilistische Verwandtschaft mit den buddhistischen Großfiguren in Sri Lanka, wie dem Buddha von Aukane, auf. Das von der Gandhāra-Plastik ausgebildete Faltenschema ist ins Riesenhafte gesteigert. Die Falten bestehen aus einem Gerippe aufgelegter Seile, die mit Holzpflöcken auf dem Steinkoloß befestigt waren und über die Lehm und Mörtel gestrichen wurde. Aus dem Bericht, den der chinesische Pilger Hsüan-Tsang hinterlassen hat, geht hervor, daß die große Statue leuchtend mit Gold überzogen und mit kostbaren Auflagen geschmückt war. Metallspuren und Reste von Bemalung lassen erahnen, daß die Statue – gerade auch durch ihre farbige Fassung – einst einen überwältigenden Eindruck gemacht haben muß. Um die Nische des großen Buddha sind in vielen Stockwerken übereinander Kulthöhlen und Kapellen in den Felsen eingelassen mit umfangreichen Resten einer Ausmalung in einem Mischstil zwischen indischen und iranischen Formen.

Der im 8./9. Jahrhundert erbaute Tempelberg Borobudur in Mittel-Java mit einer Seitenlänge von 113 m, erhebt sich über quadratischem Grundriß pyramidenförmig in vier Galerien (rechts). Auf der obersten Galerie setzt der einen Kreis beschreibende und aus drei Ebenen bestehende Terrassenaufbau an, mit 72 kleinen Stūpas, die einen zentralen Stūpa umgeben. Den Prozessionsweg flankieren Reliefs mit Darstellungen zum Leben des historischen Buddha und zu seinen früheren Existenzen (links unten und oben).

Mittelasien

Durch die systematische Grabungstätigkeit sowjetischer Archäologen hat sich in den letzten Jahrzehnten zur allgemeinen Überraschung der Forschung gezeigt, daß der Buddhismus zur Zeit der Kuṣāṇa-Herrschaft in den ersten nachchristlichen Jahrhunderten auch über den Fluß Amu-Darja nach Mittelasien in die heute zur Sowjetunion gehörenden Landschaften von Tadschikistan, Usbekistan und Ferghana vorgedrungen ist. Dort konnten mehrere aus der Zeit des 2. bis 7. Jahrhunderts stammende Klosteranlagen und Kultstätten freigelegt werden, die erkennen lassen, daß die Auseinandersetzung mit den lokalen Traditionen Baktriens und des Iran eigene Formen des Kultbaus wie auch der Plastik hat entstehen lassen. Unmittelbar am Amu-Darja konnte bei Termez auf dem Kara-tepe-Hügel ein ausgedehntes Höhlenkloster freigelegt werden.

Überraschenderweise bestand der Klosterkomplex aus Korridoranlagen, die von einem rechteckigen Klosterhof ausgehend, stollenförmig in den Felsen getrieben sind. Im Rechteck umgeben sie jeweils als Prozessionsweg eine mittlere Kapelle, die in die Felsen eingetieft ist und die das Kultbild enthielt, das in den Korridoren umwandert wurde. Die gleichen Korridore umziehen in der in Adzhina-tepe weiter nördlich in Usbekistan ausgegrabenen Klosterstätte einen Stūpa-Hof. Der Umgang mündet hier auf die in Stuck geformte riesige Liegefigur des Parinirvāṇa-Buddha als Ziel des Prozessionsweges. In den Korridoren konnte der Erlösungsweg Buddhas anschaulich nachvollzogen werden, mit dem Endpunkt des Eingangs ins Nirvāṇa, das der sterbende Buddha erreicht. Die Entstehungszeit führt ins 8. Jahrhundert, während Kara-tepe im 2. Jahrhundert angelegt wurde. Reste von Wandmalerei, von der im gesamten Gandhāra-Gebiet nichts erhalten ist, zeigen auch hier die Übernahme griechisch-buddhistischer Bildkunst.

In dem an das nördliche Pakistan angrenzenden Swāt-Tal wurde ein ausgedehntes buddhistisches Heiligtum ausgegraben, das sich um einen Groß-Stūpa gruppiert, der in fünf Phasen errichtet worden ist, indem ein kleiner Stūpa stufenweise zu einem Großbau überwölbt wurde. Der rundum laufende Prozessionspfad war mit Lapislazuli-Platten bedeckt, der Stūpa mit bunt bemaltem Stuck überzogen.

Sinkiang und China

Von Mittelasien breitete sich die buddhistische Lehre und Klosterkultur über die westöstlichen Handelswege der Seidenstraßen in die Wüstenländer Zentralasiens aus und erreichte China. Die Oasenstädte des heutigen Sinkiang waren die Stützpunkte, an denen buddhistische Klosterstätten gegründet wurden, mit denen sich in dem gebirgigen Land ausgedehnte Höhlen als Kultanlagen verbanden. Erhaltene Wandmalereien zeigen Szenenfolgen aus dem Leben Buddhas oder buddhistische Legenden. In Nischen waren plastische Buddha- und Bodhisattvabilder in Weiterführung der Formen der Gandhāra-Plastik zur Verehrung und Anbetung aufgestellt. Vermutlich zur Zeit der Guptas führte eine neue Welle intensiven Einflusses indischer Kunst zu stärker gedrehten und bewegten Körperhaltungen. Dies hat sich nachhaltig in der Wandmalerei ausgewirkt. Die beeindruckendsten Überreste haben sich in den Klosterhöhlen um Kuca, vor allem in Kyzil, erhalten. Sie vermitteln, da sich in Indien selbst keine Zeugnisse erhalten haben, zumindest einen Eindruck von den Möglichkeiten der Malerei in der späten Kuṣāṇa und frühen Gupta-Zeit.

In China fand mit dem Buddhismus auch die Kulthöhle ab dem 3./4. Jahrhundert rasche Verbreitung. Wo es die Umstände ermöglichten, wurden Klostergründungen mit Kulthöhlen verbunden, in denen man die aus Indien bezogenen Formen und Bildprogramme anfänglich möglichst genau nachzuahmen suchte. So in den Höhlen von Tun-

huang (ab 366), die im Laufe des 5. bis 8. Jahrhunderts zu einem ausgedehnten »Tausend-Höhlen-Komplex« anwuchsen. Um 500 erfolgte eine Umsetzung in chinesische Formen, die mehr und mehr die Oberhand gewannen, wie das etwa an den weit östlich vorgeschobenen Höhlenkomplexen von Yün-kang nachzuweisen ist.
Parallel zu dieser »Sinisierung« der Bildkunst entstand aus der Umbildung des Turm-Stūpa, der sich in Zentralasien aus dem Gandhāra-Stūpa entwickelt hatte, im 5. Jahrhundert die spezifisch chinesisch-buddhistische Pagode. Ihre Entwicklung aus dem nischengegliederten, mehrgeschossigen Turm-Stūpa läßt sich an den Dekorationen der Höhlen von Yün-kang verfolgen, in der sich zahlreiche verkleinerte Nachbildungen des buddhistischen Nischenturms finden. Dieser verbindet sich mit dem in China traditionellen hölzernen Turmbau mit weit ausschwingenden, mehrgeschossig angebrachten Dächern, so daß der Stūpa-Turm, der sich in Sinkiang vereinzelt in Resten erhalten hat, in ein chinesisch geprägtes Bauwerk verwandelt.

Indonesien

Um 800 entstand auf Java der größte Terrassen-Stūpa der buddhistischen Welt, der Borobuḍur. Er ist das Werk der ein Jahrhundert über Java herrschenden Śailendra-Dynastie. Mit ihr war das Monument als gleichsam kultisch-ritualer Garant der Reichsgewalt eng verbunden. Als ihre Macht erlosch und sie auf der Insel Sumatra im 9. Jahrhundert weiterregierte, verfiel das Bauwerk und wurde vom Dschungel verschlungen, erst 1885 wiederentdeckt, freigelegt und wiederhergestellt. Die Anlage ist als Abbild des indischen Universums gedacht, verbunden mit den Erlösungsideen des Buddhismus. In die Fläche umgesetzt, gemalt oder gezeichnet, entspricht sie einem *manḍala*, dem die indische Kosmologie zugrunde liegt. Inmitten der quadratisch vorgestellten Welt, die von Meeren und Gebirgsketten umschlossen ist, erhebt sich der Weltberg Meru mit fünf Gipfeln als Sitz der Götter beziehungsweise wie im Borobuḍur des zeitlosen Ur-Buddha, der auf der höchsten Stufe im abschließenden Stūpa eingeschlossen ist. In den drei umgebenden obersten Terrassen hat sich, den Vorstellungen des Mahāyāṇa-Buddhismus entsprechend, der Ur-Buddha Vairocana in den vier Dhyāna-Buddhas manifestiert, die in den durchbrochenen Stūpas erscheinen, sowie in den Bodhisattvas und auf der ersten Stufe in den in menschlicher Erscheinung auftretenden Mānusi-Buddhas, zu denen der historische Buddha gehört. Der Pilger, der den Borobuḍur umwandelt und über die Terrassen aufsteigt, durchwandert die Sphären, durch die der Erlösungsweg zur Vereinigung mit dem Ur-Buddha im obersten Stūpa führt, der als Symbol des ins Nirvāṇa eingegangenen Buddha die höchste Stufe verkörpert. Auf diese bereiten die drei zirkulären Terrassen mit den 72 gitterförmig durchbrochenen Stūpas vor.

Die vier quadratischen Terrassen sind durch übermannshohe Balustraden in geschlossene Galerien verwandelt, mit Reliefs, die in der ersten und zweiten Galerie Szenen aus den Jātakas und Avadānas enthalten und sich in der Buddha-Geschichte, wie sie im Lalitavistra-Sūtra geschildert wird, fortsetzen. Der Buddha tritt in fast formelhafter Haltung auf, so daß ein deutlicher Kontrast zu den stärker realistischen Jātaka-Legenden besteht, deren Stil auch in den Szenen des unter dem Erdboden liegenden zugeschütteten Sockelgeschosses wiederkehrt. Die Reliefs der dritten Galerie sind Maitreya gewidmet, dem zukünftigen Buddha, der als Pilger kniend die verschiedensten menschlichen und göttlichen Lehrer, die unter reich geschmückten Baldachinen thronen, nach dem Heilsweg befragt. Auch an der Balustrade der dritten und vierten Galerie finden sich Maitreya-Begebenheiten, während die restliche vierte Galerie von dem Buddha der Zukunft handelt, von Samantabhadra.

In der Frühzeit des Buddhismus bestand die Funktion des Kultmals für den Umwandernden darin, ihn an die Stufen des Heilswegs Buddhas zu erinnern, dessen Nachfolge er antreten sollte. Jetzt wird ein mit magischer Wirksamkeit verknüpftes kultisches Ritual beim Durchschreiten der Terrassen und Korridore vollzogen, das von dem Gläubigen nicht mehr persönlichen Entscheid und geistigen Willen verlangt, sondern ihm gleichsam automatisch die buddhistische Heilsforderung offenbart, indem sie ihn den von Buddha vorgezeichneten Erlösungsweg wiederholen läßt. In dem komplexen Bauwerk sind symbolisch die Welt und die auf ein Erlösungsziel gerichtete Ordnung der Welt »abgebildet«.

Kambodscha

Das mehrstufige Terrassenheiligtum wurde im 9. Jahrhundert im Reich der Khmer in Kambodscha übernommen und erlebte dort eine großartige Weiterbildung. Seit dem 6. Jahrhundert hatte hier der indische Tempel mit turmförmig überhöhter Cella Verbreitung gefunden. Einflüsse indischer Kultur lassen sich jedoch noch viel weiter zurückverfolgen. Nach der mythischen Überlieferung ist der Brahmane Kauṭilya an die Küste von Kambodscha gelangt, das von der Tochter eines Schlangenkönigs, eines Nāga, beherrscht wurde. Diese habe er durch einen Zauberbogen überwunden und zur Frau genommen und wurde damit zum ersten König von Kambodscha.

Nachweislich ging die Erschließung der Ströme und Sümpfe von den indischen Faktoreien an den Küsten aus. Mit dem Handel drang der Buddhismus vor, seit dem 5. Jahrhundert gefolgt vom Hinduismus. Auf der Grundlage der religiösen, der Gesellschafts- und Staatsordnungen Indiens entwickelten heimische Dynastien eigenständige Kulturen. Indische Zuwanderer schufen gegen Mitte des 1. Jahrtausends den in den chinesischen Quellen

Die Tempelanlage von Angkor Vat, errichtet in der 1. Hälfte des 12. Jahrhunderts, auf einem rechteckigen Areal von 1,3 x 1,5 km Seitenlänge im südwestlichen Teil der alten Stadt Yaśodharapura, ist von einem 200 m breiten Wassergraben umgeben (links). In der Ferne, hinter der Galerie, ist das fünftürmige Heiligtum zu erkennen (rechts), zu dem extrem steile Treppen emporführen.

Fu-nan benannten Staat, in dem der Śivaismus Staatsreligion wurde, was aber nicht ausschloß, daß auch Buddhismus und Viṣṇuismus eine Rolle spielten. Die Herrscher von Fu-nan trieben eine expansive Politik und schoben die Grenzen nach allen Seiten in das Landesinnere vor, so daß sich eine Fülle von Vasallenstaaten dem eigentlichen Kernstaat angliederte.

Um die Mitte des 6. Jahrhunderts wurde Fu-nan von dem erstarkten Vasallenstaat Chen-la eingenommen, der sich zur Vormacht entwickelte, mit der um 620 neu gegründeten Hauptstadt Iśānapura, dem heutigen Sambor Prei Kuk. Sie wurde zur Geburtsstätte der unter den Khmer sich in den folgenden Jahrhunderten entfaltenden Kunstblüte. Die im sogenannten Sambor-Stil errichteten Tempelanlagen bestehen aus gereihten, nach indischem Muster mit Turmaufbauten bekrönten quadratischen Cellatempeln. Sie sind als Einzelbauten auf einer Terrasse angeordnet, mit Umfassungsmauer und Torgebäuden, die das Hauptheiligtum in verkleinerter Form wiederholen. Die größte Cella enthält das Bildnis des Hauptgottes, die übrigen sind für die Gattin, das Gefolge und das Reittier des Gottes bestimmt. Jenseits der Mauer waren für die Priester, die Musiker, Tempeldiener, Tempeltänzerinnen und Sklaven hölzerne Wohngebäude errichtet. Am Tempel entfaltete sich eine reiche Schmuckkunst, die an indische Blattranken der Nachgupta-Zeit anknüpft.

Stufentempel und Herrscherkult

Im 8. Jahrhundert wurde der Aufstieg von Chen-la offenbar durch die Großmächte überschattet, die in Indonesien entstanden waren, das Reich Śrīvijaya und das der Śailendra in Java, der Erbauer des Borobuḍur. Der Khmer-Herrscher Jayavarman II. (um 790–850) hielt sich bis gegen 790 – man weiß nicht, ob freiwillig oder als Gefangener – am Hof der Śailendra auf und wurde dann als vermutlich den Javanern genehmer Herrscher in Kambodscha eingesetzt. Mit ihm beginnt die große Ära der Khmer-Herrschaft in Kambodscha. In einer Reihe neu gegründeter Residenzstädte suchte er die Zentralgewalt des Herrschers mit der Einführung eines königlichen Śiva-Kultes und des ihm heiligen Liṅgam zu festigen. Er ließ sich als König des Berges, das heißt des Weltberges im Mittelpunkt der Welt, und Herr des Universums proklamieren und damit mit dem höchsten Gott identifizieren, als »Devarāja«.

Die Residenz wurde, nachdem im 9. und 10. Jahrhundert die Hauptstädte mehrfach wechselten, schließlich in das Gebiet verlegt, das unter dem Namen Angkor zum Zen-

In Bantay Srei (oben) ließen im 10. Jahrhundert nicht nur Khmer-Könige, sondern auch hohe Staatsbeamte Tempel errichten. Berühmt sind die Bauten vor allem dank des reichen Reliefschmucks an den rahmenden Gliedern der Tore und Fenster, an den Tympana und in den wie Metall ziselierten Verzierungen der einzelnen Dachstufen: in üppigem Blattwerk und Laubornamenten tummeln sich zahllose kleine Gestalten. Berühmt sind auch die vollplastischen Wächterskulpturen in Menschenfigur mit phantastischen Tierköpfen.

Unten: Vier Deichstraßen führen zu den mit Gesichtertürmen geschmückten, um 1200 errichteten und nach den Himmelsrichtungen angeordneten Toren von Angkor Thoṃ. Jede der Straßen ist auf der einen Seite von 54 Götterstatuen gesäumt, auf der anderen von Dämonenfiguren.

Rechte Seite: Der unvollendet gebliebene Dhammayangyi-Tempel, von König Narathu um 1160 errichtet als Sühne für die Ermordung seines Vaters Alaungsithu, ist der größte Tempel Pagāns.

trum der glanzvollen Königs- und Tempelstädte werden sollte. Zur Sicherung der Ernährung der Bewohner schuf man ein kompliziertes System von Kanälen und Stauseen, das die Bewässerung der Reisfelder gewährleistete. Ausgedehnte künstliche Seen in Rechteckform wurden um die Hauptstadt angelegt. Mit ihnen verbindet sich in symbolischer Weise der Stufentempel, der wie der mythische Welt- und Götterberg Meru vom Weltozean umgeben erscheint.

Nachdem Indravarman 881 den ersten gestuften Bergturmtempel errichten ließ, wurde in Phnom Bakheng 893 das Turmheiligtum auf einen fünfstufigen Terrassenbau gestellt – die Terrassen mit Kapellentürmen an den Ecken und zu seiten der achsialen Treppen. Tragende Bedeutung für den Gesamteindruck kommt der plastisch gearbeiteten Blattrankenornamentik zu. Eine wichtige Neuerung bildet die Einführung von Galerien, die erstmals im Tempelberg des Pre Rup auftreten, der 961 in Angkor als Mittelpunkt der Hauptstadt südlich des großen Baraysees angelegt wurde. Den dreistufigen Terrassentempel umziehen am Fuß des Tempelbergs Hallen, wie sie wenig später auch das Tempelheiligtum von Bantay Srei umfassen. Noch reifere und entwickeltere Formen nehmen der gegen 978 errichtete Tempelberg mit Galerien Phimeanakas an und der wenig jüngere, noch mächtigere Ta Kéo.

Inmitten einer neuen Stadt wurde nach 1050 im Bereich von Angkor der Baphuon errichtet, mit dem der Tempelberg ins Riesenhafte zu wachsen beginnt. Die Umfassungsmauer mißt über 400 Meter in der Länge und über 200 Meter in der Breite. Gewölbte Galerien umziehen durchlaufend die erste und zweite Stufe des Fünfterrassenbaus, an den Ecken von Türmchen eingefaßt. Eingangspavillons stehen in den Achsen der Treppe, die jeweils die Treppenzugänge aufnehmen und weiterleiten, ebenfalls mit Türmchen versehen und kreuzförmig mit Vorhallen angelegt. Diese kreuzförmige Anlage bestimmte auch das heute zerstörte oberste Heiligtum.

Wenn auch nur die Terrassenstufen erhalten geblieben sind, so ist doch noch erkennbar, daß mit dem Baphuon die reife Form des Tempelberges ausgebildet vorliegt, die sich in der Folgezeit immer wiederholt, nur in den Maßen noch gesteigert. Baukastenartig arbeiten die Architekten mit den gegebenen Elementen, die aus den in Kragsteinwölbung überdeckten langen Galerien bestehen, aus den Türmen und Treppenpavillons und aus dem Turmheiligtum auf dem Scheitel. Wandlungen ergeben sich im Verhältnis der einzelnen Teile zueinander.

Angkor Vat

In einer ins Gigantische gesteigerten Form kehren die Bauelemente des Baphuon in dem riesigen Tempelberg von Angkor Vat wieder. Er wurde fast ein Jahrhundert nach dem Baphuon unter Sūryavarman II. (1113–1150) errichtet. Das Bauwerk ist Ausdruck der Macht des Reiches der

Khmer, das sich weit nach Norden ausgedehnt hatte, nach Westen die siamesischen Königreiche umfaßte und bis an die Grenzen von Birma, im Süden bis ins Innere der malayischen Halbinsel reichte.
Der Angkor Vat wurde in der südöstlichen Ecke der alten Hauptstadt errichtet, die Yaśovarman im 9. Jahrhundert um den Phnom Bakheng herum angelegt hatte. Unter Benutzung des Baphuon-Systems ist hier ein dreistufiger Tempelberg geschaffen mit 220 Metern Seitenlänge an der Basis. Den 65 Meter hohen Hauptturm verbinden kreuzarmig Galerien mit weiteren Galerien, die die oberste Terrasse umgeben. An den vier Ecken enden sie je in Türmen, die die Gestalt des Hauptturms in kleinerem Maßstab wiederholen. Die Mauern der obersten Terrassen sind dicht in stark profilierte Horizontalwülste aufgegliedert und springen vor den Ecktürmen wie vor den Mittelpavillons risalitartig aus. Außer in den vier Hauptachsen führen Treppen auch zu den Ecktürmen empor. Galerien und Türme werden durch sogenannte Kragsteingewölbe überspannt, die dem indischen und auch dem Khmer-Architekten einzig geläufige Form der Wölbung.
Im dritten Geschoß ruhen die Dächer der Galerien auf einfachen Pfeilern von quadratischem Grundriß, die bis auf einen Kämpfer aus Lotosblättern und lotosförmige Basen völlig ohne Verzierung bleiben. Sie unterscheiden sich darin deutlich von den reichgeschmückten Pfeilern und Säulen der älteren Khmer-Architektur. Auch die Gewände der Fenster und Türen bestehen aus einfach profilierten Rahmungen.
Der Zentralberg markierte die symbolische Mitte des Reiches. Der Tempel diente dem Kult des Gottkönigs, des Devarāja. Wie Śiva wurde er, auf dem Berg residierend, im Zeichen des Liṅgam verehrt, das als magisch-mythischer Kraftquell des Reiches und der Herrschergewalt galt. Damit verband sich die Vorstellung von der Apotheose des Herrschers, der nach seinem Ableben unter einem posthumanen Namen, mit dem von ihm bevorzugten Gott vereinigt, im Paradies thront.
Die Stadt des Khmer-Herrschers wurde durch den Terrassentempel in ihrer Mitte als Abbild des mythischen Weltgebäudes aufgefaßt, als ein Mikrokosmos, der dem Makrokosmos entspricht. Auf diese Weise sollte das irdische Leben mit den kosmischen Kräften in Einklang gebracht werden, und folglich müssen Himmelsrichtung und Gang der Gestirne bei der Anlage von Stadt, Palast und Tempel berücksichtigt werden.

Bayon-Tempel

Nachdem sich im 12. Jahrhundert der Buddhismus als führende Religion durchgesetzt hatte, wurde mit dem Bayon der buddhistische Terrassen-Stūpa beziehungsweise Terrassenturm auf das System eines kambodschanischen Tempelbergs übertragen. Das zentrale Hauptheiligtum

besteht aus einer runden, an einen Stūpa erinnernden Anlage. Um eine mittlere Kapelle, die ein Standbild des Herrschers in Gestalt des Buddha enthielt, der unter der Schlangenhaube des Königs Mucilinda meditierend dargestellt ist, legen sich radial zwölf Nebenkapellen mit Statuen der Würdenträger als Götter. Wie die großen buddhistischen Terrassen-Stūpas der Spätzeit oder die buddhistischen Stufentempel in Birma ist der Bayon kreuzförmig angelegt, indem an die quadratische Mittelterrasse nach vier Seiten Vorbauten und Freitreppen angeschoben sind. Er ist von Galerien umgeben, die den Unterbau des mittleren Heiligtums umziehen, und mit Pavillons und Türmen an den Ecken versehen. Später legte man noch weitere Galerien um den Bau, die ein Sechseck umschlossen, und faßte die ganze Anlage wie im Angkor Vat mit einer äußeren Galerie ein.
Das mittlere Heiligtum und seine Kapellen waren wie die Türme und Pavillons der inneren Galerie mit Turmaufbauten bekrönt. Jeder zeigt viermal das Gesicht des Königs in der Gestalt eines selig lächelnden, in zeitloser Ruhe und Überlegenheit mit geschlossenen Augen meditierenden Buddha, nach den vier Himmelsrichtungen blickend, und darüber einen gestuften Turmaufbau. Ähnliche Riesenköpfe mit Stufenpyramiden als Abschluß sehen auch von den fünf großen Toren herab, die den Eingang in die mauerumwehrte neue Stadt von Angkor Thom vermitteln. Der König überschaut allgegenwärtig nach allen Richtungen sein Reich, jenseits von Zeit und Raum thronend.
Man hat an die buddhistische Legende vom Wunder von Śrāvastī erinnert, in dem Buddha sich vor den Zweiflern an seiner Buddhaschaft in zehntausend Buddhas verwandelt, die, in der Luft schwebend und Flammen aussendend, sich wie Sterne im Kreis drehen. Ähnlich scheint hier wie in einem sprühenden Feuerwerk der Kopf des meditierenden Buddha den Gläubigen von allen Seiten aus anzublikken. Der Gedanke des mit Augen versehenen Stūpas ist hier aufgegriffen, wie er in Nepal, noch mehrfach erhalten, anzutreffen ist. Dort weist der über der Halbkugel des Stūpas aufsitzende quadratische Harmikā vier Augenpaare auf, die nach den vier Himmelsrichtungen blicken.

Birma

Die gestuften Terrassentempel des späten Buddhismus haben sich von Nālandā und Bengalen ausgehend auch nach Birma ausgebreitet und fanden dort, von mächtigen heimischen Dynastien begünstigt, eine eigenständige Weiterbildung.
Das Vordringen des Islam hatte mit der Eroberung Bengalens im östlichen Gangesbecken und im Mündungsgebiet des Brahmaputra die letzten buddhistischen Zentren vernichtet. Birma blieb von den islamischen Vorstößen verschont, so daß hier der Buddhismus überleben konnte. Als im 11. bis 13. Jahrhundert die birmesischen Könige ihre Hauptstadt in Pagān eingerichtet hatten, entfaltete sich dort eine intensive buddhistische Bautätigkeit, von der heute noch mehr als hundert Tempel, in der weiten Ebene verstreut, ein eindrucksvolles Zeugnis ablegen.
Zwei Bautypen sind zu monumentaler Form gesteigert: der über gestuften Terrassen errichtete Groß-Stūpa und der Terrassentempel mit abschließendem Turm und integrierten Umgangskorridoren. Beiden liegt das Bestreben zugrunde, vermehrte Umgänge und Prozessionswege zu schaffen und gleichzeitig dem Gläubigen einen stufenweisen Aufstieg auf das Heiligtum zu ermöglichen.
Im Groß-Stūpa mit gestuften offenen Terrassen dienen diese als Umgänge, die ein Umwandern des Stūpa auf veschiedenen Etagen ermöglichen, zu denen die vier in den Hauptachsen aufsteigenden Freitreppen den Zugang vermitteln. Beispielhaft ist die Shwesandaw-Pagode (1057) und die 1059 errichtete Lawkānanda-Pagode.
Im späten 12. Jahrhundert wurde der riesige Terrassen-Stūpa der Dhammayanzika-Pagode fünfeckig errichtet. Die drei Terrassen sind mit Terrakottareliefs mit Jātaka-Erzählungen verziert, wie sie auch an der großen Mingalazedi-Pagode aus dem Jahre 1284 auftreten.
Im dreistufigen Myinpagu-Tempel (um 1080/90 erbaut) sind die beiden unteren Stufen zu überwölbten Umgängen ausgehöhlt, in die Wandnischen sind sitzende Buddha-Statuen eingestellt. Er bildet den Übergang zu der Gruppe der Terrassentempel in Pagān, in denen eine Verbindung des vielstufigen Terrassenbaus mit dem von einem Śikharaturm von kurvilinearem Umriß bekrönten Kultbildtempel mit Umgangskorridoren und Vorhalle vollzogen ist. Der bedeutendste Bau ist der Ānanda-(Nanda-)Tempel, 1091 errrichtet. Die Korridore laufen um ein mittleres geschlossenes Mauermassiv, in das axial vier gewölbte Nischenräume mit jeweils einem Kultbild eingetieft sind und über dem sich der Śikhara-Turm erhebt.
Die buddhistischen Großtempel, die in Pagān seit dem 11. Jahrhundert entstanden, stehen am Endpunkt einer mehr als ein Jahrtausend umfassenden Entwicklung des buddhistischen Sakralbaus, dessen Traditionen sich hier zu einer Synthese vereinigt finden. Die genetische Ableitung macht deutlich, daß überkommene Bautypen des Buddhismus zugrunde gelegt und zu einer neuen Einheit zusammengefügt wurden.
Im einfachen Umgangstempel, der in Pagān ebenfalls beibehalten worden ist, erhebt sich ein Turm oder ein Stūpa über der von einem Korridor umzogenen Cella oder über einem geschlossenen Kernbau. Er erinnert daran, daß hier ein Typus weitergeführt ist, der in einer langen Vorgeschichte bis in den Bereich der Kunst von Gandhāra und dem Umkreis von Mathurā zurückverfolgt werden kann.

Im vierarmigen Harihara sind Bedeutung und Kraft von Śiva und Viṣṇu vereint. So zeigt etwa die Kopfbedeckung des Harihara auf seiner rechten Seite die aufgetürmten Haare Śivas, auf der linken Seite aber die schmucklose Mitra Viṣṇus. Die 172 cm hohe, sehr qualitätvolle Steinskulptur im Stil von Prasat Andet entstand im letzten Viertel des 7. Jahrhunderts. Privatsammlung

ANHANG

Rad am Sonnentempel von Koṇārak. Das Rad erscheint erstmals auf Siegeln der Induskultur und stellte ursprünglich vielleicht eine Wurfscheibe dar. Im Veda gilt es als Zeichen der Sonne und als Sinnbild der kosmischen Ordnung, die sich im täglichen Sonnenlauf manifestiert. Im Hinduismus symbolisiert das Rad das Dharma, die göttliche Weltordnung, die ewigen Gesetze der Welt, deren Hüter Viṣṇu als Erhalter des Universums ist. Im Buddhismus ist es Emblem eines Weltenherrschers, des Dharma und der darin verankerten Heilslehre.

Zeittafel

Neolithikum	Mehrgarh	7000–5000 v. Chr.
Chalkolithikum	Mehrgarh	5000–3000 v. Chr.
Induskultur	Mohenjodaro Harappa	3000–1500 v. Chr. Blütezeit 2150–1750 v. Chr.
Invasionen der vedischen Arier		nach 1400 v. Chr.
Vedische Zeit	Altvedische Zeit (Entstehung der Hymnen des Veda) Spätvedische Zeit (Älteste Upaniṣaden)	1300–1000 v. Chr. 1000–600 v. Chr.
Magadha-Reich	König Bimbisāra (um 550–494 v. Chr.) Gautama Buddha (um 560–480 v. Chr.) Mahāvīra Vardhamāna (Stifter des Jainismus, 549–477 v. Chr.)	6. Jh. v. Chr.
Gründung von Pāṭaliputra		458 v. Chr.
Śiśunāga-Dynastie	Gandhāra und Sind unter der Herrschaft der Achämeniden (um 520–330 v. Chr.)	um 414–346 v. Chr.
Nanda-Dynastie	Indienfeldzug Alexanders des Großen 327–325 v. Chr.	346–313 v. Chr.
Maurya-Dynastie	Candragupta Maurya 321–297 v. Chr. Megasthenes, Gesandter des Seleukos Nikator um 302 v. Chr. am Hof Candragupta Mauryas Bindusāra (um 300–272 v. Chr.) Aśoka (273–232 v. Chr.) Buddhistisches Konzil in Pāṭaliputra (um 250 v. Chr.)	321–185 v. Chr.
Sātavāhana-Dynastie auf dem Dekkan		um 230 v. Chr. – um 200 n. Chr.
Śuṅga-Dynastie	Puṣyamitra (um 185–149 v. Chr.) Stūpa von Bharhut (ab 170 v. Chr.)	um 185–73 v. Chr.
Vorherrschaft der Saken und Parther im Nordwesten		um 75 v. Chr. – 50 n. Chr.
Kuṣāṇa-Dynastie	Beginn der Śaka-Ära (78 n. Chr.) Ausbildung des Mahāyāṇa-Buddhismus Anfänge der Purāṇa-Literatur	um 20–250 n. Chr.
Vākāṭaka-Dynastie im Norden des Dekkan		250–520 n. Chr.
Pallava-Dynastie im Südosten		um 300–888

Gupta-Dynastie im Norden	Candragupta I. 310–335 Samudragupta 335–375 Candragupta II. 376–414 Indienreise des chinesischen Pilgers Fa-hsien (um 400)	320–535
Cālukya-Dynastie auf dem Dekkan	Residenz in Aihole, ab 550 in Bādāmi	um 500–757
Gurjara-Dynastie im Māṇḍavyapura und im südlichen Gujarāt		um 550–861
Nordindisches Großreich unter Harṣa		606–647
Östliche Cālukya-Dynastie	Pulakeśin II (um 609–642) Vikramāditya I. (um 654–680)	611–1078
Arabereinbruch von Baluchistan aus		711
Pāla-Dynastie	Dharmapāla (um 769–833) Devapāla (um 833–881)	um 740–1125
Rāṣṭrakūṭa-Dynastie in Mahārāṣṭra	Govinda II. (794–813)	um 757–973
Gurjara-Pratihāra-Dynastie	Nāgabhaṭa II. (um 800–836) Bhoja/Mihira (um 836–890)	um 740–1036
Cola-Dynastie im Süden	Āditya I. (um 870–907) Parāntaka (907–953) Rājarāja I. (985–1012)	880–1267
Mahmūd von Ghazna unternimmt Raubzüge nach Nordindien		998–1030
Cālukya-Cola-Dynastie	Kulottuṅga I. (1070 – um 1120)	1070–1190
Hoyśala-Dynastie im Süden	Vīra Ballāla (1173–1220)	1191–1317
Mohammed von Ghūr besiegt die Hindu-Konföderation		1192
Sultanat von Delhi/ Dynastien der »Sklavenkönige«	Qutb-ud-dīn Aibak (1206–1210) Sams-ud-dīn Iltutmiś (1211–1236)	1206–1290
Khaljī-Dynastie von Delhi	Ala-ud-dīn Kahljī (1296–1316)	1290–1320
Tughluq-Dynastie von Delhi	Giyar-ud-dīn Tughluq I. (1320–1325) Muhammad Tughluq (1325–1351)	1320–1398
Hindu-Reich von Vijayanagara im Süden		1335–1565
Indienzug Timurs		1398/99
Lodī-Dynastie von Delhi	Sikander Lodī (1489–1517) Ibrahim Lodī (1517–1526)	1489–1526
Entdeckung des Seewegs nach Indien durch Vasco da Gama		1498
Mogul-Dynastie	Bābur (1526–1530) Humāyūn (1555–56) Akbar (1556–1605) Jahāngīr (1605–1627) Šāh Jahān (1628–1658) Aurangzeb (1658–1707)	1526–1803
Raubzug Nādir Šahs		1738/39
Beginn der Kämpfe zwischen England und Frankreich		1742
Vormachtstellung der englischen ostindischen Kompanie		seit 1818
Herrschaft der englischen Krone		1858–1947

Historische Stätten

Abū (Rājasthān, 30 km nordwestlich Abū Road): Die großartigsten mittelalterlichen Tempel der Jainas in Dilvara auf dem Berg Abū (Mount Abū) sind Meisterwerke virtuoser Steinschneidekunst (weißer Marmor): Adinātha-Tempel, gestiftet 1032 von Vimala, Feldherr und Minister des Solanki-Königs Bhīma I.; Neminatha-Tempel (Luna Vasahi), errichtet um 1230 von Tejahpāla. Säulen, Portale, Decken und Kuppeln lückenlos von filigranartigen Figuren und Friesen (Lebensgeschichten der Tīrthankaras) überzogen.

Adalaj (Gujārat, 20 km nördlich Ahmadābād): Schönstes Beispiel der für Gujārat typischen reich verzierten unterirdischen Treppenbrunnen *(vav* oder *baoli)*, die mit angeschlossenen Sanktuarien als Rastplätze von Karawanen dienten (Ende 15. Jahrhundert).

Agra (Uttarpradesh, 200 km südöstlich Delhi): Hauptstadt des Mogul-Reiches unter Kaiser Akbar, der 1556 das Rote Fort am Ufer der Yamunā gründete. Innerhalb der Festung Audienzhallen, Palasttrakte und die kleine Perlenmoschee (Moti Masjid), errichtet von Śāh Jahān. Am linken Flußufer steht das elegante Mausoleum I'timadu'Daula, gestiftet 1628 von Kaiserin Nūr Jahān für ihren Vater (weißer Marmor, früheste Pietra-dura-Arbeiten). Bedeutendste Bauschöpfung Śāh Jahāns ist das weltberühmte Tāj Maḥall, 1632 für seine Gattin Mumtaz Maḥall begonnen. Einfluß persischer Kuppelbauten der Safaviden-Zeit, Höhepunkt der Entwicklung des axial angelegten Gartengrabes (weißer Marmorbau auf hoher Plattform, feinste Einlegearbeiten, vier Minarette an den Ecken).

Ahicchatra (Uttarpradesh Distrikt Bareilly): Nach dem Mahābhārata Hauptstadt von Pañcala. Ruinenhügel, 3 km westlich, erstmals von Cunningham untersucht. Neun Grabungsschichten von 300 v. Chr. – 1100 n. Chr. Ruinen eines quadratischen Śiva-Tempels auf Terrassen; eine der wenigen Ziegelbauten mit Terrakottaplastiken aus der Gupta-Zeit.

Ahmadābād, Ahmedābād (Hauptstadt des Staates Gujārat): Ehemals Hauptstadt des Sultanats Gujārat, gegründet 1411 von Ahmad Śāh II. Großartige Moschee-, Grab-, Palast-, Tor- und Festungsbauten der Schule von Gujārat (Übernahme und Verfeinerung von Elementen der Hindu-Architektur, ausgeführt von Hindus). Reich dekorierte Kragkuppelanlagen, zumeist aus dem 15. Jahrhundert, in der Altstadt am östlichen Sabarmati-Ufer: Freitagsmoschee (Jami Masjid), Triumphbogen (Tin Darwaza), Haibat-Khan-Moschee (Spolien aus Hindu-Tempeln), Mausoleum des Ahmad Śāh, Moschee der Rāṇī Sipri, des Muhafiz Khan, des Sidi Bashir (»schwingende« Minarette), Sidi-Said-Moschee (kunstvolles Gitterfenster).

Aihole (Karnataka, 90 km südlich Bījāpur): Zentrum der Cālukyas (550 – 753), wo sie mit nord- und südindischen Tempelformen experimentierten. Die frühesten Heiligtümer imitieren Holzbauten. Lad-Khan-Tempel (Anfang 7. Jahrhundert), quadratischer Hallentempel mit offener Pfeilervorhalle, flachen und schrägen Steindächern und später aufgesetztem würfelförmigen Pavillon. Denselben Typ vertritt der 634 datierte jainistische Meguti-Tempel, der »höherliegende Tempel«. Im Dorf die Kont-Gudi-Gruppe und weitere Hindu-Sanktuarien, auf freiem Feld der Huccapayya-Tempel (Reliefs im Prince of Wales Museum Bombay). Interessantestes Bauwerk ist der sogenannte Durgā-Tempel, dem Viṣṇu geweiht (1. Hälfte 8. Jahrhundert), ein Apsidialbau nach dem Vorbild buddhistischer Caitya-Hallen, auf hohem Sockel, mit Umwandlungsgang und Śikhara-Turm; hervorragende Skulpturen.

Ajaṇṭā (Mahārāṣṭra, 80 km nördlich Aurangābād): Berühmte Gruppe von 29 Höhlen, über der halbmondförmigen Schlucht des Waghorā-Flusses angeordnet, insgesamt ein großes buddhistisches Kloster. Die ältesten fünf Höhlen (8, 9, 10, 12, 13) aus der Sātavāhana-Zeit (2. Jahrhundert v. Chr. – 1. Jahrhundert n. Chr.) spiegeln den Hīnayāna-Buddhismus wider, die übrigen entstanden nach vierhundertjähriger Pause vom 5. Jahrhundert bis um 650 n. Chr. unter den Vākāṭaka-Königen im Sinne des Mahāyāṇa. Der Caitya-Typus (Höhle Nr. 9, 10), eine dreischiffige Halle – ursprünglich holzverkleidet – mit freistehendem Votiv-Stūpa in der Apsis, diente dem Gebet und Gottesdienst. Die meisten der zum Teil mehrstöckigen Höhlen sind Vihāras, annähernd quadratische Pfeilerhallen mit angeschlossenen Zellen und Portikus und reichem Skulpturenschmuck.

Die Wandmalereien stellen die reichsten und künstlerisch wertvollsten Bildfolgen Indiens dar: Die ältesten stammen aus dem 2./1. Jahrhundert v. Chr. (Höhlen Nr. 9 und 10), die meisten aus klassischer Zeit (5./6. Jahrhundert) und geben den höchst verfeinerten Lebens- und Kunststil der Gupta-Ära wieder (Höhlen Nr. 1, 2, 16, 17). Seit dem 6. Jahrhundert manieristische Züge. Themen: Jātakas, Buddha-Leben, Bodhisattvas, höfische Szenen, Tier- und Pflanzenmotive.

Ajmer (Rājasthān, 130 km südwestlich Jaipur): Auf dem Berg die von den Chauhan-Rajputen um 1100 gegründete Sternenfestung (Taragarh); in der Altstadt der heiligste Grabbezirk *(dargah)* der indischen Muslime, angelegt im 13. Jahrhundert für den persischen Sufi-Heiligen Khwaja Mu'inu'd-Din Chisthi. Das Kuppelmausoleum stammt aus der Mitte des 15. Jahrhunderts. In der Nähe eine der ältesten Moscheen Indiens: Arhai-din-ka-Jhonpra (»Zweieinhalb-Tage-Hütte«), 1192 von Muhammed Ghori aus einer Sanskritschule zur Moschee umgestaltet.

Alampur (Andhrapradesh, 15 km nordöstlich Karnul): Gruppe von neun Tempeln, nach Brahmā benannt (Nava-Brahmā- Komplex), aber dem Śiva geweiht, am Ufer der Tungabhadrā, nahe der Mündung in die Kṛṣṇa. Meisterwerke der Cālukya-Bauhütte des 8. Jahrhunderts im nord- und südindischen Stil, verwandt den Tempeln in Orissa und Pattadakal. Typische Anlage: Abfolge von Eingangs-, Vor- und Haupthalle, Cella mit Turm und Umwandlungspfad. Reicher plastischer Schmuck, bevorzugt Śiva darstellend.

Allahābād (Hauptstadt von Uttarpradesh): Triveni, der Zusammenfluß von Gaṅgā und Yamunā mit der unterirdisch angeblich noch vorhandenen Sarasvatī, ist einer der heiligsten Wallfahrtsorte der Hindus und alle zwölf Jahre Schauplatz des größten Kumbh-Mela. Die alte Stadt Prayāga gilt als Residenz der Monddynastie des Gottes Kṛṣṇa. Fort von Kaiser Akbar 1583 errichtet, Municipal Museum mit wichtigen Maurya-Inschriften (Aśoka-Edikt).

Amarāvatī (Andhrapradesh, 35 km westlich Guntur am Ufer der Kṛṣṇa): In alten Inschriften Dharnikota oder Dhanyakaṭaka genannt, vom 2. Jahrhundert v. Chr. bis zum 2. Jahrhundert n. Chr. östliche Hauptstadt Sātavāhanas. Geistiges und künstlerisches Zentrum des südindischen Buddhismus, Ausstrahlungskraft zu den Pallavas von Māmallapuram und in die Gupta-Klassik. Inmitten eines ausgedehnten Ruinenfeldes Fundamente des großen Stūpa. Zahlreiche Skulpturen- und Inschriftenfunde, einige im örtlichen Museum, die meisten im Museum Madras und im British Museum London. Der großartige Reliefzaun, um 150 n. Chr., verbindet Hīnayāna-Überlieferungen und Lehren des großen Mahāyāṇa- Philosophen Nāgārjuna: Jātakas, Buddha-Leben in den alten Symbolen, Lotosmedaillons, wellenförmige Girlande, getragen von Mithuna-Paaren, Löwenpfeiler an den Eingängen. Häufige Abbildungen des Stūpa selbst ermöglichen dessen Rekonstruktion. Große Buddha-Plastiken aus dem 3. Jahrhundert n. Chr. unter der (hinduistischen) Nachfolgedynastie Ikṣvāku.

Amber, Ambair (Rājasthān, 13 km nördlich Jaipur): Hauptstadt der Kachwaha-Rajputen von 1037 bis zur Gründung von Jaipur 1728. Burgschloß oberhalb des Maotasees, begonnen um 1600 von Man Singh I., vollendet Anfang des 18. Jahrhunderts von Jai Singh I. Reiche Innenausstattung im indoislamischen Mischstil.

Amritsar (Panjab): Religiöse Hauptstadt der Sikhs, 1577 von Ram Das, ihrem 4. Guru, gegründet. Zentrum ist der Goldene Tempel (weißer Marmor, vergoldete Kupferdächer) inmitten des Nektarteiches der Unsterblichkeit, von dem sich der Stadtname ableitet. Bilderloser Kult, Verehrung des heiligen Buches Granth Sahib.

Anamalai (Tamilnāḍu, 15 km von Madurai): Felsheiligtum, dem Viṣṇu-Narasiṃha geweiht, um 770 errichtet, Zubauten später. Aus derselben Zeit eine Höhle zu Ehren des Kriegsgottes Subrahmaṇya und seiner Gattin Devasenā, volkstümlich Ladamuṇi-Tempel genannt.

Arsikere (Karnataka, 30 km nordöstlich Halebid): Prächtiger und gut erhaltener Īśvara-Tempel auf sternförmigem Grundriß (13. Jahrhundert), mehrere Bauten der späten westlichen Cālukyas im Bellary-Distrikt verwandt.

Aurangābād (Mahārāṣṭra, 280 km nordöstlich Bombay): Benannt nach dem Mogul-Kaiser Aurangzeb, der diese Stadt zum »Delhi des Südens« machen wollte. Im Nordosten Grabmal Bibi-ka- Maqbara für seine Lieblingsfrau, nach dem Vorbild des Tāj-Mahall aus billigem Material erbaut. Außerhalb der Stadt neun buddhistische Höhlentempel. Nr. 4 Hīnayāṇa-Höhle (2. Jahrhundert n. Chr.), die übrigen, Vihāra- und Caitya-Typ, Mahāyāṇa-Höhlen aus der Vākāṭaka-Zeit (7. Jahrhundert). Hervorragende Reliefs der Klassik, die besten, Tänzerinnen und Musikantinnen (Māras Töchter), in Höhle Nr. 7.

Avantipur (Jammu-Kaschmir, 25 km südlich Śrīnagar): Ruinen des Avantīśvara-(Viṣṇu-) Tempels, dem Sonnentempel von Mārtand verwandt, gegründet 2. Hälfte 9. Jahrhundert, vom Utpala-König Avantivarman. Fünf-Tempel-Anlage (pañcāyatana) – Hauptheiligtum und Halle auf doppelter Plattform im Hof, an dessen Ecken vier kleine Schreine. 1 km entfernt ein ähnlicher, aber stark zerstörter Śiva-Tempel.

Ayodhyā (Uttarpradesh, 150 km nördlich Allahābād): Königsstadt des Gottes Rāma, eine der sieben heiligsten Hindu-Stätten. An Rāmas Geburtsplatz (Janam Sthan) Moschee mit zwölf schwarzen Säulen vom alten Tempel. Drei Ruinenhügel bergen Klöster und Stūpas aus frühbuddhistischer Zeit.

Bādāmi (Karnataka, 100 km südlich Bījāpur): Das alte Vātāpi, 513 – 755 Hauptstadt der Cālukyas (westliche ältere Cālukyas), dann der Rāṣṭrakūṭas. Ab 578 Anlage von vier Kulthöhlen am Steilabfall oberhalb eines Tanks, datiert durch eine altkannaresische Inschrift in Höhle Nr. 3, pfeilergestützte Veranda, ungefähr quadratische Pfeilerhalle und kleine Cella; Flach- und Kassettendecken, hervorragende Skulpturen, Spuren von Wandmalereien. Śiva-Höhle Nr. 1, Viṣṇu-Höhlen Nr. 2 und 3; die Höhle Nr. 4 ist jainistisch. Auf dem Festungsberg Śiva-Tempel der Kranzbinderin (Malegittī-Śivālaya), einer der ältesten und am besten erhaltenen des Südens (1. Hälfte 7. Jahrhundert), außerdem oberer und unterer Śivālaya-Tempel.

Bagh (Madhyapradesh, 120 km westlich Indore): Im Flußtal außerhalb des Dorfes neun buddhistische (mahāyāṇische) Höhlen mit Wandmalereien aus klassischer Zeit (400–700 n. Chr.), besonders Höhlen Nr. 3–5, Kopien im Museum Gwalior und im British Museum.

Balagamve, Balagami, Belagavi (Karnataka, 130 km südlich Dharwar): Unter den Cālukyas Zentrum von Buddhisten, Hindus und Jainas. Einige schöne Hoyśala-Tempel (1100–1310), dreifacher Schrein auf sternförmigem Grundriß mit üppigen Plastiken, zum Teil erotische Szenen (im Süden äußerst selten). Am besten erhalten der Kedareśvara-Tempel für Viṣṇu und der Tripurāntaka-Tempel des Śiva.

Barabar (Bihar, 35 km nördlich Gayā): Anfänge des Höhlenbaus in Indien. Einige der acht buddhistischen Höhlen datiert, etwa die Sudama-Höhle unter Kaiser Aśoka 252 v. Chr. Lomas-Ṛṣī-Höhle von besonderer Bedeutung für die Entwicklung der indischen Baukunst. Nachbildung einer Holzhütte mit gewölbtem Bambusdach und

Rohrgeflecht. Höchst bemerkenswerte Fassade, langrechteckige Halle mit kreisrunder Cella, die Platz für einen Stūpa bot.

Barolli, Baroli, Badoli (Rājasthān, 50 km südwestlich Kota): Gut erhaltene Tempelgruppe des Śiva (Śikhara-Typ) aus dem 9./10. Jahrhundert, vorzügliche Skulpturen.

Belūr (Karnataka, 40 km nordwestlich Hassan): Vormals Velapura. Herrlicher Viṣṇu-Tempel, erbaut vom Hoyśala-König Viṣṇuvardhana um 1117, spätere Ergänzungen zu einem ummauerten Komplex. Hauptbau auf kreuzförmigem Grundriß und sternförmiger Plattform, reichste Sockelreliefs, Träger- und Götterfiguren, Gitterfenster; der Turm fehlt. Im Innern gedrechselte Säulen (Speckstein), nackte Frauengestalten als hängende Karyatiden, Narasiṁha-Säule.

Bhairavakonda (Andhrapradesh, 100 km südwestlich Guntur): Am »Hügel des Bhairava« (Śiva) acht Höhlentempel in weichem Schiefer, oberhalb eines Flußlaufs. Die älteren Höhlen (Nr. 1–4) im Stil der frühen Pallava-Kunst (Anfang 7. Jahrhundert), die jüngeren (Nr. 5–8) reicher ausgestattet (8. Jahrhundert).

Bhaja (Mahārāṣṭra, 50 km nordwestlich Pune): Einige der frühest nachweisbaren buddhistischen Kulthöhlen Indiens (2. Jahrhundert v. Chr.). Besonders wichtig die Caitya-Halle Nr. 12 und ein Kloster *(vihāra)* mit interessanter Fassade und Reliefs in archaischer Strenge. 8 km östlich, in Bedsa, ein ähnliches Hīnayāṇa-Höhlenkloster (*caitya* und *vihāra*).

Bhārhut (Madhyapradesh, 140 km südwestlich Allahābād): Reste des reich reliefierten Steinzauns und Tors von einem verschwundenen Stūpa, 1875 von Alexander Cunningham in das Indian Museum, Kalkutta, überführt, spätere Funde in den Museen Delhi, Allahābād, Bombay. Pfeilerfiguren und Jātaka-Reliefs zählen zu den wichtigen Zeugnissen der archaischen Stilepoche Indiens, iranischer Einfluß. Stifterinschrift aus der Sunga-Zeit (185–72 v. Chr.).

Bheraghat (Madhyapradesh, 20 km südlich Jabalpur, nahe der Narmada): Rundtempel zu Ehren der 64 Yoginīs, datiert 1155, vermutlich über einem Heiligtum der Kuṣāṇa-Zeit errichtet. Wichtige Skulpturen der Cedi- oder Haihaya-Kunst.

Bhilsā, Besnagar (Madhyapradesh, 50 km nordöstlich Bhopal): Im alten Vidiśā soll Aśoka als Vizekönig regiert haben. Als Rest der Stadt steht im nahen Besnagar am Ufer der Betwā (Vetravatī) die Heliodoros-Säule, »Khamb Baba« genannt. Laut Brahmi-Inschrift wurde sie vom Griechen Heliodoros, Gesandter des Königs von Taxila am Hof von Vidiśā, im Jahre 90 v. Chr. anläßlich seiner Bekehrung zum Viṣṇuismus als Garuḍa-Pfeiler gestiftet; sehr frühes Zeugnis der Bhagavata-Religion. Wichtige Sunga-Plastiken im Indian Museum Kalkutta. In der Nähe von Bhilsā bergen die Höhlentempel von Udayagiri sehr bedeutende Skulpturen des viṣṇuitischen Götterkreises aus der Gupta-Zeit (4./5. Jahrhundert), besonders in der Varāha-Höhle (Eberinkarnation); daneben einige Jaina-Höhlen.
Bhimbetka (Madhyapradeh, 40 km nordöstlich Bhopal): Wichtigste Höhlenmalereien im Vindhya-Gebirge vom Paläolithikum bis zur Neuzeit; Jagdszenen, Tierwelt und weibliche Figuren.
Bhitargaon (Uttarpradesh, 30 km südwestlich Kanpur): Einer der ältesten und relativ gut erhaltenen Ziegeltempel der Gupta-Zeit (320–510), Frühform eines Śikhara-Turms. Meisterhafte Terrakotten (unter anderem Götterköpfe unter Kuḍu-Bögen) in den Museen Kalkutta und Delhi.
Bhubaneśwar (Hauptstadt von Orissa): Von ehemals 7000 Tempeln der Kaliṅga- und östlichen Gaṅga-Dynastie überdauerten etwa 500 in Ruinen, einige in gutem Zustand, die zu den bedeutendsten Baudenkmälern Indiens zählen (roter Sandstein). Der Paraśurāma-Tempel, einer der ältesten in Orissa, stammt vom Ende des 7. Jahrhunderts. Der Vaitā-Deul trägt ein im Norden ungewöhnliches hohes Tonnendach (wie südindische Gopuras). Der Mukteśvara-Tempel besitzt reichen Figurenschmuck und spiegelt sich in einem »Lotosteich« *(puṣkariṇī)*. Größter und bedeutendster Tempel am Ort ist der Liṅgarāja-Tempel (um 1000), dem Śiva als Herr der drei Welten (Tribhubaneśwara) geweiht; Halle *(jagamohan)* mit Pyramidendach, 45 m hoher Turm *(deul)*, Abschlußstein von Löwen gestützt, wertvolle Großskulpturen aus Chlorit. Um den heiligen Teich kleinere Sanktuarien. Den Rājārāṇī-Tempel (Anfang 11. Jahrhundert) kennzeichnen ein von kleinen Türmchen *(uruśṛṅsa)* umdrängter Turm und sehr elegante Skulpturen.
Bhumara (Madhyapradesh, Distrikt Panna, 20 km westlich Uncehra): Ruinen eines Śiva-Tempels, dessen Architekturbögen und Skulpturen zu den Meisterwerken der Gupta- Kunst gehören (Museen Kalkutta und Allahābād).
Biccavolu (Andhrapradesh, 30 km östlich Rājahmundry): Wichtige Tempel der östlichen Cālukyas. Ältere Gruppe außerhalb des Dorfes unter König Guṇaga Vijayaditya (2. Hälfte 9. Jahrhundert) begonnen, dem Pallava- Stil verwandt. Drei Tempel im Dorf dem Śiva geweiht, spätere Stilstufe (950–1050); enge Beziehungen zum Kaliṅga-Reich (Orissa) und Bengalen, etwa Form des Sūrya, der Cāmuṇḍā, der Gomātā (kuhköpfige Yogiṇī).
Bidar (Karnataka, Nordostregion): seit 1428 Hauptstadt der Bahmanī-Könige, ab 1492 der Barīd-Dynastie. Festung, Paläste, Moscheen und Grabmäler ähnlich wie in Gulbarga, Madrasa im persischen Stil (Majolikaschmuck). Außerhalb der Stadt zwölf Königsgräber der Bahmanī.
Bījāpur (Karnataka): 1489 Unabhängigkeit des Sultanats vom Bahmanī-Reich. Bedeutende Moschee-, Grab-, Palast- und Festungsbauten aus dem 16. und 17. Jahrhundert unter der türkischen Adil-Śāhi-Dynastie. Gol Gumbaz, die »runde Kuppel« mit vier Ecktürmen, 1659 als Mausoleum des Muhammad Adil Śāh vollendet, die größte Kuppel Indiens und eine der gewaltigsten der Welt. Jami-Masjid, Grabmoschee des Ibrahimim Adil Śāh im Bahmanī-Stil von Bīdar (Schnürkuppel, reicher Dekor).
Bikaner (Rājasthān): Hauptstadt des ehemaligen gleichnamigen Staates der Rāthor-Rajputen. Gewaltiges Fort, Paläste und Kaufmannshäuser aus rotem Sandstein, zumeist 16. Jahrhundert, einige Jaina-Tempel.
Bodhgayā (Bihar, 10 km südlich Gayā): Heiligster Wallfahrtsort der Buddhisten an der Stelle, wo Buddha am Fluß Nairanjanā, nahe dem alten Uruvelā, die höchste Erleuchtung erlangte. Reste des reliefgeschmückten Steinzauns um den Pipal-(Bodhi-)Baum aus der Sunga-Zeit (1. Jahrhundert v. Chr.). Viele Votivstūpas, zum Teil aus der Pāṇḍavāla-Zeit (9.–12. Jahrhundert). Pyramidenförmiger Mahābodhi-Tempel über dem Diamantsitz der Erleuchtung *(vajrāsaṇa)*, mit vier Eckkapellen, im 2. Jahrhundert n. Chr. errichtet, im 14. Jahrhundert in die heutige Form gebracht, Vorbild für unzählige Nachahmungen in der ganzen buddhistischen Welt.
Brindaban, Vṛndabana (Uttarpradesh, 120 km südlich Delhi): Zentrum der Kṛṣna-Legenden. Einige interessante Tempel des 16. Jahrhunderts, für Nichthindus meist unzugänglich. Am Ortseingang Gobind-Dev-Tempel, dem Kṛṣṇa als göttlicher Kuhhirt geweiht; kreuzförmiger Grundriß, echte Wölbung. Am Kesi-Ghat der Jugal-Kisor-Tempel.
Bundi (Rājasthān, 40 km nordwestlich Kota): Malerische Hauptstadt des gleichnamigen Fürstentums der Hāra-Chauhana-Rajputen. Einst bedeutende Schule der Miniaturmalerei. Im Palast Wandmalereien (Kṛṣṇa-Rādhā).
Candrehi (Madhyapradesh, 140 km südlich Allahābād): Auf einem Hügel außerhalb des Dorfs Śiva-Tempel der frühen Cedi- oder Haihaya-Könige, Mitte 10. Jahrhundert. Kloster laut Inschrift 972 von Prabodhaśiva, dem Guru des Herrscherhauses, errichtet.
Chamba (Himachalpradesh, Ravi-Chenab-Tal): Hauptstadt des früheren Rajputen-Fürstentums. Schöne alte Holztempel, Steintempel *(śikhara)* bis in das 11. Jahrhundert zurückreichend.
Champaner (Gujārat, 40 km nordöstlich Baroda): Am Fuße des 800 m hohen Pavagadh-Berges. 1486–1536 Hauptstadt des Sultanats Gujārat, interessante Moschee-, Palast-, Grab- und Brunnenbauten im hindu-islamischen Stil von Gujārat, besonders die Jami Masjid und Nagina Masjid (feinster Dekor), 16. Jahrhundert.
Chitorgarh, Chitor (Rājasthān, 120 km östlich Udaipur): Berühmteste indische Heldenfestung, Hauptstadt der Sisodia-Rajputen von Mewār, 1567 von Kaiser Akbar erobert, seither Verfall. Jain-Tempel mit Ruhmesturm (Kirtti Stambha), 12. Jahrhundert, Siegesturm (Jaya Stambha) des Rāna Kumbha von 1440, Tempel- und Palastruinen meist aus dem 15. Jahrhundert
Cidambaram (Tamilnāḍu, 60 km südlich Pondicherry): Uraltes Śiva-Heiligtum und Pilgerzentrum, an der Stelle seiner Erscheinung als Tänzer (Adavallan). Die frühen Cola-Könige, laut Inschrift die »Bienen an den Lotosfüßen des Nateśa« (Śiva als Herr des Tanzes), begannen Anfang des 10. Jahrhunderts mit der Errichtung der Tempelstadt und Vergoldung der Tanzhalle. Der ausgedehnte Gesamtkomplex ist das Werk vieler Generationen, An- und Umbauten bis in die Nāyakkār-Zeit (17. Jahrhundert). Renovierungen obliegen einer Kaufmannskaste. An den West- und Südtürmen Reliefs der 108 Tanzhaltungen *(karana)* Śivas, am Westtor mit Beischriften aus dem Natyaśāstra, dem Lehrbuch der Tanzkunst. Heiligtum der Pārvatī als Śivakāmaśundarī mit Malereien aus der Nāyakkār-Zeit.
Citaral (Kerala, 20 km nordöstlich Trivandrum): Höhlentempel der Jainas mit frühen Skulpturen von Tīrthankaras, Vakṣas und Yakṣiṇīs.
Cokkampatti (Tamilnāḍu, 20 km von Tenkasi): Höhlentempel der frühen Pāṇḍyas (600–900).
Daboi (Gujārat, 40 km südwestlich Baroda): Interessante Festungsstadt der Solanki-(Cālukya-) Könige (941–1197) mit prächtigen Stadttoren – das schönste ist das Diamanttor – in der Tradition der freistehenden Tore *(toraṇas)*, überzogen mit Szenen der Hindu-Mythologie.
Dalavanur (Tamilnāḍu, 15 km östlich Gingee): Felstempel des Śiva, gestiftet von König Satrumalla (1. Hälfte 7. Jahrhundert). Elegante Torhüterreliefs.
Darasuram (Tamilnāḍu, 25 km nordöstlich Tanjore): Airavateśvara-(Śiva-)Tempel, erbaut vom Cola-König Rājarāja II. (1150–1173) mit hervorragenden Skulpturen. Betonung von Musik und Tanz.
Delhi (Dihli, Dilli) Unter dem Namen Indraprasṭha die legendäre Hauptstadt der Pāṇḍava-Brüder, einer der beiden kriegführenden Parteien im Mahābhārata-Epos. Felsinschriften Kaiser Aśokas (um 250 v. Chr.) und Reste eines Tempels der Gupta-Zeit (4. Jahrhundert n. Chr.) unter dem Grabmal Sultan Gharis beweisen eine kontinuierliche Besiedlung. Im 11. und 12. Jahrhundert residierten die Tomar- und Chauhan-Rajputen im Süden des heutigen Delhi, in den Festungsstädten Lal-Kot und Rai Pithora. Seit der Eroberung 1193 durch Qutb-ud-Dīn Aibak bis zum 17. Jahrhundert entstanden sieben islamische Städte: Qal'a Rai Pithora (1193 über den Rajputen-Festungen, ungefähr beim Qutb-Mīnār), Siri (1303), Tughluqābād (1321), Jahānpanah (1325), Kotla Firuz Śāh (1351), Purāṇa Qal'a (1540) und Śāhjahānābād (1638).
Den großartigen Qutb-Mīnār, Indiens höchsten Steinturm, ließ Qutb-ud-Dīn 1193 anläßlich der Eroberung der Hindu-Stadt Rai Pithora errichten. Als Vorbilder dienten Siegestürme in Afghanistan; die prächtigen Ornamente und Koransuren fertigten Hindu-Steinmetzen an. Die anschließende Quwwatu'l-Islam-Masjid, errichtet aus Spolien von Hindu-Tempeln, ist die früheste Hofmoschee auf indischem Boden; die Eisensäule im Hof (4. Jahrhundert) stand einst als Flaggenmast vor einem Viṣṇu-Tempel. Vollendung der Moschee unter Aibaks Schwiegersohn Iltutmish (1210–1235), dessen Grabmal (nordwestlich von der Moschee) indische Kragsteintechnik und Ornamentik mit islamischen Elementen verbindet. Ala-i-Darwaza, das 1311 unter saljuqischem Einfluß errichtete Südtor, stellt das erste rein islamische Bauwerk dar. 8 km südwestlich vom Qutb-Mīnār ist Sultan Gharis Grab das früheste Beispiel eines monumentalen islamischen Mausoleums in Indien, ein Spolienbau aus Hindu-Tempeln (1231). 8 km östlich des Qutb-Mīnār liegt Tughluqābād, die dritte Vorläuferstadt Delhis. Mächtige Festung (1320–1325) und großartiges Kuppelmausoleum des Bauherrn Ghiyathu'd-Dīn Tughluq. Jahānpanah (Aurobindo- Road), die vierte Stadt von Delhi, angelegt unter der Tughluq-Dynastie (14. Jahrhundert), fiel weitgehend der Stadterweiterung zum Opfer. Am Südrand die bedeutende Khirkī-Masjid, eine eigenartige Verbindung von Hof- und

Hallenmoschee. Interessant auch die Begampuri-Masjid, ebenfalls Tughluq-Stil. Westlich von Siri, der zweiten Stadt von Delhi, liegt das große Wasserbecken Hauz Khas, von Firuz Šāh Tughluq (1351–1388) mit einer Madrasa und seinem Grabmal umgeben. Die Ruinen der Zitadelle von Kotla Firuz Šāh (Firuzābād), Delhis fünfter Stadt, liegen östlich der Mathurā-Road, nahe bei der Yamunā. Ihr Erbauer, Firuz Šāh, ließ aus Topra im Ambāla-Distrikt eine Aśoka-Säule herbeischaffen; sie steht jetzt beim Hindu Rao Hospital. Purana Qila (Qual'a), die Alte Festung, bekrönt einen Hügel, der vielleicht die Reste von Indraprasṭha birgt (Funde bemalter Grautonware, um 1000 v. Chr.). Die eindrucksvolle Festung bildete das Herz der von Kaiser Humāyūn (1530–1565) gegründeten sechsten Stadt von Delhi, Dinpanah. Vollständig erhalten blieb die Gebetshalle der von Sher Šāh Suri 1541 errichteten Moschee. Siebente und letzte Gründung eines islamischen Herrschers war Šāhjahānābād (heute Alt-Delhi); 1638 wurde die Hauptstadt des Mogul-Reichs von Agra hierher verlegt. Šāh Jahān begann 1628 mit dem Bau des Roten Forts (Lal Qila) nach dem Vorbild Agras aus rotem Sandstein. Innerhalb des Mauerrings erstreckt sich der einst märchenhaft prächtige Gartenpalast. Die Audienzhalle (Diwan-i-'Am) und die sechs Palasthallen gegen die Yamunā schmücken kostbare Marmoreinlegearbeiten (Pietra dura), ausgeführt zum Teil von florentinischen Meistern. Die Perlenmoschee (Moti Masjid) aus weißem Marmor errichtete Kaiser Aurangzeb (1659–1707). Westlich des Roten Forts ließ Šāh Jahān ab 1650 die Jami Masjid, die größte Moschee Indiens, aufführen. Delhi besitzt eine Vielzahl von Grabbauten. Höhepunkt ist das Mausoleum Kaiser Humāyūns, 1565 von seiner Witwe Haji Begam unter Mitwirkung eines persischen Architekten begonnen. Ältestes Beispiel der Mogul-Architektur und erstes Gartengrab großen Stils, auf hohem Podest und mit 42 m hoher doppelschaliger Kuppel. Entwicklungsstufe zum Tāj Mahall. In der Nähe weitere bemerkenswerte Grabmäler: Isa Khān (1547), weiter südlich Nizamuddin, vielbesuchter Pilgerort des heiligen Shaikh Hazrat Nizamu'd-Dīn, gegenüber Grab des Khan-i-Khanan, bekannt als Hindi-Dichter Rahim (1626). In den Lodi-Gärten Grabmäler von Muhammad Šāh (1444) und Sikandar Lodi (1517), das erste Gartengrab, Bara Gumbad-Moschee. Grabmal des Safdar Jang, Vizekönig von Oudh und Premierminister (1754), letztes Gartengrab im Spätstil der Mogul-Architektur. Einzig nennenswertes Baudenkmal hinduistischen Ursprungs ist Jantar Mantar, die Sternwarte, erbaut im 1. Viertel des 18. Jahrhunderts von Maharadscha Jai Singh II. von Jaipur.

Deogarh (Uttarpradesh, 160 km südlich Jhansi): Daśāvatāra-Tempel des Viṣṇu aus der Gupta-Zeit, 5. Jahrhundert. Meilenstein in Architektur (Podiumanlage des Pañcāyatana-Typs), Plastik und Ikonographie. Reich geschmückte Türeinfassung, in Scheintüren meisterhafte Hochreliefs (Viṣṇu auf der Weltenschlange, Nārā und Nārāyaṇa, Gajendramokṣā).

Dhauli (Orissa, 8 km südlich Bhuvaneśvar): Edikte Kaiser Aśokas um 257 v. Chr. in Fels gemeißelt. Um diese Zeit auch das großartige Hochrelief des »besten Elefanten« (Symbol für Buddha), der aus dem Felsen herauszutreten scheint.

Dodda Gaddavali (Karnataka, 20 km westlich Hassan): Gruppe von fünf Tempeln, davon vier mit gemeinsamer Maṇḍapa, im Hoyśala-Stil, gestiftet 1113 vom Kaufmann Kullahana Rahuta zu Ehren der Muttergöttin Mahālakṣmī (nach dem berühmten Kultbild von Kohalpur).

Draksarama (Andhrapradesh, 35 km südwestlich Rajahmundry): Bhīmeśvara-Tempel, gestiftet vom Calukya-König Bhīma. Interessante Reliefs, darunter Wiedergabe des Volkstanzes Kolattam, bei dem der Takt mit Holzstöcken geschlagen wird, und der sieben Ṛṣis auf dem für den König angefertigten Tempelmodell.

Dwarka (Gujārat, Nordwestspitze der Halbinsel Kathiawad): Hauptstadt Kṛṣṇas, einer der sieben heiligsten Hindu-Wallfahrtsorte. Dwārkanātha-Tempel aus dem 13. Jahrhundert.

Eklingji, Ekalingaji (Rājasthān, 25 km nördlich Udaipur): Śiva-Lakulisa-Tempel in malerischer Schlucht, 977 vom Mahārāṇa von Mewār dem Schutzpatron seiner Familie gestiftet. Frühes Beispiel einer achtseitigen Haupthalle *(maṇḍapa)* mit jeweils einer Nischengöttin.

Elephanta (Mahārāṣtra, Insel, 10 km östlich Bombay): Śivaitische Höhlentempel mit großartigen Skulpturen, Vākāṭaka-Dynastie (5. bis Anfang 7. Jahrhundert). Inhaltlich geben sie Śiva-Mythen aus den Purāṇas wieder. Von einstigen Holzbauten eines Klosters nichts erhalten. Zugang zur Haupthöhle (Nr. 1) für Touristen über eine hohe Treppe von der Nordseite her angelegt. Neben diesem Eingang Darstellungen Śivas als Naṭarāja (Tänzer) und als Yogeśvara (Herr der Yogis). In der 40 m langen Halle monumentale Hochreliefs: Śiva vernichtet den Dämonen Andhakā (Andhakāsaṃharamūrti), Śiva bändigt Rāvaṇa (Rāvaṇānugrahamūrti), Śiva und Pārvatī beim Brettspiel auf dem Kailāsa (Umāsahita Śiva), Lingaschrein, flankiert von acht Torhütern *(dvārapāla)* mit außerordentlich kunstvoller Haartracht. An der Südseite die wichtigste Skulptur der Höhle, das 6 m hohe dreifache Antlitz des höchsten Gottes (Maheśamūrti) – Śiva im Schöpferaspekt (Umā), als Zerstörer (Rudra-Bhairava), in der Mitte als majestätischer Großer Herr (Maheśa). Seitlich die mann-weibliche Erscheinung Śivas (Ardhanareśvara Śiva), die Herabkunft der Gaṅgā (Gaṅgādhara Śiva), die Vermählung Śivas mit Pārvāti (Kalyāṇasundaramūrti), jeweils mit großem Gefolge. Im Nebentempel am Westhof eine Zisterne, Reliefs von Śiva als Taṇḍava-Tänzer und als Yogeśvara. Im Nebentempel am Osthof (alter Haupteingang) Sockel für den Nandī-Bullen, Reliefs von Kumāra, Ganeśa und acht Muttergöttinnen (Aṣṭamātṛkā).

Elūrā, Ellora (Mahārāṣtra, 30 km nordwestlich Aurangābād): 34 Höhlentempel – 12 buddhistische, 17 hinduistische, 5 jainistische – in einer nach Westen ausgerichteten Felswand, durchgehend numeriert, in der Mitte der aus dem anstehenden Felsen gehauene Kailāsa-Tempel (Höhle Nr. 16). Meisterwerke indischer Architektur und Plastik unter den Vākāṭakas (5./6. Jahrhundert), Cālukyas (7. Jahrhundert) und Rāṣṭrakūṭas (8./9. Jahrhundert). Im Gegensatz zu Ajaṇṭā nur wenige Reste von Wandmalereien, aber die einzigen Beispiele dieser Kunstgattung unter den Rāṣṭrakūṭas.

Alle buddhistischen Höhlen gehören dem Mahāyāna an. Höhle Nr. 1, die älteste am Ort, ist ein fast quadratisch angelegtes Kloster *(vihāra)*. Höhle Nr. 10 zeigt die reifste Ausprägung einer Kulthöhle *(caitya)* am Ende der Klassik; vor dem Stūpa thront Sākyamuṇi im »europäischen Sitz« *(pralambapaḍa)*, flankiert von Bodhisattva-Statuen und fliegenden Himmelswesen. Die Höhlen Nr. 11 (*Do Tāla* bedeutet »zweistöckig«) und Nr. 12 (*Tin Tāla* bedeutet »dreistöckig«) sind dreigeschossige Klöster; sehr eindrucksvolle schmucklose Fassaden, im Innern Skulpturenfülle (Mānuṣi- und Dhyāna-Buddhas, Bodhisattvas, Tārās, Göttinnen und Begleitfiguren).

Hinduistische Höhlen: Die älteren (Nr. 20, 21, 22, 23, 24) ahmen noch buddhistische Klosteranlagen nach und enthalten kein Kultbild oder Liṅga. Die spätere Gruppe folgt südindischen Vorbildern. Höhle Nr. 14, nach dem Dämonen Rāvaṇa benannt, der den heiligen Berg Kailāsa schüttelt (Rāvaṇānugrahamūrti). Höhle Nr. 15, nach Viṣṇus zehn Inkarnationen (Daśāvatāra) bezeichnet, besitzt aber auch viele Skulpturen des śivaitischen Götterkreises; datiert durch den Besuch des Rāṣṭrakūṭa-Königs Dontidurga (725–755). Die Höhlenreihe unterbricht der freistehende, vollständig aus dem Fels gehauene Kailāsa-Tempel (Nr. 16), errichtet unter dem Rāṣṭrakūṭa-König Kṛṣṇa I. (757–783). Nach Mahābalipuram der erste Versuch, einen kompletten Tempel in den Felsen (der nach Hindu-Glauben seit Anbeginn der Welt hier ruht) zu übertragen. Der Mensch schafft dabei nur das Unwesentliche, den leeren Raum. Folge der Baukörper typisch für Südindien. Im Hof Heiligtum der personifizierten Ströme Gaṅgā, Yamunā und Sarasvatī (Triveni) und der Umwandlungspfad. Der Turm *(vimana)* als Śivas heiliger Berg Kailāsa gestaltet. Sockelfriese aus den Epen Rāmāyaṇa und Mahābhārata, Szenen aus den Purāṇas. Höhle Nr. 17 unvollendet, aber mit bemerkenswerten Skulpturen, ebenso die Rāmeśvara-Höhle Nr. 21 (tanzender Śiva, Śiva und Pārvatī beim Würfelspiel), sieben Muttergöttinnen im Vorraum. Höhle Nr. 29 »Sītās Bad« (Anspielung auf den Wasserfall) oder Dumar Lena genannt, erinnert an Elephanta.

Die Jaina-Höhlen bilden chronologisch die letzte Gruppe (9./10. Jahrhundert): Nr. 30 Chota Kailāsa (kleiner Kailāsa), offenbar eine Nachahmung des großen Vorbildes. Nr. 32 Indrasabha-Höhle, schönste dieser Gruppe mit reichem Skulpturenschmuck (Tīrthankaras, Ambika auf dem Löwen), Nāgari-Inschriften nennen die Namen zweier Bildhauer. Schön bemalte Decke.

Ettumanur (Kerala, 80 km südöstlich Cochin): Śiva-Tempel, Mitte des 16. Jahrhunderts renoviert. Ausgezeichnete Holzschnitzereien und interessante Wandmalereien, jenen im Palast von Mattanceri ähnlich.

Faṭhpūr Sīkrī (Uttarpradesh, 35 km westlich Agra): 1569 von Kaiser Akbar als neue Hauptstadt (»Siegesstadt«) an der Stelle errichtet, wo sich die Weissagung des heiligen Shaikh Salim Chishti zur Geburt eines Thronerben erfüllte. 1586 wegen Wassermangels wieder aufgegeben. Stadtmauer mit zahlreichen Toren. Paläste spiegeln Akbars Toleranz wider. Diwan-i-Khas (Audienzhalle) mit einzigartigem Thron auf prunkvoller Säule. Großartiges Baland Darwaza (Hohes Tor), 1601 für den Herrscher oberhalb der Freitreppe zur Großen Moschee (Jami Masjid) mit dem Kuppelgrab des Heiligen errichtet.

Gadag (Karnataka, 160 km südlich Bījāpur): Tempelgruppe der späten Cālukyas mit reichem Skulpturenschmuck; am schönsten Someśvara- und Sarasvatī-Tempel (12. Jahrhundert).

Gangaikondacolapuram (Tamilnādu, 60 km nordöstlich Tanjore): Nach siegreichem Feldzug gegen Norden gründete Rājendra I. (1012–1044) seine neue Residenz, »die Stadt des siegreichen Cola, der das Wasser der Gaṅgā erreicht hat«, heute ein Dorf. Erhalten blieb der großartige Bṛhadeśvara-Tempel zu Ehren Śivas; Grund- und Aufriß gleichen dem Tempel von Tañjāvūr. Hervorragende Skulpturen, darunter Caṇḍeśanugrahamūrti (Śiva in der Gestalt Rājendras umwindet das Haupt seines Verehrers Caṇdeśa mit einer Blumengirlande), Platte mit Darstellung der neun Planeten *(Navagraha)*; im heiligen Bezirk weitere Götterschreine und der sogenannte Löwenteich.

Gaur (Bengalen, 6 km von English Bazar): Als Lakhnautī oder Lakṣmaṇāvatī Hauptstadt Bengalens unter den Hindu-Königen, Entwicklung des bengalischen Daches aus Bambuskonstruktion, von Ziegelbauten nichts erhalten. Von 1200 bis 1576 Hauptstadt der Sultane von Bengalen (zeitweilig war Pāndua Regierungssitz). Zahlreiche Moscheen mit reichem Terrakottadekor, teilweise Verwendung von Spolien aus Hindu-Tempeln; Tantipara (1475), Darasbari, Camkati, Lotan (mit bunten Ziegelbändern), Gunmat, Chota-Sona, Qadam Rasul; vor der Zitadelle das Firūz Minar (1470).

Ghantasala (Andhrapradesh, 50 km südöstlich Vijayavāḍa): Reste eines großen Stūpa (37 m Durchmesser) mit zentralem Ziegelpfeiler, Spätphase von Amarāvāti, 2. Jahrhundert n. Chr.

Girnar (Gujārat, 250 km südwestlich Ahmadābād): 1100 m hoher heiliger Berg der Jainas (früher buddhistisch, siehe Junagadh). Etwa auf halber Höhe Tempelstadt; der größte Tempel ist Neminātha, dem 22. Tīrthankara, geweiht (13. Jahrhundert). Gegenüber eine Drei-Schrein-Anlage *(trikuṭa)*, im Solanki-Stil, gestiftet von den Brüdern Tejapāla und Vaṣtupāla (1177).

Goa Frühere portugiesische Kolonie, in Alt-Goa Kirchen und Klöster im Jesuitenbarock. Hindu-Tempel in lokalem Mischstil in den umliegenden Dörfern, zumeist 16. Jahrhundert: Śrī Brahmā, Mardol, Mangueś, Mahādeva.

Golkonda (Andhrapradesh, 8 km westlich Hyderābād): Eindrucksvolle Festung und Gräberstadt inmitten einer bizarren Felslandschaft Residenz der Qutb-Sultane (1507–1687) nach dem Vorbild von Gulbarga und Bīdar.

Gudimallam (Andhrapradesh, 110 km nordwestlich Madras): Im Śiva-Parasurameśvara-Tempel, einem oft veränderten Pallava-Bau, einzigartiges Liṅga mit Relief des zweiarmigen Śiva, 2. Jahrhundert v. Chr., stilistisch den Plastiken von Bhārhut verwandt.

Gulbarga (Karnataka, 170 km westlich Hyderābād): Erste Hauptstadt des Bahmanī-Reiches, 1347 bis zur Verlegung nach Bīdar 1428. Gewaltige Festung, einzigartige Große Moschee (Jami Masjid), Hof mit 75 Kuppeln vollständig überdacht, begonnen 1367 von einem persischen Architekten. In der Stadt kreuzförmiger Basar, im Osten Kuppelgräber der Sultane im strengen Tughluq-Stil, teilweise mit Fliesenschmuck.

Gurgi (Madhyapradesh, 150 km südlich Allahābād): Ruinenfeld eines unter den Haihaya-(Cedi-)Königen im 10. Jahrhundert bedeutenden Śiva-Heiligtums; ein Sanktuarium mit rundem Grundriß. Das reich mit Reliefs verzierte Tor steht heute vor dem Palast in Rewa.

Gwalior (Madhyapradesh): Eine gewaltige Festung auf einem langgestreckten Felshügel. An den Steilabfällen monumentale Felsskulpturen von Tīrthankaras (Furtbereiter der Jainas), 15. Jahrhundert, beim Lakṣmaṇa-Tor auch Śiva-Figuren. Palast des Tomar-Rajputen Man Singh (1486–1516) mit fliesenverzierter Fassade. Archäologisches Museum im Gujāri-Palast mit bedeutenden Hindu- und Jaina-Plastiken. Kopien der Wandmalereien aus den buddhistischen Bagh-Höhlen.

Zwei wichtige Hindu-Tempel: Teli-kā-Mandir, erbaut wohl unter dem Pratihāra-König Mihira Bhoja im 9. Jahrhundert. Turm mit massivem Tonnengewölbe (südindischer Typ). Sas-Bahu-Tempel (»Schwiegermutter und Schwiegertochter«), dem Viṣṇu geweiht, erbaut Ende 11. Jahrhundert; Haupthalle dreistöckig, reicher Bauschmuck.

In der Altstadt am Fuße des Burghügels Grabmäler des islamischen Heiligen Muhammad Ghauth und des Hofmusikers Tansen, um 1564 erbaut unter Kaiser Akbar.

Gyaraspur (Madhyapradesh, 90 km von Bhopal): Am Abhang steht der hervorragende Mālādevī-Tempel mit reich geschmücktem Śikhara-Turm, Ende 9. Jahrhundert. Heute ein Jaina-Heiligtum.

Halebid (Karnataka, 30 km nordwestlich Hassan): Als Dvārasamudrā oder Dorasamudrā Hauptstadt der Hoyśala-Könige. Der Hoyśaleśvara-Tempel, einer der größten und schönsten Hoyśala-Bauten, wurde um 1150 errichtet. Doppeltempel auf sternförmigem Grundriß, dem Śiva und der Pārvatī geweiht. Halle mit den typischen auf der Drehscheibe hergestellten Säulen (Speckstein). Außenwände von Friesen, Götterfiguren und filigranartig verfeinerten Dekors überwuchert. In der Nähe ein riesiger Gaṇeśa, aus einem Monolithen gehauen. Der kleinere Kedareśvara-Tempel folgt dem Hoyśaleśvara.

Hampi, Vijayanāgara (Karnataka, am Ufer der Tungabhadra, 50 km westlich Bellary): Ausgedehntes Ruinenfeld der glanzvollen Hauptstadt (»Siegesstadt«) des Vijayanāgara-Reiches, gegründet 1336 von den aus Wārangal vertriebenen Brüdern Harihara und Bukka. Höhepunkt unter König Kṛṣṇadevaraya, 1. Hälfte 15. Jahrhundert. Dieses letzte Hindu-Großreich wurde 1565 von den vereinigten Dekkan-Sultanaten erobert, die Hauptstadt – sie hatte einen Umfang von 40 km – zerstört. Am großen Basar, dem Handelszentrum von Vijayanāgara, erhebt sich der 55 m hohe Turm *(gopura)* des Haupttheiligtums der Stadt, ein Tempel des Śiva als Virupakṣa oder Pampapati; die Decke der Bilderhalle *(raṅgamaṇḍapa)* trägt die umfangreichsten und besterhaltenen Wandmalereien im Vijayanāgara-Stil. Die königlichen Tempel waren dem Viṣṇu in verschiedenen Formen geweiht: Der Vitthala- oder Vithoba-Tempel bedeutet den architektonischen Höhepunkt des Spätstils von Vijayanāgara (1521); reich dekorierte Säulen und Pfeiler (aufbäumende Reiter, Fabeltiere), im Hof ein in Stein gehauener Götterwagen *(ratha)* mit drehbaren Rädern. Den Hoftempel Hazara Rāma (»Tausend-Rāma-Tempel«) zieren Friesreihen, unter anderem aus dem Rāmayāṇa; den Kṛṣṇasvāmi-Tempel stiftete König Kṛṣṇadevaray 1513 zur Aufnahme eines in Udayagiri erbeuteten Kultbildes des Kṛṣṇa-Kindes. Meisterwerk der Bauhütte von Vijayanāgara ist der 6,7 m hohe Granitmonolith des Narasiṁha (Mannlöwe, Inkarnation Viṣṇus), errichtet 1528 unter Kṛṣṇadevaraya; in der Nähe steht der 2,5 m hohe sogenannte Senfkorn-Gaṇeśa. Profanbauten im reizvollen hindu-islamischen Mischstil: Frauenpalast *(zanana)* mit dem Lotos-Mahall (polygonaler Pavillon), dem Bad der Königin und einem Wachturm. Im Königspalast Steinplattform (Königsthron) für das Navarātri-Fest mit erzählenden Basreliefs, die darüberliegende Säulenhalle nicht erhalten. Entsprechende Friese an der Basis des Königspalastes. Reich verzierte »Elefantenställe«.

Hanamkonda (Andhrapradesh, 20 km westlich Wārangal): Trikuta-Tempel (drei Schreine mit gemeinsamem Maṇḍapa) für Viṣṇu, Śiva, Sūrya, erbaut 1162 vom Kākatīya-König Pratāparudra. Sternförmige Plattform mit kunstvollen Friesen, Säulenhalle mit gewaltigen Trägerfiguren in Tanzposen.

Hardvār (Uttarpradesh, 170 km nordöstlich Delhi): Das »Tor des Hari« (Viṣṇu), in den Purāṇas »Tor der Gaṅgā« genannt, gilt als einer der heiligsten Wallfahrtsorte der Hindus; alle zwölf Jahre Schauplatz des Kumbh-Mela. Einige ältere Tempel: Nārāyaṇasīla, Māyādevī.

Hastināpura (Uttarpradesh, 90 km nordöstlich Delhi): Legendäre Hauptstadt der Mahābhārata-Helden. Blütezeit der Besiedlung des Ruinenhügels vom 6. bis 3. Jahrhundert v. Chr., dann um 200–300 n. Chr.

Haverī (Karnataka, 65 km südöstlich Hubli): Siddeśvara-Tempel, kreuzförmig angelegtes Śiva-Heiligtum der späten Cālukya-Zeit (12. Jahrhundert) mit vorzüglichen Skulpturen (Śiva, Viṣṇu, Brahmā, Sūrya, Devī-Büste).

Hemāvatī, Henjeru (Karnataka, 110 km von Bangalore): In Dorfnähe Gruppe von drei Tempeln, weitere in Ruinen, aus der Zeit des Kleinkönigreiches der Nolambas (800–1150), die im Cālukya-Stil bauten. Typisch das Symbol der »Vollen Vasen« *(pūrṇakalaśa)*, die acht oder sechzehn Glückszeichen, die personifizierten Schätze *(nidhi)* und Gajalakṣmī. Vorzügliche Skulpturen; einige der prächtigen Säulen nahm der Cola-König Rājendra im 11. Jahrhundert als Beute mit.

Hyderābād, Haiderābād (Hauptstadt von Andhrapradesh): Gründung 1591 durch Muhammad Quli Qutb Śāh nahe seiner Residenz Golkonda. Wahrzeichen ist das Prunktor Cār Minar (»Vier Minarette«) im Herzen der Altstadt, nahe der Mecca- und der Jami-Masjid. Vom 18. Jahrhundert bis 1947 beherrschten die Nizame von Hyderābād den größten indischen Fürstenstaat; aus dieser Zeit zahlreiche Palastanlagen.

Irunalakkode, Irunilankode (Kerala, 20 km südlich Trichur): Kleiner Śiva-Höhlentempel, 8./9. Jahrhundert, mit wichtigster früher Dakṣiṇāmūrti (Śiva als Yogi und Lehrer).

Ittagi (Karnataka, 35 km nördlich Gadag): Śiva-Mahādeva-Tempel, Meisterwerk der westlichen Cālukyas, gestiftet 1112 von Mahādeva, dem Feldherrn König Vikramadityas VI.

Jagat (Rājasthān, 45 km südöstlich Udaipur): Sehr gut erhaltener Ambikā-Mātā-Tempel, Gurjara-Pratihāra-Bauhütte, 10. Jahrhundert, mit vorzüglichem Ornament- und Figurenschmuck.

Jaipur (Hauptstadt von Rajāsthān): Seltenes Beispiel einer planmäßig angelegten Idealstadt, gegründet 1728 von Jai Singh II. aus der Kachwāha-Dynastie. Im Zentrum die Sternwarte (Jantar Mantar) und der riesige Stadtpalast; berühmtestes Bauwerk ist der Palast der Winde (Hawa Mahall), eine von Erkern gegliederte Schauwand. Schutz bot das Tigerfort auf dem Berg; im Norden der Stadt liegt Gaitor mit den Marmor-Kenotaphia des Herrscherhauses.

Jaisalmer (Rājasthān, 230 km westlich Jodhpur): Alte Karawanenstadt in der Wüste Thar, gegründet 1156 von Jaisal aus dem Geschlecht der Bhaṭṭi-Rajputen. Bis 1947 Hauptstadt des gleichnamigen Staates. Eindrucksvolle mittelalterliche Festungsstadt, einige Jain- und Hindu-Tempel (14./15. Jahrhundert). Am Fuße des Tafelberges die ehemalige Händlerstadt mit prächtigen Kaufmannspalästen *(haveli)*; kunstvoll verzierte Fassaden aus gelbgoldenem Sandstein.

Jaunpur (Uttarpradesh, 60 km nordwestlich Vārāṇasī): Provinzhauptstadt unter der Tughluq-Dynastie, im 15. Jahrhundert glanzvolle Residenz der Sharqi-Könige. Eindrucksvolle Moscheen: Atala Masjid (1377) mit Spolien aus Hindu-Tempel, monumentale Torfassaden im Tughluq-Stil, Jhanjhri Masjid mit reicher Bauornamentik, Jami Masjid mit hoch gewölbten Querschiffen.

Jodhpur (Rājasthān): Bis 1947 Hauptstadt des Staates Mārwār oder Jodhpur der Rāthor-Rajputen. Gewaltige Festung Meherangarh auf rotem Sandsteinfels, gegründet von Rao Jodha 1459. Im Innern Paläste im hindu-islamischen Mischstil.

Junagadh, Junagarh (Gujārat, 280 km südwestlich Ahmadābād): Frühbuddhistische Höhlenklöster, die ältesten unter Kaiser Aśoka (um 250 v. Chr.), im Stadtteil Uparkot aus der Kṣātrapa-Zeit (1./2. Jahrhundert n. Chr.). Nahe dem Vageśvarī-Tempel (Weg zum Girnar) Felsedikte Kaiser Aśokas in Pāli-Sprache, unter dem Kṣātrapa-Herrscher Rudradaman die älteste Sanskrit-Inschrift. Festung Uparkot im 9. Jahrhundert Residenz der Chavda-Rajputen, 1472 von Sultan Bigarha von Gujārat erobert und ausgebaut. Ruine der Großen Moschee (Jami Masjid), Spolienbau, schöne Brunnen. Seit dem 18. Jahrhundert regieren die Nawabs von Junagadh. Malerische Mausoleen der Herrscherfamilie.

Kalugumalai (Tamilnāḍu, 50 km nördlich Tirunelveli): Schönster Felstempel der Pāṇḍya-Zeit (um 800 n. Chr.), volkstümlich Vattuvankovil, »Tempel des Bildhauers« genannt. Wie der Kailāsa-Tempel in Elūrā aus dem anstehenden Fels gehauen; der Turmabschluß dem Dharmarājaratha von Mahāmallapuram ähnlich. Meisterhafte Skulpturen aus der Pallava-Schule: Gaṇa-Friese, Nandī-Bullen, Umāsahita (Śiva mit Pārvatī), Dakṣiṇamūrti, Brahmā, Narasiṁha, Ṛṣis, Liebespaare, Fabellöwen, Affen, Himmelsmädchen.)

Kāñcīpuram, Kāñcī (Tamilnāḍu, 65 km südwestlich Madras): Eine der ältesten und heiligsten Hindu-Städte. Unter Kaiser Aśoka buddhistisches Zentrum, in den ersten nachchristlichen Jahrhunderten Sitz einer berühmten Universität. Glanzvolle Hauptstadt der Pallavas (»Goldene Stadt«), die wichtigsten Tempel zwischen 600 und 750 errichtet. In Śiva- oder Periya-Kāñcī: Kailāsanātha-Tempel, gestiftet Ende 7. Jahrhundert von Rājasiṁha (Narasiṁhavarman II). Kleiner Vorhof, großer Hof von vimanabekrönten Zellen umsäumt, Reste bemerkenswerter Wandmalereien, Vorhalle mit massiven Pfeilern, geschlossene Halle und Vimana-Turm mit großartigen Skulpturen (durch Gipsbelag beeinträchtigt). Der zweite Großtempel ist dem Viṣṇu geweiht: Vaikuntha-Perumal, gestiftet von Nandīvarman II. im 8. Jahrhundert, ausgereifter Pallava-Stil, die Säulen im Hof entwickeln sich aus hockenden Fabellöwen, Viṣṇu-Skulpturen in verschiedenen Inkarnationen, Reliefs erzählen die Geschichte der Pallava-Familie, beginnend mit der Geburt des Ahnherrn aus Pflanzenschößlingen, höfische Szenen, Opfer, Prozessionen, Tempelbau, Krönung, Schlachten.

Weitere Tempel aus der Pallava-Zeit: Mataṅgeśvara, Mūkteśvara, Airavateśvara, Iravaneśvara. Größter Tempelkomplex der Stadt mit weithin sichtbaren Tortürmen *(gopura)* ist der Ekambareśvara-Tempel, zu Ehren Śivas und seiner Śāktī bei einem heiligen Mangobaum, 1509 unter den Königen von Vijayanāgara erbaut. 5 km von Śiva-Kāñcī entfernt liegt Viṣṇu-Kāñcī mit dem riesigen Karivaradesvāmi-Tempel (Viṣṇu als Karivarada, »der dem Elefanten Schutz gewährt«), auch Varadarāja-Perumal genannt, aus der Cola-Zeit; Erneuerung im 16. Jahrhundert unter den Vijayanāgara-Herrschern. Schönster Teil ist die Hochzeitshalle *(kalyāṇamaṇḍapa)* mit Pfeilern, an denen sich Reiter auf Pferden und Fabeltieren aufbäumen, den »Pferdehöfen« und Śrīraṅgam oder Vellur ähnlich. Lotosteich für das Bootfest.

Kanheri (Mahārāṣṭra, 30 km nördlich Bombay, beim Vorort Borivli): Mehr als 100 buddhistische Höhlen, vom 2.–9. Jahrhundert n. Chr. Höhle Nr. 3 Caitya-Halle und Stifterpaare ähnlich wie in Karla, Ende 2. Jahrhundert, Höhle Nr. 10 Halle mit umlaufenden Zellen (Kapitellsaal 7), Höhle Nr. 14 Spuren von Malerei, Höhle Nr. 21 Predigtszene und Padmapāṇi, Nr. 35 großes Vihāra, Nr. 66 bemerkenswerte Skulpturen.

Kārlā (Mahārāṣṭra, 50 km westlich Pune): Vier buddhistische Höhlen, Höhepunkt der Hīnayāna-Architektur unter den Sātavāhanas (2. Jahrhundert n. Chr.), bedeutend für die Entwicklung der Felsarchitektur, Höhle Nr. 1, eine dreischiffige Caitya-Halle mit Stūpa und ausgezeichneten Skulpturen an der Fassade (Stifterpaare), Nachahmung der Holzbauweise. Die anderen drei Höhlen sind Klöster *(vihāra)*.

Kaviyur (Kerala, bei Quilon): Śiva-Höhlentempel der frühen Cera-Könige (8. Jahrhundert), Eingang von prächtigen Torhütern flankiert.

Khajurāho (Madhyapradesh, 180 km nördlich Jabalpur): Großartige Tempel der Candella-Herrscher, die unter Dhaṅga um 950 weitgehende Unabhängigkeit von den Gurjara-Pratihāras erlangten und bis um 1060 reichste Bautätigkeit entfalteten. Von ursprünglich 85 Tempeln etwa 25 erhalten, die riesigen Skulpturen ähnlich in der Landschaft aufragen. Harmonischer Zusammenklang von Architektur und Plastik; der Höhepunkt mittelalterlicher Sakralbaukunst Indiens. Die Tempel stehen meist auf hoher Plattform mit prächtigen Friesen. Ost-West-Achse, kreuzförmiger Grundriß, beim Sikhara-Turm durch kleine Nebentürmchen *(urusrnga)* sternförmig erweitert. Bravouröse Skulpturen: Götter, Liebespaare, Fabellöwen, Himmelsmädchen, Alltags- und Festszenen, erotische Spiele nach dem Kāmasūtra, wohl auch religiöse Orgien der Kaula-Sekten.

Die östliche Tempelgruppe nahe dem Dorf Khajurāho umfaßt drei Hindu-Tempel (Brahmā, Javarī, Vāmana) und drei Jaina-Tempel (Ghāṇṭai, Adinātha und als wichtigster Pārśvanātha mit besonders schönen Frauengestalten).

In der südlichen Tempelgruppe sind die wichtigsten der Jatkari- oder Caturbhuja-(Viṣṇu-)Tempel und der Duladeva-(Śiva-)Tempel, der letzte der Candella-Bauhütte.

Westliche Gruppe: Causath-Yoginī-Tempel, ältester Tempel und einziger aus Granit (alle anderen aus Sandstein), vor 900, den 64 Yoginīs geweiht, die mit Devī in 65 Zellen um einen Hof stehen. Lakṣmaṇa- oder Caturbhuja-Tempel des Viṣṇu im Pañcāyatana-Typ, gestiftet um 950 von Yasovarman oder Lakṣmaṇavarman. Varāha-Tempel mit kolossaler Skulptur Viṣṇus als kosmischer Eber (Varāha), der Reliefs aller Götter und Himmelswesen auf seinem Leib vereint. Größter Tempel ist der Kandariya-Mahādeva-Tempel, dem Śiva geweiht (11. Jahrhundert). Rechts der Devī-Jagadambā-Tempel (ursprünglich viṣṇuitisch), etwas entfernt der Citragupta-Tempel des Sonnengottes Sūrya und der Viśvanātha-(Śiva-)Tempel.

Khandagiri-Udayagiri (Orissa, 9 km westlich Bhuvaneśvar): Auf dem Zwillingshügel bedeutende Jaina-Höhlen, gestiftet von König Khāravela von Kaliṅga (168–153 v. Chr.). Anlage ähnlich buddhistischen Klöstern, der reiche Skulpturenschmuck dem archaischen Stil in Bhārhut, Sāñcī, Bhaja und Amarāvatī verwandt.

Kiradu (Rājasthān, 25 km nordwestlich Barmer): Von der einstigen Stadt der Paramāra-Dynastie in der Wüste Thar überdauerten einige verfallene Tempel (11. Jahrhundert). Hervorragender Skulpturenschmuck, besonders am Someśvara-(Śiva-)Tempel; im kleinen Śiva-Tempel ein sehr seltenes Relief des Mahābhārata-Helden Bhisma auf dem Pfeilbett.

Kodumbalur (Tamilnāḍu, 35 km südwestlich Tirucirāpalli): Muvarkovil-Tempel, wichtiges Beispiel der frühen Cola-Bauhütte (10. Jahrhundert), Vorstufe zu Großbauten wie Tanjur. Von der dreifachen Anlage zwei Schreine erhalten, vorzügliche Skulpturen.

Konārak (Orissa, 50 km südöstlich Bhubaneśvar): »Schwarze Pagode« nannten Seefahrer das grandiose Bauwerk an der Küste. Stifter war König Narasiṁha Deva I. (1238–1264) aus dem Geschlecht der östlichen Gaṅgas. Einzigartiger Tempel des Gottes Sūrya in Form eines riesigen Sonnenwagens mit zwölf Räder- und sieben Pferdepaaren am Sockel und den Treppen, Symbole für den Tages-, Wochen- und Jahreslauf. Erhalten die Halle *(jagamohana)* samt Pyramidendach, separat davorgesetzt die Tanzhalle *(nāṭamandir)* und einige Nebenschreine in weitläufigem Hof. Material ist roter Sandstein. Mit freistehenden Skulpturen, Reliefs, Bauschmuck übersät (Sūrya in verschiedenen Aspekten, Planetengötter, lebensgroße Tänzerinnen und Musikantinnen, Göttermädchen, Fabelwesen, Szenen aus dem Leben des Stifters, viele erotische Darstellungen). Höhepunkt der Sakralkunst in Orissa, die mit dem Parasumareśvara-Tempel in Bhuvaneśvar begann.

Kondane (Mahārāṣṭra, 60 km östlich Bombay): Frühbuddhistisches Felsenkloster, jenem von Bhaja ähnlich, 2. Jahrhundert v. Chr. Bedeutende Caitya-Halle; eine Inschrift nennt den Bildhauer Balaka als Schöpfer des plastischen Schmucks.

Kukkanur (Karnataka, 60 km nordöstlich Gadag): Kalleśvara-Tempel im späten Cālukya-Stil (Ende 10. Jahrhundert), Navaliṅga-Tempel (Komplex von neun Schreinen), ursprünglich wohl der Devī geweiht (11./12. Jahrhundert), außen stark verwittert.

Kumbakonam (Tamilnāḍu, 40 km nordöstlich Tañjāvūr): Nāgeśvarasvāmi-Tempel aus dem 9./12. Jahrhundert, später verändert. Halle mit eleganten Skulpturen der frühen Colas (Götter, Prinzessinnen, Rāmayāṇa-Reliefs). Kumbheśvara-Tempel, nach dem Nektartopf Śivas benannt, mit hohen Tortürmen, späte Cola-Zeit (12. Jahrhundert). Teich mit Pavillons für die Götterbildnisse beim berühmten Mahāmakha-Fest. Śārṅgapāṇi-Tempel als gewaltiger Tempelwagen *(ratha)* angelegt; auf dem fast 50 m hohen Torturm zeigen Kṛṣṇa-Reliefs die 108 Tanzposen nach dem Nāṭyaśāstra. Cakrapāṇi-Tempel, in dem Viṣṇus Rad *(cakra)* als Reliquie verehrt wird. Rāmasvāmi-Tempel, einer der besten Nāyakkār-Bauten (16. Jahrhundert): reich geschmückte Pfeiler, in der Halle eine besondere Skulpturengruppe (der Affe Hanumān liest Rāma, Sītā, Lakṣmaṇa und anderen vor).

Kumbhariyaji (Gujārat, Nordgrenze, 50 km nordöstlich Palanpur): Ruinen von fünf Jaina-Marmortempeln aus dem 11. Jahrhundert, mit ähnlich prächtigem Skulpturenschmuck wie die Dilwara-Tempel auf dem Mount Abū. Nach islamischer Zerstörung teilweiser Wiederaufbau Anfang 17. Jahrhundert.

Kunnakudi (Tamilnāḍu, 75 km nordöstlich Madurai): Höhlentempel der frühen Pāṇḍyas, etwa 7. Jahrhundert, einer dem Viṣṇu, einer dem Śiva geweiht.

Kuruvatti (Karnataka, 40 km nordwestlich Davangere, am Ufer der Tungabhadrā): Mallikarjuna-Tempel, elegantestes Beispiel des Spätstils der Westlichen Cālukyas, Außenwände mit feinen Skulpturen bedeckt.

Lauriya-Nandangarh (Uttarpradesh, 110 km östlich Gorakpur): Ediktsäule mit Löwenkapitell, errichtet von Kaiser Aśoka in seinem 27. Regierungsjahr, noch heute am Originalstandort. In der Nähe Ausgrabungen einiger Stūpas, in Nandangarh Reste eines der frühesten Terrassenstūpas (Ziegel).

Lepaksi (Andhrapradesh, 90 km südlich Anantapur, an der Grenze zu Tamilnāḍu): Im 16. Jahrhundert Erweiterung des alten Papanaseśvara-Pilgertempels zu Ehren der Götter Śiva, Viṣṇu-Ragunātha und Vīrabhadra im Vijayanāgara-Stil mit hohen Tortürmen *(gopura)*. Berühmte Tanzfiguren; großartige und kulturhistorisch bedeutende Malereien (um 1540), umfangreichste Zeugnisse der letzten Blüte der Hindu-Kunst. Besonders farbenprächtig und gut erhalten in der Vorhalle und der Tanzhalle (Viṣṇu-Inkarnationen, Śiva-Formen, Pārvatī, Porträts der Stifter Vīrupanna und Viranna, Legende vom Cola-König Manunitikanda). Abseits vom Tempel ein riesiger Nandī-Bulle.

Lodurva, Lodorva (Rājasthān, 16 km westlich von Jaisalmer): Stätte der frühen Hauptstadt der Yādavas oder Bhātī-Rajputen. Erhalten ein Jaina-Tempel zu Ehren des Pārśvanātha mit qualitätvollen Skulpturen (11. Jahrhundert).

Lothal (Gujārat, 90 km südwestlich Ahmadābād, 16 km vom Meer entfernt, nahe dem Fluß Bhogavo): Hügel beim Dorf Sarangwala, wichtige Stadt der Harappa-Kultur, etwa 2200–1600 v. Chr.

Lucknow (Hauptstadt von Uttarpradesh): Zahlreiche islamische (schiitische) Bauwerke, an der Naudan Mahal Road drei Grabmäler aus der Mogul-Zeit (um 1600), sonst zumeist Grabmoscheen (Imambaras), Prunktore, Moscheen unter der Herrschaft der Nawābs, später Könige von Qudh im 18. und 19. Jahrhundert. Die Paläste großteils verfallen.

Madurai (Tamilnāḍu): Alte Hauptstadt der Pāṇḍya-Könige, seit 1560 der Nāyakkār-Herrscher. Stadtplanung auf den zentralen Tempelbezirk ausgerichtet, Wallfahrtsort für ganz Indien. Verehrt werden die Lokalgöttin Minakṣī, die »Fischäugige«, die mit Śivas Gattin Pārvatī verschmolz, und Śiva als Sundareśvara, als »schöner Bräutigam«. Die Tempelanlage ist das Ergebnis einer langen Entwicklung, die 50 m hohen äußeren Tortürme und die meisten Hallen stammen aus der Nāyakkār-Zeit (16. und 17. Jahrhundert). Eingang durch die Halle der acht Śaktīs (weibliche Emanationen Śivas), als Statuen und Karyatiden. Verwirrende Fülle von Höfen, Schreinen, Ladenstraßen, Elefantenställen, Magazinen, Schatzkammern. Im Säulengang um den heiligen Teich Malereien der 64 Spiele Śivas (śivalīlā), im 19. Jahrhundert erneuert. Im Yalimaṇḍapa, der Greifenhalle, Statuen der fünf Pāṇḍava-Prinzen des Mahābhārata und Cella der Planetengötter. Im Nordosten die großartige Tausend-Pfeiler-Halle, genau 997 unterschiedliche, äußerst dynamisch gestaltete Stützen, Mitte 16. Jahrhundert. Pudu- oder Vasanta-maṇḍapa (Frühlingshalle) mit prächtigen Säulen der Nāyakkār-Fürsten. 1 km vom Tempel entfernt der Palast des Tirumala Nāyakkār, hindu-islamischer Mischstil, 5 km vom Palast der größte Tempelteich *(teppakulam)* Südindiens für das Bootfest.

Mahābalipuram, Mamallapuram (Tamilnāḍu, 60 km südlich von Madras): Die Hafenstadt schon in der Antike bekannt, Warenaustausch mit dem Römischen Reich durch Münzfunde belegt. Unter den Pallava-Königen des 7. und 8. Jahrhunderts entstanden außer Felsheiligtümern die berühmten ersten freistehenden Mustertempelchen (die fünf Monolith-Rathas) und der erste aus Stein aufgetürmte Tempel (der Ufertempel), Prototypen südindischer Architektur. Drei Stilstufen, nach dem jeweiligen königlichen Bauherrn benannt.

1. Mahendra-Stil (580–630): Mahendravarman I. (um 600–630), Polyhistor und Kunstmäzen. Kennzeichen der strengen Frühphase sind Höhlenbauten mit dreifacher Cella (für Brahmā, Viṣṇu, Śiva), Säulenvorhalle, Kragsteine, Kuḍus mit Götterköpfen, zweiarmige Torhüter.
2. Mahāmalla-Stil (630–700): Narasiṁhavarman I. (um 630–645), von dessen Beinamen »Mahāmalla« (der große Ringer) die einstige Königsstadt ihren Namen ableitet. In seiner Regierungszeit wurden die ersten freistehenden Tempel *(rathas)* aus Monolithen gemeißelt. Bei den Höhlentempeln wachsen die schlanken Säulen aus sitzenden Löwen, den Wappentieren der Pallavas.
3. Rājasiṁha-Stil (700–730): Unter Narasiṁha II. Rājasiṁha begannen Steintempel die Felsarchitektur abzulösen. Ausbildung kleiner Tortürme *(gopura)*, Kleinreliefs, Neigung zur Verfeinerung und zum Dekorativen.

Heiligtümer auf dem Granithügel: Höhle I (Ādi-Varāha-Höhle), Anfang 7. Jahrhundert; Götterreliefs (Viṣṇus Eberinkarnation) und Darstellungen König Mahendravarmans I. und seines Vaters Siṁhaviṣṇu mit ihren Königinnen, bezeichnet mit Grantha-Inschriften. Höhle II (Mahiṣāmardinī-Höhle), 2. Stilstufe, Mitte 7. Jahrhundert; ausgezeichnete Großreliefs – Viṣṇu auf der Weltenschlange, gegenüber Durgā Mahiṣāmardinī im Dämonenkampf. Auf der Felskuppe erhebt sich der Olakkanātha-Tempel, Anfang 8. Jahrhundert. Höhle III (Dharmarāja-Maṇḍapa), typisch für die 1. Stilstufe. Höhle IV (Kṛṣṇa-Maṇḍapa oder Govardhana-Höhle), Bilderwand mit lebensnahen Szenen aus Kṛṣṇas Erdenleben im Hirtenmilieu, Mitte 7. Jahrhundert. Höhle V (Pāñcapāṇḍava- Maṇḍapa), unvollendete große Kulthöhle mit Löwensäulen. Arjunas Askese: Größtes Felsrelief Indiens und eins der größten der Welt (32 m lang, 14 m hoch), Mitte 7. Jahrhundert. Der Spalt zwischen den zwei Felsblöcken gilt als Flußbett – daher auch die Bezeichnung »Herabkunft der Gaṅgā«. Großartige Komposition nach einer Erzählung aus dem Mahābhārata – Götter, Halbgötter, Menschen und Tiere huldigen dem großen Gott Śiva, der als Jäger im Himalaja erscheint (Kiratārjunamūrti), während Arjuna zur Erlangung der göttlichen Pāśupata-Waffe Askese übt. In der Nähe eine Affen- und eine Elefantengruppe aus dem Fels gehauen. Monolith VI, Gaṇeśa-Ratha mit Vesara-Dach, vermutlich später als die fünf Monolithen. Höhle VI (2. Varāha-Höhle) mit vier Reliefs (Eberinkarnation, Gajalakṣmī, Durgā, Trivikrama), Mitte 7. Jahrhundert. Bergauf kleinere beziehungsweise unvollendete Höhlen. Der Löwenthron überdauerte vermutlich als einzige Spur vom Königspalast. Höhle X mit fünffacher Cella, Kuḍu- und Gänsefries. Höhle XI, Trimūrti- Höhle, jede Cella mit Torhüterpaar, den Göttern Brahmā, Śiva und Viṣṇu geweiht, rechts Durgā auf dem Büffeldämon.

Am südlichen Auslauf der Granitkette stehen die fünf Monolithen, aus dem Fels gehauene Nachbildungen hölzerner Prozessionswagen *(ratha)*, benannt nach den fünf Pāṇḍava-Helden des Mahābhārata und ihrer gemeinsamen Frau Draupadī, alle entstanden unter Narasiṁhavarman I. (um 630–645): Dharmarāja-Ratha (Yudhiṣṭhira, der älteste der Pāṇḍu-Prinzen, heißt wegen seiner Gerechtigkeitsliebe »Dharmarāja«), der südlichste und größte der Monolithen, auf quadratischem Grundriß mit Pyramidaldach, Götterfiguren und Porträt Narasiṁhas mit Grantha-Inschrift. Bhīma-Ratha auf rechteckigem Grundriß mit gekrümmtem Giebeldach. Arjuna-Ratha, wohl dem Indra geweiht, ein verkleinerter Dharmarāja-Ratha, dahinter eine Stierskulptur. Draupadī-Ratha, Nachahmung einer strohgedeckten kubischen Toda-Hütte (Volksgruppe in den Nilgiris), der Durgā geweiht. Nakula-Sahadeva-Ratha, Apsidialbau mit Tonnendach, daneben ein Elefant.

Ufer- oder Strandtempel an der Küste: Zwei schlanke Stufenpyramiden *(vimana)* aus Hausteinen hochgetürmt, unter König Rajasiṁha (700–730); im Volksmund »sieben Pagoden« genannt. Auf der Umfassungsmauer eine Reihe Nandī-Bullen, in einer Nebencella Relief Viṣṇus auf der Weltenschlange, weiters Somāskanda und Durgā-Skulptur. In der Nähe des Küstentempels behauene Felsen, Nischen, Skulpturen, am wichtigsten der Mahiṣāsura-Schrein der Durgā. 5 km nördlich des Ufertempels, im Dorf Saluvankuppam, liegt die sogenannte Tigerhöhle, ein Durgā-Heiligtum (8. Jahrhundert). Der einzigartige Eingang ist als Rachen eines Ungeheuers gestaltet und hufeisenförmig von Tierfratzen (Fabellöwen) gerahmt.

Mahākuta (Karnataka, 5 km östlich Badami): Ummauerter Tempelbezirk des Śiva um einen Lotosteich. Mahākuteśvara-Tempel im südindischen, die anderen Bauten im nordindischen Nāgara-Stil. Cālukya-Bauhütte, zeitgleich mit Aihole und Pattadakal (7./8. Jahrhundert).

Mahendravadi (Tamilnāḍu, 40 km nordwestlich Kāñcīpuram, bei Sholingar): Pallava-Höhlentempel des Viṣṇu im Mahendra-Stil (um 600–630); elegante Torhüter.

Maṅdagapattu (Tamilnāḍu, 40 km westlich Pondicherry): An der Nordseite eines Granitfelsens Pallava- Höhlentempel, der erste mit dreifacher Cella für Brahmā, Viṣṇu und Śiva (Iśvara); Mahendra-Stil (600–630).

Mandawa (Rājasthān, 170 km nordwestlich Jaipur): Schönste Stadt im Shekhavati-Gebiet. Gewaltige Festung von 1755, zahlreiche Hawelis (bemalte Handelshäuser).

Maṅdor (Rājasthān, 8 km nördlich Jodhpur): Alte Hauptstadt von Mārwār. Auf dem Felshügel Ruinen der Festungsstadt und eines Tempels aus der Pratihāra-Zeit (6.–8. Jahrhundert). Im Park Kenotaphe der Rāthor-Dynastie.

Māṅdū (Madhyapradesh, 86 km südwestlich Indore): Prächtige Hauptstadt der Sultane von Mālwā, begonnen unter Hushang Šāh (1405–1435), weitgehend vollendet von Mahmud I. Khilji um 1440. Innerhalb 40 km langer Mauern auf einem Kamm des Vindhya-Gebirges liegen Paläste, künstliche Teiche, Pavillons, Moscheen und Grabbauten: 1. Gruppe um die Jami Masjid, 2. Gruppe innerhalb des Delhi-Tores um den »Schiffspalast« (Jahaz-Mahall), 3. Gruppe außerhalb der befestigten Stadt am Reva-Kund, Lustschloß des Baz Bahadur (um 1550), des letzten Königs von Mālwā.

Martand (Jammu-Kaschmir, 50 km südöstlich Śrīnagar): Ruine des Martaṅda-Tempels, eines der seltenen Sonnenheiligtümer Indiens. Größtes und schönstes Beispiel des hellenistisch beeinflußten Kaschmir-Stils, erbaut von König Lalitāditya Mitte 8. Jahrhundert, zerstört vom ersten Muslim-Herrscher Kaschmirs am Ende des 14. Jahrhunderts. Großer gepflasterter Hof mit Arkaden und Zellen umgeben, in der Mitte Podiumtempel; charakteristisch sind die Dreipaßbögen.

Masrur (Himachalpradesh, 50 km westlich Dharamsala): Gruppe von neun freistehenden Felsentempeln, eine Rarität im Himalajagebiet. Tempeltürme in Śikhara-Form, nur der Haupttempel auch innen ausgemeißelt. Auftraggeber vermutlich die Kārkoṭa-Dynastie von Kaschmir (8./9. Jahrhundert).

Mathurā (Uttarpradesh, 130 km südlich Delhi, am Westufer der Yamunā): »Götter«- und Königsstadt, Geburtsort Kṛṣṇas, eine der sieben heiligsten Städte der Hindus. Winterhauptstadt der Kuṣāṇa (1.–3. Jahrhundert n. Chr.). Kein älteres Bauwerk erhalten. Museum mit großartigen Exponaten der Kuṣāṇa-Zeit.

Menal (Rājasthān zwischen Bundi und Chittor, bei Bijola): Oberhalb der Menalschlucht gut erhaltener Śiva-Tempel mit feinen Skulpturen, gestiftet Mitte 13. Jahrhundert von den Chauhan-Rajputen.

Modhera (Gujārat, 70 km nördlich Ahmadābād): Sonnentempel aus der Zeit König Bhīmas I. (1026), ein Meisterwerk der Solanki-Dynastie. Erhalten der »Rāmakunda« genannte heilige Teich, einer der schönsten Indiens, mit Treppen und kleinen Götterschreinen, die Pfosten des Ruhmestors *(kīrtitoraṇa)*, die freistehende Versammlungshalle *(sabhamaṇḍapa)* auf kreuzförmigem Grundriß mit reich verzierten Säulen, kuppelartig geschichteter Decke, und das außen gleichfalls lückenlos mit Götterfiguren (bevorzugt Sūrya) und Friesen überzogene Sanktuarium; der Turm fehlt.

Mugalrājapuram (Andhrapradesh, bei Vijayawada-Bezwada): Höhlentempel am Nordufer der Kṛṣṇa, erbaut unter der Viṣṇukundin-Dynastie von Vengi, 6. Jahrhundert. Vorbilder für die frühesten Pallava-Höhlen im Süden. Besonders wichtig Höhle Nr. 4 mit dreifacher Cella für Brahmā, Śiva und Viṣṇu. Kuḍu-Bögen mit Göttergesichtern, Friese, früheste Torhüter mit aufgesetzten Hörnern.

Mukhaliṅgam (Orissa, südlich von Purī, nahe der Küste): Frühe Tempel der östlichen Gangas in der Nähe ihrer Hauptstadt Ḍantapura. Someśvara- und Mukhaliṅgeśvara-Tempel mit ausgezeichneten Skulpturen (9. Jahrhundert).

Mysore, Maisur (Karnataka): Hauptstadt des ehemaligen Mahārāja-Staates gleichen Namens. Auf halbem Weg zum Camundiberg kolossale Felsskulptur von Śivas Nandī-Bullen (1659).

Nacna-Kuthara (Madhyapradesh, 130 km nordwestlich Jabalpur): Ruine des sogenannten Pārvatī-Tempels nach einfachem Bauplan eines frühen Gupta-Heiligtums, Mahādeva-Tempel mit Turm auf quadratischem Grundriß, Reliefbänder (Viṣṇu-Inkarnationen).

Nāgārjunakonda (Andhrapradesh, 120 km südöstlich Hyderābād): Alte Bezeichnung auch Vijayapurī. Unter den Sātavāhanas bedeutendes buddhistisches Zentrum – der große Mahāyāṇa-Philosoph Nāgārjuna wirkte hier –, unter ihren Nachfolgern, den Ikṣvākus (2./3. Jahrhundert n. Chr.), blühte auch der Hinduismus. Ausgrabungen (seit 1926) förderten zutage: apsidiale Caitya-Hallen, Stūpas und einen großen Reliquienstūpa, Klöster, Hindu-Tempel (Śiva, Viṣṇu, Kārttikeya und Devasena), ein Amphitheater unter römischem Einfluß für 1000 Personen, Tempelteiche und Badeghāts. Ausgrabungsgebiet heute überflutet, die wichtigsten Fundamente auf einer Insel im Stausee nachgebaut. Im Museum Skulpturen (Jātakas, Buddha-Leben) im Spätstil von Amarāvatī, Inschriften, Gedenkstelen und Kleinfunde.

Nagda (Rājasthān, 20 km nördlich Udaipur): Erste Hauptstadt der Sisodiā-Rajputen von Mewār. Um einen malerischen Teich Tempelruinen, die interessantesten Ende 10.–12. Jahrhundert, am wichtigsten Doppeltempel Sasbahu mit feinen Skulpturen.

Nālandā (Bihar, 80 km südöstlich Patna): Ursprünglich ein Vorort von Rājgīr. Sitz einer weltberühmten Universität, deren Gelehrsamkeit in die ganze buddhistische Welt ausstrahlte. Ausgrabungen beweisen Klosteranlagen seit der Gupta-Zeit (1. Hälfte 5. Jahrhundert), besondere Blüte unter Kaiser Harṣa (7. Jahrhundert) und der bengalischen Pāla-Dynastie bis in das 12. Jahrhundert. Hauptheiligtum ist ein gewaltiger Stūpa, umringt von kleineren Votivstūpas, am besten erhalten ein Tempel im Pañcāyatana-Typ mit reichem Skulpturenschmuck aus dem fünften Bauabschnitt (6. Jahrhundert), Ruinen von Klöstern mit Sanktuarien. Zahlreiche Funde im örtlichen Museum, weitere in Kalkutta, Delhi und im Ausland (Terrakotta-, Bronze- und Steinstatuen, auch hinduistischer Götter, Siegel, Inschriftentafeln, Handschriften).

Namakkal (Tamilnāḍu, 50 km südlich Salem): Zwei Höhlentempel, dem Viṣṇu als Raṅganātha und als Lakṣmīnarasiṁha geweiht, mit interessanten Felsreliefs. Laut Inschrift von einem Gaukönig namens Guṇasila Atiya gestiftet, Pallava-Stil, 8. Jahrhundert.

Narttamalai (Tamilnāḍu, 50 km südlich Tanjavur): Kulthöhle mit 2 m hohen Viṣṇu-Figuren (ursprünglich vielleicht ein jainistisches Heiligtum), eine zweite Höhle, dem Śiva geweiht, unter dem Pallava-König Nṛpatunga (9. Jahrhundert). Gegenüber ein gut erhaltener Steintempel (Vimana-Turm und kleine Nebenschreine), errichtet von Vijayālaya, dem Ahnherrn der Cola-Könige (2. Hälfte 9. Jahrhundert).

Nasik (Mahārāṣṭra, 160 km nordöstlich Bombay): Am Godavarī-Fluß eine der heiligsten Hindu-Wallfahrtsorte und Schauplatz des Kumbh-mela. 6 km vor der Stadt buddhistisches Felskloster Padulena (23 Höhlen), 2. Jahrhundert v. Chr. bis 2. Jahrhundert n. Chr. (Hīnayāṇa). Am wichtigsten die Höhlen Nr. 3 (Gautamiputra-vihāra), Nr. 8 (Nahapanavihāra), Nr. 10 (Vihāra), ähnlich Höhle Nr. 3, aber älter als diese und ihr Vorbild. Nr. 13 dreischiffige Caitya-Halle mit kunstvoller, dreistöckiger Fassade, Nr. 18 Caitya-Halle mit ähnlicher Fassade wie Nr. 13 (Nachahmung von Holzwerk). Insgesamt prächtige Säulen, Kapitelle, Trägerfiguren.

Orccha (Madhyapradesh, 10 km südlich Jhansi): Hauptstadt des früheren Fürstentums Orccha. Innerhalb der Festung Paläste und der Kenotaph für Mahārāja Bir Singh Deo (1605–1627).

Osia, Osian (Rājasthān, 50 km nördlich Jodhpur): Einst bedeutende Karawanenstadt in der Wüste Thar. Ausgedehntes Ruinenfeld von Tempeln, die älteren aus der Gurjara-Pratihāra-Bauhütte (9.–10. Jahrhundert). Am Ortseingang ein besonders schöner Harihara-Tempel (Viṣṇu und Śiva) des Pañcāyatana-Typs mit kunstvollen Friesen und Götterfiguren. In der Nähe weitere Viṣṇu-Heiligtümer, ein Sūrya- und ein Pipladevī-Tempel. Der jainistische Mahāvīra-Tempel Ende 8. Jahrhundert erbaut, im 10. Jahrhundert in die heutige Form gebracht. Den Dorfhügel krönt der Saciyamātā-Tempel mit qualitätvollem Figurenschmuck, 12. Jahrhundert.

Padmanabhapuram (Tamilnāḍu, 34 km nordwestlich Cape Comorin): Vorzügliches Beispiel eines Holzpalastes im regionalen Stil, einst Sitz der Fürsten von Travancore. Älteste Teile reichen in das 14. Jahrhundert zurück. Vorzügliche Holzschnitzereien, im Obergeschoß meisterhafte Wandmalereien aus dem 18. Jahrhundert (Mythen und Szenen des täglichen Lebens).

Palampet (Andhrapradesh, 30 km nordöstlich Wārangal): Śivaitische Tempelgruppe am Ramappasee, der Haupttempel gestiftet Anfang 13. Jahrhundert vom Feldherrn Recerla Rudra. Ein Meisterwerk der Kākatīya-Bauhütte, wie üblich aus schwarzem polierten Basalt; virtuose Skulpturen.

Pālitana (Gujārat, 40 km südwestlich von Bhavnagar): Stadt am Fuße des fast 600 m aus der Ebene aufragenden Satrunjaya, eines der fünf heiligen Berge der Jainas. Die ältesten Sanktuarien stammen aus dem 11. Jahrhundert. Vieles von den Muslimen zerstört, aber seit dem 16. Jahrhundert erneuert, etwa 100 Haupttempel und mehr als 800 Nebenschreine! Als Gesamtanlage höchst eindrucksvoll.

Pandrethan (Kaschmir, 5 km südöstlich Śrīnagar, an der Straße zum Banihalpaß): Quadratischer Śiva-Tempel mit doppeltem Pyramidendach, Dreiblattnischen, gut erhaltenen Skulpturen. Kaschmir-Stil, 9./10. Jahrhundert.

Pandua (Bengalen, 270 km nördlich Kalkutta): Als Firuzābād etwa 1340 bis 1425 Hauptstadt der Sultane von Bengalen. Adina-Moschee, eine der größten Indiens, mit Spolien aus Hindu-Tempeln (1364), Eklakhi-Mausoleum, ein Ziegelbau im Tughluq-Stil mit Terrakottadekor, Anfang 15. Jahrhundert.

Patna (Hauptstadt von Bihar): Von der glanzvollen Hauptstadt der Maurya-Kaiser nur Bodenfunde in Museen erhalten. Am Maidan der monumentale Getreidespeicher »Gola« (1786).

Pattadakal (Karnataka, 30 km östlich Badami): Großartige Tempel der frühen Cālukya-Zeit im nördlichen Nāgara- und im südlichen Dravida-Stil. Ältestes Bauwerk ist der Saṅgameśvara-(Śiva-)Tempel im südlichen Stil, gestiftet von König Vijayaditya, Anfang 8. Jahrhundert. Die meisten Heiligtümer entstanden unter König Vikramaditya II. (733–746) und seinen beiden Königinnen anläßlich der Eroberung der Pallava-Hauptstadt Kāñcī. Neben Huldigungsinschriften der Stifter werden Baumeister und Bildhauer mehrfach namentlich genannt. Reicher Skulpturenschmuck (Śiva- und Viṣṇu-Mythen, Paare, Rāmayāṇa, Mahābhārata, Kṛṣṇa-Streiche, Pañcatantra). Zwei sehr ähnliche Śiva-Sanktuarien im südlichen Stil: Virupākṣa-Tempel (der größte am Ort) und Mallikarjuna-Tempel (Śiva als Trailokyeśvara).
In der Nähe das wichtigste Bauwerk im Nāgara-Stil, der Papanātha-Tempel, ursprünglich wohl dem Viṣṇu geweiht, dann śivaitisch. Als Besonderheit führen zwei Pfeilerhallen zum Sanktum; an der Südseite Rāmayāṇa-Szenen mit Unterschriften. Weitere Śiva-Heiligtümer im nördlichen Stil: Kāśīvisveśvara-Tempel (Turm verfallen), Galaganātha-, Jambuliṅga- und der kleine, einfache Candrasekhara-Tempel. Außerhalb des Dorfes Jaina-Tempel aus dem 9. Jahrhundert.

Payar (Kaschmir, am Liddarfluß nahe dem Dorf Payar): Kleiner quadratischer Śiva-Tempel auf hohem Podium, mit doppeltem Pyramidendach, über den Türstürzen Dreiblattnischen, eine mit dreigesichtigem Śiva im Maheśa-, Devī- und Bhairava-Aspekt. Beispiel des mittelalterlichen Kaschmir-Stils, 11. Jahrhundert.

Pitalkhora (Mahārāṣṭra, 70 km nordwestlich Aurangābād): Buddhistisches Kloster *(caitya* und *vihāra)* aus dem 2. Jahrhundert v. Chr. Monumentale Phantasietiere, ausgezeichnete Skulpturen, zum Teil in den Museen Delhi und Bombay.

Pullamangai (Tamilnāḍu, Distrikt Tiruchirapalli, bei Pasupatikovil): Brahmāpureśvara-

Tempel aus dem 10. Jahrhundert, einer der frühesten Cola-Tempel, noch in der Tradition der Pallava-Bauhütte. Reicher, zum Teil vorzüglicher Skulpturenschmuck.

Pushkar (Rājasthān, 10 km westlich Ajmer): Heiligster See Indiens, dem Gott Brahmā geweiht. Tempel nach Zerstörung durch Kaiser Aurangzeb im 18. Jahrhundert weitgehend erneuert.

Purī (Orissa, 50 km südlich Bhuvaneśvar, am Golf von Bengalen): Eine der heiligsten Pilgerstädte Indiens, dem Viṣṇu als »Herrn der Welt« (Jagannātha) geweiht. Riesiger Tempelkomplex im Stil der Orissa-Tempel, gestiftet vom Gaṅga-König Anantavarman Colagangadeva im 11. Jahrhundert. Zutritt für Nichthindus verboten.

Rājgīr (Bihar, 70 km südöstlich Patna): Schon im Mahābhārata als Fürstensitz genannt. Zur Zeit Buddhas Hauptstadt von Magadha, später Schauplatz des ersten buddhistischen Konzils. Ausgrabungen unter anderem auf der Geierkuppe (Grdhakuta), Buddhas Lieblingsplatz. Im Tal ein ringförmiger Ziegelbau mit hinduistischen Götterbildern (5. Jahrhundert) freigelegt.

Rajim (Madhyapradesh, 40 km südöstlich Raipur, am Ufer der Mahānādī): Tempel des Viṣṇu als »Schönäugiger« (Rājivalocana) aus der Zeit der Sarabhapura-Herrscher (um 700), Vasallen der Guptas und Vākāṭakas. Laut Inschrift auch die Nala-Fürsten von Orissa am Bau beteiligt. Prächtige Säulen (Göttermädchen, Nymphen) und Skulpturen (Trivikrama, Narasiṁha).

Rāmeśvaram (Tamilnāḍu, am Übergang nach Sri Lanka): Auf einer Insel am Übergang nach Sri Lanka gründete der göttliche Held Rama den Rāmeśvara-(Śiva-)Tempel, der zu den Hauptheiligtümern der Hindus gehört. Heutige Anlage großteils aus dem 17. Jahrhundert, eindrucksvoll die endlosen, etwa 1300 m langen Korridore.

Rāṇakpur, Rāṇapur (Rājasthān, bei Sadri, 70 km nordwestlich von Udaipur): Architektonisch der komplizierteste und interessanteste Jaina-Tempel Indiens, um 1400 unter Rāna Kumbha von Mewār in einsamer Tallage erbaut. Dreigeschossige Chaumukha-Anlage (zentrale Cella mit vierseitigem Kultbild) aus weißem Marmor, dem ersten Tīrthankara Ādināth geweiht. Umlaufend Nebenschreine und Kultnischen, insgesamt 1444 tragende Säulen, jede verschiedenartig mit feinsten Reliefs überzogen, ebenso die Decken und Kragkuppeln. In der Nähe je ein Tempel für Pārśvanātha, Neminātha und den Sonnengott Sūrya-Narayāṇa.

Rāṇīpur-Jharial (Orissa, 25 km südlich Bhuvaneśvar): Auf freiem Feld in Dorfnähe ein Yoginī-Tempel aus dem 9. Jahrhundert, eine in Zentralindien beheimatete ungewöhnliche Maṇḍala-Anlage. Fast alle der 64 Yoginī-Figuren in den Nischen des Rundgemäuers erhalten, das Kultbild des tanzenden Bhairava in einem offenen Mittelschrein hingegen verloren.

Ranthambor (Rājasthān, 110 km südöstlich Jaipur, 13 km nordöstlich Wildschutzgebiet Sawai Madhopur): Im 11. Jahrhundert unter den Chauhan-Rajputen eine der stärksten Festungen Indiens, etwa 550 m hoch gelegen. Nach endlosen Kämpfen 1569 endgültig an die Muslime; Burg und Stadt seither verfallen.

Roda (Gujārat, 100 km nordöstlich Ahmadābād): Acht Tempel (Śikhara-Turm, einjochige Vorhalle, in einem Fall auch ein Maṇḍapa). Vorzügliche Skulpturen, 8.–10. Jahrhundert.

Saheth-Maheth (Uttarpradesh, 150 km nordöstlich Lucknow): Im Jetavana-Kloster verbrachte Buddha 25 Regenzeiten, im heutigen Maheth lag Śrāvastī, wo er einige seiner berühmtesten Wunder wirkte. Ausgrabungen von Fundamenten buddhistischer Stūpas und Klöster, Reste der Stadtmauer, ferner von jainistischen und hinduistischen Kultstätten, 300 Terrakottareliefs mit Rāmayāṇa-Szenen aus der Gupta-Zeit (Museum Lucknow).

Samalajj (Gujārat, 90 km nordöstlich Ahmadābād): Haricandrani-Cori-Tempel des Viṣṇu aus der Paramāra-Zeit um 1000. Daneben Reste eines älteren Śiva-Heiligtums. Aus dem Ruinenfeld wurden bedeutende Skulpturen aus der Maitraka-Zeit geborgen, die zeitgleich mit den Guptas (5. Jahrhundert) im Nordwesten herrschten (Museum Baroda, Prince of Wales Museum Bombay und National Museum Delhi).

Sāñcī (Madhyapradesh, 40 km nordöstlich Bhopal): Vor den Toren der alten Stadt Vidiśā entwickelte sich seit dem 3. Jahrhundert v. Chr. auf einem Hügelplateau der Vindhya-Berge ein bedeutender buddhistischer Pilgerort. Kaiser Aśoka stiftete um 250 v. Chr. eine seiner Ediktsäulen (verloren) und einen Reliquienstūpa, dessen Kern noch im Großen Stūpa steckt, Unter der Śuṅga-Dynastie, Mitte 2. Jahrhundert v. Chr., Ummantelung des Großen Stūpa und Anlage des schmucklosen Steinzauns, unter den Sātavāhana-Königen (2.–1. Jahrhundert v. Chr.) Errichtung der großartigen vier Steintore *(toraṇa)*, deren Trägerfiguren und Reliefs (Bhudda-Leben in Symbolen, Jātakas, Alltagsszenen, Mānuṣi-Buddhas) den Höhepunkt der archaischen Kunst Indiens bedeuten. Nahe beim Großen Stūpa (Nr. 1) steht der kleinere Stūpa Nr. 2 ohne Tore, aber mit Reliefschmuck am Steinzaun, ein Werk der Elfenbeinschnitzer von Vidiśā (2. Jahrhundert v. Chr.). Stūpa Nr. 3 mit einem reich reliefierten Tor barg Reliquien von Buddhas beiden Hauptjüngern Śāriputra und Mahāmaudgalyayāṇa. Um die Stūpas lagen Klöster *(vihāra)*, deren freigelegte Fundamente die typische Form des quadratischen Hofes mit Wohnzellen aufweisen. Bauwerke aus der Gupta-Zeit (5./6. Jahrhundert): Nahe dem Südtor der Tempel Nr. 17, wie ein griechischer Prostylos (kleine kubische Cella, davor vier Pfeiler, kein Turm). Tempel Nr. 18 war eine Caitya-Halle mit halbkreisförmiger Apsis. Funde im örtlichen Museum. Um den Klosterhügel von Sāñcī gruppieren sich im Umkreis von etwa 20 km weitere buddhistische Stätten: bei Sonari, in Sadhara (Reste zweier Stūpas), in Pipaliya.

Sanganer (Rājasthān, 10 km südlich Jaipur): Jaina- Tempel aus dem 10./11. Jahrhundert mit qualitätvollen Skulpturen.

Sārnāth (Uttarpradesh, 6 km nördlich Vārāṇasī): Heiliger Hain Śivas als »Herr der Gazellen« (Saraṅganātha). Stätte der ersten Predigt des Buddha. Rege Bautätigkeit seit der Maurya-Zeit (3. Jahrhundert v. Chr.). Kaiser Aśoka errichtete eine Ediktsäule mit dem berühmten Löwen- und Radkapitell, das im indischen Staatswappen weiterlebt. Bedeutende Inschriftenfunde. Drei Klosteranlagen aus der Kuṣāṇa-Zeit (Ende 1.–2. Jahrhundert n. Chr.). Der hohe zylindrische Dhamekh-Stūpa und ein quadratischer Tempel aus der Gupta-Zeit (320–455), im 11. Jahrhundert wiederhergestellt. Hervorragende Skulpturen im örtlichen Museum: Bodhisattva im Mathurā-Stil, aus der Schule von Sārnāth unter den Guptas der berühmte predigende Buddha, Stele mit den vier Hauptereignissen Geburt, Erleuchtung, erste Predigt, Parinirvāṇa. 1 km südlich des Ruinenfeldes, auf einem Hügel an der Straße nach Vārāṇasī, ließ Kaiser Akbar 1588 den achteckigen Chaukhandi-Turm errichten.

Sasaram (Bihar, 110 km südöstlich Vārāṇasī): Mausoleum des Sher Šāh Sur (um 1540), der Kaiser Humāyūn für 15 Jahre die Herrschaft entriß. Meisterwerk der Lodi-Bauhütte in einem 300 x 300 m großen See.

Sejakpur (Gujārat, 60 km nordöstlich Rājkot): Ruine des Navalakha-Śiva-Tempels (Śikhara-Stumpf und Maṇḍapa) mit feinen Skulpturen, 12. Jahrhundert.

Sendamaram (Tamilnāḍu, 110 km südöstlich Madurai): Am Fuß des Vīrasigamāṇi-Hügels eine śivaitische Kulthöhle (7./8. Jahrhundert) mit schweren Pfeilern und verwitterten, aber dennoch eindrucksvollen Skulpturen (Torhüter, Ṛṣi Agastya).

Seringapatam, Śrīraṅgapaṭṭana (Karnataka, 15 km nördlich Maisur): Hauptstadt der Rājas von Maisur auf einer 5 km langen Insel im Kaverī-Fluß. Im 18. Jahrhundert Zentrum des Widerstands gegen die Briten, 1799 von diesen erobert. Innerhalb der Festung Sommerpalast des Tipu Sultan mit Wandmalereien, seine Moschee und sein Mausoleum (»Gumbaz«).

Shekhavati (Rājasthān): Gebiet im Dreieck Jaipur – Bikaner – Delhi, 1471 durch Rao Shekhaji zeitweilig von Jaipur losgelöstes Hindu-Fürstentum. Handelshäuser *(haveli)*, Festungen, Paläste und Kenotaphe der Landbarone mit reichem Freskenschmuck, 17.–19. Jahrhundert. Hauptorte: Mandawa, Sikar, Nawalgarh, Samod, Dundlod, Fathpūr (islamisch).

Sikandra (Uttarpradesh, 10 km nordwestlich Agra): Gartengrab Kaiser Akbars (gestorben 1605), nach seinem Willen von übereinandergetürmten hinduistischen Pfeilerhallen (nicht vom typisch islamischen Kuppelgrab) bestimmt.

Sirpur (Madhyapradesh, 60 km östlich von Raipur): Ehemalige Hauptstadt der Könige von Śarabhapura am Ufer der Mahānadī. Gut erhaltener Lakṣmaṇa-(Viṣṇu-)Tempel, einer der seltenen Ziegelbauten, 7. Jahrhundert. Reicher, feiner Bauschmuck. Ausgrabungen buddhistischer Tempel und Klöster, ebenfalls aus Ziegel, Sandsteinplastiken.

Sohagpur (Madhyapradesh, Vorort von Shahdol, 150 km östlich Jabalpur). Bedeutender Śiva-Vīrateśvara-Tempel mit elegantem Figurenschmuck, Haihaya-(Cedi-)Dynastie, 11. Jahrhundert, den Tempeln von Khajuraho eng verwandt.

Somnathpur (Karnataka, 30 km südöstlich von Mysore): Sehr schöner, typischer Tempel der späten Hoyśala-Zeit (Mitte 13. Jahrhundert), dem Viṣṇu als Keśava geweiht. Rechteckiger Hof mit umlaufendem Korridor und 64 Zellen, in der Mitte drei turmbekrönte Schreine auf sternförmigem Grundriß, verbunden durch gemeinsame Hallen und Plattform (Trikuta-Anlage). Reicher Skulpturenschmuck.

Sravana Belgola (Karnataka, 80 km nordöstlich Maisur): Zentrum der Jainas (Digambaras). Den 160 m hohen Indrabetta-(Doddabetta-, Indragiri-) Hügel krönt eine 17 m hohe Granitstatue des nackten Gommateśvara, Sohn des ersten Tīrthankara (»Furtbereiters«) der Jainas, in starrer Meditationshaltung und umwunden von Kriechpflanzen. Stifter war im Jahre 983 Cāmuṇḍāraya, Minister des Königs Racamalla II. aus der Westlichen Gaṅga-Dynastie. Um das Standbild eine Tempelgruppe aus dem 12. Jahrhundert. Auf dem nördlich benachbarten Candra-Hügel soll Candragupta, der Gründer der Maurya-Dynastie, sein Leben als Mönch beendet haben. Gruppe von 15 Tempeln, 10.–12. Jahrhundert. Vor dem Pārśvanātha-Tempel beim Haupteingang eine freistehende Säule *(mana-stambha)*, typisch für Jaina-Heiligtümer.

Śrīnagar (Hauptstadt von Jammu-Kaschmir): Interessant für die Holz- und Ziegelarchitektur des Himalaja. Jami Masjid, Anfang 15. Jahrhundert, Šāh Hamadān Masjid, Patthan Masjid aus Stein, um 1620. Zitadelle, im 6. Jahrhundert von Hindu-Fürsten gegründet, seit dem 14. Jahrhundert muslimisch.

Śrīraṅgam (Tamilnāḍu, 5 km nördlich Tiruchirapalli): Zentrum der viṣṇuitischen Alvars auf einer 27 km langen Insel im Kaverī-Fluß, im 12. Jahrhundert Wirkungsstätte des großen Philosophen Rāmānuja. Älteste Teile des Viṣṇu-Raṅghanātha-Tempels nicht erhalten. Erneuerung der weitläufigen Tempelanlage mit vielen Höfen, Hallen und Schreinen im wesentlichen unter den Pāṇḍya-Königen und den Nāyakkārs, vom 13. bis 16. Jahrhundert. Beim Vellai-Gopura die Tausend-Pfeiler-Halle (960 Granitmonolithen), die Sesagiri-Halle mit einer Reihe prächtiger Reiterpfeiler. 2 km östlich des Viṣṇu-Tempels der kleinere Śiva-Tempel Jambukeśvara.

Śrīsailam (Andhrapradesh, 100 km nordöstlich Karnul): Uralter Pilgerort des Śiva-Mallikārjuna auf dem schwer zugänglichen Ṛsabhagiri über den Felsbänken der Kṛṣṇa. Zentrum der Liṅgayat-Sekte. Inschriften reichen bis in die Kākatīya-Dynastie (13./14. Jahrhundert) zurück. Eindrucksvolle Tempelmauer *(prakara)* außen mit Reliefs aus śivaitischen Purāṇas, im Tempelhof weitere Śiva-Aspekte, auch als Viśvakarma, der Baumeister des Universums. Nebenschreine der Devī als Bhramārambā und anderen Gottheiten geweiht.

Sucindram (Kerala, 12 km westlich Kap Komorin): Einer der schönsten Großtempel in Kerala, typisch für die Spätzeit (17./18. Jahrhundert), den drei Hauptgöttern Śiva (Sthaṇu), Viṣṇu (Mal) und Brahmā (Ava) geweiht. In den langen Korridoren prächtige »Musiksäulen«.

Tanjore, Tañjāvūr (Tamilnāḍu, 300 km südwestlich Madras): Bṛhadeśvara-Tempel, dem Śiva als Tänzer geweiht. Höhepunkt der Cola-Bauhütte, errichtet unter Rājarāja I. um 1000, zahlreiche Inschriften in Tamil-Grantha. Niedrige Tortürme, höchster Turm (66 m) ist der Vimana über dem Hauptschrein, 80 t schwerer Abschlußstein *(stūpika)*. An den Innenwänden des ersten Turmgeschosses 108 Tanzposen Śivas in Stein. An der Nord- und Westwand des Umwandlungsganges um die Cella Wandmalereien aus der Erbauungszeit freigelegt (Śiva als Tripurāntaka, als Yogi, Naṭarāja, Sundara, König Rājarāja und sein Guru, Rājarājas drei Königinnen, Apsaras), die übrigen Wandmalereien aus der Nāyakkār-Zeit. Nandī-Halle (12. Jahrhundert), Devī-Tempel (begonnen im 13. Jahrhundert), Subrahmaṇya-Tempel (16./17. Jahrhundert). Östlich vom Bṛhadeśvara- Tempel liegt der Nāyakkār-Palast (um 1550), im Museum Cola-Bronzen und Skulpturen.

Tigawa (Madhyapradesh, Jabalpur-Distrikt): Kaṅkālī-Devī-Tempel aus der Gupta-Zeit (5. Jahrhundert), dem Tempel Nr. 17 in Sāñcī sehr ähnlich, aber hinduistisch (dem Viṣṇu geweiht) und mit reicherem Bauschmuck.

Tirucirāpalli, Trichy (Tamilnāḍu, 300 km südwestlich Madras): Auf dem berühmten Felsen im Norden der Stadt śivaitisches Kultzentrum seit der Pallava-Zeit. Höhlentempel und an der Südwand des Felsens Inschrift über die Bekehrung Mahendravarmans I. (600–630) zum Śivaismus. Auf der Felsspitze Ucipillayar-Tempel, dem Gaṇeśa geweiht, Nāyakkār-Zeit (um 1670).

Tirukkalukunram (Tamilnāḍu, 10 km westlich Mahābalipuram): Bhaktavatsala-Tempel mit gewaltigen Tortürmen, im 13. Jahrhundert von den Pāṇḍya-Königen erneuert und ausgebaut. Auf halber Berghöhe ein »Orukal Maṇḍapa« genannter Ḥöhlentempel, auf dem Vedagiri ein dem Kailāsanātha von Kāñcī sehr ähnlicher Tempel (7. Jahrhundert).

Tirumalaipuram (Tamilnāḍu, südlich des Periyar-Sees, bei Kadayanallur): Kulthöhle der frühen Pāṇḍya-Könige (590–920) im Mahendra-Stil der Pallava-Kunst. Innen Reliefs der Götter Viṣṇu, Brahmā, Śiva.

Tirupparamkunram (Tamilnāḍu, 8 km südwestlich Madurai): Höhlentempel im Mahendra-Stil der Pallava-Kunst mit dreifacher Cella und schönen Götterskulpturen (Śiva, Viṣṇu, Durgā, Skanda, Gaṇeśa, Naṭarāja, Devī) der frühen Pāṇḍa-Könige, teilweise durch Stuck- und Ölschichten entstellt.

Tiruttani (Andhrapradesh, bei Arkonam, 85 km von Madras): Interessanter Virattaneśvara-Tempel, ein Apsidialbau mit hufeisenförmiger Fassade (»von Gestalt eines Elefantenrückens«) und Eingangshalle, erbaut im 9. Jahrhundert unter dem letzten Pallava-König Aparājita. Eine weitere Halle später hinzugefügt. Skulpturen des śivaitischen Götterkreises.

Tiruvalanjuli (Tamilnāḍu, bei Kumbakonam): Kapardeśvara-Tempel, Anfang 11. Jahrhundert vom Cola-König Rājarāja erneuert. Malereien aus der Nāyakkār-Zeit (17. Jahrhundert): Śivas Tanz, begleitet von Viṣṇu, Indra, Brahmā. Nebenschreine für Kṣetrapāla und Gaṇeśa. Rājarājas Königin Lokamahādevī stiftete in der Nähe einen Bhairava- und einen Gaṇapati-Tempel.

Tiruvalisvaram (Tamilnāḍu, 40 km westlich Tirunelveli): Eleganter früher Cola-Tempel, laut Inschrift Ende 10. Jahrhundert von König Rājarāja für Śiva als Valīśvara errichtet. Vimāna wie üblich mit Nandīs an den Ecken, Skulpturen zeigen verschiedene Śiva-Aspekte. Tempel für Devī im 13. Jahrhundert hinzugefügt.

Tiruvalur (Tamilnāḍu, 55 km östlich Tanjavur): Einer der größten und heiligsten Śiva-Tempel Südindiens. Der weitläufige Komplex um den Kamalālaya-Teich von Rājarāja Cola begonnen, bis Ende 13. Jahrhundert auf fünf Höfe mit zahlreichen Schreinen und Hallen erweitert, monumentale Tortürme. Vor dem Hauptschrein des Śiva-Tyagarāja interessante Skulpturen. In der Tausend-Pfeiler-Halle Malereien des legendären Cola-Königs Mucukunda.

Tiruvannamalai (Tamilnāḍu, 160 km südwestlich Madras): Aruṇacaleśvara-Tempel, dem Śiva Liṅgodbhava – als Feuersäule – geweiht. Drei ineinander geschachtelte Höfe, Tortürme in allen Haupthimmelsrichtungen. Im 11. Jahrhundert begann Vīra Rājendra Cola mit der Errichtung das Papageienturms *(kiligopura)* und der Hundert- und Tausend-Pfeiler-Halle, Aufstokkung der Tortürme unter König Kṛṣṇadevaraya von Vijayānagara (1. Hälfte 16. Jahrhundert).

Tricur (Kerala, 60 km nördlich Ernakulam): In der Stadtmitte der Vadkkunātha-Tempel, dem Śiva geweiht, wegen seiner Heiligkeit Tenkailāsa (»Kailāsa des Südens«) genannt. Hohe Tortürme, Hauptschrein Śrīkovil, Nalāmbalam-Pfeilerkorridor, Theatergebäude Kuṭṭamabalam (11./12. Jahrhundert, Malereien und Schnitzereien) 17. Jahrhundert.

Trivandrum (Hauptstadt von Kerala): Im Fort einige ältere Paläste und Tempel, besonders bemerkenswert der Padmanābhasvāmi-(Viṣṇu-) Tempel aus dem 10. Jahrhundert, eine Mischung von südindischen Stilelementen mit dem für Kerala typischen Giebeldach.

Trivikramamangalam (Kerala, 3 km von Trivandrum): Śiva-Tempel aus dem 11. Jahrhundert im Kerala-Stil. Interessante Treppe zum Haupteingang (Makara-Reliefs, Tanzszenen) und Torhüter.

Udaipur (Rājasthān): Malerische Hauptstadt des Staates Mewār der Sisodia-Rajputen, gegründet nach dem Fall von Chitorgarh 1567 von Mahārāṇa Udai Singh. Stadtpalast am Ostufer des Picholasees, Inselpaläste (Jagmandir, Anfang 17. Jahrhundert, Jag Nivas, Mitte 18. Jahrhundert). In der Stadt der Jagamātā- oder Jagdish-Tempel des Viṣṇu (Mitte 18. Jahrhundert). 3 km östlich der Stadt liegt Ahar, die älteste Hauptstadt von Mewār: Reste von Jaina-Bauten, Museum mit prähistorischen und buddhistischen Funden, Kenotaphia der Mahārāṇa.

Udaipur, Udayapur (Madhyapradesh, 100 km nordöstlich Bhopal): Großartiger, gut erhaltener Udayeśvara-(Śiva-)Tempel, erbaut vom Paramāra-König Udayaditya, 2. Hälfte 11. Jahrhundert. Eleganter Śikhara-Turm, Halle mit Pyramidendach, reicher Skulpturenschmuck. Acht kleinere Tempel in Ruinen.

Ujjain (Madhyapradesh, 160 km westlich Bhopal): Eine der ältesten Städte Indiens und eine der sieben heiligen Stätten der Hindus (Schauplatz der Kumbh Mela). Im 1. Jahrhundert v. Chr. Residenz des legendären Königs Vikramāditya, Ende 4. Jahrhundert n. Chr. seines Nachfolgers Chandragupta Vikramāditya II., an dessen Musenhof Kālidāsa wirkte. Von der alten Stadt ist nur ein Tor des Mahākāla-Tempels um 1300 erhalten, im Südosten Ruinen der Sternwarte des Mahārāja Jai Singh II. von Jaipur (um 1730).

Undavalli (Andhrapradesh, bei Vijayawada): Höhlentempel am Südufer der Kṛṣṇa, angelegt im 5./6. Jahrhundert unter den Viṣṇukundis von Vengi. Die massigen Pfeiler und Skulpturen (Viṣṇu-Inkarnationen) gelten als wichtige Vorläufer der Pallava-Kunst. Die größte, dreigeschossige Anantasayana-Höhle war ursprünglich ein buddhistisches Kloster.

Uttaramerur (Tamilnāḍu, 80 km südwestlich von Madras): Sundaravarada-Tempel (Śrī Veli Viṣṇugṛha), eine Kopie des Vaikunthaperumal in Kāñcī, ein wichtiges Beispiel des späten Pallava-Stils (9. Jahrhundert). Unter den Skulpturen besonders interessant eine Sarasvatī, von Elefanten mit Wasser überschüttet (wie sonst Lakṣmī).

Vadnagar (Gujārat, 100 km nördlich Ahmadābād): Im Norden der Stadt vom Tempel des 11. Jahrhunderts zwei prächtige Tore erhalten. Am Heiligen Teich alte Skulpturen, der sieben Ṛṣis und der »Wunschkuh« (Kāmadhenu).

Vārāṇasi, Benares (Uttarpradesh): Die Heiligkeit der alten Stadt Kāśī am Ufer der Gaṅgā schon in den Epen Mahābhārata und Rāmayāṇa bezeugt. Zum Verständnis des Hinduismus interessanteste Stadt Indiens. Alte Tempel von Muslimen zerstört, ab dem 18. Jahrhundert teilweise wieder aufgebaut.

Vellur, Vellore (Tamilnāḍu, 120 km westlich Madras): Eindrucksvolles Fort der Vijayanāgara-Könige, erbaut um 1500 unter Mitwirkung italienischer Ingenieure. Tempelbezirk mit gewaltigen Tortürmen; Hochzeitshalle *(kalyāṇamaṇḍapa)* mit großartigen Reiterpfeilern, ein Höhepunkt des Vijayanāgara-Stils (17. Jahrhundert).

Vilinjam (Kerala, 25 km südöstlich Trivandrum): Kleines Felsenheiligtum, eines der ältesten der Cera-Zeit (700–850), ohne Vorhalle, interessante Skulpturen (Śiva-Aspekte).

Virincipuram (Tamilnāḍu, 12 km westlich Vellur): Tempel des Śiva als Mārgasahaya nach dem Vorbild des Tempels von Vellur.

Glossar

ācārya – Lehrer, geistiger Führer, Baumeister
ahiṁsā – Gewaltlosigkeit, ethisches Prinzip der indischen Religionen des ewigen Weltgesetzes (Buddhismus, Jainismus, Hinduismus)
āmalaka – großer, gerillter Stein in Form eines Rundkissens als Turmbekrönung (besonders des śikhara) oder Kapitell, der Myrobalan-Frucht nachgebildet
amṛta – Unsterblichkeitstrank
aṇḍa – »Ei«, massive Halbkugel des Stūpa
aṅgula – Fingerbreite, Maßeinheit
aṅkuśa – Elefantenstachel, Attribut Indras
antarāla – kurze, schmale Vorhalle zum Allerheiligsten (garbhagṛha)
ardhamaṇḍapa – Vorhalle
āsana – Sitzhaltung, Sockel, Thron
āśrama (ashram) – Einsiedelei, Wohn- und Lehrstätte eines Guru mit seinen Schülern
aṣṭamaṅgala – siehe maṅgala
aśvamedha – rituelles Pferdeopfer zur Erlangung der Weltherrschaft
ātman – Essenz oder Prinzip des Lebens, Ich-Illusion
avatāra – »Herabstieg«, Inkarnation einer Gottheit, besonders des Viṣṇu
āyudhapuruṣa – »Waffenmensch«, personifizierte Waffe einer Gottheit

Bhagavadgītā – philosophisches Lehrgedicht über die Unsterblichkeit der Seele, Teil des Mahābhārata, vom Gott Kṛṣṇa dem Pāṇḍava-Prinzen Arjuna verkündet
Bhagavan – »Erhabener«, Anrede für Viṣṇu und große Lehrer
bhakti – Verehrung, Anbetung, religiöse Hingabe, einer der Erlösungswege
bhogamaṇḍapa – Speisehalle im Tempel
bodhi – Erleuchtung
bodhisattva – Erleuchtungswesen, Erlösungshelfer des Mahāyāna
bodhivṛkṣa – Baum der Erleuchtung (eines Buddha)
brāhman – Weltgeist, Absolutes
buddha, Buddha – »Erwachter«, Erleuchteter

caitya – frühbuddhistischer Grabhügel
caitya-Halle – Sanktuarium im buddhistischen Kloster zur Aufnahme eines Stūpa, meist dreischiffig mit halbrundem Schluß
caitya-Fenster – siehe kuḍu
cakra – Rad, (Wurf-)Scheibe, Attribut Viṣṇus; im Buddhismus Symbol der Lehre
cakravartin – Weltherrscher, Ehrentitel eines Buddha als geistiger Weltherrscher
cāmara, cauri – Yakwedel, Symbol des Herrschers
candraśila – Mondstein, halbkreisförmiger Schwellenstein
cārbāgh – vierfach aufgeteilter Garten
caturmukha, chaumukha – viergesichtig
chattra – Schirm, Teil des Stūpa; Symbol des Herrschers
chattrī – pfeilergetragener Pavillon, Kenotaph von Hindu-Fürsten und ihren Angehörigen

dagoba – Reliquienbehälter
ḍamaru – Stundenglastrommel, Attribut Śivas
dargah – Kuppelgrab eines islamischen Heiligen
darśana – »Sehen«, Anschauung verehrungswürdiger Gegenstände und Personen
daśāvatāra – die zehn Herabstiege (Inkarnationen) Viṣṇus
deul (devakula) – Bezeichnung für einen Turm mit Sanktuarium oder einen ganzen Tempel im Bundesstaat Orissa
deva, devatā – Gott, Gottheit
devadāsi(s) – »Sklavin Gottes«, Tempeltänzerin, - prostituierte
devī – Göttin
dhamma, dharma, dharman – Weltgesetz; Buddhas Lehre
dharmacakra – Rad der Lehre, Symbol des Buddhismus
dhātugarbha – Reliquienbehälter (singhalesisch: dagoba)
dhvajastambha – Flaggenmast oder -säule
digambara – »Himmelsgekleidete« (Nackte), älterer Zweig des Jainismus
dīpastambha, dīpalakṣmī – Lampenpfeiler, Figur der lampentragenden Göttin Lakṣmī
diwan-i-am – öffentliche Audienzhalle am Mogulhof
diwan-i-khas – private Audienzhalle

ekaliṅgamukha – Liṅga mit einem Antlitz Śivas

gadā – Keule (Lichtsymbol), Attribut Viṣṇus
gaja – Elefant, Träger des Universums, im Buddhismus Zeichen der Geburt eines künftigen Buddha
gajapṛṣṭhaka – Apsidialbau in Gestalt eines Elefantenrückens
garbhagṛha – »Behälter des Äthersamens«, Mutterschoß, Allerheiligstes, Cella eines Tempels, Reliquienbehälter im Buddhismus
ghat (Hindi) – Treppen zu Bade- und Verbrennungsplätzen
gomukha – »Kuhgesicht«, Wasserspeier
gopura – Torturm des südindischen Tempels
gumbaz (persisch) – islamischer Kuppelbau
guṇa – Eigenschaft (der Urmaterie)
gupha, gumpha – Höhle, Höhlenkloster
guru – Meister, Lehrer

haṁsa – Ganter, Schwan, Reit- und Symboltier Brahmās
harmikā – würfelförmiger Aufsatz auf der Halbkugel des Stūpa
haveli (persisch) – Bürgerpalast, besonders in Rājasthān
Hīnayāṇa – »Kleines Fahrzeug«, der ältere Buddhismus
hindola – kunstvolle Schaukel für Götter und Fürsten

jagamohan – Tempelhalle in Orissa
jāli – kunstvoll durchbrochenes Steingitter an den Außenwänden von Tempeln
jāmbudvīpa – Kontinent des Rosenapfelbaums (einer der sieben großen Inselkontinente), auf dem Bhāratavarṣa (Indien) liegt
Jātakas – Erzählungen aus früheren Erdenleben des historischen Buddha
jaṭamukuṭa – kunstvolle Haarkrone Śivas
jayastambha – Siegessäule

Kailāsa – Berg im Himalaja (Tibet), Wohnsitz Śivas
kalaśa – vasenartiges Gefäß als Dachbekrönung oder Kapitell
kāliyuga – das gegenwärtige »schwarze« (schlechte) Weltzeitalter
kalpavalli – wunschgewährende Ranke
kalpavṛkṣa – wunschgewährender Baum im Götterhimmel
kalyāṇamaṇḍapa – Halle im südindischen Tempel für die Zeremonie der heiligen Hochzeit (Götterhochzeit)
Kāmaśāstra, Kāmasūtra – Lehrbuch, Leitfaden zur Liebeskunst, Grundlage erotischer Tempelskulpturen
karandamukuṭa – Topfkrone
karma, karman – »Tat«, Gesetz von Ursache und Wirkung, grob Schicksal
khaḍga – Schwert, Attribut von Göttern
kīrtimukha – »Ruhmesgesicht«, Dämonenmaske als Bauschmuck
kīrtistambha – Ruhmessäule
kīrtitoraṇa – Ruhmestor, Ehrentor
kṣatriya – Krieger- und Adelsstand im hinduistischen Kastenwesen
kuḍu – aus dem hufeisenförmigen Caitya-Fenster entwickelter Architekturbogen
kumbha – »Topf«, Kissenkapitell, in der Mythologie Nektarbehälter, um den Götter und Dämonen streiten
kumbhapañjara – »Topfpilaster«, Zierpfeiler
kumbhmela – Hindufest, im Vierjahreswechsel in den heiligen Städten Allahābād (Triveni), Hardwar, Ujjain und Nasik
kunḍ – Wasserreservoir, Tempelteich
kuṭa – Pavillon mit quadratischem Grundriß, besonders als Bauschmuck eines Vimāna

lakṣaṇa – besondere körperliche Merkmale eines Buddha oder Mahāpuruṣa als Ausdruck außergewöhnlicher Fähigkeiten und Eigenschaften, beispielsweise ūrṇā, uṣṇīṣa

liṅga – »Zeichen, Merkmal« des Urgeistes, phallisches Symbol Śivas

Mahābhārata – größtes indisches Heldenepos über den Kampf der Nachkommen des weisen Königs Bhārata, der verwandten Fürstengeschlechter Pāṇḍava und Kaurava, zur Zeit der indoarischen Landnahme. Der mit beiden Familien verwandte Gott Kṛṣṇa nimmt an der Entscheidungsschlacht von Kurukśetra (nördlich von Delhi) als Wagenlenker des Pāṇḍava-Prinzen Arjuna teil und verkündet ihm die Bhagavadgītā
mahall (arabisch) – Palast, Wohnviertel
mahāmaṇḍapa – große Halle vor der Cella eines Tempels
mahāpuruṣa – »Großer Mann«, übernatürliches Wesen, Urgeist
Mahāvīra – »Großer Held«, 24. Tīrthankara und Stifter des Jainismus, Zeitgenosse Buddhas
Mahāyāṇa – »Großes Fahrzeug« (Überfahrt), zweite Entwicklungsstufe des Buddhismus
makara – krokodilartiges Fabelwesen mit Elefantenrüssel, Symbol der Lebensfülle
makaratoraṇa – Krokodilstor
manastambha – Pfeiler mit Pavillonbekrönung vor Jaina-Tempeln
maṇḍala – »Kreis«, symbolische Darstellung der Welt, Meditationsbild
maṇḍapa – Tempelhalle
mandir – Hindi-Bezeichnung für Tempel
maṅgala – Glückszeichen, meist eine Serie von 7, 8 oder 16 Symbolen
mantras – mystische Silben und Formeln
masjid (arabisch) – Moschee
matha – hinduistisches Kloster, Priesterhaus
māyā, Māyā – Scheincharakter der Welt; Mutter des historischen Buddha
medhi – zylinderförmige Basis des Stūpa
Meru, Sumeru – der mythische Weltenberg, dessen Abbild der Kailāsa im Himalaja ist
mihrab (arabisch) – Gebetsnische in der Moschee
minar (arabisch) – Turm, Minarett
mithuna, maithuna – Liebespaar, Sternbild der Zwillinge
mokṣā, mukti – Befreiung, Erlösung, Stillstand des Lebensrades (der Wiedergeburten)
mudrā, hasta – Geste, Handhaltung
mukhaliṅga – Gesichtsliṅga, Phallus mit dem Antlitz Śivas
mukhamaṇḍapa – Vorhalle
mukuṭa – Diadem, Krone
mūrti – Form, Gestalt (einer Gottheit)

nāgara – nordindischer, sogenannter indoarischer Tempelstil
nandīgṛha, nandīmaṇḍapa – Haus, Pavillon für eine Skulptur des Nandī-Bullen, Śivas Symboltier
naṭamaṇḍapa, natyamaṇḍapa – Tanzhalle
navaraṅga – neunteilige Tempelhalle
nayaka, nayika – Held, Heldin eines Dramas
nidhī – »Schatz«; der Reichtumsgott Kubera besitzt neun Schätze, der Buddha vier
nirvāṇa – »Verlöschen«, »Verwehen«, Heilziel der Buddhisten

padma – Lotos
padmāṣana – Lotossitz, Meditationshaltung
paduka – Fußabdruck eines Gottes oder Buddhas in Stein
pañcamukha – fünfgesichtig, fünfköpfig
Pañcatantra – berühmtes Fabelbuch (7. Jahrhundert n. Chr.); das in die orientalische und abendländische Literatur hineinwirkte
pañcāyatana – Tempel- oder Stūpatyp mit einem Hauptturm (oder Stūpa) und vier gleichartigen Nebentürmen (Stūpas) an den Ecken der gemeinsamen Plattform
parinirvāṇa – das höchste, endgültige Nirvāṇa
parivara – »Familie«, Gefolge einer Gottheit
pitha – Basis eines Tempels oder Kultbildes
pradakṣiṇā – kultische Umwandlung der Cella eines Tempels, eines Kultbildes oder Stūpas im Uhrzeigersinn (Sonnenlauf)
pradakṣiṇāpatha – Umwandlungspfad
prakara – Tempelmauer
prāsāda – Palast, Heiligtum
pujamaṇḍapa – Opferhalle im Tempel
Purāṇas – die »alten Texte«, wichtigste Quelle der Mythologie (4.–10. Jahrhundert); die zehn großen Purāṇas werden nach den drei Göttern Brahmā, Viṣṇu und Śiva eingeteilt; besonders volkstümlich ist das Bhagavata-Purāṇa, das die Geschichte Kṛṣṇas enthält
pūrṇāgatha, pūrṇākalaśa – volles Gefäß, Zeichen der Lebensfülle, eines der Glückssymbole (maṅgala)
pūrṇākumbha – Krug der Fülle

rāgamālā – stimmungsvolle Bildfolge, Melodienfolge
Rajputen – »Königssöhne«, der indoarische Kriegerstand, aus dem die nordindischen Fürstengeschlechter hervorgehen (die Sonnendynastien stammen von Rāma ab, die Mondgeschlechter von Kṛṣṇa, die »Feuergeborenen« vom Feuergott Agni)
Rāmayāṇa – »Abenteuer des (Gottes) Rāma«, zweitgrößtes indisches Heldenepos, Vālmīki (1. Jahrhundert n. Chr.) zugeschrieben; es schildert das Vordringen der Indoarier nach Süden, den Raub von Rāmas Gemahlin Sītā durch Rāvana, den Dämonenkönig von Lanka (Ceylon), sowie ihre Befreiung und Heimführung in die Königsstadt Ayodhyā
ratha – Prozessionswagen und dessen Nachbildung als steinerne Tempel
rauza – Verbindung von Grab und Moschee
rekha, rekha deul – Tempel(Stil) in Orissa

sabhamaṇḍapa – Versammlungshalle
sāgara – See, Teich
śāktī – weibliche Energie eines Gottes
Śākyamuṇi – der »Weise der Śākyas«, der historische Buddha
śālabhañjikā – »Sal-Biegerin«, Baumnymphe im Geäst des Salbaumes
saṃsāra – Kreislauf der Wiedergeburten
saṅgharama – buddhistisches Kloster
śaṅkha – Muschelhorn, Glückszeichen, Attribut Viṣṇus
śārdūlas – tigerähnliche Fabeltiere
seṣa, seṣanāga – die Weltenschlange, auf der Viṣṇu ruht
śikhara – Gipfel; Tempelturm im nordindischen Nāgara-Stil
śilpaśāstra – Lehrbuch der Architektur
siṁha – Löwe, heraldisches Zeichen
śrīvatsa – Glückszeichen auf der Brust Viṣṇus
stambha – Säule, Pfeiler
stūpa – halbkugelförmiger Grabhügel, Reliquienbehälter im Buddhismus
stūpika – stūpaähnlicher Schlußstein auf dem südindischen Tempelturm
Sumeru, Meru – der mythische Weltenberg, dessen Abbild der Kailāsa im Himalaja ist
svastika – Glücks- und Heilszeichen (Sonnenrad) in Form eines Hakenkreuzes
svetāmbaras – »Weißgekleidete«, Zweig des Jainismus
tāla – Handlänge, Maßeinheit eines Kultbildes
taṇḍava – kosmischer Tanz Śivas
Tantrismus – altindische, magisch-mystisch-okkulte Weltanschauung und Rituallehre zur Erlangung der mikro-makrokosmischen Ureinheit
tāpas – die durch Askese erzeugte »Hitze«
tika, tilaka – Stirnmal
tīrthankara – »Furtbereiter«, die 24 Heilsverkünder des Jainismus
toraṇa – Tor, Torbogen
tribhaṅga – dreifache Biegung von Figuren
trikuṭa – dreiteilige Tempelanlage (drei Türme mit gemeinsamer Halle)
trimūrti – dreifache Form (drei Aspekte) eines Hochgottes, Darstellung der drei Götter Brahmā, Śiva, Viṣṇu
Tripīṭaka – »Dreikorb«, buddhistischer Kanon
triratna – das »dreifache Juwel« des Buddhismus (Buddha, Lehre, Gemeinde)
triśūla – Dreizack, Attribut Śivas (Symbol der drei Eigenschaften der Urmaterie beziehungsweise der drei Aspekte des absoluten Gottes: als Schöpfer, Erhalter und Zerstörer des Kosmos)

udaremukha – »Bauchgesichtler«, Grimasse auf dem Bauch von Dämonen
ūrṇā – Weisheitsauge, Stirnauge eines Buddha
uruśṛṅga – Seitentürme eines Śikhara
uṣṇīṣa – Turban, Erleuchtungserhöhung eines Buddha

vāhana – »Fahrzeug«, »Träger«, Reit- und Symboltier eines Gottes
vajra – Donnerkeil Indras, Diamantzepter im Buddhismus
varna – »Farbe«, Bezeichnung für die vier Kasten der hinduistischen Gesellschaftsordnung: Priester (Brahmanen), Krieger und landbesitzender Adel (Kṣatriya), Handwerker und Kaufleute (Vaiśyas), Knechte und Sklaven (Sūdras); ursprünglich wohl Unterscheidung zwischen hellhäutigen Eroberern (Arier) und dunkelhäutiger Urbevölkerung (Dāsas).
Veda – »Wissen«, die göttliche Offenbarung, bestehend aus vier Sammlungen (saṁhita): Ṛgveda, Sāmaveda, Yajurveda, Atharvaveda, den Brāhmaṅas (Priestertexten), Āraṇyakas (Waldtexten), Upaniṣaden (philosophischen Texten über die Identität von Ātman und Brahman), Sūtras (»Leitfaden«), später auch Lehr- und Gesetzesbüchern
vedikā – Steinzaun, besonders um einen Stūpa
vesara – Tempeltyp des Dekkan, eine Mischform von nord- und südindischen Stilelementen
vihāra – buddhistisches Kloster
vimāna – südindischer Stufen- oder Terrassenturm über der Cella
vyāli – Löwengreif, Fabelwesen am Tempel (yāli)

yajñopavīta – heilige Schnur; aus Stoff, Perlen, Gazellenfell, bei Torhütern als Blumengirlande, bei zerstörerischen Manifestationen (Śiva, Devī) aus Totenschädeln
yāli – siehe vyala
yantra – magisches Diagramm göttlicher Energie
yoga – »Anjochen«, »Anspannen« (der Sinne), körperlich-geistig-ethische Schulung als Erlösungspfad
yoni – Mutterschoß, Symbol des weiblichen Prinzips (Urmaterie), oft verbunden mit dem Liṅga

zenana – Frauenpalast, Harem

Hinduistische Götter

A = Attribut, Symbol
V = Vāhana, Reit- und Symboltier

Aditi – vedische Göttermutter, Erhalterin von Himmel und Erde
Āditya(s) – vedischer Sonnengott, die zwölf Ādityas verkörpern die Jahresphasen der Sonne
Āgastya, Āgasti – vedischer Seher, Urheber vieler Ṛgveda-Hymnen, Ahnherr der dravidischen Kultur
Agni – »Feuer«, vedischer Feuergott, göttlicher Opferpriester, Welthüter des Südostens (V: Widder; A: Krug, Löffel, Buch, Gebetskranz, sogenannter Rosenkranz)
Airāvata – der weiße Elefant Indras
Aiyaṇār, Ayyappa – Schutzgott der Tamilen; Sohn des Śiva (Votivpferde)
Ambā, Ambikā – »Mutter«, »Mütterchen«; Schwester des Rudra, Bezeichnung für die Muttergöttin
Andhakāsuravadhamūrti – Śiva als Vernichter des Dämons Andhakā
Annapūrṇā – »Mutter der Fülle«; gütige Form der Pārvatī oder Durgā, einen großen Reistopf haltend
Anugrahamūrti(s) – gnädige Formen Śivas
Apsaras(as) – »Wasserwandlerinnen«, Nymphen in Indras Himmel
Ardhanārīśvara – Śiva als Urandrogyn (männlich und weiblich)
Arjuna – dritter der Pāṇḍava-Brüder, Sohn des Indra, Besitzer der von Śiva verliehenen Pāśupata-Waffe; im Mahābhārata ist Kṛṣṇa sein Wagenlenker (siehe Bhagavadgītā)
Aruṇa – Gott der Morgenröte, Begleiter des Sūrya
Aṣṭamātṛkā(s) – »acht Mütter«, Verkörperung der weiblichen Energie (śāktī) ihres Partners: Maheśvarī (Śiva), Vaiṣṇavī (Viṣṇu), Brahmī (Brahmā), Kaumarī (Kārttikeya), Indrāṇī (Indra), Cāmuṇḍā (Śiva), Vārāhī (Varāha), Yogeśvarī (Śiva). Die schreckliche Cāmuṇḍa kann durch Yamī (Yama), die eberköpfige Vārāhī durch die löwenköpfige Narasiṁhī ersetzt werden. Begleitfiguren oft Gaṇeśa, Vīrabhadra und Skelette (Bhairava und Kālī)
Aṣuras – Feinde der Götter (suras), Dämonenklasse
Aśvin(s) – vedisches Götterpaar, pferdeköpfige Zwillingssöhne der Sonne (Vivasvāt), den griechischen Dioskuren ähnlich

Bālakṛṣṇa – Kṛṣṇa als Kind
Bālarāma, Bāladeva, Bālabhadra – alter Bauerngott, Halbbruder Kṛṣṇas, besonders in Purī verehrt
Bali – Dämonenkönig an der Malabarküste (in der Zwergenavatara Viṣṇus = Vāmana)
Bhagavat – »Erhabener«, bevorzugter Titel Viṣṇus, Kṛṣṇas oder eines Buddha
Bhagīrathī – Name der Gaṅgā als Tochter des Bhagīratha, der sie durch Askese vom Himmel zur Erde herabholt
Bhairava, Rudra-Bhairava – Śiva im Schrekkensaspekt (A: abgeschlagenes Haupt Brahmās tragend)
Bhairavī – die »Schreckliche«; Aspekt der Devī
Bharata – Halbbruder Rāmas, im Mahābhārata König von Bhāratavarṣa (Indien)
Bhikṣāṭanamūrti – Śiva als Bettelasket und Brahmanenmörder (Haupt Brahmās in der Hand); von den Frauen der sieben Ṛṣis umringt
Bhīma, Bhīmsena – der »Fruchtbare«, zweiter der Pāṇḍava-Brüder, Sohn des Windgottes Vāyu, in Nepal als Volksgott Bhīmsen verehrt
Bhisma – Sohn der Gaṅgā, der im Mahābhārata auf der Seite der Kauravas kämpft und auf einem »Bett von Pfeilen« stirbt
Bhū(mi)-Devī – Göttin Erde, Gattin Viṣṇus (als Rieseneber hebt er sie aus dem Urozean empor)
Bhūtanātha – Śiva als Herr der Geister, Gespenster (Bhūtas, Bhutagaṇas)
Bhuvaneśvara – Śiva als »Herr der Welt«
Biṭṭhal – Name Viṣṇus
Brahmā – Personifizierung des Brahman, vedisch- brahmanischer Schöpfergott und oberster Opferpriester (A: Wasserkrug, Schöpflöffel, Buch, Gebetskranz, sogenannter Rosenkranz; V: Wildgans, Schwan = Haṃsa); im Hinduismus Schöpferaspekt eines Hochgottes (auf dem Lotusnabel Viṣṇus sitzend)
Brāhmaṇī, Brāhmī – eine der Aṣṭa- oder Saptamātṛkās, dem Brahmā zugeordnet (V: Wildgans)
Budha – Planet Merkur, einer der Navagrahas

Cāmuṇḍā, Cāmuṇḍī – Skelettform oder zornvolle Manifestation der Durgā
Caṇḍeśa, Candeśanugrahamūrti – gnadengewährende Form Śivas (Bekränzung seines Verehrers Caṇḍeśa oder eines Cola-Königs mit einer Girlande), bevorzugt in Südindien
Candra – Mondgott, auch Soma genannt; einer der Navagrahas
Candrasekharamūrti – Śiva als »Mondbekränzter« (Halbmond in der Flechtenkrone)
Caturbhuja – der Vierarmige; Beiname Viṣṇus
Chinnamastā – in Bengalen beheimatete kopflose Form der Durgā oder Kalī, von der buddhistischen Vajrayoginī beeinflußte Initiationsgöttin (Selbstopfer), von zwei bluttrinkenden Erleuchtungsgenien (Ḍākiṇīs) begleitet

Dakṣa – Weiser, Sohn des Brahmā, dem Śiva das Haupt abschlägt und durch einen Ziegenkopf ersetzt (Verwerfung brahmanischer Tieropfer)
Dakṣiṇāmūrti – »Südliche Erscheinung«, Śiva als Yogi und Lehrer unter einem Baum sitzend
Dattātreya – Lehrer der Götter, Kombination der Götter Brahmā, Viṣṇu, Śiva
Devakī – Gattin des Vasudeva und Mutter des Kṛṣṇa; zuweilen als Inkarnation der Aditi angesehen
Devasenā – Gattin des Kriegsgottes Kārttikeya oder Skanda
Devī – »Göttin«, im besonderen die Gattin (śāktī) Śivas. Ihre wohlwollenden Erscheinungen heißen Umā, Gaurī, Pārvatī, Haimavatī (Tochter des Himalaja), Jaganmātā, ihre heroischen und schrecklichen Formen Durgā, Kālī, Caṇḍī, Bhairavī
Dharmarāja – »Gesetzeskönig«, Beiname des Totenrichters Yama und seines Sohnes Yudhiṣṭhira
Dikpāla(s) – Schützer der zehn Himmelsrichtungen (mit Zenit und Nadir); vergleiche Lokapāla
Draupadī – gemeinsame Frau der fünf Pāṇḍavas, Inkarnation der Indrāṇī
Durgā – die »Unzugängliche«, heroischer Aspekt der Devī, bewaffnet auf einem Löwen oder Tiger reitend
Durgā Mahiṣāmardinī – Durgā als Vernichterin des Büffeldämons Mahiṣā (Symbol des Todes)
Duryodhāna – im Mahābhārata Führer der Kauravas
Dvārapāla(s), Dvārapālikā – paarweise Torhüter(innen) an Tempeln

Gajalakṣmī – »Elefanten-Lakṣmī«, die Glücksgöttin Lakṣmī von zwei Elefanten gebadet (zur Mutter der Welt geweiht)
Gajāntaka – »Töter des Elefanten«, Form Śivas
Gajāsurasaṁhāramūrti – Śiva als Vernichter des Elefantendämons, auf dessen Kopf und in dessen Haut tanzend
Gajendramokṣa – Viṣṇu errettet einen Elefanten (Symbol der Seele) vor einem Krokodil (Verkörperung der Sinnenwelt)
Gaṇa(s) – »Scharen«, zwergengestaltige, dickbäuchige Begleiter Śivas
Gandharva(s) – halbgöttliche Bewohner des Luftraums, himmlische Musikanten, Gatten der Apsaras
Gaṇeśa, Gaṇapati – elefantenköpfiger Sohn Śivas und Pārvatīs, »Herr der Scharen« (Gaṇas), Gott der Weisheit, des Wohlstands, Beseitiger von Hindernissen, Fruchtbarkeitsspender (V: Ratte)
Gaṅgā – Flußgöttin (Verkörperung des Ganges), Spenderin von Lebensfülle, an Tempeltoren auf dem Makara stehend, gegenüber der Yamunā auf der Schildkröte
Gaṅgādharamūrti – Śiva, der die vom Himmel herabstürzende Gaṅgā in seinen Haaren auffängt
Garuḍa – Viṣṇus Sonnenadler (halb Mensch, halb Vogel), Verkörperung des geistigen Prinzips (Vernichter der erdgebundenen Schlange)
Gaurī – die »Blonde, Glänzende«; gütiger Aspekt der Devī in Nordindien und Nepal, in

Verbindung mit Śiva die Bezeichnung Hara-Gaurī oder Gaurī-Śānkara
Gāyatrī – zweite Gemahlin Brahmās; Verkörperung der heiligsten Ṛgveda-Strophe an die aufgehende Sonne, Mutter der göttlichen Offenbarung (Veda) und des Brahmanenstandes
Gopāla, Govinda – der »Kuhschützer«, Beiname Kṛṣṇas
Gopināth – »Herr der Gopis« (Kuhhirtinnen); Beiname Kṛṣṇas
Govardhanadhara – der »Träger des Berges Govardhana«: Kṛṣṇa, den Berg bei Mathurā hochhaltend (um Hirten und Herden vor Indras Fluten zu schützen)

Hanumān, Hanumāt – Ratgeber des Affenkönigs Sugrīva, Affen-»General« im Rāmayāṇa
Hara – »Hinwegraffer«; Beiname Śivas
Harihara – Viṣṇu (Hari) und Śiva (Hara) zu einer Gestalt verschmolzen; beliebt in mittelalterlichen Tempeln Nordindiens
Hayagrīva – pferdenackiger Dämon (Matsyāvatāra) oder Viṣṇu als Gott des Lernens
Himavat – Verkörperung des Himalaja
Hiraṇyakśa – Dämon, den Viṣṇu als Eber (Vārāha) besiegt
Hiraṇyakaśipu – Dämon, den Viṣṇu als Narasiṁha (Mannlöwe) zerreißt

Indra – vedischer Gewitter- und Kriegsgott, hinduistischer Götterkönig, Welthüter des Ostens; reitend auf seinem weißen Elefanten Airāvata; A: Elefantenstachel (aṅkuśa) und Donnerkeil (vajra)
Indrāṇī – Gattin des Indra, eine der Aṣṭamātrikās
Īsāna – Śiva als Welthüter des Nordostens

Jagadambā, Jagadmātā – »Mutter der Welt«, Name der Devī
Jagannātha – Herr der Welt, Name Viṣṇus im Tempel von Purī
Jāṭayu(s) – Geierkönig im Rāmayāṇa, der den Raub Sītās durch Rāvaṇa beobachtet und Rāma berichtet

Kāla – Verkörperung der Zeit (Vergänglichkeit)
Kālari-, Kālaharamūrti – Śiva als Hinwegraffer der Zeit (des Todes); Śiva schützt den kleinen Brahmanensohn Markaṇḍeya vor dem Tod (Durchbohrung des Todesgottes Yama mit dem Dreizack)
Kālī, Kālikā(mātā) – die »Schwarze«, schreckliche Form der Devī, Śāktī des Śiva
Kāliya – Schlangenkönig in den Wassern der Yamunā, auf dessen Häuptern der Kṛṣṇa-Knabe tanzt
Kalyāṇasundaramūrti – Hochzeit Śivas (Sundareśvara) mit Pārvatī
Kāma – Verkörperung der Begierde, Liebesgott (reitend auf einem Makara oder Papagei, Bogen aus Zuckerrohr, Sehnen aus Bienen); seine Gattinnen sind Prīti, die Freude, und Rati, die Lust
Kāmadhenu – die himmlische »Wunschkuh« Surabhī
Kāmākṣī – die »Liebesäugige«, Name der Devī
Kārttikeya – Sohn Śivas und Pārvatīs, aufgezogen von den sechs Plejaden (Kṛttikas), Kriegsgott (V: Pfau); andere Namen Skanda, Subrahmaṇya, Kumāra
Kaśyapa – einer der großen Ṛṣis und Prajāpatis; im Buddhismus Jünger des Buddha
Kaumārī – eine der Aṣṭamātṛkās, dem Kumāra zugeordnet
Kauravas (Kurus) – die 100 Söhne des blinden Königs Dhṛtaraṣṭra, Gegner der Pāṇḍavas im Mahābhārata (Heldenepos über die Kämpfe zur Zeit der indoarischen Landnahme)
Keśava – der »Langhaarige«, Glänzende, Form Viṣṇus
Ketu – einer der neun Planetengötter (navagraha), gemeinsam mit Rāhu Dämon der Sonnen- und Mondfinsternis
Kinnara(s) – halbgöttliche Vogelmenschen
Kiratārjuniya – Arjunas Askese zur Erlangung der göttlichen Pāśupata-Waffe und Erscheinung Śivas als Jäger (Kirata)
Kṛṣṇa – der »Dunkle«, achte Inkarnation Viṣṇus, Sohn des Vāsudeva und der Devakī, Pflegesohn der Yaśodā; beliebteste indische Gottheit, Ahnherr der nordindischen Monddynastien – Kindheit im Hirtenmilieu an den Ufern der Yamunā, König von Prayāga und Dwārka, im Mahābhārata Verkünder der Bhagavadgītā
Kṣetrapāla – »Schützer des Feldes«; Flurgottheit, volkstümliche Manifestation Śivas
Kubera, Kuvera – ursprünglich ein Yakṣa, dann Reichtumsgott und Welthüter des Nordens; anderer Name Vaiśravaṇa
Kumāra – »Jüngling«; Name des Kriegsgottes Kārttikeya
Kumārī – »Jungfrau«; Name der Durgā oder Sītā; in Nepal Bezeichnung für die sogenannte »Lebende Göttin«, die als Inkarnation der Devī gilt
Kūrmāvatāra – zweite Herabkunft Viṣṇus als Schildkröte (kūrma); Buttern des kosmischen Milchozeans

Lakṣmaṇa – Halbbruder Rāmas, sein ständiger Begleiter
Lakṣmī – Gattin Viṣṇus, Göttin des Glücks und Reichtums (A: Lotos), oft »Śrī« genannt
Lakṣmīnātha, Lakṣmī-Nārāyana – Viṣṇu und Lakṣmī
Lakulisa, Lakulīśvara – nordindische Form Śivas mit einer Keule; der historische Gründer des extremen Pāśupata-Kults
Liṅgodbhavamūrti – Erscheinung Śivas in der Feuersäule (Liṅga), flankiert von Viṣṇu auf Garuḍa und Brahmā auf dem Haṃsa
Lokamātā – Mutter der Welt, Name der Lakṣmī
Lokapāla(s) – »Welthüter«, acht Götter, meist vedischen Ursprungs, als Schützer des Universums (vergleiche Dikpāla): Indra (Osten), Agni (Südosten), Yama (Süden), Nirṛta oder Sūrya (Südwesten), Varuṇa (Westen), Vāyu (Nordwesten), Kubera (Norden), Īśāna oder Soma (Nordosten)

Mahādeva, Maheśa, Maheśvara – »Großer Gott«, »Großer Herr«, Bezeichnung für Śiva
Mahākālī – »Große Kālī«, Muttergöttin
Mahālakṣmī – »Große Lakṣmī«, Muttergöttin
Maheśamūrti – Darstellung Śivas als »Großer Herr«
Maheśvarī – »Große Herrin«, Name der Devī
Mahiṣa – Büffeldämon (Symbol des Todes), den Durgā tötet
Mahiṣāmardinī – Durgā als Vernichterin des Dämons Mahiṣa
Manmatha – Beiname des Liebesgottes Kāma
Manu – der erste Mensch und Gesetzgeber am Beginn jeder Weltperiode *(kalpa)*
Marut(s) – Sturmgötter, Begleiter Indras
Matsyāvatāra – erste Herabkunft des Gottes Viṣṇu als Fisch (matsya)
Minakṣī – die »Fischäugige«; Name der Devī im Tempel von Madurai
Mitra – vedischer Gott der Vertragstreue
Mohinī – eine besonders schöne Aspara, deren Gestalt Viṣṇu annimmt
Nāga, Nāgiṇī – Schlangengeister
Nāgarāja – Schlangenkönig
Nakula – einer der fünf Pāṇḍava-Brüder
Nandī(n) – Śivas Buckelstier (Fruchtbarkeitsaspekt)
Nārada – einer der Weisen (A: Stabzither), Begleiter Viṣṇus und geistreicher Plauderer im Götterhimmel
Naranārāyaṇa (Nara-Nārāyana) – die Ṛṣis Nara und Nārāyana, Söhne des Dharma und der Ahiṁsā, bisweilen mit Kṛṣṇa und Arjuna identifiziert
Narasiṁha – »Mannlöwe«; vierte Herabkunft des Gottes Viṣṇu als Mischwesen
Narasiṁhī – eine der Mātṛkās dem Narasiṁha zugeordnet
Nārāyaṇa Anantasayi (Śeṣasayi) – Viṣṇu auf der Weltenschlange Ananta (Sesa) ruhend
Natarāja – Śiva als »König des Tanzes«
Naṭeśa, Nateśvara – Śiva als »Herr des Tanzes«
Navagraha(s) – die neun Planetengötter Sonne (Sūrya), Mond (Candra, Soma), Venus (Śukra), Merkur (Budha), Mars (Maṅgala), Jupiter (Bṛhaspati), Saturn (Sani) sowie Rāhu und Ketu, die Dämonen von Mond- und Sonnenfinsternis; in Nordindien über Tempeltüren angeordnet, im Süden in Form von Statuetten in eigenen Schreinen
Nīlakaṇṭha – »Blauhals«, Name Śivas
Nirṛti – Verkörperung von Unglück, Tod, Zerstörung; destruktive Aspekte Śivas, Welthüter des Südwestens

Padmanābha – der »Lotosnabelige«, Beiname Viṣṇus, auf dessen Lotosnabel der Schöpfergott Brahmā thront
Pāṇḍava – die fünf Söhne des Pāṇḍu: Yudhiṣṭihra, Bhīma, Arjuna, Nakula, Sahadeva; im Mahābhārata Königsgeschlecht zu Indraprastha (Delhi)
Papanātha – Form des Śiva
Paraśurāma – sechste Herabkunft des Gottes Viṣṇu als Brahmanenkrieger
Pārvatī – Gemahlin des Śiva, Mutter des Gaṇeśa (V: Löwe, A: Kind, Dreizack Schlange)
Pāśupati(nāth) – Śiva oder Rudra als »Herr der Tiere« und der Wildnis
Prahlāda – frommer Sohn des Dämons Hiraṇyākaṣipu, Verehrer Viṣṇus (Narasiṁhāvatāra, besonders in Südindien dargestellt)
Prajāpati(s) – »Herr der Nachkommenschaft«, der Schöpfergott Brahmā oder die Ahnherren des Menschengeschlechts, weitgehend mit den Ṛṣis identisch
Pratyūṣās – Verkörperung der Dämmerung, Begleiterin des Sonnengottes Sūrya (Pfeil und Bogen)
Preta(s) – Hungergeist, Begleiter Śivas oder der Devī in ihren Schreckensaspekten
Prīti – »Freude«, Gattin des Liebesgottes Kāma
Pṛthvī, Pṛthivī – die Erde als Göttin
Putanā – riesengestaltige Tochter des Dämonenkönigs Bali, die den Kṛṣṇa-Knaben mit ihren Brüsten vergiften will

Rādhā – eine der Kuhhirtinnen *(gopis)*, Favoritin Kṛṣṇas
Rāhu – einer der neun Planetengötter *(navagraha)*, nur aus einem Kopf bestehend; siehe Ketu
Rākṣasa, Rākṣasī – Riese, Riesin; Dämonenklasse
Rāma – siebte Herabkunft des Gottes Viṣṇu, König aus dem Sonnengeschlecht von Ayodhya, Held des Rāmayāṇa
Raṅganātha – Beiname Viṣṇus

Rati – Verkörperung der Lust, Gattin des Liebesgottes Kāma (V: Papagei oder Ente)
Rāvaṇa – zehnköpfiger Dämonenkönig von Lanka, entführt Rāmas Gemahlin Sītā (Rāmayāṇa)
Rāvaṇānugrahamūrti – Darstellung Rāvaṇas, der den Götterberg Kailāsa schüttelt, während Śiva und Pārvatī beim Brettspiel sitzen; von Śiva bestraft und begnadigt
Ṛṣi(s) – weise Seher in grauer Vorzeit, Autoren der göttlichen Offenbarung, Begründer der indischen Kultur (Atri, Dakṣa, Kaśyapa, Brigu, Mārīci, Pulastya, Visvāmitra, Nārada, Nara-Nārāyaṇa, Āgastya); die Gruppe der Sapta-Ṛṣis gilt als Stammväter der sieben Brahmanengeschlechter
Rudra – vedischer Gott, gnädiger und schrecklicher Herr der Tiere und der Wildnis, Vater der Sturmgötter (Maruts), Vorläufer Śivas; Gruppe der elf Rudras
Rukmiṇī – Verlobte des Cedi-Königs Sisupāla, am Tage der Hochzeit von Kṛṣṇa entführt; Mutter des Pradyumnā, des wiedergeborenen Kāma

Sadāśiva – der ewige, gnädige Aspekt Śivas, fünf-, sieben- oder mehrköpfig dargestellt
Sakra – Beiname Indras
Saptamātrikā(s) – Gruppe der »Sieben Mütter«, siehe Aṣṭamātrikās, ohne Yogīśvarī
Sarasvatī – vedische Flußgöttin, mit Gaṅgā und Yamunā der dritte heilige (versiegte) Fluß Nordindiens; später die erste Gemahlin Brahmās (in Bengalen Gattin Viṣṇus), Göttin der Künste und Gelehrsamkeit (V: Pfau, A: Stabzither [vīṇā], Buch, Gebetskranz, sogenannter Rosenkranz), auch Tanz- und Meditationsformen
Satī – Tochter des Weisen Dakṣa, die zur Ehrenrettung ihres Gatten Śiva, den ihr Vater nicht eingeladen hatte, den Flammentod wählte; Vorbild für die Witwen- und Selbstverbrennung von Frauen *(jauhar)*
Sāvitrī – im Veda der dynamische Aspekt der Sonne, erste Gemahlin Brahmās
Śeṣa, Śeṣanāga – die kosmische Schlange, auf der Viṣṇu (Nārāyaṇa Śeṣasayi) zwischen zwei Weltperioden ruht
Sitā – »Furche«, Tochter der Erde (Bhūdevī), Gattin Rāmas, Vorbild an Treue und Demut
Sīvā – der absolute Gott der Sivaiten (Śaivas), der in unzähligen Aspekten verehrt und dargestellt wird (A: Stirnauge, V: Nandī-Stier, Hauptattribute in Nordindien Dreizack und Schlange, in Südindien Gazelle und Axt/Opferbeil)
Skanda – Kriegsgott, Sohn Śivas und Pārvatīs (V: Pfau, A: Lanze, Hahn)
Soma – Mondgott, Verkörperung des Rauschtranks der vedischen Götter und Priester
Somaskanda – südindische Darstellung von Śiva und Pārvatī mit dem knabenhaften Skanda
Somnātha – »Herr des Mondes«, Beiname Śivas oder Viṣṇus
Śrī – »Glück, Gedeihen«, Name der Göttin Lakṣmī, Anrede eines Hindu wie »Herr«
Subhadra – Schwester Kṛṣṇas und Balarāmas
Subrahmaṇya – südindischer Name des Kriegsgottes Kārttikeya oder Skanda
Sugrīva – Affenkönig im Rāmayāṇa
Surasundarī – schöne Göttermädchen
Surpanakhā – Schwester Rāvaṇas, die sich in Rāma verliebt und den Raub Sītās veranlaßt; Lakṣmaṇa schneidet ihr Nase und Ohren ab
Sūrya – vedischer Sonnengott; Darstellung meist als schöner Jüngling auf einem Pferdewagen, begleitet von Uṣas und Pratyuṣas (Morgenröte und Dämmerung)

Trailokeśvara – Śiva als »Herr der drei Welten«
Trimūrti – etwa »Dreigestalt«; Darstellung der drei Götter Brahmā, Viṣṇu und Śiva
Tripathagā – Name der Gaṅgā, die »auf drei Wegen geht« (durch Himmel, Erde und Unterwelt)
Tripurāntaka – Aspekt Śivas als Eroberer der drei Dämonenfestungen (Städte)
Triveni – die Vereinigung der heiligen Flüsse Gaṅgā, Yamunā und Sarasvatī bei Allahābād
Trivikrama – »der dreimal ausschreitet«; fünfte Herabkunft des Gottes Viṣṇu, der vom Zwerg (Vamāna) zum Riesen wachsend mit drei Schritten das All durchschreitet

Umā – Gattin Śivas, Tochter des Himalaja und der Apsara Menā
Umāmaheśvara – Umā in Vereinigung mit Śiva (Maheśvara)
Umāsahitamūrti – Umā und Śiva
Uṣas – vedische Göttin der Morgenröte

Vaikunṭha(nātha) – dreiköpfige Form Viṣṇus (Menschenantlitz zwischen einem Eber- und einem Löwenhaupt, 3. und 4. Avatāra), besonders beliebt in Kaschmir
Vaiṣṇavī – eine der Aṣṭamātṛkās, dem Viṣṇu zugeordnet
Vaiśravaṇa – Name des Reichtumsgottes Kubera
Vāmana – Zwergen-Avatāra Viṣṇus; siehe Trivikrama
Vārāha – Eber-Avatāra (dritte Inkarnation) des Gottes Viṣṇu
Vārāhī – eine der Mātṛkās, Vārāha zugeordnet
Varuṇa – vedischer Himmelsgott; hinduistischer Regengott, Welthüter des Westens (V: Makara, A: Schlinge)
Vāsudeva – Vater Kṛṣṇas aus dem Mondgeschlecht der Yadavas, Name Viṣṇus
Vasus – Gruppe von acht Halbgöttern, Söhne der Gaṅgā
Vāyu – vedischer Windgott, Welthüter des Nordwestens (A: Antilope)
Veṇugopāla – der »Kuhschützer mit der Flöte«, Name Kṛṣṇas als flötespielender Hirt
Vīrabhadra – »Heldenglanz«, geistiger Sohn oder heroischer Aspekt Śivas, Schutzgott des Vijayanāgara-Reichs, Begleiter der Aṣṭamātṛkās
Viṣṇu – neben Śiva Hauptgott des Hinduismus, höchster Gott der Vaiṣṇavas, in Verbindung mit Brahmā und Śiva Erhalter des Universums. Die vier Hauptattribute symbolisieren seine Sonnen- und Wassernatur (Erhalter und Schöpfer des Universums): Rad (cakra), Keule (gaḍa), Lotos (padma), Muschelhorn (śaṅkha). Als Vāhana dient ihm der Sonnenadler Garuḍa. Seine Gemahlin ist die Glücksgöttin Lakṣmī; wird er mit zwei Frauen dargestellt, so sind dies in Nordindien Lakṣmī und Sarasvatī, im Süden Śrī (Lakṣmī) und Bhū-Devī. Ursprünglich war auch Gaṅgā mit Viṣṇu verbunden. Im laufenden Weltenzyklus ereignen sich zehn Herabstiege (avatāra) Viṣṇus: Matsya (Fisch), Kūrma (Schildkröte), Eber (Vārāha), Mannlöwe (Narasiṁha), Zwerg (Vāmana) und »Dreischritt« (Trivikrama), Parasurama, Rāma, Kṛṣṇa, Buddha; am Ende der Tage als Kālki(n) auf einem weißem Pferd
Viṣṇuanugrahamūrti – Viṣṇu bei der Verehrung Śivas (aus śivaitischer Sicht ist er Śiva untergeordnet)
Viśvakarma – »Allmacher«, der göttliche Weltbaumeister
Viśvanātha – »Herr des Alls«, Beiname Śivas
Viśvarūpa – »Allform«, Viṣṇu als kosmische Gottheit, vielköpfig und -armig, von zahlreichen Begleitfiguren umringt
Vṛṣabhavahānamurti – Śiva auf dem Nandī-Stier

Yakśa, Yakśiṇī – Naturgeister, Fruchtbarkeitsdämonen
Yama – Todesgott, Welthüter des Südens, auf schwarzem Büffel reitend; Beiname Dharmarāja
Yamunā – Flußgöttin, besonders an Tempeltoren auf einer Schildkröte stehend, zusammen mit Gaṅgā auf dem Makara
Yogeśvara – Śiva als »Herr der Yogis«
Yogeśvarī – Śivas weibliche Kraft (śāktī) im Kampf gegen den Dämonen Andhaka, Herrin der 64 Yoginīs
Yudhiṣṭhira – ältester der Pāṇḍavas im Mahābhārata, wegen seiner Gerechtigkeitsliebe »Dharmarāja« (Gesetzeskönig) genannt

Sammlungen indischer Kunst

Afghanistan
KABUL Kabul Museum

Australien
MELBOURNE National Gallery of Victoria

Bangladesch
DACCA Dacca Museum
RAJSHAHI Varendra Research Museum

Belgien
ANTWERPEN Etnografisch Museum
BRÜSSEL Musées Royaux d'Art et d'Histoire
MARIEMONT Musée d'Etat Mariemont

Bundesrepublik Deutschland
BERLIN Museum für Indische Kunst; Staatsbibliothek Preußischer Kulturbesitz
FRANKFURT AM MAIN Museum für Kunsthandwerk
GIESSEN Oberhessisches Museum, Abteilung Vor- und Frühgeschichte und Völkerkunde
GÖTTINGEN Völkerkundliche Sammlung der Universität
HAMBURG Hamburgisches Museum für Völkerkunde; Kunstgewerbemuseum
HEIDELBERG Völkerkunde-Museum der von-Portheim-Stiftung
KÖLN Rautenstrauch-Joest-Museum für Völkerkunde
MARBURG Völkerkundliche Sammlung
MÜNCHEN Bayerische Staatsbibliothek; Staatliches Museum für Völkerkunde
STUTTGART Linden-Museum
WITZENHAUSEN Museum für Völkerkunde

Dänemark
KOPENHAGEN The David Collection

Deutsche Demokratische Republik
BERLIN Islamisches Museum
LEIPZIG Museum für Völkerkunde

Frankreich
PARIS Bibliothèque Nationale; Musée des Arts décoratifs; Musée Guimet

Großbritannien
BIRMINGHAM Birmingham Museum and Art Gallery
LONDON The British Library; The British Museum; Victoria and Albert Museum; India Office Library; Royal Asiatic Society
MANCHESTER Rylands Library
OXFORD Ashmolean Museum; Bodleian Library
WINDSOR Royal Library

Indien
ALIGARH Maulana Azad Library; Aligarh Muslim University
ALLAHABAD Municipal Museum
AMARAVATI Archaeological Museum
BANGALORE Collection M. D. Natesan
BARODA Baroda Museum and Picture Gallery
BENARES Bhārat Kalā Bhavan, Museum of Indian Art and Archeology
BHOPAL State Museum
BHUBANESWAR Orissa State Museum
BIKANER Government Museum
BODHGAYA Bodhgayā Museum
BOMBAY Prince of Wales Museum of Western India; Collection N. C. Mehta
CALCUTTA Asutosh Museum of Indian Art; Collection Mr Sresh Neotia; Indian Museum; State Archaeological Museum of Bengal
CHANDIGARH Government Museum and Art Gallery
DELHI Red Fort Museum
DHUBELA Dhubela State Museum
GOA Archaeological Museum
HALEBID Archaeological Museum
HAIDARABAD Jagdish and Kamla Mittal Museum
JAGDALPUR Zonal Anthropological Museum
JAIPUR Collection Kumar Sangram Singh; Collection Rao Rāja Rājinder Singh; Mahārāja Sawai Man Singh II Museum
JAMMA Dogra Art Gallery
JODHPUR Mehrangarh Fort Museum
KANAUJ Kanauj Museum
KHAJURAHO Khajurāho Museum
KOTAH Rao Madho Singh Museum
LALITPUR Archaeological Gardens
LUCKNOW Lucknow States Museum
MADRAS Government Museum
MADURAI Madurai Temple Museum
MATHURA Archaeological Museum
NAGARJUNAKONDA Nāgārjunakoṇḍa Site Museum
NEU-DELHI Central Asian Antiquities Museum; Collection Ajit Mookerij; National Museum of India
PATNA Collection Gopi Kṛṣṇa Kanoria; Patna Museum
SAGAR Sagar University Museum
SANCI Archaeological Museum
SARNATH Archaeological Museum
SHAHDOL Collection Thakur Sahib
SIMLA Himachal Pradesh State Museum
SRINAGAR Śrī Pratap Singh Museum
TANJORE Art Gallery
TRICHUR State Museum
UDAIPUR Rājasthān Oriental Research Institute
VIDISA Vidiśa Archaeological Museum

Italien
ROM Istituto Italiano per il Medio ed Estremo Oriente; Museo del Arte Orientale

Japan
KYOTO National Museum
NARA National Museum
OSAKA National Museum
TOKIO National Museum

Kambodscha
PNOMPENH Musée Albert Sarraut

Kanada
TORONTO Royal Ontario Museum

Niederlande
AMSTERDAM Museum van Aziatische Kunst
LEIDEN Rijksmuseum voor Volkenkunde

Österreich
WIEN Museum für Völkerkunde; Österreichische Nationalbibliothek; Österreichisches Museum für angewandte Kunst

Pakistan
KARACHI Karachi Museum
LAHORE Central Museum
PESCHAWAR Peschawar Museum
TAXILA Taxila Site Museum

Portugal
LISSABON Calouste Gulbenkian Museum

Schweiz
BASEL Museum für Völkerkunde
GENF Musée Barbier-Müller
ZÜRICH Museum Rietberg

UdSSR
DUSCHANBE Archäologisches Museum der Akademie der Wissenschaften
LENINGRAD Eremitage
MOSKAU Museum Nardowo Wostoku
TASCHKENT Institut iskusstvoznanija

USA
BALTIMORE The Walters Art Gallery
BOSTON Museum of Fine Arts
CAMBRIDGE Fogg Art Museum; Harvard University Art Museums; The Knellington Collection
CINCINATTI Cincinatti Art Museum
CLEVELAND The Cleveland Museum of Art
KANSAS CITY The Nelson-Atkins Museum of Art
LOS ANGELES County Museum of Art
NEW YORK American Museum of National History; Asia Society; Cooper-Hewitt Museum for the Decorative Arts and Design; The Brooklyn Museum; The Metropolitan Museum of Art
PHILADELPHIA The Free Library of Philadelphia; The Philadelphia Museum of Art
PROVIDENCE Museum of Art
RICHMOND Virginia Museum of Fine Arts
SAN FRANCISCO Asian Art Museum of San Francisco; The Fine Arts Museum of San Francisco
WASHINGTON Free Gallery of Art

Literaturhinweise

ALTHEIM, F., Alexander und Asien, Tübingen 1953
ARCHER, W. G., Indische Miniaturen, Recklinghausen 1960
AUBOYER, J., Daily Life in Ancient India from approximately 200 B. C. to 700 A. D., New York 1965
BACHHOFER, L., Early Indian Sculpture, 2 Bde., New York 1929
BANERJEA, J. N., The development of Hindu iconography, Calcutta 1956
BARRETT, D., Indische Malerei, Genf 1963
BECHERT, H., SIMSON, G. v. (Hrsg.), Einführung in die Indologie, Stand, Methoden, Aufgaben, Darmstadt 1979
BONGARD-LEVIN, G. M., Ancient Indian Civilization, Delhi 1985
BROWN, P., Indian Architecture. Buddhist and Hindu Periods, 6. Aufl., Bombay 1971
– Indian Architecture. The Islamic Period, 6. Aufl., Bombay 1975
CHANDRA, M., Trade and Trade Routes in Ancient India, Neu- Delhi 1977
DALLAPICCOLA, A., Die »Paithan«-Malerei, Wiesbaden 1980
DIEZ, E., Die Kunst Indiens, Berlin 1925
– Akbar. Gottessucher und Kaiser, Wien 1961
EDWARDES, M., Illustrierte Geschichte Indiens, München/Zürich 1961
ELIADE, M. Yoga, Zürich 1960
EMBREE, T., WILHELM, F., Indien – Geschichte des Subkontinents von der Induskultur bis zum Beginn der englischen Herrschaft. Fischer Weltgeschichte Band 17, Frankfurt am Main 1967
FISCHER, K., Schöpfungen indischer Kunst von den frühesten Bauten und Bildern bis zum mittelalterlichen Tempel, 2. Aufl., Köln 1961
– Indische Baukunst islamischer Zeit, Baden-Baden, 1976
– Erotik und Askese in Kult und Kunst der Inder, Köln 1979
FRANZ, H. G., Buddhistische Kunst Indiens, Leipzig 1965
– Hinduistische und islamische Kunst Indiens, Leipzig 1967
– Pagode, Turmtempel, Stupa, Studien zum Kultbau des Buddhismus in Indien und Ostasien, Graz, 1978
FRAUWALLNER, E., Geschichte der indischen Philosophie. 2 Bde., Salzburg 1953 und 1956
GANS-RUEDIN, E., Der indische Teppich, Herford 1984
GLASENAPP, H. v., Heilige Stätten Indiens, Die Wallfahrtsorte der Hindus, Jainas und Buddhisten, ihre Legenden und ihr Kultus (Der indische Kulturkreis in Einzeldarstellungen), München 1928
– Indische Geisteswelt, 2 Bde., Baden-Baden 1956
– Die Religionen Indiens, Stuttgart 1955
– Die Literaturen Indiens von ihren Anfängen bis zur Gegenwart, Stuttgart 1961
GÖBL, R., Dokumente zur Geschichte der iranischen Hunnen in Baktrien und Indien, Bd. I, Wiesbaden 1966
GOETZ, H., Indien – Fünf Jahrtausende indischer Kunst, Baden-Baden 1958
– Geschichte Indiens, Stuttgart 1962
GONDA, J., u. a., Die Religionen Indiens, Stuttgart 1960 ff
GOTHEIN, M.-L., Indische Gärten, München 1926
GRASSNICK, M., u. a., Moghul-Architektur. Beiträge zur islamischen Architektur Indiens, Kaiserslautern 1977
– Hindu-Architektur. Beiträge zur Tempelarchitektur in Südindien, Kaiserslautern 1983
HACKER, P., Grundlagen indischer Dichtung und indischen Denkens. Aus dem Nachlaß hrsg. v. Klaus Rüping, Wien 1985
HÄRTEL, H., AUBOYER, J., Indien und Südostasien, Propyläen Kunstgeschichte Band 16, Frankfurt am Main, Berlin, Wien 1971
HALBFASS, W., Indien und Europa. Perspektiven ihrer geistigen Begegnung, Basel 1981
HILLEBRANDT, A., Altindische Politik, Jena 1923
HÜRLIMANN, M., Indien und seine Kulturdenkmäler, Zürich 1966
HUNTINGTON, S., The Art of Ancient India, New York/Tokio 1984
IONS, V., Indische Mythologie, Wiesbaden 1967
JANSEN, M., Architektur in der Harappakultur. Antiquitates Orientale, Bd. 2, Bonn 1979
– Die Indus-Zivilisation. Eine Hochkultur des dritten Jahrtausends v. Chr., Köln 1985
– FISCHER, K., PIEPER, J., Architektur des Indischen Subkontinents, Darmstadt 1987
JARRIGE, J.-F., Fouilles de Pirak, 2 Bde., Paris 1979
KEILHAUER, A., Hinduismus, Stuttgart 1979
– Die Bildsprache des Hinduismus. Die indische Götterwelt und ihre Symbolik, Köln 1983
KERN, F., Aśoka, Bern 1956
KIRFEL, W., Die Kosmographie der Inder, Hildesheim 1966
KRAMRISCH, S., The Hindu Temple, 2 Bde., Calcutta 1946
– Indische Kunst, Köln 1955
– Painted Delight, Philadelphia 1986
LASSEN, S., Indische Alterthumskunde, 4 Bde., 2. Aufl., Leipzig 1858 bis 1874
LÜDERS, H., Varuṇa, 2 Bde., Göttingen 1951 und 1959
MARSHALL, Sir J., Mohenjo-Daro and the Indus Civilization, 3 Bde., London 1931
MEISTER, M. W. (Hrsg.), Encyclopaedia of Indian Temple Architecture, Neu-Delhi 1983ff
MICHELL, G., Der Hindu-Tempel. Bauformen und Bedeutung, Köln 1979
MODE, H., Das frühe Indien (Große Kulturen der Frühzeit), 2. Aufl., Stuttgart 1963
NOWOTNY, F., Eine durch Miniaturen erläuterte Doctrina mystica aus Srinagar, s'Gravenhage 1958
PIEPER, J., GUTSCHOW, N., Indien. Von den Klöstern des Himalaya zu den Tempelstädten Südindiens. Bauform und Stadtgestalt einer beständigen Tradition, Köln 1978
RAU, H., Die Kunst Indiens, Stuttgart 1958
REBLING, E., Die Tanzkunst Indiens, Berlin 1981
RUBEN, W., FISCHER, K., Der Maurya- und der Mogulstaat, Berlin 1965
SANKALIA, H. D., The Prehistory and Protohistory of India and Pakistan, Poona 1974
SCHIMMEL, A., Islam in the Indian Subcontinent, Leiden 1980
SCHLINGLOFF, D., Die Religion des Buddhismus, 2 Bde., Berlin 1962/63
SCHUBRING, W., Die Lehre der Jainas, Berlin 1934
SIRAJU'L-ISLAM, M., The Lodi Phase of Indo-Islamic Architecture, Berlin 1960
SIVARAMAMURTI, C., Indien – Kunst und Kultur, Freiburg 1975
STIETENCRON, H. v., Indische Sonnenpriester, Wiesbaden 1966
THAPAR, R., A History of India, Penguin Books, 7. Aufl., 1977
VOLWAHSEN, A., Indien. Bauten der Hindus, Buddhisten und Jainas, München 1968
– Islamisches Indien, München 1969
WALKER, B., Hindu World: An Encyclopedic Survey of Hinduism, 2 Bde., London 1969
WEBER, R., Porträts und historische Darstellungen in der Miniatursammlung des Museums für Indische Kunst Berlin, Berlin 1982
WELCH, S. C., Imperial Mughal Painting, New York 1977
WHEELER, Sir M., The Indus Civilization, Cambridge 1953
WILHELM, F., Die Entdeckung der indischen Geschichte, in: Saeculum XV/1, Freiburg 1964
WINTERNITZ, M., Geschichte der indischen Literatur, 3 Bde., Leipzig 1909 bis 1920
ZIMMER, H., Mythen und Symbole in indischer Kunst und Kultur, Zürich 1951
– The Art of India Asian, 2 Bde., New York 1955
– Philosophie und Religion Indiens, Zürich 1961
ZWALF, W., Shrines of Ghandhara, London 1979

Register

Kursive Seitenzahlen verweisen auf Abbildungen bzw. Bildlegenden.

ABHINAYA 312
Achämeniden 328f, 348
Ackerbau 51, 53
Aditi 189
Āditya 178, 186, 188
Advaita-Vedānta 275
Affen 23, 26
Afghanistan 424
Āgamas 239
Agni 180, 182f, *183*, 190, 251, *254*
Āgrā 396f
Aḥamad Gujarātīs 299
Ahicchattrā *32*
Aibak 128
Aihoḷe 369, *372*, 373
Ajaṇṭā *208*, 360, *363*
Ajātaśatru-Pfeiler 335
Ajmer *395*
Ājñācakra 238
Akbar 32, *134*, 136f, *137*, 140, *147*, 156, 395f, 415
Akṣapāda 274
Al-Beruni 32
Al-Masudi 32
Alā-ud-dīn Khaljī 129
Alampur *375*
Alexander d. Gr. 31, 33, 84, 99f, *100*, 102
Amarāvatī 346, *346*
Amaruśataka 294
Amber *137*, *324*
Amīr Khusran 298
Amritsar 141, *244*
Amū-Darja 428
Ānai Mudi 19
Ānanda 330
Ānandavardhana 286
Andhras 107
Aṅgika 312
Aṅgkor Thoṃ *432*, 434
Aṅgkor Vāt 118, *431*, 432f
Apsaras 331
Āraṇyakas 193
Architektur 39, 42, 44, 327, 353, 357, 363, 392
Arier 36, 92, 148, 183, 234, 327
Arjuna 97, *268*, 285
Arrian 31
Artha 152, 166
Arthaśastra (s. a. Kauṭilya) 162, 311
Aryaman 188
Askese 195, 204, *259*f
Aśoka 99, 103, 106, 215, 328, 330, 423
Aśoka-Säulen *84*f, 106, 328, *329*
Āśrama 152
Assam 144
Ästhetik 284, 289, 300, 357
Aśvagoṣa 278, 284
Atharvaveda 177
Ātman 202f, 211, 252, 254ff
Augustus 109
Aurangzeb 143f, 417, *417*
Avalokiteśvara 212, 352, *357*

BABER 134, *156*
Bādāmi *368*, *375*, 385
Bahādur Šāh 144
Bahmanī-Reich 133
Balarāma 221
Baluchistan 49f
Bāmiyān 425, *425*
Banawali 67
Bantāy Srei *432*
Banyan-Baum *18*
Baphuon 432
Baranī 132
Baumheiligtum *330*, 423
Baumnymphe 331
Bayon-Tempel 433f
Beamte 174
Beas 102
Begrām 345
Benares *46*, 98, *144*, 230, *235*
Bengalen 434
Bernier 256
Bewußtsein 211, 255, 262, 264
Bhaga 188
Bhagavadgītā 97, 203, 205, 227, 285
Bhagavat 227
Bhāgavata Mela 316
Bhāgavata purāṇa *286*, *289*, 300f
Bhājā 340, *342*
Bhakti 228, 244
Bhaktiliteratur 300, 302
Bhārat 83
Bharata 284
Bhārata Nāṭyaṁ 310, 314
Bhārhut *83*, 92, 333, 338, 344
Bhartṛhari 275
Bhāsa 284
Bhāva 321
Bhramaragīta 301
Bhubaneśwar *376*, *379*
Bhūṣaṇa Tripāthi 303
Bimbisāra 99
Bindusāra 103
Birma 118, 433f
Bodhgayā *44*, *107*, *177*, 206, *330*
Bodhisattva 212, 352
Boote *75*
Borobuḍur 118, *428*, 429
Brahmā 147, *204*, 221, 224, 252
Brahmā-Prajāpati *203*
Brahman 194, 202–205, 252, 254, 256
Brahmaṇas 193
Brahmanen 147f, 194, 196, 251
Brahmaputa 12, 16
Bṛhadāraṇyaka Upaniṣad 255, 263
Bṛhadīśvara-Tempel 388
Briten 35, 144
Bronzeguß 72, 381, 398
Bronzekunst 388, 390, *390*, *392*
Bronzezeit 55
Buchmalerei s. Miniaturmalerei
Buddha 98f, *107*, 204–211, *206*, *210*, *213*, *215*, *247*, 260, *348*, *352–359*
  Darstellung *83*, 331, 333ff, 338, 342, 346, 352, 354
Buddhismus 99, 106, 108, 348
  Architektur 330, 333f
  Ausbreitung 423f, 428ff, 433f
  Kunst 330f, 358, 378
  Literatur 278
  Pantheon 212
Büffel 26, *189*
Bukephala 102
Bundesstaaten 38

CAITYA-FENSTER 333, 340, 384
Caitya-Halle 333f, 338, 340
Cāḷukya-Dynastie 119, 124, 385
Cāḷukya-Tempel 369
Cāmuṇḍā 242
Cāṇākyā 103
Caṇḍālas 149
Candragupta 103, 112, 174
Candragupta II. 113
Cella 342, 369, 371, 373, 431
Cera-Reich 108
Ceylon s. Sri Lanka
Chaitanya 302
Chalkolithikum 55ff
Chāndogya Upaniṣad 254
Chanhudaro 67
Chatra 353
Chen-la 431
Chennakesava-Tempel 391
Chhan-Tanz 322
China 428
Cholom-Tanz 324
Choto-Nagpur-Massiv 18
Christentum 34
Cidambaram *120*
Cilappatikāram 279
Coḷa-Dynastie 108, 124, 387f, 390
Cunningham, Alexander 49

DÄCHER 398
Dakṣa 189, 239
Dämonen 286
Darśana 264
Dasyus 234
Daulatābād 129
Dekkan *17*, 18, 20, 299, 303
Delhi 43, 142
Demetrios 33, 103, 107
Deogarh *361*
Deussen, Paul 251, 275
Devīmāhātmyam 243
Dharma 106, 152, 188, 208, 284, 286, 288
Dhṛtarāṣṭras 286
Dialekte 36
Dichterwettstreit 304
Dichtkunst 277f, 284, 297
  persische 304
Dīdārgañj 344
Dignāna 274
Distrikte 174
Dörfer 47
Draṁa 284
Drāviḍa-Stil 369, 373, 381
Drawiden 36, 108
Dschingis-Khan 128
Dschungel 23
Dualismus 266
Dūmar-Lena-Höhle 368f
Durgā *242*, 243

EKSTATIK 256
Elefant 26, *189*
Elemente 269
Elephanta *371*
Elfenbeinschnitzerei 403
Elūrā 124, 385f, *117*, *119*f
Eōs 178
Epen 277, 285f, 288, 294, 316
Erkenntnis 203
Erlösung 199, 202, 204, 228, 238, 274, 277, 286
Erotik 156, 301f
Erzählungen 296
Eschenbach, Wolfram v. 84
Eṭṭuttokai 278

FA HSIEN 31, 113
Faiz Allah *403*
Fakhru ,d-Dīn Irāqī 299
Fathpūr Sīkrī *137*, 140
Fayence 72, 403
Felsentempel 384
Ferghāna 428
Feudalismus 174
Feueraltar *193*
Feuersteingeräte 51
Firdausī 298
Folter 153
Foot, Robert Bruce 49
Fremdeinflüsse 32
Fruchtbarkeitskult 53
Fu-nan 118, 431
Furāṇa 277

GABRI 49
Gajendra *109*
Gama, Vasco da 32, 85

Gaṇa *100*
Gandhāra 34, 38, 345, 347f, 352f, *352*, 355, 434
Gaṇeśa *32*, *196*, *268*, 384
Ganges 12f, 16, *235*
Gangesebene 26
Gärten 400, 403
Gartengrab 398
Gasele 298
Gautama s. Buddha
Gawwāṣī 299
Gerste 51
Gesellschaftsordnung 147
Gesichtsbemalung 321
Getreideanbau 50
Gewichte 74, *75*, 79
Ghūriden 126, 392
Girnār *220*
Gīsūdarāz 299
Gītāgovinda 300, 316
Goldschmiedearbeiten 403, 406
Gommateśvara *220*
Gondiden 36
Gondopharnes 108
Gondwanaland 19
Götter 177f, 180, 188, 190, 192, 196, 224, 244
Gouache 413
Grabbauten 392, 394, 396
Grabbeigaben 180
Gräber 51, 53f, 74, 78
Grabhügel 330
Grant Sāheb 303
Griechen 31
Großtiere 23
Gujarat 79, 415
Gupta-Dynastie 112f, 333, 342, 345
Kunst 355, 357, 428
Gwalior *141*

Hacker, Paul 275
Haḍḍa 424
Ḥāfiṯ von Śirāz 298
Halle 373, 377
Hampi *203*
Handel 58, 74
Handschriften 413
Handwerk 51, 55f, 70, 72
Hanumān 288, 321
Harappa 49f, 61, 67
Harappa-Kultur 50, 58–61, 64, 69
Harem 159
Harihara *236*, 434
Harṣa 115f, 119
Haryana 67, 79
Hasta 312, 321, 324
Hausbau 342
Haustempel *218*
Heirat 159
Hephtaliten 114, 355
Herodot 84
Hetären *153*, 158f, 311
Himālaya 11f, 289
Hīnayāṇa-Buddhismus 211f, 423
Hinduismus 112, 133, 358
Hindukusch 12
Hindustan 83
Historiographie 86f, 91
Hitopadeśa 296
Hochgebirgsrahmen 11
Hochwasser 13, 17
Hofmalerei 417
Hofpoesie 303f
Hoftanz 321
Höhlenmalereien 55
Höhlentempel 368
Holzarchitektur 327, 340, 342
Hoyśala-Dynastie 390f
Hsüan Tsang 31, 111, 115f, 125, 355
Humayūn 136, 395
Grabmal *397*
Hunnen 114

Ibn Battuta 32
Ibn'Arabīs 299
Inder, Volk 36
Indien, Bezeichnung 83
Indoarier 91
Indogriechen 107
Indologie 86
Indonegriden 36
Indonesien 118, 429
Indra 92, 178, *179*, 180f, 183, 251
Indrisi 32
Indus 12, 16ff, 28, 83
Indusebene 27
Induskultur 43, 50, 57–79, 87, 179f, 327, 398
Indusschrift 60, 69, *71*, 79
Iran 76
Isā Khān *128*
Islam 38f, 87, 126, 129, 244, 434
Kunst 392, 403
Literatur 297f
Īśvarakṛṣṇa 264
Itihāsa 277

Jagannātha 220, 227
Jagartanz 311
Jagd 160f
Jahāngīr 136, 140f
Jainismus 99, 205, 218ff, 260
Kunst 378
Jaipur 44, *143f*, 163
Jaisalmer *38*, *43*
Jambudvīpa 83
Jāmi-Masjid 398
Jātaka-Erzählungen 295
Jāti 147
Java 429
Jesuiten 140
Jīva 202f
Jīva Gosvānū 302
Jodhpur *46*, *141*, 144

Kabīr 302
Kādambarī 294
Kailāsanātha-Tempel 386f, *387*
Kāla-Tanz 310
Kālamukha-Sekte 238
Kālī-Devī-Tempel *171*
Kalibangan 67
Kālidāsa 279, 284f, 294f
Kalinga 106
Kalligraphie 392, 394
Kalpa 335
Kāma 152, 156
Kāmasūtra 149, 152, 156, 158ff
Kambodscha 430f
Kaṇāda 268
Kanchenjunga *11*
Kāñcīpura 384
Kāṅgrā-Stil 420
Kaṇherī 344
Kaniṣka 108, 354
Kāṇva-Dynastie 107
Kāpālika-Sekte 238
Kapila 264
Kapilavatthu 98
Kareṇa 312
Kārlā 340, 344f, *342*, *344*
Karman 198f, 202ff, 209ff, 219, 260
Karrikāl 109
Kartenspiel 162, *173*
Karuṇā 212
Kaśmir 342, 379, 381
Kaspar 108
Kasten 96, 147, 172, 197, 205, 254, 258
Kathak 307, 321f
Kathakaḷī-Tanz 307, 317, 321
Kaufehe 159
Kauṇḍinya 118
Kauravas 96f, 286
Kauṭilya 148, 152, 160, 162, 165f, 172ff, 262, 430
Kena Upaniṣad 256
Keramik 56f, 60, 72, 327, 403
Keśava-Tempel 391
Keśavadāsa 304
Khajurāho *165f*, *171*, 374, 377
Khaljī-Dynastie 129
Khāravela 110
Khmer *423*, 431ff
Kḫurajā Mīr Dard 305
Khyberpaß 12, 33
Kirātārjunīya 294, 384
Klassik 342, 345, 347, 355, 385
Klima 20
Kloster 338
Kobolde 296
Kolb, Albert 31
Koṇārak *379*
Kopfsteuer 143
Kosmogonie 189, 243
Kosmos 177, 186, 195, 202, 234
Kronländer 174
Kṛṣṇa 224, *224*, 227, 229, *230*, 285, *285*, 301, *411*, *415*
Kṛṣṇa Deva Rāya 133
Kṣatriya 147
Kuchipudi-Tanztheater 316
Kulli-Kultur 61
Kulturlandschaft 22, 25
Kumāragupta 114
Kumārasambhava 288f
Kumārila 275
Kumīn-Kostüm 324
Kunsthandwerk 398, 400, 403, 406
Kuppel 333, 377f, 394, 397
Kurajī 316
Kuravanjī-Tanz 314, 316
Kuru 96
Kuṣāṇa 107f, 348
Kyzil 428

Ladakh *12*, *35*
Lahore 46
Lai Haraoba 322
Lalītāditya 125
Landschaftsmalerei 420
Landwirtschaft 74, 80
Lapislazuli 72
Lassen, Christian 86
Laterit 19
Legenden 91
Lehenswesen 140, 174
Liedersammlungen 303
Liṅgam 97, 231, 234f, *236*
Lodī-Dynastie 129
Lodī-Gärten 394
Logik 266, 274
Lothal 67, 69
Lotosmotiv 331
Löwensymbol 329
Macauley, Lord 87
Magadha 125
Mahābalipura (s. a. Mahamallapura) *23*
Mahābhārata 96ff, 165, 205, 277, 285, *293*, *295f*
Mahāmallapura 381, *385*
Mahārāṣṭra 144
Mahāvīra 99, 204, 218f
Mahāyāṇa-Buddhismus 211f
Mahmúd von Ghazna 33f, 126, 297
Maitreya 212, 352
Malerei 360, 363, 390, 396, 406, 412, 415, 420
Maliden 36
Malwa-Schule *420*
Mān Singh *156*
Mandhātā *335*
Māṇḍūkeya Upaniṣad 256
Manikarnika-Ghat *38*
Māṇikka Vāsahar *125*
Maṇipuri-Tanz 307, 322, 324
Mañjuśri 352
Mansabdār 174
Mantrayāṇa 212
Manu, Gesetzbuch des 148, 152, 262
Manufakturen 174
Māra *213*
Marāthen 144
Marshall, John 49, 60, 64, 66
Marut 180
Marx, Karl 87
Mas'ūd Sa'd Salmān 298
Maskentänze 322
Materie 264, 266
Mathurā *153*, 345, 347, *352*, 353ff, 358, 434
Maurya-Dynastie 99, 103, 107, 174, 328
Kunst 331, 334
Māyā 259, 262
Meditation 204, 266f
Megasthenes 31, 84, 94, 100, 103, 174, 332
Meghadūta 294
Meithei 322
Melodik 312
Meluhha 58, 72
Menakā 307
Mergharh 50f, *51f*, 53, 55f, *55*, 76
Mesopotamien 70, 72, 74
Metallkunst 403
Mīmāṃsā 265, 274f
Miniaturmalerei 298, 304, 403, 406, 412f, 415, 420f
Mīr Tāqī Mīr 305
Mīrzā ‚Abdu ‚l-Qādir Bedil 304
Mitanni-Reich 91
Mitra 186, 188, 251
Modhera 186
Mogulherrscher 34, 134, 136, 140, 143f, 165
Kunst 395, 398, 420
Mohenjodaro 49f, 59ff, *64*, *66*, *69*, 76
Zitadelle *60*, 64, 66
Mongolen 129, 134
Monismus 194, 244
Monlithsäulen 328f
Monotheismus 194, 228
Monsun *12*, 20, 22
Moral 186
Mosaiken 395
Moschee 392, 394f, 397
Mount Everest 11
Mrcchakaṭika 294

Mṛdaṅga 324
Mudietta-Tanz 310
Mudrā 312, 352
Mudrārākṣasa 294
Muḥammed 'Urfī 298
Muhammed Tugluq 156
Muhammed von Ghūr 126, 128
Mukhaliṅgam *204*
Multan 46f
Mundigak 56
Mungo 26, 161
Münzen 31, *102*, *112*, *354*
Musik 312, 321, 324, 421
Muslimliteratur 297ff, 304
Myinpagu-Tempel 434

NACHKLASSIK 363, 39.
Nāga 354
Nāgara-Stil 363, 369, 373, 377
Nāgārjunkoṇḍa *210*
Nālanda *208*, 378f, 434
Namcha Barwa 11
Nānak 141, 302
Nanda-Dynastie 99, 103
Nandī-Schrein 387
Nandin *236*
Nanga Parbat 11
Narasiṃhavarman I. 381, 384
Nārāyaṇa 180, 221, 224, 227f
Nāṭyaśāstra 284, 311, 314
Nausharo 79
Nautch s. Tanz
Neolithikum 50, 53, 55
Niederschlag 20
Nihal Chand *285*
Nikaia 102
Nilgiris 19
Nirvāṇa 208f, 260, 262
Niẓāmī 298
Nṛtta-Tanz 321ff
Nūru 'd-Dīn Muhāmmed Ẓuhūrī 298
Nyāya 269, 274

OASENSTÄDTE 428
Odissi-Tanz *316*, 316ff
Odra Nrutya 316
Opfer 177, 180, 182f, 186, 193ff, 202
Opium 160
Orccha *159*, *161*
Ordalien 152
Ornamentik 360
Ortsnamen 44
Ostindienkompanie 174
Outcasts 152
Ozean der Geschichten 296

PADŚAH, Buch des 165
Pagān *432*, 434
Pagode 429
Pahāṛī-Schule 417
Paithan-Malerei 421
Pakistan 84, 144
Pāla-Dynastie 118, 125
Pallava-Dynastie 124, 381, 385
Palmblattmalerei 413
Pāñcarātrins 227
Pañcatantra 296, *299*
Pāṇḍavas 96f, 286
Pandrethān 379
Pāṇḍuleṇa-Höhlen 340
Pāṇḍya-Reich 108
Pāṇini 277, 294
Panjāb 16f, 27, 141
Papagei 296
Papier 413
Parias 149, 152
Pārikṣit 286
Pārṣva 218
Pārvatī *99*, 237, 289, 294
Pāśupatasūtras 239
Pāṭaliputra 43, 99, 112, 328
Patañjali 266, *267*, 277
Patna s. Pāṭaliputra
Paṭṭadakal 385, *387*
Paṭṭuppāṭṭu 278
Pawlowa, Anna 307, 310
Perlenmoschee 397
Peschawar s. Puruṣapura
Peshwā 144
Pfauenthron 142
Pfeiler-Medaillons 346
Pflanzendekor 403
Phalluš s. Liṅgam
Philosophie 247, 262
Pirak 79f
Plastik s. Skulptur
Plinius 109
Plutarch 100
Polo, Marco 32, 125
Polospiel 162, *173*
Pompeji 345
Poros 100, 102
Porträt 353, 417
Portugal 34f, 133
Pradakṣiṇāpatha 330, 377
Prajāpati 192, 194, 251
Prākrit 36, 284
Praśastapāda 268
Pratīhāra-Dynastie 125
Pratiṣṭhāna 110
Priester 177, 181f, 196f
Prithvīrāj 128
Prostituierte 158f
Provinzen 174
Psychologie 266
Ptolemäus 31, 84, *86*, 109
Pulakeśin II. 115, 119
Purāṇas 91, 277, 285, 316
Purī 224, 227
Puritanismus 307
Puruṣa 189
Puruṣapura 44, 108

QUETTA 76, *80*
Quṭb Jamālu 'd-Dīn Hānswī 299
Qutb-Mīnār 126

RĀGA 312
Rāgamālā 421
Raghuvaṃśa 294
Rājadāsīs 322
Rājarāja 124
Rājāsthān 67
Rajendra I. 118
Rājputen 125f, 129, 132, 137, 144
Rāma 98, 224, *230*, 286, 288, 301f
Rāmacaritamānasa 301f
Rāmāyaṇa *91*, 98, 108, 205, 224, 277, 285f, *289*, *295f*
Ramgarh *324*
Ranjit Singh 141
Rao, S. R. 67
Rasikapriya *280*
Rāslīlā 321, *322*, 324
Rāṣṭrakūṭa-Dynastie 124f, 386
Raubkatzen 23
Rāvaṇavadha 294
Rechtsbücher 153
Rechtswesen 152
Reisebeschreibungen 32
Relief 330–333, 344, 346, 352f, 381
Reliquienschrein 334
Ṛgveda 92, 96, 147, 177–180, *179*, 183, 192, 251, 254, 277
Rhinozeros *189*
Rhythmik 312
Romane 294
Rosengarten der Liebe 299
Ṛṣi *204*
Ṛṣyaśṛṅga 357
Ṛta 186, 188, 251, 254
Ṛtusamhāra 294
Rudra 235f, 251, *254*
Rūmī 298

SA'DI 298
Sadir Nāṭya 314
Šah Jahān 142f
Sāhitya 277
Sāhityadarpaṇa 304
Saiden-Dynastie 129
Saken 107f
Śākti 239, 242f
Śāktismus 205, 212, 239–244
Śakuntalā 279f, *279*, 284
Śākyas 98
Sāmaveda 177
Sambhava *218*
Sāṃkhya 194, 260, 264, 266
Sāṃkhyakārikā 264, *267*
Samprati 107
Saṃsāra 266
Samudragupta 112f
Saṃyuttanikāya 99
Sanātana Gosvāmī 302
Sāñcī 334f, 338, *340*, 342, 368
Śangam-Literatur 108
Sangha 208
Saṅgīta 312
Śaṅkara 259, 275
Sanktuarium 368, 377
Sanskrit 36, 91, 284, 294, 357
Sanskritliteratur 280, 284, 297, 304
Sarasvatī 28, 92, *196*, *220*
Sārnāth *110*, 328
Sasarām 133, 395
Śātakarni I. 110
Satasaī 304
Śātavāhana-Reich 109f
Satī 160, 239
Sattva 266
Schach 162
Schauspielkunst 284
Schlangen 26
Schlegel, August Wilhelm v. 86
Schmuck 54, 72, *76*, *80*
Schnitzarbeiten 398
Scholastik 264
Schöner Stil 342–347, 354f
Seele 197ff, 202f, 205, 209, 219, 237, 252, 260, 266, 269
Seelenwanderung 254, 256
Seidenstraße 428
Seleukos I. Nikator 103
Sher Šah 136
Sheri Khan Tarakai 56
Shish Gumbad *128*
Shortugaï 72
Siddharta s. Buddha
Sikandra 396
Śikhara 363, 371, 373f, 377, 381
Sikhs 39, 141f, 244, 302
Śilappatikaram 311
Silberschmiedearbeiten 403
Siṃhala 360
Simhāsana Battisi *301*
Singh 141
Sinkiang 428
Sītā 286, 288
Śiva 69, 97, *99*, 180, 224, 230–239, *250*, 289, 294, 311, *321*, 369
Śivaismus 194, 205, 230–239, 243f
Śivājī 144
Śivayana 296
Siwaliks 11f, 27
Skandagupta 114
Skandha 210
Sklaven 148, 174
Sklavenkönige 128f
Skulptur 329f, 342, 344, 348, 353, 358, 360, 378, 385, 388, 399
Smārta-Religion 244
Smṛti 277
Solaṅkī-Dynastie 378
Soma 183, 186, *189*
Somnāthpur *226*
Spiel 160
Sprachen 36, 38
Sprachphilosophie 275
Sri Lanka 18, *20*, 124, 423f
Śruti 277
Städte 43f, 46f, 204, 327
Städtebau 58f, 61, 64
Stammestänze 310
Statasī 295
Stein, Aurel 49
Steinarchitektur 328f
Steinplastik 331, 327ff
Steinzeit 49
Stempelsiegel 69, *71*, 79
Steuern 172f
Stimmungsmalerei 421
Strabo 31, 94, 100, 114, 332
Strafen 153, 156
Stuck 398
Stufentempel 431ff
Stūpa *114*, 330, 333f, 338, 340, 342, 346, 353, 379, 423, 425, 428f, 434
Subhadrā 221
Śūdras 148
Sufismus 298ff, 304
Sugrīva 288, *289*
Śukasaptatī 296
Śuṅga-Dynastie 107, 330
Śūnyatā 211
Surasundarī 377
Sūrya 188, *193*, 236, *250*
Svayaṃvara 159

TADSCHIKISTAN 428
Tagore 307, 310
Tāj Maḥall 42, 142, 160, 397, *398*, 400
Tamilen 124f
Tamil-Literatur 278f
Tañjāvūr *388*
Tantrismus 212
Tanz 237, 307ff, 345
Klassik 311
Stile 314
Tanzhalle 374
Tāpas 195, 252
Taṭṭa 28
Taṭṭakāra 322
Taxila 102, *114*
Tempel 327
Tempelbaukunst 333, 357f, 369, 371, 373f, 378f, 384, 391
Tempelstädte 44, 388

Tempeltanz 307
Tempeltänzerinnen 311, 317, 322
Temperaturen 20
Teppichkunst 403, *406*
Termez 428
Terrakotta-Figurinen *57*, *59*, *69*, *72*, 327
Thar-Wüste 28
Theravāda-Buddhismus 211f
Tibet 125
Tiefenthaler, P. Joseph 32
Tierkämpfe 160f
Tierwelt 22–26
Timur-i-Leng 33, 129
Tīrthaṃkāra 218f
Todar Mall 140
Todessymbolik 238
Tolkāppiam 278
Tonnendach 388
Toramāṇa 115
Toraṇa 334
Totenkult 330
Trapp 19
Tribhaṅga 317, 358, 360, 392
Trimūrti 269
Trinkgelage 160
Trommelinstrumente 312
Tuġluq-Dynastie 129, 394
Tuġluqābād 394
Tulasīdāsa 302
Tunhuang 428
Türken 134
Turmtempel 390, 392
Tvaṣṭṛ 189, 251

UDAIPUR *38*
Ujjayinī 113
Unsterblichkeit 255, 259
Upaniṣaden 193f, 199, 202f, 251f, 259f, 277
Urbevölkerung 35f
Urdūdichtung 304f
Urṇā 355
Uruśṛṅga 373
Usbekistan 428
Uṣṇīṣa 352, 355
Uttararāmacarita 294

VAIŚEṢIKA 268f
Vaiśya 148
Vajra 180
Vajrayāṇa 212, 215, 244
Vākāṭaka-Dynastie 357
Vallabhācarya 302
Vālmīkī 277
Vardhana-Reich 115
Varṇa 147
Varuṇa 179f, 186, 188, 190, 251
Varuṇānī 190
Vātsayāyana 156
Vedānta 194, 275
Veden 87, 91, 177f, 194, 251, 274f, 277
Vedikā 329f, 346
Vegetation 22–26
Verbrechen 153
Vergnügungen 160f
Vesara-Stil 363
Vetālapañcaviṃśti 296
Vidyādhara *183*
Vihāra 333f, 338
Vijyanagar 132f, *133*, 391
Vimala-Tempel *327*
Vimāna 381, 388
Viṣṇu 180, 224, *224*, 227f, 288, 30, *412*
Viṣṇuismus 194, 205, 220–230, 244
Viśvakarman 189
Vögel 26
Volkserzählungen 295
Volkstänze 310
Volkstheater 322
Vṛta 180

WAHRHEIT 186, 202
Wandmalerei 360, 406, 428
Wasserbüffel 26
Wasserhaushalt 20
Weber, Max 87
Weltalter 86, 147
Weltanschauung 250
Weltflucht 204
Weltschöpfung 192
Westghats 20
Wheeler, Mortimer 64
Wiedergeburt 197, 199, 209, 219, 256, 260
Wiedertod 197
Wirtschaft 172
Wissenschaft 173, 193, 264
Witwenverbrennung 160

YĀJÑAVALKYA 255, 262
Yajurveda 177
Yakṣa 331, 334, 344, 354
Yakṣi 331, 334, 344, *344*, 354f
Yaśovarman 125
Yoga 180, 195, 235, 237, 256, 266f
Yogavāsiṣṭha 268
Yoni 234f
Yün-kang 428

ZAUN (s. a. Vedikā) 330, 333
Zedler, Johann Heinrich 85
Zentralismus 174
Zuckerrohr *18*
Zulaikhā 299

Abbildungsnachweis

Bayerische Staatsbibliothek, München 86. Klaus Beyer, Weimar 30, 42, 43, 127, 128, 129, 136, 137, 138/139, 141, 306, 324, 325, 326, 354 l, 355 l, 355 r, 394, 397, 399. Bibliothèque Nationale, Paris 87. Erwin Böhm, Mainz 122/123, 130/131, 342 u, 358, 362. Chester Beatty Library, Dublin 270, 271, 272, 273. L. Costantini 51 m. Deutsches Spielkartenmuseum, Leinfelden-Echterdingen 172. Willi Dolder, Schaffhausen 18 o, 21, 26 u. 27 o. Reinhard Eisele, Augsburg 10, 12, 18 u, 19, 22 r, 23 l, 27 m, 27 u, 38, 45, 162, 168/169, 176, 234, 379 o. Foto-Studio Fasching, Sankt Pölten 425, 426/427. Forschungsprojekt Mohenjodaro R. W. T. H. Aachen 62/63, 64, 66 o, 68. Prof. Dr. Heinrich Gerhard Franz 343. Prof. Dr. Robert Göbl, Wien 102 l o, 102 r o l, 102 r u l, 112 o, 112 m, 112 u. Günter Heil, Berlin 107, 142 l u, 158, 159, 161, 200/201, 250, 251, 255, 318/319, 340, 342 o, 344, 347, 375. Dr. Hellmut Hell, Reutlingen 424. Georg Helmes 48, 57, 58, 60 m, 60 u, 70, 77. C. Jarrige 51 o, 51 u, 52 l, 52 l o, 52 l m, 53, 54, 56 l, 56 r, 59, 71, 73, 75 o, 76 o, 78u, 79, 80, 81. Anneliese und Peter Keilhauer, Salzburg 126 o, 126 u, 226, 227, 380, 381 o. Fritz Kortler, Illertissen 331. laenderpress, Düsseldorf 14/15, 35, 46, 47, 167, 235, 245 (Vogelsang), 40/41, 232/233 (Streichan). Museum für angewandte Kunst, Wien 404, 405. Museum für Indische Kunst, Berlin 173, 407. Museum Rietberg, Zürich 198. National Museum, Neu-Delhi 180, 216/217, 256 r, 310. Jean Louis Nou, Paris 110, 113, 135, 184/185, 191, 204, 207, 209, 210 l, 219, 220 o, 231, 236 o, 236 r, 239, 242, 243 o, 281 l o, 281 l u, 281 r o, 281 r u, 282 l o, 282 l u, 282 r o, 282 r u, 283 l o, 283 l u, 283 r o, 283 r u, 298, 300, 301, 334, 350/351, 353 u, 356, 357, 359, 360 r, 361, 363 o, 363 u, 364/365, 366/367, 378, 381 u, 382/383, 387 u, 389, 391, 393, 395, 406, 408/409/410, 413, 417 l, 417 r, 420 o, 420 u, 436 Vorsatz, Haupttitel. Österreichische Nationalbibliothek, Wien 264, 412, 415. Hans Patzelt, München 132, 133. Philadelphia Museum of Art, Philadelphia 276, 284, 285, 287, 288, 289, 294, 295, 296, 297 l, 297 r, 303. Matthieu Ravaux 60 o, 69, 75 m, 75 u, 76 u; 78 o. Dr. Dieter Rumpf, Miesbach 433. Fotoagentur Susanne Schapowalow; Hamburg 26 o (Campère), 400 (Rossmeissl). Otto Schorr, München 170, 187, 335, 336/337, 339, 341, 368 o, 368 u, 369 l, 369 r, 372, 373, 374, 387 o, 387 m, 396. Staatliche Museen zu Berlin, Islamisches Museum, Berlin (Ost) 146, 157, 261, 299, 318, 320, 418, 419. Staatliches Museum für Völkerkunde, München 144, 153, 265. Staatsbibliothek Preussischer Kulturbesitz 134, 178. Staats- und Universitätsbibliothek, Göttingen 267 o, 267 u. Hugo Stiegler, Düsseldorf 435. Prof. Dr. Heinrich von Stietencron, Tübingen 179, 182; 183, 189, 190, 192, 194 o, 194 u, 199 o, 199 u, 202, 203, 205, 220 u, 224 o, 243 u. The British Museum, London 346, 352, 354 r. The David Collection, Kopenhagen 402. Eberhard Thiem, Kaufbeuren 13, 16, 17, 22 l, 23 r, 24/25, 29, 32, 33, 37, 82, 84 o, 84 u, 85, 88/89, 90, 91, 92, 93, 94, 95, 96, 97 o, 97 u, 98 o, 98 u, 99, 101, 102 l m, 102 l u, 102 r o, 102 r u, 104/105, 109, 116, 117 o, 117 m, 117 u, 118 o, 118 m, 118 u, 119, 120 o, 120 m, 120 u, 121 l o, 121 l m, 121 l u, 121 r o, 121 r m, 121 r u, 124, 125, 140, 142 l o, 142 r o, 142 r u, 143, 145, 148 l, 148 r, 149, 150, 151, 154/155, 163, 164, 165 o, 165 m, 165 u, 166, 171, 175, 181, 182 r, 188 o, 188 m, 188 u, 193, 195, 196, 197, 206, 208, 210 r, 211 l, 211 r, 212, 213, 214, 215, 218, 221, 224 u, 225, 228, 229, 230, 236 l, 237, 238, 246, 248/249, 252, 253, 254, 256 l, 257, 258, 259, 262, 263, 268 o, 268 m, 268 u, 269, 278, 279, 290/291/292, 308/309, 311, 313, 316, 317, 322, 328, 329 o, 329 u, 332, 333, 345, 348, 349, 353 o, 37c, 371 o, 371 m, 371 u, 376, 377, 379 u, 386, 390, 401, 416. Victoria and Albert Museum, London 305, 421. Prof. Dr. Friedrich Wilhelm, München 114, 115. Kurt Zeitler und Petra Moritz 422, 428 o, 428 u, 429, 430, 431, 432 o, 432 m, 432 u. Jenner M. Zimmermann, Auckland 34, 39, 222/223, 240/241, 330.

Quellennachweis

GARD, R., Der Buddhismus, Stuttgart 1981'
RENOU, L., Der Hinduismus, Stuttgart 1981
NOWOTNY, F., Eine durch Miniaturen erläuterte Doctrina mystica aus Srinagar, s'Gravenhage 1958
EDWARDES, M., Illustrierte Geschichte Indiens, München/Zürich 1961
DURANT, W., Der alte Orient und Indien, München 1981
MICHAELS, A., Der Cire-Perdue-Guß im Silpaśastra
REBLING, E., Die Tanzkunst Indiens, Berlin 1981